経済学を再建する

――進化経済学と古典派価値論――

塩沢由典
有賀裕二 編著

中央大学企業研究所
研究叢書34

中央大学出版部

まえがき

1. はじめに

　本書は「経済学を再建する」と題されている．これは，われわれ著者たちの意気込みを示すものであって，「再建できた」という報告ではない．厳密にいえば，本書は「経済学を再建する」という主題をめぐってなされた討論の第一弾に過ぎない．

　学問が意気込みだけで進歩するものではないことはじゅうぶんわきまえている．学問の進歩のためには，巨人の肩の上に乗る小人がいて，その小人の肩の上に乗るさらに小さな小人の努力が必要である．にもかかわらず，本書がそのような努力の成果を問うのでなく，「経済学を再建する」などという大それた主題を掲げているのは，経済学の現在がまさにそのような「再建」を必要とすると考えるからに他ならない．このような試みは，もっと広範に試みられてよいし，その規模を問わなければ，今後も試みられていくにちがいない．

　経済学の現況をこのように判断するのは，経済学が危機にあり，また大きな分岐点に立っていると考えるからである．「経済学の危機」は，1960年代後半から70年代前半にかけて，多くの指導的経済学者の念頭にあった主題である．その代表的な論考のひとつは，Joan Robinson (1972) の「経済理論の第2の危機」であった．それを受けて言うならば，現在の危機は「経済理論の第3の危機」といえるかもしれない．しかし，より深く考えるならば，現在の状況は，たんに第2の危機が解決しないまま，現在に至ったのかもしれない．

　経済学の危機とまでは考えないにしても，経済学の現況がこのままでよいと思っている人は少ないであろう．研究者なら，だれしも現状の学問になんらかの不満をもち，それを改善する展望をもっている．その不満がどのようなもの

であるかにより，取りくむべき課題が異なってくる．2007年時点で，経済学の現状は，おおむね良好であると考えていたBlanchard (2009)のような人も，リーマン・ショックのあとでは，いろいろ考えることがあるに違いない．

　問題は，経済学の現在のどこに不満と問題点を見出し，再建・再興の方向をどこに求めるかにあるだろう．現在の路線を延長するなかから，答えはおのずと生まれてくると考える人もいれば，大きな路線の変更が必要と考える人もいるだろう．その内容も，多様であるに違いない．それらすべての人たちに向けて，われわれはここまで考えたという報告が本書である．

　本書は，提案編と討論編に分かれている．提案編は，本書の編集者の一人である塩沢由典が，経済学の現況を踏まえて，その再建のためにはどうしたらよいかを提案したものである．討論編は，2013年4月以来，7回の研究会を重ねてきた7人の研究者による各一編の論考である．提案編・討論編と銘打っているが，討論編の各論文は，提案編を踏まえた討論ではない．時間の都合上，おたがいにいま考えていることを出し合ったというべきものである．それにもかかわらず，これを討論編としたのは，この討論が本書の刊行によって終わる性格のものではなく，その後に引き続いて行なわれるべき討論の出発点という意味からである．

　このようなことになったのは，塩沢の定年退職（2014年3月）以前に，本書を刊行したかったという事情もあるが，提案と討論の内容から，討論が容易には完結しない性格のものであるという判断が強く働いている．たとえば1年遅らせれば，形式的にはいくらか提案とその討論という形を作ることができるかもしれない．しかし，それよりも，議論の現状を公開することにより，この討論がより開かれた形で継続されることをのぞみたい．

　本書で議論されているもので経済学再建の主題が尽くされているとは思わない．本書の議論は生産経済を中心に展開されている．現代経済にますます大きな影響をもつに至った金融経済については，第11章横川信治論文がわずかに触れているだけで，主題としての討論はない．他にもいくつもの取り上げられなかった議題があるが，経済学再建のためにすべてを網羅しなければならない

分析している．これに対し，第9章瀧澤弘和論文は，経済学方法論の一典型というべきミルの論説を取り上げたあと，時代を大きく跳んで，現代のモデルによる分析の考察に入っている．

　第8章吉井哲論文は，J. S. ミルの経済学上の思考に迫ろうとする試みである．19世紀中葉を代表する経済学者とされながら，哲学や社会思想でなく，ミルの経済学思考を明らかにしようとする論考は，きわめて少ない．例外として貿易論関係のものがいくらかあるだけである．これは経済学史いっぱんから考えても特異な状況といわなければならない．第8章の意義は，この点からだけみても巨大である．吉井の論証は詳細をきわめるものであり，その個々の論点まで紹介することはとうていできない．ひとつの注目点とひとつの疑問とを提示するに止めよう．

　注目点は，ミルが考えた需要供給の原理の内容である．これは後の需要曲線・供給曲線の交点に価格が決まることであろうか．ミルの需要供給の原理は，ふつうこのような定式の不完全な表現と考えられてきたが，需要供給が一致する思考過程をつぶさに追いかけることにより，吉井は，まったく別の思考内容を析出させている．価格を変数とする需要関数・供給関数の概念がミルにはなく，両者が一致するに至る過程の分析も，いわゆる「くもの巣過程」とはことなる分析視点に立つものである．吉井が見出したものは，サイバネティックな分析に近いものであり，それは Leijonhufvud (1993) が説くように進化経済学的な思考に接続している．もしこれが古典派経済学の思考法であるとするなら，意外なところで古典派価値論と進化経済学とが結びついていることになる．

　疑問というのは，「父殺し」ともいうべき J. S. ミルの心理過程の分析にある．リカードは，需要供給の法則を俗説として排し，生産費の原理を唱えた．リカードに忠実であろうとしたミルが需要供給の原理を生産費の原理に先行するものと考えるようになったのはなぜであろうか．吉井はその理由を，主として当時の反リカード的圧力によると考えているが，わたしには疑問に思われる．需要供給の原理を生産費の原理に先行させる内発的な論理が経済学にないかぎ

まえがき v

　第6章有賀裕二論文は，古典派経済学のより一層の展開を展望する立場から，4つの主題を扱っている．第5節の「生産のネットワーク分析」は，本書第2章第4節のスケール・フリー・ネットワークの議論にちょくせつ接続するものであり，こんごさまざまに試みられるべき分析のひとつを示している．第2節と第3節では，需要が扱われている．古典派の伝統上では，需要は理論化がもっとも遅れている領域であり，新しい試みが注目される．付言すれば，新古典派経済学では，需要の分析は古くからなされている．しかし，個人ないし家計の需要関数はともかく，市場全体の総需要では，ゾンネンシュタイン＝マンテル＝ドブルの有名な定理が，需要変動については Robert Hall (1978) の計量的研究があり，けっして十分な理論化がなされているわけではない．むしろまったく新しい発想の接近法を開拓すべきであろう．

　第7章浅田統一郎論文は，浅田じしんの結果に基づき，リカード・スラッファの伝統の延長上に，地代論が現代的に扱いうることを示している．第5章の国際価値論とともに，本章は，古典派価値論の射程が生産価格論に留まらないことを示している．現代においてとくに重要と思われるのは，枯渇資源の価値論であろう．ホテリングの先駆的分析は有名であるが，第5節では Kurz and Salvadori (2009) による古典派価値論との統合の試みが紹介されている．Hotelling (1931) では，ただ一種類の枯渇性資源が扱われており，多種の枯渇性資源間の競合という事態は捉えられていない．石油価格の上昇がシェールガスの採掘を採算に載せたように，資源間の競合も重要である．それは基本的には技術の開発と選択の問題である．土地や地下資源を生産要素と見て，それらが経済の活動規模を規定するものと見るか，それとも経済過程がそれらの利用率を決めていると見るかは，新古典派経済学と古典派経済学の基本的対立軸の1つである（本書第2章）．同様の対立が，国際貿易論をめぐっては，HOS理論とリカード理論という対立を引き起こしている．

　第8章と第9章では，ジョン・スチュアート・ミルが議論されている．ただし，ふたりの分析視角は対照的である．第8章吉井哲論文は，経済学の学説史の流れの中に位置づけられたJ. S. ミルを細かな文言の含意にまで立ち入って

調和しうるものとして構想されている．この価値論は，第一次的近似における価格と数量の独立を前提とするが，数量調節（在庫調節と生産調節）がいかになされ，いかなる場合にそれが価格調節をも引き起こすかの分析までを射程においている．

第4章は，古典派価値論に累積されてきた多くのいらざる観念を洗いおとす試みである．とくに注意すべきは，この価値論は抽象的に捉えられた長期の理論ではないという認識である．古典派価値論は，ほとんどの場面において現実に取引される価格の理論として捉えられる．

第5章では，古典派価値論の一部として国際価値論が構成できることが示されている．じゅうらい，国際価値論は古典派価値論の「弱い環」であった．リカードもマルクスも，国際貿易を分析するには，国内経済を念頭に構成された価値論は根本的な修正を必要とすることに気づいていた．しかし，その修正がアローとドブルの一般均衡論に対比できる程度に可能になったのは，ごく最近のことでしかない．第5章は，古典派価値論の伝統にたつ国際価値論が可能であることを示すとともに，その枠組みの中で輸送費が自然な形で導入されることや，日本発の経済発展論として重要な雁行形態論が新しい価値論の枠内で有効に分析できることが示されている．

3．討論編について

討論編は，7人の著者による7つの章からなっている．第6章から第12章まで順番がついているが，どの章も他と独立に読むことができる．

7つの章は，大きくは3つに分けることができよう．第1のグループは，第6章・第7章であり，古典派価値論ないし古典派経済学を現代に展開する意図のもとに書かれている．第2のグループは，第8章から第10章までの3章であり，学説史研究の形式を取っている．第3のグループは，第11章・第12章で，アジアの再台頭という現在的状況を踏まえて，その分析枠組みを構築する試みである．

とは考えない．再建の基礎となる中心的主題はなにか．その提案を含めて本書とその背景となる研究会とは組織された．

2．提案編について

「経済学を再建する」というとき，そこには「でなおす」という意味が含まれている．経済学は250年以上の歴史をもつ．問題は，どこまで遡ってでなおすかにある．それが第1章の主題である．

2008年9月のリーマン・ショックを受けて，経済学では，近年のマクロ経済学の成果に対する反省の声が各方面からあげられた．この30年あるいは40年のマクロ経済学に反省を迫るものが多かった．1970年以前の経済学すなわち当時のケインズ経済学に戻れば十分だろうか．第1章は，ケインズ以後のマクロ経済学から，さらにケインズ『一般理論』へと遡り，ケインズの失敗がどこにあったかを見極めようとするものである．その結論は，過程分析と古典派価値論を復活させよという提案である．

第2章は，経済と経済学の双方を進化するシステムと捉える考え方の可能性と期待される方向とを探っている．この章の狙いは2つある．ひとつは，経済の諸カテゴリーを進化するものと捉えることにより，経済の動態的把握を含むより大きな可能性を追求することである．もうひとつは，均衡分析に代えて過程分析を採用するとき，そこに想定されるべきシステム像を再検討することである．ここでは，技術や商品が進化するネットワークともいうべきスケール・フリー・ネットワークではないかという仮説が提案されている．

第3章と第4章は，21世紀の現在において，再構成すべき古典派価値論とはいかなるものかを扱っている．それは新古典派ミクロ経済学に対置できるものでなければならない．第3章は，そのような古典派価値論がいかに再構成できるかの概要である．それは基本的には，リカードとスラッファの伝統を継承するものであるが，その忠実な再現ではない．それは，20世紀の経済の経験と経済学の展開を踏まえたものであり，さらにまた進化する経済という描像と

り，ミルほどの理論家が俗説に従うだろうか．生産費の原理を普遍的なものと考えていたなら，ミルはじゅうぶん説得できる形でそれを展開したであろう．若きミルをして生産費の原理を放棄させるに至らしめたものがあったに違いない．わたしはそれが交易条件の未決定問題であったと考えている．吉井も指摘するように，ミルはこれを交換の問題として「解決」した．それが生産の学（plutology）から交換の学（catallactics）へとミルと経済学とを導いた最大の要因だったとわたしは考えている（塩沢由典 2014 第 4 章第 4 節）．Hicks (1974) が指摘するように，新古典派革命の中核は限界分析の導入ではなく，生産の学から交換の学への転換にあった．国際価値論の修正問題は，たんにそれが古典派価値論の弱点であっただけでなく，経済学全体を古典派から新古典派へと転換させた張本人であり，ミルの「解決」はその現場だった．のちにジェヴォンズ，マーシャル，エッジワースがともに国際貿易論に取り組んだことにも，その影響が見られる．

　第 9 章瀧澤弘和論文は，J. S. ミルの経済学方法論から説き起こしているが，その目標は現在における経済学の意義付けにある．ミルからフリードマン（あるいは経済学方法論という観点からは，ミルから M. ブローグ）に至る経済学の科学哲学に代えて，瀧澤は理論をモデルに代表される抽象的対象と見る立場への転換を呼びかけている．科学哲学の用語で言い換えるならば，それは科学ないし理論を「真なる言明」の集合と見る考え（文中心パラダイム）から，「意味論的把握」への転換である．そのような転換の後に，なにを目指すかが第 9 章ではかならずしも明確でないが，本書提案編の主題は，経済学の危機を解決する方向として古典派価値論にまで遡ろうというものである．第 9 章は，提案編の主題にとって欠かすことのできない議論の場を提起している．第 4 節ではこの点を中心に議論する．

　第 10 章井上義朗論文は，P. H. ウィクスティードを取り上げている．ウィクスティードは，各所得範疇への配分率が各生産要素の限界生産性により決まると唱えたことで有名であり，新古典派の経済思想を形成したひとりとして欠かすことのできない人物である．完全分配の論証にあたって生産関数の一次同次

性と合成関数の微分（オイラーの定理）を用いたもの当然のようにわたしは思っていたが，井上の指摘によると，そのような証明は，ウィクスティードの著作に対するフラックスの書評に現れたのが最初という．

　親子二代にわたるユニテリアン派牧師として職業生活を始めたウィクスティードは，35歳をすぎて，貧困問題に向き合うことから経済学に出会った．経済学を理解するため数学の家庭教師を雇って勉強したというから，その真剣さが推測される．ウィクスティードの最初の著作は，マルクス『資本論』の批判だった．第2巻がドイツ語で刊行される年であったが，批判の的は抽象労働にあった．10年以上ものちにベームバヴェルクが問題にした「蒸留法」にウィクスティードはすでにこの段階で批判の光を当てている．ウィクスティードが分配理論を研究したのは，もちろん人々の所得を決める経済法則の解明にあったが，井上論文を最後まで読んで大きな感銘を受けるのは，生活が困難なほどしか賃金を得られない労働者に関するウィクスティードの考察である．新自由主義者にとって賃金格差は労働のインセンティブを引き出すものであるだろう．しかし，ウィクスティードがそこに見るのは社会問題である．最低限の賃金を稼ぐ労働能力しか身に付けられない環境が問題である．社会は能力の開発に責任がある．この主張はアルマティア・センのケイパビリティ論を想起させる．小さな一例にすぎないが，この話は，理論と政策の独立という主題をわれわれに突きつける．経済学は，理論と政策を強く結びつけすぎる傾向がある．ウィクスティードの事例はそうした早急な思考に警告を与えている．

　第11章と第12章は，すでに触れたように，アジアの再台頭という現在的事態を踏まえた論考である．相互参照から分かるように，この2章と第5章とは，密接に関連しているが，その捉え方はかなり異なる．

　第11章横川信治論文は，資本主義の発展段階を理解する鍵として，C.ペレスのダイナミック産業という概念を根幹に据える．これにより，産業革命の初期からICT革命後の今日に至るまでの世界経済の歴史展開を総括するという荒業を横川は演じてみせる．その総括にはさまざまな議論が可能であろうが，横川があまり語っていないひとつの主題がある．それはダイナミック産業の出

現の背後にある技術体系の変化である．ある時期に，大きく伸びる産業があることは，歴史の定型的事実として受け入れてよいだろう．第1次産業革命の綿工業，第2次産業革命の電気工業と化学工業は，需要の増大というより，生産技術の変化の影響が大きかったと思われる．綿工業では，紡績機・織機・動力機（水車や蒸気機関）・採掘技術・運河と鉄道など一群の技術進歩が革命というべき経済の大変化を刺激し続けた．

　ダイナミック産業がつぎつぎと起こり，成熟・停滞を繰り返すとすれば，このような動態を可能にし，また制約するものがその背後にあるに違いない．それらのすべてが技術だとは言わない．しかし，技術が大きな役割を果たしているとすれば，それはいったいどのような技術体系の変化なのであろうか．第2章第4節は，「成長するネットワーク」の代表例として技術（あるいは技術と商品）が作りだすネットワークを主題化している．それが冪分布にしたがうとするなら，任意の時点で，接続次数の大きな節点が少数だけ存在する．そのような新技術がいかにして生まれてくるのか．大きな接続次数をもつものに育つ技術とそうでないものとはどこにちがいがあるのか．このような問題設定は，技術進歩の研究を先導してきたネオ・シュンペーテリアンにも乏しいと思われる．ヒントはたぶんアーサー（2011）などであろう．

　横川論文で鍵となるもうひとつの概念はVAL（単位労働付加価値）である．横川は，ダイナミック産業の興隆・成熟・停滞にしたがって，VALが逆U字カーブを描くというが，その論理が分からない．場面を先進国に限るならば，低賃金の途上国に生産が移行するにつれてVALは低下するだろう．しかし，産業興隆の初期にVALが上昇するのはなぜであろうか．生産性が上昇すれば，製品単価が下がる．産業ないし企業単体としての付加価値が増大することは言えても，単位労働あたりの付加価値が大幅に増大するとはかならずしも言えないのではないだろうか．

　第12章植村博恭論文は，おなじアジアの経済発展に対し実証的に迫ろうとする試みである．雁行形態論の文献サーベイのあと，植村はボールドウィンの構想を受けて，中間財貿易の重みを計測しようとしている．東アジアにおいて

は，中間財貿易額が総貿易額の 50 パーセントを超えるというから，まず現状を確認しようとする地道な努力に敬意を払うしかないが，それがボールドウィンのいうようにグローバル・サプライ・チェーンの動態を説明するものかというと疑問がある．たとえば，第 5 節で植村は，中間財輸入係数行列を用いた説明を展開している．しかし，これは投入係数行列のような技術的裏づけを欠くものであり，注 10 で植村自身が指摘しているように，その安定性には疑問がある．このような行列に基づいて中間財の波及効果は測定できるであろうが，それは価格や賃金などの生産費関係から切り離されたものである．付加価値の獲得競争や生産拠点の動態を説明する論理はそこからでてこないと思われる．

ただ，この紹介は，議論の論理性に焦点を当てすぎている点で公平なものとはいえない．経済史の大きな図柄を描きだそうとした横川と現実に実証的に迫ろうとした植村の意図はよく分かる．そのような議論は絶対に必要であり，多いに試みられるべきことである．赤松要が雁行形態論の構想を練っていたころ，いくらかの歴史的事実に裏付けられていたとはいえ，その議論はきわめて弁証法的なものであった．その第一形態が国際価値論の枠組みで説明できるようになったのは，赤松の構想から 80 年以上の後のことである．歴史的洞察や実証的分析がすぐに論理の枠に乗るとは限らない．しかし，物理学の先端がつねに理論家と実験家の相互刺激によって維持されているように，経済学の研究においても，横川のいう中間理論を含む歴史や計測・実証・調査と理論的研究の相互刺激は続けられなければならない．その一端が実現しているという点だけでも，本書の意義は大きいというべきである．

4．経済学再建への道

本書第 9 章および瀧澤弘和（2012）において，瀧澤は経済学における研究という営為について考察しようとしている．古くからの表現では，これは「経済学方法論」と呼ぶものに近い．しかし，伝統的な目的において理解するかぎり，方法論は崩壊している．じゅうぶん意識してか意識せずか，瀧澤が議論したい

ものは，その先にあるものらしい．なにか重要な問題にぶつかっているにちがいない．しかし，それがなにか，わたしには分からない．

　第9章で考察したことの「動機」を瀧澤は次のように語っている．

　　「新古典派においては人間は合理的に行動すると想定されていた．しかし，実験結果は人間がしばしば不合理な行動を選択することを示している．このことからただちに新古典派経済学は経済学体系として砂上の楼閣であり，誤りの積み重ねであると結論してもよいのだろうか．」

こう設問したあと，瀧澤が推奨する経済理論を「モデル」と見る立場からは，このような直接的な結論はでてこないと瀧澤はいう．なぜこのような主張を瀧澤はしたいのであろうか．これではまるで瀧澤が新古典派擁護のためにこの論文を書いたことになってしまう．瀧澤の真意がそこにないことが明確にされていないために，瀧澤の2論文は，読者に不要なストレスを掛けているとわたしには思われる．

　ここは科学哲学を議論する場ではないので，文（あるいは言明）中心主義から「意味論的解釈」へと転換せよという瀧澤の主張については説明しない．経済学を含む科学の営みは，真なる命題を追求しているというよりも，われわれはモデルという手段を用いて考えていることを正直に認め，そこから考えなおそうというのが瀧澤の立場である．モデルという概念の多義性を認めるならば，われわれがなんらかのモデルを用いて経済学を考えていることに異論はない．わたしの問いたいのは，その先にある．経済学者や科学者の実態としての営みがモデルによる思考であったとして，モデルによる思考はすべて許されるだろうか．あるべき経済学を考えようとするとき，われわれが主としてモデルにより研究を進めていると考えると，いったいなにが変わるのであろうか．

　科学方法論は，規範的には，われわれの学問的営為をあるべき方向に導くものである．この点を展望するには，『イギリス経済学における方法論の展開』の終章における只腰親和（2010）のまとめが示唆的である．只腰の引くバック

ハウスによれば，経済学方法論が経済学のひとつのディシプリンとして自立したのは，M. ブラウグの『経済学方法論』(Blaug, 1980) を契機とするという．その M. ブラウグによれば，「「経済学方法論」とは科学哲学が経済学にたんに適用されたもの」であり，科学哲学とは「科学的な理論を評価する方法を探究する」学問である．只腰は，これを特定の科学理論を妥当なものとして受容するか否かの基準を探求する学問だと敷衍している．これは哲学に関するかなり古い考え方といわざるをえない．たとえばカントが考えたのは，哲学にそのような権利を与えることであった．只腰が引用しているのはブラウグの考えであり，ブラウグじしんも，旧来の考え方を紹介しているだけかもしれない．ファイヤアーベントにいたる科学哲学の歴史が明らかにしたことは，そのような普遍的な基準は存在しないということであり，科学の外部から基準を押し付けるべきでないという反省であった．只腰はこのことにワントラウブとハンズを引いて言及している．只腰が「科学哲学への過度の依存」を戒めているのもこの反省にたつものであろう．

　科学哲学のこのような反省＝認識は，しかし，科学においてはなんでも許されるということではない．ファイヤアーベントにあっても，（そのつど変化するものであっても）科学に内在する規範が放棄されているわけではない．つねに明確であるとは限らないものの，個々の科学は，その時代と学問状況に照らして，あるべき方向をつねに問いつづける必要がある．意味論的転回を武器に経済学の現状に介入しうるとすれば，ポパーの反証主義を経済学に適用したに過ぎないブラウグの経済学方法論，あるいはブラウグよりは早い時期に論述された M. フリードマンの方法論に異議申し立てすることであろう．われわれがモデルによって思考していることを認めたとしても，あるべき方向を探ることには，それだけではほとんど何の手がかりも与えてくれない．

　瀧澤は「異なる方法的志向性をもつさまざまなアプローチ」による研究が出現していることに危機感を抱いている．そのような多様性はむしろ歓迎すべきことだとわたしは思う．問題は，経済学という学問の中核的部分において，大きな対立があり競合していることである．その帰趨は経済学の今後の発展に大

きな影響を与えるであろう．本書提案編は，このような対立を念頭においたうえで，古典派価値論の立場から経済学全体を再建することであった．冒頭に断ったように，それができたとは言わない．しかし，すくなくともその第一歩を踏みだそうという試みではある．

ここに問われているのは，あれやこれやのモデルの妥当性ではない．理論の本体が問われている．科学史の例を引くなら，それは近代科学の成立期における天動説（地球中心主義）と地動説（太陽中心主義）の選択に当るものではないだろうか．コペルニクスの地動説は，太陽を中心に地球を含む諸惑星が円軌道を描くというものだった．よく知られているように，これは周天円（エピサイクル）を用いるプトレマイオスの天動説より，いっぱんには予測精度が悪かった．フリードマン流の予測主義に立つなら，当時においては地動説より天動説が正しかったことになる．しかし，天動説に立っては，ケプラの3法則は生まれえなかったし，ケプラなくしてニュートン力学の成立は考えにくい．古典派価値論は，現状においては，コペルニクスの地動説のように，新古典派価値論に劣るものかもしれない．しかし，それが切り開きつつある可能性は，新古典派価値論よりずっと大きい．わたしはそう信じている．本書の提案と討論とが，この可能性を現実に近づけるひとつの契機となることを望みたい．

2014年2月

塩　沢　由　典

目　次

まえがき

提　案　編

第 1 章　なにが必要か
　　　——経済学再建のために——

　　　　　　　　　　　　　　　　塩　沢　由　典

1．過去 30 年間のマクロ経済学 ……………………………………… 3
2．マクロ経済学のミクロ的基礎づけ ……………………………… 10
3．ケインズの「生産の貨幣的理論」……………………………… 17
4．マーシャルとケインズ …………………………………………… 22
5．新古典派価値論からの脱却 ……………………………………… 31

第 2 章　進化経済学の可能性

　　　　　　　　　　　　　　　　塩　沢　由　典

1．はじめに …………………………………………………………… 47
2．進化経済学を支えるシステム理論 ……………………………… 50
3．生産関数からグローバル・ヒストリーまで ………………… 55
4．スケール・フリー・ネットワークと経済成長 ……………… 65

第3章　価値と数量の二重調整過程
塩沢由典

1．機能する経済の基本前提……………………………………… 75
2．進化のミクロ・マクロ・ループ……………………………… 82
3．進化経済学を補完する価値論………………………………… 87
4．生産量の調節と需要の変化…………………………………… 100
5．ケインズとリカードを結びつける…………………………… 112

第4章　古典派価値論のリドメイニング
塩沢由典

1．はじめに………………………………………………………… 119
2．古典派価値論の再定義………………………………………… 121
3．古典派価値論の意味しないもの……………………………… 147
4．古典派価値論に欠如するもの………………………………… 154

第5章　新しい国際価値論とその応用
塩沢由典

1．はじめに………………………………………………………… 165
2．リカード貿易理論の最小モデル……………………………… 172
3．国際価値理論の基本結果……………………………………… 184
4．輸送費がかかる場合ほかへの拡張…………………………… 197
5．生産技術の変化とその影響…………………………………… 201
6．赤松要の雁行形態論（基本形）……………………………… 208

討論編

第6章 生産と消費の古典派経済観の発展的分析
　　　　　　　　　　　　　　　　　　　　　有　賀　裕　二
1. はじめに……………………………………………………… 217
2. ヒルデンブラントによる需要法則の再考………………… 217
3. 家計消費のランダム行列による分析……………………… 223
4. 遺伝的アルゴリズムからみた標準商品の応用…………… 230
5. 生産のネットワーク分析…………………………………… 236

第7章 ネオ・リカーディアンの差額地代理論の数学モデルについて
　　　　　　　　　　　　　　　　　　　　　浅　田　統一郎
1. はじめに……………………………………………………… 245
2. 地代を含まないスラッファ体系と労働価値……………… 246
3. 地代を含むスラッファ体系………………………………… 251
4. 地代を含むスラッファ体系における労働価値…………… 256
5. 枯渇資源とスラッファ体系………………………………… 261
6. おわりに……………………………………………………… 266

第8章 価格と数量の同時決定体系への転換
　　——経済学観の分岐点——
　　　　　　　　　　　　　　　　　　　　　吉　井　　哲
1. はじめに……………………………………………………… 269
2. 古典派価格理論の系譜……………………………………… 273
3. J.S.ミル……………………………………………………… 286

4．J. S. ミル vs. ソーントン論争以降……………………………… 320
　　5．おわりに——新古典派経済学に通ずる道……………………… 336

第9章　モデル科学としての経済学
　　　　——J. S. ミルの経済学方法論から考える——
　　　　　　　　　　　　　　　　　　　　　　　瀧　澤　弘　和
　　1．はじめに………………………………………………………… 351
　　2．J. S. ミルの経済学方法論……………………………………… 354
　　3．J. S. ミルの経済学方法論の特徴と限界……………………… 366
　　4．モデル科学としての経済学…………………………………… 369
　　5．おわりに………………………………………………………… 380

第10章　P. H. ウィクスティードにおける
　　　　　「資源配分」と「所得分配」の原意
　　　　　　　　　　　　　　　　　　　　　　　井　上　義　朗
　　1．はじめに………………………………………………………… 383
　　2．価値論——マルクス批判をめぐって………………………… 385
　　3．配分論——効率性か，自律性か……………………………… 390
　　4．分配論——自律性の限界へ…………………………………… 401
　　5．おわりに………………………………………………………… 414

第11章　動学的比較優位とアジアの再台頭
　　　　　　　　　　　　　　　　　　　　　　　横　川　信　治
　　1．はじめに………………………………………………………… 423
　　2．比較優位論の動態化…………………………………………… 429
　　3．雁行型発展……………………………………………………… 439
　　4．金融不安定化の中間理論……………………………………… 442

5．GVCとアジアの再台頭 ………………………………… 446
　　6．おわりに──システミック恐慌後の世界 ………………… 455

第12章　雁行形態発展論と東アジアの
　　　　　国際生産・貿易ネットワーク
　　　　──中間財貿易の古典派的理解による理論化──

植　村　博　恭

　　1．はじめに …………………………………………………… 459
　　2．雁行形態発展論の形成と展開 …………………………… 460
　　3．東アジア国際生産・貿易ネットワークの現実 ………… 465
　　4．雁行形態発展と国際生産・貿易ネットワークの理論化
　　　　──2つのアプローチの紹介 ……………………………… 471
　　5．国際生産ネットワーク・付加価値貿易を考慮した
　　　　雁行形態発展論の再構成 ………………………………… 479
　　6．おわりに …………………………………………………… 489

参　考　文　献

あ と が き

索　　　引

提案編

第1章　なにが必要か
──経済学再建のために──

1．過去30年間のマクロ経済学

　げんざい主流の経済学に，大きな問題があることは，最近ではひろく認識されている．Krugman（2009）は，「過去30年間のマクロ経済学は，最善でもとんでもなく役に立たなかったか，最悪の場合，有害であった」と述べた．吉川洋（2013）は「過去40年間のマクロ経済学は間違った路線だった」と評価している．リーマン・ショックのあと，ジョージ・ソロスは，私財を投じて「新しい経済思考のための研究所」Institute for New Economic Thinking を設立し，複数のノーベル経済学賞受賞者を含む世界の著名な経済学者が協力している．このような評価の一方，マクロ経済学者の一部は，マクロ経済学の状況は，ぜんたいとして健全であり発展していると述べている．リーマン・ショック直前に出された Blanchard（2008）が「マクロ経済学の現況は良い」と指摘したのは有名である．リーマン・ショック後，5年近くたって「自信」を取り戻しつつある経済学者も少なくない．

　経済学の現状に対する判断が，1つの経済事件やそれに対する対策の効果によって左右されるのは望ましいとはいえない．しかし，たとえば Econometrics Society 創設（1930年）以来すでに80年の歴史をもつマクロ経済学に，クルーグマンや吉川洋のような反省が生まれる現状をどう理解すべきであろうか．すくなくとも，この30年のマクロ経済学になんらかの問題がある兆候であることにはまちがいない．その兆候から，経済学のなにをどう評価し，どう考えたらよいのか．これはきわめて複雑であるとともに，難しい問題である．しかし，

この困難な問題に立ち向かわないかぎり，経済学を立て直すことはできない．

　過去 30 年間のマクロ経済学について反省するといっても，いったい，なにをどの水準で議論するのか．まず，それすら意見が分かれよう．この 30 年間のマクロ経済学をかりに「現代マクロ」と呼んでおこう．現代マクロの内部にも多くの議論があり，反省もある．その個々の方法について考えるのか，それとももうすこし一般的な，個々の方法を越える方法論的な水準に問題があるのか．ここについても意見が分かれよう．クルーグマンや吉川洋の批判は，とうぜん個々の方法ではなく，現代マクロ全体にたいするものであろう．もしそうだとしても，現代マクロを構成する諸要素のいくつかを問題にするのでなければ，現代マクロとそれ以前あるいはそれ以外とをどう区別したらいいのかも分からない．

　カリブレーションといった計量経済学のかなり技術的な議題を除いても，現代マクロを構成する思想 (big ideas) には，リカード等価命題，合理的期待，政策無効性，ミクロ的基礎づけ，実物景気循環理論 (RBC 理論)，効率市場仮説などがある (Quiggin 2013)．より最近に属する思想としては，動学的確率的一般均衡モデル (DSGE モデル) もある．これらのなかには，政策効果への含意から注目されているもの（リカード等価命題，合理的期待）もあるが，より抽象的に，市場経済がいかに作用しているかに関する経済像に関するものもある．

　まずは，現代マクロを特徴づける構成要素について，いくつもの誤解の問題がある．たとえば，効率市場仮説（の成立）は，つうじょうは市場経済が効率的に機能していることの証拠のように理解される．しかし，厳密な意味での効率市場仮説には，そのような含意はない．「現在の時点における将来市場の株価の期待平均は現在価格である」というにすぎない[1]．この命題は，ほとんどどの証券市場のどの時点においても成立するが，しかし，それは証券市場がバブルになったり，あるいはバブルが破裂しないことを意味しない．バブルにおいても，バブルの崩壊時においても，上の命題は成立するが，株式市場は大混乱に陥る．もし市場が効率的であるという主張が「市場は安定的で崩壊のような破壊的現象は起こらない」ということを意味するなら，効率市場仮説とは

まったくことなる主張を「効率市場」という文面から引き出していることになる．

　現代マクロをめぐる議論のなかには，現代マクロの推進者たちの経済思想にたいする強い批判がある．現代マクロの批判・反省にリーマン・ショックが関係しているとしたら，それはこれら推進者たちがもっていた経済観が「市場は安定的で崩壊のような破壊的現象は起こらない」という意味で効率的であるというものであったことに関係していよう．効率市場仮説は，このような市場経済観を補強するために動員されていたにすぎない．現実にリーマン・ショックのような事態が起こってみれば，市場が安定的に機能するという市場観は動揺せざるをえない．効率市場仮説のような現代マクロの個々の理論要素についても，より精密な理解にもとづいて，それらの含意が検討されることになろう．

　現代マクロの問題が個々の諸要素にたいするこのような誤解の問題であるだけなら，それは経済学そのものに反省を迫るほどのものではない．現代マクロの諸要素について，研究者や経済学の利用者たちがより厳格な理解をもつよう教育を改めればよいことになる．それは経済学の問題というより，人びとの経済学の知識の問題である．大学などでのより充実した教育ですむ問題であろう．しかし，クルーグマンや吉川洋が問題にするのは，このような誤解の問題ではないであろう．かれらが問題としているのは，現代マクロの諸要素が作りだしている経済理論や経済観，それにもとづく政策含意を問題としているちがいない．この点については，わたしもクルーグマンや吉川洋と同じ判断をもっている．

　現代マクロの経済理論や経済観を問題にするとしても，ここでも議論の水準はいくつかに分けられる．まず，計量モデルとしては，その予測可能性あるいは予測と現実とのフィットの問題がある．偶然の外乱を認めるモデルでは，得られた時系列を，経済統計から得られた時系列にそのまま当てはめるわけにはいかない．モデルが正しくても，偶然の起こり方が違うならば，モデルから得られた時系列と経済統計から得られた時系列とが一致することはありえない．せいぜい可能なのは，両者がおなじ統計的な性質をもつことであろう．その際，

モデルのパラメータ（助変数）を適切に変化させて，モデルの生成する時系列をどのていど実系列に近づけさせることができるのかが問題になるであろう．実物景気循環論が提起したカリブレーションは，こうした問題への1つの接近法である．

　第2の問題は，モデルの構成原理に関するものである．1970年代以前のモデル（しばしば，方程式体系モデルと呼ばれる）は，現象的に妥当するとされるマクロの方程式を連立させるものであったが，それは人びとの選択行為を暗に固定化するものだった．合理的期待は，これにたいし，個人の選択を組み込もうとする点で，ミクロ的基礎づけをともなうものだった．現在では，このような方向は，動学的確率的一般均衡モデル（DSGE モデル）として研究されている．このモデルには，形容語が3つある．「動学的」というのは，人びとの期待形成と異時間選択をラムゼー・モデルという形で取り込んでいることを意味する．「確率的」というのは，モデルに確率的に生起する外生的ショックがあり，人びとはこのショックを受けて，自己の行為系列を修正することを意味する．最後に，「一般均衡」は，消費者や企業がそれぞれの制約のなかで効用ないし目的関数を最大化されていることを意味する．ただし，これを言葉どおりに実現するのは，きわめて煩雑であり，モデルの作動に関する見通しも悪い．そこで，消費財は一種類，生産関数は資本財一種類と労働とを投入とする，といった簡単化のためのさまざまな仮定が織り込まれる．動学的確率的一般均衡モデルは，合理的期待を満たし，外生的ショックが導入され，さらに消費者や企業の行動をミクロ水準で模擬するという意味で，実物景気循環論もニュー・ケインズ派も依拠する一般的な分析枠組みとなっている．マクロモデルに対するさまざまな批判を取り込んでいるという意味では，動学的確率的一般均衡モデルはきわめて精緻なモデルである．

　動学的確率的一般均衡モデは精緻に組み立てられているが，だからといって問題がないわけではない．動学的な枠組みとしての異時点間選択では，人びとは合理的に期待形成すると仮定される．しかし，現実に長い将来にわたって見通しを立てられるかという合理的期待形成当初からの問題がある．将来の予測

はむずかしく，自己の行動についてさえ，予想は漠然としている．このような状況のなかで，人間の行動は近視眼的であり，かつ過去の習慣に強く依存するものとなっている（Cyert and Simon 1963）．それは人間が非合理な行動を行なうというものではなく，視野と合理性の限界のなかで，人々がとれる適切な判断の結果でもある（塩沢由典 1998a）．合理的期待形成仮説は，1970年代のフィリップス曲線をめぐる論争において，曲線が安定しない（あるいはそもそも曲線とならない）といった現象にたいし，「ケインズ派」モデルの弱点を指摘するには有効であった．しかし，生身の人間の経済行動の記述としては，きわめて一般性の乏しい原理である．フィリップス曲線をめぐる議論では，それは有効な指摘であった．インフレが長引けば，多く人びとが（順応的に）行動を変え，その結果として，インフレ効果が縮小することは起こりうる事態である．合理的期待形成は，人びとの期待が一致して形成される場面では1つの分析手段となりうる．しかし，人びとの期待が分裂するような場合にはほとんど分析の指導原理にはなりえない．

　合理的期待形成の問題点は，バブル形成という資産市場に普遍的にみられる現象についてみればよく分かる．バブル形成期において人びとの期待が収斂しつつある状況のなかでは，合理的期待形成仮説は，よく適合する．人びとは価格上昇を予想し，その予想にもとづいて投資する結果，期待は実現する（社会学にいう自己実現的予言）．しかし，バブルは，つねに弾ける．それがいつ弾けるか．その予想はほとんど困難である．リーマン・ショックの直後，イギリスのエリザベス女王がLSEを訪れた際，「なぜだれもそれを予知できなかったのですか」と質問した話は有名である[2]．バブルの崩壊は，経済理論によっても（あるいは原理的に）予想できないものであり，そのような事態をも含む未来を合理的に予想できなかったのはとうぜんである．しかし，合理的予想が一般的に適用できると考えたとたん，その理論はバブル崩壊を排除するものとなってしまう．

　動学的確率的一般均衡モデルを特徴づける「一般均衡」という性質も，その名前にふさわしい内容をもつものとはいえない．たとえば，消費者の行動を例

にとってみると，それは基本的に一財モデルであり[3]，そのようなモデルで考えよう・分析しようとすること自体に，すでに問題の所在をみえなくさせる構造があると考えている（塩沢由典 1983, 序説：2013a「一財モデルの罠」）．なぜなら，日本の現在の問題は，需要構造・産業構造・就業構造の同時的転換をはからなければならないのであるが，動学的確率的一般均衡モデルにはそのような分析方向は，まったくみられない．

マクロ経済学は単純なソローモデルから動学的確率的一般均衡モデルへとその内部構造は発展しているが，モデルの構成原理は，いぜんとして議論の余地の多いものである．さらに問題なのは，モデルの構成が複雑になればなるほど，それを理解するのに多くの学習時間を必要とすることがある．多くの研究者たちが，学習した資産をムダにしないために，モデル自体にたいして疑問を感じていながらも，主流の研究プログラムに乗って手早く成果を上げようとする傾向がある[4]．現代マクロが深刻な問題を抱えていながら，それにたいする真剣な反省が生まれにくい学問的構造がますます深まっている．

現代マクロの第3の問題は，これらを体現するマクロ経済学にほぼ共通してみられる経済に関する政策思想の問題である．典型的な議論として，実物景気循環論を取ってみよう．経済循環は外生的な技術ショックによって起こるものであり，そのような技術ショックにたいし，経済は最適な径路で新しい状況に適応している，と実物景気循環論は考える．その政策的含意は，政府の介入は基本的に不要というものである．実物景気循環論に対立するニュー・ケインズ派は，賃金や価格の固定性が問題であると考えているが，規制緩和によって価格の固定性を弱めることができれば，経済はうまく行くと考える点では，実物景気循環論と大差がない．

政策思想に関するさらに深刻な問題は，現代マクロが有効需要原理を理論化・モデル化できないために，有効需要の不足という問題が存在しない（あるいは存在しえない）と考えるにいたっていることである．レーガノミクスが登場していらい，経済成長を阻害する要因として供給面を重く考えるか，需要面を重く考えるか，という対立が再燃した．小野善康（1998, はじめに）によれ

ば，「供給側の経済学」と「需要側の経済学」とは，経済学の歴史において過去 200 年にわたり繰り返されてきた対立である．2 つの立場の対立は，2000 年代初期に，日本の長期不況をどう判断するかをめぐっても繰り返された（岩田・宮川 2003；浜田・堀内 2004）．一般論からいえば，特定の不況において，供給側が主たる制約条件になることもあれば，需要側が主たる制約条件となることもある．現代マクロの問題は，その理論構造から，基本的に供給側の経済学になっていることである．

このような事態の一部は，現代マクロがフリードマンのフィリップス曲線批判や合理的期待形成によるルーカスの批判から始まったという歴史的経緯が反映している．しかし，より深い問題は，現代マクロの理論構造自体にある．ルーカスやサージェントは，貨幣的ショックを問題にしたが，キドランドとプレスコットの実物景気循環論は実物面での外生的ショック（技術ショック）が景気循環を引き起こすというモデルを作り上げた．かれらはこの新型モデルを防御するためにカリブレーションという推測統計の新方法を持ち込んだ．この新兵器によって，かれらは自分達のモデルが十分な統計的一致をもつことを主張した．しかし，実物景気循環論の問題は，それが十分な統計的一致をもつかどうかではなく，すべての生産が現時点で用意されている資本と労働によって決まっているという経済観そのものにある．これが新古典派の生産の基本イメージであることは認める．ケインズ派を自認するソローの成長理論は，実物景気循環論が想定する生産関数と同じものに基づいている[5]．経済の総生産は，その時点の投入にのみよって決まってくるというのが，実物景気循環論の想定するモデルである．ここには，有効需要が生産を制約する事態は，いっさい考えられていない．

ニューケインジアンも共通枠組みとする動学的確率的一般均衡モデルは，どうであろうか．ニューケインジアンたちは，失業の発生を労働市場の特性に求めたり（サーチ理論／探索理論）商品市場の価格硬直性に求めたり，失業が有効需要不足にあることを忘れている．動学的確率的一般均衡モデルに有効需要を盛り込む可能性については，どうであろうか．そう試みた例がないわけではな

い（Farmer 2008 ; Guerrazzi 2010 ; Gelain and Guerrazzi 2010）．しかし，そのモデルを検討すると，有効需要の基本的な問題が取り入れられていなことが分かる．需要が投資と消費とで構成されているのはいいが，投資がアニマル・スピリットを代表するとする独立投資とあとは確率的に変動する部分の和となっている．これでは，需要制約均衡といっても，需要や産出，雇用も基本的に確率的に駆動されているにすぎない．動学的確率的一般均衡モデルに有効需要を導入することが原理的に不可能であるとまでいわないが，有効需要原理と一般均衡とがなかなか調和しない観念体系であることは，現代マクロの出現以前からよく知られている．その難点を克服できないうちは，形式的に有効需要をモデルに盛り込んでも，Guerrazzi（2010）たちの失敗を繰り返すことになろう．

このように現代マクロは，その理論内容において「供給側の経済学」となる傾向を帯びており，それは現在の日本における政策論議においても，大きな影響を及ぼしてきた．理論やモデル構築におけるこうした傾向が政策論議を方向づけるとしたら，それはきわめて重大な政治的偏向をもたらすことになる．

上に指摘したことは，ありうる批判のごく一部にすぎない．それにもかかわらず，若い研究者たちの多くは，現代マクロ経済学を基本的には健全で発展的なものとして受け入れている．動学的確率的一般均衡モデル1つ理解するだけでも，若い研究者にとって相当な時間的負担である．そのような負担を払って獲得した手法を生かしてみたいという気持ちは分からぬでもない．また，そのようなモデルを使って解明できる余地がまだいろいろ残されていることもたしかであろう．だが，問われているのは，動学的確率的一般均衡モデルといった研究プログラムによって，現代経済の問題にどこまで迫れるかである．発展の余地がいくらか残されていることをもって，この研究プログラムを続けてよい理由にはならない（市川惇信 1996, p.85）．

2．マクロ経済学のミクロ的基礎づけ

現代マクロには，このように問題点が多い．しかし，だからといって，30

年前のマクロ経済学，つまり 1980 年以前のマクロ経済学に戻ればよいのだろうか．Robert J. Gordon (2009) の考えは，これに近い．もちろん，Gordon (2009) も，30 年前のすべてのマクロ経済学がよいとは言っていない．Gordon (2009) が提案するのは，1978 年に出版された 2 つの大学院レベルの教科書に提示されたマクロ経済学である．その 1 つは，Dornbusch and Fischer (1978) であり，もう 1 つは Gordon (1978) だという．Gordon (2009) によれば，これら 2 つの教科書には，フィリップス曲線に依拠した説明はなく，1970 年前後に展開された Friedman (1968) や Lucas (1972) の批判から免れているという．Gordon (2009) によれば，1960 年代のフィリップス曲線とケインズ経済学とが結びつけられてしまったのは，Lucas and Sargent (1979) などの説得的修辞の結果であるという．Quiggin (2013) は，フィリップス曲線が反ケインズ派の攻撃の中心目標になってしまったのには，ケインズ派の側にも問題があるとして，1958 年の Phillips (1958) までさかのぼって反省することを提案している．

　しかし，フィリップス曲線だけが，1960 年代以後のケインズ経済学の失敗の原因だったのだろうか．フィリップス曲線を前提にしないケインズ経済学は，現代マクロを超える可能性をもっているだろうか．わたしは，疑問に思う．現に Gordon (2009) を読んでみても，そこに今後の経済学を先導していくような大きな方向は感じられない．Gordon (2009) がいうように，ケインズ経済学とフィリップス曲線とに（不可分の）論理的連結があるとはわたしも思わない．しかし，ケインズ経済学を固定価格の世界における総需要の理論と特徴づけるだけでじゅうぶんだろうか．フィリップス曲線から自由になったケインズ経済学が，価格の固定性を強調し，需給不一致（non-market-clearing）を市場における量的分配（rationing）と理解する枠組みでどこまで進めるだろうか．

　フィリップス曲線だけについていえば，Lucas (1972) の登場は象徴的な事件であった．しかし，1970 年代前半はルーカス批判に代表させることのできないもっと大きな転換点だった．その時代を象徴するもう 1 つの現象は，著名な経済学者たちが会長講演などでつぎつぎと経済学の現状について反省と苦情と方向転換を訴えたことだった（塩沢由典 1990, 第 9 章注 (2) をみよ．そこには

13の論文が例示されている）．そこに表明された経済学の現状に対する疑問は多岐にわたる．そのすべてに答える必要はないが，Gordon (1978) や Dornbusch and Fischer (1978) がそれらの疑問の1つにでも答えて，新しい方向を示したといえるだろうか．IS-LM 分析が理論的に不十分なアプローチであることは，Leijonhufvud (1968a, 1968b) にも強調されていたし，Phelps (1970) にも示されていた (Howitt 2002)．

　Gordon (1978) や Dornbusch and Fischer (1978) の直前の経済学は，どういう状況だったのか．あとからみれば，1970年代は，ケインズ経済学から反ケインズへ，新しい古典派マクロ経済学とニュー・ケインズ派経済学への転換点だった．現在では，ニュー・ケインズ派と区別してみずからを（なかば自嘲的に，なかば自負をもって）オールド・ケインズ派と名乗る人もいる．1970年以前のマクロ経済学といえば，その主流は当時「ケインズ派経済学」を自称していたオールド・ケインズ派経済学だった．『一般理論』以降，1970年までに30年以上の年月が流れているから，ケインズ派経済学といっても多岐多様である．そのすべてを取り上げることはとうていできないが，この時代のケインズ派経済学の主流がヒックスやサミュエルソンの整理した「ケインズ」だったことはまちがいない．このようなケインズにたいし，それはケインズの真意を理解していない解釈だとジョーン・ロビンソンらが主張したが，わたしはふつうに『一般理論』を読む限りは，ヒックスやサミュエルソンの解釈がそう誤りだとは思わない．

　ヒックスやサミュエルソンのケインズは，均衡の枠組みに載せたケインズだった．それにロビンソンは異議を唱えたのだろうし，その異議じたいの意義はみとめる．しかし解釈としては，Kohn (1986) や吉田雅明 (1997) などが明らかにしたように，ケインズ『一般理論』の「成功」は，前著の『貨幣論』の継起分析 (sequence analysis) をすてて，ケインズが均衡の方法を採用したことにあった．もちろん，それでよかったわけではない．当時の経済学者や政策への影響という観点からは成功であったが，これは内部に大きな代償を含むものだった．

1つは内部に矛盾を抱え込むことになった．『一般理論』は，生産の貨幣的理論を目指したものであり，現物経済とは異なる経済を分析するはずのものであった．しかし，Kohn（1986, pp.1219-20）が指摘するように，貨幣的分析と均衡の方法とは，相互に相容れないものである．そのため，解釈者たちは，貨幣的分析を採るか，均衡の方法を採るかを迫られた．ケインズ自身が貨幣的分析に失敗していた以上，『一般理論』の解釈者たちが，均衡の方法を採用してケインズを解釈したのはとうぜんであった．簡単にいえば，分かりやすく理解するには，それのみが開かれた可能性だった．

　均衡の方法によるケインズ解釈は，第2次世界大戦後の経済学と経済政策の世界で大きな成功を収めた．1965年の *Time* 誌は「われわれはいまやみなケインズ派だ」という見出しで表紙を飾るほどだった．しかし，貨幣経済の分析が真にむずかしさを含んでいるとすれば，この「分かりやすさ」は問題だった．それは経済政策に対する安易な理解を広めたし，経済学そのものにも，大きなゆがみを生んだ．ケインズの均衡は，瞬時均衡と時間を通しての均衡の2種類あるが，ケインズは自己の理論の防御にあたり，早期に時間を通しての均衡に切り替えた（Kohn 1986, pp.1211-12）．しかし，この均衡概念によるかぎり，Kohn（1986, pp.1216-17）によれば，ケインズ均衡が存在するためには，貨幣賃金が固定的であることが必要十分となる．もしそうとするなら，オールド・ケインズ派がニュー・ケインズ派を責めることはできない．なぜなら，ニュー・ケインズ派は，たんにオールド・ケインズ派の論理的帰結を受けて，貨幣賃金の固定性を説明しようとしているにすぎないからである．ニュー・ケインズ派とオールド・ケインズ派とを安易に対立させることはできない．

　前述のように1970年代前半には，著名な学者がつぎつぎと経済学の現状にたいして反省ないし不満を述べた時代だった．フランク・ハーンは，この時代を「われら不満の冬」と揶揄している（Hahn 1973）．反省と不満の表明は，ハーンが指摘したように，最先端の論文を読んでも分からないという水準のみに留まるものではなかった．反省と不満は，とうぜんながら，経済学の革新，ブレークスルーへのさまざまな挑戦があった．マクロ経済学のミクロ的基礎づけとい

う研究プログラムは，その中心的なものの1つであった．

この研究プログラムは，Clower(1965)とLeijonhufvud(1968)に刺激を受けて，バローとグロスマン，ベナシ，マランヴォ，などにより始められた．レイヨンフーブドの本Leijonhufvud (1968) は大成功であった．1970年代の初期に経済学を学び始めたものにとって，クラウワとレイヨンフーブドの考えは，次の時代への方向を示しているかのようにみえた．しかし，この運動は，1970年代後半には急速に変化していった．簡単にいえば，それは新しい古典派の研究プログラムへと吸収されていった．すでに述べたように，フィリップス曲線の不安定性や，フィリップス曲線に依拠した政策的調整という思想に対し，Lucas (1972)の批判はじゅうぶん強力だった．マクロ経済学にミクロ的基礎が必要であるとしたら，インフレの恒常化にたいし，人びとが行なうであろう適応的行動は，合理的期待形成仮説が想定するようなものであっただろう．こうして，マクロ経済学のミクロ的基礎づけという研究プログラムは，その内的論理によって，新しい古典派マクロを準備したのであった．

レイヨンフーブドは，このような可能性にうすうす気づいていたかもしれない．Leijonhufvud (1998, p.175) には，新ワルラス流の最適化行動（非模索過程）によりマクロ経済学を基礎づけるという方向に限界を感じ，マランヴォらの研究方向には加担しなかったと回顧している．Clower (1965) の示した，数量の小さい側が「再決定」するという考えにもとづくケインズ経済学の基礎づけは，1970年代後半にはすでに行き詰まっていた．

1960年代までのケインズ経済学がなぜ行き詰まったのか．Leijonhufvud(1998)は，破綻の理由をヒックスのIS-LM分析に象徴されるワルラス流の経済学にあったとしている．かれは，経済学の伝統を「現代」理論と「古典」理論とに二分し，ケインズを「古典」の伝統にたつものとしている．ここで「現代」modernと「古典」classicalの2つの形容語は，古典経済学とか現代経済学とふつうにいうものとはまったくちがう定義において用いられている．レイヨンフーブドによれば，「古典」の伝統とは「適合的で進化論的」なものであり，「現代」の伝統の極印は「最適化と均衡」にある（Leijonhufvud 1998, pp.169-170）．

近代経済学の問題が最適化と均衡にあることに異論はない（塩沢由典 1983）．「現代」理論が「効率的配分の論理的諸原理」（Leijonhufvud 1998, p.170）にこだわるあまり，時間と情報の流れのない世界を作ってしまったという批判は，そのとおりであろう．均衡と最適化に代えて，レイヨンフーブドは「サイバネティックな接近法」（Leijonhufvud 1968 ; Howitt 2002）を提唱した．それはすべての市場が均衡にある理想的な状況を特定しようというのでなく，「所与の状況において取引者が取りうる行為の集合と，そのなかから特定の行為を選ぶ行動規則」（Howitt 2002）を特定し，状況がどのような時間的推移をたどるかを追求しようというものであった．ここには，H.A. サイモンらの組織経営学が問題にした「状況の定義」と類似の発想がある（塩沢由典 1997b, 第 1 章および同解題）．

経済をどのような枠組みのなかで分析しようとするか．その視点を大きく分けるとき，一方に「最適化と均衡」，他方に「適応と過程」とがある．それはわたし自身，長年主張してきたことであり，異論はない（塩沢由典 1983; 1997, 第 7 章解題）．後者をひとことでいえば，「均衡分析」にたいして「過程分析」を方法論的視点とする方向であろう．均衡分析 process analysi には，"period analysis" とか，"sequence analysis"，"step-by-step analysis" とか多様な呼び名がある．注意すべきは，この過程分析あるいは sequence analysis は，すでに指摘したように，ケインズ『貨幣論』の方法的視点であり，論敵であったホートレー，ロバートソン，ハイエクなども追求したものであった．この方法的視点は，貨幣分析においては，ケインズやロバートソンのみならず（Robertson 1933; 1936, p.186 n.7），スウェーデン学派とオーストリア学派にとっても重要な接近法であった（Coyne and Boettke 2004）．

レイヨンフーブドが「古典」の伝統を求めて時代を遡ったとき，それをマーシャルのなかに発見することになったとしても不思議なことではない（Leijonhufvud 1993, p.9）．しかし，Kohn（1986）がみていて，Leijonhufvud（1998）がみていないことが 1 つある．それは，すくなくとも 1920 年代・1930 年代の貨幣的分析において過程分析が主流だったということ，そしてその分析に固有の難しさのために，議論が紛糾し，収束の兆しがみえなかったことである．生

産の貨幣的理論は，たんなる視点の変更によっては，克服できない難関だった．レイヨンフーブドは，故意にか気づかずか，この点をじゅうぶんに認識していない．

　マーシャルは周知のとおり「経済学者のメッカは，経済動学よりも，むしろ経済生物学にある」と主著の序文に述べている．進化経済学の立場にたつものならだれも，マーシャルのめざしたものが「適応的・進化論的」分析であるという Leijonhufvud（1998）の指摘に同意するであろう．進化経済学といっても，その方法や視点には多様なものがある．Alchian（1950）を引いて，Leijonhufvud（1993）が考えるような進化過程には，わたしはかならずしも賛成できない．しかし，視野・合理性・働きかけの3つの限界の下にある個人たちの相互作用の過程を分析しようとするとき，計算経済学の方法をとることは1つの可能性である．わたし自身も，ほぼ同時期に「オトマータのネットワーク」という構想をもった（塩沢由典 1997，第1章）．この構想は，さいわいなことに，工学者たちの賛同を得て，U-MART という研究プロジェクトに結実している（Shiozawa and etc. 2008）．

　マーシャルの部分均衡分析を部分過程分析と捉えようとする人もすくなからずいる（Clower 1975；De Vroey 1998）．問題は，過程分析の方法をもちいてケインズの考えようとした生産の貨幣的理論を展開しようとするときの困難さにたいする自覚である．Leijonhufvud（1993；1998）には，もしわれわれがマーシャルの方法視点，適応的・進化論的な過程分析という問題視角を採るなら，生産の貨幣的理論が容易に実現するかのような楽観がないだろうか．

　学説史をたどって Kohn（1986）が指摘していることは，失業が安定的に存在する経済を説明しようとしたケインズも，適応的・進化論的な立場にたった過程分析では成功しなかったことである．ケインズはもとより，ホートレーやロバートソン，あるいはハイエクより，われわれは優れた能力をもっているのだろうか．かれらが到達できなかった極みにわれわれが容易に到達できると考えるのは，きわめて安易ではないだろうか．方法や視角が定まったからといって，経済学はかならずしも実質的に進歩するとはかぎらないのである．

物々交換経済とはことなり，それらから遠く離れているものとして運動している貨幣経済を分析するには，Kohn（1986, p.1201）が「新古典派貨幣分析」neoclassical monetary analysis と読んだ人たちの議論にもういちど帰らざるをえないであろう．もちろん，かれらがケインズを超えることができなかったように，そうしたからといって容易に突破口が開けるわけではない．しかし，かれらの煩瑣な議論に分け入って，それを現代に生かすことを探すしか，いまのわれわれには手がかりはない．

新古典派貨幣分析の時代にかえり，生産の貨幣的理論の構築をめざすとき，Leijonhufvud（1993; 1998）も Kohn（1986）も見落としているもう1つの大問題があるとわたしは考えている．それはマーシャルを代表とする新古典派理論の中核にある価格理論あるいは価値論である．

3．ケインズの「生産の貨幣的理論」

『一般理論』第21章をケインズは，つぎのように始めている．

> 経済学者は価値の理論と呼ばれるものを取り扱っている場合には，価格は需要供給の条件によって支配されるものであり，とくに，限界費用の変化と短期供給の弾力性とが支配的な役割を演ずる，と教えるのを常としてきた．しかし，彼らが第二巻か，あるいはもっとしばしばあることだが，別個の著作において，貨幣および物価の理論に移ると，われわれはもはやこれらのありふれてはいるが，わかりやすい概念を聞かず，別の世界に引き入れられる．（『一般理論』塩野谷祐一訳, p.292）[6]

ケインズが明確に気づいていたように，新古典派の価値論（相対価格の理論）と，価格の理論（物価水準の理論）のあいだには，大きな溝があり，両者は異なる2つの理論として存在していた．ケインズが生産の貨幣的理論を構想したとき，この両者の統合に心がけたにちがいない．上の引用のつぎの段落では，ケ

インズはこう言っている．

> これまでの章の目的の一つは，この二重生活から脱却し，全体としての物価の理論を価値の理論と密接に関係づけることであった．経済学の一方における価値および分配の理論と，他方における貨幣の理論とに分けることは，私の考えでは誤った分類である．…（中略）…なにが全体としての産出量と雇用を決定するかという問題に移るや否や，われわれには貨幣経済の完全な理論が必要である．（『一般理論』塩野谷祐一訳, p.293）

しかし，ケインズは，第20章までに二重生活からの脱却を可能にしただろうか．あるいは，第20章およびそれ以降において，それに成功しただろうか．わたしは，答えは否だと思う．第20章以前に，ケインズが「価値の理論」について言及することはほとんどないし[7]，企業ないし産業水準で需要と供給が語られるのは，供給関数とその逆関数としての雇用関数の議論などに限られている．

ケインズと「価値の理論」（すなわち，ふつうにいう新古典派経済学）との関係で明らかなのは，『一般理論』第2章「古典派経済学の公準」において，かれのいう第二公準を否定したことである．ケインズのいう「古典派雇用理論」の2つの公準とは，つぎの2つをいう．

第一公準　賃金は労働の（価値）限界生産物に等しい．
第二公準　一定の労働量が雇用されている場合，賃金の効用はその雇用量の限界不効用に等しい．

第二公準は所与の賃金水準における労働者の労働供給態度を，第一公準は所与の賃金水準における企業の労働需要態度を示す．問題は，ケインズが第一公準は認めると言っていることである．

第二公準における「賃金」が実質賃金を意味していることは，直後のケイン

ズの説明から明らかであるが，第一公準における「賃金」が貨幣表示された名目賃金なのか，それとも賃金財バスケットの物価指数で補正された実質賃金なのか，は明確ではない．ケインズが賃金単位の総需要量，総供給量という概念を強調するところをみると，第一公準においても，ケインズは実質賃金を考えていたとすべきであろう．すくなくとも，新古典派経済学において，第一公準のような命題を立てるとすれば，その賃金率は実質賃金だった．そうすると，通常の新古典派生産関数を想定し，短期には資本は一定だとすると，産出量を増やすには実質賃金を切り下げるしかない．貨幣賃金を引き下げても，実質賃金は上昇するかもしれないとケインズは議論するが，第一公準を認めるかぎり，すくなくとも実質賃金の低下以外に産出量と雇用の増大をもたらすことは不可能である．

　ケインズは新古典派経済学のこのような単純な帰結を認めなかっただけでなく，総需要あるいは有効需要が重要だというまったく別の議論をもちだす．わたし自身も，ケインズの最大の貢献は，有効需要の原理の発見にあると考える．そのかぎりで，雇用を考えるのに総需要あるいは有効需要をもちだすとことに異論はない．しかし，第一公準を認めるというかぎり，資本が一定であるかぎり，さまざまな要因が働いても，けっきょくは実質賃金の低下を媒介にしてしか産出量と雇用は増大しない[8]．

　この一事だけをとっても，ケインズの構想と新古典派経済学とが整合しないことは明らかである．ケインズ自身，『一般理論』日本語版序文において，「イギリスの古典派的（あるいは正統派的）伝統からの離脱」について語っている．ここでいう古典派的伝統が具体的にはマーシャルを意味することは文脈から明らかであるが，マーシャルの経済学体系は，第二公準さえ否定すれば，「一定の産出量の生産および分配に関する」マーシャルの理論から，「全体としての産出量および消費に関する」理論（ドイツ語序文）は生まれえただろうか．

　過程分析に戻れというレイヨンフーブドの展望が不十分なのはこの点である．過程分析に戻ることによっては，マーシャルの理論は，ケインズが構想した理論つまり「全体としての産出量」に関する貨幣的分析の理論には転化しな

い．古い慣習から抜け出そうとするケインズの長期にわたる闘いにもかかわらず，ケインズは，マーシャル体系のなにがかれの構想の真の障害なのか，その正体を突き止めることができなかった．その結果，第二公準のみは否定するが，第一公準ほかの新古典派体系，とくに新古典派価値論は，維持できるとケインズは考えてしまった．『一般理論』の言説をむずかしいものにし，矛盾の多いものにしたのは，マーシャル体系ないし新古典派価値論なのではないのか．これは『一般理論』以後80数年後の後知恵にすぎないが，Leijonhufvud（1998）には，そうした疑いがまったくみられない．それでは，なぜロバートソンが有効需要の原理と産出量の理論に到達できなかったか，説明できない．ロバートソンは，新古典派理論をよく理解し，過程分析ないしstep-by-stepの方法を自覚していた．

　新古典派経済学とケインズとを整合的に理解しようとする試みは，ケインズ以降にも，さまざまに行なわれた．もっとも標準的な解説は，セイの法則とワルラス法則とを区別するものであろう．ある商品につき需要関数・供給関数があり，その市場をクリアする価格が存在するとしよう．これが任意の商品について成立するなら，生産物とともにすべての資源についても，需要と供給とは等しくなる．このような状態では，生産は全体として供給ないし資源により制約されるが，需要に制約されることはない（Kaldor 1975, p.349）．新古典派の世界では，供給制約はあっても，需要制約はない．新しい古典派マクロの市場経済観を支えているのも，こうした認識であろう．もちろん，これではケインズ経済学にならない．そこである商品市場のみは特別だという議論が出てくる．商品の中に貨幣が数えられていただろうか．貨幣を除く全商品がN種類あったとするとき，貨幣を含む$N+1$種類の市場すべてについて集計すれば，ワルラス法則が成り立つ．しかし，貨幣を含まないN種類の市場では，貨幣の超過需要が0でないかぎり，セイの法則は成立しない．貨幣の超過需要を正にさせる1つの便法が，流動性選好であった[9]．

　流動性選好が最終解決になると考える研究者は多いが，わたしは懐疑的である．流動性選好の考え方は，のちに資産選択理論（あるいはポートフォリオ理論）

として発展した．確率的に定常的な経済における「資産の最適化」という観点からは，それはすぐれた金融技術であろう．このような資産選択の一環として人びとが貨幣（現金ないし当座預金）を保有しようとすることはよくわかる．しかし，流動性選好説がケインズがめざそうとした「生産の貨幣的理論」の適切な理論とは考えにくい．それは，ヒックスの IS-LM 理論の基礎であり，レイヨンフーブドを含む多くの理論家が否定してきている．そもそも，ワルラス法則は成り立つが，セイの法則が成り立たないのは，貨幣の超過需要があるためだという発想じたい，ほとんど貨幣数量説と同様のものである．流動性選好説と対をなすものとして，利子率の高低が投資需要の変化を支配するという，資本の限界効率理論がある．しかし，『一般理論』直後に発表されたオクスフォード調査が明らかにしたように，企業家はその投資決定にあたって，利子率の高さをほとんど考慮していない．ケインズ自身はともかく，後の経済学者たちの多くが，この事実を無視して資本あるいは投資の限界効率を議論してきたことにも問題がある．これらはケインズの意図にもかかわらず，かれが貨幣の理論をうまく組み立てられなかったことを意味していないだろうか．

　貨幣の基本的な機能は，それによって商品を買うことであるが，買うのに使った貨幣は，経済から消滅するわけではなく，売手の手にそのまま残る．売手がこれを保蔵するのでなければ，この貨幣はまた商品の購買に使われるだろう．貨幣の基本的な機能は，このように人の手から手に循環的に渡って交換を媒介することにある．その機能は，一時点を固定して需要と供給の均衡を成立させれば終わるものではない．これこそが貨幣的分析が均衡分析ではなく，過程分析を必要とする最大の理由である．

　Kohn (1986) が正しく指摘したように，過程分析によって貨幣経済を分析することは，容易な道ではない．ロバートソンやハイエクが目覚しい成果を上げられなかったのも，ケインズが新古典派貨幣分析から意図的に脱落したのも，そのためである．しかし，均衡分析の方法が袋小路に入り込んだことが明らかになっている以上，われわれはもういちど過程分析という困難な道に戻らないければならないのである．

われわれの道は閉ざされているのだろうか．困難な道ではあるが，ケインズもヒックスも，さらにはクラウワーもレイヨンフーブドも考えなかった，1つ大きな可能性が開かれている．それはマクロ経済学のミクロ的基礎づけにおいて前提とされていたミクロ経済学を転換させることである[10]．

4．マーシャルとケインズ

新古典派経済学の中核は，その価値論にある．この価値論の基本は，「需要と供給の均衡」equilibrium of demand and supplyである．マーシャルは，『原理』第5編第3章の脚注において，経済学のどんな初級教科書にも載っているような交差図形を提示している（Marshall 1920, p.288）．需要曲線と供給曲線とがあり，需要曲線は右下がり，供給曲線は右上がりであるので，正象限のどこか1点で交わるというものである．

ケインズは，（新）古典派の「思考と表現の慣習的方式」から脱却しようと長年にわたり闘った．しかし，かれが需要供給の均衡という新古典派の価値論からどれだけ逃れ出られたかというと，その評価は難しい．第二公準の否定は，その1つであるが，それは労働市場だけに関するものだった．他の財・用益の商品市場では，ケインズはどう考えていたのだろうか．『一般理論』に散見する「需要と供給の相互作用」に関する記述をみるかぎりでは，かれがその標準的考え方から大きく脱却できたことはうかがえない．

しかし，1つ手がかりがある．それが有効需要の原理である．『一般理論』の第3章「有効需要の原理」は，かれ自身の考えを積極的に提示する最初の章であり，セイの法則の成り立たない経済に関する一般理論を打ち立てるという意気込みを示した重要な章である．それにもかかわらず，この章の構成がうまくなされているとはとうてい思えない．あえていえば，ケインズはここで有効需要というケインズ経済学においてもっとも重要な概念を提示しながら，それを正しく説明できていない．

第3章における有効需要の定義は，こうなっている．まずケインズは，全労

働雇用量を独立変数とする総供給関数と総需要関数が定義されるとし，その両者が等しい値をもつときの D（売上高）の値を「有効需要」というと定義している．もしこれが有効な定義ならば，定義の対称性からみて，同じ値は「有効供給」と呼ぶこともできる．それで有効需要の原理が説明できたと考えることはできない．現在アメリカのマクロ経済学の教科書には，総供給と総需要という概念は残っていても，有効需要という概念は消えている．このような現象の種は，すでに第3章第1節において撒かれていたのである．

このような定義の失敗にもかかわらず，こんにちわれわれが有効需要の概念を曲がりなりにももつことができるのは，有効需要の概念をなんとか伝えようと，最初の定義とは別に，ケインズがさまざまなかたちでそれについて語っているからである．その1つがセイの法則を批判するさまざまな言説であるが，もっと分かりやすいのは，総供給関数の逆関数として定義されるという雇用関数である．

もちいられる諸概念の詳細な定義は省略するが，ケインズは『一般理論』第20章において，「雇用関数の目的」を「ある企業あるいはある産業あるいは産業全体に向けられた賃金単位表示の有効需要をある雇用量に関係づけることである」(Keynes 1936, p.280) と言っている．ここで，この関数が産業全体だけでなく，各企業あるいは各産業の水準でも定義できると言っていることが重要である．類似の注意は，「単位の選定」に関する第4章にもみられる．

企業 r についての供給関数の定義を第4章でみると，供給関数

$$Zr = \phi(Nr)$$

は，売上金額 Zr の期待が雇用水準 Nr を生み出す関係を示すとされている．第20章では，賃金単位表示の有効需要量 Dwr がその企業の雇用量 Nr を生み出すとされている．単位の取り方を無視すれば，これらはともに各企業において売上の期待が一定の雇用量を生み出すとしている．したがって，供給関数・雇用関数は，ともに売上の期待が雇用量を決定する関係を表現している．売上金額 Zr と有効需要 Dwr とを同じものだとすれば，これは基本的に売上期待が

雇用量を決定する関係である．もし決定関係がそのようなものであるなら，雇用関数は，独立関数が与えられると被説明変数が決定されるという素直な関係を表現しているのにたいし，供給関数は，非説明変数を独立変数とし，説明変数であるべき売上期待を従属変数とする，やや逆転した関係を表す．

　変数間の決定関係は，均衡点を求めようとするときには，問題にならない．有効需要が奇妙なかたちで定義されていたにもかかわらず，なんとか受け入れられたのは，ケインズが（一時）均衡を考えるという分析方法を採ったためである．それがけっきょくケインズを新古典派ケインズ経済学へと導いたことは第3節に述べた．均衡を求めるのでなく，過程分析に立ち戻るならば，決定の順序と方向は無視できない重要なものとなる．この枠組みでは，有効需要が雇用量を決定するという関係が存在することが，企業・産業・産業全体の各水準で成立する（Fujimoto 2013 をもみよ）．もしこれが有効需要の原理であるとするなら，企業あるいは産業の水準で有効需要の原理が成立することになる．なぜケインズは，この水準から組み立てることをしなかったのだろうか．このような場合，合成の誤謬を指摘する人がしばしばいるが，ケインズがここでそのような問題があると考えていなかったことは，雇用関数が「加算的」であると明言している（Keynes 1936, p.282）ことからも明らかである．

　ここで決定関係を議論することが均衡の枠組みを突き崩してしまうという危惧をケインズがもっていたかもしれない．しかし，より深い理由として，マーシャル的伝統をあげることができよう．ケインズの供給関数・需要関数は，マーシャルの供給関数・需要関数とは，明らかに異なる．前者は総雇用量と（賃金単位で計った）売上の関係であり，後者は特定の財・用益の数量と価格の関係である．だが，両者のあいだには，不思議な共通点もある．まず，第1は，決定関係とは逆の関数関係が考えられていることである．この関数関係を説明するために，マーシャルは，供給価格・需要価格という概念を導入する．これはケインズも踏襲している．

　供給価格 supply price とはなにか．マーシャルの定義は，こうなっている：

一商品のある所与の数量を生産させる努力を引き出すに必要な価格を，その数量に対する供給価格と呼ぶことができる．(Marshall 1920, p.118, p.282 にもほぼ同文が繰り返されている．)

　この定義によれば，供給価格は，商品の数量にたいして決まる．この関係を関数型で書くとすれば，$p = f(x)$ というかたちになるだろう．ここに，x が商品の数量，p はその供給価格である．しかし，この関数関係がどのように生まれているかについて考えてみると，そこに暗に考えられているのは，価格 p が与えられると，数量 x が決まってくるという関係である．通常の数学的慣行では，このような関係は，ふつう $x = g(p)$ と書きあらわされる．

　もちろん，無理して数量 x が供給価格 p を決めるという関係が考えられないわけではない．ある経済がある商品をもっとも効率的に（つまり，代替の原理を働かせて）x だけ生産したとする．このとき必要となった総費用を p とすれば，この p は $p = f(x)$ と書かれてふさわしいものであろう．問題は，これを「供給価格」と呼びうるものかということである[11]．術語は，それを定義する人の自由という慣行主義（Hilbert『幾何学の基礎』序文）によれば，こう定義することは許されないことではない．しかし，経済学において人びとの慣用を無視することは勧められない．もし名づけるなら，この p は「x の生産費」というべきものであろう．それをあえてなぜマーシャルは，これを「供給価格」と名づけたのか．

　マーシャルの『原理』においては，じつは供給価格 supply price は，生産費 cost of production と同一のものである．生産費ということばが J. S. Mill などによって生産の実質損失 real cost of production と，その貨幣的表現である生産の貨幣的損失 monetary cost of production との二重の概念で使われたことで，多くの混乱が起こったとマーシャルは考えている（Marshall 1920, p.282 n.2）．貨幣的損失は生産支出 expences of production というべきだと注意したあと，かれは生産支出は「それ（商品）を作るのに必要とされた適切な努力と耐忍を（市場に）もたらすために支払われた価格であり，あるいは別のことばでいえば，供給価格である」(Marshall 1920, p.282) と指摘している．別のペー

ジでは，企業の「正常な生産支出」には，「経営陣の粗収入」gross earnings of managements も含まれると注意している（Marshall 1920, p.285）．たしかに，こう考えないと，収穫一定や収穫逓増の場合における生産費＝供給価格などを定義するのは難しくなる（このことの意義は，のちにもういちど議論する）．

　もし，この個所のマーシャルを重視するなら，マーシャルは，のちにフルコスト原理と呼ばれることになる価格設定方式をも暗に考えていたともいえよう．それにもかかわらず，マーシャルが p を供給価格と呼ぶことにこだわったのは，なぜであろうか．たぶん，それはマーシャルが供給価格・需要価格という対称性にこだわったためであろう．伝統的な需要供給の法則を再解釈するものとしては，需要と供給という用語とともに，需要と供給とを対称的に扱う必要があったからであろう．ただ，問題はその点にとどまらない．マーシャルはなぜ現在の新古典派価値論の説明のように，価格を変数として，与えられた価格（ないし価格体系）のもとに，供給量と需要量とを定義して，両者の等式が成立する点として，需要供給の関係を説明しようとしなかったのだろうか．

　マーシャルが数量を独立変数とする需要価格・供給価格を考えた伝統は，現在にまで及んでいる．大学初年級（あるいは高等学校）などでの経済学では，需要供給法則を図示するのに，数量を横軸，価格を縦軸にとることが多い．この伝統がマーシャルに発することはよく調べられている（S. Gordon 1982）．現在では，需要曲線・供給曲線の説明そのものは，価格を所与とするときの消費者と生産者（企業）の最適化行動をあらわすものとされている．それにもかかわらず，それらをグラフ化するときは，独立変数を縦軸に，被説明変数を横軸におき，それを経済学の慣習として済ますことが多い．Gordon（1982）によれば，マーシャルは，数学の慣習を意図して無視したのではなく，そうするのがすべてを整合的に説明する方法と考えたためだという．では，なぜ数量を独立変数にすることをマーシャルは選んだのか．Gordon（1982）は，その主要な理由として，マーシャルが消費者余剰および生産者余剰をかれの経済学の中核においたからであるとしている．しかし，わたしにとっては（そして，たぶん読者にとっても），Gordon（1982）が（副次的な）1つの理由としてあげたことのほうが

興味深い．それは，短期・長期における市場の調整過程がどのように機能するかについて，マーシャルが独自の考えをもっていたためだという．『原理』においても，それ以前の初期著作においても，マーシャルは調整変数として数量（産出 output）を考えていた（Gordon 1982, p.35r）．もしそうなら，独立変数として数量をとるのは妥当というべきであろう．

　もしこの推定が正しいなら，マーシャルはほとんど『一般理論』のケインズに迫っていることになる．じっさい，ケインズの（総）供給関数・（総）需要関数は，雇用量が独立変数となっているが，その説明をよくよむかぎり，総需要と総供給は，ある雇用量と産出にたいし決まるものであり，企業の意思決定としては雇用は産出の必要に応じて決められるものであることを考えれば，総産出（総生産）にたいし総需要と総供給とが決まると考えてもよい．産業全体を考えるときには，総産出を物的数量で考えるか（そのとき，総産出はベクトル量となる），金額で考えるかの違いがあるが，どちらにせよそれらを Y と書くことにすれば，総供給関数は　$Z = \phi(Y)$，総需要関数は $D = f(Y)$ と書ける[12]．ケインズのいう有効需要の原理は，総生産 Y が

$$\phi(Y) = f(Y) \tag{1}$$

というところに決まるという主張と同一である．こう考えると，マーシャルが産業ごと，ケインズが経済全体について考えていたという違いはあれ，その論理形式は，マーシャルとケインズでまったく同一となっている．じっさい，マーシャルの需要価格を $p = \phi(x)$ とあらわせば，該当の商品市場におけるマーシャルの均衡は

$$\phi(x) = f(x) \tag{2}$$

とあらわされる．

　マーシャルとケインズの論理形式に同型性が認められるとすると，ケインズが「イギリスの古典派的（あるいは正統派的）伝統からの離脱」のための「長期にわたる闘い」と呼んだものの実質は，いったいなんだったのだろうか．

ケインズが全体をみたのにたいし，マーシャルが個別の産業しかみなかったというのは，皮相な解釈である．マーシャルは，わかりやすく個々の産業について説明しているが，その総体として経済があることはじゅうぶん分かっていたからである．ケインズの跳躍の兆候は，むしろ需要供給均衡の対称性を（たぶん無意識に）破って，等式 (1) の成立する値を「有効需要」と呼んだ点にあろう．

さきに，わたしは (1) の均衡点を有効需要と呼ぶことが妥当であるならば，それは同じ資格で有効供給と呼ぶことができると指摘した．(1) を通常の均衡式と考えるなら，そういえるはずである．しかし，均衡式の対称性の見かけを破棄して，(1) の成立する値をケインズがあえて有効需要と呼んだとするなら，そこにはなにかが隠されていた可能性がある．

すでに述べたように，有効需要の原理をケインズがうまく表現できたとは思わない．のちのケインズ経済学の混乱は，すべてここから始まったともいえるが，そのような責任追及の視点から離れて，まがりなりにもケインズが「有効需要の原理」にたどりついたことを評価するなら，ケインズの功績は，(1) 式の表層の裏に，ある非対称性を見破ったことにあるといえよう．

ケインズの総需要関数は，すなおに解釈するならば，総生産＝総所得 Y が与えられたとき，その所得が労働者と企業所有者に配分され，それが投資と消費という形で総需要となる関係を表している．これにたいし，総供給関数は，総需要が与えられるなら，それに見合う生産が行なわれ，それに見合う雇用も生まれるという関係をあらわしている．つまり，決定の流れという観点からみるなら，(1) は均衡式ではなく，

$$Y \underset{\phi}{\overset{f}{\rightleftarrows}} D \qquad (3)$$

という決定の流れの循環を示している．つまり関係 f と ϕ とでは，おなじ変数を結ぶ関係でありながら，一方は Y から D へ，他方は D から Y へという関係であり，f と ϕ とはじつは逆の決定の流れをあらわしていたのである．

決定の循環は，正確には

$$Y(t+1) = \phi(D(t)) \qquad D(t) = f(Y(t))$$

といった時間経過のなかでの過程をあらわすものであろう．それは1つの動学過程を生むが，そのなかで

$$Y(t+1) = Y(t)$$

が成立するような，定常過程が得られるとき，それは均衡式 (1) の Y と同じ総生産を与える．ここにも，ケインズの考察が均衡分析よりも，むしろ過程分析で展開すべき兆候がみられる．

マーシャルの均等式 (2) にも，よく検討すると，このような非対称性が隠されている．需要価格の定義を読んでも，現在の新古典派価値論が想定すると同じように，価格が需要を決める関係以外のものが想定されているとは思えない．しかし，マーシャルの供給価格の定義には，潜在的に2つの決定関係が隠されている．1つはすでにみた，供給価格とは，じつはある生産数量 x の生産に必要な平均費用（総生産費／数量）であるという関係である．ここには，経営の粗収入もが含まれ，一種のフルコストが計算されていることも，すでに注意した．もう1つは，ある商品の供給価格 p が与えられたとき，その産業全体として生産量 x を生むという決定関係である．マーシャルは，おなじ概念の定義だとしているが，両者がことなる関係を表すことは，平均費用の計算が企業内部の話であるのにたいし，供給価格 p が生産量 x を生むという話は，商品の市場を介してしかありえない話であることを考えれば分かる．ケインズの循環的な決定関係 (3) に相当する関係は，マーシャルでは供給価格・需要価格の定義のなかに隠されていたのである．つまり

$$x \underset{F}{\overset{h}{\rightleftarrows}} p \qquad (4)$$

という循環的な決定関係である．ここに h は，価格 p が需要 = 生産量 x を決定する関係，F は生産量 x の平均生産費として価格 p が定義される関係である．

ただ，ケインズの (3) という関係とマーシャルの (4) という関係には，1 つ決定的な違いがある．それは，(3) (4) をともに収穫一定の状況であるフルコスト価格が設定されている場合と考えてみればよい．ケインズの (3) 式の D に含まれていて，マーシャルの (4) 式の p に含まれていないもの，それは数量に関する情報である．ケインズの構成では，価格が一定でも，需要 D のなかには，総額 D が変わることにより，物的生産量をも変化させる情報が含まれている．マーシャルの (4) 式の供給価格 p では，平均費用を総生産費／数量と計算する過程で，p のなかから数量 x に関する情報が落とされてしまっている．しかし，もしこのことに気づくならば，マーシャルの (4) という関係に数量情報を復活させるのはむずかしいことではない．供給価格 p の代わりに，供給 x をもたらすのに必要な総額 $V = px$ を置けばよいからである．つまり (4) は，つぎのように書き換えることができる．

$$x \underset{F}{\overset{h}{\rightleftarrows}} V \tag{5}$$

この場合，総額 V を総供給額と呼ぶのはもはやふさわしくない．なぜなら，それは生産の費用関係 F によって V が定義されるとしても，より重要なのは商品市場における決定関係すなわち「総需要額 V があることにより，x 量の生産が促される」という関係 h だからである．このように書き換えれば，(1) あるいは (3) に表現されたケインズの決定過程の産業版として，マーシャルの (5) があることが分かる．経済全体としての総需要 D が与えられたとき，それはすでに企業あるいは消費者により各産業の総需要 V に分割されているに違いないからである．

マーシャルの「供給価格」概念は，収穫逓減・逓増・一定の 3 法則にしたがうどの産業においても，必要な有効需要を定義する潜在的な試みの 1 つだった

かもしれない．たしかに，供給価格を「必要な総生産費／生産数量」と定義することにより，それはどの法則においても定義可能な概念となる．もしこれを後の新古典派の企業理論におけるように，「各企業は所与の価格 p において利潤を最大化させる数量 x を定める」と定式化してしまうと，収穫逓減の場合には「価格＝限界費用となる点に数量 x を定めよ」という解が得られても，収穫一定・収穫逓増の場合には，定義のしようのないものとなる．

マーシャルの失敗は，収穫法則の違いにこだわりすぎたことであったかもしれない．その違いに注意を払いすぎたために，市場が価格情報以外にも情報を提供しうるという視点をもつことができなかった．ケインズがそのような境地にどのようにして立ちえたのかよく分からない．価格一定の体系でも，数量変化への情報を伝える機構を市場がもちうるという大きな飛躍がそこに必要だった．マーシャルは，スミスや J.S. ミルと同じように，あるいは後の Leijonhufvud (1993) のように，正常な価格が存在すること信じながらも，数量は価格の時間的変化によってのみ調整されると考えたのかもしれない．

5．新古典派価値論からの脱却

ケインズのように有効需要の原理にたどりつけなかったとしても，マーシャルのめざしたものが市場調整の主要変数として産出量を考えることだったとすれば，その事実は重い．とくにケインズ革命の意義を産出量を所与とする分析から産出量を決めるものの分析にあったとすれば，マーシャルはケインズへの道をなかば歩き出していたともいえる．

なぜかれは，ケインズのように経済全体の産出量を変数とする経済過程を考えることができなかったのだろうか．その理由をマーシャルの大部な著作のなかから読み解くのは容易ではない．しかし，あえて憶測することが許されるなら，かれが正常 normal と考えた期間における調整の代表事例が，現代的工業からみて古すぎる（あるいは特殊すぎる）ことにあるといえよう．マーシャルは，古典派経済学者たちとおなじく，価格が変化することで生産量（供給量）が変

化する事態を考えた．これは，有名な豚の循環 (pig cycle) を例にとれば分かりやすい．現在の日本では，豚の循環はほとんど観察されないが，かつては豚肉の価格が上昇すれば，豚を生産する農家が増え，十数カ月後には豚の出荷量が増えて豚肉の価格が低落する．そうすると，かなりの農家が豚の飼育をやめ，また数カ月後には豚肉の価格が回復するというサイクルがみられた．この市場では，短期には商品の出荷量は決まっていて，短期市場で価格が形成され，価格情報が生産者の参入・退出と生産量の増減を刺激するという構造になっている．ここでは，短期価格の調整速度は，数量の調整速度より速い．

このように同じ産業のなかに，多数の生産者がいて，参入と退出を繰り返す状況は，マーシャルが産業を森と木にたとえた比喩を想起させる．Leijohufvud (1993) がアルチアンの方法として描いているものも，これに近い．ただ，Marshall (1920) の第Ⅳ編第13章を読むかぎり，マーシャルが正常な期間における産出量の調節として想定していたらしいものは，生産量の決まっている多数の企業の参入と退出ではなく，産業を構成する多数の企業の個々のものが生産量を調整している状況である．その論理をどのようなものとしてマーシャルが考えていたのか，正確なところは分からない．同じ価格でも，増産する企業も減産する企業もあり，高い価格では増産する企業の比率が上がり，減産する企業の比率が下がるといった記述があるだけである (Marshall 1920, p.285). 周知のとおり，マーシャルは，これら複雑な運動をする多数の企業を全体として代表する「代表的企業」representative firm を考えた．生産量の決まった企業が多数あり，それぞれの生産費が異なるとし，価格の上下により企業が参入と退出を繰り返すなら，収穫逓減的な「代表的企業」を考えることができる (塩沢由典 1990, 第6章). しかし，それは1つの企業が生産量を調整する論理ではない．

マーシャルの『原理』で新古典派の理論はほぼ完成していた，とわれわれは考えやすい．しかし，じつはこれは大きなまちがいである．Shackle (1967) や Moss (1984) が示すように，マーシャルには，げんざいいうような「企業の理論」は存在しない．完全競争の理論や独占の理論は，じつはロビンソンやチェ

ンバレンたちが不完全競争ないし独占競争理論を創造するとほぼ同時に誕生した．もちろん，ロビンソンとチェンバレンのみがこのことに貢献したわけではない．限界収入 marginal revenue の概念は，ほとんどだれが言い出したということもなく，さまざまな学者が使うようになったと Shackle（1967）は証言している．完全競争市場では，企業は「製品価格＝限界費用」という点で生産しているという「常識」も，じつはロビンソンたちの時代に作られたのであり，マーシャルの『原理』にはない（第5編第8章第9章をみよ）．

　Moss（1984, II The Equilibrium Firm）は，マーシャルからロビンソンたちの時代までの理論の変遷を簡潔に追っている．変化の第一歩を踏み出したのは，ピグーだった．かれは『厚生経済学』において，収穫逓増・収穫逓減・収穫一定産業が国民的厚生に与える効果を分析した．この分析は，最初クラッパムによって，ついでスラッファによって批判された．とくに Sraffa（1926）は，多くの企業が生産容量を使い切ることのない需要条件のもとで操業していると指摘した．これに応えて，ピグー（Pigou 1928）は U 字型の平均費用曲線とそれに対応する限界費用曲線とを登場させた．Moss（1984, p.312）の調べたかぎりでは，これがこれら2曲線の登場するはじめての例だという．この論文で，ピグーは「均衡企業」の概念も導入している．Moss（1984）は，限界費用曲線・平均費用曲線および均衡企業の「発明」がなければ，げんざいみるような新古典派企業理論は生まれなかっただろうとしている．しかし，Moss（1984, p.313）にいわせれば，ピグーの「均衡企業」は，つぎの2つの点で不完全なものである．(1) 均衡企業が代表的事例として捉えられていて，均衡状態にない企業の存在が考えられている．(2) ピグーは，（生産関数として捉えられた）企業が家計の選好関数に直面していると仮定していない．このような不完全な概念を今日の企業概念に転換させる最後の一歩を記したのが，ロビンソンとチェンバレンだったと Moss（1984）という．ふたりは同じ費用曲線をもつ多数の企業として産業を想定するという習慣を造りだした．もうすこし細かくいえば，同じ費用関数をもつ n 個の企業があり，それらが産業全体の需要の $1/n$ にあたる需要ないし平均収入曲線に直面していると説明し始めた．こうしてロビンソンと

チェンバレンとは,ピグーの均衡企業を逆立ちさせた (Moss 1984, p.314). ピグーが産業の収穫条件から均衡企業を導いたのにたいし,ロビンソンとチェンバレンは,均衡企業の集団として産業を定義した.

ロビンソンとチェンバレンの登場により,現実に存在する企業について,検証可能な命題が生まれた.経済学の理論を検証すべく,現実の企業を調べるという可能性がこうして理論のなかに生まれた.この状況は,イギリスでは1930年代のオクスフォード経済調査 (Hall and Hitch 1951),アメリカでは,Lester (1946; 1947) や R. A. Gordon (1948),Eiteman and Guthrie (1952) らの費用関数の形状に関する調査を生んだ.前者が少数の経営者に時間を掛けて聞き取りするという方法を主として採用したのにたいし,後者は質問紙を工場責任者に送りつけるという方法であった.

オクスフォード経済調査は,(1) 企業は自社製品の価格設定において,慣習的な上乗せ率を用いるフルコスト原理(充実費用原理)を採用していること,(2) 投資決定にあたり,企業は利子率の高低をほとんど考慮していないこと,の2点が確認された.1940年代のアメリカ合衆国での調査では,(1) 工場責任者は,生産量決定にあたり限界費用を参照していないこと(多くの場合,かれらは限界費用という概念すらもたない),(2) 工場のほとんどの製品の費用関数は,費用逓減的(収穫逓増的)なものであり,操業はそのような点で行なわれていることが明らかにされた.

2系列の調査は,イギリスにもアメリカ合衆国にも,大きな波紋を巻き起こした.それについては,すでに多くのコメントがあるのでここでは省略する(伊東光晴 1965, 宮崎義一 1967, Hefflebower 1955).わたし自身も,書いたことがある(塩沢由典 1998b).大きな流れだけをまとめると,これらの議論は,限界分析と根本的に矛盾するものでないことが「確認された」というかたちで1950年代初期に終息した.アメリカでの論争に限界分析擁護の側で活躍したのが,AER誌の副編集長を務めていたマハループだった.かれは,限界分析が現在の状況からわずかに変化する場合の分析方法であることを強調し,企業の費用関数全体を問題にすることは方法の意図を誤解するものだと強調した.

フルコスト原理についても，ホール自身およびスウィージが屈折需要曲線という説明を提出したことで，限界分析と矛盾しないことになった．屈折需要曲線の考え方は，ケインズ経済学のミクロ的基礎づけにおいて，根岸隆（1980）も活用している．オクスフォード調査の第2点については，あまり議論されることすらなかった（Negishi 1998 をもみよ）．

　アメリカでの論争の最後に現れて，のちの方法論に大きな影響を与えたのが，Friedman（1953）の表題章「実証主義の方法」だった．この論文は，オクスフォード調査にもレスタらの調査にも，主題的にはほとんど触れていない．1930年代から40年代までの経済学における主要な論争は，ほとんどすべて注にまわされ，新しい提案は，本文中では無意味なものとして（論争の内部に立ち入ることなく）簡単に言及されるのみである．それにもかかわらず，論文の狙いと影響力とが，それ以前のほぼ10年に及ぶ激しい論争に関係していることは明らかである．他の論争論文の多くが，調査事実とそれが新古典派理論と関係をどう関係しているかの解釈に終始したのにたいし，Friedman（1953）は，のちに「予測主義」と概括されるような特殊な科学方法論を展開することによって，新古典派経済学に大きな安心感を与えた．その影響は，論文発表の半世紀ちかくのちになっても，論文をめぐるシンポジウムが開かれ，1冊の本が編集されることをみても分かる（Mäki, 2009）．瀧澤弘和（2012）は，フリードマンの言説に，科学の営みに関する新しい観点まで読み取ろうとしている．

　わたしは Friedman（1953）が科学思想の歴史において重要な知見をもたらした文献だとは思わない．それにもかかわらず，Friedman（1953）に言及せざるをえないのは，Mäki（2009，第1章）がその論文の冒頭に紹介しているように，Friedman（1953）以降の経済学の世界には，つぎの理解が広範に広がっており，かつ経済学の多くの入門書において，そこに展開される仮定がなぜ非現実性でなければならないのかを説得する言説として機能しているからである．

　　たとえ諸仮定がとんでもなく非現実的であろうとも，もしそれらを含む理論あるいはモデルが興味ある諸現象を予測するのに高い成果をもたらすな

らば，諸仮定は問題なく良いものである．(Mäki 2009, p.47)

Mäki (2009, 第1章) が指摘するように，これは Friedman (1953) の通俗的遺産 (popular legacy) にすぎない．しかし，Friedman (1953) には，このような通俗的遺産を生む主張は歴然としてある．一文だけ挙げるなら，つぎの文はその一例である．

　　　重要であるためには，したがって，仮説はその仮定においては記述的に偽でなければならない．(Friedman 1953, p.14)

しかし，もっと重要なことは，Friedman (1953) の全体がこのような通俗的遺産を生み出すように設計されていることである．ここで，それを詳細に論ずる余裕はないが，簡単にいえば，フリードマンが科学およびその進歩に関する深い多くの洞察をもちながら，あえて上の通俗的遺産が記憶されるように論文全体が仕組まれていることにある．Friedman (1953) をまじめに読み解こうとした多くの後の解釈 (Mäki のいう「反省的遺産」reflective legacy) が陥ったあやまりは，Friedman (1953) を整合性ある全体として理解しようとしたことにある．Friedman (1953) は，論理的な文章というよりも説得的文章なのであり，そのレトリックの構造を理解しなければならない．

たとえば，フリードマンは，つぎの洞察を示している．

　　　科学の基本的仮説のひとつは，……，表面的には無関係で多様な諸現象とみえる証拠を，もっと基本的で比較的単純な構造の顕現であるとみなす，あるいは解釈ないし組織する方法なのだ，という点にある．(Friedman 1953, p.33)
　　　仮説の構成は発想，直観，発明の創造的行為である．その本質は，見慣れた材料のなかになにか新しいものを見出す力にある．(Friedman 1953, p.43)

科学の営みがこのようなものであり，仮説形成がこのように創造的行為であることにわたしは全面的に賛成する．しかし，このようなすばらしい考察と，通俗的遺産あるいは「仮説はその仮定においては記述的に偽でなければならない」という主張とは結びつかないし，むしろ矛盾している．

　Friedman（1953）の説得的構成において重要なのは，仮定 assumption と予測 prediction の区別である[13]．この2語以外に，Friedman（1953）は理論 theory と仮説 hypothesis という用語を使う．またしばしばモデル model と理論とを同一視するような表現も行なう．理論と仮説とは，前者が多数の仮説を含む1つの全体として捉えられるのにたいし，後者はその構成部分となる個々の仮説を指すと思われるが，後者はしばしば複数形でもちいられるので理論と諸仮説との区分はかならずしも簡単ではない．仮説と仮定の使いわけも分明ではない．「真に重要で意義のある諸仮説は，現実の大胆に不正確な記述的表現である諸仮定をもつであろう」（Friedman 1953, p.14）とされていることから，仮定は「現実の記述」に関係があり，仮説はかならずしもそういうものとは考えられていないということかもしれない．しかし，「現実の記述」に関係する仮説が検証不可能であるとは，どういうことであろうか．「仮定が記述的に偽である」のは，どういう事態であろうか．もし仮定がいかなる検証にも反証にもかからないものであれば，その仮定が「記述的に」真であったり偽であったりすることはできない．そのような仮定は，現実的でも非現実的でもありえない．

　Friedman（1953）の説得的構成がうまいのは，論争相手の言説をたくみに取り入れながら，それをまったく別の問題にすり替える点である．ここでの仮想的な論争相手は，ロビンソンやチェンバレンであり，またレスタやゴードンである．たしかに，かれらは完全競争理論に含まれる「市場が完全競争的である」という仮説が非現実的であり，工場の生産量決定者が「限界費用と限界収入とを産出できる」という仮定が現実的でないという批判を行なっている．しかし，フリードマンの区分に従うならば，かれらは仮説が非現実的であると主張しているのではなく，仮設あるいは仮定が含意する予測と現実に観察される結果と

がはなはだしく乖離することを言おうとしているのである．もしフリードマンが誠意ある論争者であるならば，そしてかれが仮説あるいは仮定と予測との区別がきわめて安定的なものであると確信しているなら，ロビンソンらの言説の言い回しを訂正すべきであっただろう．

　仮説あるいは仮定とその予測とをなんらかの基準にもとづいて明確に区分することはむずかしい．理論は多数の仮説とその定理の集合として仮想的に存在する．「仮想的に」というのは，現実にすべての定理を求めることはできないし，原理的にもできないかもしれないからである．理論には，その場その場に応じて，便宜的な仮定が付け加えられるときがある．これも，原理的には仮説集合 A に仮定 P を加えた理論体系を考えることにあたる．そのとき，A∪{P} から導かれる命題 Q は，つうじょう仮定 P から導かれる予測であるという．しかし，これでは仮定と予測とをうまく区別することはできない．A∪{Q} から命題 P が導かれることもあるからである．このような事態が起こりうることは，「形式論理や数学は，……異なると考えられた諸仮説が本当に同値ではないのか，あるいはどこに差異があるのかを決定するための不可欠の道具である」(Friedman 1953, p.11) とフリードマンが述べていることからも明らかである．論理関係のみに着目するなら，ある命題が仮説ないし仮定であるか，その予測であるか，区別することはむずかしい．

　このような不確定性から逃れでる道の1つは，予測はすべて事実との突き合せが可能な命題に限ると定義することである．すなわち，ある仮説の予測とは，理論 A に仮定 P を付加するとき，論理的に導ける命題であって，事実に照らして検証ないし反証できるものと定義することである．しかし，「事実との突合せが可能な命題」といういっけん明確な定義も，どのような事実と突き合わせるかによって予測の範囲が大きく変わってくる．たとえば，完全競争の定義とされるいくつかの命題は，事実との突き合せが不可能であろうか，可能であろうか．ロビンソンたちは，これらの一部は突き合せ可能と考えたから，「市場が完全競争的である」という命題は，非現実的であると主張したのに違いない．Friedman (1953, p.35) にも，「企業はもしその産出物に対する需要曲線

が……無限に弾力的なら競争的である」という定義を提示している．もし需要曲線の弾力性が測定可能なら，ある企業が競争的であるかどうかは，検証可能ということになり，ロビンソンたちによれば非現実的な仮定であり，フリードマンによれば「現実の大胆に不正確な記述である予測」ということになる．フリードマンは，検証不可能な仮説が非現実的であるというような主張を仮想論敵がしたかに書いているが，仮説が検証も反証も不可能なものであるという規定を与えたのはフリードマンであって，論争相手は別の定義群をもっていることをフリードマンは（意図的に）隠している．

　限界分析の事例は，もっと分かりやすい．フリードマンもレスタたちも，「収益最大化仮説」(Friedman 1953, p.31) をおく．レスタやゴードンが示したのは，工場では，(1) 限界費用・限界収入を計算していない，(2) 生産量は多くのばあい収穫一定か収穫逓増の点で行なわれている，という2点である．(1) の含意は次のようなものである．もし限界分析が適用可能ならば，収益最大化仮説は，$mc = mr$ という点に生産量を決めるべきことを「予測」している．しかし，多くの企業は限界費用 mc も限界収入 mr も計算していないことから，少なくとも予測とは違った生産量決定方法を企業が取っていると結論される．

　(2)の含意は，もうすこし複雑である．限界分析が適用可能であっても，(2)と収益最大化仮説とはかならずしも矛盾しない．(2)と収益最大化仮説とが矛盾するのは，この上に企業が完全競争的であるという仮定を追加するときに生ずる．じっさい，このとき，企業は $p = mc$（pは製品価格）の点で生産していることが導かれるが，(2)が観察されるならば，企業はもっと生産して販売したほうがより多くの収益が得られる．そうしていないのは，収益最大化仮説が含意するところに矛盾する．ここで，重要なことは，収益最大化仮説は，(2)を予測するのでなく，事態が $p = mc$ という状況になければならないことを含意していることである．(2)は，そのような事態と両立しないことを示している．教科書では，命題 $p = mc$ は，しばしば定理ないし法則として表象されるが，このような命題は仮定であろうか，あるいは予測であろうか．

　Friedman (1953) がさらに狡猾なのは，科学の目標をより正確な予測にある

としながら，その予測は「興味ある諸現象を予測するのに高い成果をもたらす」場合にのみ意義あるものされ，経済学者が興味のない結末に対し，仮説が反証されることがあっても，何の問題もないとされていることである．たとえば，オクスフォード調査やレスタたちの調査にたいし，フリードマンは，経済学は個別事業家たちの思考や行動には関心がなく，ただかれらの行為の結果が「経済にどのような影響を与えるのか」だけが問題だという．しかし，経済過程が事業家たちの決定と行為によって生み出されている以上，かれらの行動が経済に関係しないとどうしていえるだろうか．現に，オクスフォード調査は，投資決定において企業家たちが利子率の高い低いをほとんど考慮しないことを明らかにしている．もしそうとしたら，資本収益率によって投資量を決めているという（少なくともケインズが採用したような）理論は再検討を迫られるはずである．オクスフォード調査とゴードンは，価格設定についても，完全競争企業の仮定とは反する行動を多くの企業が取っていることを報告している．なぜなら，これら企業は，価格受容者ではなく，価格設定者として行動し，その設定方式にある一定の法則（少なくとも傾向）がある．これらを明らかにすることは，市場経済の価格現象を分析する際，関係ないことであろうか．

　このような明確な自己矛盾を示しながら，フリードマンは，物分かりよくつぎのようにもいう．

> 　事業家たちや他の人たちに，かれらの行動の動機や，行動に影響する諸力についての信念について質問する研究が経済学のあらゆる目的にとって無用だと言うつもりはわたしにはない．それらは予測された結果と観察された結果との乖離を評価・説明しようとするさい，たどるべき道を示唆するのに非常に価値があるかもしれない．つまり，新しい仮説を作る，あるいは古い仮説を改定するのに非常に価値があるかもしれない．（Friedman 1953, p.31 n.22）

　もしこのことが分かっているなら，ロビンソンやチェンバレンの企業の理論

にたいし，あるいはオクスフォード調査やレスタたちの調査にたいし，それらが新しい理論（仮説の集合体）あるいは古い仮説を改定する機会を現しているかもしれないとなぜ考えなかったのだろうか．

　フリードマンに欠けているものは，理論が仮説の集合であるばかりでなく，それらの整合的な体系の追求でもあるという自覚である．仮説の構成が創造的行為であるといい，科学の基本的にめざすものが，「表面的には無関係で多様な諸現象とみえる証拠を，もっと基本的で比較的単純な構造の顕現であるとみなす，あるいは解釈ないし組織する方法なのだ」というなら，なぜオクスフォード調査やレスタたちの調査事実を，「表面的には無関係で多様な諸現象とみえる証拠」であるが，「もっと基本的で比較的単純な構造の顕現である」として新しい理論（仮説の体系）を組織しなおそうと考えないのだろうか．

　Friedman (1953) は，「実証経済学の方法」と題され，『実証経済学論集』に収められているが，その主張は実証主義というべきものではなく，予測主義（あるいは予知主義）とでも名づけるべきものである (Hausman, 1989)．この予測主義は，実証家の主張としては分からないではない．経済学の歴史からいえば，クラッパムが「空の帽子入れ」と批判したような議論を延々と繰り返すのでなく，現実の経済の動きを予測できる学問をめざすべきだというフリードマンの主張には一理ある．第2次大戦後，経済データの充実とともに，計量経済学者の活躍が目立つようになった．かれらにとって，モデルの構造よりも，予測された結果が現実の経済をどのくらい言い当てているかが決定的に重要なものにみえたのは不思議ではない．しかし，フリードマンが仮定と結果とを二分し，仮定の現実性を軽視したことは，経済学という学問全体にとっては，計り知れない破壊をもたらした．

　フリードマンが破壊したもの，それは学問の体系性である．どのような個別科学も，程度の差はあれ，関係する諸現象を体系的・整合的に説明することをめざしている．そのことは，Friedman (1953, p.33) の引用が示すように，フリードマンもよく分かっている．関係する諸現象，あるいは Friedman (1953, p.33) により適切に表現されているように「表面的には無関係な諸現象」を「基本的

で比較的単純な構造の顕現」として組織しなおすことが科学を科学ならしめている根本的な営みの1つである．

　それだけで，実験や観測や調査がいらないと主張する科学者はいない．実験や調査や観測に類するものとして，正しい予測・精密な予測をフリードマンがめざしたことに，わたしはなんの異議もない．しかし，経済の諸現象を恣意的に興味あるものと興味ないものに分類し，興味ある現象ないし事象についてのみ正確な予測があれば，科学としてじゅうぶんとしたことは，経済学が1つの科学であり，諸概念と諸仮説からなる理論体系であることを否定するものであった．こんにちの実物景気循環論や動学的確率的一般均衡モデルは，それがめざすという予測にまがりなりにも成功しているかもしれないが，いくつかの理論装置をもつということをのぞいては，理論の体系性も諸事象との整合性もない．このような経済学にとって，自分たちの営みの正当性を保証するものがいまだに Friedman (1953) であることは当然かもしれない．

　科学は，実験や観測や調査とともに，理論研究を学問進化の主要な原動力としている．理論研究の役割は，仮説の体系であること以外には，Friedman (1953, p.11) がいうように，経験的諸事実のファイリング体系を提供することに限定されるわけではない．ある仮説体系と他の仮説体系が同値かどうかの確認は，ときに理論の重要な進歩である（例：量子力学の確立過程における行列力学と波動力学の同値性の確認）．しかし，理論の役割として，ときにもっと重要なものは，理論内部に矛盾が見つかったとき，その整合性を取り戻すような理論体系を再構築することである．

　理論内部の矛盾には，仮説相互の論理的矛盾も含まれるが，理論の予測する結果と観測との食い違いも含まれる．もっとも，それが矛盾と判定されるためには，食い違いが理論の予測する誤差の範囲を超えていなければならない．経済学の予測がこのような誤差の範囲まで含むことはほとんどないが，法則の適用範囲とともに，予測の誤差の推定はすぐれた理論がもつべき重要な要件である．

　理論内部に矛盾がみつかったとき，選択肢は限られている．興味がないとか

重要性がないとして無視するか，あるいは理論の改造に取り掛かるかである．新古典派経済学内部の矛盾がみつかったとき，フリードマンが勧めたのは前者の道であった．しかし，それは理論家として真摯な選択ではないし，経済学の進歩を止める道でもあった．

経済現象のように，多数の要因が複雑に絡む場合には，ある事態が理論の予測に矛盾するものかどうか判定しにくいことはよくある．ラカトシュが指摘したように，中核となる理論を変更するまでもなく，アドホックな仮定を取り替えるだけで，整合性が回復される場合もあろう．だが，オクスフォード調査やレスタらの示したことは，企業の理論に関し，「新しい仮説を作る，あるいは古い仮説を改定するのに非常に価値がある」情報だった．フリードマンが拒否したのは，「見慣れた材料の中になにか新しいものを見出す」ことだった．かれは護教的にのみ思考し，新しい仮説を構成するという創造に取り組もうとしなかった．それだけなら，フリードマンの自由といってもよいが，多くの経済学者と経済学の初心者たちにまで，この可能性に取り組むことの無用性を説得しようとしたことは問題である．その説得が成功であったため，Friedman (1953) はいまにいたるまで，大きな害毒を流している．

1940年代の論争の過程では，経済学には，現在と異なる大きな可能性が開かれていた．新古典派経済学が，オクスフォード調査やレスタらの調査を受けて，ここで企業の理論を再構成していたとすれば，ケインズ経済学の運命も変わっていたかもしれない．2つの調査を真摯に受け止めるならば，企業の正常かつ典型的な行動は，新古典派価値論の想定するようなものでなく，企業は，自分の設定した建値のもとに，需要があるだけ生産するという新しい原理にしたがうことが導かれたであろう．それこそが，企業水準における有効需要の原理であり，すでに1926年にスラッファが看破していた事態であった（塩沢由典1990, 第6章）．新しい企業の理論は，価格を独立変数とする供給関数の概念を廃棄することをも要請する．これは需要・供給の法則として，限界革命とほぼ同時的に生まれた均衡理論の枠組みを否定するものである[14]．

需要供給均衡という枠組みに慣れてしまった経済学者にとって，供給関数を

廃棄した価値論とはどのようなものか，想像するのもむずかしいかもしれない．しかし，じつはそれはそうむずかしいものではない．なぜなら，新古典派以前の価値論，すなわちリカードの価値論は，基本的にこのような要請にこたえうるものだからである．もちろん，それはリカードを字義どおり解釈するものではない．リカード価値論の基礎の上に，企業の数量調整というリカードにはなかった調整過程を包含するものとなる．その詳細は，本書第3章・第4章で展開する．ここで強調すべきは，21世紀初頭の経済学の危機は，古典派価値論の再生とそのケインズ理論との結合とによって解決されるだろうという予想である．これが本書提案編の中心的命題である．

1) 効率市場仮説には，いくつもの変形があるが，効率市場仮説の原型となる命題は，本文に記したものである．これにたいし，テクニカル分析や財務分析によっては恒常的に設けることができないことを主張する弱い仮設，なかば強い仮設などの変形がある．効率市場仮説は，数学的には，「株価時系列はマルチンゲールである」ということに同値である．
2) エリザベス女王の発言については，*The Telegraph* は "Why did nobody notice it?"，*Daily Mail* は "Why did nobody see it coming" などいくつかの記述がある．もともとは，LSE の Garicano 教授が "She was asking me if these things were so large how come everyone missed it" と述べたものを，新聞等が意を汲んで表現したものと思われる．
3) 動学的確率的一般均衡理論における「一般均衡」という形容は，主として消費と貯蓄を現在から未来永劫に掛けて消費者が選択するという設定に由来している．しかし，一時点で消費されるものは，典型的には1種類の財（あるいは固定されたバスケット）であると想定され，所得水準の上昇等による消費需要の構成変化については，まったく考察されていない．
4) Friedman (1953) は，根本的な疑問を抱くことにたいし深く考える必要はないというメッセージを送り続けていると思われる．それが Friedman (1953) が現在にまで読み継がれている理由の1つであろう．
5) 生産関数という概念自体の問題点については，塩沢由典 (2013b) を参照せよ．簡単には本書第2章第3節でも触れている．
6) 類似の指摘は，第14章「利子率の古典派理論」にもある．

7) ケインズが『一般理論』のなかで「価値の理論」について語るのは，第20章より前では，5カ所しかないが，序文の1カ所を除いて批判的な文脈で用いられているにすぎない．
8) 第一公準とケインズの全体構想とが整合しないという指摘は，根岸隆（1980）など多数ある．
9) 貨幣市場の代わりに労働市場を特殊視するのがニュー・ケインズ派だともいえよう．
10) この必要は，Negishi（1979）もその序文で示唆している．
11) Marshall（1920, p.118, p.282）は，この定義を"may be called"とややニュアンスのある表現で与えている．
12) $Z = f(Y)$ の Y を金額表示すれば，じつは $Z = Y$ となり，これはサミュエルソンの45度線にほかならない．
13) Friedman（1953）は，theory, hypothesis, assumption, prediction などの用語を使い分けているが，prediction を導くものとしての theory, hypothesis, assumption の関係は明確ではない．ここでは，機械的に理論，仮説，仮定と使い分ける．Prediction は，予知という意味において使われる場合が多いが，ここでは経済学の慣習にならって予測と訳す．
14) J. S. ミルの考えた需要供給の法則が関数概念を前提としているかどうかについては，本書第4章第3節および第9章吉井論文を参照せよ．

第2章　進化経済学の可能性

1. はじめに

　リーマン・ショックや長引く欧州危機,さらには日本の長期経済停滞などは,従来の主流の経済学の根底に問題があることを明らかにしている.しかし,主流以外の多様な流れのなかに,つぎの時代を担う経済学が生まれているかといえば,そうとはいえない[1].

　リーマン・ショックとそれに引き続く欧州金融危機や日本の長期経済停滞が含まれることは当然として,危機のなかには,よりひろく少子高齢化問題・人口減少問題,国内産業の空洞化問題,中央・地方の財政危機,サービス経済化の遅延,キャッチアップ期への過剰適応,博士課程修了者の就職難,など多様な問題が絡んでいる.2112年12月以来,アベノミクスの出現によって,日本経済はよい方向に歯車が回り始めたようにみえる.しかし,1992年以来のさまざまな経済政策がなぜ有効に機能しなかったのか,アベノミクスが（短期的にせよ）なぜ機能しているのか,アベノミクスは,短期の景気回復の課題を超えて,中長期に安定した経済成長につながるのか,いまだみえていないことが多い.

　このように経済自体も危機にあるが,経済学はもっと深刻な危機に陥っている.リーマン・ショック以来,1970年代以降のマクロ経済学にたいする反省は進んだが,ではそれに代わるいかなる経済学をめざすべきかについては,明確になっていない.ケインジアンの一部には,「ケインズに帰れ」という掛け声がある.しかし,ケインズに戻るだけですむのだろうか.ケインズ以降,経済学がたどった歴史は,たんなるケインズからの逸脱ではなく,ケインズの経

済学が内包していたさまざまな可能性の展開の歴史でもあった．歴史の歯車を元に戻すだけでは，経済学の現在の危機は救えない．1970年代にジョーン・ロビンソンは「経済学の第2の危機」を唱えた．その例に倣うならば，現在は「経済学の第3の危機」である．

経済学の第3の危機における進化経済学の可能性を考えるには，進化経済学が現在のさまざまな経済学（経済学の諸学派）のなかでどのような位置を占めているか，その大きな構造を問題にしなければならない．ここにいう構造は，なにが正統でなにが異端であるとか，なにが主流でなにが支流であるといった状況分析ではない．経済を分析する理論の枠組みとして，進化経済学と他の諸潮流とのあいだの差異の構造が問題である．別の言葉を使えば，進化経済学と他の諸潮流とのパラダイムの違いはなんなのかを問わなければならない．経営手法として流布しているSWOT分析と戦略ポジショニング分析に模していえば，これは進化経済学の強み・弱みと機会・脅威を反省することであり，他の諸潮流にたいし，進化経済学のポジショニングを明らかにすることであるということができる．

進化経済学の特徴（とくにその強み・弱み）がなんであるかについては，人によって考えはさまざまであろう．安孫子誠男は，大著『イノベーション・システムと制度変容／問題史的考察』（安孫子誠男 2012）において，「制度の経済学にはイノベーション論が弱く，イノベーション論には制度理論が希薄だ」という問題意識を明示している．それら弱点を補うかたちでいかに両者の視点を統合できるか，それが安孫子誠男の問題意識である．進化経済学にかかわる各人が，それぞれこのような問題意識の明確化を迫られているといえよう．ここでは，わたし自身の考えをまとめてみたい．

わたしは，進化経済学を
① 進化 vs. 最適化
② 自己組織化 vs. 均衡

の2つの軸で位置づけることができると考えている．この大きな枠組みに立つとき，経済の諸問題に関し，進化経済学が応えうる領域がおのずと明らかに

なってくると思われる．進化経済学の中核は，経済進歩の枢要部分に「進化」があるという考えである．この点が，進化経済学と他のさまざまな経済学とを区別する差異である．たとえば，商品・技術・行動・制度・組織・システム・知識など，経済の重要なカテゴリーは，すべて進化という視点で捉えてはじめてその発展の基本様式が明らかになるものである．

しかし，「進化」という概念自体，経済学においてかならずしも確立したものではない．Hodgson（2010）は，ドーキンス（R. Dawkins）の主張を受けて，経済における進化をも複製子の変異と選択という観点で捉えようとしているが，それが経済における進化の十全な特質といえるかどうかには議論の余地がある[2]．遺伝子型と表現型の識別についても同様のことがいえる．これらの論点は，進化経済学としては当然のこととしてつねに議論しつづけなければならない議題であるが，わたしの考えは塩沢由典（2004；2006）などに示してあるので再説はしない[3]．日本の進化経済学として，忘れてはならないのは，藤本隆宏が藤本隆宏（1997；2000）などで提起した進化の捉え方である．それは生産現場の変容を長期にわたる聞き取り調査と文献研究とによって考察してきた立場から，自身の方法的スタンスを明確にしたものであり，「意図せざる試行」，「事後的合理性」，「緩やかな淘汰」など独自の概念構築がみられる．また，それら概念体系の上に立って「事後的進化能力（能力構築能力）」「動態的な進化能力」など，これも独自の経営学概念を提起している．これは，英語文献を見渡してみても他に類例のない優れた概念構築であり，日本の進化経済学が①を主題にするとき，つねに立ち戻るべき原点であろう．

しかし，進化経済学は，経済における進化をいかに捉えるのかにとどまることはできない．進化という視点からみえてくるが，他の方法では問題把握も分析もむずかしい問題領域がなんであるかを明らかにしなければならない．その問題領域こそが現在の経済学の危機を乗り超える糸口であることが立証できてはじめて，進化経済学は経済学の危機を突破して，経済危機にも迫ることのできる経済学であることを示すことができる．

このような課題についても，さまざまな議題が可能であるが，ここでは「経

済における進化の捉え方」に密接に関係する「技術進歩をどう捉えるか」と技術や商品が形成するシステムをどのように特徴づけるかという問題を取り上げたい．

以下の行論は，つぎのように構成されている．まず第2節では，「経済における進化の捉え方」に関係して，進化経済学のパラダイムとすべき考え方について，わたしなりの理解を述べる．第3節では，「技術進歩をどう捉えるか」に関係して，生産をどう捉えるべきかという観点から，生産関数について批判的に議論し，生産関数とそれに付随する諸概念が経済発展論や工業化，はてはグローバル・ヒストリーにまで及んでいることを問題にする．第4節では，技術や商品が形成するシステムを「成長するシステム」と捉える見方として，近年の知見であるスケール・フリー・ネットについて私見を述べる．

2．進化経済学を支えるシステム理論

進化経済学の強みとして，経済の重要なカテゴリーが「進化するもの」という観点で捉えられることについて，すでにいくつもの機会に強調してきた（塩沢由典 2006; Shiozawa 2004）．進化するものという観点でなにを捉えるべきかについては，さまざまな考えがあろう．わたしが進化するものの7つのカテゴリーを挙げたとき，市場ないし市場経済はそのなかに含めていない．それは，進化するものたちが作りだす場として捉えればよいという考えからであった．しかし，市場を成立させる取引過程を考えれば，それは行動あるいは制度の進化であるとも，市場過程そのものの進化とも取れる．その意味で，進化するものの範囲を厳密に確定することは困難である．

進化するものの範囲を確定することは困難であるが，市場経済を構成する多種・多様な構成者からなる集団（ポピュレーション）があり，その個々の行動・運動と，それらのあいだの相互作用が進化するものであるという考えは，いまも変わっていない．しかし，それは進化経済学の強い分野を提示するだけで，現在の進化経済学の弱いところ，欠けているものを示していない．経済学の危

機は，進化経済学を含むすべての経済学の危機であり，主流を占める経済学を含めて，なにが問題であるのかを問題にしないかぎり，経済学の危機は突破できないであろう．その観点から考えるとき，進化経済学が「進化」という概念によってのみ理論的統一を保っている状況は健全とはいえない．それでは，進化経済学は主流の経済学に進化という視点を導入するにすぎないもの，主流の経済学を補完するものになりかねない．進化経済学は，進化という視点とともに，それにふさわしいシステム理論ないしシステム理解を必要としている．それは何であろうか．

わたしは，鍵は自己組織化というシステムの捉え方にあると考える．経済は自己組織系 self-organizing system であるといってもよい．これはとくに新しい見方ではない．Hodgson (2010) は，経済の進化経済学者たちが普遍的に合意している4つの特徴の第4に「自然発生秩序」あるいは「自己組織化」を挙げている．しかし，この2つの概念はかならずしも同一ではない．ハイエクは自然発生的に生まれる経済秩序の重要性を強調したが，自己組織化の考えは，ハイエク以降大きく発展しており，「自然発生的」という観点からだけでは捉えられないものとなっている[4]．

自己組織系の概念は，システム理論の創始者のひとりアシュビーによって1947年に提唱されたものである．1950年代には，システム理論の分野で主として議論された．進化理論との関係では，自己組織化の概念は，カウフマン (2008, 原著は1993) により有名になった．しかし，わたしは自己組織系の重要な性質としてプリゴジンの散逸構造という見方に注目している[5]．

散逸構造は，熱平衡化する宇宙の普遍的傾向に反して，熱平衡から遠く離れたところにのみ成立しうる（ほぼ）定常な状態である．この概念については興味のある方は，専門書を参照してもらうしかないが，エネルギーの定常的な（一方向への）流れの存在が決定的なメルクマールである（平衡状態には，このようなエネルギーの巨視的流れはない）．経済システムは，石油や太陽光などのエネルギーを取り入れ，廃棄物を排出するという流れのなかで成立している．経済は，環境のなかでは1つの散逸構造である．

散逸構造のもっとも簡単な事例を挙げれば，空気中にあって火がついて燃えているロウソクがある．火のついたロウソクは，みずからの熱で蝋を溶かし，それを灯芯の毛管現象により吸い上げて，空中の酸素と結合させて，光と熱を放散する．この状態は，空中にじゅうぶんな酸素があり，強い風が吹かず，蝋があるかぎり維持されるが，このどの条件が満たされなくなっても火は消えてしまう．火が消えた状態は熱平衡にあり，安定であるが，火をつけないかぎり，みずから自発的に火のついた定常状態に移動することはない．ロウソクの例の重要なところは，火が燃える速度（つまり蝋のパラフィンが酸素と化学反応する速度）は，周辺における酸素の存在量や蝋の存在量によってではなく，燃えている火の状態によって決まっていることである．

カウフマンが考察した生命の発生時における自己触媒系においても，それが熱平衡にあれば生きたシステムへは繋がらない．生命の起源となった環境については諸説あるが，現在有力な考えの1つは，海のなかの熱水噴出孔である．これが注目されるのは，熱と化学物質がつねに供給されることから，火のついたロウソクにたとえられるような散逸構造が容易に出現すると考えられるからである．

散逸構造は，自己組織系としては，ある意味で単純な系であるが，生命や経済の自己組織化を可能にする基盤として重要である．現実の生命や経済は，散逸構造の上に，さらにはるかに複雑な相互作用をもつ系として存在している．このような自己組織系の観念が経済学にとってなぜ重要なのか．それは，自己組織系／自己組織化という概念が，経済学において圧倒的勢力をもつ均衡系（平衡系）／均衡化の概念とするどく対立するからである．

経済を自己組織系と捉えることは，たんなる比喩的表象ではない．日々の経済現象を分析しようとするとき，経済を均衡系と捉えるか，散逸構造を基礎とする自己組織系と捉えるかによって，分析枠組みそのものが変わってしまう．例として，石油やレアメタルのような，鉱物資源を考えよう．アロー・ドブルー流の一般均衡理論によれば，経済はかならず採掘利益が0となるような限界企業をもつ．これは地代論において限界地があると考えるのと同様であるが，油

床あるいは鉱床から，どのような速さで採掘・利用するかを決めるものは，価格の変化にともなう限界企業（限界採掘地）の拡大・縮小であろうか．多くの鉱山は，ときに赤字に陥るものの，あるていど長期にわたって操業している．実際の油田や鉱床では，1日あるいは年間の生産量をどの程度にするかについては，かなりの裁量がある．また生産量を変えても，短期的には大きな変動はない．価格が少々変化したからといって，限界採掘地がそのたびに変わるということもない．新古典派一般均衡理論が地下資源の採掘速度を限界的に投入しうる費用によって決められるものとみているのは，それが一般均衡理論の枠組みにのる唯一の可能な理解であるにすぎない．

　経済がもし自己組織系であり，巨大な火のついたロウソクとみなせるならば，石油の日産量やレアメタルの年間生産量は，埋蔵資源の状態が決めるのではなく，（たとえばGDPでイメージされる）経済の活動度に依存すると考えるのが自然であろう．長期的には埋蔵資源は枯渇するが，その速度は10年を単位とするような長期の変動の一部としてあり，その間に技術進歩や新しい発掘，資源価格の変化などにより，採掘可能な鉱床と可採埋蔵量までが変わってくる．たとえば，現在は，石油価格の高騰により，シェール・ガスの採掘が採算に載るようになったし，一時期，中国にほぼ独占されていたレアメタルは，中国以外での鉱床開発が進み，価格は低落傾向にある．

　古典経済学で重要な議題であった地代についても，どこが限界地であるかを決めるのは経済の活動度である．この活動度は，人口や過去に蓄積された生産能力などとともに経済自体が決めるものである．これが限界地のような環境条件から一義的に決められないことは，すくなくとも資本主義経済においてつねに景気変動が観察されることから明らかである．均衡系か自己組織系かという見方の対立は，価格理論の深いところでの理論構造の対立を生み出している．あるいは新古典派価格理論を前提にするならば，その大きな変革を必要としている．次節でみるように，それはグローバル・ヒストリーの解釈にまで関係している．

　自己組織化と均衡という枠組みとがかならずしも矛盾しないという考えはと

うぜんありうる．たとえば，クルーグマンはそのような立場にあると考えられる．かれ（クルーグマン 1997）は経済の自己組織化を語っているが，その主たる業績としての国際貿易論は均衡分析にもとづいている．進化という視点を経済学に導入することについても，かれはかならずしも反対しているのではないようであるが，その有効性は均衡分析より（すくなくとも現時点では）乏しいとみている（Krugman 1996）．

進化経済学の一部というべき，進化ゲームでは，多くの機会に均衡概念が採用されており，少なくとも進化概念と均衡概念とのあいだに矛盾はないと考えられていると思われる．しかし，20 世紀の経済学が均衡を主要な枠組みとしてきたこと，それが総じて危機を迎えていることを考えれば，均衡の枠組みの上に経済学を再構築するのでなく，新しいシステム理解に立つべきだという考えはじゅうぶんに説得性をもつものと考える．

自然発生秩序はともかく，自己組織化という観念が，ホジソン（2010）が言うように，進化経済学で普遍的合意を得られているとは思えないが，上に示したように自己組織化（ないしその一例として散逸構造）が経済システムの新しい理解に多くの示唆をあたえることはまちがいない．その一例として，第 4 節では，スケール・フリー・ネットワークを議題とする．

本章を簡潔なものとするために，ここでは「進化」概念の議論には立ち入らないが，進化経済学は，①進化と，②自己組織化を 2 つの大きな柱とすべきであるとわたしは考える．そのことにより，進化経済学と新古典派を含む他の多数の経済学とのあいだのパラダイム的対立を明確にすることができる．すなわち，現在の経済学は，「はじめに」に予告したように

① 進化　vs. 最適化
② 自己組織化　vs. 均衡

という 2 大対立項によって理論的に対立している．均衡と最適化という，経済学に深く根付いた 2 つの伝統的分析枠組みを根底から批判する学問となるためには，新しい経済学は進化と自己組織化という 2 つの鍵概念の上に組み立てられるべきであるとわたしは考えている．

自己組織系と均衡系の対立など，抽象的でほとんど現実の経済学の議論には関係しないと考える方も多いと思われる．その考えはほとんど当たっているが，しかし，経済をいかなる特性のシステムと捉えるかは，意外なほどわれわれの経済分析を縛っている．次節では，その小さな一例を紹介する．

3．生産関数からグローバル・ヒストリーまで

まず身近に起こった小さなできごとから話を始めたい．昨年（2012年），ボアイエ・植村・磯谷編の本 *Diversity and Transformations of Asian Capitalism* が発刊された．編者はいうまでもなく，各章の執筆者にも進化経済学会の会員が多数参加している野心作である．この本の成果と評価については，別途議論すべきものであり，ここでは立ち入らない．問題は，この本の編者3人による「結論」章のちょっとした表現にある．

この第2見出し以下の段落に「国際経済関係理論」に関して，つぎの一文が載っている．

> The field was effectively coined by David Ricardo, whose theory of comparative advantage is based upon natural endowments of each national territory; this framework is still the reference in modern international trade theory.（Boyer, Uemura and Isogai 2012, p.332）

ここで編者たちが最終的に言いたいのは，より近年の内生的成長理論やイノベーションを強調する理論を引き合いに出したあとで，それらの成果を決めるのは，けっきょくのところ制度的なものであり，制度論的な比較優位を考えなければならないということである．その考えの妥当性については，ここでは留保する．「比較制度優位」という考えは，ホール＆ソスキス（2007）にも展開されているが，わたしにはその概念が理解できない．すくなくとも，その「比較優位」概念が，リカード以降の国際貿易論で考えられている比較優位と同列

のものでありえないことはたしかである．しかし，ここで問題にしたいのは，上の単純な一文にある．ここで編者たちは，2つの過ちを犯している．1つは，リカードの比較生産費説の現代版がヘクシャー・オリーン・サミュエルソンの理論（HOS理論）であるという理解である．もう1つは，したがってリカードの貿易理論も各国の資源の賦存状態を基礎に組み立てられているという理解である．

上の一文では，HOS理論については明示的には触れられていないが，このような学説史的理解に立たないかぎり，リカード貿易理論が各国の資源（資本や労働力を含めるので「自然資源」とはかぎらない）の賦存状態により決まるという理解は出てこない．なぜなら，リカード自身は，HOS理論のように考えたわけではなく，HOS理論がリカード比較生産費説の20世紀版であるという理解は，新古典派経済学のなかで作られた神話でしかないからである[6]．第1の理解が多くの国際経済学の教科書に「常識」として書かれていることはよく知っている．それは新古典派経済学から理解すれば，そう解釈できるというだけであり，新古典派理論に批判的なものが鵜呑みにしてよいことではない．

リカード理論とHOS理論との間には，じつは古典派経済学と新古典派経済学におけると同様のするどい理論的対立がある．それは簡単にいえば，古典派経済学に立つか，新古典派経済学に立つかの対立であり，より突き詰めていえば経済を自己組織系とみるか，均衡系とみるかの対立である．

リカードの地代論では，限界地を決めるものは，国民の食料需要であり，限界地をなくすように価格体系が調整されるとは考えていない．前節でみたように，自然資源をどのくらい利用するかは，経済が決めるのであり，新古典派一般均衡理論が考えるように，資源を使いきる（完全利用する）よう価格と経済が調節されるわけではない（ここはもうすこし丁寧に表現すべきだが，簡単に言っておく）．

HOS理論は，一般には2国・2財・2生産要素のモデルで考えられているが，これは容易にArrowとDebreuの一般均衡理論の枠組みに拡大できる．反対に多数国・多数財・多生産要素の現実の経済にHOS理論が比喩的にも適用可能

であると主張するためには，一般均衡理論を前提とせざるをえない（生産要素数はともかく，多数財の場合に拡張できないならば，HOS 理論はモデルとしてなんの代表性ももちえないことになる）．

　すでに議論したように，一般均衡理論では，賦存資源は限界企業の存在によって，その利用状況が決定されると考えている．均質な耕作地に代表される一定量の均質な賦存資源があり，それを利用する単一の生産技術があるならば，その資源は，正の価格をもつ経済財か，価格 0 の自由財かどちらかとなる．もし正の価格をもつならば，その資源は完全利用されていなければならない．資源が自由財である場合，その資源の利用費は発生しない．このような資源を利用・生産している企業が限界企業ということになろうが，その操業水準あるいは資源の利用度を調整する原理はなんであろうか．

　一般均衡理論では，すべての財について需要・供給均衡の成立する価格と超過需要とが存在することが証明されるが，このような賦存資源の利用度を調整する原理は考えられていない．調整原理のこの不在は，採算可能性が連続的に変化するよう資源の品質が連続的に変化していると考えれば逃れることができる．しかし，このような仮定は一般均衡という枠組みを維持するための保護装置の 1 つでしかない．こういう世界像を描けば，一般均衡理論は，価格の連続的な調整という新古典派的世界に戻ることができるというだけである．

　これは自己組織系（あるいはより狭く散逸構造）という捉え方とはまったく対立するものである．HOS 理論やその変形・一般化では，外部環境が内部構造を一義的に決めてしまうとみていることになる．これは均衡理論（物理学でいうなら熱平衡系）の見方にほかならない[7]．

　通常の HOS 理論ないしより複雑化した新古典派貿易理論も，こうした新古典派的世界像を前提にしている．したがって，HOS の貿易理論では，経済は資源の賦存状態に完全に支配されていることになる．そのような考え方を典型的に表現しているのが，HOV 理論（Heckscher-Ohlin-Vanek 理論）である．これは HOS 理論の変形理論にすぎないが，HOV 理論は，貿易を各国の生産要素の交換としてみている．これが均衡理論の見方の帰結だからである．

リカード貿易論からHOS理論までの学説史がじゅうぶん検討されているとは思わない．国際平均からみると日本はひじょうに多くのリカード研究者を抱えているが，リカード研究家は貿易理論を研究せず，貿易理論家は学説史に興味をもたないという不幸なすれ違いがある（安孫子誠男が指摘した状況とちょっと似ている）．そもそもリカード貿易理論は，不運な星のもとに生まれたというべきであろう．貿易ないし国際経済関係を考えるには，国際価値論を構築しなければならないとリカードもマルクスも考えていたが，その目標を達成することはできなかった．ジョン・スチュアート・ミルはリカードの説明の不十分さに気がついたが，交換比率（交易条件）を生産費によって説明するという古典派（とくにリカード）の基本視点を放棄して，貿易する両国の需要（相互需要）によって決まるという説明にたどりついた．私見によれば，これが古典派価値論が新古典派価値論へと転換せざるをえない決定的な分岐点となった．ジェヴォンズ，マーシャル，エッジワースの交換理論には，この視点にたつミルの影響がみられる（本書第5章；塩沢由典2014，第4章）．

新古典派的世界像の影響は，HOS理論が生産関数を用いて定式化されていることにも現れている．典型的な2国2財2生産要素モデルでは，貿易する両国は第1財・第2財ともに同一の生産関数をもつと仮定される．すなわち，世界は

$$y_1 = f(L_1, K_2)$$
$$y_2 = f(L_2, K_2)$$

という生産関数をもち，一国の賦存資源が

$$L, K$$

と与えられるとき，この国の産出可能な財の組合せは

$$L_1 + L_2 \leq L$$
$$K_1 + K_2 \leq K$$

を満たす範囲で2国の生産関数の与えるベクトル（y_1, y_2）として得られるものとされている．

これら生産関数が一次同次かつ連続偏微分可能のとき，通常の偏微分による分析が可能となり，両国の資源の賦存比率に大きな差異がないならば要素価格均等化定理が得られる（たとえば，Feenstra 2004, Chap. 1）．

要素価格均等化定理を含むHOS理論がきわめて不十分な理論化であることは，その定式者P. Samuelsonが証言しているとおりである（Samueslon 1964, p.152）．国際経済学の多くの教科書が解説するように，HOS理論は，2国の生産技術が同一である場合にも貿易が起こりうることを示した意義をもつが，それはけっしてリカード理論の延長上にあるものではない．リカードは，生産関数に代表される新古典派経済学とは無縁のところで思考していた．リカードには生産関数という概念はなく，それに代替するものは，現代風にいうなら投入係数という概念である．投入係数と生産関数とは，投入・産出の決定順序が逆転している．投入係数の考えでは，生産物の種類と数量とが決まってはじめて生産が決まり，それにあわせて投入物が用意される．これにたいして，生産関数の考えでは，投入財の組合せと生産すべき財の種類が定まると，産出量が決まる．新古典派限界理論を適用するためには，生産関数と生産要素という考え方が必要であるが，それはリカードの思考した経済像とはまったくかけ離れたものである．この意味で，先に引用したボアイエらの一文は，偶然の不注意であるというにとどめることはできない．なぜなら，それは，新古典派と古典派との対立を無視しており，さらにいえば均衡理論と自己組織系という経済像の大きな対立をも無視するものだからである．

リカード貿易論をどのような理論とみるかは，たんに学説史や教科書的説明の問題ではない．もっと重要なことは，グローバル化した世界経済（あるいはその一部のアジア経済）を分析するのに必要な基礎とすべき理論（簡単にいえば，商品の国際的な価格と各国の賃金率に関する理論）を欠いている点にある．理論のこの欠如が，貿易理論としてリカード（や暗にHOS理論）に言及するものの，ボアイエらの議論を，ただ現象的に観察されるパタンの観察に終始させる原因

になっている．ボアイエは中間理論を標榜するレギュラシオン・アプローチの先導者であるが，このことに気づいていない可能性がある．上に引用した一文は，それを象徴的に表現している．このような理論への関心の希薄さは，かれら自身の分析視点にまで悪い影響を及ぼしている．

　Boyer, Uemura and Isogai（2012）の主要な主張の１つは，東アジアの経済動態を理解するには，国民経済レベルのレギュラシオン様式を並置・比較するだけでなく，国内の変容と国際関係の変化しつつあるパタンとを結びつける必要がある，というものである．その具体的な例として，雁行形態（flying geese pattern）が引き合いに出され，「古いパタンはもはやアジアの統合メカニズムではない」（p.332, 見出し）と主張されている．雁行形態を，近年の英語文献でしばしば捉えられているように，産業の高度化序列と各国の序列化された分業の固定的パタンと捉えるかぎり，そのパタンに変化があったという主張にはあやまりはない．しかし，一橋出身のふたりが編者になっている本の結論章において，雁行形態論をこのような単純化されたかたちで整理してしまっていることには，いささか疑問がある．

　よく知られているように，雁行形態論は，名古屋高商（現名古屋大学）から東京商大（現一橋大）に移った赤松要が提唱したものである．1930年代に提起されたその「基本型」は，上のパタンではなく，後進国日本が，欧米で利用されている商品を，まず輸入し，ついで国内生産するようになり，最後には輸出するようになるというパタンが各種商品に認められるというものであった．その後，国内生産されるようになる製品について，消費財から生産財へ，粗製品から精巧品と変化していくという「変形」理論が現れ，海外投資を含む国際パタンが語られるのは赤松の最晩年のことに属する．このことを前提に考えるとき，「アジアの（経済的）統合メカニズム」として雁行形態を引き合いに出す以上，まずは雁行形態の原型理論に変更を余儀なくされていると理解するのか，あるいはその論理は厳然として残っているが，国際経済への中国の本格的登場などによって，国際序列に変動が生まれていると理解するのかでは，雁行形態論そのものの意義とアジア経済の動態を理解する上で大きな違いがある[8]．

わたしは，雁行形態論の論理は厳然として残っていると考えているが，そのためには赤松要の雁行形態論に指摘された原型的動態がなぜ起こるかについて理論的説明が必要となる．赤松もこのような理論的説明の必要は理解していたが，かれが提出したものは，弁証法的論理に訴えるというもので，今日的視点からは理論的説明とはいえない．その事態を変えるべく立ち上がったのが赤松の弟子のひとりである小島清であった．かれは雁行形態論を国際的に有名にすることに貢献したばかりでなく，雁行という形態がなぜ普遍的に観察されるのか，理論的な説明を提出しようとした．

「近代経済学の観点からする理論化」（小島清 2000, p.89）にあたって小島が依拠したのは，容易に推定できるように HOS 理論であった．この努力は，しばしば繰り返されている（もっとも簡単には小島 2000 をみよ）．詳細は省かざるをえないが，雁行形態を分析するにあたって HOS 理論を基礎とすることについては，理論の基本構造において無理があると思われる．小島清（2001）の「小島モデル」の提起においても，使われているのは HOS 理論の部分モデルとしての Cobb-Douglas 生産関数を基礎とするものである．

HOS 理論には，要素価格均等化定理がある．この定理は，無条件に成立するものではないが，つうじょう仮定される「1 コーンモデル」（1 cone model，1 錐体モデル）では，要素価格均等化定理が成立し，各国の要素価格（したがって要素の一つであり労働力の価格）は，各国均一になる．賃金率が各国同じというモデルは，ヨーロッパ内の分業においては想定可能かもしれないが，アジア経済を考えようとする場合には，とうてい前提にできない事態である．それにもかかわらず，均衡の成立する究極においては，各国の賃金水準は平準化するのだからといって，不審に思う学生を説得しているのが HOS 理論を教育する場の現実であろう．問題は，このようなその場しのぎの説明に巻き込まれて，明らかに賃金率の異なる 2 国の経済関係を分析しようとするときにも，HOS 理論を持ち込んで研究者自体が平気なことである．

小島清が陥ったのもこの罠であった．小島清（2001-02，上 p.24）では，「要素価格の国際的均等化は成立しないのである」と断っているが，この問題をどう

処理したのか明示していないし，より根本的には賃金率の大きな差異こそが雁行形態の生ずる基本的な要因であるとすれば，この事態の分析にあたっていかなる理論を採用すべきかについてより深く考えるべきであった．

アジアの経済統合のメカニズムを分析しようとして雁行形態を問題にする以上，研究者には，中長期の変化を観察するだけでなく，雁行形態を作りだすメカニズムないし論理がどのようなものなのかを問わずに済ますことはできない．残念ながら，Boyer, Uemura and Isogai（2012）の「結論」章には，そのような考察の痕跡がみられない．巻末には赤松要の1960年の論文が載ってはいるものの，小島清の英文論文への参照はなく，ましてその理論的説明にたいする批判もない．中間理論を標榜するレギュラシオンの弱点の1つがここに表出している．グローバル経済の進展にともない，貿易や直接投資，それをとおしての技術移転には注目するものの，Boyerらは，貿易という事態，比較優位という事態をどのように理解し説明するかについてほとんど無関心である．

雁行形態は，リカード理論（ただし中間財貿易を含みうるよう拡大した理論）にもとづいて，簡明に説明することができると思われる．大きな賃金率格差の存在という条件のもとで，先進国の生産技術を追いかける中進国という枠組みで，技術変化（すなわち投入係数の変化）を議論すればよいからである（本書第5章第6節参照）．

雁行形態論は，中進国が新しい生産技術をどのように獲得するかに関する理論であり，技術がいかに進化するかという意味では，進化経済学の中核に位置しうる議題である．しかし，技術進化という主題が議論されているのは，アジアの雁行形態だけではない．より広く，経済史の分野でも，技術がいかに進化してきたかは，議論の中核の一部を形成している．

より長期の考察，たとえば，経済史において，「産業革命」という主題を欠くことはできない．それは抽象的にいえば，ある特定形態の技術群とそれにもとづく生産様式がなぜある時期にある地域で発達し，世界に広まったかという問題である．このとき，多様な選択可能性のなかで，なぜある傾向の技術が選択され，全体の連関構造が形成されていったかは，進化という観点からも自己

組織化という観点からも興味ある領域である．この意味で，経済史は進化経済学にとって，まさに本領というべき分野である．

　この分野では，経済史そのものといえないとしても，フリーマンの国民的イノベーション・システム論をはじめとして，進化経済学ないしそれに親近性のある経済学の大きな蓄積がある．しかし，残念なことに，この方面にも新古典派的な技術の捉え方にもとづく分析が広く深く浸透している．もちろん，事実そのものの同定において，経済史家たちが事実を歪曲しているのではないが，すこし大きな理論を作ろうとするとき，説明の枠組みとして採用されるのが（確率からいえば当然ではあるが）新古典派の，とくに生産関数にもとづく総括である．近年は，グローバル・ヒストリーあるいはグローバル経済史という分野が強く追求されるようになり，その知見の普及のための解説書も刊行されるようになっている．そのこと自体は，おおいに歓迎すべきことである．しかし，そこでの説明が新古典派マクロの真髄ともいうべき Cobb-Douglas 生産関数を下敷きにしたものが散見されるのはどうしたものであろうか．たとえば，ある国で資本集約的な技術が採用されたのは，その国における資本労働比率が高かったからであり，逆に他の国で労働集約的技術が採用されたのは，国における資本労働比率が低かったからである，といったたぐいの説明である．

　例を挙げよう．イギリスで産業革命が起こった理由を説明して，アレン (2012) はこう書いている．

　　彼らが発明した機械は，労働を節約するために資本の使用を増やしたことである．その結果，これらの機械の使用から利益を上げられたのは，労働が割高で，資本が格安であったところ，すなわちイギリスにおいてであった．……この点こそ産業革命がイギリスで生じた理由なのである．（アレン 2012, p.44）

　別のところでは，こうも書いている．

高賃金環境で操業していたアメリカ企業は，労働を節約するように高度に機械化された，組み立てラインによる生産方法を生み出した．対照的に日本では，原材料と資本が節約された．（アレン 2012, p.168）

私見によれば，このような総括は技術進歩の分析を何重にもゆがめている．このような思考の原点が Cobb-Douglas 生産関数ないしそれに類似した生産関数による技術と生産の捉え方であることはまずまちがいない．

　生産関数概念を前提とする技術進歩の分析は，きわめて広範に広がっている．資本と労働の賦存比率（つまり要素賦存比率）が要素価格と生産物価格を決める．資本労働比率が高い国では，労働の価格（賃金率）が高くなり，資本が格安となる．そこで生産方法は，生産可能曲線上をその法線方向が要素価格比率に等しくなるまで移動し，高賃金国では高い資本労働比率の生産方法が採用される（そしてめでたく，要素間の完全雇用も成立する）．こうした筋書きを下敷きにして，経済学のさまざまな分野で多くの言説が生み出されている．

　これはたしかに，ミクロ経済学入門において教えられることであり，アレンはそれを繰り返しただけなのかもしれない．初心者にてばやく納得してもらうためには，たとえ正しくない理論であっても，読者の知っている理論にもとづくのが一番であると冷徹に考えているのかもしれない．しかし，そのため，機械による生産など新しい生産方法がどのように選択され，それが技術群の自己組織化過程を経て，いかに新しい生産様式を生み出すにいたるかの理解をゆがめてよい理由にはならない．

　同一財（質を含めて同一）を生産する複数の生産方法の経済的優劣を決めるものは，生産費の大小であって，資本労働比率ではない．また，資本と労働が与えられているとして，それらが完全雇用されるとは限らない．さらにいえば，資本は生産されたものであって，一時点では所与のものであるとしても，生産にどのくらいの資本が必要とするか，そのときの技術状態が決めるものである．産業革命期に機械が大量に利用されるようになったのは，機械が事前に大量に生産されていたからではない．このような注意は，現時点における「適正

技術」の選択においてもいえることであり，低賃金国であるから資本使用量の低い技術を使えばよいという結論は一義的には得られない．にもかかわらず，このような詳細がすべて無視されてしまうのは，新古典派の生産関数という捉え方が，経済学の諸分野に深く浸透しているからに他ならない．

　Cobb-Douglas 生産関数の歴史はながく，北アメリカのマクロ経済学の多くの業績の中核をなしている．ソローから内生的成長理論，実物景気循環論，動学的確率的一般均衡理論は，すべて Cobb-Douglas 生産関数（ないし CES 関数などその変形）に依拠している．開発経済学でも，ソローの業績を受けた成長会計は，なんの疑問もなく使われている．しかし，マクロの生産関数が理論的に問題のあるものであることは，1960 年代の資本測定論争で明らかになっている．1970 年代になると，資本測定論争は，あたかもそれがなかったかのように忘れ去られた（たぶん，論争はあったが枝葉末節の議論であり，実際的意義はなかったと解釈されたのであろう）．

　労働と資本を投入要素とする生産関数については，さまざまな批判が可能であるが，多くの批判にもかかわらず，生産関数が生き延びているのは，それが経済学の諸データのなかでは驚くほどフィットがいいということに助けられている．しかし，異常にフィットがいいということじたい，疑問の眼をむけるべきことである．この点については，Simon (1979) があることを忘れてはならない．サイモンは，ノーベル経済学賞受賞に当って，受賞講演とは別に，もっと重大なこととして *Scandinavian Journal* にこの論文を投稿したのだったが，少数の経済学者の注意を引いただけで忘れ去られている．サイモンによれば，Cobb-Douglas 生産関数がデータにたいするフィットがきわめていいのは，データ作成にあたって基礎とした会計恒等式を log 関数を介して転換した結果にすぎない．

4．スケール・フリー・ネットワークと経済成長

　散逸構造系が自己組織系の特殊な事例にすぎないことは上に注意した．それ

は，あらゆる自己組織系の基礎にある構造と考えることができるが，現実世界の自己組織系には，散逸構造からは想像できない多様な世界がある．わたしがさいきん注目しているのはスケール・フリー・ネットワークである（バラバシ，2002）．これも詳しい説明をここですることはできないが，経済に関係させていえば，それは「成長するネットワーク」であるといってよいであろう．

たとえば，人間が生産するもろもろの人工物を取ってみよう．あらゆる種類の商品は，ある種の人工物であると考えられる．たとえば，まいにち食べる米やトマトは，それ自体としては植物の一部であるが，米がいまの品種となり，微妙な味をもつものとなったのは，人間によるの長い選別（品種選択）の結果である．トマトは，もちろんアジアやヨーロッパに自生していた植物ではなく，また現在のような品種は，アンデスの山地に自生していたものではない．近代経済は，鉄とプラスティックの上に組み立てられているといってよいであろうが，それを生産する方法と，生産できるようになった時期とは大きく異なるが，どちらも重要な人工物であることに違いない．

経済成長とはどういう事態か．その様態は，人類史の時代・時代によっても変わってきている．とはいえ，人類発生以来観察される傾向の1つに，生産・使用される財の種類が恒常的に増えてきたという事実がある．正確に数えるのは難しいが，カウフマン（2002, p.338）では，現生人類がうまれてから現在にいたるまでに，人類の扱う財の種類は数百から数百万に増大したと指摘し，これが「経済の支配的な事実」であるとしている．商品の数をどう数えるかは，なにを同じ商品とし，なにを別の商品とすると考えるかで大きく異なる．現在の商品数をわたしは数千万種類から数億種類とみているが，もちろん憶測にすぎない[9]．しかし，人間が生産し使用する財の種類が時代を追って増大してきたことは，まずまちがいない．とするなら，このような財の種類数の増大は，どのような事態なのか考える枠組みをもたなければならない．スケール・フリー・ネットワークという見方が，そのヒントになるとわたしは考えている（これはごく最近の考えであり，昔からそう考えていたのではない）．

生産・使用される財・サービスをいまは簡単に商品と呼んでおこう．交換経

済が発達する以前にこの用語を適用するのはおかしいが，ここでは比較的歴史のはっきりしている文字が発明されたのちの交換経済を念頭におくことにする．

商品の集合（正確にいえば，商品の種類全体の集合）がある種のネットワークをなすことは容易に分かる．ある財の生産には別の財の投入が必要であり，生産された財は，さらに別の財の生産に投入されるかもしれない．スラッファを引き合いに出すまでもなく，経済は「商品による商品の生産」である．産業連関表は，数千万という商品種類からいえば，きわめて粗い分類項目によってこの投入・産出の連関を捉えたものである．しかし，商品の集合は，ただ投入・産出関係をランダムにもつだけではない．

バラバシ（2002）が巧みなストーリ・テリングで紹介しているように，ランダム・ネットワークという概念は1959年にレーニとエルデーシュによって導入された．エルデーシュたちが研究したのは，ランダムに接続されたネットワークが全体として連結であるのはいかなるときか，という問題であった．これは現在では「小さな世界」（small world）といった認識の基礎となっている．しかし，多くのネットワークは，古典的なランダム・ネットワークではない．

インターネットが発達し，ルータがつくるネットワークやウェブページの相互リンクのネットワークなどが観察されるようになると，これらのネットワークは，古典的なネットワークとはまったく異なるある特性をもつことが観察された．それはランダム・ネットワークには違いないが，ある節点（ノード）は，ひじょうに多数の接続枝（リンク）をもっている．一つの節点がもつ接続枝（リンク）の数を接続次数という．少数の節点は高い接続次数をもつ一方，多くの節点は，小さな接続次数をもつにすぎない．すぐに明らかになったことは，節点の接続次数が冪分布（power law）をなしていることだった（この発見には，バラバシも貢献している）．

経済で有名な冪分布は，所得にかんするパレート分布である．ある所得水準を超えると，所得の分布は$Ay^{-\alpha}$というかたちをしている．指数αは，ふつう1から2の範囲に収まるといわれている（累積分布の場合，密度分布では2から

3の範囲となる）（青木1979, pp.64-5.）．WWWなどのネットワークでも，次数の密度分布指数αは多くは2から3に入ると報告されている（Albert and Barabasi 2002．例外的に2以下あるいは3以上の値を取ることもある）．アマゾンなどでは，まいねん，100万近い種類の本（タイトル数）が販売されているが，あるデータによりわたしが調べた結果では，販売数の大きさ順に並べると，約1万位あたりではっきり屈折する．1万位以下では，冪指数は0.64，1万位以上では冪指数は1.94だった（塩沢由典2010, p.132）．

　商品の集合は，精粗さまざまな分類項目をとってみても，多数の品種が存在するものでは，一般に各品目を販売量で順位を付けるとき，その分布は冪分布をなすものと思われる（これは，現在までのところ憶測にすぎないが，次第に該当例が増えてくるだろう）．

　スケール・フリー・ネットワークにわたしが関心をもつのは，品目ごとの販売順位にとどまらず，商品による商品の生産という関係が動態的に駆動されて出てくる構造がこうしたものではないかという期待による．投入・産出関係のネットワークを考えてみよう（投入・産出関係を向きのある連結とみる有向ネットワークという概念があるが，ここでは立ち入らない）．ある種の商品は，きわめて高い接続次数をもっている．たとえば，鉄は，後方連関をとおして，ほとんどすべての商品生産に（直接・間接に）投入されている．近年，「産業の米」といわれる半導体も，同様の構造をもつだろう（ただし，半導体は，巨大な種類数をもつことを忘れてはならない）．石油も，これまでは，鉄や半導体にならぶ存在だった．しかし，とうぜんながら，最近では，きわめて少数の商品生産にのみ投入される商品も少なくない．というより，種類で数えるならば，圧倒的多数が，この範疇に属するだろう．たとえば，柿渋（カキシブ）という商品がある．これは江戸時代には，（衣服の）染色や防寒・腐食防止，火傷や霜焼の治療薬，木材の防虫・腐食防止など，多数の用途をもっていた．しかし，いまは抗菌作用などが注目されているにすぎない．

　商品は単独で存在しているわけではない．ある商品が誰に利用されているかも，興味深いネットワークである．商品の集合Cと個人あるいは家計の集合

Hとを考えてみよう．商品 c が家計 h に利用されるとき，節点 c を節点 h に結んでみよう．すべての利用関係について，こうした接続枝を描いてできる図形が2部グラフである．2部グラフは，グラフの一種であるが，すべての接続枝がグラフのある節点の部分集合と，それとは排他的な他の部分集合とを結ぶものになっているという特徴がある．

これがどんなものとなるか，データ分析なしに推測は難しい．しかし，古典的なランダム・ネットワークというよりは，きれいなものではないかもしれないが，商品利用の2部グラフも，スケール・フリー性をもったネットワークになると期待されよう．

現実にネットワークを描くのは，商品やその利用よりさらに困難と思われるが，経済とくに経済発展を考えようとするとき，ぜひ考えなければならないのは，技術のネットワークであろう．技術をどの範囲のものと考えるかは，ひとによって大きく変わり，相互に理解もむずかしい．いちばん粗いものでは，技術＝生産関数といった考えがあるが，それではネットワークの話にならない．個別の技術をどう定義するかという問題があるにしても，商品の設計や生産に寄与していると考えられる技術だけでも，たいへんな数になると考えるべきであろう．アーサー(2011)は，技術は再帰的構造をもつと言っている．すなわち，ある技術は，ある別の技術を構成する技術である．1つの技術（個別技術）というものをどう同定するかとなると，きわめて曖昧であることは認めるが，ここではいちおう個別技術が同定できると考えてみよう．たとえば，工学上同じ技術とされるものでも，生産される商品が異なるならば異なる技術と考えることにすれば，1つの技術は1つの投入係数ベクトルで表すことができよう．これら個別技術の集合を技術集合と呼ぶ．技術集合は，1つの投入係数行列であらわされる[10]．

アーサー(2011)にならって，技術の再帰構造に注目するなら，別のネットワーク構造も考えられる．ある技術Aのために別の技術Bが使われるとするとき，BをAの要素と考えることもできるが，ここでは技術Bから技術Aに向きのある接続枝を張る（有向グラフ）．現実にどれだけのものが描けるかはと

もかく，こうして技術集合もネットワークとなる（グラフといってもよい）．このネットワークは，やはりスケール・フリー・ネットワークとなると思われる．

たとえば，鉄を切削する技術は，鉄を材料とする生産にはほとんど汎用的に使われる．したがって，切削技術は，ほとんどあらゆる機械の生産技術に用いられる．機械の種類はおびただしいものであるから，鉄の切削技術は，多数の接続枝をもつ節点となる．鍛造や鋳造といった技術もそうした接続次数の高い節点である．化学工業における熱管理や農業における授粉なども，このように接続次数の高い技術であろう．これにたいし，あるきわめて特殊な商品の生産にしか用いられない技術もある．たとえば，時計の設計に重要な役割をはたした脱進機は，それがいかにすばらしい技術であったにしても，他の機械の内部に組み込まれることはあまりない．

技術ネットワークでは，しばしば，ある汎用的な技術が発見されて，多方面に応用される（ネットワークでいえば，接続される）．20世紀の中ごろまでは，コンピュータによる制御はほとんど用いられなかったが，いまではマイクロ・コンピュータによる制御はひじょうに広範にみられる[11]．

これまで，経済にも，さまざまなスケール・フリー・ネットワークがありそうだという話をしてきたが，問題は現状のネットワークがどのようなものかではない．それ自体，興味ある研究課題だが，経済について考えるとき，このネットワークがどのように変化・変形していくのかが重要である．商品ネットワークでいえば，これまでなかった商品がどのように生まれ，利用されるようになるのか．技術ネットワークでいえば，時代を特徴づけるような大きな技術（鉄道，化学工業，電気，石油化学，計算機，インターネット，バイオテクノロジーなど）がどのようにあらわれ，普及していくかは，たとえばコンドラチェフ循環を研究しようとするとき，欠かすことのできない知見となるだろう．

スケール・フリー・ネットワークについて，本節の最初では正確な定義を与えず，それは「成長するネットワーク」だという比喩的な紹介をした．スケール・フリー・ネットワークの正確な定義は，節点の接続次数が冪分布にしたがうネットワークというものだが，そのようなネットワークがなぜさまざまな

領域に出現してくるかを考える必要がある（普遍性の問題）．インターネットのルータのネットワーク，ウェブページの相互リンクのネットワーク，映画競演者のネットワーク，電話の通話ネットワーク，学術誌における引用ネットワークなどがすべてスケール・フリー・ネットワークになる背後には，成長するネットワークに特有の事情が働いている．

たとえば，ウェブページの相互リンクでいえば，接続次数の大きいページにリンクを張るほうが，次数が小さいページにリンクを張るより効率的である．このように既存のネットワークの構造に依存して，節点（ページ）や新しい接続枝（リンク）が増えるとき，ネットワークはスケール・フリーとなる．もうすこし正確にいえば，節点の数に比例するかたちで，新しい節点が付加されるなら，そのネットワークはスケール・フリーとなる．ウェブページの相互リンクにかぎらず，このような事情をもつ自然成長するネットワークは，フィットのよしあしと範囲はともかく，スケール・フリー・ネットワークとなる（Albert and Barabasi 2002）．

経済学において成長は，重要な議題であるが，その研究の多くは量的拡大に向けられている．経済成長には，たしかに量的拡大という側面があり，その分析を欠くことはできない．しかし，長期の経済成長，工業化の経験，現時点における成長速度の減速などを考えようとするとき，量的分析だけではことの本質を見逃す可能性が高い．経済の領域ではスケール・フリー・ネットワークはまだほとんど研究されていないというべきだが，成長するネットワークという特性をもつものが，いまのところ，スケール・フリー・ネットワークしかないことを考えると，この比較的新しい対象から受けるべき刺激は大きい．このことは，とくに進化経済学に当てはまる．

進化経済学の一分野に進化成長理論がある．この捉え方もいろいろであろうが，進化経済学に特有と思われる議題に「需要飽和」がある（たとえば，Witt 2001; Aoki and Yoshikawa 2002）．この研究の基礎には，「一般化されたエンゲル法則」がある．すなわち，現存する商品の集合の任意の真部分集合を取るとき，その部分集合が経済全体の消費量に占める比率は（初期拡大期を除いて）傾向的

に低下するというものである．この法則は，つとにパジネッティがその経済学の中心課題にすえたものである（Andersen 2001）．

　需要飽和そのものにはここでは立ち入らないが，一般化されたエンゲル法則を認めると，新しい商品が生まれ育たないかぎり，経済は次第に停滞を余儀なくされる．では，新しい商品が生まれさえすれば，成長は維持できるだろうか．それを考える手がかりとなるのが，商品の集合の売上高の分布である．売上高の多い順に商品を並べたとき，もしそれが $Ay^{-\alpha}$ というかたちになっていたとしよう．商品全体ではないが，先に引用したアマゾンでの本の売上では，販売冊数1万位程度のところで屈折していたが，きれいな冪分布となっていた．このとき，驚くべきことに，年間販売数1万位以下の冪指数は0.64と1以下であった．これが驚くべきことというのは，もし1万位を超えてもこの傾向を無限に維持できるとすると，年間の書籍販売冊数は無限大になるからである（塩沢由典 2010，第2章2.8節）．わたしが用いたのは，アンダーソン（2006）のきわめて粗いデータなので，詳しいことはわからない．しかし，もしデータを詳細に分析して，この屈折点を拡大する方法が分かれば，書籍業界としては売上冊数に需要飽和ということはないことになる．しかし，げんざい多くの先進国にみられる成長速度の減速傾向を見るとき，商品の集合全体としても，冪指数は1より大きいのかもしれない．もしそうだとすると，やみくもに新商品の開発を試みるだけでは，望むような需要創造は行なえないことになる．こうした傾向を打ち破るようなよほど大きな商品革命・技術革命が出現しなければならない．そうでなければ，総需要が頭打ちになる可能性がある．

　長期の経済成長を考えるときにも，商品とその利用がどのように変化・成長し，それを支える技術の体系がどのように進化・発展するのかを掴むことなしには，歴史自体を大きくまちがえて捉えてしまう可能性がある．産業革命に対する「修正主義」的考察が進み，産業革命を特異な時代と理解することにも反省が広まっている．産業革命に先立つ変化についての研究が進むにつれて，人びとがにちじょう使用する商品の種類が増えてきたことも注目されている（サースク 1984; de Vries 2008）．プロト工業化や産業革命を理解するにも，成長

するネットワークの知見はこんご不可欠なものになるだろう．

1) 本章は，進化経済学会第17回大会（2013年3月，中央大学）における大会実行委員会企画セッションへのわたし自身の問題提起を基礎としている．
2) たとえば，Nelson（2007）は，Hodgson & Knudsen（2006）の捉え方にたいして否定的である．
3) オータムコンフェランスへの話題提供として書かれた第4回メール「進化をどう捉えるか」（2012.6.14, 塩沢由典）にも触れている．近年の議論の一例としてはGeisendorf（2009）を参照せよ．
4) 「自己組織化」self-organization という用語は，1947年のW.Ross Ashby（1947）の提案から始まったが，自己組織系 self-organizing systems が平衡から遠く離れた定常系であるという概念は，1950年代に発展した．自然発生秩序（ないし自己形成秩序）という観念は，経済学の古層にも，自己組織化への着目があったことを示しているが，それはながく安定平衡（安定均衡）と区別されなかった．アシュビーは，力学系における吸引域への漸近を表象していた．均衡と定常性を対比する考えについては，塩沢由典（1990）第11章4.2項，塩沢由典（1997）第7章をみよ．
5) わたし自身における散逸構造への関心は，塩沢由典（1983）pp.99-100, 塩沢由典（1997a）pp.120-121, p.162, pp.272-273, 塩沢由典（1997b）pp.109-111 などをみよ．
6) 藤本・塩沢（2010），Fujimoto and Shiozawa（2011-12）の序文に簡単に触れている．ボアイエたちと同様の誤解は，反主流を自称する他の経済学者にもみられる．たとえば，Rowthorn（2013, p.13）をみよ．
7) Kaldor（1975, pp.349-350）は，「セイの法則」の論理の背後に，経済系が「資源制約」のもとにあると指摘し，そのよう仮定のもとでは「需要制約」の論理が生まれえないとしている．
8) 本書第12章において植村博恭は赤松要およびその後継者たちの展開をより詳細にあつかっている．
9) わたし自身の推定については，塩沢由典（1990, p.192, p.250），塩沢由典（1997a, p.148, p.156）をみよ．都市圏人口とそこで成立しうるサービスの種類数との関係については，塩沢由典（2010）第2章2.8節を参照せよ．
10) 技術および技術集合のこのような定義については，塩沢由典（1981）§11をみよ．
11) 本書第1章やYokokawa（2013）におけるC. Perezおよび横川信治の「ダイナミック産業」をささえる技術も，このような継続次数の高い汎用的技術であろう．

第3章　価格と数量の二重調整過程

1．機能する経済の基本前提

　これまで，進化経済学の可能性についてみてきた．経済の危機に向き合う経済学としては，しかし，可能性を考えるだけでは十分でない．現在の経済問題に立ち向かう上で，従来の進化経済学に欠けているものについても考えなければならない．そのうち，最大のものは，価格理論ないし価値論の欠如であろう．従来の進化経済学は，そうした理論的基礎を欠くがゆえに，定性的な議論には強くとも，数量的分析にはほとんど手が出なかった．

　このような事態は，いわゆる進化経済学にかぎらず，よりひろく制度分析をめざす経済学についてもいえる．それは進化社会科学を標榜するBowles(2004)についても同様である[1]．その根本の原因は，これらの経済学にしっかりした価格理論あるいは価値論が不在であることにあると思われる．しかし，進化経済学を補完しうる価格理論は，任意のものではありえない．

　本節と次節とでは，まず進化経済学が前提するものについて考える．第3節では，新古典派需給均衡理論がその前提と両立しえないものであることを説明し，進化経済学の採用すべき価格理論が古典派価値論にあることを論証する．

　商品や技術，行動，制度など進化するものをどのように捉えるにせよ，それが変異によって進化していく事態である以上，それらの環境に一定の定常性が前提される．G. L. S. シャックル（Shackle 1972 Chap. 37）はかつて経済をカレイドスコープにみるように変幻極まりないものに譬えたが，すくなくとも進化経済学の視点からは正しいとはいえない．なぜなら，進化するものにとって経済は環境であり，それは変化するものであっても，選択が行なわれる時間尺度で

みるかぎり，一定の定常性をもつものだからである．もし，経済がシャックルのいうように変幻きわまりないものであるなら，選択された形質が生存適合的であるということが意味をもたない．

1つの生物種を考えてみよう．この種には，互いに排他的な形質Aと形質Bとがある．形質Aは寒さに弱いが暑さには強く，形質Bは暑さには弱いが寒さに強い．寒い環境が持続するなら形質Bが，熱い環境には形質Aが環境に適合的として選択されるだろう．しかし，このような選択が行なわれ，ある単一の形質のみになった直後に環境が一変したとしたらどうなるだろうか．たとえば，形質Aのみが生き残ったあと，熱い環境から寒い環境に地球環境が変化するなら，暑さに適合した形質Aは滅びるしかない．それはこの形質をもつ生物種の滅亡をも意味する．もちろん，生物は，つねに突然変異を生み出しているから，環境変化が緩やかならば，いったん形質Aのみに純系化されたあとでも，ある確率で形質Bを生み出して，寒い環境に適応することができる．環境の変化速度と種の変化速度とのあいだに一定限度の関係があってはじめて，環境への適応という進化が起こりうる．

商品や技術，行動，制度など経済の進化するものにとって，重要な環境条件の1つは価格（とくにそれらの相対価格）である．もしこれが変幻きわまりないものであるなら，価格シグナルは，はたして機能するだろうか．

経済学の多くの言説では，価格シグナルは，主としてそれらが変化することによって伝えられると説明されている．たとえば，ハイエクは，かつて，オレンジの価格が高騰したことを知るのみで，カリフォルニアのオレンジが不作であった理由を知ることがなくても，われわれが新しい状況に適切に対応できることを指摘した．もちろん，これは市場経済が機能する1つの重要なあり方である．しかし，オレンジ価格の高騰が情報伝達機能をもつのは，他の価格が比較的安定していることを前提にしていることを忘れてはならない．

一般均衡理論では，任意の価格体系 $\mathbf{p} = (p_1, p_2, \ldots, p_N)$ が与えられるとき，任意の効用関数 U にたいし，予算制約条件下の効用最大化が解けることを前提としている．しかし，わたしがかつて指摘したように，もし関数 U が単純

な一次式であっても，もし解が整数値を取らなければならないとするなら，効用最大化問題を解く一般的計算プログラムは，2のN乗に比例する時間がかかると予想されている．したがって，Nが数百程度であっても，それを厳密に解くことには，価格体系 **p** や効用関数 U の係数によっては，百数十億年の時間がかかるかもしれない[2]．

　これは合理性の限界として一般化されている問題の一例である[3]．上の例は，予算制約条件下の効用最大化という新古典派一般均衡理論の基礎に想定されている点で重要であるが，合理性の限界が決定的な制約となっていることは経済の他のさまざまな場面にもみられる．

　たとえば，多数の加工対象を順次ある機械で加工するという生産現場を考えよう．加工対象は，他の機械にかけなければならない加工順序や，目標完成日時など，さまざまな制約条件下にある．このような問題群をスケジューリング問題という．先行順序や納期をもつ問題で遅れ時間の総計を最小にするような問題は，ほとんど NP 完全問題になることが知られている．いまだ証明されていないが，このことはそれらの問題を問題のサイズの多項式時間で解くことのできる一般プログラムが存在しないことを意味する．

　このほか，生産計画（組み立てラインのバランシングなど），物流管理，製品計画・設計，情報通信ネットワーク（最短ルーティングなど），高信頼化システム設計，さまざまな制御システム，ロボットシステムなどのシステム設計・運営において，厳密な意味での最適化は現実的には不可能である．そこで，工学の問題としては，「最適化問題」は，現実的にいかに実現可能かつ最適に近いシステムを構築するか，最適に近い状況で管理・運営するか，が課題となる．近年では，これら問題に進化技術（遺伝的アルゴリズムなどを用いて現実的な範囲で最適化する技術）が広い範囲で応用されるようになってきている[4]．

　生産技術や商品設計の多くは厳密な意味での最適計算によるのでなく，進化技術に依存している．このことは，生産に利用される原材料や部品の価格や加工にかかる費用について一定の安定性を要求する．もしすべての価格が大きく変化するならば，進化技術を適用するにあたり現存する技術・商品の意義が減

少することを意味する．少数の原材料や部品の価格が変化するだけなら，それらの影響を考慮して現実的な範囲で最適設計することは容易であるが，多くの原材料や部品の相対価格が大きく変化するなら，最適設計はほとんど白紙の状態からしなおさなければならない．そこには，多大の設計費用がかかり，しかも得られた結果がどのていど限界に近いものか知ることは困難である．

人間の目的行動の多くは，数学的な意味での最適化（たとえば，期待値の最適化）がほとんど不可能なものが多い．それは最適化計算ができないだけではない．さまざまな選択肢にたいし期待値を計算するには，生起するかもしれないそれぞれの状況の生起確率あるいは条件付確率をあるていど正確に知ることが必要であるが，そのような要件が満たされないことが多い．そのような場合でも，人間は，あるていどうまく行動している．それは人間が，ある状況にたいし，ある行為を行なうという定型的な行動をたすう知っているからである．すなわち，人間は，最適計算をして行動しているのでなく，定型行動のレパートリーから経験的に適切な行動を取捨選択して行動している[5]．ここでも，ある定型行動の成果は，もし選択肢が財の価格に敏感に変化するものなら，相対価格の安定性がないかぎり，経験はほとんど意義のないものとなってしまう．

本章の最初に指摘したように，商品・技術・行動など経済の主要な諸カテゴリーは，進化するという視点で捉えることにより，その変化・発展などをよく分析できるものであるが，そのことが妥当性をもつためには，さまざまな財・サービスの相対価格が比較的安定していることが1つの前提条件となっている．このことは，もちろん，相対価格がつねに一定であることを意味しない．少数の財がその値を大きく変化させることはありうる．

たとえば，石油は，中東石油の発見により20世紀半ばには1ガロン1～2米ドルという低価格をつけた．その後，2次の石油ショックを経て，現在では1ガロン100米ドルという値を聞くことも珍しくない．もちろん，半世紀の間には，他の商品や賃金水準も大きく変化したが，半世紀に50倍もの変動をみた商品は多くない．日本では，国立大学授業料が50年に50倍以上に値上がりしたが[6]，日本の消費者物価指数は，1950年を1とするとき，2000年代はだ

いたい 8 〜 9 程度を推移している．物価指数の計算基礎となる品目別の物価は 1970 年からの月別データが公開されており，現在では 750 品目による物価が毎月調べられている．これにより 2013 年 1 月を 1970 年 1 月と比較すると，国立大学授業料は特別であり，多くの品目は 3 倍から 6 倍ていどの値上がりに収まっている．物価の優等生としてしばしば引用される卵（鶏卵）は，1970 年に比べて 40 パーセント上昇しているが，なかにはバナナ，歯ブラシ，石けん類，シャンプー，化粧クリーム，洗剤，台所用洗剤などのように 40 年で 1 割程度の価格上昇にとどまっているものがあり，婦人ストッキング，歯磨き，毛布，カーペット，電気アイロン，電気掃除機，電気冷蔵庫などでは，価格が下落している．もっとも電気アイロンなどは，1970 年当時の仕様のものが売られているわけではなく，いわゆるヘドニック・アプローチで価格換算したものであるから，単体として値下がりしたとはいえないかもしれない[7]．

　商品の仕様とそれらに用いられる技術の関係で重要なのは，鉄や石油製品，電気・エネルギーなどの基幹商品の価格である．たとえば，現在の機械や構築物は，基本的に鉄を素材としている．これは，金属のなかで鉄が一番安いことを前提として形成された商品・技術複合である．たとえば，現在，鉄は棒鋼・H 形鋼・鋼板などに一次加工されたものがトンあたり 6 万円から 7 万円台で売られている．これにたいし，アルミ，亜鉛，銅，ニッケル地金はトンあたりそれぞれ 24 万円，24 万円，74 万円，150 万円という価格で取引されている．しかし，これらは市況商品であり，その価格は月々に変化している．たとえば，アルミ地金と亜鉛地金とはげんざい重量あたりではほぼ同価格であるが，1970 年前後や 1970 年代後半では亜鉛は銅のほぼ半額だった．銅はげんざい重量あたりアルミや亜鉛の 3 倍以上しているが，1975 年から 85 年までの 10 年間はアルミの 1 割から 2 割り増し，ときにはアルミより安いとき（1984 年）もあった[8]．しかし，アルミ地金の価格は，鉄鋼一次製品である H 形鋼鉄よりトンあたり 3 倍から 5 倍高いのが普通である．1968 年以降の 45 年間でみても，同倍率が 2 を割ったのは 2009 年の 1 年間にすぎない．

　もしアルミと鉄鋼の価格関係が大きく逆転したらどうなるであろうか．アル

ミそのものは，やわらかくて構造材には使えないが，亜鉛や銅，マグシウムなどとの合金のジュラルミンは，軽量で強度も切削性もあり，銅を含まないジュラルミンは耐水性や溶接性もよく，多くの場面で鋼鉄に代替可能である．もしジュラルミンと鋼鉄とが重量あたりほぼ同値段となれば，軽いなどの特性からかなりの用途に使えるであろうし，ジュラルミンの価格が鋼鉄の半分になれば，鉄はげんざい特殊鋼として使われている用途などのほか，使われなくなる可能性がある．

このような大きな価格変化が起こるとき，現代の機械技術・建築技術の多くは，その基本設計から見直さなければならず，使用される素材が異なれば，とうぜん加工方法にも大きな違いが出るため，生産工程も大きく変わらざるをえない．第2章第4節の表現を用いるなら，そのような事態は，技術のネットワーク，商品の利用の2部グラフをずたずたに改変するものとなる．ジュラルミンの価格がとつぜん重量あたり鉄鋼の2／3の値段になったとき，そのような大変化に即時に対応して最適な設計・生産を行なうことはまず不可能である．このような価格関係が安定的に成立することが判明したあと，数年が経過しなければ，とうてい新しい価格体系に適合した商品・設計・技術・生産は出現しない．裏からいえば，価格があまり大きく変化しないとき，部品や原材料として使用される財の役割は，ほとんど固定しており，価格の小さな変化により，鉄の使用量が少なくなったり，ジュラルミンの使用量が増えたりはしない．

カレイドスコープのような変幻極まりないものという譬え話は，経済が変化に富み，かつ驚きに満ちたものであることを示す意味では妥当であるが，その妥当性は，あまり大きな変化のない範囲でのみ確保される．すなわち，経済は一定の（ゆらぎのある）定常性を前提として機能している[9]．

価格変化（やその他の重要変数の変化）があまり大きなものでないという「前提」は，経済に深く根付いたものであり，F.マハループが限界分析の擁護にあたり，口をきわめて強調したところである（Machlup 1946, p.522）．かれによれば，たとえば限界費用や限界収益などをめぐる分析において，教師が黒板に描く各曲線等は，じつは拡大鏡を使わずともみてわかるようにするためのもので

ある．じっさいに起こる変化は，一般に「きわめて狭い」ものであるのに，教師は学生たちにじゅうぶん警告しない．限界分析の批判者たちは，このような基本を理解していないために，限界分析に異議を唱えている．マハループは，オクスフォード調査（Hall and Hitch 1939）やレスター（Lester 1946）たちの主張にたいし，こう主張して限界分析の妥当性を擁護した．

　限界分析がきわめて狭い範囲の変化を前提にするというマハループの主張は正しい．しかし，これは新古典派経済学という枠組みのなかに限界分析を位置づけるとき，大きな問題を引き起こす．企業単位で限界分析が生産関数と結びつけられるとき，価格の小さな変化が生産要素の投入比率の変化をもたらすという命題をそれは導く．これらが経済全体に集計されると，価格の変化は投入比率の変化を含意する．新古典派経済学にとって常識的なこの命題は，しかし，設計や生産がつうじょう価格の大きな変化を前提にしない範囲で最適化されていること，その場合，投入される素材・部品の比率や製品単位あたりの個数が詳細に決められてしまうことと矛盾することになる．

　マクロの生産関数の問題点については，第2章第3節で指摘した．マクロの生産関数は，つうじょう企業単位あるいは工場単位のミクロ生産関数を集計したものと考えられているが，設計や生産の現場に立ち入ってみれば，価格の小さな変化が投入係数の変化をもたらすという新古典派限界分析の主張は，夢想的なものでしかない．

　仕様の決まった自動車を生産することを考えよう．たとえば，2009年式ハイブリッド車のトヨタ・プリウスをとってみよう．顧客の好みによって，車体の色や付属するオプションはさまざまでありうる．しかし，それらすべてを確定させたとき，プリウス1台を生産するに必要な，エンジン，モータ，電池，電装品，アクスル，ブレーキ装置，車体，ドア，窓ガラス，などなどはすべて詳細に決まっている．自動車ばかりではない．設計図にもとづき生産されるすべての機械には，部品表が付属しており，そこでは使用されるビスの本数までが決まっている．

　もちろん，部品や素材価格が大きく変化するとき，設計の見直しや生産方法

の見直しを余儀なくされる．しかし，それは，自動車であれば，フルモデル・チェンジを必要とし，通常のサイクル期間である4年ないし5年といった時間スパンの話である．第1次石油ショックで石油価格が高騰したとき，すべての自動車メーカーは，こんごより燃費のよい車が需要されると予想したに違いない．しかし，じっさいに燃費のよい車を設計できたのは，小型車になれていた日本やヨーロッパの自動車メーカーであって，アメリカ各社は，10年〜20年の歳月をかけても，日本車やヨーロッパ車に匹敵する燃費のよい車を作ることはできなかった．

2．進化のミクロ・マクロ・ループ

前節では，経済がうまく機能するためには，経済過程の一定の定常性を前提とすることをみた．この前提は，進化経済学の前提でもある．経済には，商品や技術にかぎらず，行動・制度・組織・システム・知識など，進化するものとみるべき多数の重要なカテゴリーがあるが，以下では，生物進化との並行関係をみやすくするため，経済行動に限って考察しよう．

経済行動は，if-then型指令あるいは$qSS'q'$という4つ組からなる定型行動である[10]．この定型は，明示的・暗黙的に記憶され，条件があえば繰り返されるという意味で保持される．これが遺伝子型であるか表現型であるかということは，経済学では重要ではない．この定型は，別の定型に置き換えられるという意味で変異する．さらに，ほぼ同一の状況において発動される複数の定型たちは，経験の成功・失敗などという過程をとおして選択される．定型行動は，保持・変異・選択という3つの契機をもつ存在entitiesであるという意味において，生物の遺伝子と同様の構造をもつ．

変異と選択によって，より複雑な商品や行動が生まれたりするのは，生物世界のできごとと同型である．生物世界において，新しい種が維持され，ときに繁殖することは，環境にたいする種の適応度による．しかし，新しい種が生まれることは，生物世界を変化させる原因にもなる．いちばん有名かつ印象的な

のは，シアノバクテリアなどの光合成細菌の活動によって，今から20億年ほど前に，地球大気の酸素濃度が劇的に上昇したことであろう．それ以前は，大気中の酸素濃度は，いまの100万分の1程度だったといわれる．酸素濃度の上昇は，地質学的時間からいえばかなり急に起こったものだが，生物が進化するにはじゅうぶん時間を掛けたゆっくりとしたものだった．この大酸化事件 The Great Oxidation Event の結果，嫌気性の多くのバクテリアは滅亡した．そうした生物にとって，酸素はわれわれにとっての青酸ガスと同じような猛毒だったからだ．しかし，多くのバクテリアのなかから，酸素に強い種が生まれてきた．大気の酸素濃度が上昇したおかげで代謝機構が変わり，真核細胞や多細胞生物が生まれ，現在のような進化した生物が地球上を覆うようになった．生物は，環境によって選ばれるだけでなく，環境をも変えてしまう．つまり，生物は，環境によって選択されるばかりの存在ではなく，自分たちの進化する環境をも変えてしまう存在である．

　生物と環境とのこのような相互作用は，大酸化事件のほかにも，いくつも報告されている．たとえば，古生代には，全体として現在より温暖であったと推定されているが，石炭紀に植物が大繁殖して炭酸ガスを固定化したために，石炭紀末には気候が寒冷化したといわれる．石炭紀には夏冬の温度差がすくなく，その時代の化石植物には年輪が観察されないそうである．

　生物と環境とのこのような相互作用は，しばしば「共進化」と呼ばれるが，共進化は厳密には2つ以上の種の間の相互適応をいう．マメ科の植物は根にこぶをもっているが，そこには根粒菌が住み着いている．マメは，根粒菌に快適な住処を提供する代わりに，大気中の窒素を利用可能な形（アンモニア）で提供してもらっている（共利共生）．被子植物が花を発達させた背景には昆虫の存在があった．花と昆虫とは，共進化したといえる．根粒菌にとって，マメの根のこぶは環境でもある．したがって，共進化は1つの種にとっては，環境への適応かもしれないが，その環境じたいが進化する．このようなことは，物理的環境ではふつうみられない．その意味で，共進化は，環境と種のあいだの相互作用的進化といえないことはないが，環境が進化しない存在である場合には，

共進化という用語を用いるのは，あまり適切ではない．大酸化事件や石炭紀末の気候寒冷化は，生物の活動が地球環境を変化させ，その変化がまた進化の環境として，進化を作りだしたというサイクルである．このような関係は，共進化とは異なる概念で呼ぶのがよいだろう．

大酸化事件と同様のことは，経済にも起こっている．しばしばバブルと呼ばれている現象は，その１つである．1980年代後半の土地と証券市場のバブルが１つの典型である．内需拡大の掛け声のもと，ダブついた資金が土地と証券市場に流れこみ，資産価格の上昇傾向が形成されると，価格上昇がさらに買いを呼び込んだ．それまで株や土地に縁遠かった人たちまで巻き込んで，ジュリアナ東京に象徴される時代を作った．資産価格の安定的上昇という環境が，人びとの経済行動を変え，それがさらに価格上昇を生むという逸脱増幅過程が形成された．

バブルはふつうそう長くは続かないが，より長期の傾向が人びとや企業の経済行動を形成することは広範にみられる．たとえば，1960年代までの資金不足時代には，銀行をいかに説得して設備投資資金を得るかが，多くの企業経営者にとってもっとも重要な資質の１つであった．しかし，バブルがはじけて明確な資金過剰時代になると，多くの経営者は余剰資金をいかに運用するかを考えなければならなくなった．

経済全体の状況は，個々の個人や企業の行為の結果であるが，それら諸行為が生み出した状況は，個人や企業にとっては，ある種の環境となる．この環境に人びとの行動が適応進化すると，その変化した行動じたいが経済の状況をすくなからず変化させる．

このように経済の全体状況と個々の経済主体の間には，一種の共進化過程がある．これをわたしはミクロ・マクロ・ループと呼んでいる．進化経済学にとって，この概念は，きわめて重要である．なぜなら，ミクロ・マクロ・ループが生ずることによって，方法論的個人主義の不十分さが明確になるからである（塩沢由典 1997b，第3章；塩沢由典 1999）．

コンバンシオン理論は，個人の行動が慣習に依存することを重視するが，集

合的認知という視角はあるものの，その分析視角は行為の捉え方において方法論的個人主義にとどまっている（バティフリエ 2006）．ある時代・状況を分析するには，所与としての慣習の束（コンバンシオンの体系）を前提にし，それらの相互作用がもたらす過程を分析すればよいと考えている．しかし，ミクロ・マクロ・ループが存在すると，所与としての慣習自体が，ある時代・状況に進化・適応した結果である可能性がある．そのようなものであるとき，状況と行動とは，相互依存的なもの・相互に他を前提する関係としてしか考察することができない．

たとえば，ある環境に適応した行動をもつ個体群は，それと大きく異なる環境下では存続しえない．現在の生物の大部分が好気性であるが，それはこれら生物が大酸化事件後の地球環境に適応して進化したからである．これら生物は，大気中に酸素が存在するということを抜きにしては，生存できない．このようなことは，生物学では当然のことであるが，経済学ではそのように考えられていない．経済学の基本的枠組みは，環境と行動がある特別な対として共存していることを忘れているものが多い．

その1つの典型は，ワルラスからアローとドブルーへと連なる一般均衡理論である．この理論の特徴を，シュンペーターは「ab ovo」（卵からの）構成として肯定的に捉えている（シュンペーター 1977, 上 p.122）．アローとドブルーの数学的構成では，事態はさらに明らかである．アローとドブルーの一般的競争均衡では，消費者と企業とは，それぞれ固有の選好と生産関数とをもち，個人はさらに一定の初期資源を付与されていると仮定される．この仮定のみによって，価格均衡が成立する（そのような解が一組なのか，複数あるかは重要ではない）．すべての状況は，行為する個人・個別企業の行動によって形成される．どのような状況に直面した個人や企業かということをいっさい無視して，均衡は成立する．これこそが，経済学における方法論的個人主義の枠組みである．

方法論的個人主義では，個人や企業の行動自体が，かれらの環境に対する適応進化の結果であることが忘れられている．それは，生物世界でいえば，原始地球に好気性の多細胞生物を想定するようなものである．生態系を構成する植

物や動物，さらには細菌類が集まって相互作用すれば，一挙に卵の状態から現在の地球環境が出現すると考えるのと同一である．

　生物世界において進化という考えが重要なように，経済においても進化という考え方が重要である．これが進化経済学のもっとも重要な主張であるが，その主張は任意の理論枠組みと共存するものではない．現在の経済を形づくる個々のカテゴリーが進化してきたものであるならば，それらはさまざまな存在物たちのあいだの共進化あるいは個体の行動と環境とのミクロ・マクロ・ループの結果でもなければならない．進化経済学と方法論的個人主義とは，真の意味では共存できないのである[11]．

　同様のことは，もちろん方法論的全体主義についても当てはまる．方法論的全体的では，制度や技術が固定化され，それらが状況の変化という圧力によって適応・進化を起こさざるをえない事情がうまく分析できない．

　ミクロ・マクロ・ループと主体行動との関係についてすこしだけ付記するならば，なにがミクロの主体にとってマクロかという問題がある．これは第一義的には経済の全体過程を意味するが，それは個々の主体（それが個人であろうと，企業あるいは政府であろうと）にとって，その全体像が明らかになっていることを意味しない．ある未知ないし不可知の過程のごく一部しか個々の主体は認識できないかもしれない．しかし，ミクロとマクロの相互作用は，基本的にはミクロの主体が置かれている環境（これは，全体過程のごく一部かもしれない）のなかで，個々の主体がどう認識し，判断・行動するか，にある．この結果，ある行動が進化するかもしれない．それは，さらに多数の個体に採用される（あるいは学習される）かもしれない．そのような変化は，全体過程はもちろん，その一部をなす主体たちの環境をも変えることになる．ミクロ・マクロ・ループの存在は，経済主体が経済の全体過程を認識し，理解していることをいかなる意味でも前提しない[12]．全体過程の分析は，学問的探求においては必要だが，行為主体にとっては，自己や他者の行動がみずからの知りうる範囲（あるいは影響される範囲）でいかなる変化をもたらすかという認識があればじゅうぶんである．

行動と環境のこのような組み合わせは，卵からの構成という視点からは分析できない．それこそが，経済を自己組織系（ないし散逸構造）などと捉えることを必要とする事情であり，ミクロ・マクロ・ループという視角の生きる場面でもある．

　ミクロ・マクロ・ループは，経済のあらゆる局面に現れる．わたしはかつて日本的経営と称される慣習が日本経済の発展過程の一局面の特性を前提とするものであることを指摘した[13]．コルナイが指摘した圧力型経済と吸引型経済も，ミクロ・マクロ・ループという視点なしには分析しがたい事態である．藤本隆宏は，各企業の生産現場が労働生産性（労働投入係数の逆数）の改善と，自国通貨とその現場が競合する外国通貨の為替レートのあいだに，ミクロ・マクロ・ループが観察されることを指摘した（藤本隆宏・塩沢由典 2010, 第6節; Fujimoto and Shiozawa 2011-12, §6）．しかし，ミクロ・マクロ・ループの視点を必要とする事態は，第2章第4節で議論した技術の体系とその進化にも現れる．前節で例示したように，19世紀以来の機械文明が鉄を基盤としているのは，鉄という金属が他の多くの金属に比べ，その強靭さや加工しやすさにおいて優れているというにとどまらない．同一の強度を得ようとするとき，もっとも安い（じじつはるかに安い）金属であるという事実にももとづいている．20世紀前半までの工業化学が石炭化学であったのにたいし，20世紀後半の工業化学が石油化学を中心としたものになったのも，石油がもっとも安価な燃料であり，かつ炭水化物原料であったことによる．技術体系によって，価格体系の大まかな構造が定まるが，技術そのものの発展は，技術体系が生み出す価格構造を前提として発展する．技術軌道と呼ばれるものは，技術体系と価格体系のミクロ・マクロ・ループがつくりだすものに他ならない．

3．進化経済学を補完する価値論

　ワルラス型の価格均衡理論は，どのような変種を取ろうと，経済状況に応じて価格が変化することに人びとが対応できることを基本の前提としている．こ

のような経済学に立つと，経済の調整機構の中核を価格が担うことになる．わたしは，価格が経済の重要な情報であることを否定しないが，価格が十分はやく変化することが，経済がうまく機能する前提であるという考えには賛成できない．すでに第1節で指摘したように，価格がつねに大きく変化する事態は，すくなくとも現代的な産業経済にとって最悪の事態である．

あらゆる近代的製品は，詳細な設計図にもとづいて製造されている．藤本隆宏は，製造とは媒体に設計情報を転写することであると説いている（藤本隆宏，2003；2012）．ある製品を設計するには，使用者が必要とする機能を備えていればよいというにとどまらない．同一機能をもつ製品であれば，より安価であることがあらゆる競争に生き残る条件であるから，いかにして全体費用を安くするかが，設計における機能充足とともに最重要課題となる．全体費用には，生産費用のみならず，設計・開発費と生産装置等の設置・改造費用を含む．製品の種類にもよるが，これらの「固定費」は，短期間の生産で償却できるものではなく，短いもので数カ月，長いものでは4～5年の収益から回収すべきものである．このことを考えると，製品に組み込むべき多数の部品の価格があるていど安定していることが，よい設計が可能となる必要条件である．なにを原材料・部品として選ぶかは，設計における重要な選択判断の一部である．その結果が詳細な部品表として集約されている．どのような部品・半製品を加工・組み立てるかによって，生産に用いる機械設備と生産工程が変わってしまう．このためには，ある程度の期間，部品や原材料の価格が安定していることが，よい設計の大前提である．すべてが価格で調節されるワルラス型経済では，現代経済は成立しない[14]．

このような状況を考慮するとき，価格理論はとうぜん大きく組み替えられなければならない．それは，理論の変更ばかりでなく，価格を設定する企業行動自体の変化を前提とする．そこでまず企業行動の観察から始めよう．

19世紀までの経済は，主要な生産物が穀物や綿花などの農産物や農産物由来商品を基幹としていた．農産物は，周知のとおり，収穫の良し悪しが天候に左右される．収穫時期もある特定の季節に限定される．そこでは，生産量の調

節が比較的困難である．いったん生産された商品を無駄なく利用するためには，価格による調節に依存せざるをえなかった．しかし，20世紀が近づくと（第2次産業革命の出現によって）経済に占める製品の性格に次第に変化が生じた．商品のほとんどのものは，自然物というより，詳細に設計された人工物となり，生産量の調節が容易となった．このような状況においては，企業行動は，とうぜん変わらざるをえない．価格の変動に振り回される経済から，価格を安定させ数量を調整する経済へと，経済の調整機構の中核が変化した．

この変化は，20世紀になっても，多くの経済学者たちに見逃されてきた．フルコスト原理というかたちで，「理論」と現実との乖離が認識されたのは，1930年代であった．いわゆるオクスフォード経済調査である．

この調査は，思弁的考察により構成されてきた経済理論（当時のイギリスでは，マーシャル経済学の大部分）がどのていど現実の企業行動に根ざしたものかを問い直す志向をもって始められたものである．その成果は，大きく2つあった．1つは，企業の価格行動に関する知見，もう1つは企業の投資行動に関する知見であった．詳細は宮崎義一（1967），伊東光晴（1965），塩沢由典（2011, 第4節）などに譲る．

フルコスト原理は，企業の価格行動をひとことで表現したものである．これは，簡単にいえば，単位費用に企業が妥当と考える一定率を上乗せして販売価格（あるいは出荷価格）を設定することをいう．単位費用をどう算定するか，上乗せ率をどう決めるか，など詳細な考察が必要な事情はたくさんあるが，これは現代の製造業のほとんどにおいて採用されている価格決定原理である．

この原理は，大きな波紋をもたらした．当時の経済学の中核的分析法であった限界生産性原理に反するものだと受け取られたからである．戦争をはさんで，イギリスでもアメリカでも，多くの論文が書かれ，論争が続いた．その結末は，立場によって異なるが，新古典派経済学にたつ大部分の経済学者たちは，フルコスト原理と限界原理とが矛盾しないという認識をもって論争を終結させた（Hefflebower 1955）．しかし，これら経済学者たちは，このような認識とともに，経済学を革新する機会を逃したというべきであろう．なぜなら，次節で

示唆するようにケインズ経済学を再構築する基礎や経済の金融化を批判する視点がそこに隠されていたからである（塩沢由典 2011）．

　フルコスト原理は，現在では，ほとんどすべての企業で採用されている．ただ，アンケートなどでは，選択肢の設定によっては，じっさいにはフルコスト原理で行動している企業が「商品の需給環境等に十分配慮し，市場で許容される上限の水準に価格を決める」といった回答を寄せることがあることには注意を要する（本書第8章吉井論文参照）．フルコスト原理は，現行の原価に一定率を上乗せするだけという単純なものではない．現在では，原価企画といった手法が発展しており，どのくらいの価格であれば，この商品はどのくらい売れるかを企業は推測し，それにもとづいて仕様設計，機能設計，原価設定を行なっている．こうした努力のけっか得られたぎりぎりの原価に適正率を上乗せするのである．これの努力は，「商品の需給環境等に十分配慮して価格を決める」といった回答を引き出しやすいが，商品設計を終え，生産ラインを立ち上げたあとでは，原則として設定価格を据え置くという方針もまたフルコスト原理であり，けっして新古典派的な需要供給関数の交点における価格を受け入れているのではない．

　フルコスト原理の発見は遅れたが，この原理は，じつは古典派価値論の根幹にあるものでもある．マルクスの生産価格は，経済の平均的な利潤率を上乗せ率とするフルコスト価格（フルコスト原理にもとづく価格設定の結果，経済全体に成立する価格体系）にほかならない．古典派価値論のもっとも緻密な理論家であったリカードは，資本とは労働者の生活資料であるという当時の経済状況に影響されたのかもしれない．とうしょかれは労働費用の積み上げにより，価値を計算できるという考えをもっていた．『経済学と課税の原理』第2版では，リカードはすでに中間生産物を寝かせることに費用がかかることを認識していた（Ricardo 1955, 第1章第4節）．残念ながら，この考えは，厳密に定式化されたとは言いがたいが，20世紀になりピエロ・スラッファ（Sraffa, 1960）により，厳密に定式化された．ここでも，生産量が変化する場合に，原価そのものをどう計算するかという問題を残しているが，生産現場の生産性向上を管理する装

置としての原価計算という，まったく異なる視角から藤本隆宏（2012）が全部直接原価という概念により解決している（概要を第4章第2節に示した）．

　従来の原価計算では，固定費は，生産量で頭割りされていた．この原価計算では，生産量が変動すると原価が変動する．しかし，生産量の変動は市場の決めるものであり，生産現場が責任を負うべきものでも管理できるものでもない．そのようなものを生産原価に含めるべきでない（もし含めるならば，生産現場に悪い影響が出る）という思想が全部直接原価計算の根底にある．藤本は，しばしば，「設計情報と媒体の結合体」とみなす「広義ものづくり論」と「全部直接原価計算」および「古典派的価格理論」とは，「相性がよい」と表現する[15]．現代経済を支える精緻な設計と生産とは，需給の変動によって価格が大きく変化するような状況では，充分に機能しえないことを考えると，藤本が「広義ものづくり論」と「古典派的価格理論」とが親和的と考えることにはじゅうぶん原理的な理由がある[16]．

　フルコスト原理の問題点の1つとして，上乗せ率がいかなる理由・原理によって決まってくるかという問題がある．慣習的に決まっているという説明が多いし，現実的にはそういう側面が強いと思われる．しかし，これは市場の競争条件と無関係に上乗せ率が決まると考えてよいことを意味しない．市場での競争には，同種製品を作る競合他社との競争と，代替的に利用可能な異種製品を作る他社との競争の2種類がある．このうち，競合他社との競争において，一定の上乗せ率が帰結する事情が塩沢由典（1984；2014，付録）において明らかにされている．その結論の1つは，「需要者側の価格反応（価格比の違いによる需要者側の供給者選別）が敏感であるほど上乗せ率は低下する」という命題である．これにより，上乗せ率は，市場状況を反映したものであることが分かる．また，生産原価（あるいは調達原価）が異なる場合，原価の高い企業は，低い企業より低い上乗せ率を設定することが利潤最大化につながることが示されている．フルコスト原理の解説として，しばしば屈折需要曲線による説明があるが，生産数量が固定化された上で，価格の固定性を説明するものであり，フルコスト原理の十分な説明になっていない．

フルコスト原理と企業のある供給態度とが対になっていることにも注意しなければならない．それは，設定された価格のもとで，企業は売れるだけ売り，生産するという行動原則である．このような行動原則に最初に言及したのは，マーシャルの価格理論を厳密に点検したスラッファだった（Sraffa 1926）．そこでわたしは，このような行動原則をスラッファの原理と名づけている（塩沢由典 1983，第3節；1990，第4章・第6章；2011，第4節）．これは，企業水準における有効需要の原理と呼んでもよい．なぜなら，企業は，有効需要があるだけ販売し生産するからである．ついでに言えば，ケインズが有効需要の定義を総需要関数と総供給関数の交点と定義したのは，不幸なことであった．わたしによれば，それは1970年代のケインズ反革命の素地を作った（本書第1章）．

　売れるだけ売り，生産するという行動原則が可能になるためには，比較的短い単位期間あたりの生産量の調節が可能でなければならない．一交代制あるいは二交代制の組み立て産業では，生産時間の調節により，1日単位での生産量の調節が可能である．これにたいし，鉄鋼や化学製品などいちぶの装置産業では，連続操業を余儀なくされており，1日単位での生産量の調節は容易ではない．わたしはさいきんある製紙会社の新鋭機を見学する機会をもったが，ここでは幅10メートル，分速1,500メートルという速度の生産が10日以上も止まらないという説明を受けた．このような生産状況では，売れ行きが下向けば，製品在庫が急速に増大せざるをえない．在庫を掃こうとすれば，営業部門は値下げしてでも販売を促進させざるをえない．農産物を含む市況商品の多くは，生産量調節がむずかしいというおなじ生産技術特性をもっている．

　一企業がフルコスト原理を採用するだけでは，価格の安定性はもたらされない．まず，賃金があるていど安定していなければならない（労働生産性の上昇があれば，このことはゆるやかな賃金上昇と矛盾しない）．さらに，ほとんどの企業がフルコスト原理を採用し，製品の原材料・部品の価格が安定していること，必要に応じて一定価格で調達できることが要請される．つまりフルコスト原理は，安定した価格と必要に応じた調達可能性を前提にしている．反対に，もし原価の大きな部分を占める原材料（たとえば綿花）が市況に左右される商品で

あるなら，それを原料とする綿糸も安定した価格での供給は不可能となり，好むと好まざるとにかかわらず綿糸じたいも市場での売れ行きで価格が決まる商品（つまり市況商品）となる．19世紀イギリスには，この関係は，綿糸から綿布にまで延長されて，綿花・綿糸・綿布という産業革命の花形商品は，すべて市場において価格決定されるものであった．このような状況が，リカード価値論に対して，リカードの死後，トレンズなどの需要供給理論がすぐに復活した歴史的背景であった．しかし，気づかれなかっただけで，19世紀にも，生産企業・供給者側が価格設定していた商品は数え切れないほどあった．なぜなら，上場されていた商品数は，19世紀を支えた総商品数のごくわずかでしかないからである．まいあさ買うパンや，パブで飲むビールやコーヒーが市況によりまいにち変化するなどということは，第1次大戦後のドイツのハイパーインフレーション時などをのぞいては，いかなる記録にも出てこない．

　フルコスト原理は，じつは大きなミクロ・マクロ・ループの一環を担うものにすぎない．一企業がフルコスト原理を採用するのは，諸価格が比較的安定し，必要量が一定価格で調達可能であるという状況があるからである．また，このような経済全体の状況は，多くの企業がフルコスト原理とスラッファの原理とを採用していることを前提としている．それはまた，その前提として，多くの企業ないし産業で，生産量の調節が可能で，需要変化に合わせて生産量を調節できるという生産技術の状況がある．

　フルコスト原理とスラッファの原理とは，個別企業の行動原則である．それらの結合として，経済の全体過程があるが，それが企業のこのような行動を阻害するものであるなら，そのミクロ・マクロ・ループは長くは続かない．しかし，経済全体には，これら企業の行動原則と対となるある機構があり，企業が一定の価格のもとで生産を続けることを可能にしている．それを数学的に表現したものが，非代替定理，あるいはわたしが最小価格定理と呼んでいる定理である．

　フルコスト原理がほとんど無視されてきたと同様に，この定理もほとんど忘れられてきた．この定理はサミュエルソンにより（2財の場合に）発見され，クー

プマンス（3財の場合）やアロー（N財の場合）によりに証明された．それはさいしょ「代替定理」と名づけられたが，のちに意味を汲んで「非代替定理」と改称されている．しかし，定理の内容をよく検討すると，この名称も適切ではない．なぜなら，この定理は複数の技術が同じ価格を支える（つまり代替の可能性がある）ことを排除していないからである．そこでわたしは，これを最小価格定理と呼ぶよう提唱している（塩沢由典 1983, 第21節）．

　最小価格定理は，企業が複数の生産技術をもつ場合に，需要構成が変わっても，経済全体としては，ある一定の価格で供給できることを意味している．多くの文献で，この定理が「非代替定理」と呼ばれているように，この定理は，需要の変化にもかかわらず投入係数が変化しないとして説明されることが多い[17]．産業連関表の投入係数が安定的であることの説明としてはそれでよいが，この定理の本当の意義は，需要の変化にもかかわらず，価格が一定にとどまることにある．「複数の生産技術」には，（閉集合をなすなどの）一定の条件があれば，新古典派の生産関数でよく仮定されるように，一企業が連続的に変化する生産技術の集合をもっていてもよい（Shiozawa 1975a）．その意味で，この定理でつうじょう仮定される行列型の技術集合をもつ場合でなくとも，最小価格定理は妥当する．

　上で最小価格定理の意義が「価格が一定にとどまることにある」と説明したが，それは実態として価格が変化しないことを意味するだけではない．各企業は，代替的ないくつかの技術をもっているかもしれない．その場合にも，知られている技術全体の集合が変化しないかぎり，企業はこの価格を破壊できないことをも定理は含意している．つまり，いったん成立した最小価格体系のもとに，企業が一定の上乗せ率を維持しようとするかぎり，現行の販売価格をより低くすることはできない．もちろん，技術集合が変化すれば，このかぎりではない．企業が生産技術の改善や労働生産性の上昇に取り組み，従来よりもよい生産技術を実現できるなら，その企業は上乗せ率を維持しつつ価格を引き下げることができる．価格競争は，多くの場合，原価の引き下げ競争である．

　最小価格定理が成立するための条件はいくつかあるが，連続性や生産可能性

などの詳細を省くならば，つぎの3つの条件があれば十分である．① 収穫一定，② (本質的に) 単純生産，③ 労働は一種類で同質．ここで，③ は，生産要素が一種類と表現されることが多いが，それはあとにみるように，ある特定の経済像にもとづく言い方である．③ の補足としていうならば，⓪ として，労働以外のすべての財・サービスは生産可能であるという条件を付け加えたほうがよい．① の収穫一定は，投入を**a**，産出を**b**とするある生産 (**a**, **b**) が可能ならば，その正の乗数倍 $s \cdot ($**a**, **b**$)$ が生産可能であることをいう．ただし，ここで**a**と**b**とは多数の財・サービスからなるベクトルである．財・サービスの種類は，有限であればどんなに大きくてもかまわない．ベクトル**a**は労働を含むが，**b**は労働を含まないというのが，条件 ⓪ の含意である．② は，いかなる生産も，単純な生産の凸結合であること，言い換えれば，労働を除く各財・サービスにつき，それのみを純生産する技術が存在し，経済のどんな生産も，これらの生産を組み合わせたものであることを意味する．

単純生産の仮定が成立しないとき，結合生産が存在するという．結合生産の一例として，食塩の電気分解によって，塩素と苛性ソーダを連産する場合がある．しかし，多くの生産は連産ではなく単純生産とみなせることはいうまでもない．連産とは異なる場合で，結合生産を想定しなければならないもうひとつの事情として，耐久資本財を用いる生産がある．耐久資本財を正しく分析するためには，古くなった資本財を投入とは別種類の財が副産されるとあつかう必要がある．この場合にも，単純生産の仮定は成立しない．このことから最小価格定理はある特殊な状況でしか成立しないという説明が流布しているが，後で説明するように耐久資本財があっても，多くの場合，それらは本質的には単純生産であるとして扱うことができる．

最小価格定理は，サミュエルソンにより発見されたことから分かるように，じゅうぶん新古典派的伝統のなかにあるものである．しかし，それは，一方の需要構成，他方の相対価格と投入係数という，つうじょう相互に関連すると考えられているもののあいだにじつは独立性があることを示している．最小価格定理は，技術体系が同じであるかぎり，需要構成が変化しても，価格は変化せ

ず，投入係数も変化する必要のないことを意味している．需要構成の変化が経済全体としての投入財の比率を変化させるのは，それぞれの技術の生産水準が変化するためであり，投入係数の代替的変化が起こっているわけではない．最小価格定理が表現する機構は，価格と数量とが基本的に独立であることを可能にしている．これは，価格と数量がつねに対をなして調整されるという，新古典派の市場像からは異質なものである．簡単にいえば，最小価格定理が広範に成立するという認識は，新古典派の常識にとってあまり都合のよいものではない．そのためもあってか，この定理はその後の経過のなかでは，ほとんど忘れられた存在となっている[18]．

最小価格定理が成立するための主要3条件のうちの③は，新古典派の用語法でいえば，ただ1つの生産要素が存在するという仮定である．新古典派の経済像では，（コブ＆ダグラス生産関数に代表されるような）複数の生産要素（たとえば，資本と労働）が結合されて生産物ができると観念されている．そうした枠組みでは，労働と資本とは別の生産要素であり，それらと対等なものとして土地など他の生産要素がある．非代替定理が成立する要件の1つは「生産要素が一種類である」と説明されている．このような枠組みでは，非代替定理は，「特殊な」ものでしかない．そこでは，生産要素は多数存在すると前提されているからである．とくに生産設備が生産要素であるならば，それらを利用しない生産は，近代的な生産とはいえないであろう．

非代替定理の直接の説明では，さすがにこのような理解はない．なぜなら，そこでは資本財は生産された財と理解されているからである．しかし，すこしはなれた分野，たとえば貿易論の教科書的説明では，労働と資本とは別の生産要素として理解され，リカードの比較生産費説が労働のみを投入する古いタイプの生産を想定するものであるのにたいし，HOSの理論では機械などの資本投入を含む現代的生産を想定するものであるなどと説明されている（大山道広2011，pp.40-41など）．

しかし，古典派の生産の捉え方では，土地は生産技術の規定要因であり，資本は再生産可能な生産物である．その意味では，新古典派のいう生産要素に相

当するものは，労働しかない．土地のように生産数量に制約を課す技術要因を除けば，資本はどのようなものであれ，生産された商品である．最小価格定理の十分条件で，問題となるのは，生産要素がただ1つということではなく，耐久資本財をどう扱うかにある．耐久資本財を正しく扱うためには，フォンノイマンが示したように，利用した資本財は，一期分古くなった資本財が副産されるとみなさなければならない．つまり，耐久資本財が存在すると，通常の非代替定理で仮定される単純生産の仮定（あるいは結合生産の不在）をおくことはできない．このことを盾に，耐久資本財の存在によって，非代替定理は成立しなくなると一般に説明されているが，それも正しいとはいえない．

　通常の原価計算に用いられるような一定年数以内では効率一定といった仮定のもとでは，回転資本のみの場合と同じく，最小価格定理ないし非代替定理は成立する（Shiozawa 1975b）．また，資本財が道徳的磨耗（技術的に古くなる）以外には無期限に同効率で利用可能という場合には，投入される資本財と副産される資本財とを同種・同量とみなすことができるので，この場合，単純生産の仮定が広い意味で成立する．すなわち，原価計算でつうじょう仮定されているような機械の消耗状況にたいしては，最小価格定理は，じゅうぶん成立する．このことを考えると，最小価格定理（あるいは非代替定理）が限定された状況でしか成立しないと新古典派が説明するのは，ことの軽重をまちがえている[19]．通常の原価計算が前提するような典型的な場合において，最小価格定理は成立する．したがって，そのような典型的な場合，需要構成の変化があっても，それに対応する調整は，価格変化と代替によるものである必要はないからである．観点を変えていえば，この定理は，価格調節ではなく，経済において数量調節が広い範囲で有効に働きうることを示している．

　最小価格定理は，生産技術の通常の状況においては，ひろく妥当する．これは，特殊な場合というよりも，リカードの用語を借りるならば，強い場合（strong cases）と呼ぶべきものである．いまもしこれを典型的な場合と呼ぶならば，典型的な場合において，価格変化とそれに付随する代替はじつは必要がない．反対に，価格による調整とは別のある調整過程が必要であることをこの

定理は示している．耐久資本財のある特殊な効率劣化の場合にはこの定理が成立しないというのは，新古典派が考え出した言い訳にすぎない．重要なのは，近代的工業生産においてほぼ普遍的な状況において妥当する原理である[20]．

　最小価格定理は，リカードたちがその価値論を構想したとき，背後に暗に想定していたものであろう．需要構成がいかなるものであろうと，生産量の調節がつくならば，原価とその販売価格は基本的には一定であるとかれらは考えていた．最小価格定理は，そのようなかれらの確信に現代的光を与えるものである．もしこの定理が 19 世紀前半に知られていたとするなら，需要構成が変化することによって，生産の投入比率が変化し，それとともに製品価格と要素価格とが変化するなどという，限界費用分析はその破綻が容易に理解されていたであろう．もちろん，当時の数学の状況を考えるならば，こうした可能性はほとんどなかったことは明白である．

　最小価格定理は，価格と数量とがなぜ独立に変化しうるかを経済全体の機構として説明している．この定理が成り立つことを前提にして，企業は価格設定と数量決定とを切り離すことができる．フルコスト原理とスラッファの原理とは，価格と数量の独立性を前提とした上での企業行動の典型的な姿を示している．リカードが想定した古典派価値論は，基本的には，このようなミクロ・マクロ・ループを前提にするものであったと考えられる．

　このミクロ・マクロ・ループは，多くの商品（多くの種類と価値総額の大部分）と大部分の状況において成立する．しかし，そこから外れる事態が生ずることを排除するものではない．たとえば，ある商品にたいする需要が異常に大きく，それらを生産する企業が生産容量いっぱいに生産してもおいつかない場合には，とうぜんながら数量調節は効かない．そのような状況を含む一般理論を構成するには，より詳細な分析が必要である．

　次節では，この課題に取り組む．しかし，その前に，注意すべき学説史上の問題がある．ケインズ以後の諸学派には，価格の安定性ないし固定性を重視するものが多い．それらと，本節での古典派価値論とのあいだには，ある本質的な違いがあることに注意しておこう．

ケインズの構想を引き継ぐ学派として，ポスト・ケインズ派とニュー・ケインズ派とがある．このうち，ニュー・ケインズ派は，効率賃金仮説とかメニュー・コストなどというかたちで，賃金や価格がなぜ固定的であるかを説明してきた．より安い賃金で新しい労働者を雇用しようとすると効率が低下する．多数の販売商品の価格を変えようとすると，多大のメニュー・コスト（メニューの書き換え費用）がかかる．かれらによれば，そのために価格は固定的になる．

　この考えの背後には，つぎのような経済観がある．価格はほんらいたえまなく変動すべきものだが，各種の事情で十分な価格変動が起こらない．そこで経済全体としての調整が進まず，（労働や資本の）不完全雇用が発生する．つまり，ニュー・ケインズ派にとって，自発的失業は存在せず，失業は摩擦的なものである．これは，新古典派の古い経済観を引き継ぐものでしかなく，本節で説明した古典派価値論とは正反対のものである．なぜなら，古典派価値論は，正常価格においてこそ，経済はよく機能すると考えているからである．

　ポスト・ケインズ派にも，問題がある．ポスト・ケインズ派は，大きく分類するだけでも，ファンダメンタリスト，カレツキ派，スラッファ派の3つがあるとされている（ラヴォア 2008）．そのすべてに言及するわけには行かないが，これらのなかに価格の固定性を強調するものがいろいろある．たとえば，カレツキは，費用決定価格と需要決定価格とを区別し，費用決定価格では価格は固定的であるとする．費用決定価格の代表は，製造業とサービス，需要決定価格の代表は，農産物と地下資源（由来の原材料）である．同様の区別は，ケインズ・ファンダメンタリストのヒックスも行なっている．かれは，固定価格経済と伸縮価格経済とに分類した．この分類は，森嶋通夫にも踏襲された．商品の性格によって価格が変動するものと，固定的であるものとに分類することは，次節でみるように正しい分類ではない．なぜなら，価格が一定であるか変動するかは，（同じ商品における）状況の違いによる．このことを適切に理解しないと，経済には多数の固定価格的商品があるが，商品の価格決定に預かる一般的原理は，需要供給の法則であるという，かつて J. S. ミルが陥った過ちと同じ過ちを繰り返すことになる．

4．生産量の調節と需要の変化

　現代の典型的企業は，その活動時間の大部分において，一定の価格を設定し，その価格で売れるだけ売り，生産するという行動を取っている．しかし，このような行動がつねに可能なわけではない．

　もっとも分かりやすい場合は，売れ行きが想定外によく，現行の生産拠点の生産容量（一定時間内にどれだけ生産できるかという数量）を超える場合である．この場合，複数拠点がある場合には，容量に余裕のある生産拠点の応援を得るとか，さらに場合によれば，競合他社から製品を融通してもらうということもありえる．それでも可能な生産容量を超える需要が持続する場合，① 生産容量を増やす，② 顧客に一定期間，待ってもらう，③ 他社製品ないし代替製品を買ってもらう，④ 製品価格を引き上げて，高い価格でも購入したという需要先に優先的に割り当てる，などの方策をとることになる．しかし，このような「うれしい悲鳴」状態は，一般にはまれである．また，このような事態にしばしば陥るようでは，経営者は失格である．「想定外の売れ行き」があまりないよう，事前に適切な設備投資を行ない，十分な生産容量を確保することがトップ経営者の務めだからである．もちろん，いかに周到な需要予測をしようとも，生産容量が不足することはあり，やむをえず生産価格を引き上げることはとうぜんある．

　現実には，ある工場の生産容量は，1つの数字のように確定しているものではない．一交代制あるいは二交代制の工場では，1日の生産時間を延長すれば，予定の生産容量を超えることは比較的容易にできる．また，工程によっては，機械の回転速度を上げることにより，一定時間内での生産量を上げることができるものもある．臨時の工具を雇い入れることにより，生産増強のはかれる場合もある．このように生産容量は，絶対に動かせないものではないが，あえて増産しようとすると，追加の費用が発生する．その費用は生産量に比例的である場合もあれば，比例的以上に上昇するときもある．前者は，生産容量に余裕があった場合であり，後者は無理して増産している場合である．前者の場合，

生産の限界費用は一定であり，後者の場合，限界費用は増大する．つまり，容量以下では，生産の限界費用は一定である．

　新古典派の供給関数は，各企業（あるいは工場）が価格と限界費用を等しくするよう生産することを前提として構成されている．そのことを，上の分析と照合すると，新古典派供給関数が想定するのは，各企業は容量以上の需要に直面している場合のみだということになる．このような状況において，すべての企業が容量いっぱいに生産しているなら，各企業の供給量を集計するとき，おなじみの（価格を独立変数とする）右上がりの供給関数を得る（より詳しくは塩沢由典 1990，第6章をみよ）．問題は，上に触れたように，現代的企業が容量いっぱいに生産する状況は，まれにしかないことである．その場合，工場は日々の生産量をどのように決定しているのであろうか．

　1926年にピエロ・スラッファが考察したのは，このような状況であった．近代的企業において，生産量の増大を制約しているものは，新古典派が考えているような限界費用の増大ではなく，価格を引き下げるか，より多くの販売費用を費やすことなくしては，販売量を増大させることができないことであった．簡潔にいえば，ほとんどの場合，あるいは正常な場合，生産量を制約しているものは販売数量であった（Sraffa 1926, p.543）．もし，価格を引き下げても，あるいは販売費用を増強しても，増産に見合うだけの販売量が得られないならば，企業家の取りうる道は，需要に合わせて数量を調節する以外にない．これが上にわたしが「スラッファの原理」と呼んだ行動原則であり，企業水準における有効需要の原理である．

　売れないものを生産しても，在庫が積みあがるだけである．そのようなことを避けようとするなら，日々の売れ行きに合わせて，日々の生産量を調節すればよい．しかし，スラッファの原理を実行するには，さまざまな条件が必要である．まず，生産量が調節可能でなければならない．この調節には，2つの要件がある．第一に比較的短い期間で生産量を変更できること，第2に十分な変動幅があることである．穀物のように基本的に年1回しか収穫されない商品の場合，1年より短い時間間隔で生産量を調節することは不可能である．これに

対し，多くの組み立て工場の場合のように，短いサイクル・タイムで1つずつ生産されている場合，1日内の生産時間の調節により，1日あたりの生産量を調節することができる．またこのような工場では，生産時間を24時間以上に拡大することは不可能であるとしても，(遊休する労働者の賃金等を厭わなければ) 生産量を引き下げることは比較的容易である．これにたいし，鉄鋼業の溶鉱炉のように連続操業を余儀なくされるものでは，1日単位の生産量変更は可能であるにしても，その変動幅にはきびしい制約があるのがふつうである．高炉でも，生産量を増やすには，コークス以外に重油を吹き込むなどして火力を上げるとか，生産量を減らすには，鉄鉱石やコークスの供給量を少なくするとか，いくぶんの調節は可能であるが，変動幅をそう大きくできないほか，調節そのものに高度の管理技術を必要とする．

　生産量調節が可能であるとしても，調節そのものに費用がかかることが多い．多種類の製品を生産している企業では，一種類の製品をある数量まとめて生産することが多い．これをロット生産という．製品種類の切り替えに「切り替え費用」が発生するからである．切り替え費用の発生機構の典型は，段取り替えである．A製品にはaという金型，B製品にはbという金型が必要であるとき，2つの金型を取り替える時間が必要となる．このとき，取替えのために労働者は作業しているが，生産機械そのものは停止することになる．運転状態と休止状態を切り替えるにも，費用がかかる．上に紹介した製紙工場では，運転の開始にあたり1時間程度の慣らし運転が必要であり，この間に生産した紙は，基本的に再生に回すことになるという．このような装置では，運転・休止を頻繁に繰り返すことはできない．さらに，休止期間中も，仕掛品の温度維持などにエネルギー費用がかかることもある．

　このような事情があり，産業によっては，生産量をまいにち変更するなど困難なものもある．そのような産業では，需要の減少が判明しているのに，運転を変えることができず，製品在庫の山が築かれることがある．製品が紙であれば，すぐに使用不可能になるわけではないが，湿気をおびるという問題が生じ，時間の経過とともに品質の劣化は避けられない．大量の製品在庫を抱え込むこ

とになれば，その利子費用も馬鹿にできない．そうなると，販売部門は，価格を引き下げても，在庫を掃きたいということになる．企業が価格を維持し，需要にあわせて生産量を調整しようとしても，需要の変化のほうが急速で大幅であれば，それに対応できない．近代的産業でありながらも，紙や鉄鋼が需要変化に敏感な市況商品になりやすいのは，原料価格が変化するだけでなく，生産量の調節が難しいからである．

　一般的にいえば，フルコスト原理とスラッファの原理に従おうとしている企業であっても，需要の変化に生産量をあわせることができなければ，生産量不足か，生産量過剰がおこる．前者の場合，製品価格が上昇するきっかけになるし，後者の場合，製品価格が引き下げられるきっかけになる[21]．つまり，同一の商品であっても，状況によって，価格が据え置かれたり，変動したりする．

　ある企業がフルコスト原理にもとづいて価格設定していることは，その企業の製品価格が一定であることを意味しない．それが一定となるよう，企業は努力している．需要にあわせて供給するというのは，その１つの表れである．しかし，多くの原材料・部品のなかには，価格が変動するものがとうぜん出てくる．賃金が変動するかもしれない．この影響が大きなものであれば，企業は設定した価格を，予定を早めて改定しなければならない．これはいわば受動的な，外部の影響による価格改定である．しかし，上に指摘したように，一定価格のもとでも，需要変動にあわせた生産調節がうまく行かない場合には，意図するにせよせざるにせよ，価格を変化させなければならない状況が生ずる．生産容量を超える需要水準が長期に続けば，容量増大をはかりつつも，短期には建値を上方改定せざるをえないかもしれない．意図に反して，製品在庫が大きく膨らむときには，営業員が個別に，あるいは会社の方針として，製品値下げに踏み切るかもしれない．これらすべての対応を含めて，フルコスト原理はある．重ねていうなら，フルコスト原理は，売れるだけ売り生産するというスラッファの原理と対のものとして存在するが，需要の変動と生産量の調節とがうまくかみ合わない場合，いわば自発的な価格改定の論理を内包している．

　このような面倒な事情がありうるにもかかわらず，なぜ企業は，フルコスト

原理に固執するのであろうか．簡単にいえば，そのほうがより大きな安定した利潤を企業に保証するからであろう．Kaldor（1986）は，Hicks の変動価格経済を（Keynes を引きながら）評価している．ケインズは，ゴム・綿花・小麦・鉛の4商品の指数変動を10年間にわたり調査したが，1年間の最高値と最低値の差が平均67パーセントに上った．同様の調査は第2次大戦後も別の機関によって続けられたが，その動きはより大きなものであったという．これら数値を引用したあとで，カルドアはこう総括している．

　　変動価格市場の働き working は，このように，じじつ，ひじょうに非効率である．それは諸価格の大きな変動をともない，その変動はどのくらいの大きさとなるかについても，変動のタイミングについても推測可能なほど規則的なものではない．このことは，生産にたいし薬物として作用するような危険をもたらす．（Kaldor 1986, p.194）

　変動価格市場が非効率であるとカルドアがいうのは，経済全体についての評価であろう．個別企業にとっては，価格の大きな変動は大きな利益機会となるかもしれない．しかし，それはすくなくとも利潤を不安定化させるであろう．近代的製造企業にとって，安定した利益が得られることは，偶然的かつ間歇的に得られる大きな利益より重要なものであろう．それは，多くの企業が株式会社として存在し，株主にまいねん一定の利益を報告しなければならないからかもしれない．しかし，長期的に考えて，安定的に大きな利益を得ることのほうが，気まぐれな利益機会より優れたものであろう．こうした判断が，ほとんどの（製造）企業を，フルコスト価格づけと売れ行きにあわせた生産とを選択させているのであろう．

　これは，高度な判断であって，価格がどの水準にあれば費用関数のどの点に生産量を決めるかという新古典派の企業行動とは比較にならない．もし企業が新古典派供給関数のごとく行動するならば，もちろん典型的な変動価格経済が出現するであろう．新古典派供給関数にもとづくならば，競争的企業はその生

産規模を限界費用 m と価格 p とが等しくなるように設定する．ところが多くの製造企業では，限界費用が一定となる広範な生産量区間をもち，それが限界費用の最小値 M^* である．したがって，企業にいくらかでも利益が出るような $p>M^*$ の場合，企業は生産容量いっぱいに生産し，$p<M^*$ のとき，生産を停止するという行動をとることになる．これは，価格の乱高下と生産量の乱高下とを引き起こす．価格による調節は，もしそれが新古典派の考えるような機構にしたがって起こるならば，カルドア流にいえば，けっして効率的なものではない．より正確にいえば，そのような変動価格経済は，むしろ悲惨なものである．

すでに引用したように，価格の情報伝達作用を語るにあたり，ハイエクはかつて病虫害に見舞われたカリフォルニアのオレンジを挙げた．病気や災害がとつぜん訪れたとき，生産量が激減すれば，その作物の価格は高騰する．ヨーロッパにいる消費者は，その理由を知ることなく，価格高騰により，オレンジの消費量を削減する．これが分散した知識の利用であるとハイエクは説いたが，価格の上下動にもとづくだけの情報伝達なら，近代経済における価格の情報伝達作用を正しく言いあてているとはいえない．現代経済を構成する数千万を超える商品の価格は，それぞれがほぼ安定的に調達可能であることによって，その商品の生産の容易さ・困難さを伝えている．この前提があって，はじめて多くの精密で複雑な機械の開発と設計とが可能になる．またそれら製品の価格が安定していることよって，それらを利用した生産やサービス供給が可能になっている．価格の安定性と製品の安定した調達可能性とが，現代経済を支えているのである．価格の変化だけで現代の複雑な経済が調節されていると考えるとしたら，それは大きなまちがいである．

固定価格商品と変動価格商品とをたんに区別する見方は，そのような性格の違いがどこから現れてくるか，明確に説明していないと同時に，固定価格経済が大きなシェアをもつことの本当の意義を理解していない．それはまた，固定価格をめざしながら，価格変動に追い込まれる理由も明らかにしていない．この意味において，ヒックスや森嶋通夫の固定価格経済・変動価格経済の区分は，

価格理論としてはきわめて不十分なものである．

　ヒックスや森嶋通夫に近い認識は，J. S. ミルももっていた．J. S. ミルは，商品の性格（任意可増財か不可増財かなど）によって，価格を規定する原理がことなると考えた．リカードも同様に考えたが，かれは希少財ないし再生産不可能財について一般理論を想定しようとはしなかった．この限定を超えて，J. S. ミルが価格を規定する原理を考えようとしたとき，かれは「需要供給の法則」という内容の明確でない法則にたどりつかざるをえなかった．ミルが需要供給の法則というとき，それはたんに交換の成立時には，需要と供給が等しいということだったのかもしれない[22]．それは，価格の水準を決める法則ではまったくない．生産費が価格を規定する商品についても，この意味での法則はもちろん妥当する．しかし，そのことをもって需要供給の法則が生産費の法則に論理的に先行するとも，より一般的な法則であるともいえない．しかし，需要供給の法則への J. S. ミルのこのような傾斜が後の経済学の発展に大きな影響を及ぼした可能性は否定できない．とうじまだあいまいだった需要供給の法則が，価格を独立変数とする需要関数・供給関数の交点に価格と数量が決まると解釈されるとき，この法則は新古典派理論の枠組みの原型となった．

　ある商品の価格が，固定的性格をもつか，変動的性格をもつかは，すでに指摘してきたように，生産量の調節速度および変動幅と，需要の時間的変動特性とに依存している．価格が固定的となるか変動的となるかは，生産の技術特性にのみ依存するものではなく，両者の相関による．1 年に数パーセントの調整しか不可能な商品であっても，需要の時間的変化がきわめてすくなければ，需要にあわせた生産は可能であり，価格は固定的となる．

　日々あるいは時間単位の生産量調節に費用が掛かる場合，需要の変動特性にあわせて生産の最適化をはかることは，至難の業である．たとえば，製品が一定の確率分布にしたがう場合でも，生産量の調節は簡単ではない．これは工場の生産管理というきわめて多岐にわたる管理問題の一局面に過ぎないが，この 1 点のみを捉えてみても，問題の複雑さがよく分かる．

　工場や出荷倉庫の数量管理の典型例として，在庫管理がある．これは原材料

の備蓄から製品在庫まであらゆる工程にあらわれる管理問題であるが，簡単に販売店の店頭のような販売拠点における製品管理を考えよう．ここでは，多数の顧客が不定期にやってきて，ある数量の製品を引き取っていく．簡単のためにすべてが現金で支払われるとしよう．このとき，店舗にはいくらの在庫を用意すればよいだろうか．

　もちろん，問題を正しく立てるためには，詳細な状況定義が必要である．製品を工場に発注したとき，何日後に入荷するか．どのくらいの頻度で発注するか．発注と輸送，その他にどのような費用がかかるか．顧客の来客状況はどうか．売れ残ったときの費用はどのくらいか．在庫切れの場合の損失はどうか．これらのうちには，かなり正確に推定できるものもあれば，推測するしかないものもある．いろいろの説明を省いて，発注と入荷は，1日1回だけ行われ，任意の数量が確実に時間遅れなく到着するとする．前日の最後に発注したものが，翌日の開店前に到着すると考えてもよい．顧客は，一定の分布にしたがって確率的に到着する．店舗は，在庫があるかぎり一定価格で販売する．在庫切れの場合，顧客に待ってもらえる場合とそうでない場合とがあるが，信頼低下や顧客喪失などの損失が発生する．ここでは，売れ残り在庫を持ち越せる場合を考える．

　さまざまな費用をまとめて，

　　$c(z)$：製品を z 量発注することにともなって発生する諸費用

　　$L(y)$：(発注量到着後の) 期首在庫が y であるとき，当該期間に予想される損失

とおこう．

　発注費用 $c(z)$ には，発注作業そのものにかかる費用や，工場から店舗までの輸送費用なども含まれる．損失費用 $L(y)$ には，① 在庫を次期に持ち越す利子費用や商品の劣化・消耗などの費用などと，② 在庫切れを起こすことによる損失とが含まれる．①②を分けて書けば，

$$L(z) = \int_0^z [h(z-\xi) - \pi\xi]\phi(\xi)\,\mathrm{d}\xi + \int_z^\infty [p(\xi-z)\phi(\xi) - \pi z]\,\mathrm{d}\xi$$

と表現される．ここで，$h(y)$ は在庫を手持ちする費用，$p(y)$ は顧客の注文に応じられなかった数量が y のとき，店舗（あるいは企業）がこうむる（信用などの）損失である．$\phi(\xi)d\xi$ は，顧客注文が ξ 量くるという確率密度をあらわす．累積分布が $\Phi(\xi)$ ならば，

$$d\Phi(\xi) = \phi(\xi)d\xi$$

と書いてもよい．密度分布が連続と仮定する必要はないので，累積分布で考えるほうが一般的であるが，すこし分かりにくいかもしれない．

もう1点，損失関数 $L(z)$ で重要なのは，売上げから利益（粗利）が上がれば，それを損失から控除しているということである．積分の [ ] 内の π は，販売価格から単位原価を引いた係数であり，販売量が ξ であれば，企業には $\pi\xi$ だけの粗利が出る．右辺第1項の積分は注文量が z 以下の ξ となる場合，第2項の積分は注文量 ξ が z を超える場合である．販売量は，前者では ξ，後者では z である．

さて，問題は，期首に在庫 y をもつときの期待損失（符号を変えれば，期待利益）は，どのくらいであろうか．ここでめんどうなのは，$L(y)$ のみを考えて十分というわけに行かないことである．在庫を持ち越せない場合，一期間のみの最適化をはかればよいが，在庫を持ち越せる場合，持ち越した在庫の影響を考えなければならない．たとえば，在庫切れを恐れて y を大きくしすぎると，$y-\xi$ だけ在庫を次の日に引きつぐことになる．ここで計画期間が有期（たとえば，販売シーズンいっぱい）であるか，無期であるかによっても，違いが生ずる．いずれにしても，計画期間全体にわたる（割引）現在価値を最小にする必要がある．

いま，計画期間全体における期待損失を $f(x)$ としてみよう．この期待損失は，今期以降の各期においてどのような発注を行なうかに依存する．つまり，$f(x)$ は，厳密には $f(x_0, x_1, x_2, \ldots)$ と書くべきものである．ところが，このような動的計画においてかなり一般に起こることであるが，計画期間が無限であるとき，各期において最適な変数の選択を行なうことを想定することによって，$f(x)$ を最初の期の期首在庫 x の関数とみなすと，つぎの動的計画方程式が成立

する：

$$f(x) = \mathrm{Min}_{y \geq x} \left\{ c(y-x) + L(y) + \alpha \int_z^\infty f(y-\xi)\phi(\xi)\mathrm{d}\xi \right\}. \tag{1}$$

応じられなかった顧客の需要は待ってもらえると仮定する場合には，$f(x)$ は負の x にも定義される関数である．顧客に待ってもらえず，その需要が消滅してしまう場合には，これよりすこし複雑な式となるが，本質は変わらない．

(1)は，積分と最小をとることを含む，数学的にはかなり高度な関数方程式（関数を未知数とする方程式）であるが，関数 c や関数 L の形状によってはうまく解けて，意外に簡単な結果をもたらす．その典型は前期の期末在庫を x，（補充後の）期首在庫 y をとするとき

$$y = \begin{cases} S & x < s \text{ のとき} \\ 0 & x \geq s \text{ のとき} \end{cases} \tag{2}$$

と決めることが最適であるという結果である．これは，在庫管理にあたり，S と s（$S > s$）という2つの定数が求まれば，毎期 (2) のように期首在庫を決める（あるいは，同じことで $\max\{S-x, 0\}$ だけ前期末に発注する）という在庫管理法であり，(S, s) 法などと呼ばれている．問題の複雑さに比べ，得られた規則の簡単さが際立っている．上の結果は，このように簡単な管理方針が最適であることが数学的に保証される意味で注目に値する事例である．

この結果は，もちろん関数 c や関数 L の形状に依存する．計画期間が無期でなく，有期の場合には，(1) の代わりにもっと複雑な動的計画方程式を考察なければならない[23]．さらに重要なことは，発注にあたり固定的費用 K がかかるかいなかで，問題の性格が大きく変わることである．この固定費には，発注作業そのものの費用のほか，出荷作業，納品作業などの費用が含まれる．つうじょう固定費 K は正となるが，そのとき問題は非線形計画となる．たとえば(1)式は｛｝の中も非線形な関数方程式となる．このようなむずかしい事情があるにもかかわらず，Scarf (1960) は，「K 凸性」と概念を導入して，c や L が K 凸ならば，$f(z)$ および $f_n(z)$ が K 凸となることを証明して，計画期間が有期・無期

にかかわらず，最適解が (S, s) 法となることを証明した．ここでは，注文から製品の納入までに（実質的に）時差のない場合を考察したが，時差がある場合（翌々日に配達される場合など）でも，(S, s) 法の拡張とみられる管理方式が最適となることも証明されている（Scarf and Karlin 1958 ; Scarf 1959 ; 2002）．

　Scarf（1960）は，数学としてじつにすばらしい成果であり，Arrow, Harris and Marschak（1951）によって火をつけられた一群の「在庫と生産の数学理論」の最高の成果物の1つである．しかし，これを経営に応用するにあたっては，いくつもの注意を要する．

　第1の注意は，数学定理を適用する場合の考え方に関係する．ふつうこういう結果を得ると，確率分布 $d\Phi(\cdot)$ や，各種の費用関数 $h(\cdot)$, $p(\cdot)$ を求めて，方程式(1) を解くことで S と s とを求めようとする．たしかに，こういう計算は，いちどは必要かもしれない．しかし，$d\Phi(\cdot)$ や $h(\cdot)$, $p(\cdot)$ の形状を決める定数たちを求めることには費用もかかり，またいくらがんばっても正確さに限界がある．したがって，諸定数や確率分布を計算機に入力して，その結果としての S と s を得て管理することが，本当に最適なのか問題になる．もし $h(\cdot)$ や $p(\cdot)$, $d\Phi(\cdot)$ が分からなくても，管理の基準となる定数 S, s が経験的に求まるならば，めんどうな（あるいは関数が分からないことから生ずるあやふやな）計算に頼らなくてもよいかもしれない．

　このような事態は，目的関数を最適化しようとする場合にあたって，しばしば観察される．とくに最適化すべき期待利益や期待損失が，実態としては不明確な確率分布に依存する場合には，普遍的に起こると考えられる（塩沢由典 1998a）．在庫管理においては，時系列として $d\Phi(\cdot)$ を推測することは容易であるが，多くの数学的最適計算では，生起する事象の数が多すぎて，事実として観察される事態が確率の推定に不十分と思われる場合が多々ある．在庫管理の場合のように，推測すべき確率変数が1つでかつ時系列として得られる場合でも，その確率分布が不変なのか変わったのかを判定することは容易ではない．このような事態に意思決定する問題を一般的に考察した統計的決定関数（statistical decision functions）の理論があるが（Wald 1950），具体的な採用事例の

有無をみても，あまり実用的なものとはいえない．もう1つの方法として，ベイズ推定が採用されているが，これも統計的決定関数と同様の問題を抱えている．そのような複雑であやふやな計算に頼らなくても，定数 S, s の大きさが経験的に推定できれば，その結果は最適化計算の結果より優れたものかもしれない．

経営への応用にあたっての第2の注意は，もろもろの数値の再推定とともに最適計算を繰り返すことでは，成果の大きな改善は得られないということである．推定制度や計算精度が上がって成果が向上することから得られる改善よりも，費用の発生源における作業工程の改善や改良により，$h(\cdot)$ や $p(\cdot)$ を変えることのほうが大きい場合がしばしばみられる．

第3の注意は，ここに取り出した在庫管理問題は，じつは工場や販売拠点の管理すべき多数の問題のごく一部分にすぎないということである．たとえば，藤本隆宏（2001）では，この最適化問題（第5章7独立需要対応システム：定量発注と定期発注）は，本文のわずか70分の1を占めるにすぎない．現実の経営では，1つの変数を最適管理することではなく，多数の目的関数をある幅に押さえ込むことに努力の大半が注ぎ込まれている．ある変数の最適化を過度に追求することは，部分最適を実現しても全体最適とはならない．もちろん企業が複雑システムであることを考えると，全体最適を追求することも，基本的には不可能であり，経営は結果の点検と再計画を繰り返す（PDCAをまわす）しかない．

これらの考察は，経営の深いところに，行動や技術の進化が組み込まれていること，それらの進化をうまく促すことがよい経営の一般的方針となることを含意している．従来の進化経済学では，多くの場合，公式制度の変化・変容などが取り上げられてきたが，規制や制度によって限定されていない領域での行動の改善・改良という進化過程にもっと光をあてるべきであろう．労働生産性の向上などは，機械設備の改善とともに，こうした行動の進化に負うところが大きいと思われる．

これまで，需要の変化にあわせて生産量を調節することを考えてきたが，需要変動に生産量を追随させるだけでよいわけではない．生産量の調節には，す

でに強調してきたように，調節費用がかかる．工場側からみれば，需要の大きなゆらぎは費用増大要因である．企業として製品原価を縮減させるには，工場内部の調整だけでは限界がある．市場に働きかけて需要を平準化させることも考えなければならない．

市場に働きかけて需要を変化させることは，販売部門・営業部門の役割である．これらの部門の役割は，つうじょう販売量・受注量を増大させることにあるが，販売量・受注量の変動が生産原価にまで影響するとなれば，販売や受注を平準化させることも，これら部門の任務でなければならない．

藤本隆宏によれば，これら事情はトヨタでは認識されていて，生産の平準化の要請と需要の変動の矛盾を調整するために，ディーラーとのあいだで，じつにきめこまかい調整を行なっている．それは，ディーラーの販売予測（むこう3カ月），数量発注，トヨタの生産計画，ディーラーの販売努力の間のじつにこまかくかつ綿密な調整だという．この実態については，富野貴弘（2012）が詳しい．

5．ケインズとリカードを結びつける

古典派価値論の復活・発展の必要は，ただそれが21世紀の経済の現実によりよく妥当するというにとどまらない．現在経済の大きな危機をもたらしている問題に迫るためにも必要である．簡単にいえば，それは古典派価値論によってケインズの有効需要理論を再構成する（＝基礎づける）ことにある．

こんなことをいえば，ふつうは正気の沙汰とは思われない．周知のようにケインズは，「供給はそれみずからの需要を創造する」という古典派の命題の主唱者として，セイとともにリカードをその代表としている（Keynes [1936] 1983, p.18）．ケインズにとって，セイ法則を認めるか否かこそが，古典派かそうでないかの決定的判別基準である．ケインズは，みずから立てた基準に忠実に，学説史上つうじょう用いられる古典派・新古典派の区別を廃し，リカードやJ. S. ミルならず，マーシャルやピグーをも古典派に分類している．別の個所では，「総需要関数を無視してもかまわないという考え方は，リカードウ経済学に

とって根本的なものであって，その経済学こそが過去1世紀以上にわたってわれわれが教えられてきたものの基礎をなしているのである」と指摘し，リカードの経済学を不倶戴天の敵とみなしている (Keynes [1936] 1983, p.32-33). ふつうに考えるなら，リカードとケインズの両立は不可能である．

　たしかにセイ法則の成否が1つの重要な分岐点であるかもしれない．セイ法則自体については，まだいろいろ議論しなければならないことがあるが，ケインズが見逃していたと思われる事実についても，考えてみる必要がある．ケインズが依拠した価格理論／価値論は，新古典派の価値論だった．それは価格調節によりすべてが調整される経済像に立っている．そのような価値論に立って，有効需要が生産を決めるというケインズの構想を論理整合的に組み立てることができるだろうか．ケインズ自身はそう考えたに違いないが，そのために多くの犠牲を払わざるをえなかった．有効需要の原理自体が，うまく定式化できていないことは，その1つの兆候である．すでに示したように，もし「総需要が総供給と交叉する点の D の値を有効需要と呼ぶ」(Keynes [1936] 1983, p.26) ことが許されるならば，「総供給が総需要と交叉する点の S の値を有効供給と呼ぶ」ことも許されるはずである（第1章第4節参照）．

　わたしはケインズの揚げ足を取ろうとしているのではない．ケインズが残した『一般理論』は，未完成であり，かつ論理整合的な体系ではないということを指摘したいだけである．そのことは，ケインズ以降の40年間の歴史によっても，証明されよう．いわゆるケインズ経済学の全盛時代に，ケインズの真意を説明すると称する著作が山ほど現れたが，それらは合理的期待形成を用いた取るにたらない批判によって簡単に打ちやぶられ，1970年以降の40年間が始まった．これをケインズ反革命と呼ぶならば，ケインズ反革命は，なぜかくもたやすく成功したのであろうか．その有力な理由の1つは，ケインズが新古典派価値論を採用したことにある．新古典派価値論は価格ですべてが調節される世界を描くものであり，その典型がアローとドブルーにより定式化された一般競争均衡にある．そのような経済からは，ケインズの世界は消え去らざるをえない．ケインズ反革命とその後のマクロ経済学は，起こるべくして起こった歴

史である.

　もちろん,ケインズ以降,ケインズの意図を展開しようとした多数の学者がいた.ヒックスや森嶋通夫も,それら多数のなかの一部である.第3節・第4節に触れたように,かれらは変動価格経済にたいし固定価格経済を強調した.そうすることによって,すくなくとも固定価格経済では,ケインズ的世界が成立することを示そうとした.カレツキも,固定価格を前提に経済成長と景気循環を分析した.それらは成功したとはとうていいえないが,ケインズ派とはほとんどいえないニュー・ケインズ派の(賃金率を含む)価格固定性の強調にまで影響を及ぼす程度には成功した.価格の変化によってすべてが調整されるのでない世界があることが,多くの研究者の目に明らかになった.しかし,固定価格経済あるいはある商品の価格が固定されているという認識は,分析としては不十分である.価格が変動する経済であっても,それが正常な場合には,価格はほとんど一定であることが示されなければならない.わたしの考えによれば,古典派価値論はまさにこのことを主張していたのである.

　古典派価値論の理論構成者がリカードであることはすべての人が認めている.われわれがケインズと結合させようとしているのは,このリカードである.正確にいうなら,ケインズとリカードの結合とは,ケインズ有効需要の原理とリカードの価値論である.

　ケインズ自身がかならずしも整合的でないさまざまな考えをもっていたと同じように,リカードも多くの考えをもっていた.論理的に厳密に考えたリカードといえども,そのすべてが剛体のごとく結びつけられ,他の考えを許さないというものではない.いちばん簡単な例を出せば,リカードが考えた貿易理論と貿易政策とのあいだには,自由度がある.よく知られているように,リカードはかの有名な「4つの魔法の数字」を示すことにより,貿易の利益が貿易する双方の国にあることを示した.それにより,リカードは自由貿易政策を主張した(というより,自由貿易政策を主張するため,かれの貿易理論を考え出した).しかし,リカードの貿易理論をきちんと展開すれば,貿易開始や貿易障害の突然の撤廃により,失業や廃業を余儀なくされる人がでることは,リカード貿易論

の枠内で証明できる（塩沢由典 2007，§6；Shizoawa, 2007, §4；塩沢由典 2014）．政策は現状の認識に依存する．理論と政策とが独立のものであることは，経済学以外ではむしろ常識であるが，なぜか経済学では理論と政策とが結びつけられていることが多い．リーマンショック以降，ケインズに帰れという標語がさまざまな人により叫ばれている．多くの人にとってそれはいわゆる「ケインズ政策」を採用することであるが，そうある必然はまったくない．

　理論と政策とのあいだに厳密な対応がないと同じように，理論的主張のあいだにも，1対1の結びつきがあるわけではない．たとえば，リカードは生産の全般的過剰に反対したが，古典派価値論のたちばに立って，全般的過剰を示すことは可能かもしれない．ヒックスやカレツキは，その成否にかかわらず，それに類似のことを試みている．J.S. Mill（1843）の第2論文も，ひとの考えである．反対のことは，ケインズにも言いうる．ケインズは，有効需要の原理を古典派と自分以後とを分ける判別条件とした．じっさいには成功しなかったとわたしは考えるが，もし新古典派価値論の上に有効需要の原理が説明できるならば，なぜ古典派価値論の上に有効需要の原理を確立することができないといえるのであろうか．ケインズ以降80年の歴史は，むしろ反対のことを示唆している．新古典派経済学の「可能性の限界」は，すでに調べ尽くされている．いまわれわれは大きなブレークスルーに向かって踏み出さなければならない．われわれの研究プログラムを本格的に変えなければならない．いまこそ整然かつ堂々と，古典派価値論の上にケインズの構想を実現すべきときであろう[24]．

1) サミュエル・ボールズ『制度と進化のミクロ経済学』(2013) の「訳者あとがき」の「5. ボールズ体系に欠けるもの」を参照．
2) 塩沢由典 (1990) 第8章，第11章2.3項，解題（第Ⅲ部），塩沢由典 (1997) pp.257-58，塩沢由典 (1997b) pp.75-88．なお，この例示については，多くの誤解がある．たとえば，吉田雅明 (2010) p.65 注3への補注 (p.105) では，解に整数条件が課されていることが忘れられている．「効用最大化問題を解く一般的計算プログラム」が N の多項式時間で解けないと想定されていることは，ある例題がずっと短

い時間で解けることを排除していないことも,ときに忘れられている注意である.
3) H. A. Simon は,ふつう「限定合理性」(boudned rationality) という表現を用いているが,その概念には,わたしのいう視野の限界も含まれている.わたしは,ユクスキュルの機能環にもとづいて,関連の限界を①視野の限界,②合理性の限界,③働きかけの限界の3つの整理している.塩沢由典(1990)第11章,塩沢由典(1997)第1章,第4章,塩沢由典(1997b) pp.205-207 などをみよ.
4) 適用分野の例示は,電気学会編(2012)および電気学会編(2011)の各章のタイトルなどから適宜抽出した.
5) この点の詳しい分析については,塩沢由典(1998a)をみよ.
6) 1955年を基準とすると,2005年の国立大学授業料は90倍になっている.
7) 品目別価格指数(東京都区部)の長期時系列データ(1970年1月から2013年7月まで,2013年7月26日公表)による.http://www.e-stat.go.jp/SG1/estat/List.do?bid=000001033705&cycode=0
8) 日刊鉄鋼新聞 鉄鋼・非鉄過去の市中相場による.http://www.japanmetaldaily.com/market/list/
9) ゆらぎのある定常性の意義については塩沢由典(1990)第1章「経済の自己形成秩序」,塩沢由典(1997a)第1章「複雑さの帰結」,第3章「慣行の束としての経済システム」,第7章「定常性の第1義性」などをみよ.フランスのコンバンシオン理論(l'économie des conventions)も「慣行」の意義を強調するが,方法的視角が明確でなく,環境状況に関する考察を欠いているように思われる.
10) 経済行動が qSS'q' という4つ組構造をもつことは,塩沢由典(1990)第11章に説明した.「保持・変異・選択」という3つ組については,塩沢由典(2006)をみよ.なお,生物進化論では「保持」に代えて「複製」を採用することが多いが,記憶や学習の介在しうる経済や経営では,「保持」概念のほうが妥当性が高い.
11) Bowles(2004) あるいはボウルズ(2013)は,制度や調整方法の進化を主としてゲームの理論を用いて分析したものであるが,みずからの立場を「ポスト・ワルラシアンの進化社会科学」と位置づけている.「ポスト・ワルラシアン」の内容があまり明確でないが,もしそれが個々の行為から状況への参照なしに現在が再構成できるという立場であるなら,それは進化社会科学の立場を徹底したものとはいえない.
12) この点で,進化経済学的な経済像と合理的期待形成仮説の想定する経済像とは,対極にある.
13) 塩沢由典(1999) IV「ミクロ・マクロ・ループの例」.しかし,この論文執筆当時,マクロがミクロの行動パタンを変える点につき,行動の進化という観点をじゅうぶん強調できていない.そのため,ミクロ・マクロ・ループという方法的視点が進化経済学にもつ意義をしっかり明らかにできていない.

14) もちろん，例外はある．近年その存在の肥大化が指摘される金融経済は，価格変化を前提とし，利潤機会としている．しかし，そのような経済が安定した価格を必要とする実体経済に支えられていることを忘れてはならない．
15) 研究会などの席での説明では「相性がよい」という表現がもっとも使われていると思われるが，別の表現が用いられることもある．藤本隆宏（2012b, p.187）では「親和的」，藤本隆宏（2012）では「共通の費用・原価概念を持ちうる」，藤本隆宏（未公刊，第5章）では「親和的」「相性」「違和感がない」などの表現が用いられている．
16) J. S. ミルは生産費の恒久不変的な部分として「賃金と利潤の普通率」を考えていた．これはフルコスト原理の先駆的な表現とも考えられるが，このような観念を得ながらJ. S. ミルがなぜリカードの否定した需要供給説に回帰したかという学説史上の問題が残る．
17) 1960年代に広く読まれたDorfman, Samuelson and Solow（1958）では，非代替定理は，主としてレオンティエフの係数行列が安定的でありうるかという関心で扱われている．
18) この定理は大学院基礎課程では言及はされるが，特殊な状況に限定された定理という扱いであり，価格理論の基本にかかわるものとしては認識されていない．
19) かつて大西洋をはさんで行なわれた資本論争において，新古典派はロビンソンやバジネッティたちが示した事例が特殊な場合にすぎないとして無視しようとした．しかし，最小価格定理については，その特殊事例を持ち出して，かれらは自己弁護している．
20) 貿易論においては，異なる国の労働力を同質とみるわけにはいかない．その意味で，最小価格定理の条件③は，成立しない．しかし，この場合でも，第5章に説明するように，世界需要が正則領域にとどまるかぎり，価格は一定にとどまるという最小価格定理のある種の拡張が成立する．
21) カレツキは，費用決定価格と需要決定価格とが，財・サービスの性質によるものでなく，それを生産する事情（供給条件）によるものであることをよく理解していた（Kalecki [1954] 2013, pp.11-27）．
22) Mill（1848）*Principles*, 第3篇第2章14節には，こう説明されている．
Thus we see that the idea of a ratio, as between demand and supply, is out of place, and has no concern in the matter: the proper mathematical analogy is that of an equation. Demand and supply, the quantity demanded and the quantity supplied, will be made equal. If unequal at any moment, competition equalizes them, and the manner in which this is done is by an adjustment of the value. If the demand increases, the value rises; if the demand diminishes, the value falls: again, if the supply falls off, the value rises; and falls if the supply is increased. The rise or the fall continues until the demand and supply are again equal to one another: and the value which a commodity will bring

in any market is no other than the value which, in that market, gives a demand just sufficient to carry off the existing or expected supply.

ここには需要と供給が等しくない場合には，競争が価格を変化させて両者の均等をもたらすと述べているだけで，どの点（値）で均等となるかについては言及がない．第3篇第3章7節では，real law of demand and supply, the equation between them と，需要供給の法則は，需要と供給が等しいこと同格におかれている．影響があったに違いないにせよ，これらの言説と第3篇第18章「国際価値論」における「国際需要の均等」equation of international demand とは，分けて考える必要がある．

23) 有期の場合，期待損失関数は，最終期間の期待損失関数から時間を遡って帰納的に定義しなければならない．たとえば，Scarf（1960）第2式をみよ．この場合，帰納的に定義されるため，関数方程式を考える必要はないが，計算はいっぱんに複雑となる．

24) 塩沢由典（2011）は，このような研究プログラムの一端を示している．理論における「可能性の限界」という概念は市川惇信（1996）による．

第4章　古典派価値論のリドメイニング

1. はじめに

　第3章では，現代古典派価値論の概要を紹介した．そこでは，なぜこのような理論が必要となり，どのような文脈のなかでそれが生かされるかを中心に議論した．それが，リカードや，リカード解釈としてスラッファが提起した価値論を正しく継承・発展させるものとわたしは信じている．しかし，古典派価値論は，その出発点から数えれば，すでに200年ちかい年月を経過している．リカードの『経済学と課税の原理』第1版の出版は1817年であった．それから現在まで，リカード価値論については，多くの言説がまとわりついている．周知のように，リカードの時代およびその直後から，リカード理論にたいする批判・反論は数えきれない．それらの多くが，リカードの過ちを指摘し，リカードが明確に否定した需要供給理論へと政治経済学を引き戻そうとした．それは，リカードの批判者に限らない．リカードのもっとも偉大な継承者であり，古典派価値論の完成者といわれるJ. S. ミルについても，それはいえる．

　わたしはJ. S. ミルの誠実さと熱意とを疑わない．しかし，『原理』出版後わずかの年月ののちにリカードが死んだあと，残された諸問題にたいし若きJ. S. ミルが取り組んだなかから，古典派価値論の歪曲は始まったともいえる．J. S. ミルの初期論文集ともいえる『試論集』(Mill, 1844) は，その表題に「いくつかの残された問題」を唱っている．リカードがすべての問題を解決したわけではないという当然のことを考えれば，残された問題，未解決の問題にミルが取り組んだ姿勢はたかく評価すべきである．しかし，いくつもの兆候からみて，J. S. ミルの努力は，リカードを正しく発展させるというより，すでにアダム・

スミスに混在していた需要供給理論，あるいはリカード『原理』出版当時，リカードを取り巻いていた需要供給理論に妥協し，融和する道を歩みだすものであった．

　わたしがJ. S. ミルの誠実さと熱意とを疑わないというのは，J. S. ミルのめざしたことが，当時において可能な精一杯の努力であったからである．古典派価値論の本当の意義は，ミル以降に新古典派の理論が誕生し，それが発展して，20世紀半ばにアローとドブルーの一般競争均衡（1953）というかたちを取るまでは，分からなかったものかもしれない．この段階にいたって，新古典派理論の「可能性の限界」がみえてきたともいえる（本書第1章 p.10 および第3章 p.115 参照）．このことは，リカード理論の20世紀における最大の継承発展者スラッファの2つの業績が，1926年と1960年という時点を刻んでいることとも関係していよう．

　1926年論文（とそれに先立つ1925年のイタリア語論文）において，ピエロ・スラッファは，マーシャルの価値論（価格理論）に取り組み，その構成の矛盾を摘出していた．たぶんそのとき，スラッファは，マーシャル価値論を根本的に改変する以外に，経済学を再建する方向はないと悟ったにちがいない．しかし，それを積極的なかたちで提示できるようになるには，10年の構想と20年の彫琢とを必要とした．1926年と1960年のあいだには，ケインズの『一般理論』（1936）とフルコスト原理の発見（1938）という，新古典派価値論から踏み出すヒントとなる，大きな理論的事件があった．しかし，スラッファがこの2つの事件を1960年の本に生かすことができなかったことは明らかである．ケインズは，よく知られているように，ファシズム期のイタリアからスラッファをケンブリッジに招聘し，その庇護者であった．ケインズが『一般理論』を書き進めているあいだ，スラッファとケインズとは密接に協力していたが，ふたりが各自の独自の理論を共有することはなかった．1960年のスラッファの本が古典派価値論を20世紀に復活させるという大きな役割をはたしたとしても，このような状況を考えるとき，それが古典派価値論の可能性をその全体像において表現するものであったとはとうていいえない．したがって，われわれには，

その全体像がどのようなものであるか，積極的に提示する必要がある．われわれは，同時に，古典派価値論がその長い歴史のなかで取り込んでしまったさまざまな挟雑物を取り除く努力もしなければならない．

そこで，本章では，まず第2節において，古典派価値論の全体像と思えるものをその概略において紹介する．じつは，この作業の一端は，すでに第3章の後半においてなされている．しかし，そこでは企業行動に焦点を絞っていたので，古典派価値論の再構成というたしょうとも形式的側面を中心に議論する．第3節においては，古典派価値論はなんでないかを議論する．古典派価値論の長い歴史のなかで，多くの誤解と理論上の習慣が生まれており，それらをまとったままでは，古典派価値論のさらなる展開は不可能と思われる．第4節では，古典派価値論がほんらい備えているべきであった理論領域である国際価値論について，簡単に紹介する．国際価値論の本格的紹介とその応用可能性については，第5章に譲る．

2．古典派価値論の再定義

日本語でこの文章を書いている以上，まず断っておかなければならないことがある．それは「価値論」という言葉・用語が日本語において固有のゆがみをもっているということである．日本語で「価値論」というと，神秘的といわないまでも，なにか哲学的・思弁的なものを想起させる．このような印象を価値論がまとった原因の1つは，日本におけるマルクス経済学の大きな存在がある．それに対抗しようとした経済学も，価値論というと，経済の現実を超えた深遠なものをもってくるのが通例だった．

価値論あるいは価値の理論をこのような深遠なものと理解するのは，しかし，唯一とはいわないまでも日本にかなり特異的な受け止め方である．新古典派経済学のある意味で究極の姿を示したドブルーの主著（Debreu 1959）は，『価値の理論』と題されている．ここで意味されている価値は，競争均衡において成立するであろう相対価格の体系を意味している．ケインズの『一般理論』第

21章には，1930年代における価格理論と価値の理論のふつうの受け止め方についての解説がある．それによれば，価格理論（theory of prices）は主として貨幣で表現した価格水準を問題にするものとされている．価値の理論（theory of value）は，これに対し相対価格を問題にするものとされている．日本語では，この箇所の価格理論は，物価論と翻訳されている．

　古典派価値論にいう価値とは，第一義的には相対価格をいう．これはケインズの解説する「価値の理論」と同列の受け止め方であり，神秘的なものでも深遠なものでもない．もっとも，古典派価値論にいくぶん神秘的な様相が加わるのは，理由のないことではない．古典派価値論の創始者であるリカードにおいて，価値は市場価格そのものではなく，市場価格を決めるなにものかであった．リカードは，とうしょ，それを商品の生産に必要な労働時間と考えた．このため，リカードの価値論は，しばしば労働価値説と呼びならわされている．これは『原理』第1版においては正しいが，第2版以降においては，リカードは厳密な労働価値説を放棄して，かれのことばで言えば「生産費」が市場価格を決める中核的要因と考えるようになっている．

　日本語の「価値論」に多少とも神秘的なニュアンスがともなうのは，この語が主としてマルクスの労働価値説を介して普及したからである．マルクス自身は，神秘化する意図をもたなかったであろう．むしろかれは経済学のそうした神秘化に反対する立場にあった．しかし，マルクスが価格を説明するものとしてよりも，搾取を説明するものとして労働価値説を用いるようになると，次第にそこに深遠なるものが漂うようになった．マルクスは労働価値と生産価格との系統的違いを自覚しながら，ほんらい相対価格（あるいは交換価値）を説明すべき価値の理論に，交換現象を超えた（その基底に存在する）本質的なものをみるようになった．そのときから，マルクス価値論は，思弁的・形而上学的な様相を色濃くするようになった．事実の説明理論を超えて，説得の世界に入らざるをえなかったからである[1]．

　『原理』第2版でリカードは理論的修正を試みたが，のちのちまでかれが労働価値論者とみなされるのは，リカード自身にも責任がある．「生産費」をリ

カードは正確に定式化できなかった．この生産費を正確に定式化できるようになるのは，リカードのはるかのちのスラッファを待たなければならなかった．このような大きな時間的乖離が生じた背景には，リカード理論の全体構想の問題がある．第2節でも触れるように，リカードは，賃金理論としていわゆる「生存賃金説」をとっていた．これはリカードの当時としては，じゅうぶん頷ける考え方である．経済史が明らかにしてきたように，産業革命が労働者の実質賃金を大幅に引きあげるようになるのは，19世紀の後半に入ってからである．当時はまだ，労働者を雇うための賃金支払いが資本の大半を占めていた．そこから，資本は賃金基金であるという理解が生まれた．このような立場に立つとき，利潤は収入から賃金支払いや原材料費等を除いた残差であるという理解が生まれるのは当然である．リカードの関心が，食料価格高騰に由来する賃金上昇をいかに食い止め，一定の利潤率を確保するかにあったとすれば，利潤を残差とみるのは，分かりやすい分析であっただろう．しかし，それでは，価値論はただしく定式化できない．これがリカードの陥ったジレンマだった．

　古典派価値論の真髄を維持しながら，リカードのあいまいさを打ち破ったのは，ピエロ・スラッファだった．かれは，商品は商品を用いて生産されるというテーゼを打ち出した．これは，ただ，商品が多数の原材料を用いて生産されることを意味するだけではない．もうひとつの重要なメッセージは，労働以外の商品は，すべて生産されたものだという主張である．これは，新古典派の資本主義観とするどく対立している．

　新古典派の資本主義観では，資本や土地は，生産要素と捉えられる．生産要素とはなにか．その概念はときにあいまいであるが，多くの場合，それは生産を可能にする，ある本源的な要素で，労働と同格にあるとされる．その具体的な表現が，生産関数に独立変数の1つとなることである．すなわち，労働をL，資本をK，土地をGとするとき，生産関数は，これらの投入と生産物Pの関係として

$$P = f(L, K, G) \tag{1}$$

と表現される．生産物 P は，いっぱんには多数の財・サービスのベクトルである．

　資本 K は，生産物 P の一部であると認識されることもある．たとえば，成長理論では，K は生産物の一部として生産に再投入される．しかし，国際貿易論では，資本は，土地や労働とともに，所与の賦存資源として，それぞれの国に固有の存在とされる．新古典派経済学の貿易版であるヘクシャー・オリーン・サミュエルソンの理論（HOS 理論）の標準的設定では，貿易はこれら本源的な生産要素を組み合わせて生産される生産物のみが取引されるとされる．生産要素と生産物とは，切り離されている．

　資本が土地と同じような生産要素であるという認識は，古典派にはない．リカードでは，資本の典型は，労働者の生活・生存を保障する賃金財であり，その典型例は穀物だった．土地は，いっぱんには，生産されるものとは考えられていない．オランダのような国を除けば，土地は，すくなくともその圧倒的部分は，存在するものである．そのようなものであっても，土地は改善・改良できるものであり，その意味でそれは資本投下の対象である．土地とほぼ同様の扱いをすべきものとして，鉱物資源がある．それは地球表面に露頭していることもあれば，地下深く鉱脈として存在していることもある．新古典派では，これらも，生産要素の一種とされるが，古典派ではこれらは生産を条件づけるものである．古典派の生産の理解では，鉱物は人間が地下から掘り出してはじめて商品となるものであり，地下に眠っている鉱物は，鉱物の生産技術と生産量とを規定する自然条件としてある．この意味で，地下資源は，土地と同様のものである（新古典派でも，この点は同様である）．鉱物資源に関する古典派と新古典派の見方の違いは，前者では地下の鉱物資源は生産技術の係数等を規定するものとして，商品の世界に登場しないのにたいし，後者では地下資源は，そのものが生産への投入要素として認識される．

　生産に関する古典派と新古典派の根本的対立は，労働をいかなる存在とみるかの違いにある．古典派では労働力は資本主義経済で生産されない唯一の商品であるのにたいし，新古典派では労働は多数の生産要素の 1 つとしてある．古

典派の見方では，土地が差額地代をもたらすように，地下の鉱物資源への利権は，一種の地代を発生させる．土地や地下資源が，通常の商品と違うのは，それらが生産への投入物ではなく，生産技術と生産量の制約条件として存在していることにある．土地や地下資源をどのくらい利用するかは，古典派では，生産と消費を中心とする経済の再生産過程が基本的には決定すると考える．土地の広さや鉱物資源の埋蔵量は，農業の現在規模や採掘量の累積量を制約するが，経済の再生産過程はつうじょうそれらの制約量以下で遂行されている．第2章第2節で，わたしは経済を散逸構造に見立て，火のついたろうそくの譬えを引いたが，その譬えによるなら，土地や地下資源は空気の温度や酸素の存在量であり，経済の再生産過程は，火のついた炎のように，その活動量を自律的に調整している．土地や地下資源は，古典派価値論にとって，地代論など独自の議題を必要とするが，本章では立ち入らない（第7章浅田論文参照）．

　新古典派の生産の捉え方(1)にたいして，スラッファ(1960)が提起したのは，1つ1つの財・サービスの生産技術を1つの投入係数ベクトルであらわされるようなものとして捉えることだった．経済にN種類の財・サービスがあるとしよう．それらすべてに番号を付け，その任意の1つを，第j財と呼ぶ．サービスも財の一種とみなす．第j財の生産は，投入と産出の関係として，つぎのようにあらわされる．

$$s\cdot(a_0,\ a_1,\ a_2,\ \ldots,\ a_N)\ \rightarrow\ s\cdot\mathbf{e}(j) \qquad (2)$$

ただし，ここでsは，生産物の単位で表された生産規模，ベクトル$\mathbf{e}(j)$は，第j財のみが1で，他はすべて0であるようなベクトルである．記号→は，左の投入から右の産出が生まれることを意味する．生産とは，このような投入産出関係をいう．投入と産出のあいだには，ある正の時間が流れている．これをつうじょう生産期間という．生産期間をどう定めるかについては，多少ともめんどうな議論が必要であり，ここでは省略する（詳しくは塩沢由典1980，第27節をみよ）．

　番号0は労働を表し，a_0はその投入係数である．これは労働が一種類で同

質であることを意味する．このような経済をリカード・スラッファ型の経済という．古典派の枠内で，異質労働が扱えないわけではない．とくに，価格関係を議論するには，各種労働の賃金比率を一定と考えることができれば，すべての扱いは，1つの賃金率 w を想定する場合と同様にできる．たとえば，このような異質性を導入することによって，最小価格定理が成立しなくなるわけではない．問題は，異質な労働の相対賃金率がどう決まるかであるが，これは労働力の生産・再生産が資本主義的に生産されるわけではないので，すくなくとも他の資本主義的に生産される財・サービスとは，別の論理を考えなければならない．資本主義経済の分析にあたっては，異質な労働の相対賃金率は，とうめんは歴史の偶然によって決まっていると考えておけばよい．もちろん相対賃金率が変化したときの分析も可能である．

　投入産出関係(2)のように表示された生産は，しばしば一次同次・固定係数の生産と特性づけられ，レオンチェフ型とも呼ばれる．一次同次は，規模に関する収穫一定あるいは収穫不変を意味する．この特性づけ自体に問題はないが，新古典派はしばしばこれを特殊な生産技術を仮定するものとして(1)と対比する．新古典派にとって，投入される財・サービスの比率の可塑性こそが大切なものと考えられている．しかし，新古典派の生産関数(1)が一次同次であるなら，(1)は多数の(2)型の技術の集合と考えることができる．たとえば，第 j 財を純生産する複数の技術が知られているとき，それらの投入係数を $\mathbf{a}(1)$, $\mathbf{a}(2)$, ..., $\mathbf{a}(K)$ とするとき，この経済で可能な生産は

$$s_1 \cdot \mathbf{a}(1) + s_2 \cdot \mathbf{a}(2) + \ldots + s_K \cdot \mathbf{a}(K) \quad \to \quad (s_1 + s_2 + \ldots + s_K) \cdot \mathbf{e}(j) \quad (3)$$

とあらわされる．ここで，s_1, s_2, ..., s_K は任意の非負の実数である．異なる財を生産する技術をもってくれば，複数の財を産出する生産も可能である．

　生産関数(1)あるいは生産技術(2)が一次同次であるかどうかは，じつは重要なことではない．生産関数(1)が一次同次でないとするとき，新古典派はいっぱんに収穫逓減を想定する．これは，一般形としては任意の非負のベクトル $\mathbf{x} = (x_1, x_2, \ldots, x_N)$ にたいし，投入と産出の対からなる集合

$$\{(\mathbf{x},\ \mathbf{y})\ |\ \mathbf{y}=f(\mathbf{z}),\ \mathbf{z}\leq\mathbf{x}\}$$

が凸であることを意味する．このように定義された「収穫逓減」概念には，規模に関する収穫逓減と代替に関する収穫逓減の2つの概念が含まれる．生産関数fが一次同次のときにも，上記の集合を凸とすることによって生産関数のある種の性質が定義されるが，これが代替に関する収穫逓減である．これにたいし，生産関数が一次同次でないとき，集合が凸であることは，生産が規模に関して収穫逓減であることを意味する．新古典派理論においては，しばしば生産関数を一次同次と仮定せず，それより一般的な「収穫逓減」の仮定をおき，新古典派の分析が，生産関数についてより一般的な仮定のもとに行なわれているかに主張されることがあるが，それは見せかけのものにすぎない．

現実の経済との関係を考えるなら，生産の一次同次関係を拡大するなら，規模に関する収穫逓増に拡大すべきである．こうした拡大努力は，ないわけではないが，その均衡概念は特殊なものにとどまっているし，均衡の存在も限定された条件のもとで証明されているにすぎない．

新古典派が「収穫逓増」でなく「収穫逓減」に一般化したいのは，じつは「理論の必要」による．ここで，「理論の必要」というのは，ある理論体系を認めるとき，その理論体系にとって必要であるという意味である（塩沢由典 1997b, p.95-98, pp.196-198）．より具体的にいえば，価格（のみ）を独立変数とする供給関数を定義するには，所与の価格体系において，一商品を生産している企業は，ある生産量において，その財の価格に等しい限界費用をもたなければならない．収穫一定あるいは収穫逓増ではそのような点が存在しない．新古典派が収穫逓減を仮定するのは，一般化や現実性のためではなく，上記の意味で「理論の必要」による．

古典派が（2）のような生産を仮定したことについては，じつはスラッファの考えを受け継ぐ人たちの一部にも反対がある．スラッファは，主著である『商品による商品の生産』（Sraffa 1960）の序文に，その本では収穫不変を仮定していない，生産量の変化をいっさい考えることなく分析が展開されていると

断っている．この文面をそのとおりに取れば，スラッファは，収穫一定も，さらには生産量の変更をも考えていなかったことになる．しかし，生産量を変化させないということを厳密に理解すると，かれが心血を注いだ標準商品も，その意味が理解できない．生産量の変化を考えないというなら，じっさいとは異なる生産量をもつ体系にどのような意義があるだろうか．

『商品による商品の生産』序文の断り書きは，新古典派の限界分析に対する警告だとわたしは考える．限界分析は，生産量を変化させると限界費用が変化すると考える．この変化がなくては，生産の限界分析はできない．それは上に説明した「理論の必要」にある．しかし，スラッファは，新古典派とはまったく異なることを考えようとしていた．生産量を規定するものは，限界費用あるいは価格ではない．価格は価格として1つの体系をつくり，それは生産量とはつうじょう独立に変化しうる．スラッファは，こういう経済像を描いたのではないだろうか．『商品による商品の生産』には，生産量を変化させる積極的分析はない．その意味では，生産量は固定されている．しかし，それは生産量を永遠に固定させるという意味ではなく，生産量の変化に関係なく，価格はその体系をもちうる．反対に生産量もまた価格とはいちおう独立に，その体系をもちうる．スラッファは，こう主張したかったのだとわたしは考える．

じつは，これはリカードを代表とする古典派価値論の考え方であった．古典派が考えた正常価格あるいは自然価格は，それらがそのままにとどまっても，日々の生産が行なわれるものであり，なんらかの撹乱がないかぎり価格に変動を必要とするものではない．なんらかの撹乱によって，需要供給の関係が乱れて価格が変動することはあるが，需給の乱れが調節されれば，価格は元に戻る．古典派の価格あるいは価値は，そのようなものとして構想されている．この意味で，自分の価値論が生産量の変化を仮定しないとスラッファが主張することは，古典派価値論の伝統に立った発言である．

しかし，スラッファは，リカードにたいし，大きな理論的革新を導入した．それはスラッファが「利潤率」と呼んだ係数 r を明示的に導入したことだった．

経済には，多数の財が存在するが，各財には，それぞれ関係(2)に代表され

る生産技術が少なくとも1つある．1つの財の生産技術は，複数あってもよいし，適切な連続性・有界性が保障されるかぎり，連続的に無限であってもよい．各財にそれぞれ1つの生産技術を指定するとき，1つの生産技術の1つの体系が指定される．これを簡単に技術系といおう．ある経済に知られていて採用可能な技術の全体は，技術系とはいわず，技術集合と呼んで区別する．1つの財を生産する多数の技術があるとき，経済には多数の技術系が存在することになるが，そのことの意義はあとに考察する．

いま，1つの技術系が指定されたとしよう．この指定は，計画経済のように中央計画当局が行なうものではなく，各財を生産する企業が自己の判断によって選択するものである．いまそのような技術が各財に1つずつ指定されたとしよう．(1)にあらわれる投入ベクトル $(a_0, a_1, a_2, \ldots, a_N)$ のうち，労働投入係数 $\mathbf{a}_0$ を除き，財のみの投入係数ベクトルをとって

$$\mathbf{a}(j)_+ = (a(j)_1, a(j)_2, \ldots, a(j)_N)$$

としよう．これらを j の1から N まで縦に並べると，1つの行列ができる：

$$A = \begin{bmatrix} a(1)_1, & a(1)_2, & \ldots, & a(1)_N \\ a(2)_1, & a(2)_2, & \ldots, & a(2)_N \\ \cdot & \cdot & \cdot & \\ a(N)_1, & a(N)_2, & \ldots, & a(N)_N \end{bmatrix}.$$

これを財の投入係数行列と呼ぶ．これは N 行 N 列の正方行列である．誤解の恐れのないときには，財の投入係数行列をたんに投入係数行列と呼ぶこともある．

おなじように労働投入係数をそれぞれ財の番号ごとに並べると，1つの縦行列ができる：

$$\mathbf{a}_0 = \begin{bmatrix} a(1)_0 \\ a(2)_0 \\ \cdot \\ \cdot \\ a(N)_0 \end{bmatrix}.$$

これを労働投入係数ベクトルと呼ぶ．これは，N次の縦ベクトルである．

technology系を1つ指定するごとに，1つの（財の）投入係数行列と労働投入係数ベクトルが指定される．逆に，投入係数行列と労働投入係数ベクトルを一組指定すると，それにより1つの技術系を指定することもできる．したがって，1つの技術系と一組の投入係数行列と労働投入係数ベクトルとは，おなじものの別の表現と考えてよい．

ある技術系の財の投入係数行列 A と労働投入係数ベクトル $\mathbf{a}_0$ とが与えられたとしよう．ある正の賃金率を w，0 あるいは正のある利潤率を r とすると，この技術系に随伴する価格体系

$$\mathbf{p} = \begin{bmatrix} p(1) \\ p(2) \\ \cdot \\ \cdot \\ p(N) \end{bmatrix}$$

が1つ定められる．これも縦ベクトルである．それは行列記法により次式で与えられる：

$$\mathbf{p} = (1+r)\{w \cdot \mathbf{a}_0 + A\mathbf{p}\}. \tag{4}$$

一行の方程式に書かれているが，p_i を未知数とするとき，これは内容的には N 連 N 元の連立一次方程式である．これが解 $\mathbf{p}$ をもち，そのすべての要素が非負であるためには，行列 A が一定の条件を満たしていなければならない．そ

のような条件の代表的なものが生産可能性である．

　ある技術系は，労働投入をのぞくすべての財について，その産出を投入した数量より大きくできるとき，生産的であるという．この関係を行列記法を用いて表せば，各財の水準を表す $s_1, s_2, \ldots, s_N$ をうまく取り，それらからできる横ベクトルを

$$\mathbf{s} = (s_1, s_2, \ldots, s_N)$$

とすれば，

$$\mathbf{s} > \mathbf{s}A \tag{5}$$

となることを意味する．これは労働さえ注ぎ込めば，経済において可能な生産ですべての財を純生産するものがあるという意味である．そのような経済では，すくなくとも1つ生産的な技術系が存在する（もちろん，多数あるかもしれない）．

　利潤率 r が0であるとき，方程式(4)は，

$$\mathbf{p} = w \cdot \mathbf{a}_0 + A\mathbf{p}. \tag{4'}$$

となる．いま N 行 N 列の単位行列（主対角線上にのみが1，他はすべて0からなる行列）を I とすれば，この式は

$$(I-A)\mathbf{p} = w \cdot \mathbf{a}_0$$

となる．さて，非負の正方行列については，(5)が成り立つとき，$I-A$ の逆行列が存在して非負となるという定理が成り立つ（塩沢由典1980，§14，非負逆転可能定理）．このとき，(4′)は解けて

$$\mathbf{p} = w \cdot (I-A)^{-1} \mathbf{a}_0$$

と表される．逆行列 $(I-A)^{-1}$ は非負であるから，価格ベクトル $\mathbf{p}$ も非負で求まる．

ある正方行列が非負の逆行列をもつとき，その行列にじゅうぶん近い行列も非負の逆行列をもつ．そこで，利潤率 r がじゅうぶん 0 に近いとき，価格方程式（4）は解をもち，

$$\mathbf{p} = w(1+r) \cdot \{I - (1+r)A\}^{-1} \mathbf{a}_0 \tag{6}$$

と表される．

方程式（4）は，じつはスラッファ自身が与えたものとはすこし異なる．スラッファは，賃金が後払いされると考えて，（4）式の $(1+r)$ が $w \cdot \mathbf{a}_0 + A\mathbf{p}$ 全体ではなく，$A\mathbf{p}$ のみに掛けられるものを考えたが，ここではリカードの伝統にしたがって，賃金は前払いされるものとしておく．これは賃金を前払いとみるか後払いとみるかの違いであり，本質的な違いではない．スラッファは，標準商品を用いて分配関係を考えるにあたり，w と r とが一次式に従うことを重視したが，そのような特定化はかならずしも必要がない．

いま，w と r とを固定したとしよう．技術系を取り替えると，式(6)が意味があるとして，その構成項である $\mathbf{a}_0$ および A が変化するので，とうぜんながら価格 $\mathbf{p}$ も変化する．しかし，任意の財を生産する技術がすべて(2)のかたちに書けるとき，この経済の技術集合は，単純生産の仮定に従うという．あるいは簡単に，この経済は単純生産であるという．

単純生産の経済においては，次の最小価格定理が成立する（塩沢由典 1980, §21）．

[**最小価格定理**]

リカード・スラッファ型の経済が単純生産であり，各財の生産に複数の技術が存在するとしよう．任意の正の賃金率 w と非負の利潤率 r を取ろう．この利潤率 r にたいし，経済には，すくなくとも 1 つ(4)式を満たすような技術系が存在するとする．このとき，ある技術系 γ が存在して，この技術系に随伴する価格を $\mathbf{p}(\gamma)$ とするとき，任意の技術系 η にたいし，対応の価格方程式（4）が非負解をもつならば，それを $\mathbf{p}(\eta)$ とするとき，不等式

$$\mathbf{p}(\gamma) \leqq \mathbf{p}(\eta) \tag{7}$$

が成立する．

　この定理は，連続的に多数の技術が存在するときにも成立するが，その十分条件を厳密に書くにはかなりの文字数を要する．しかし，新古典派が想定するような，代替の可能性があっても，この定理が成立することは重要である(Shiozawa, 1976a)．しばしばみられる誤解のように，離散的な有限個の代替的な固定係数の技術が存在する場合にのみ，この定理が成り立つわけではない．

　この定理の意義は，第3章第3節において詳細に語っているので，ここでは要点のみを注意する．

　最小価格定理にいう(4)式は，つぎのことをも含意している．いま，(3)式におけるように，第j財を生産する技術がK個あって，それらの投入係数ベクトルが

　　　$\mathbf{a}(1), \mathbf{a}(2), \ldots, \mathbf{a}(K)$

であるとする．それらは，それぞれ労働投入係数$\mathbf{a}(k)_0$と財の投入係数ベクトル$\mathbf{a}(k)_+$とに分解できる．いま，最小価格を与える技術系γの第j財生産技術が$\mathbf{a}(1)$であるとしよう．そのとき，最小価格定理は，第j財を生産する任意の技術$\mathbf{a}(k)$について，

$$(1+r)\{w \cdot \mathbf{a}(1)_0 + \langle \mathbf{a}(1)_+, \mathbf{p} \rangle\} \leqq (1+r)\{w \cdot \mathbf{a}(k)_0 + \langle \mathbf{a}(k)_+, \mathbf{p} \rangle\} \tag{8}$$

が成り立つことを意味する．ここで，$w \cdot \mathbf{a}(k)_0$は，賃金率をw，価格を$\mathbf{p}$とするとき，生産技術$\mathbf{a}(k)$で第j財を1単位生産するときの賃金費用，$\langle \mathbf{a}(k)_+, \mathbf{p} \rangle$は原材料・部品等の費用を表す．これは，第$j$財を生産する企業が原価に$1+r$倍のフルコストを要求するとき，技術$\mathbf{a}(1)$は，他のどの生産技術より費用面で優れている（か，すくなくとも対等である）ことを意味している．したがって，もし市場でwと$\mathbf{p}$とが成立しており，企業の要求上乗せ率がrであるとき，

第j財生産企業は，第j財への需要が変わり，生産すべき生産量が変わっても，生産技術を変更する必要がない．新古典派の考えるように，需要構成が変わったからといって，価格と投入財の比率を取り替える必要はない．すくなくとも，生産量の調整が需要の変化にあわせて進むかぎり，価格の変化と生産技術の変更は必要がない．

古典派価値論が考える価値とは，最小価値定理が与える，このような賃金率wと価格$\mathbf{p}$とをいう．上に説明したように，このような賃金率・価格体系が成立するかぎり，企業は技術を取替え，投入の比率を変更するといったことを行なう必要はいっさいなく，ただ需要の変化にあわせて生産量を調整すればよい．もし，なんらかの事情で需要と供給とに食い違いが生じ，結果として価格が変化しても，生産量の調節が需要に追いつけば，またもとの賃金率・価格体系に戻って生産すれば，すべての企業は，自己にもっとも有利な技術で生産を行なえることになる．

さきにスラッファはリカードにない理論的革新を導入したと指摘した．それは式(4)あるいは式(6)に利潤率rを導入したことにある．ただし，このスカラー量rを「利潤率」と呼ぶべきかどうかについては，のちにみるように議論の余地がある．固定資本の存在を考えるとき，利潤はすくなくとも生産・販売量あるいは稼働率に依存する．設備機械などの償却を考えるとき，rは企業全体にとっての利潤率を与えるものではない．

式(4)あるいは式(6)のrをどう解釈するかについては，げんざいじつは3つの考え方がある．1つは，スラッファの表現どおりrを利潤率と捉える理解である．固定資本等の存在から派生する問題はとうめん捨象し，生産は(2)式のような単純なものとする．各産業の利潤率が斉一化するならば，式(4)あるいは(6)は，事後的には各企業の利潤率を与える．その意味で，rを利潤率と解釈することはまちがいではない．しかし，経済全体でなぜ価格体系(6)が成立するのか，方程式(4)の各企業にとっての意味はなにかを考えるとき，事後的に利潤率になるということだけをもって，(4)あるいは(6)式を考えることはできない．たとえば，(8)式の左辺と右辺とを比べるとき，両辺で原価に$1+r$

を掛けることの意義はなんであろうか．

　第2の理解は，rを利子率と解釈することである．この理解は，菱山泉（1993）によって提案された．菱山泉（1993）によれば，利潤率が利子率を決めるのでなく，利子率が利潤率を決めると考えたところに，スラッファ（1960）とケインズ（1936）の経済理論史における一大革命があった．ヴィクセルからケインズにいたる影響関係を研究するヴィクセル・コネクションの観点からすれば，これは画期的解釈であろう．この点に深入りするつもりはないが，企業がすべての資本を銀行借り入れでまかなうと想定するとき，利子が現実に発生する費用であると考えれば，菱山説に一理あることはまちがいない．しかし，1992年以降の日本経済のように，利潤率と利子率とがときに大きく乖離することを考えると，rを利子率と解釈する考え方にはただちに肯定できないものがある．菱山説を排する中心的理由にはならないが，リカードが菱山泉（1993）の考え方に明確に反対する考えを表明している点も考慮に値しよう（Ricardo 1819 [1951], pp.363-364）．

　第3の解釈は，わたし自身によるものである．この解釈では，rを各産業が要求する上乗せ率だと考える．要求上乗せ率は，産業ごとに等しいとは限らないから，rはじつは1つの実数ではなく，各産業ごとに与えられるr_jを，それらがほぼ同じ値をとるとして簡略に示したと解釈する．第j対角要素にr_jをもつ対角行列をRとしよう．この解釈によれば，方程式（4）は，Rを用いて

$$\mathbf{p} = (I+R)\{w \cdot \mathbf{a}_0 + A\mathbf{p}\}. \tag{9}$$

と書きなおされる．それに応じて，(6)式も

$$\mathbf{p} = w \cdot (I+R)\{I - (I+R)A\}^{-1}\mathbf{a}_0 \tag{10}$$

というやや複雑なかたちを取る．

　上乗せ率という概念は，オクスフォード調査によるフルコスト原理以降のものである．リカードにそのような概念がないのは当然である．しかし，スラッファ（1960）がその著書の最初の構想を洗練していたころには，すでによく知

られていた概念である．スラッファがなぜこの解釈を示さなかったかは謎であるが，1950年代に主として北米で続いていたフルコスト原理と限界分析の戦いに巻き込まれたくないという心理が働いたことはじゅうぶん考えられる．スラッファ (1960) の序文の警告は，ケインズの助言にもとづくという形式を取っているが，明らかに出版当時の知的状況を反映している．

　3つの可能性のうち，第1・第2の解釈に代えて，第3の解釈を取る理由は明確である．第1に，フルコスト原理は，現代的企業の価格設定として広く採用されている．第2に，塩沢由典 (1984) にみるように，市場における需要者側のある種の行動を前提するとき，要求上乗せ率は，価格設定者が取るであろう1つの可能性を示唆している．第3に，すぐ上に紹介した最小価格定理は，その最初の発見者であるサミュエルソンらが考えた純生産可能集合の場合のように，要求上乗せ率0においてのみ成立するものではなく，任意の上乗せ率に対応するかたちに拡張できることがある．古典派価値論にとって，最小価格定理の成否は決定的に重要であるから，理論の必要にもとづくものとはいえ，これは第3の解釈を採る大きな理由の1つである（ただし，この点についてのみいえば，これは菱山の利子率説でも同じように成立する）．

　第3の解釈を採る積極的な理由ではないが，第1の解釈を取らない否定的な理由も存在する．第1の解釈をとるとき，r がどのように決まるかを考えなければならない．経済全体の競争の結果，一般的利潤率が決まると考えるのが自然であろうが，その際，菱山泉 (1993) のような利子率説を採らないならば，リカードの理解に戻って，利潤は生産物価格から労働者への賃金を支払った残差として決まると考える以外にない．これはリカードの抱いていた経済像に近いが，この理解にたつと，労働者の実質賃金が長期に上昇してきたという（リカード時代には想像できなかった）資本主義の定型的事実を説明できない．実質賃金が最初に決まると考えると，その水準は生存水準とするか，文化的社会的に必要とするかにかかわらず，経済過程の外でそれらが決まると考えなければならない．しかし，第3の解釈を採るならば，労働者の実質賃金が上昇することが経済内部の論理として示せる．要求上乗せ率が市場の競争条件のあり方を

反映して，長期に安定的か，長期的に低下する傾向があるならば，生産技術の向上は，w に対する最小価格 **p** の低下をもたらす．これは同一時間あたりの賃金で労働者が買い取れるバスケットが拡大することを意味する．

スラッファよる革新の意義を理解するために，スラッファ (1960) に戻って，もうすこし分析してみよう．簡単のために，要求上乗せ率はすべて同一の r とする．Sraffa (1960) の第 6 章は，「日付のある労働への還元」と題されている．この分析のためには，価格空間の双対にあたる，生産空間での分析が必要である．

いま，ある技術系が労働の投入係数ベクトル $\mathbf{a}_0$ と財の投入係数行列 A で与えられているとしよう．簡単のために，以下では $\mathbf{a}_0$ は正ベクトルとする．これは，0 でないすべての生産において，正の労働投入が必要であることを意味する．このような仮定は，のちに問題にする中間製品をただ寝かせるだけという生産（これも一種の生産である）では採用できないが，間接直接に労働が必要という概念に拡大すれば，すべては同じように分析できる（塩沢由典 1980，§19）．

賃金率 w と上乗せ率 r にたいし，価格方程式(4)が成り立ち，かつベクトル $\mathbf{a}_0$ が正であるとすると，行列 $(1+r)A$ の転置行列が生産的であることが分かる．したがって，

$$I - (1+r)A$$

の逆行列が存在して，非負となる．また，このとき，非負逆転定理の一部として，つぎの級数展開式が成立する（塩沢由典 1980，§16）：

$$\{I - (1+r)A\}^{-1} = I + (1+r)A + (1+r^2)A^2 + \ldots + (1+r^t)A^t + \ldots . \quad (11)$$

右辺の級数は絶対収束する．そこで，その各項に $\mathbf{a}_0$ を作用させてみよう．第 t 項は

$$(1+r^t)A^t \mathbf{a}_0$$

と書ける縦ベクトルである．その第 j 行は，第 j 財を 1 単位生産するときに必

要な，間接・直接必要な労働量のうち，$t+1$ 生産期間前に投入されるべき労働量を表す．これがスラッファのいう「日付のある労働への還元」である（Sraffa 1960, 第6章）．意味からいえば，還元より分解がふさわしいかもしれない．

いま，考察を第 j 財に限定することにすれば，第 j 財 1 単位を生産するに必要な労働の時系列は

$$L(1), L(2), \ldots, L(t), \ldots \tag{12}$$

という数列である．ただし，

$$L(t)：ベクトル A^{t-1}\mathbf{a}_0 \text{ の第 } j \text{ 要素} \tag{13}$$

とする．この記法では，$L(t)$ は $t=1$ から始まり，産出されたばかりの第 j 商品の生産に必要であった t 生産期間前の労働投入量である．

この点を確認した上で，(6)式と(11)式とを比較すると，

$$p_j = w(1+r)\cdot L(1) + w(1+r)^2\cdot L(2) + \ldots + w(1+r)^t\cdot L(t) + \ldots \tag{14}$$

という等式が得られる．スラッファ（1960）では，賃金後払いの仮定を取っているので，(14)式の右辺は，各項の係数は $(1+r)$ の指数を1つだけ小さくしたものになっている．

日付のある労働への還元は，リカードが気づきながらも定式化できなかった問題の解決法を教えてくれる．リカードは『原理』第1版（1817）において，厳密な労働価値説を採っていた．すべての商品が労働のみで同じ生産期間をかけて生産されているうちは，商品の価格は，投入した労働量に厳密に比例する．どの財の生産にも，同一の賃金を支払うなどの仮定が必要であるが，細かい論点は省略する．リカードがぶちあたったのは，もし商品を完成するまでに必要な商品が異なるならば，労働価値説は厳密に成立するか，という問題だった．

リカードにとって，これは難問だった．リカードばかりではない．リカードのあと，労働価値説を採用したマルクスにとっても，ほとんど解けない問題だった．マルクス経済学では，これは価値の価格（生産価格）への転換の問題，

つまり価値の価格への転化問題として，1970年代にまで議論され続けた問題だった．たとえば，小麦1トンの生産とぶどう酒1キロリットルの生産にのべ100人日の労働力が必要だったとしよう．この労働は，種まきや収穫，脱穀や搾汁に配分されていようが，ここでは簡単のために賃金は収穫の1年前に支払われると仮定する．小麦1トンは，収穫終了と同時に販売できるが，ぶどう酒はぶどうを搾ったあと，たるに入れて3年間熟成させる必要があるという．4年前に生産を始めたぶどう酒1キロリットルと1年前に生産を始めた小麦1トンとは，同じ価格で販売されるだろうか．より長いあいだ熟成させなければならなかったぶどう酒のほうが小麦より高い価格が付くに違いない．リカードは，この事実を認めたが，それを明示的に定式化することはできなかった．

(14)式を知っているわれわれは，この問題を容易に理解できる．小麦の生産には$L(1) = 100$人日の労働が前払いされている．これにたいし，ぶどう酒の生産には，$L(4) = 100$人日の労働が前払いされている．小麦1トンの価格を$p(\mathrm{C})$，ぶどう酒1キロリットルの価格を$p(\mathrm{W})$とするとき，(14)式から

$$p(\mathrm{C}) = w(1+r)L(1) = 100w(1+r), \quad p(\mathrm{W}) = w(1+r)^4 L(4) = 100w(1+r)^4$$

を得るから，$r > 0$であるかぎり

$$p(\mathrm{W}) > p(\mathrm{C}).$$

このような関係を導くだけなら，日付のある労働への還元は過剰な複雑化であろう．しかし，(14)式は，原価というものを正確に考えるよき導きとなっている．

原価計算は，さまざまな法的制約のなかで発達してきており，諸種の原価は，かならずしも論理を突き詰めて定義されていない．原価計算は，管理会計の最重要要素といってよいが，それがなんのための原価であり，企業組織のどの部署の責任をあらわすべきものかという肝心なところがあいまいである．ドラッカー（Drucker 1990）は，20世紀末の原価計算が，20世紀初頭の生産の一般的条件（直接労務費が製品原価に高い比率を占めていた）の尾を引いていると批

判し，今後の原価計算には時間要素を組み込まなければいけないと指摘した．その構想は漠然としており，原価計算にどのように時間を導入すべきか，かならずしも明確ではない．しかし，最近，藤本隆宏（2012）は，まったく別の観点，すなわち生産は媒体への情報転写であるという設計情報転写論にもとづいて，「全部直接原価」と名づける原価計算方式を提唱している．全部直接原価計算は，(14)式に直結する原価思考にもとづいて定義されている．

　全部直接原価計算の概要を簡単に振り返ってみよう．設計情報転写論では，生産を転写すべき情報とその情報を物質的に担う媒体との結合と考える．転写すべき情報には，設計図などに体現されている，製品が完成時にとるべき姿を規定するすべての情報と転写の仕方に関する情報が含まれる．ものの生産の場合，媒体は，完成された製品の実体を担う物質から，それら物質に必要な情報を最終的に転写するのに必要だが，製品の完成時にはもはや製品自体には含有されない媒体までを含む．たとえば，LSIの生産において，エッチングによって回路を焼き付ける場合，除去される銅の皮膜やそれらを処理する酸などは，後者の媒体である．設計情報の転写にあたっては，生産の全工程において必要時に必要情報を媒体に転写するさまざまな加工が必要である．この加工には，鍛造，プレス，切削，加熱・冷却，取付，除去，塗装，仕上げ，検査など，各種の工程が含まれ，それぞれに人間が行なうべき作業と機械が行なう加工とがある．

　これらすべての作業と加工において費用が発生する．製品1単位を完成するに必要なこれらすべての発生費用を集計したものが単位原価である．しかし，何のために原価を計算するかによって，費用の計上方法に違いがある．従来の原価計算論では，組織のどの部門のどのような活動を管理するための原価であるかについて，明確な定義がなかった．この点を抽象的に説明しても理解しにくいので，具体的な計算において説明することにして，全部直接原価計算は，生産現場の生産工程の効率向上を測定するための原価計算であるとだけ，まず定義しておこう．

　費用には，媒体に発生するものと，媒体に加工するために発生するものとが

ある．生産に必要な媒体の種類を全部でIとし，それぞれに番号が付いているものとする．この媒体iに関して発生する費用には，3種類の数値（費用要素）が関係する．媒体の単価p_i，製品1単位あたりの媒体使用量a_i，最後は費用発生時点から製品完成までの経過時間T_iである．

媒体の単価については，比較的問題はすくない．供給者の工場納入を条件とした媒体iの購入原価をp_iとすればよい．しかし，製品完成時に製品自体には含有されない媒体の場合には，もしそれらがリサイクルされる場合などでは，媒体の外部購入価格ではなく，リサイクル率を考慮した実質利用費用を産出しなければならない．

製品1単位あたりの媒体使用量は，部品などでは部品表に載っている使用個数を基礎に仕損じ率を考慮して決定できる．製品完成時に製品自体に含有されない媒体では，製品1単位あたりの使用量・損耗量を計測することになる．

以上は，通常の原価計算に用いられるものと同様であるから，詳しい説明は不要であろう．これにたいして，経過時間T_iについてはやや詳しい説明が必要である．

費用発生時点と製品完成時点については，原価の計算目的に照らして適切に決めなければならない．生産現場の効率向上のための原価計算では，製品の完成時点は，製品が物理的に完成し，工場から出荷できる状態になった時点とするのが適切であろう．完成した製品が出荷できる状態になっているのに，会社の都合によって，工場の倉庫に一定期間貯蔵される場合，製品は生産現場の工場内にとどまっているが，それは工場の責任ではない．これにたいし，工場でなく会社としては，製品の販売時点（売上計上時点）を完成時とすべきであろう．

媒体の費用発生時点の決定にも注意が必要である．媒体が原材料や部品であれば，工場納入時を費用発生時点とする．これは，供給者の工場納入を基本的な条件として考えている．購入側が現地から原料を買いつけ，輸送するような場合，会社全体としては，輸送費や輸送にかかる時間も，費用要素であるが，特定の工場の効率向上のための原価計算では，原材料部品の工場への到着時点が費用発生時点となる．

情報転写にかかる費用要素については，さらに詳細な計測・計上が必要である．まず，人が中間品にたいし，ある特定の加工作業 j をする場合を考えよう．作業は全体で J 個あるとする．作業員の時間あたり賃金率を w_j，加工作業 j に専念する作業時間を b_j とするとき，この作業で作業時に発生する費用は，$w_j b_j$ である．作業時間はふつう秒単位で計られるだろうから，時間あたり賃金率も秒あたりに換算した賃金率である．作業に従事し始めた時刻が費用発生時点，完成時は製品の完成時である．この２つの時点の差を T_j となる．

全部直接原価計算では，工員を１日８時間拘束しているとしても，その支払い賃金総額を１日の生産個数で割ったものを作業から発生した費用と考えてはならない．ひとりの工員が複数の作業に従事するかもしれないし，作業に従事していない時間があるかもしれない．全部直接原価計算では，直接作業に従事している時間のみを作業時間として計測し，その総和を縮小させることが効率向上に繋がると考える．このため，時間あたり賃金は，会社が工員を雇いいれるときの時間賃金そのもので計算すると，原価の過小評価が生ずる．このことを避けるために，全部直接原価計算では，拘束時間にたいし，工員が現実に作業している平均時間などを考慮して，一定の修正時間賃金を用いる．この修正時間賃金は，効率向上をはかるべき生産単位とその上部組織との協議等によって定める．たとえば，工員の実作業時間が拘束勤務時間の平均 ρ パーセントであるとき，修正賃金率を企業の支払う時間賃金の $100/\rho$ 倍とする．実作業時間の総和が減少しているのに，作業員の雇用数が減らなければ，会社の負担すべき人件費は変わらないが，実作業時間の総和の減少を把握することなく人員の削減等を無理に行なうことはできないと考える．

機械や設備装置を用いての加工にも，作業と同様の考え方で費用要素を算出する．特定の機械を用いる特定の加工時間 c_k の計測は，原理的には難しいものではない．段取りの必要なものでは，段取りの開始時点から，加工終了後の加工対象の取り外し終了後までを計測すればよい．問題は，機械や設備等の使用料 u_k の産出である．通常の原価計算では，機械設備の購入価格を耐用年数（現実的には法定耐用年数）で割った年間償却費を計算し（定額法），それを１年

間の生産個数で割って単位あたりの償却費用を算出する．この数値を直接原価に加えて全部原価を計算する．それでは設計の良し悪しや，宣伝努力など，生産現場の管理不可能な部分で算出原価が変動してしまう．また，このような原価計算では，販売される見込みがないのに，製品在庫を積み上げることによって，頭割り費用を削減し，見かけ上の原価を低減することもできる．全部直接原価計算は，これらの不都合を排除するため，機械設備の使用料を，生産単位とその上部組織（たとえば，工場と本社）とのあいだで取り決め，固定された使用料を用いて原価を計算する．これにより，売れない製品在庫が積みあがるなどの弊害が抑制される．これは，会社全体にとってよいことであり，また生産現場とっては，自分たちが管理できる範囲の改善改良がより直接的に計測される利点がある．

　全部直接原価計算は，いわば本社がすべての機械設備を所有し，工場がそれらを時間単位でレンタルすると考えたときの原価計算であるといえよう．ただし，レンタルされるのは，機械等を実際に稼動させている時間であるから，機械によっては，秒単位，分単位で計測されるものとなる．加工にともなう費用要素の計算でむずかしいのは，けっきょく，機械設備の使用料（レンタル料）をどう決めるかにある．ここでも，作業員の作業について修正賃金率を計算したと同様の考え方が利用できる．たとえば，自動車のある車種は4年間生産販売される．開発にあたっては，一定の販売価格で，4年間に全体としてどのくらいの販売台数が期待できるか，予想販売数量 Q が設定される．金型などは，車種に固有のものであるから，その償却は，その車種の販売全体から回収すべきものである．これで1台あたりの目標回収費 R_k が決まるが，それでは時間あたりの使用料とはならない．いま，開発時の1回の平均プレス時間を τ としよう．時間あたり使用料 u_k は，

$$\tau \cdot u_k = R_k$$

と決める．これらは，修正賃金率と同じく，効率向上をはかるべき生産単位とその上部組織との協議によって決められる．

全部直接原価計算にいう原価とは，これら媒体費用・作業費用・加工費用を総計したものである．それは，つぎの定義式で表される[2]：

$$\sum_i p_i a_i (1+r)^{Ti} + \sum_j w_j b_j (1+r)^{Tj} + \sum_k u_k c_k (1+r)^{Tk} \qquad (15)$$

ここで，最初の項は原材料などの媒体費用，第2項は賃金費用，第3項は機械設備等の使用費用である．

この公式で，これまで説明されていないのは，各項目に掛けられている $(1+r)^T$ という乗数である．これはなんであろうか．じつは，これこそが時間費用を原価に計上する工夫なのである．これを（原価計算における）時間乗数と呼ぼう．

この公式に新たに登場したものに，実数 r がある．これは上乗せ率と類似の企業の要求する時間利子である．いま生産期間が1日であり，年間要求利子率が30パーセント，1年間の稼働日が250日とするなら，r は次の等式を満たすべき実数である：

$$(1+r)^{250} = 1.3.$$

対数を用いて計算すれば，1日あたりの r は 0.1 パーセント程度である．

もしこの r がスラッファの価格公式(4)あるいは(6)とおなじものとするなら，全部直接原価計算における原価式(15)にあらわれる時間乗数は，(6)式を日付のある労働に還元したときの時間乗数 $(1+r)^T$ と同じものである．まったく異なる起源と目的をもって開発された2つの定式が同じ原理をその内部に秘めていることは，驚くべきことである．

生産期間が1日とか，1時間の場合，原価計算における r はごく微小な正の数である．しかし，生産開始から完成までに長い時間がかかるものの場合，$(1+r)^T$ は大きな値となる．たとえば，上に挙げた生産開始から完成までに4年かかるぶどう酒の場合，年間要求利子率を30パーセントとすると，時間乗数は $1.3^4 = 2.8561$ となる．1年で完成する小麦に比べ，最初の1年間の原価が同じでも，ぶどう酒の価格は小麦に比べて $1.3^3 = 2.197$ 倍となる[3]．

生産開始から完成まで日単位で生産できるものでは，原価計算における時間乗数の影響はわずかなものでしかない．上では，生産現場にふさわしい原価計算という藤本隆宏の趣旨を生かして，生産単位の典型を工場とみなして話してきたが，会社全体で考えるときには，製品の完成時点を，製品の物理的完成時ではなく，商品の販売時点あるいは売上の計上時点とみなさなければならない．そうすると，1日で生産される商品の場合にも，在庫を積み上げ，製品完成からに平均何十日も倉庫に寝かせるような場合には，会社全体としては原価は，けっこう大きな時間乗数を掛けたものとなり，原価の大きな上昇となる．

従来の原価計算は，このような時間費用を無視してきた．しかし，より効率的な経営のためには，費用発生から製品完成時までの時間費用を計算することは不可欠である．全部直接原価計算は，こうした時間費用を明示的に取り入れた点で原価計算として画期的である．

さきに，リカードは生産費の計算において時間要素を考慮すべきことまでは理解したが，それを価格決定式として示せなかった，と指摘した．全部直接原価計算を理解したうえなら，その理由を理解することは，むずかしいことではない．リカードの時代には，そもそも厳密な原価概念がなかったが，19世紀末から20世紀のはじめにかけて原価計算が確立したときにも，時間費用をうまく取り入れた原価概念は存在しなかった．そのような原価概念は，21世紀になってはじめて登場するのであり，リカードが時間費用を考慮した生産費概念を提示できなかったとしても，不思議ではない．

スラッファ（1960）は，日付のある労働への還元という手続きを介して，リカードと全部直接原価計算とを結びつけているが，この本はもう1つ重要な契機において，リカードと全部直接原価計算とを結びつけている．それは機械設備の使用料という概念である．通常の原価計算では，償却費は定額償却法か定率償却法が使用される．このとき，償却資産の帳簿価格は，償却期間にわたり，対角線上を階段状に低下するか（定額償却法の場合），対角線より下にくる指数関数（定率償却法の場合）となる．しかし，これは時間費用を考えた資産と償却額の計算方法ではない．スラッファ（1960）の第10章「固定資本」には，

利子率を r とするときの資産の帳簿価格をグラフ化したものが掲出されているが，それは $r=0$ の場合を除いて，対角線より上側に張り出した曲線となっている（第6図，Sraffa 1960, p.71）．定額償却法で想定されている資産価値の残存価格は，$r=0$ の場合の評価価格に他ならない．

　スラッファの第6図は，原価計算論ではあまりなじみのないグラフであるが，じつは身近に見慣れているものである．住宅ローンを固定金利・定額返却するとき，残存借入額が第6図と同じ形のグラフとなっている．これは偶然のことではない．ある資産をレンタルし，一定の金利で一定期間に一定額を返済していくことを考えよう．レンタル資産の買入価格と同額を借り入れ，レンタル料と同額を返済していくとき，レンタル資産の帳簿価格と借入の残存額とが一致するのは当然のことである．第6図は，生産期間が終わるごとに，一期間分古くなった固定資本が副産されると考えて資産価格を計算したものだが，生産には一期間ごとに利潤率 r がともなうとされている．そのときの固定資本の生産貢献額が，金利 r のもとに資産をレンタルすると考えて支払うべきレンタル料と同額になる．全部直接原価計算における固定設備等の原価発生の考え方は，スラッファが固定資本の扱いにおいて採用した計算と原理的には同じものである．ただ，スラッファ（1960）の場合，生産数量の変動を想定していないので，需要にあわせて生産量を調整することが前提の全部直接原価計算では，標準生産量を想定することにより，時間あたりの使用料を設定するという手続きがもう一段階必要となっている．

　スラッファにより定式化された価格決定式(4)ないし(6)と，全部原価計算とは，このように細部の原理にいたるまでよく整合している．これは，古典派価値論の21世紀における意義を象徴するものといえよう．

　古典派価値論は，全部直接原価を基礎としてフルコスト原理を用いることにより，生産現場の原価計算から経済全体の価格形成原理にいたるまで一貫した論理をもっている．これは，個人や個別企業の主観的な評価を空想的に集計する新古典派の需要供給理論と本質的に異なるところである．

3．古典派価値論の意味しないもの

第2節で，古典派価値論をいかに構成するかを示した．そこに再構成された理論は，リカードがめざしたが，完成できなかった方向をじゅうぶん実現していると思われる．すくなくとも，それは生産費が価格を決定するという精神を貫ぬいている．しかし，現代の古典派価値論は，リカードの主張の忠実な再現ではない．それはリカードが『原理』に（あるいは他の著作に）書き残したものをすべて受け入れるということではない．

すでに示唆したように，現代古典派価値論は，生存賃金説やその変種というべき賃金基金説は支持しない．この点は，スラッファ（1960）でも明らかでなかった点ともいえる．スラッファ（1960）以降に，さまざまな議論が生まれた．方程式(4)あるいは(6)から，技術系が変化しないかぎり，所与の貨幣賃金率 w にたいし，価格 $\mathbf{p}$ の各要素は，r が上昇すると上昇する．そのことは，直接にも，(14)式を眺めることからも証明される（塩沢由典 1980, §18, §21）．実質賃金の水準は，賃金 w で購入できる財サービスの量の大きさで示されるから，この関係は実質賃金水準と利潤率 r とが背反関係にあることを意味する．そこで，もし賃金が労働者にある一定の賃金バスケットを保障しなければならないのとするなら，利潤率 r はある一定の値以下でなければなない．しかし，そのように考えると，方程式関係(4)を成り立たせるよう価格設定者に働き掛けるものはなにか謎となる．それは市場における調整だということは可能だが，それでは価値論が市場での調整を分析すべき基礎を与えるものだという地位を奪ってしまう．

わたしは，そのようなあいまいな調整を前提にすべきではないと考える．オクスフォード調査以来，われわれは商品生産者たちがフルコスト原理により販売価格を設定していることを知っている．その算出に用いる原価と上乗せ率とがいかなるものか，オクスフォード調査では明らかでなかったが，現在ではわれわれは生産量から独立に計算できる全部直接原価を知っている．この原価において，想定される利子率および全部直接原価に上乗せすべき上乗せ率を，企

業がなんらかの理由によりもっていると考えることで，市場での調節というあいまいさを回避できる．スラッファの方程式(4)にあらわれる「利潤率」rあるいは要求上乗せ率mがどのように決まるかについては，さらに掘り下げた分析が可能であるが，そのような分析を待つことなく，ある産業・ある企業がrあるいはmにつき一定の要求水準をもつと考えることができ，分析を進めることができる．すべてがある最適問題の解として解かれていなければ，分析の基礎としておくことができないという考えは，経済はもとより，一企業体もまた複雑なシステムであることを忘れた結果にすぎない．第3章第4節で，在庫管理について考察した際，最適問題を定義する諸関数を決定しなければ，Sやsを決めることができないと考えるのは，問題の複雑さをよく理解しないためであると指摘した．企業が要求するrあるいはmも，それらを規定する諸要素がすべて明らかにならなければ，使えないものではない．

　方程式(4)にあらわれるスラッファの「利潤率」rに3つの解釈があることはすでに述べた．係数rを上乗せ率（あるいは菱山泉説によって利子率）と考えると，リカード以降に明らかになった実質賃金率の大幅な上昇を説明することができる．生存賃金説ないし賃金基金説は古典派価値論のもつ可能性を狭めるものでしかない．現代の古典派価値論は，生存賃金説に立たないことをじゅうぶん強調しなければならない．

　従来は古典派の考えとされてきたもので，古典派価値論が支持しない考えは，生存賃金説以外にも，いろいろある．

　まず，古典派価値論が需要供給理論に立つものではない．そのことは，リカード自身が強調したことであり，異論は少ないであろう．それでも，需要供給理論と古典派価値論との関係については，いくらか補足しておく必要があろう．それは，リカードが闘わなければならなかった最大のあやまった考え方であったが，自己意識としてはリカードを忠実に継承しようとしたJ. S. ミルが陥った考え方であった．もっとも，J. S. ミルのいう需要供給の法則が新古典派の考えるような需要供給の法則と同じであったかどうかには，議論の余地がある（本書第8章吉井論文参照）．

新古典派の需要供給理論は，価格の変数として需要関数・供給関数が定義できるという前提の上に立っている．新古典派需要供給理論のもっとも大きな疑念は，2つの関数の客観的存在である．企業の供給関数を定義しようとすれば，正常な生産量において，価格は限界費用と等しくなければならず，それは正常な操業状態において企業の費用は収穫逓減であることを意味するが，そのような企業はほとんど観察されていない．後に経営経済学の創始者となったJoel Dean（1936）は，長い年月を掛けてさまざまな産業の直接原価を測定したが，原材料価格が一定という状況に置き換えれば，それはほぼ一定であった（Comittee on Price Determination, NBER 1943 をもみよ）．価格を定義域とする需要関数という概念についても，多数財のある経済において，需要関数を消費者の効用最大化によって説明することにはさまざまな疑念がある（塩沢由典 1990, 1997b；Beinhocker 2006；Keen 2011）．他の財の価格を一定と想定した上で当該商品の価格のみを動かしたとき，価格の減少関数に近い関数様のものが得られるであろうことは，多数財の経済における代替による説明より実態に近いであろう．マーシャルが一般均衡理論ではなく，部分均衡分析を優先させた理由もそこにあったと思われる[4]．

　J. S. ミルが需要供給の法則と呼んだものは，テキストを慎重に読むならば，価格を定義域とするような需要関数・供給関数の存在を前提するものでないことが推定される[5]．ミルが言っていることは，需要と供給とが一致しない場合には，価格が変化して，試行錯誤の結果，けっきょくは需要と供給が一致する場合に価格が安定するという考えだけである．これは，（価格を独立変数とする）需要関数・供給関数の概念抜きに可能な思考である．19世紀の中ごろまでの関数概念は，変数の代数式として表されるようなものであり，定義域と値域とのあいだの抽象的対応として定義されるようなものではなかった．そのことを考慮すると，J. S. ミルの後に，需要供給の法則が新古典派により需要関数・供給関数の交点に価格が決まるというように整理されたからといって，ミル自身がそのように考えていたとする必要はない．短期的撹乱を受けて市場価格が価値から乖離する事態を考えていたのも，たぶんに価格の高低にたいする市場の

反応であったと推定される．現代古典派価値論の立場からいえば，そのほうが現実に近い．

古典派価値論は，それが価値論と名づけられているように，財・サービスの価値は，需要や生産の数量から基本的に独立に決定されると考えている．ここで，「基本的に独立」あるいは「相対的に独立」という表現は，ややあいまいであるが，生産の通常の状態においては，価値は生産費によって決められていると言い換えることができる．第3章で示したように，需要がとつぜん増大し，産業全体の生産容量を超えるようになった場合でも，価格が変化しないという意味ではない．反対に，なんらかの理由により在庫が異常に積み上がったとき，安売りをしてまでも企業が在庫を掃こうとすることも第3章で指摘した．数量と価格の相対的独立は，いかなる場合にも価格は数量から独立であり，また数量も価格に無関係であることを意味しない．

企業の予測行動の一部には，原価企画段階におけるように，価格を独立変数とする需要関数を考えることがあり，そうすることには一定の意義がある．しかし，建値を決め，生産を開始した時点以降で（自動車でいえば，この期間は，フルモデルチェンジから4年ないし5年の期間がある），価格を独立変数とする需要関数や供給関数を考えることにはほとんど意味がない．同一価格のもとで，刻々と変わる需要の変化特性をとらえ，予測精度を上げること，需要の平準化をはかることを第一義に考え分析すべきである．

古典派価値論にたいするいくつもの誤解のうちで，みずからも古典派の立場に立つと考える人たちのあいだに広く流布しているのは，古典派価値論は長期の記述理論であるという理解であろう[6]．このような誤解の起源は，もちろん，リカードたち古典派経済学者の「長期的には生産費が決定する」といった常套句にある．しかし，この誤解には，もう1つより深い理由がある．それは前節の方程式系(4)あるいは(4′)において，各産業同一のrが用いられていることにある．これが利潤率であると理解されると，なぜ全産業の利潤率は等しいのか，という問いが生ずる．それに答えようとすると，考えられる余地はずっと縮まってしまう．全産業で利潤率が等しいのは，産業間の競争がじゅうぶん働

いた結果である．したがって，(4)あるいは(4′)は，長期に収束していくであろう価格体系 **p** が満たすべき要件をあらわしている．こういう理解が生まれる．方程式系(4)あるいは(4′)を短期の価格を表現するものと考えるには，r の理解を変える必要がある．方程式は簡単に表現されているが，じつは r は単一の数値ではなく，各産業ごとに異なる r_i を代表するもの，つまりじっさいは(9)式を表していると理解すると，これらの方程式系を長期のものと考えなくてもよくなる．第2節で，(4)あるいは(4′)の r は，利潤率ではなく，各産業で企業が要求する上乗せ率 m_i を表しているという解釈を紹介した．この解釈は，方程式系(4)あるいは(4′)を現実に機能している価格体系を抽象化して定式化したものと考えるためにも必要なのである．

　方程式系(4)あるいは(4′)が長期の記述理論だという解釈には，いくつかの理論上の難点がある．1つは，長期には技術系が変化する，つまり投入係数が変化する，という問題である．長期には変化してしまう係数を用いて，長期に得られるであろう価格を仮想上考えることにどんな意義があるのだろうか．第2の難点は，長期の価格体系と対（つい）になる数量体系をいかなるものと理解するかである．古典派価値論では，価格と数量は基本的に独立している．長期の価格は(4)あるいは(4′)で決定することができたとしても，数量体系には過大な自由度が残る．一定の比率で成長する経済を考えるのか．景気循環の一局面を考えるのか．現在の数量体系がなぜか維持されると考えるのか．このような価格・数量体系を抽象的に考えることにはほとんど意義がない．古典派価値論は，第3章第3節・第4節に示したように，現実に企業が設定する価格を理論的に抽象化したものであり，それは需要の変動と生産量の調節という複雑な相互作用において，その全体像をあらわすものである．ただ宙に浮いた仮想的な価格関係を分析するものではない．

　古典派価値論は，しばしば静態的な分析理論だと批判されることがある．方程式系(4)あるいは(4′)を長期の方程式と主張することは，技術系の変化やそれにともなう価格変化などを分析できないことを自認することにもつながる．しかし，すぐあとにみるように，古典派価値論は，動態的考察を許容する理論

なのである．

　古典派価値論にたいする第3の誤解は，それが静態理論であるという理解である．古典派価値論は，ある一時点における技術系を固定して考える．しかし，それは技術が変化しないことをも，技術の選択が行なわれないことをも，意味しない．新しい商品，新しい生産技術が入ってきたとき，経済がどのように変化していくかを分析したいというのが古典派価値論の立場である．じっさい，方程式系(4)あるいは(9)などに用いられている技術系は，当該時点において知られている技術集合のなかから，各産業で競争的な技術として選び出されたものである．ここにおける「競争」は，価格の切り下げ競争ではない．より安い製品を作る生産技術の実現競争である．技術系を構成する各技術は，所与の価格体系のなかで，上乗せ率を一定とするとき，設定価格を最小とするよう選び出されている．価格体系は技術系に依存する．したがって，技術の選択は価格体系をも変化させるが，一定の技術集合のなかに，すくなくとも1つの技術系があって，その技術系に随伴する価格体系のもとでは，技術系に属する技術が最小の生産原価を与えるようになっている．それを保証するのが最小価格定理である[7]．

　もちろん，古典派価値論にもとづく分析が，えてして静態的分析に限られていることは否定できない．しかし，それは古典派価値論の限界ではない．技術変化の可能性は，あまりにも高い自由度をもっている．そのため，長期的にどのような変化＝進化が起こるのか，暫定的な傾向法則を立てることがむずかしい．古典派価値論で，動態的な分析が進まないのは，技術の変化方向を予想することの困難に起因している．この点は，新古典派の動態分析と称するものと比較するとよく分かる．新古典派の成長理論では，多くの場合，生産は労働と資本の結合とされ，技術進歩は，ヒックス型・ハロッド型・ソロー型の3種の中立的技術進歩や全要素生産性の上昇といった単純化されたかたちで考察される．しかし，経済の現実に少しでも迫ろうとするなら，このような単純化された選択状況のみでないことはすぐ分かる．新技術がある財あるいは労働の投入のみを減少させるといったことはほとんどない．たとえば，新技術では，ある

財 j の投入は減らせるが，他の財 k の投入は増大するといったことが生ずる．このとき，新技術を採るか，旧技術を維持するかは，環境や労働条件等に問題がなければ，生産原価の低いほうが採用される．その選択は，現行の価格体系に依存する．多数の投入財があるとき，どの財が減らせ，どの財が増えるかを先験的には予想できない．したがって，適切な技術進歩の方向を確率的にでも予測できる状況は，あまりない．もちろん，そのような考察が有効に働く場面がないわけではない．第5章第6節で，われわれは赤松要の雁行形態論（の第一形）について考察する．このような分析機会は他にもあるかもしれない．その意味で，古典派価値論が静態分析に原理期に限定されているわけではない．古典派価値論を動態的分析に適用することはもっと試みられるべきであろう[8]．

古典派価値論に対する第4の誤解は，それが独占競争ないし不完全競争理論を想定する理論であるという誤解である．たしかに，フルコスト原理を実施できるような企業は，何らかの独占力をもった企業ということができるかもしれない．しかし，独占競争ないし不完全競争と純粋競争あるいは完全競争を対立させるという立場を古典派価値論はそもそも採らない．企業がまったく価格設定能力をもたず，純粋に価格受容者（price taker）であるということは，現実の世界ではありえない．

いかなる企業も，一定の価格以下では販売を拒否する自由をもっている．純粋な価格受容者が集まって産業を構成し，それが価格を変数とする供給関数を構成するという純粋市場のイメージは，新古典派が理論的に造りだした幻像であり，現実のものではない．現実の世界に戻って考えれば，下町の小さな乾物屋でも，客席が数席しかない喫茶店でも，各商品に売値がついており，ふつう顧客はその価格を受け入れて注文している．このような小商店もすべて独占企業に分類してしまうのは，「独占企業」という用語が必然的にもつ巨大企業というイメージにそぐわない．

下町の乾物屋も，駅前の喫茶店も，その地域・その時刻において，なんらかの「独占的」地位をもっている．店に置かれている米は，いますぐ手に入る米

であるという特性をもっている．出勤前のコーヒー1杯は，出勤後のコーヒー1杯とは異なる．このようにすべての商品は，なんらかの意味で差別化されているが，そこには熾烈な競争が働いている．独占競争あるいは不完全競争たい純粋競争あるいは完全競争という2項対立そのものが，新古典派的な構築物である（第1章第5節参照）．古典派価値論は，すべての商品は基本的には差別化されていると考えるところから出発する．その意味でそれは純粋競争・完全競争の世界を想定していないが，それは巨大独占企業のみを想定していることを意味しない．下町の乾物屋や駅前の喫茶店が行なっている競争と全世界を市場とする巨大企業が行なっている競争には，原理的には同一の理論枠組みで分析できる部面があると古典派価値論は考えている．もちろん，それは巨大企業と下町の乾物屋のあいだに差別がないという意味ではない．同一の理論枠組みのなかにおいた上で，両者の行動の違い，影響力の違いを分析する．これが古典派価値論の研究プログラムである．

4．古典派価値論に欠如するもの

　第2節では古典派価値論を積極的に定義・構成した．第3節では，古典派価値論は，なんでないかについて説明した．しかし，古典派価値論は完成した理論でもなければ，不変の理論でもない．この第4節では，古典派価値論に欠落していたもの，現在は欠落しているが，将来は補欠すべき研究課題について考えてみよう．

　現実に存在するどんな理論にも，比較的発達している部分と，じゅうぶん研究されていない部分とをもつ．地代論は，古典派価値論の当初から存在したものであるが，研究がじゅうぶん行き届いている領域とはいえない．周知のように，古典派価値論の地代論は，差額地代として構成された．この基本線はまちがっていないが，同時にそれは他の生産物の理論（J. S. ミルの用語を用いるならば，任意可増財の理論）に比べて地代論が難しい理論構造を内包していることを示している．

差額地代が発生するのは，ある耕作に適した「優等地」が面積的に限定されているからである．もし，この限定がないならば，すべての耕作を最優等地で行なえばよいから，差額地代は発生しない．このことは，生産に量的限界があるという，古典派価値論の本体にない状況を地代論が分析せざるをえないことを含意している．古典派価値論の特性の1つである価格と数量の基本的独立という構成を，地代論は分析状況そのものの性格から取れないというむずかしさをかかえている．そのため，地代論は古典派価値論のなかでは相対的に未発達の領域となっているが，可能性がないわけではない．その一端は，すでにスラッファ (1960) 第11章に示されている．この点については，日本でも浅田統一郎 (1995) ほかの研究がある（本書第7章をも参照．Bidard 2010; 2013 などにも注目）．地代論の範疇にはいるもので，現代においてとくに重要なのは，埋蔵地下資源などに生産数量が限定される産業であろう．燃料の多くの部分をわれわれは地下資源に依存しているし，電子産業などでは，従来の鉄や銅などに加えて，レアメタルなどの希少金属への依存を強めている．このような問題に具体的に対処するためには，代替物の開発などの技術戦略が課題となるが，経済学としての理論的な分析も欠かすことはでない．Hotelling (1931) は，これらを枯渇資源の問題として先駆的に扱っている．古典派価値論としても，分析を強めるべき領域である (Devarajan and Fisher 1981; Parinello 2001)．

地代論や枯渇資源の問題は，価格と量的制約とが相互に関係するという意味で，理論的にはより高度な分析を求められる．このような問題には，賦存資源を所与の制約とするアローとドブルー型の一般均衡理論の分析がいっけんより進んでいるようにみえる．しかし，より詳細に検討するとき，アローとドブルー型の一般均衡理論は，経済全体の活動規模を賦存資源の制約によって限定するというケインズ以前の理論構造をとっている．そこでは，資源や労働力には自由財の規則が適用されると前提されている．すなわち完全雇用されていないものは，自由財つまり価格0となると仮定されている．自由財の規則は，失業が存在するとき，賃金率は0になるべきだという主張である．このような原則が地下資源に適用されても（鉱区権設定者以外に）あまり困る人はいないが，自

由財の規則が経済の活動規模を決めるという経済像は採用すべきでないであろう．この経済像では，経済の活動規模を制約するものは，自然資源の賦存状態など経済外的な境界条件ということになる．これは経済を均衡によって規定されるものとみるのか，一種の散逸構造として現在の経済状態がすぐあとの経済状態を決定しているかという，資本主義市場経済の働きに関する基本的対立を内包している（第2章第2節をもみよ）．

国際貿易状況における価値論を展開することは，リカードもマルクスも課題としながら，けっきょく完成できなかった理論領域である．世界経済全体に占める国際貿易の比重がかつてとは比べ物にならないくらい高まっていることから，国際貿易状況における価値論すなわち国際価値論を展開する必要性は，リカードやマルクスの時代より格段に大きい．

リカードが国際価値論を完成させることができなかったことは，その後の経済学にも，大きな理論的影響を及ぼした．若き J. S. ミルが最初に取り組んだのも，リカードが残した問題，すなわち「交易条件の未決定問題」とのちに名づけられる問題であった（Mill 1844, 第1論文）．よく知られているように，J. S. ミルは交易条件の未決定問題をかれなりに解いた．その方法は現在では「相互需要説」と呼ばれている．

この考えは，いっぱんにつぎのように説明されている．交易する2国の外国財の輸入需要が交易条件に依存するとしよう．A国の需要を $D_A(x)$，B国の需要を $D_B(1/x)$ とするとき，

$$D_A(x) = D_B(1/x) \qquad (16)$$

を満たす x が存在するというものである[9]．関数 $D_A(x)$，$D_B(1/x)$ が x の連続ということさえ確認できれば，方程式(16)が解をもつことは，中間値の定理を仮定すれば簡単なことである．そのためには，交易条件がかなりよくなれば（つまり自国の輸出財の価格が他国の輸入財の価格にくらべて高くなれば，輸入すべき外国財の価格が低くなるので），輸入需要が相手国の輸入需要より大きくなることのみがいえればよい．

第 4 章　古典派価値論のリドメイニング　157

　中間値の定理は直観的なものであり，ことさら高い数学的素養を必要としない．しかし，J. S. ミルが暗黙裡にも，このような関数とその交点の存在から，「国際需要の均等」が成立すると考えたかどうかというと，きわめて疑わしい．ミルの青年時代には，まだ一般的な関数の概念はあまり普及していなかったし，中間値の定理も広く知られていたとは考えられない．じじつ，中間値の定理（intermediated value theory）がボルツァーノにより証明されたのは 1817 年，つまりリカードの『政治経済学と課税の原理』第 1 版が出版された年であり，コーシーが別の証明を与えたのは 1821 年，つまり『原理』第 3 版が出版された年であった．

　ミルが「関数」(function) 概念をもたなかったわけではない．しかし，J.S. Mill (1848) における（役割，機能といった意味以外の function の）使用例は 2 例ほどしかない．その一例は，第 3 編第 18 章 62 節のつぎの一文である．

> What her imports cost to her is a function of two variables; the quantity of her own commodities which she gives for them, and the cost of those commodities.

　ここで her は英国を意味し，対価を払って輸入する「英国にとっての費用」C は「2 つの変数の関数である」として，その変数の 1 つは，輸入をまかなうために「英国が輸出する商品の量」q，もう 1 つは「これら商品の原価」c とされている．つまりここでミルが考えているのは，

$$C = q \cdot c$$

という関係である．ミルの時代，関数といえば，多くの場合，代数式であらわされるようなものを考えており，交易条件と需要とがある一定の対応関係にあるなどといった高度な関数概念は普及していない．数学的な意味で fucntion が使われているもう 1 つの例（Mill 1848, II. 15. 31）は，労働の賃金費用を論じたところにある．「労働費用は，数学の言葉を使えば，3 つの変数の関数である」

とわざわざ断っている．このようにJ. S. ミルに関数概念がなかったわけではないが，関数概念を用いるときは，変数を明示する習慣があったようである．ところが，国際需要であろうと，国内需要であろうと，ミルが需要あるいは供給というとき，それらが価格の関数であると考えた証拠はみつからない．すくなくとも，変数が価格であるという断りはない．

　ミルが「需要供給の法則」と呼んでいるものは，需要関数と供給関数の交点に価格が決まるという今日われわれがふつうに考えるようなものではない．かれがいうのは，交換が起こっているとすれば，「需要と供給とが等しい」ということのみである．需要と供給が等しくないとき，ミルは需要や供給が変化する，あるいは増大したり減少したりするとは考えている．かれは，「価値は，需要と価格が等しくなるようにそれ自身を調整する」という（Mill 1848, III. 18. 24）．しかし，のちの時代のように価格変数の需要関数・供給関数があって，その交点の座標が価格であるとミルが考えたわけではない．すくなくとも，そのように議論したところは，Mill (1844) にも Mill (1848) にも存在しない．(16)式を等しくする x があり，それが国際収支を均衡させる交易条件になるとミルが考えたわけではないと思われる．

　リカードの未決のままに残した問題をミルが「相互需要説によって解決した」と考えたというのは正しいが，その内容は，経済学説史の常識が想定するようなものではかならずしもない．(16)式やそれをグラフ化した説明は，厳密にいえば，のちの新古典派の時代の産物である．このように，J. S. ミルの努力は，かならずしものちの新古典派に直結したものではないが，生産費の法則に代えて，より一般的な，あるいは生産費の法則に「先行し，より基本的な価値法則である需要供給の法則」(Mill 1848, III.16.5) を前面に打ち出さざるをえなかったという意味で，国際貿易状況における価値法則を求める問題は，J. S. ミルの経済学に大きな転換を迫るものであった．

　国際貿易という状況は生産不可能な希少財とは同列におけない一般性と重要性とをもっていた．そのことで，J. S. ミルはリカードの立てた生産費の法則を否定して（あるいは適用に限界があるものとして），より一般的な需要供給の法則

に立ち戻らざるをえなかった．

　J. S. ミルの理解した需要供給の法則は，国際貿易状況でいえば，貿易収支が均衡するよう交易条件が決まるというものにすぎない．しかし，国際貿易状況においては，生産費の法則ではなく，より一般的な需要供給の法則に頼らざるをえないというメッセージは，ミルの意図したものを超えて強いメッセージとして，のちの新古典派誕生を促すものとなった．その意味で，リカード（とマルクス）が国際価値論を構成できなかったことは，19世紀における古典派価値論の衰退を運命づけるものであった．

　リカード以後も，古典派価値論の立場にたって，国際価値論を構築しようという動きがなかったわけではない．その最大の挑戦者は，K. マルクスであっただろう．かれは国際価値論の重要性を理解し，国民による賃金の違いに注目したが，積極的な理論を構成できたわけではなかった．マルクス経済学では，マルクス以降，連綿として国際価値論の必要は理解されてきたが，その構想は具体化できなかった．日本では，名和統一が火をつけて以来，20年近く，国際価値論をめぐって多数の論文・著書があらわれた．佐藤秀夫（1994）のように，ブレークスルーに近づいた人物はいた．

　J. S. ミル以降，経済学の主流は，新古典派経済学へと大きく転換していく．したがって，リカードないし古典派価値論立場から，国際価値論を構築しようという試みは，マルクス経済学内部の潮流をのぞいて現れなかったといってよい．それにもかかわらず，いささか奇妙なことに，主流の国際貿易論の中でも，リカードの比較生産費説は生き続けた．20世紀に入り，後のヘクシャー・オリーン・サミュエルソンの理論（HOS理論）として展開される貿易理論が構築され，一般の教科書にまで紹介されるようになるが，その場合でもリカードの比較生産費説は，HOS理論と並んで，貿易の利益を例証する優れた数値例として受け継がれ続けた．

　このような事情のなかから，リカードの貿易理論をより一般的な状況のなかで展開しようとする試みもあらわれた．その最初はグレアム（Graham 1948）であり，その影響を受けたマッケンジとジョーンズだった．マッケンジとジョー

ンズの成果は，1950年代末から60年はじめにあらわれたが，数本の論文を残しただけで終息した．Ethier (1999) は，Jones (1961) により，すべてがやりつくされ，リカード・モデルは，理論的研究対象から応用の対象に転換したと解説している．しかし，それは真実ではない．なぜなら，マッケンジやジョーンズが定式化できたのは，最終財が貿易される場合のみで，かれらが重要課題としていた中間財が貿易される場合の研究はてつかずのままだった．2人の後を継ぐ研究は，日本では三邊信夫や池間誠などにより継続された（塩沢由典 2014, 第4章）．

中間財の貿易を含む一般理論（M国N財で，各国が異なる生産技術をもち，単一財の生産に複数の技術があって選択される場合）は，塩沢由典（2007）・Shiozawa (2007) より構築された．ここでは，新しい理論と国際価値論との関係は明確でなかったが，のちに正則領域という概念を導入することによって，リカードとマルクスがめざしたであろう国際価値論が姿をあらわした（塩沢由典 2014 第3章）．この価値論では，マルクスが国民的価値の相違としてなかば放棄した各国労働者の賃金率の違いが，それぞれの国のもつ技術により規定されていることが判明している（同上）．リカード系の国際価値論は，このような曲折を経て，21世紀になり，ようやくその基礎が定まった．それをもとに，この理論を展開することは今後の課題である．

国際価値論が構築されたことにより，古典派価値論の理論状況は大きく変わった．若きJ. S. ミルが苦悶したように，国際貿易状況に適用可能な価値論でなければ，価値論は一般的理論といえない．古典派価値論は，このためリカード直後から，ながい苦闘を余儀なくされたが，こうして21世紀の価値論として再生をはたした．本書第5章は新しい国際価値論のてみじかな紹介である．

古典派価値論は，国際価値論の不在という欠陥をようやく乗り越えたが，もちろん，まだ残された課題・理論領域は多い．技術進歩の歴史的・理論的研究は，進化経済学の固有領域ともいうべき厚みをみせている（Freeman 1992; Metcalf 1998, など）．しかし，技術の進化方向を価値論と結びつける研究は，ほとんど未開拓のまま残されている．第3節で，古典派価値論は静態のみを研究

に限定されるものではないと大見得を切ったが，それが現実に動態の分析理論となるためには，この方向での展開がぜひとも必要である．

　古典派価値論に残されたもっとも重要かつ緊急性の高い領域は，需要の理論と市場の理論であろう．古典派価値論は，生産面が経済全体にもつ決定的な影響力に注目して構成されてきた．価値が生産費により規定され，需要構成にはよらないという古典派価値論の中心的主張は，そこから生まれている．しかし，古典派価値論が経済学の基礎理論である以上，有効需要が各企業の製品に分割されていく過程の研究や，生活水準の向上につれて消費需要がどのように変化していくかの研究が必要である．前者は市場の理論であり，後者は需要の理論である．

　市場の理論は，わたしにとっては「不況の理論とスラッファの原理」（塩沢由典 1990 所収，初出は 1978）以来の課題であるが，ほとんど進展していない．とうじわたしが考えたことは，各産業に有効需要が振り向けられるとき，それを各企業の各製品に振り分ける市場過程の分析であった．これは，有効需要の原理を企業水準，産業水準，経済全体と連結して考えようとするとき，どうしても必要な理論であるが，経済理論としての方向性は，わたしにはみえていない[10]．マーケティング理論は，このような過程を主として販売者側の視点から分析していると考えられるので，これら理論との接合が必要なのかもしれない．

　需要の理論は，新古典派経済学ではおおいに発展しているかにみえる．新古典派理論が限界効用理論を携えて経済学の世界に登場したのも，古典派に欠けてみえた需要の理論をもっている強みだった．効用理論は，基数的効用理論から順序的効用理論へ，さらには顕示選好の理論へと進んだが，具体的に利用可能な理論としては，いまなお大きな欠陥をもっている．それは比例拡大的（homothetic）という特性を超えた効用関数が開発できていない点にある．人びとの生活水準が向上するにつれて，人びとが購入する財・サービスの構成が変わってくる．エンゲル法則は，このような一般的傾向のうち，最初にみつかった傾向法則の1つであるが，効用関数などの一般理論と一般化されたエンゲル

法則を結びつけることはいまだできていない（本書第6章有賀論文参照）．

　消費需要の多様性も，意外におろそかにされている側面であると思われる．製品多様性については，ディクシットとステイグリッツ（Dixit and Stiglits 1977）の多様性愛好関数が有名であるが，これも比例拡大的という特性からは脱却できていない．また，この効用関数にもとづく多様性は，一個人が多くの財・サービスを選好するかたちのものである．これは，同じ人が日によりイタリア料理もフランス料理も，さらにはトルコ料理，中華料理，日本料理も食べたいという事態を時間を均してみたものとしてはよいであろうが，個人個人の趣味の違いが製品多様性にあらわれるという市場のもう1つの側面を表現できていない（Shiozawa 2012）．

　消費需要の多様性は，成長にも深い関係をもっていると思われる．進化経済学の一分野に進化成長理論がある（Saviotti 1996; Witt 2001; Kurose 2013 などをみよ）．そこでは一般化されたエンゲル法則を認めるかぎり，（人口増以上の）経済成長を可能にするものは，経済全体の製品多様性の拡大が鍵であると考えられている．先進経済諸国では，需要に占めるものの比率は減少し，サービスの比率が高まっている．サービスのほとんどが対面でなされている点を考えると，人の移動できる範囲にどのくらい購買人口をもてるかがサービスの多様性を規定する大きな要因となる．塩沢由典（2010，第2章第8節）は，都市圏人口がサービスの多様性の範囲と1人あたりの生活水準を規定する関係を，需要が冪分布をなすという仮説をもとに研究している．商品や技術のネットワーク構造は，発達した経済の成長研究には，意外な近接性をみせている．

　1990年代から引き続く日本経済の低迷については，すでにさまざまな考察があるが，需要の理論からアプローチは意外にすくない．これは新古典派需要理論の構成に規定されている側面があるが，もっと斬新な発想にもとづく理論が出てこなければ前進できないのかもしれない．この方面では，吉川洋が統計物理学を応用した理論展開を試みているが（Yoshikawa, 未刊），方向性がみえていない現状では，もっと多様な試みがあってしかるべきであろう．残された「可能性の限界」の内部にとどまるのではブレークスルーは期待できない．こ

のような探索期には，古い文献に立ち返ることで新しい発想が生まれるかもしれない．若き J. S. ミルが苦闘したもう1つの問題に，リカード理論と一般的不況とを結びつける問題があった（Mill 1844, 第2論文）．ミルは，その鍵を商品の回転速度に見出したが，所得発生から消費支出するまでの消費速度といった，これまで無視されてきた側面の研究が生きる場面があるかもしれない．

1) マルクスの価値論，とくに価値と価格の二重の系列を用いることの説得的効果については，塩沢由典（1983）第6節をみよ．
2) 藤本隆宏（2012）とは，費用発生源の分類がやや異なるので，公式には見かけ上の差異があるが，実質的な差異はない．
3) 要求利子率 r と上乗せ率 m とは，いちおう分けて考えるべきものであろう．製品の平均生産期間が3日であり，$(1+r)^T$ が 0.3 パーセント程度であったとしても，上乗せ率を 40 パーセントとすることはありうる．しかし，原理的には両者は統合できる概念である．もちろん，統合を完全に行なうには，それぞれの概念において，考慮入れられている要素を慎重に分析する必要がある．たとえば，上乗せ率には，製品の回転率（年間回転率）などが考慮されていない．これにたいし，要求利子率には，製品の売れ残りリスクなどが考慮されていない．これらの事情から，要求利子率 r と上乗せ率 m とは大きく乖離する可能性があるし，利子率 r を想定した全部直接原価計算で得られた結果に一定率を上乗せするということも，現実的手続きとしてはありうる．しかし，理論的には要求利子率 r と要求上乗せ率 m とは単一の概念であり，数値であると考えるべきであろう．
4) 原価企画においては，製品価格の違いにより予想販売数量を価格の減少関数として表象されている．これはあくまでも予想の次元においてであり，そのような想定を前提として価格設定することは，需要関数・供給関数の交点において価格が決定されるとする新古典派の需要供給均衡理論とは，まったく異なる．現実の需要は，設定された価格において時間を掛けて表明されるものであり，企業は通常の反応としては表明された需要にこたえるよう生産量を調整する．
5) 数学用語として "function" がでてくるのは第2篇第15章第31節と第3篇第18章第62節の2例のみである．これらについては，のちにより詳しく検討する．
6) たとえば Kurz and Slavadori (1997)．しかし，また現代古典派にとって，（正常）価値は重力運動の中心でも，ロンカッリア（1977）が主張するように瞬間写真でもない．それは過程分析において正常時の変換比率を与えるものである．

7) 最小価格定理については，第3章第3節を参照せよ．技術競争のもう1つの重要な側面は，新しい商品の開発にある．こちらは，新商品に対する需要をどう扱うかというより難しい問題がある．
8) 藤本・塩沢（2010）Fujimoto and Shiozawa（2011-2012）は，国際分業状況における技術競争の動態をいくつかの場面で考察している．
9) このような説明の起源は古い．本書第8章吉井論文は，このような説明がFlemming Jenkin（1868）にまで遡ると指摘している．Brownlie and Lloyd Prichard（1963）は，JenkinがJ.S. MillとA. Marshallのあいだにある「飛び石」だったというシュンペーターの所説を紹介し，Jenkinが「需要関数を議論した最初のイギリス人」であり，英国の経済学文献に「図解による方法」を導入したと指摘している（p.211）．
10) Fujimoto（2012）は，この方向への総括的テーゼを提出していると思われる．

第5章　新しい国際価値論とその応用

1．はじめに

　それに賛成であろうが，反対であろうが，われわれはいまグローバル化の時代に生きている．われわれが真に国際的な経済理論を必要としていることは明白である．

　現在，国際経済関係を分析する理論としてもっとも普及している理論は，国際貿易に関するヘクシャー・オリーン・サミュエルソンの理論であろう（以後，HOS理論と略す）．資本測定に関する理論的難点に言及するまでもなく，HOS理論とその発展形であるHOV理論（Hechscher-Ohlin-Vanek理論）は，その予測の能力の低いことでよく知られている（Trefler 1993；1995；Kruman and Obstfeld [2009] 2010, p.106）．概念的な面でも，HOSとHOVの定式は，今日の経済関係を分析する理論として不適切なものである．それらは，すべての国に同一の生産関数を仮定する．その結果，その典型的な解は，貿易する2国間の要素価格が等しいものとなる．これは，HOS理論あるいはHOV理論の想定する世界では，典型的には2国の資本利潤率と労働賃金率とが，たがいに等しいことを意味する．しかし，現在，多くの国は大きく異なる賃金率をもって国際競争に臨んでいる．じじつ途上国にとって，賃金格差は国際競争におけるもっとも有力な武器の1つである．反対に，国際競争において先進国は高い賃金率によってハンディキャップを付けられており．HOS理論あるいはHOV理論が典型として想定する世界観によっては，現在の国際競争を正しく分析できないことは明らかである．

　HOS理論およびHOV理論は，別の欠陥ももっている．これら理論は二国間

に起こる貿易摩擦を扱うことができない．じっさい，HOS 理論および HOV 理論は，すべての賦存資源が完全活用される世界を想定しており，失業も廃業も存在しない世界である．HOS 理論および HOV 理論の世界でおこりうる紛争は，資源あるいは製品の相対価格が変化することに関係するものでしかない．しかし，貿易摩擦の大部分はこの種のものでなく，ある特定産業における失業と廃業ないし事業縮小からくる紛争である．

現在の国際関係を貿易論から分析するためには，HOS 理論および HOV 理論に代わる別の理論が必要である．このような理論の１つがクルーグマンの産業内貿易の理論である．HOS 理論および HOV 理論は，２国あるいは多数国が異なる比率の賦存資源をもつことにより，貿易が生ずると説明する．各産業は，その投入比率，とくに資本と労働の投入比率の違いによって特徴づけられる[1]．異なる財を生産する産業であっても，投入比率が同じであれば賦存資源にたいする関係は同一のものとなる．もし各国の最終需要の構成も同一ならば，２つの産業は，各国間でおなじ輸出・輸入関係をもつ．したがって，あらかじめ決められた投入比率をもつ産業の異なる製品のあるものが輸出され，あるものが輸入されることは HOS 理論ないし HOV 理論ではありえない．ところが，1960 年代から先進諸国間の産業内貿易の比重がますます大きくなっていることが認識されるようになった．クルーグマンは，規模に関する収穫逓増モデルに基づいて，産業内貿易を説明する新しい貿易理論を提出した．この理論は，その名にふさわしいものとして「新貿易理論」と呼ばれた．クルーグマンは，産業内貿易の存在理由を説明する理論として，かれの理論が唯一のものであると主張した．たしかに，かれがその理論を提出したとうじ，それは唯一のものであったが，現在では正しくない．なぜなら，のちにリカード・スラッファ貿易理論が明らかにしたように，同一産業に属する製品群であっても，それらが異なる投入係数をもてば，それらの１つが A 国から B 国に輸出され，他の１つが B 国から A 国に輸入されるからである．

もう１つの貿易分析は，Melitz (2003) ほかにより提出された．その理論は，ときに「新新貿易理論」と呼ばれるが，それも誤った名前というべきであろう．

なぜなら，Melitz (2003) らは，同一国のおなじ産業において，ある企業は輸出し，他の企業は国内市場に専念するという，異なった行動をとることを分析しようとしているからである．かれらの理論により，世界各国の賃金や国際価格がどのように決まり，それに対応して各国間の貿易パタンがどのようなものになるか明らかになったわけではない．

　本章に提出される理論は，国際貿易理論のまったく異なる伝統に属している．それは古典派価値論の国際貿易状況への拡張である．古典派価値論は，アダムスミスにより始められ，リカードにおいて高度に論理的な理論となった．リカード価値論の中核は，正常な時期において産業財の交換価値を決めるのは生産価格であるという認識にある．この価値論は厳密な論理にまで彫琢されたがために，シュンペータは抽象的理論化への過度の依存を嫌って，それを「リカード的悪徳」と呼んだ．しかし，リカードの価値論は一国内の理論にかぎられていた．そこで，国際貿易を含む現代的経済状況に適用可能な価値理論を構築する問題が生まれた．これがリカード問題である．本章は，この問題が考えられるかぎり一般的な状況において最終的に解決されたことを主張する．

　新しく構築された理論は，古典派価値論と同一の特性を備えている．新しい国際価値論は，一国内部の価値論と全面的に整合的である．国際価値論の不在は，古典派価値論の「弱い環」であった．ジョーン・スチュアート・ミルは，国際交換比率（のちの表現で，交易条件と呼ばれるもの）が交易する国々の需要の相対的強さによって決まると譲歩せざるをえなかった．このようにしてJ. S. ミルは，リカードの否定した需要供給の法則を復活させ，意図しなかったにもかかわらず，新古典派経済学への道を開くことになった（本書第4章．よりくわしくは，塩沢由典 2014, 第4章をみよ）．このように，リカード問題の解決は，国際価値論にとってよき知らせであるばかりでなく，古典派価値論そのものにとってもよき知らせである．1世紀以上も前に新古典派理論により簒奪された地位に，古典派価値論はいまやふたたび返り咲くことが可能なった．

　リカード自身，国内価値論を国際貿易状況に拡張しようと試みて，有名な数値例を残した．リカードの数値例は，いまもなお教室で教えられ続けているが，

リカード国際価値論がさまざまな観点から未完成にとどまったことは否定できない．

　第1に，リカードは，2国間で貿易される2商品のみを考察した．リカードは，諸商品の国際価値が決まっている状況を検討したが，交換比率がいかに決まるのかの理論を提出することはできなかった（田淵太一 2006，第3章）．リカード理論を一般の場合に拡張する問題は未解決のまま残された．カール・マルクスもリカード問題を解こうと試みたが，一歩も先に進めることはできなかった．多数国・多数財の一般的状況においていくらか一般的考察が得られるには，MacKenzie（1954a；1954b；1955）と Jones（1961）を待たなければならなかった．

　Ethier（1999）は，ジョーンズの業績をこう褒め称えている．

> （Jones の）貢献はあまりにも決定的だったために，リカード・モデルは，それ以降，それ自体としては研究の対象ではなくなり，それはほとんど完全になにかほかの目的に用いる道具として利用されるものとなった．主要な例外は，Samuelson（1964）と Dornbusch, Fischer, and Samuelson（1977）による，連続無限の商品モデルへの拡張である．

　この指摘にもかかわらず，マッケンジとジョーンズの理論は，じゅうぶん一般的とはいえない．かれらの理論では投入財は貿易されない，つまり最終消費のみが貿易されると仮定されていたからである．投入財あるいは中間財の貿易は，グローバル化の重要な様相の1つである．投入財の貿易は，主として加工貿易に従事する日本や韓国のような多くの国々にとって不可欠のものである．MacKenzie（1954，p.179）がいみじくも述べたように，「もし綿花をイギリスで栽培しなければならなかったとしたら，ランカシャーは綿布を生産するようにはなったとは考えにくい」．第1次産業革命は，投入財貿易に依存していたのである．Jones（1961）は，投入財貿易の問題はあたかも解けたかのように記している．しかし，ジョーンズは財の投入行列は，すべての国において同一と仮定したうえで，労働投入係数のみが国ごとに異なる場合を扱っている．このよ

うな状況設定は，たとえば企業内貿易を分析する場合には有用である（藤本・塩沢 2010, 第6節, Fujimoto and Shiozawa, 2011-12, §6）．しかし，財の投入係数行列家列がすべて同じという制約は，技術に関する仮定として強すぎる．一般理論が構築されたと主張することはとうていできない．国際貿易に関するリカード理論からこの制約が取り除かれたのは塩沢由典 (2007) と Shiozawa (2007) がはじめである．これらの論文では，新しい理論もリカード理論と呼ばれているが，商品による商品の生産の国際価値論という意味で，この理論は現在ではリカード・スラッファ理論と呼ばれている．

伝統的なリカード理論の第2の欠陥は，技術選択の不在であった．ある国が同一の製品を生産する複数の技術（生産方法）をもつとき，どの技術がより競争的であるか分析しなければならない．もし価格と賃金率とが与えられているなら，問題はきわめて簡単である．最小の生産費をもつ技術を選べばよい．しかし，ある技術が競争的であるかどうかは，価格や賃金率と同時的に決定される．一国内において，投入が労働のみの場合，技術の選択問題は，実質的には不在である．製品単位あたりの労働投入が最小のものを選べばよい．しかし，多数の投入財がある場合，相対的な交換価値を考慮しなければならない．この場合でも，労働のみが投入される場合か，財が投入される場合でも，もし投入財が貿易されないならば，一国の範囲内では最小価格定理によって，国内商品の相対価格が決まる．各国がこのような相対価格をもつとき，それらは垂直統合された産業により生産されたと考えれば（上乗せ率の考慮は必要であるが）日付のある労働に還元することができる．そのとき，最終財のみを貿易するのは，労働のみが投入される経済と同様に分析できる．しかし，もし投入財ないし中間財が貿易されるとき，ある国のある財の生産技術の選択が，その財を投入に用いている技術の競争に影響する．こうして，投入財が貿易される場合には，最終財のみが貿易される場合とは本質的に異なるむずかしい分析問題が発生する．

技術選択が可能であることは，新しい理論が技術進歩という状況に適用可能であることを意味する．古い技術の集合から新しい技術の集合へ移動する論理

がそこにある．多くの場合，変化は古い技術集合に新しい技術が加わるかたちのものであろう．このとき，新技術が競争的となる条件，そうなったとき古い技術間にいかなる影響がでるか，さらにはそれらの変化が賃金と価格にいかなる影響を及ぼすのかを調べることができる．簡単な適用例が本章5節・第6節に与えられている．

　伝統的なリカード理論の第3の問題は，さまざまな国の賃金率がいかに決まるか分からないままであったという点にある．マルクスは，『資本論』第一巻（第20章，フランス語版第22章）において「賃金率の国民的差異」を取り上げているが，なぜそのような差異が生ずるかを解明することはできていない．リカードは，通貨の交換レートの決定を通してこの問題を攻略しようとしたが，失敗に終わっている．リカードは，主著第7章の3分の2を支払い問題にあてている．貿易の不均衡（imbalance）が一国の通貨の切り下げ（あるいは切り上げ）を引き起こすと考えたと思われるが，リカードがこれらの考察によって最終的に何をめざしていたかは明確でない．貿易不均衡が一国の通貨の他国通貨にたいする為替レートを上下させるという考えは，ながく指導原理となり，多くの経済学者が為替レートは貿易が均衡するところに決定されると議論した．しかし，本章では，その考えは採用していない．

　貿易収支は，為替レートを左右するいくつもの要因の1つである．しかし，それを通貨の交換レートを決める唯一の条件であるというのはまちがっている．よく知られているように，一国の貿易収支は，資本移転を無視すれば，その国全体としての貯蓄マイナス投資に等しい．もしすべての企業と家計が収支を均衡させれば，国全体としても貿易収支は均衡する．新しい国際価値論では，経済主体が収支を均衡させる結果として貿易収支は均衡するが，そうなるよう為替レートあるいは各国の賃金率を調整しているわけではない．

　長期にわたり，ある国が貿易赤字あるいは貿易黒字を続けることはよくあることである．貿易収支は，為替レートの水準を正確に決めるものではない．為替レートは，投機的な資金移動によっても変化する．そのような投機的な水準が貿易をめぐる競争条件のみで決まるわけがない．のちに明らかにされるよう

に，世界需要が正則領域にとどまり，各国の完全雇用が成立するような各国間の為替レートは一意的に定まる．それと同時に，各国間の賃金率も定まる．もちろん，この比率から外れて世界のいくつかの国に失業が必然的に生まれる可能性はある．そのことがあっても，一義的に決まる為替レートと国際的な賃金率の体系の基準としての意義がなくなるわけではない．

　リカードは，賃金率は生存水準に決まると考えた．すなわち，人びとが（家族の再生産を含めた）生存に必要な財のバスケットを購入するに足るだけの水準に賃金は決まると考えた．リカードの価値論においては，最初に決まるのは実質賃金率であり，利潤率は賃金と諸物価が生存を可能にするような水準に決まるとされた．このような生存賃金理論は，20世紀以降においては支持できない．19世紀においても，その後半では，実質賃金は相当ていど上昇した．もしリカードが19世紀末まで生きたとしたら，かれは意見を変え，新しい仮定にもとづいて理論を改訂したであろう．この新しい理論は，各産業に一定の上乗せ率（マークアップ率）が与えられているという仮定のもとに構築されるだろう．この点のみがリカードの価値論と本章の提案する国際価値論との唯一の本質的な差異である．その他の点では，すべての点で両者は一致している．

　古典派政治経済学における基本的仮定は，実質賃金が所与であるということだった．新しい仮定では，上乗せ率が所与とされている．この新しい仮定は，上乗せ率が競争関係によって決まってくるという事実によって正当化される．カレツキーは上乗せ率が企業の独占力の指標であると考えた．塩沢由典 (1984) では，各消費者が諸商品の相対価格が一定の比率を超えると購入先を変えるという行動を取るとき，価格設定に関するホテリング的競争の結果，一定の上乗せ価格が得られることが示されている．

　すべての国に同じ賃金率が標準的に想定される HOS 理論ないし HOV 理論と違い，リカード・スラッファ理論は，各国の相対賃金が（各国の技術水準の差から）いかに決まるかを説明している．もし技術集合が変化し拡大されるならば，実質賃金は増大する．このように，新理論は生活水準が改善されていく道筋を示すものでもある．もし上乗せ率が一定に留まるならば，実質賃金を上昇

させる必要十分条件は，生産技術を改善することである．

　本章は，以下のように展開される．第2節では，リカード貿易理論の最小モデルが提示される．従来，リカードの貿易モデルは，2国2財の場合が検討されてきた．それは便利なモデルであったが，1つ致命的な欠点をもっている．リカード貿易経済は，やや複雑にしたものであるが，国内価値論と類似の性格をもっている．その性格は，2国3財の場合にはじめて明らかになる．第3節では，リカード・スラッファ経済に関する国際価値論の一般的結果を提示する．そこでは，第2節で確認したことが，投入財の貿易を含む非常に広範な場合に拡大できることが示される．また，新しい国際価値論のもとで，貿易の利益などがいかに分析されるかの概略が示される．この節は，きわめて数学的であり，理論の一般性を確認するためには必要であるが，リカード・スラッファ貿易理論の応用のためには，ほとんど飛ばすことができる．第4節では，第3節での構成にあたって想定した簡単化のための想定をより現実的な想定の場合に拡張するための諸注意が与えられる．国際貿易論にとっては，輸送費0の仮定を弱めることと，輸送費の低減が世界貿易全体に与える影響が重要である．第5節では，先進国と途上国との賃金率格差を分析するのに新理論がいかに用いられるかが示され，グローバル化の過程を分析するための1つの枠組みが示される．第6節は，その一応用として，赤松要の雁行形態論の基本形が例示される．この章では扱われないリカード・スラッファ理論の他の応用例が藤本・塩沢（2010）およびFujimoto and Shiozawa（2011-12）に示されている．

2．リカード貿易理論の最小モデル

　リカードは，貿易の利益を4つの数字の例によって説明した．この数字がいまだに多くの教科書に引用され続けていることは，これらの数字が注意深く選ばれ，深い意味をもっていることを意味している．サミュエルソンは，この数字を「4つの魔法の数字」と呼んだ．しかし，リカードの数値例は，経済理論の後の展開のためには，不幸なモデル化だった．リカードの2国2財モデル

表 5-1 必要労働者数（リカードの数値例）

	毛織物	葡萄酒
イギリス	100	120
ポルトガル	90	80

は，2つの側面で不十分なものであった．この点を明らかにするために，まずリカードの数値例から始めよう．

表5-1は，リカードの原数値例を表示している．リカードのもともとの論理を理解するには，毛織物と葡萄酒とが（国際価格で）等価交換されるよう数量が選ばれていることに注意する必要がある．大学学士課程水準の教科書では，この点が明確にされることが少なく，毛織物と葡萄酒の単位は，交換関係とは無関係に，それぞれ固有のものが選ばれていると暗黙に理解されている．リカードが毛織物と葡萄酒とを等価交換される数量に選んだことは，世界的にはRuffin (2002) と Maneschi (2004) によって有名になったが，このことはじつは行澤健三がつとに指摘していたことである（行澤健三 1972；田淵太一 2006, 第3章・第4章：福留久大 2007）．このように理解しないと，貿易の利益に関するリカードの説明は理解できない．

リカードの数値例の第1の問題は，これらの数値例では，毛織物と葡萄酒の交換比率がどのように決まるか説明できないことにある．前節に触れたように，これがJ. S. ミルによる交易条件の未決定問題である．じつは，2国2財モデルでも，与件を十分に与えれば交易条件あるいは国際価値は一意的に決定することができる．しかし，J. S. ミルは，そのような与件を探索することなく，これら4つの数値例だけから，なんとか交換条件を決めようとした．その結果，かれはこんにち「相互需要」説と呼ばれる「解決策」に到着した．輸入財に対する2国の需要の強さにより交易条件が決まるというのが若きJ. S. ミルの解答だった．交易条件の未決定問題は，経済学の歴史における大きな分岐点を記すものであった．J. S. ミルは，意図としては，リカードに忠実であろうとしていた．したがって，国内価値の説明においては，かれはリカード価値論を

ほぼ踏襲している．しかし，国際貿易状況において，J. S. ミルは生産費が価格を決めるという古典派価値論の原理を貫くことができなかった．需要の強さが国際価値を決めるとするなら，貿易が一般的でかつ重要な意味をもつ近代経済においては，古典派価値論は一般的原理とはなりえない．こうしてJ. S. ミルは，リカードが排撃した需要供給の法則に立ち戻らざるをえなかった．J. S. ミルのこの選択，すなわち古典派価値論は国内の特定の生産財に適合するものであっても一般的なものではないという選択は，需要理論の探求を通して限界効用学説を生み，19世紀後半における新古典派経済学の誕生を促すものとなった．

　J. S. ミルののちも，多くの人がリカードの数値例に取り組んだ．しかし，2国2財モデルは，おもわぬ特殊な事情を内包していた．そのことに気づかなかったために，リカード貿易論の研究は，いまだに誤った方向の探索を続けている．それがリカード・モデルの第2の問題である．財の数と国の数がたまたま一致していたということから生じた特殊な状況に分析が向けられ続けたというのがその問題である．

　2国2財モデルでは，財の数と国の数とがたまたま等しい．このため，いかなる2国2財モデルも，生産可能集合が正象限内部に屈折点をもつ．同様の事情は，国の数と財の数が等しい場合にも，ある条件が満たされれば成立する[2]．3次元以上の空間では，それはもはや屈曲点とはいえないが，数学的には内部端点と特徴づけられる．ここで「内部」とは，正象限の内部という意味であり，生産可能集合の内部という意味ではない．端点自体は，つねに生産可能集合の境界になるため，端点が生産可能集合の内部にあることはありえない．

　生産可能集合の内部端点は，人によってはリカード点などと呼んでいる（Chacholadis 2009）．この点の特徴は，それが端点であるため，その点以外には生産可能集合と交わらないような超平面が一定の範囲で自由に動くことができることにある．とうぜん，その法線も一定の範囲で自由に動くことができる．法線は価格の方向を決めるものなので，これは端点においては，価格が一定の範囲で自由に動くことを意味する．J. S. ミルの後の経済学は，（ケインズという大きな例外をのぞいて）価格調節を中心に考えるようになったから，分析ははから

ずも端点に集中することになった．リカード経済（労働投入のみの経済）では，端点はもしあれば1つしかない[3]．そこで，リカード貿易経済の分析は，このただ1つの内部端点に集中することになった．

しかし，これは誤った判断である．なぜなら，財の数が国の数を超えるようなリカード経済では，生産可能集合の内部端点が存在しない．財の数と国の数が一致する場合あるいは財の数が国の数より小さい場合にのみ，内部端点が存在する．いかなる近代経済といえども，生産される財の数はかなり大きい．江戸時代の会津藩のようなところでも，職人の専門は150以上を数えたという．現在では，生産される財の数は，数千万とも数億とも推定されている．したがって，いかなる経済といえども，財の数は国の数より非常に大きい．財の数と国の数が等しいというような特殊の状況は，まずありえない．リカード点あるいは内部端点に集中した分析は，このありえない特殊状況に目を奪われていたのである．

J. S. ミルののちにも，このような状況に気づいた人はいた．それがF. B. グレアムだった．Graham (1948) は，リカードの貿易理論を多数財の場合に拡張することを試みて，多くの数値解を計算することによりこの結果をえていた．グレアムは，本章に提案されている国際価値論にあと一歩のところまで迫っていたというべきかもしれない．かれは多くの場合に，価格が「機会費用」によって一義的に定まること，この価格は需要のわずかばかりの変化では動かないことを発見していた（Graham 1948；Elliott 1950）．彼のいう「機会費用」は，以下の展開の中では競争的産業間の代替に関する費用である．生産点が（以下に定義する）生産可能集合の正則領域にあるとき，このことは一般に成立する．

財の数が国の数と等しいという特殊事情から逃れた最小モデルは，2国3財の場合に限られる．これより小さくしようとすると1国2財の場合となるが，それでは貿易状況は考察できない．具体的に考察するために，1つの数値例を採ろう．それを表5-2とする．リカードでは明示されていない，各国の労働力についても，特定の数値を与える．

表5-2が示す世界経済になにが起こるかみるために，この世界の生産可能集

176 提案編

表 5-2 製品 1 単位を生産するに必要な労働量（2 国 3 財の場合）

	財 1	財 2	財 3	労働力
A 国	20	80	30	4 百万人
B 国	50	40	20	6 百万人

合を観察しよう．図 5-1 はその概念図である．縮尺等はかならずしも正確ではない．しかし，この図は，この小さな世界経済になにが起こるか，大まかな観念を与えてくれる．

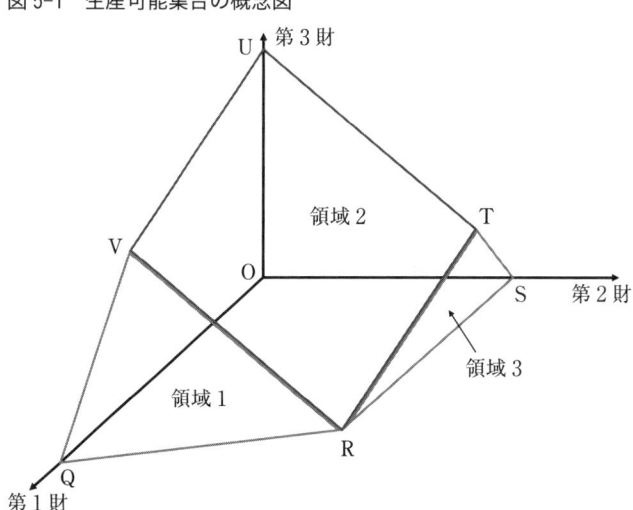

図 5-1 生産可能集合の概念図

世界全体の生産可能集合は，図の頭文字を付された点を頂点とする凸多面体である．多くのリカード・モデルや第 3 節において採用する仮定とおなじく，ここでは輸送費は 0，労働移動はないと仮定する．多面体の非負象限内の境界点では，A 国・B 国両国で完全雇用が成立している（完全雇用が成立していても，純生産物ベクトルが多面体の内点にあることはありうる）．これらの諸点は，しばし

ば「効率的である」といわれる．所与の労働力の範囲で，これ以上より大きな純産出は不可能だという意味である．生産可能集合の効率的な点の集合を極大面あるいはフロンティアという．図 5-1 では，極大面は，△QRV, △RST と平行四辺形 RTUV とから構成されている．これらは，凸多面体の境界面であり，それじたい次元の 1 つ下がった凸多面体である．このような境界部分を数学では一般にファセットといい，ファセットより次元の低い面と区別している．極大面の 1 つのファセットの内点の集合を次節では正則領域と定義している．図 5-1 では，それらは△QRV, △RST と平行四辺形 RTUV の 3 つの内部領域である．生産点あるいは世界需要が正則領域にあるとき，そこに成立する価格は（定数倍をのぞいて）一義に定まる．次節の内容は，この事情を一般の場合に厳密に述べたものである．

　この図で分かるように，2 国 3 財の場合の生産可能集合には，内部端点は存在しない．頂点としては，Q, R, S, T, U もすべて端点であるが，それらはいずれも非負象限の境界上にある．純生産が 0 となることは，中間財では起こりえるが，ここでは 3 つの財は最終財と考えている．頂点が非負象限の境界上にあるとき，ある財が生産されていないことを意味するから，これは 2 財モデルに退化した経済となっている．すでに強調したように，財の数より国の数が多い場合，リカード経済では内部端点は存在しえない．この意味で図 5-1 は，通常の 2 国 2 財のリカード・モデルでは観察されない一般性を表示している．

　図 5-1 でもう 1 つ注目すべき点は，極大面の一部に大きな平行四辺形 RTUV をもつ点である．四辺形の内部を領域 2 と名づける．△QRV と△RST の内部を，それぞれ領域 1 および領域 3 と名づける．これらの領域の点は，つぎの意味で生成的 generic である．すなわち，極大面の任意の点は，これらの点の 1 つであるか，これらの点の収束先となっている．

　世界生産がこれら 3 領域のどこか 1 点に与えられたとしよう．たとえば，それが領域 2 の 1 点だとしよう．この生産と両立可能な価格 $\mathbf{p} = (p_1, p_2, p_3)$ は，どんなものだろうか．数学的な証明を省いていえば，$\mathbf{p}$ は平行四辺形 RTUV に垂直，すなわち平行四辺形 RTUV の法線方向に平行でなければならない（塩

沢由典 2007, §5；Shiozawa 2007, §5). 価格 **p** が1つ決まると，賃金率 **w** = (w_A, w_B) も確定する．この生産には，A国の第1財と第3財，B国の第2財と第3財とが参加している．別の数学的考察から，これらは競争的な生産技術でなければならないから，両国の生産に共通の第3財について

$$30w_A = p_3 = 20w_B$$

という関係が成立する．これより，$w_A = 2$ とするとき，$w_B = 3$ となることが分かる．通貨単位は，表現を簡単にするよう選ばれている．このとき，$p_3 = 60$ となる．また，A国の第1財生産から

$$p_1 = 20w_A = 40,$$

B国の第2財生産から

$$p_2 = 40w_B = 120$$

を得る．領域2の一点の生産を可能にするような国際価値は

$$w_A = 2, \quad w_B = 3；p_1 = 40, \quad p_2 = 120, \quad p_3 = 60$$

というように求められる．このとき，A国の第2財生産が競争的でないことは不等式

$$80w_A = 160 > 120$$

から，B国の第1財生産が競争的でないことは不等式

$$50w_B = 150 > 40$$

から分かる．

　世界生産 P が平行四辺形 RTUV の内部にあるとき，世界の需要がちょうど P 点にあれば，自己補填的再生産の状態となり，かつA国，B国ともに完全雇用が成立している．世界需要が平行四辺形 RTUV の内部を動くとき，各財の

生産量は変化するが，国際価値すなわち賃金率と価格とは変化せず，一定にとどまる．生産点Pがどの点にあれ，平行四辺形RTUVの法線方向は一定だからである．

同様の考察が領域1と領域2においても成立する．たとえば，生産点が領域1にあるとき，A国は第1財のみを生産し，B国は第1財・第2財・第3財を競争的に生産している．そこで，先の場合と同様の計算から，まず第1財生産について，等式

$$20w_A = p_1 = 50w_B$$

が成立する．簡単のために

$$w_A = 5, \ w_B = 2$$

としてみよう．このとき，$p_1 = 100$ となる．つぎにB国における第1財・第2財・第3財の生産から

$$p_1 = 2 \cdot 50 = 100, \ p_2 = 2 \cdot 40 = 800, \ p_3 = 2 \cdot 30 = 60$$

が得られる．確認のために，A国の第2財生産と第3財生産の生産費を調べてみよう．

$$5 \cdot 80 = 400 > p_2, \ 5 \cdot 30 = 150 > p_3$$

より，これらはどちらも競争的ではない．なお，この価格とB国賃金率とは，B国の閉鎖経済におけるものと（定数倍をのぞいて）同一である．

逆に生産点が領域3にあるとき，こんどはA国が第1財・第2財・第3財を生産し，B国は第2財のみを生産している．この生産点に対応する国際価値は，領域1の場合と同様の計算によって，

$$w_A = 1, \ w_B = 2 \ ; \ p_1 = 80, \ p_2 = 80, \ p_3 = 30$$

となる．このときの価格とA国賃金とは，A国の閉鎖経済におけるものと（定

数倍をのぞいて）同一である．

　A国の賃金 w_A に比較すると，B国の賃金率は領域1でいちばん低く w_B/w_A =2/5，領域2では w_B/w_A=3/2，領域3では w_B/w_A=2と次第に大きくなっている．

　領域2における国際価値を，それらを賃金率のと比で比較すると，価格はちょうど1つの財につき，各国の閉鎖経済の価値に比較してより低くなっている．これは領域2にあることの貿易の利益を表している．じっさい，領域2におけるA国賃金に対する国際価格は

$$p_1/w_A=20, \quad p_2/w_A=60, \quad p_3/w_A=30.$$

これに対しA国の閉鎖経済における賃金に対する価格は

$$p_1/w_A=20, \quad p_2/w_A=80, \quad p_3/w_A=30.$$

となる．これは，経済が領域2にあるとき，A国の実質賃金は第2財につき，より有利になっている．

　B国についても同様である．国際価値では

$$p_1/w_B=13(1/3), \quad p_2/w_B=40, \quad p_3/w_B=20.$$

閉鎖経済では

$$p_1/w_B=50, \quad p_2/w_B=40, \quad p_3/w_B=20.$$

となっている．B国では第1財で有利となっている．

　極大面の正の点は，ほとんど領域1，領域2，領域3に属するが，例外的な点が残っている．それは稜RVと稜RTの点である．たとえば，生産点Pが稜RVにあるとき，価格は一次元の自由度をもち，A国は第1財に，B国は第2財と第3に競争的となる．このとき，競争的な共通の産業をもたないので，A国とB国の賃金率の比率は確定しない．一定の自由度をもつが，

表 5-3　2国の賃金率水準と競争的財

w_B/w_A	0.4	0.4<*<1.5	1.5	1.5<*<2.0	2.0
生産点	D1	VR	D2	RT	D3
A国の競争的財	1	1	1, 3	1, 3	1, 2, 3
B国の競争的財	1, 2, 3	2, 3	2, 3	2	2
連結財	1	なし	3	なし	2

$$2/5 \leq w_B/w_A \leq 2/3$$

の範囲になければならない．このとき，A国は第1財に，B国は第2財と第3財に競争的となる．生産点Pが稜RTにあるときも同様の状況にあるが，A国賃金率w_Aに対するB国賃金率w_Bは，条件

$$2/3 \leq w_B/w_A \leq 2$$

を満たさなければならない．このとき，A国は第1財と第3財に，B国は第2財に競争的となる．

　2国の賃金率の比率w_B/w_Aを小さい順に整理し，それぞれの場合に極大面のどの面（ファセットあるいは稜）にあるか，どの財の生産に競争的となるかを整理してまとめたものが表5-3である．

　表5-3において連結財というのは，A国・B国双方で競争的となっている財のことをいう．2国の場合には，連結財がひとつあると，2国の賃金率の比率は一定に定まってしまう．その結果，すべての財の価格も一義的に定まる．それが領域1，領域2，領域3の場合である．これに対し，生産点が稜VR，稜RTにあるとき，連結財はかならずしも存在せず，賃金率の比率と価格には自由度がある．といっても，賃金率の比率w_B/w_Aをひとつ定めてしまうと，対応の価格は一義的に定まる．

　リカード貿易理論では，連結財は，さまざまなかたちで注目されてきた．小島清（1950）は金の生産が入るリカード・モデルを考察して，2国が金生産を

共有するとき，2国間の賃金率は一定比率に確定し，それに応じて交易条件も確定すると論じた．名和統一（1949）の基軸産業論も，世界共通の産業の存在に注目して各国の賃金率格差を分析しようとする試みであった．佐藤秀夫（1994）は，この考えを一歩進めて，多数国の場合，同一の連結財で結ばれる必要がないことに気がついていたが，いくつかの連結財をとおしてすべての国が直接間接に結ばれることを示すことができなかった．McKenzie（1954b）は，連結財の「グラフ」を考え，その連結集合の数から1を引いたものが価格の自由度になることを喝破していた．しかし，需要構成によって連結状態が変わること，生産可能集合のほとんどの点でグラフが連結となることに気づかなかった．現在からみると，マッケンジがなぜ最後の一歩を跳びこえることかできなかったのか不思議にも思えるが，のちのJones（1961）が示すように，なるべく連結集合の数の多い点を求めていたのかもしれない．

　2国3財のリカード・モデルを考察すると，2国2財のモデルでは気がつかなかったことに気がつく．2国2財のリカード・モデルでは，両国の労働力をどのような比率で与えようと，内部端点が1つあり，それ以外の点では，A国かB国の閉鎖経済の価格に等しい価格が成立するだけである．国際貿易状況では，国際価格はとうぜんどちらの国の閉鎖経済価格とも異なる価格が成立するものと推定された．もし，どちらかの国の閉鎖経済価格が成立するとき，貿易論はこの状況を「大国の場合」と呼んできた．しかし，どの場合に大国の場合になるか，従来の議論はかならずしも明確でない．どんな技術集合と労働力の配分であっても，需要の状況によってはいずれの国も「大国の場合」となることが見逃されてきた．大国の場合，貿易の利益は，もう一方の国にのみ生まれる．この事態は貿易の利益の相互性に反するとJ. S. ミルは考えた．2国2財のモデルでは，生産点がリカード点以外の極大面にあるとき，どちらかの国の「大国の場合」に当る．したがって，ミルはリカード点のみに分析を集中することを迫られた．リカード点では，価格は自由度をもつ．そこでその点で交換比率（交易条件）がどう決まるかという問題が浮上する．これがJ. S. ミルの発見した問題だった．2国2財モデルで考え続けるかぎり，J. S. ミルの問題設定

とその「解決」という方向になかば必然的に進まざるをえない.

2国3財のモデルでは，2国の閉鎖経済時の価格に相当する領域（領域1と領域3）以外に，領域2という広い領域があらわれる．ここでは，価格と賃金率の比率は一定であるが，生産点は広い範囲に動きうる．そこで成立する国際価格は，どちらの国の閉鎖経済価格とも異なっている．こうして，2国3財モデルでは，容易に双方に貿易の利益が生まれる状況がみつかる．最初から2国3財モデルを分析する習慣があったなら，リカード貿易論は，ずっと早く本章第3節で展開するような一般理論にたどりついたにちがいない．

2国2財でも，リカード点にのみ注目することの問題点は，気づかれても良かったものである．なぜなら，完全雇用と競争的生産という2条件にこだわるかぎり，可能な世界生産は，リカード点に限定されるからである．そうなると，世界の2財の生産比率は，技術係数と労働力の賦存比率のみで決まってしまい，需要とまったく無関係な生産が行なわれることになる．需要に注目した新古典派が，おもわぬところで需要を無視せざるをえなかったのが2国2財のリカード・モデルであった．このような泥沼に足を取られることなく，リカード理論を発展させるには，典型モデルとして2国3財の経済を考えなければならない．この意味でリカード理論の最小モデルは，表5-2のような2国3財経済といわなければならない．

以上をまとめると，リカード理論では，生産点が極大面のファセット（上の場合の△QRVと△RSTと平行四辺形RTUV）内部の点にあるかぎり，一義的な国際価値が定まる．この国際価値は，財の価格のみでなく，2国の賃金率をも定義する．国の数と財の数が増えれば，ファセットの数は増えるが，ファセット内部の点が極大面のほとんどすべての点を占めることは変わらない．一国経済において価値は一定にとどまったが，国際貿易状況においても，生産点＝世界需要が同一のファセットにとどまるかぎり，国際価値は一意かつ不変である．これは，限界分析によって，わずかの需要の変化がかならず国際価値の変化をもたらすというHOS理論系統の分析との決定的な差異である．

次節第3節では，本節の2国3財モデルでの考察が，一般的な状況設定にお

いても，同じように成立すること示す．第3節と第4節は，かなり数学的であるので，理論の一般化に興味のない方は，第5節にちょくせつ跳んでもらってもかまわない．ただ，以下の展開は，従来のリカード理論とは本質的に異なる点がいくつかあることにだけ触れておきたい．第3節では，輸送費が0と仮定されているが，第4節ではこの仮定を外して，輸送費正の場合に第3節の結果がいかに拡張できることを示している．第3節と第4節では，中間財の貿易と技術の選択が明示的に扱われている．とくに中間財貿易の理論化は，マッケンジやジョーンズがその必要性を知りながらも拡張できなかった課題であり，本章はそれが完全に解決されたことを示している．リカード・スラッファ経済では，資本は各国に固定的に与えられる賦存量ではなく，貿易により移転可能な財の一種にすぎない．

3．国際価値理論の基本結果

つぎの状況を想定する．

(a) 経済にはM個の国がある．

(b) 経済にはN種類の商品があり，それらは国を超えて自由に取引され，輸送費用はかからない．さまざまな財の集合は，N列の行ベクトル $\mathbf{x} = (x_k)$ により表示され，商品ベクトルと呼ばれる．財は，費用なしに自由に輸送できるので，財の所在は問題とならない（所在のない財として抽象化される）．いかなる財の価格も，世界のどこでも等しい．価格ベクトルはN行の列ベクトル $\mathbf{p} = (p_k)$ により表示される．ここに，p_kは財kの価格である．各財の価格p_kは，ある世界共通の通貨単位によって表示されている．輸送費は，第4節において導入される．その場合，とうぜんながら，財はその所在によって異なる価格をもつ．

(c) 労働は各国ごとに均質である．これにたいし，異なる国の労働は異質であると想定される（たとえ，「同質」であっても，異なる労働として扱われる）．国を超えての労働力の移動はない．任意の国jの賃金率は，w_jで示される．

これは，j 国の通貨によってではなく，価格の同一のある世界共通の通貨単位によって表示されている．すべての国の賃金率 w_j は，まとめて M 個の列ベクトル $\mathbf{w}=(w_j)$ で表される．労働力の移動がある場合への拡張は，第4節で注意される．

(d)　価値ベクトル $\mathbf{v}$ は，M 個の賃金率と N 個の価格とを縦に並べてできる $(M+N)$ 行の列ベクトルである．ただし，便宜上，$\mathbf{v}=(\mathbf{w},\mathbf{p})$ と表記する．価値ベクトル $\mathbf{v}$ の各要素は，ある国の賃金率か，ある財の価格を表す．

(e)　生産技術は単純である．これは，1つの技術により，ただ1つの財が純産出されることを意味する．したがって，各技術は，ある財を生産するある産業に属する．同じ製品を生産する技術で，異なる投入係数をもつものは，異なる技術とみなす．以下では，産業とは，ある財を生産する技術の集合と理解する．すべての生産は，ある国において行なわれる．各国は，任意の財について，それを産出する少なくとも1つの技術をもち，簡単のために，各国はすくなくとも1つの生産的な技術の体系をもつと仮定する．これは，その国の技術のみを用いて，任意の財が生産可能であることを意味する（ただし，効率はきわめて悪いかもしれない）．異なる国のおなじ製品を生産する技術は，たとえその投入係数がすべて同じであっても，異なる技術と見なす．世界全体には H 種類の異なる技術が存在する．一般には，技術の数は $M \cdot N$ 以上あることになる．各技術は適切な番号を付けられるが，その詳細には立ち入らない．すべての表現において番号が保存されていさえすれば十分である．

(f)　どの国でいかなる財を生産するにも，ある正の労働量が必要である．生産技術は，世界共通のある1単位の労働（たとえば，ひとり1時間の労働）を用いる生産の純産出ベクトルで表示する．言い換えれば，それは1単位の労働を投入する場合の純産出係数ベクトル $\mathbf{a}$ で表示される．すべての技術の集合は，各技術 τ にたいする純産出係数ベクトル $\mathbf{a}(\tau)$ を技術の個数だけ縦に並べた H 行 N 列の行列 A により表現される[4]．労働投入行列 I は，H 行 M 列の行列で，その要素が 0 か 1 のみからなるもので表される．ここで，

(h, j) 要素が 1 となるのは,番号 h の技術 τ が j 国の生産技術であるときに限られる.行列 I の各行には,1 となる要素 j はただ 1 つしかない.それは,行番号 h をもつ技術による生産が j 国で行なわれることを意味している.(いかなる財のにも,ある正の労働量が必要であるという仮定は,最終財について「直接・間接に必要である」という仮定に一般化できるが,表現の単純さのために本章では採用しない).

(g) 各国は一定量の労働力 q_j をもつ.世界全体の労働力の集合は,M 列の行ベクトル $q = (q_j)$ で表される.各技術の活動水準は,その技術による労働の使用量により計られる.各技術が活動水準 y_h をもつとき,世界の活動水準を H 列の行ベクトル $\mathbf{y} = (y_h)$ であらわす.そのとき,世界全体の物的純生産は $\mathbf{y}A$,全労働投入は $\mathbf{y}I$ とあらわされる.前者の第 k 要素は第 k 財の純産出,後者の第 j 要素は j 国の総労働投入量をあらわす.

(h) 世界の技術集合を Γ とする.この技術集合により労働力 $\mathbf{q}$ を用いて可能な世界全体としての生産可能集合 $P(\Gamma, \mathbf{q})$ は,集合 $\{\mathbf{y}A \mid \mathbf{y}I \leq \mathbf{q}\}$ である.

以上の想定と表記法のもとに,以下の一連の定義と定理とが得られる(定理と定義などには,同一の通し番号を付す).

[定義 3.1](リカード・スラッファ貿易経済)

条件 (a) から (h) までを満たす経済をリカード・スラッファ貿易経済,あるいは簡単にリカード・スラッファ経済と呼ぶ.

[定理 3.2](生産可能集合の多面体)

労働力ベクトル $\mathbf{q} > 0$ のとき,生産可能集合 $P(\Gamma, \mathbf{q})$ は財の空間 $\mathbb{R}^N$ の非負象限と空でない共通部分をもつ.この共通部分は内点をもち,$\mathbb{R}^N$ の凸多面体であり,その境界は $N-1$ 次元の閉じたファセットから構成される[5].

[定義 3.3](極大面と正則領域)

$P(\Gamma, \mathbf{q})$ の正の法線ベクトルをもつファセットに属する点の集合を極大面

と呼び，$F(\Gamma, \mathbf{q})$ と表記する．極大面自体も有限個のファセットからなる．極大面の任意のファセットの内部を正則領域と呼ぶ．1つの正則領域を底とし，原点を頂点とする錐を正則錐とよぶ．任意の財ベクトル $\mathbf{d}$ は，そのある正の実数倍がある正則領域に属するとき，正則であるという．これはベクトル $\mathbf{d}$ がある正則錐に属するということと同値である．極大面の任意の点は，正則であるか，正則点（の点列）の極限にある．この意味において，極大面のほとんど任意の点は正則である．

[定理3.4]（国際価値の存在と一意性，完全雇用の場合）

技術集合 Γ，労働力 $\mathbf{q}$ をもつリカード・スラッファ貿易経済において，最終需要ベクトル $\mathbf{d}$ が正則であるとする．このとき，生産活動ベクトル $\mathbf{y}$ と価値ベクトル $\mathbf{v} = (\mathbf{w}, \mathbf{p})$ が存在して，$\mathbf{x} = \mathbf{y}A$ とするとき，以下の条件を満たす．このような価値ベクトル $\mathbf{v}$ は定数倍をのぞいて一意である．

(i) ある正の実数 α について
$$\mathbf{x} = \mathbf{y}A = \alpha\mathbf{d}.$$
もし $\mathbf{d}$ が極大面にあるならば，α を1と取ることができる．

(ii) $\mathbf{y}I = \mathbf{q}$.

(iii) $I\mathbf{w} \geqq A\mathbf{p}$.

(iv) $\langle \mathbf{q}, \mathbf{w} \rangle = \langle \mathbf{x}, \mathbf{p} \rangle$.

さらに，価値ベクトル $\mathbf{v} = (\mathbf{w}, \mathbf{p})$ の方向は，最終需要ベクトル $\mathbf{d}$ が同一の正則領域に留まるかぎり一定である．

この定理は，塩沢由典（2007）の定理4.3，命題4.6，定理5.1あるいは Shiozawa（2007）の Th.5.2, Prop.5.5, Th.5.7 を総合したものである．くわしくは塩沢由典（2014）をも参照せよ．

条件（i）は，世界全体の純生産が所与の正ベクトル $\mathbf{d}$ の定数倍となるよう生産活動が選ばれていることを意味する．したがって，世界全体の最終需要の構成が $\mathbf{d}$ で与えられるとき，可能な範囲で純生産がちょうどその構成をもつ

よう生産活動が選ばれている．条件（ii）は，すべての国で完全雇用が成立していることを意味する．条件（iii）の左辺の各要素は，ある技術τによる労働費用，右辺はその技術による純生産物の「価値」（産出物の価額マイナス投入財の価額）をあらわしている．したがって，条件（iii）は，どの生産技術τをとっても，その労働費用が純生産物の「価値」に等しいか上回ることを意味する．これは，等号が成り立つ場合のみ損失がなく，厳密な不等号が成り立つとき，当該技術による生産では損失が出ることを意味する．価値体系 $\mathbf{v} = (\mathbf{w}, \mathbf{p})$ のもとで，等号が成り立つような技術τを競争的，そうでないτは競争的でないという．ある技術が競争的であるかいなかは，価値体系 $\mathbf{v} = (\mathbf{w}, \mathbf{p})$ に依存してのみ定まる．条件（iv）は，競争的でない技術の活動水準が0となっていることを保証している．（iii）と（iv）とを総合すれば，競争的な技術においてのみ生産活動が正で，そのような生産のみで（i），（ii）を満たすことができるように $\mathbf{v} = (\mathbf{w}, \mathbf{p})$ が選ばれているということもできる．

ある価値体系のもとで，競争的な技術をもつかどうかが，各国の特化パタンをも決定する．すなわち，j 国が第 k 産業で競争的な技術τをもてば，この国は第 k 財を競争的に生産することができる．そのような技術をもたないならば，j 国で第 k 財を生産し続けるには損失を覚悟しなければならない．注意しなければならないのは，特化パタンの決定が国際価値の決定に依存しているということである．特化パタンを恣意的に決めて，それにあわせて国際価値を決めることはできない．国際価値は条件（iii）と（iv）とを満たすように決定されている．これは，競争的な技術でのみ正の生産が行なわれることを意味している．言い換えれば，条件（iii）と（iv）により，各国の特化パタンをも決定していることになる．

条件（iii）の不等式のある項（技術τに関する項）が等式となっているかどうかは，技術τの純産出ベクトルを $\mathbf{a}(\tau)$ とするとき，

$$w_j = \langle \mathbf{a}(\tau), \mathbf{p} \rangle \tag{1}$$

を満たすかどうかによる．ただし，ここで技術τは j 国に属し，k 財を純産出

するものであるとする．等式 (1) が成りたつような技術 τ をもつとき，j 国は第 k 財を競争的に生産できる．これを国際的に輸出するようになるかどうかは需要との関係になるが，国内生産量が国内需要量を上回れば輸出していることになる．反対に j 国が第 k 財を競争的に生産するような技術 τ をもたないとき，j 国は第 k 財を輸出できないばかりか，（出血を覚悟しなければ）国内生産することもできない．注意すべきは，j 国の第 k 財を生産する 1 つの技術 τ について，等式 (1) が成りたたないとしても，それだけでは j 国の第 k 産業が競争的でないとはいえないことである．もし j 国の第 k 財を生産する別の技術について等式 (1) が成りたつならば，j 国は第 k 産業に競争的であり，第 k 財を輸出することも可能である．

ここでは，技術が競争的であるとき，その技術による生産の利潤率が 0 となるよう定式化されているが，すぐあとで注意するように，この定式は，産出物の価値がフルコストの生産費をカバーするというかたちに変形することができる．

定理 3.4 が貿易状況をもうまく表現していることに注意しよう．定義 3.1 で定義されたリカード・スラッファ経済では，輸送費が 0 と仮定されているから，世界のどの国で生産されたものでも，他の国は何の活動も必要とすることなく，輸入し利用することかできる．(i) は，世界全体で純生産物 **x** が得られていることを意味している．各国の労働者は，$w_j\,q_j$ の賃金を得ているが，その総額は $\langle \mathbf{q},\ \mathbf{w}\rangle$ で表される．労働者がこれら賃金によって購入できる財は予算制約式

$$\langle \mathbf{x},\ \mathbf{p}\rangle \leqq \langle \mathbf{q},\ \mathbf{w}\rangle$$

を満たさなければならないが，賃金をすべて消費に回すとすれば，予算制約式は等号で成立する．条件 (i) の **x** はそのような消費バスケットを意味している．賃金がすべて消費に回るのでなく，その一部が投資に回る場合を考えることもできる．その場合，生産量が増大する過程となる．ベクトル **x** は純産出であり，原材料の補塡はすでに確保されている．

ここで，各国の労働者が同一の需要構成をもつと仮定する必要はない．結果

として，世界全体の需要構成が $\mathbf{d}$ であればよい．各国の労働者の消費ベクトルを $\mathbf{z}(j)$ とするとき，もし

$$\langle \mathbf{z}(j), \mathbf{p} \rangle = q_j w_j \quad かつ \quad \sum_j \mathbf{z}(j) = \mathbf{x}$$

であるならば，各国の純産出を $\mathbf{x}(j)$ とするとき，

$$\sum_j \mathbf{x}(j) = \mathbf{x}$$

でもあるから，i 国は $\mathbf{x}(j) - \mathbf{z}(j)$ を純輸出していることになる．

　上乗せ率 0 の想定では，稼動している企業の利潤は 0 であり，収入と支出とは等しい．労働者も貯金しないという単純な仮定のもとでは，すべての経済主体の収入と支出とは等しくなる．もし，労働者が賃金をすべて自国内で使うとすれば，一国の貿易収支も 0 となる．労働者の家族のひとりがたとえば留学していて，その全支出が仕送りによるならば，その消費分に対応するだけの輸出が増え，貿易収支は黒字となる．したがって，定理 3.4 は，貿易収支が 0 となることを保証も想定もしていない．

[注意 3.5]（上乗せ率あるいはマークアップ率）

　各国の各産業が一定の固定的な上乗せ率（マークアップ率）をもつとき，定理 3.4 をそれら上乗せ率をもつ生産価格に対応する定理に修正することは容易である．それには，労働投入係数と財の投入係数の代わりに，それらを (1 + 上乗せ率) 倍したものを用いればよい．このとき，純生産物の意味がすこし変わり，厳密にはそれに対応した再解釈が必要である．これらを明示的に表現するとやや複雑で冗長にもなるので，以下の議論では上乗せ率そのものやその変化を議論する場面以外では，上乗せ率はすべて 0 と仮定する．

　定理 3.4 は，すべての国の労働力が完全雇用される状況を記述している．しかし，リカード・スラッファ貿易理論は，失業が存在する状況をも考察することができる．

［定義 3.6］（基準価値ベクトル）

最終需要 d が正則錐内にあるとき，定理 3.4 が定める一意の価値ベクトルを最終需要 d に対応する基準価値ベクトルと呼ぶ．この価値ベクトルは，厳密には定数倍をのぞいて定まる．つまりベクトルの方向のみが定まるが，こんご価値ベクトルというとき，基本的には方向のみを意味することにし，「定数倍をのぞいて」などの断りは省略する．

［定理 3.7］（国際価値，失業の存在する場合）

技術集合 Γ，労働力 q をもつリカード・スラッファ貿易経済において，最終需要ベクトルの構成 d が与えられたとする．このとき，生産活動ベクトル y と国際価値ベクトル $\mathbf{v} = (\mathbf{w}, \mathbf{p})$ とが存在して，つぎの条件を満たすようにできる．

(i) ある正の実数 α について
$$\mathbf{x} = \mathbf{y}A = \alpha\mathbf{d}.$$
(ii) $\mathbf{y}I = \mathbf{t} \leq \mathbf{q}$.
(iii) $I\mathbf{w} \geq A\mathbf{p}$.
(iv) $\langle \mathbf{t}, \mathbf{w} \rangle = \langle \mathbf{x}, \mathbf{p} \rangle$.

最終需要ベクトル d が正則である場合，このような価値ベクトル v として，基準価値ベクトルを取ることができる．

定理 3.6 は，定理 3.4 の系にすぎない．定理 3.4 が保証する基準価値ベクトルを定理 3.6 の価値ベクトルとして採用すればよいからである．ただし，他の価値ベクトルを取っても (i) 〜 (iv) が満たされるかもしれない．したがって，価値ベクトル $\mathbf{v} = (\mathbf{w}, \mathbf{p})$ の一意性は，定理 3.6 では保証されない．ある国 j において $t_j < q_j$ のとき，この国には失業が存在するが，この状況において全企業は利潤 0 で生産している．雇用されている労働者の賃金総額は，j 国では $t_j w_j$，世界全体では $\langle \mathbf{t}, \mathbf{w} \rangle$ である．したがって，労働者は全体として財ベクトル x を購入することができる．このとき，企業が外国へ資本投資したり，

労働者が外国へ送金しないかぎり，各国の貿易収支は0に留まる．

定理3.4は，各国の完全雇用が成立し，世界最終需要が極大面の正則領域にあるとき，価値ベクトルが一意的に定まること，最終需要が同一の正則領域にとどまるかぎり，それが一定であることを意味する．対偶を取ると，このことは，世界最終需要が極大面の正則領域にあるとき，価値ベクトル $\mathbf{v}=(\mathbf{w},\ \mathbf{p})$ が定理3.4の与えるものでないとき，所与の労働力と競争的な技術のみを用いて世界最終需要 $\mathbf{x}$ を純生産することはできないことを意味する．

失業が存在する場合の定理3.6では，条件（i）〜（iv）を満たす価値ベクトル $\mathbf{v}=(\mathbf{w},\ \mathbf{p})$ が一義的に定まるとき限らないが，基準価値ベクトルはつねに定義される．もし世界の価値ベクトル $\mathbf{v}$，つまり各国の賃金率体系 $\mathbf{w}=(w_j)$ と商品の価格体系 $\mathbf{p}=(p_k)$ が基準価値に一致しない場合，その価値体系のもとに競争的技術のみを用いて，完全雇用を達成することはできない．この意味で，基準価値ベクトルは，定理3.6の状況において「基準となる」価値ベクトルということができる．

定理3.4および定義3.5から，最終需要構成がある正則錐にとどまるかぎり，その基準価値ベクトルは，一定である．古典派価値論は，価格はつうじょう生産費によって定まると考えてきた．この場合，生産費はフルコストで考えるべきことは，リカードの時代にも明らかにされている．閉鎖経済では同一財の生産技術が複数ある場合でも，最小価格定理から需要構成のいかんにかかわらず，一定の最小価格が成立する（本書第3章第3節参照）．国際貿易状況においては，このような全域的な価格一定は成立しない．しかし，各正則錐をとるかぎり，そこにおける基準ベクトルは一定となる．国際貿易状況においては，古典派価値論はこのようなかたちに拡張される．

価値ベクトル $\mathbf{v}=(\mathbf{w},\ \mathbf{p})$ は，定義から明らかなように，各国の賃金率 w_j を含んでいる．1つの価値ベクトルは，各国の相対的な賃金率の体系を1つ指定している．いま，世界最終需要 $\mathbf{d}$ がつねにある正則錐の中にあると考えよう．リカード・スラッファ貿易経済では，技術体系 Γ と労働力の各国存在量 $\mathbf{q}$ および世界最終需要 $\mathbf{d}$ が決まると，対応する基準価値ベクトルに限定するかぎ

り，各国の賃金率の相対比率も一義的に決まることが分かる．しかも，この相対比率は，最終需要 **d** が同一の正則錐にとどまるかぎり一定である．HOS 理論や HOV 理論と違って，リカード・スラッファ貿易理論では，各国が異なる賃金水準をもつことが標準となっている．新古典派限界分析では，最終需要が変化すれば賃金率の相対比率も変化すると想定されるが，リカード・スラッファ貿易経済には，このような限界分析は適用できない．

定理 3.4 および定理 3.6 は，スラッファのいう自己補塡的状態 self-replacing state をあらわしている．上乗せ率が正で企業が利潤を得る場合や，集められた税金から失業者が失業手当を受けると場合に定理 3.6 を拡張することも容易である．これは簡単な演習にすぎないので，ここでは省略する．

貿易の利益については，つぎの定理が成立する．

[定理 3.7]（貿易の利益）

リカード・スラッファ貿易経済において第 i 国の閉鎖経済における賃金率と価格をそれぞれ $w(i)$，$\mathbf{p}(i)$ としよう．これを閉鎖経済価値という．すくなくとも 2 つの国があって，それらの国の閉鎖経済価値はたがいに比例的ではないとしよう．このとき，ある世界最終需要 **d**，世界産出 **y** と国際価値 $\mathbf{v} = (\mathbf{w},\ \mathbf{p})$ について，以下の状況が成立していたとする．

(a) $\mathbf{y} A = \mathbf{d}$．
(b) $0 < \mathbf{y} I = \mathbf{t} \leqq \mathbf{q}$．
(c) $I \mathbf{w} \geqq A \mathbf{p}$．
(d) $\langle \mathbf{t},\ \mathbf{w} \rangle = \langle \mathbf{d},\ \mathbf{p} \rangle$．

このとき，任意の国 i につき，

$$\mathbf{p} / w_i \leqq \mathbf{p}(i) / w(i). \tag{2}$$

また，すくなくとも 1 つの国 k において，ある財 m が存在して

$$p_m / w_k < p_m(k) / w(k). \tag{3}$$

この定理は，塩沢由典（2007，定理6.1および6.2）あるいはShiozawa（2007，§5）の結果と本質的に同値である．証明は，つぎのようにできる．

まず，任意に国番号iを固定しよう．このとき，第i国の閉鎖経済について考えよう．リカード・スラッファ経済の仮定から，この国の技術集合では生産的である．したがって，最小価格定理から，第i国の技術のみからなる技術系$\gamma(i)$があって，対応する労働投入係数ベクトル$\mathbf{u}$と財の投入係数行列$A(i)$がある．ここに$\mathbf{u}$は要素1のみからならN次縦ベクトルで，行列$A(i)$はN行N列の正方行列でかつ非負逆転可能であり，さらに第i国の賃金率$w(i)$と価格$\mathbf{p}(i)$について

$$w(i)\mathbf{u} = A(i)\mathbf{p}(i)$$

が成立する．他方，技術系$\gamma(i)$に即する技術についてのみ不等式（c）を抜き出せば，

$$w(i)\mathbf{u} \geq A(i)\mathbf{p}.$$

これより

$$A(i)\mathbf{p} \leq w_i\mathbf{u} \text{ かつ } w(i)\mathbf{u} = A(i)\mathbf{p}(i).$$

行列$A(i)$は非負逆転可能だから，$A(i)^{-1}$を左から作用させると，評価（2）を得る．

つぎに，世界価格$\mathbf{p}$がどこかの国の閉鎖経済価格$\mathbf{p}(j)$と比例的でないとしよう．すくなくとも2つの国の世界価格$\mathbf{p}$はすべての国の閉鎖経済価格$\mathbf{p}(j)$と比例的であることはありえない．そうすると，すべての国の閉鎖経済価格が比例的ということになり，仮定に反する．そこで，ある国番号kをとり，世界価格$\mathbf{p}$と第k国の閉鎖経済価格$\mathbf{p}(k)$とはたがいに比例的ではないとする．（2）から，もしすべてのmにつき

$$p_m / w_k = p_m(k) / w(k)$$

とするなら，価格 p と価格 p(k) とは比例的ということになる．したがって，すくなくとも 1 つ財番号 m が存在して，厳密な不等式（3）が成りたつ．証明終り．

定理 3.7 は，閉鎖経済から各国が貿易に従事するようになると，定理の条件が満たされるならば，すくなくとも 1 つの国で（一般には，1 つの国をのぞいてすべての国で）労働者の実質賃金率が上昇することを意味する．しかし，これは労働者にとってかならずしも朗報とはいえない．なぜなら，定理 3.7 と双対的に，次の定理が成り立つからである．

［定理 3.8］（失業の発生）
リカード・スラッファ貿易経済において，すくなくとも 2 つの国があって，それらの国の閉鎖経済価値はたがいに比例的ではないとしよう．閉鎖経済において各国は正の純生産物 $\mathbf{x}(j)$ を消費していたとする．このとき，$\mathbf{x} = \sum_j \mathbf{x}(j)$ とするとき，ある価値ベクトル（$\mathbf{w}$, $\mathbf{p}$）について，つぎを満たすベクトル $\mathbf{y}$ が存在するとしよう：

(a) $\mathbf{y}A \leqq \mathbf{x}$.
(b) $\mathbf{y}l = \mathbf{t}$.
(c) $l\mathbf{w} \geqq A\mathbf{p}$.
(d) $\langle \mathbf{x}, \mathbf{p} \rangle = \langle \mathbf{t}, \mathbf{w} \rangle$.

このとき，すくなくとも 1 つの国で失業が生じている．

定理の仮定は，純生産物 $\mathbf{x}$ がある価値体系において競争的な技術のみによって生産されていることを意味する．このとき，定理は，どこかの国にかならず失業が生まれることを意味している．

［証明］
定理 3.7 から，賃金率を 1 と規格化したある国 k の閉鎖価格について

$$\mathbf{p} \leqq w_j \mathbf{p}(j)$$

が成りたち，すくなくとも1つの成分については厳密に不等号が成りたつ．したがって，

$$\langle \mathbf{t}, \mathbf{w} \rangle = \langle \mathbf{x}, \mathbf{p} \rangle = \sum_j \langle \mathbf{x}(j), \mathbf{p} \rangle < \sum_j w_j \langle \mathbf{x}(j), \mathbf{p}(j) \rangle = \sum_j w_j q_j = \langle \mathbf{q}, \mathbf{w} \rangle.$$

ここで，厳密な不等号<は，定理3.7の条件(3)を満たす国について成立する．両端の項を比較すると，ベクトル$\mathbf{t}$および$\mathbf{q}$は，おなじ正のベクトル$\mathbf{w}$で評価されているから，すくなくともある国について$t_k < q_k$．証明終り．

[注意 3.9]

定理3.8で，$\mathbf{t} \leqq \mathbf{q}$が仮定されていないことに注意しよう．これは，必要に応じて国を超える労働者の移動が行なわれても，それによってある国に失業が生まれるのを防げないことを意味する．

定理3.8は，閉鎖経済でやってきた経済が開国して，貿易の利益を享受するとしても，世界需要全体が拡大しないかぎり，どこかの国に失業が生まれることを含意している．これは貿易の利益が無条件に成りたつものでないことを意味する．もちろん，定理3.4があるから，需要と価値ベクトルがうまく選ばれれば，競争的な生産のみで完全雇用を実現することは可能である．

このように，リカード・スラッファ貿易理論では，貿易の利益は絶対的なものではなく，貿易自由化のあり方によっては失業が拡大するなど，「貿易の不利益」が発生する状況をも分析できる．リカード貿易論は，リカード・スラッファ貿易理論の特殊な場合である．リカード貿易論が貿易の利益のみを示し，政策として貿易自由化のみを含意するというのは，リカード貿易論の浅い理解にすぎない．

4．輸送費がかかる場合ほかへの拡張

第3節の仮定は，さまざまな方向に緩めることができる．第3節の基本的仮定の1つは，労働力が国際的に移動しないという仮定である（定理3.1のb）．この仮定は，労働力が外国に移動すると，移動先の労働力と同質となるとみなすことができるとすれば，労働力の国際移動は，たんに各国の労働力の量の変化として扱うことができる．この想定は，労働者の生活習慣や身に付けた能力の違いなどにより生産性に影響ができる場合には採用できないが，外国人の労働者であっても，高度な機械装置や生産工程の組み方により移民先の労働者と同等の能力を発揮できる場合にはとくに問題は起こらない．

移民労働者とともに家族も移住する場合には，賃金は主として移住先で使われる．移民労働者家族と在来の労働者家族とは，異なる需要構成をもつかもしれないが，それはとくに問題を起こさない．家族が本国に留まる場合には，賃金の多くの部分が本国に送金されることになるが，それは効果としては留学生を送りだす場合と同じである．この場合，他に資産収入などがなければ，送金の相当する金額の貿易差額と輸出入量の変化が起こる．

すべての技術が単純であるという仮定（定理3.1のe）は，生産に耐久資本財が用いられることを排除している．そのような生産では，生産に使われた耐久資本財が一期古くなった資本財として副産されると考えればよい．この場合，目的とした生産物以外に，一期古くなった資本財が純生産されるから，技術が単純であるという仮定を緩めなければならない．1つの技術によって複数の財が同時に純生産されることを結合生産という．結合生産であっても，耐久資本財が一定の寿命をもち，その範囲内では，一定の補修を加えるかぎり一定の生産効率を維持すると仮定すれば，費用・価格関係は，単純な技術の場合に還元される．これは Sraffa（1960, Part3）にその方針が示されているが，Shiozawa（1975b）では，この結果が技術選択を含むより一般の場合に拡張できることが示されている．その概略は本書第4章第2節にも示した．

定理3.1のさまざまな仮定のうち，貿易理論としてもっとも重大な意義をも

つものは，輸送費 0 の仮定であろう．リカード・スラッファ貿易理論では，1つの財は，一般にたかだか 2 つの国で生産される．多数財・多数国のリカード理論でも，同様の性質がある．これはしばしば行き過ぎた生産特化として非難されるが，それは輸送費 0 という仮定の必然的結果である．しかし，輸送費が正という仮定が有効に効くようになれば，多くの国が同じ財を生産するようになり，行き過ぎた生産特化は解消される．

輸送費を貿易理論に組み込むには，多くの場合，氷山モデルが用いられる．これは，輸送の途中で生産物が「融けて」，送り出した数量の一定率に縮小すると想定することである．これは技術の数を増やさないという意味では，すぐれた便法であるが，比喩的なものでしかない．リカード・スラッファ経済に輸送費を導入するには，定理 3.1 で考えられている生産技術のほかに輸送技術を導入すればよい．

第 3 節では，財の所在国は抽象化されていたが，輸送費を導入するためには，財は，その種類だけでなく，どの国に存在しているかによって区別する．経済に（所在と関係なく抽象的に考えられた）N 種類の財と M 個の国があるとき，1 つの商品は指標 (j, k) によって指定される．すなわち，経済には，$M \cdot N$ 個の異なる商品があると考える．ある国 j の生産技術は，その投入も産出も，すべて j 国の労働および財に限定される．形式的には，その他の係数はすべて 0 とされる．このような生産技術を国内生産技術という．しかし，国内生産技術のみでは，この経済は分断されてしまう．(j_1, k) 商品を (j_2, k) 商品に転換する「生産技術」が必要である．これが輸送技術である．輸送技術も，ある国の生産技術であることが要請される．したがって，その労働投入係数は，ある国 j_3 の労働のみが正で他の国の労働投入係数は 0 でなければならない．財の投入係数については，形式的には何の制限もいらない．ただし，現実には，多くの制約があるにちがいない．

このように財がその所在によって区別され，生産技術と輸送技術とをもつ経済を輸送経済という．すべての輸送技術に国が指定され，労働投入がその国の労働力のみに限定されるという設定は制約的にみえるかもしれないが，輸送経

済に定理 3.1 を適用するために必要である．上のように所在付きの財を考えると，一国内の生産技術も，輸送技術も，定理 3.1 のある財のある国に属する生産技術とみなすことができ，そのまま定理 3.1 が適用できる．財の空間は，今度は $M \cdot N$ 次元となるが，その生産可能集合と極大面，ファセットが定義され，世界需要 $\mathbf{d}$ があるファセットの内部（つまり正則領域）にあるとき，定数倍を除いて一意な賃金率の体系 $\mathbf{w} = (w_j)$ と所在によって区別された財それぞれについての価格の体系 $\mathbf{p} = (p_{jk})$ とが存在して，競争的な技術のみによって，$\mathbf{d}$ を純生産し，各国の労働力を完全雇用するような生産水準ベクトルが存在する．

リカード・スラッファ経済では，仮定（e）において各国にすくなくとも 1 つ生産的な技術系が存在すると仮定されている．輸送経済において，この仮定は，各国はその技術によってすべての財を純生産できることを意味する．すべての財には他国に存在する財を含むから，どの国の財も自国の技術で生産できなければならない．上では「j_1 国の第 k 財を j_2 国へ j_3 国の技術を使って輸送する」技術が存在すると仮定した．じっさいには，それほど多くの輸送技術は必要ないが，すべての財を他の任意の国に輸送する自国技術が存在する必要がある．もちろん，これほど多くの輸送技術があるからといって，すべてが競争的に用いられるわけではない．

このように手続きはやや込み入っているが，リカード・スラッファ貿易経済は，輸送費がかかる場合に拡張することができる．拡張は，財の所在によって商品の種類を区別するとき，生産技術・輸送技術をどのように特定するかさえ分かっていれば，原理は簡単である．

輸送費が導入されると，貿易財と非貿易財の区別をすることができる．ある国 k のある財 m を他国に輸送する費用があまりにも高い場合，この財は輸出不可能となる．反対に，この財 m を他国から輸入するにも高すぎる輸送費用がかかる場合，この財は非貿易財となり，輸出も輸入もされず，国内でのみ生産されて消費される．どのような場合に「高すぎる輸送費用」といえるかは，状況により変わり，財に固有に決まっているわけではない．たとえば，サービスの多くは対面でサービスする必要がある．そのような「財」は，外国に輸出

するには，サービスする人自身が外国に出かけて戻ってくる必要がある．このようなサービスは，王様なら可能な輸送費かも知れないが，つうじょうは非貿易財と分類されよう．

　非貿易財といわないまでも，多くの国の多くの財は，輸出も輸入もされず，その国で生産され消費されている．このような商品は，輸送費を導入しなければ存在しえない．非貿易財ないし貿易不可能なサービスについては，その生産がたとえ同一の生産性をもつ技術で生産されるものであっても，その報酬は基本的に国内の賃金率に依存して決まってくる．たとえば，散髪というサービスの生産を考えよう．A国とB国とで，おなじ時間内に同じ質のサービスが可能としても，もしA国がB国より数倍高い賃金率をもつ先進国であるならば，A国の理容師はB国の理容師より数倍高い報酬をもらうことになる．このようなことはちょっとした外国旅行でひろく観察される．

　輸送費の導入によって，反対方向の分析も可能になる．輸送費が高いときには，それぞれの国は，高い関税を掛けたときと同様に，閉じた経済に近い状態となる．ほとんどの財は国内で生産され消費される．石油やレアメタルのような，地下資源に依存するような特殊な投入財と，自国での生産がむずかしい財のみが最終生産財として輸出入される．輸送技術が発達して，その費用が低廉化すると，わずかの生産費の違いにより，どの国で生産するのが有利かが決まってくる．従来は一国内で垂直的に統合されていた生産過程の一部を切り出して，別の国に移転させるほうがより有利な状況が増えてくる．

　現在のグローバル化には，中国の改革開放政策やインドの投資自由化などの政治的要因も大きいが，情報コストの劇的な低減と輸送費の大幅な低廉化がなければ，げんざいみるような生産と貿易の世界的分業体制は不可能だったであろう．20世紀の第3四半世紀には，低廉な石油の産出によって，輸送の燃料費が切り下げられたほか，化学産業の基礎的原材料として石油が世界の貿易商品の太宗を占めるようになった．20世紀の第4四半世紀には，石油価格は何十倍にも上昇したが，コンテナ輸送のシステム化や資材運搬機械の発展，船舶輸送の高速化と低廉化などに助けられた．また，1990年代のICT革命によっ

て，情報伝達費用は劇的に低下した．これら大きな状況変化のうち，情報伝達コストの低減は，生産量の変更などの指示を容易にするもので，生産技術の変化に取り込むことは難しいが，輸送費の低廉化は，輸送技術の進歩として扱うことができる．

リカード・スラッファ貿易理論では，輸送費の低廉化の影響などによる生産特化の変化を，競争的技術の選択という捉え方により，一般理論と整合したかたちで扱うことができる．近年，グローバル化の進展にともなって，加工貿易や三角貿易，オフショア貿易などの分析が盛んになっているが，少数の財を恣意的に取り出して，費用の変化などにより特化パタンの変化を研究する分析が多い．問題は，それらの特殊な状況設定がどのような一般理論の一部として考えられているのかである．HOS理論やHOV理論は，このような分析の基礎理論とはなりえない．なぜなら，それらは基本的に各国に同一の生産技術を想定するものだからである．この点でも，リカード・スラッファ貿易理論は，HOS理論やその変形諸理論よりはるかに優れたものということができる．

リカード・スラッファ貿易理論のもっとも重要な発見は，各国の相対賃金率が（少なくとも，同一の正則領域にとどまるかぎり）需要と関係なく，各国のもつ技術集合の違いから説明されることである．相対賃金率の差異は，先進国と途上国とのあいだの貿易関係・競争関係を考える上でもっとも重要な与件であるが，その差異は同時に貿易関係・競争関係がつくりだしているものでもある．ただ，各国の技術集合は固定的なものではない．次節では，ある財の生産技術が変化するとき，競争関係にどのような差異が生まれるかを一般的な枠組みのなかで議論する．第6節では，途上国が低賃金を武器に先進国を追い上げる過程の一例として，赤松要の雁行形態論を取り上げる．

5．生産技術の変化とその影響

もう一度，輸送費のない経済に戻ろう．本節の議論を輸送費のある場合に繰り返すことは可能であるが，分析が複雑になり，ことの本質がみえにくくなる．

しかし，現実の経済で輸送費の存在がつねに大きな重みをもっていることを忘れてはならない．

多数国・多数財の場合であろうと，技術をあらわす生産係数行列 A，労働力の各国の存在量をあらわすベクトル $\mathbf{q}$，世界の最終需要 $\mathbf{d}$ が数値的に与えられれば，定理 3.4 の国際価値 $\mathbf{v}=(\mathbf{w},\ \mathbf{p})$ を求める問題は，原理的には計算機を用いて問題を数値的に解くことができる．世界最終需要 $\mathbf{d}$ が正則ならば，$\mathbf{d}$ がわずかばかり動いても，国際価値 $\mathbf{v}$ は不変である．数学的には，ベクトル $\mathbf{p}$ を求めることは，生産可能集合という多面体を求めて，その極大面の 1 点を含むファセットの法線ベクトルを決定することにあたる．価格ベクトル $\mathbf{p}$ が定まると，各国の賃金率 w_j はその国の生産技術すべての労働単位あたり付加価値の最大値として決まる．

技術の変化は，技術集合 Γ に新しい生産技術が加わることとして表現される．労働力ベクトル $\mathbf{q}$ が一定であっても，一般には生産可能集合は増大する．新しい技術が加わることで，生産の新しい可能性が増えるからである．生産可能集合の増大に応じてファセットも移動する．このとき，国際価値 $\mathbf{v}=(\mathbf{w},\ \mathbf{p})$ も変化するが，生産可能集合が増大しているから，各国の労働者の実質賃金水準は，一般に増大する．厳密にはこれは，つぎのことを意味する．新しい国際価値を $\mathbf{v}'=(\mathbf{w}',\ \mathbf{p}')$ としよう．このとき，任意の国番号 j につき，

$$(1/w'_j)\cdot \mathbf{p}' \leq (1/w_j)\cdot \mathbf{p}$$

が成立する．これらはベクトルの不等式であるが，すべての財につき不等号が厳密に成立するかどうかは分からない．しかし，新しい技術の登場によって，ファセットが移動しているとすれば，すくなくともある国 s とある財 k につき，上記不等式は厳密に成立している．すなわち，

$$p'_k/w'_s < p_k/w_s.$$

これは技術の改善が進めば，労働者の実質賃金が一般には上昇することを意味する．ただし，これには各国各産業の上乗せ率が一定に保たれているという前

提があることを忘れてはならない．

　技術集合 Γ に新しい生産技術 τ が加わったとき，このような改善が生ずるかどうかは，技術集合 Γ のもとでの国際価値 $\mathbf{v}=(\mathbf{w},\ \mathbf{p})$ によって，新しい生産技術 τ を評価すれば分かる．第3節では，技術は労働投入を1単位とするよう規格化されていた．本節の議論では，製品の価格とその製品を生産する技術の生産費用とを比較しなければならない．そのために，以下では，製品1単位を産出するのに必要な投入係数によって技術をあらわす．いま，τ が j 国の技術で製品 k を生産するものであるとしよう．技術 τ の労働投入係数を $a_0(\tau)$，財の投入係数ベクトルを $\mathbf{a}_+(\tau)$ としよう．このとき，

$$w_j \cdot a_0(\tau) + \langle \mathbf{a}_+(\tau),\ \mathbf{p}\rangle < p_k \tag{4}$$

が成り立つならば，新技術 τ は真の改善である．この評価が成りたたないとき，新技術 τ は，改善になっているかどうか分からない．もし反対の不等号が成立しているとすれば，少なくとも現行の国際価値 $\mathbf{v}=(\mathbf{w},\ \mathbf{p})$ においては改善とはいえない．ただし，このときでも，労働力ベクトル $\mathbf{q}$ や世界最終需要 $\mathbf{d}$ の変化によって，国際価値に変化が生ずるなら（つまり，$\mathbf{d}$ が別の正則領域に移動するなら），変化した国際価値によって評価すれば，不等式(4)が成りたつ可能性がある．

　国番号 j と財番号 k について不等式(4)が成りたつとき，新技術の登場によって，製品価格 p_k は各国の賃金率に比較していずれ低下する．もちろん，新技術登場の初期には，それは特許によって保護されているかもしれないし，模倣のできないノウハウによって守られているかもしれない．このとき，新技術 τ を保持する企業は，製品価格 p_k を下げずに特別利潤を確保しようとするかもしれない．しかし，時間がたつにつれ，別の企業が別の技術によって，p_k より低い（フルコストの）生産費を実現し，価格引下げにより市場シェアを拡大する行動に出るかもしれない．このようにして，技術進歩の影響は，遅かれ早かれ，いずれ価格に反映される．

　不等式(4)が成りたつとき，それ以前には j 国が k 財産業をもたなかったと

しても，j 国は第 k 財の産業に参入することができる．ある財の生産にある国で真の技術改善が起こるかどうかによって，各国の特化パタンが変わる．リカード貿易理論（およびその拡張理論であるリカード・スラッファ貿易理論）は，特化パタンを固定した静的分析理論であるという理解は，大きな誤解である．リカード・スラッファ貿易理論は，その内部に技術の選択という論理を含んでおり，新しい技術が生まれるとき，新しい技術選択が働いて，つぎにどのような特化パタンと国際価値とが生まれるかを分析することができる．

第3節 (p. 188) の等式(1)は，製品1単位を産出するのに必要な投入係数によって技術をあらわす本節の表示法に従うなら，(4)式と類似の等式

$$w_j \cdot \mathbf{a}_0(\tau) + \langle \mathbf{a}_+(\tau), \ \mathbf{p} \rangle = p_k \tag{5}$$

となる．定理3.4は，既存の技術のすべてについて，(5)式か，あるいは(4)式と反対の向きをもつ不等式が成りたつような国際価値 $\mathbf{v} = (\mathbf{w}, \ \mathbf{p})$ が存在することを示している．等式(5)が成りたつとき，その技術は競争的であり，そうでないとき競争的ではない．これにより，既存の技術体系 Γ に属するすべての技術は，競争的か競争的でないかに分類されるが，そこに新しい技術 τ が加わって，不等式(4)を満たすとき，生産の再編が起こり，新しい国際価値と競争的技術の集合とが確定する．

このように，リカード・スラッファ貿易経済における競争は，基本的には単純な価格における競争である．世界市場のなかでより低い生産費を実現し，より低い製品価格を設定した企業がその財の世界市場を席捲していく[6]．この理論において扱いがむずかしいのは，同種の財ではあるが，企業ごとに製品が差別化されている場合である．このとき，A社の製品がB社の製品より価格が高いとしても，需要家には，その製品の特性の違いによって，A社製品を購入するかもしれない．品質の違いは，規格化されたいわゆる「コモディティ商品」以外では，競争の重要な局面の1つである．しかし，現行のリカード・スラッファ貿易理論においては，競争のこのような局面を分析することはできない．

生産係数行列 A を一般的とするかぎり，以上のような一般的考察以上に立

ち入ることは容易ではない．しかし，生産係数行列 A にいくら特殊な仮定をおくなら，さらに多くの分析が可能となる．たとえば，Jones (1961) が中間財の貿易を考えるためにおいたように，財の投入係数はすべての国で同一であるとしてみよう．このとき，競争は各国の労働投入係数と賃金率の関係に劇的に単純化される．

簡単のために，いま経済にはA国とB国の2国があるとしよう．A国・B国は，財 k ごとに1つの生産技術をもっているとする．じっさいには同じ財の生産に複数の技術をもっていてもよいが，とうめん関係している国際価値では，財ごとにつねにただ1つの技術が定まっている状況を想定すればよい．このとき，技術 τ の代わりに財の番号で技術を指定することができる．いま，第 k 財を生産するA国の労働投入係数を $a_0(\mathrm{A}, k)$，B国の労働投入係数を $a_0(\mathrm{B}, k)$ とする．第 k 財を生産する財の投入係数ベクトルは，A国・B国共通で $\mathbf{a}_+(k)$ である．第 k 財を生産するA国技術がB国技術より優れていることは，不等式

$$w_\mathrm{A} \cdot a_0(\mathrm{A}, k) + \langle \mathbf{a}_+(k), \mathbf{p} \rangle < w_\mathrm{B} \cdot a_0(\mathrm{B}, k) + \langle \mathbf{a}_+(k), \mathbf{p} \rangle \qquad (6)$$

であらわされる．上に注意したように，財には品質の差がなく，製品の優劣は生産費によってのみ定まると仮定している．

不等式 (6) 式の両辺の第2項は，仮定により同一である．製品価格は，どの国でも同一と介されている．したがって，不等式 (6) が成りたつかどうかは，つぎの不等式に帰着する：

$$w_\mathrm{A} \cdot a_0(\mathrm{A}, k) < w_\mathrm{B} \cdot a_0(\mathrm{B}, k) \qquad (7)$$

第 k 産業においてA国がB国にたいし競争的であり続けられるかどうかは，不等式 (7) を維持できるかどうかによる．労働投入係数 $a_0(\mathrm{A}, k)$, $a_0(\mathrm{B}, k)$ は，それぞれの国の（物的）労働生産性 $pr(\mathrm{A})$, $pr(\mathrm{B})$ の逆数であるから，(7) 式は

$$pr(\mathrm{A}) / pr(\mathrm{B}) > w_\mathrm{A} / w_\mathrm{B}$$

と表現することもできる．これはA国の立場にたっていえば，彼我の賃金格差以上に自国の労働生産性の倍率を保持できれば，競争的であり続けられることを意味する．藤本隆宏は，このようなことは，中国企業と競争する日本の工場管理者たちがよく認識している事態だという．詳しくは，藤本・塩沢（2010）あるいはFujimoto and Shiozawa（2011-2012）を参照されたい．

　財の投入係数はすべての国で同一であるというJonesの仮定を継続することにすれば，2国間の賃金率格差に関しても，一定の示唆を得ることができる．ある1より大きい実数μを1つ定めよう．2国のすべての産業kにおいて

$$\mu \cdot a_0(A, k) < a_0(B, k)$$

が成りたつとしよう．このとき，A国の賃金率w_AがB国の賃金率w_Bのμ倍であるならば，A国は全産業で競争的となる．このとき，貿易が続くとするなら，すくなくともいくつかの産業において(7)と反対の不等式が成立するまで，賃金率比率w_A/w_Bが上昇しなければならない．Dornbusch, Fischer and Samuelson（1977）は，実質的には，このような競争において，需要構成と労働力の比率により両国の貿易収支が均等化する賃金率比率w_A/w_Bを求めていることになる．

　不等価交換論は，A国の賃金率w_AがB国の賃金率w_Bよりμ倍の高い事態を観察して，先進国（この場合A国）による後進国（この場合B国）の搾取があると主張した．しかし，そのような主張があたらないことは，B国が貿易をやめて閉鎖経済に戻ったとき，B国労働者の実質賃金水準が貿易状況より低くなることを考えればすぐ分かる．先進国と後進国との経済関係には，前者が後者の産業構造を規定するような側面があり，貿易関係がまったく対等のものとはいえない．世界経済のあり方を改善するために，そのような非対等性を指摘することは重要であるが，不等価交換論は，その意図とはともかく，問題の本質を捕まえているとはいえない．

　このような状況において，B国が自国の賃金率を（相対的にも実質的にも）上昇させようとするなら，自国の技術（つまり自国の生産力）を改善する以外にな

い．技術の改善には，既存の生産工程の改良・改善から，より効率的な生産装置の導入，交通網など社会的インフラの整備，さらには，まったく新しい技術の開発まで多様性がある．より効率的な生産装置の導入は，それを輸入するにせよ，自国で製造するにせよ，相当額の資本が必要である．資本不足の途上国がすぐに着手できるのは，既存の生産工程の改善・改良であろう．既存工程の改善・改良は，日本のように高い生産性をもつ国においても，依然として開かれている可能性である．資源国で充分な資本を調達できる国以外には，最新鋭の生産装置の輸入に努力するよりも，既存の生産工程の改善・改良による労働生産性の上昇にまずは努力すべきであろう．次節で紹介するように，日本のキャッチアップ過程もそのようなものであった．

　財の投入係数はすべての国で同一であるという仮定が成立しない場合（このほうがずっと普遍的状況である），分析は難しくなるが，まったく不可能というわけではない．上と同じく，2国が競争している状況を考えるとして，第 k 財に関する A 国の財の投入係数ベクトルを $\mathbf{a}_+(A, k)$，B 国の財の投入係数ベクトルを $\mathbf{a}_+(B, k)$ としてみよう．A が技術的な先進国，B が後進国とするとき，いっぱんに投入係数 $a_h(A, k)$ は $a_h(B, k)$ に等しいかより小さいと考えられる．もちろん，ある財 s については $a_s(A, k) < a_s(B, k)$ で，他の財 t については，$a_t(A, k) > a_t(B, k)$ ということもありうる．さて，このときかりに

$$w_A \cdot a_0(A, k) + \langle \mathbf{a}_+(A, k), \mathbf{p} \rangle < \langle \mathbf{a}_+(B, k), \mathbf{p} \rangle \qquad (8)$$

が成立したとしよう．このときには，B 国はいかに賃金率を低くしても，また労働生産性をいくら上げても，第 k 財の生産において A 国より競争的になることはできない．A 国・B 国の賃金率の比率が変われば，商品の国際価格 $\mathbf{p}$ も変化して(8)の不等号が逆転することはありうるが，すくなくともそうした状況を経ずして，賃金率や労働生産性を変化されることによっては，第 k 財の生産において A 国より競争的になることはできない．そうするには，B 国の財の投入係数を改善して，(8)という状況から脱却しなければならない．

6．赤松要の雁行形態論（基本形）

　国際貿易に関する産業発展理論として，これまで注目されてきたものが2つある．1つはヴァーノンのプロダクト・サイクル理論であり，もう1つは赤松要の雁行形態論である．この2つは，その内容においてよく似た点をもっている．たとえば，赤松要 (1962) の図1と Vernon (1966) の図1とは，実質的に同一である．もちろん，2つのあいだには違いもある．ヴァーノンは，とうじ（そして今も）支配的な貿易理論であるHOS理論に代わる新らしいしい理論を提出することに関心があった．赤松要は，現実のデータから歴史的発展を追いかけている．ヴァーノンの視点は，多国籍企業のトップ・マネジメントのそれに近く，赤松の観察眼は，日本を含む後進国のキャッチアップ過程に据えられていた．赤松がその研究を開始したのは1930年代であり，すくなくとも当時の学者の意識においては日本はまだ後進国だった．

　アジアの経済発展に関する最近の議論では，赤松の雁行形態に触れることが慣例になっている（本書第11章横川信治論文・第12章植村博恭論文をみよ．また第2章第3節も参照）．これらの議論の多くは，アジア諸国間の雁行形態に変化がみられるのかどうかをめぐるものとなっている（Boyer, Uemura and Isogai 2012, Conclusion）．しかし，少数の例外を除いて，問題の雁行形態が赤松が「第三形態」と名づけたものであることに触れていない (Akamatsu 1962)．観察から得られたこの形態は，赤松の頭のなかでは，より基本的な観察結果からいわば論理的に導かれるものであった．赤松は，このより基本的な形態を雁行形態の基本形と名づけている．基本形は，多くの商品が輸入から生産へ，そして最後に輸出へというパタンをたどることを告げている．これは，より先進的な経済の存在するなかでの比較的遅れた経済の多くの工業財について観察される定型的事実である．

　成熟しつつある製品あるいは標準化した製品に関するヴァーノンの観察は，赤松の移行過程を反対の側から検討している．赤松がキャッチアップする側からみているのにたいし，ヴァーノンはむしろキャッチアップされる側から考察

している．成熟期にある財はなぜより後進的な国で生産されるようになるか多くの指導的な研究者が考察したが，多くはこれを歴史的法則の一種と解釈し，移行の裏に隠れる論理を明らかにしようとしなかった．小島清（1962, 2000）は，その顕著な例外である．小島清は赤松の弟子のひとりで，大来佐武郎とともに，赤松の理論を海外でも有名にするのに貢献している（Kojima 2000, §3.6）．小島清（1962）は，雁行形態の基本形がなぜ成立するかについて，世界ではじめて分析的な説明を提出した．残念なことに，小島の採用した分析枠組みは，HOS理論であった．この試みは失敗する運命にあった．小島は小島清（2000）において小島清（1962）の修正・改良をはかっているが，一貫した分析的説明を与えるにはいたっていない．HOS理論は，貿易する諸国の技術が等しいという前提になっており，貿易は賦存資源の差から生まれると説明している．後進国のキャッチアップ過程の説明としてHOS理論が適切でないことはほとんど自明といってよい．

　ヴァーノンや他の研究者たちは，賃金率が低いので，より後進的な国での生産のほうが利益が大きいと指摘している．この指摘は正しいがじゅうぶん分析的な説明にはなっていない．ヴァーノンは，理論家というより歴史家だった．それにヴァーノンたちが，先進国の技術ノウハウを途上国に移転することを考えていたので，途上国の側からいかにキャッチアップが生まれるかを考えようとしたわけではなかった．

　新しい国際価値論の優れた点の1つは，国々のあいだの賃金率格差を導けることにある．簡単にいえば，技術的に遅れた国は，より進んだ国に比べてより低い賃金率にとどまらざるをえない．抽象的な理論は，この格差がどのくらい開きうるものか何も教えないが，現実世界を観察すると，時間あたりの賃金は容易に10倍以上も開きうることが分かる．中国は日本を急速に追い上げているが，いまなお賃金率格差は5倍かそれ以上もある．

　図5-2は，大きな賃金率格差が存在する場合のキャッチアップ過程の一例を示している．経済には先進国であるA国と，より遅れたB国とがあり，同一の財の生産で潜在的に競争している．以下では，この財を当該の財という．横

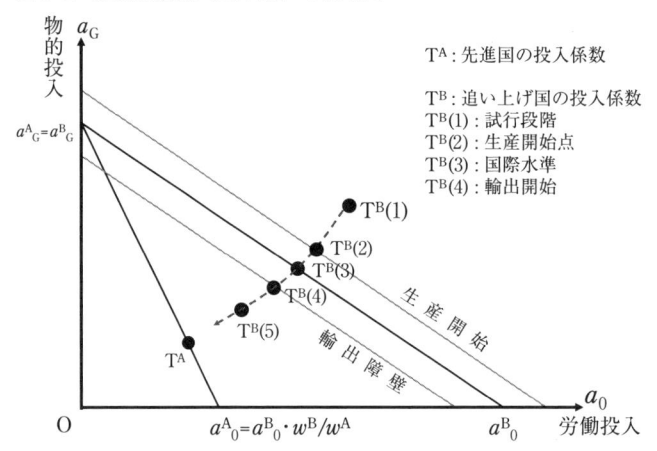

図 5-2 雁行形態論（基本形）の説明図

(図中ラベル)
物的投入 a_G
$a^A_G = a^B_G$
T^A：先進国の投入係数
T^B：追い上げ国の投入係数
$T^B(1)$：試行段階
$T^B(2)$：生産開始点
$T^B(3)$：国際水準
$T^B(4)$：輸出開始
生産開始
輸出障壁
T^A
$T^B(1)$, $T^B(2)$, $T^B(3)$, $T^B(4)$, $T^B(5)$
O　$a^A_0 = a^B_0 \cdot w^B/w^A$　a^B_0　労働投入 a_0

軸は，製品1単位の生産に必要な労働投入量，縦軸は製品1単位の生産に必要な財の投入量を示している．財が多数ある場合，それらすべてを1つの軸であらわすことはできないが，ここでは1つの軸で代表されるとしておこう．ほんしきに考えるには，縦軸1つの軸に代えて，投入財の数だけの次元をもつ空間の正象限が縮約されていると考えればよい．この経済では，2国の賃金率には大きな違いがあるが，財の国際価格はA・B両国で同一とする．

図のなかの T^A は，A国の生産技術を図示している．T^A を通る実線は，他の仮想的な生産技術でおなじ生産原価をもつ点の集合 $[a^A_0, a^A_G]$ をあらわしている．これは投入財が1種類なら線分となるが，もし多数の投入財がある場合には，これは点 T^A を通り価格ベクトルに垂直な超平面が非負象限によって切り取られる図形（3角形の概念を多次元化した単体）となる．B国のキャッチアップの過程で，とうぜん T^A も変化するはずであるが，ここでは先進国の技術改良の速度よりも，キャッチアップ過程にあるB国の技術改良の速度のほうがはるかに大きいことを象徴的に図示するため，考察の期間では T^A は不変と想定する．$T^B(1)$, $T^B(2)$, ..., $T^B(5)$ などは，キャッチアップ過程にあるB国の各時点における技術を表示する．この中で特別な点は $T^B(3)$ である．これ

はより低い賃金率をもつB国の生産技術による生産原価がより高い賃金率をもつA国の生産技術T^Aと同じ生産原価をもつ点である．$T^B(3)$を通る実線は，$T^B(3)$と同じ生産原価をもつB国の生産技術の集合$[a^B_0, a^B_G]$を表している．両国で賃金率が異なるので，A国・B国の等原価超平面の方向は異なっている．A・B両国で財の投入額が等しいという仮定を置いたので，T^Aの等原価線分と$T^B(3)$の等原価線分とは，同じy切片$a^A_G = a^B_G$をもっている．横軸上の点a^B_0がa^A_0よりはるかに大きな値であるのは，B国の賃金がA国の賃金よりそれだけ小さいことの現れである．正確にいえば，等式$a^A_0 / a^B_0 = w_B / w_A$が成りたっている．

まとめると，図5-2のT^Bは，つぎのことを意味する．B国の生産技術が$[a^B_0, a^B_G]$より右上にあるとき，その技術はA国の現行技術に生産原価で負けている．逆にB国の生産技術が$[a^B_0, a^B_G]$より左下にあるとき，その技術はA国の現行技術より生産原価で勝っている．

さて，B国の技術がはじめ$T^B(1)$の位置にあったとしよう．このとき，B国は原価でA国に匹敵できず，B国は当該の財をA国から輸入している．このような状況に不満をいだくB国の資本家と労働者たちは，模倣と試行錯誤により，A国技術を学習しようとしている．努力の結果，B国技術が$T^B(2)$の状態までくると，国内生産を開始することができる．輸入には，一般に取引費用と輸送費がかかるし，場合によっては，保護関税があるかもしれない．生産が始まると，実行による学習 learning by doing により，B国の生産技術はさらに改善される．こうして技術が$T^B(3)$までくると，関税や取引費用がなくても，B国は仮想的にはA国技術に競争できるようになっている．さらに，生産技術の改善・改良が進んで技術が$T^B(4)$までくると，B国は取引費用や輸送費を払って輸出しても，A国製品に競争できる．こうなると，B国は規模の経済を利用してさらに原価を切り下げることができるようになるかもしれないが，ここでは立ち入らない．最後にB国技術が$T^B(5)$の位置にまでくると，A国は元の技術のままにとどまるかぎり，当該の財でB国に負けることになる．この状態にいたると，当該財の国際価格はより小さなものとなり，価格体系に

変化が生ずる．

　B国がこのようなキャッチアップを試みているとき，A国はなにもせずに座視しているわけではない．A国もまた T^A の位置の改善をはかるであろう．そうなると，B国がA国に当該財でキャッチアップし，さらにA国を追い抜くには，T^A が一定の場所にとどまるときよりもむずかしくなり，またより長い時間がかかることになる．しかし，もし賃金率の比が一定にとどまり，B国がA国より速い速度でキャッチアップするなら，いつかはB国がA国を打ち負かすことになる．Gerschenkron（1962）が考えたような後進性の利益が働くならば，このようなことは多いにありうることである．日本は，多くの商品について，B国の立場で欧米諸国を追い上げてきた．しかし，現在は，むしろ多くの商品についてA国の立場に立っている．藤本・塩沢（2010）および Fujimoto and Shiozawa（2011-12）は，追い上げられる立場から，グローバル経済下の生産現場の対応を議論している．

　ある財で起こることは，他の財でも可能であろう．さいしょA国はB国より競争的な多くの産業をもっている．しかし，B国がキャッチアップをはじめると，次第にB国のほうが競争的な産業が増えてくる．これは財の国際価格の構造を変えるとともに，A・B両国の賃金率の比を変える契機ともなる．いま，A国とB国の賃金率の比が同じにとどまり，需要構成も同じにとどまっているとしよう．そうすると，A国は次第に競争的な産業を失っていき，そのままではすべての労働力を雇用することができなくなり，失業が生ずる．B国では，これと反対のことが起こりうる．第1に，いままで生産されていなかった産業に雇用が生まれる．第2に，すでに生産が始まった産業においても，労働投入係数の減少よりも生産量の増大のほうが大きければ，当該産業における雇用が増大する．これらの効果が寄せ集まって，B国には深刻な労働力不足が生ずるかもしれない．そうなると，A国の貨幣賃金が下落し，B国の貨幣賃金が上昇するといった事態が起こりうる．このようにして，A・B両の賃金率の格差は解消する方向に進む可能性がある．

　日本が明治開国以来，欧米先進諸国を追い上げた過程は，おおむねこうした

ものであったと考えられる．そしてこれこそが，赤松要が考えた雁行形態の基本形であったといえよう．新しい価値論では，このように，雁行形態の基本形のような真に動態的な歴史過程をも分析対象とすることができる．このような動態的歴史過程の分析は，まだ始まったばかりであるが，技術進歩のあり方に適切な仮定を置くことにより，分析できる現象はさらに増やすことができると思われる．

1) この特徴づけがとくに妥当とはいえない．むしろ HOS 系理論における産業の定義であろう．
2) Jones (1961) のいわゆる「ジョーンズ条件」がその必要十分条件にあたる．なお，Jones (1961) は，これが必要条件であることを示してはいるが，十分であることの証明は間違えている．正しい証明については，Shiozawa (2013b, Mimeo) をみよ．
3) 端点の存在を価格面で考えれば，Jones の条件となる．これにより，内部端点はあっても1つに限られることがいえる．リカード・スラッファ貿易経済には複数の内部端点がありうる．
4) 純産出係数ベクトルの表記法が前節とことなることに注意する．
5) 多面体のファセットとは，多面体の境界を構成する最大次元の面（余次元1の面）をいう．ファセットの内部とは，ファセットを含む余次元1の超平面内での内点の集合をいう．相対内部とも呼ばれる．
6) 貿易経済において特化パタンが生産費の比較ではなく，比率であらわされる比較優位によって決まるというよく流布している説明は，リカードの比較生産費説を正しく理解しているとはいえない．そのような説明は，各国の賃金率がどのように決まるかを捨象した議論であり，世界経済が2国のみの労働投入経済のような場合 (Dornbusch, Fischer and Samuelson, 1977 はこのような場合である) には適用できるが，多数国の場合や財の投入がある場合には拡張できない．

討論編

第6章　生産と消費の古典派経済観の発展的分析

1．はじめに

　本格的なICT社会の発展のなかで，社会・経済システムは急速に変遷しているが，新古典派経済学は依然「方法論的個人主義」の世界に耽溺している．個人合理性のフル作用する範囲はきわめて狭いので，生成発展する経済システムの特徴を捉えることはできない．新古典派と比較すると，古典派経済学はミクロとマクロという単純な二分法に拘泥することなく生産と消費を全体的に概観することができた．本章では，古典派の経済観の脈絡で，新ツールを用いて生産と消費を理論的，経験的な分析を紹介していく．なお，これらの分析は最近の有賀の研究Aruka (2012), Aruka (2013), Aruka (2014, forthcoming) にもとづいてる．

2．ヒルデンブラントによる需要法則の再考

(1) ギッフェン効果をめぐる新古典派経済学の対応

　新古典派経済学における需要理論はほとんど顧みられることがなくなった．しかし，アルフレッド・マーシャルは，19世紀にスコットランドの統計学者ロバート・ギッフェン (1837-1910) を引用して，労働者の家計では，パンの価格が上昇すると貨幣の限界効用が増加し，でんぷん質の財の需要をいっそう増やして，タンパク質の購入を控えることを発見したと述べた[1]．これは「ギッフェン効果」と呼ばれるものであるが，ギッフェン財は，パレート＝スルツキー方程式の枠組みからみると，所得効果が代替効果を上回るケースであって，伝

統的理論はこのギッフェン財の障害のために,「需要法則」を説明することができなくなった．つまり，原理論の段階で，効用理論にもとづく個人主義的合理性では，個人の特性だけから，需要法則を導くことができなくなったのである．ところが，ほとんどの経済学者はこのことに無関心を装った．こうして，経済学の教科書はほぼ1世紀近くもなんの裏付けもなく「粗代替性（gross-substitutability)」が成り立つであろうと推測するだけで，ギッフェン財を例外扱いとして，効用理論から依然として需要法則が導けるのだと強弁してきた．さらに，最近では，ICT化の急速な展開で，インターネット市場が定着し「純然たる理想的市場取引」が誕生し，「一物一価の法則（the law of indifference）」が出現することが期待された．ところが，水野（2011, no.40）は，有名な価格ドットコム[2]から提供された10万件のデータから，売れ筋商品においても，一物一価は長期間に成り立つこともなければ，価格が下がっても需要が増えるとは限らないことを検証している[3]．これでは，ミクロ経済学は，原理上，需要法則を導出できぬまま，ただ功利主義の思想的補強のみに終始してきたといってよいであろう．

　もともと古典派経済学は労働価値の研究に象徴されるように，「価値法則」を解明することに多くの時間を割いてきた．労働で価値測定するとき，価値法則は価格法則のことであって，換言すれば，需給法則を供給の観点から研究していた．このとき，需要は主として生存賃金あるいは賃金基金である．この時代に，ギッフェンに先行して，ドイツの社会統計学者エルンスト・エンゲルは，所得が低いと労働者の家計の消費支出に占める飲食費が高いという，エンゲル法則（Engel 1857, pp.8-9, 28-29）を発見していた．実際，古典派では「賃金＝穀物価格」のような範式があった．また，古典派経済学には階級分析があり，経済システムを同質的な分布とみることはなかった．これにたいして，新古典派経済学は，価値を同質的な個人主義の観点から「主観法則」に置こうとしたので，需要の観点からまず需給法則の研究をしてみたといえよう．しかし，歴史的に回顧すれば，需要法則の科学的定式化の試みでは，けっして今のように個人主義に振り回されたわけではない．

(2) 需要法則導出の陥穽

アブラハム・ワルトの研究 Wald (1933/34；1936) は，ポール・サムエルソンが「顕示選好の公理」で踏襲しようとしたように，客観的に需要と価格の関係式を定式化しようと試みたものである．つまり，需要法則とは「財の価格とその需要の変化」との関係式を表示するものである．したがって，まず，需要法則は簡潔につぎのように述べられる．財の価格ベクトルを p として，その需要ベクトルを $f(p)$ と書く．このとき，需要法則はつぎのような関係式にほかならない．

$$(p'-p'')(f(p'')-f(p'')) \leq 0$$

あるいは，

$$dp \cdot df \leq 0$$

ここで，各財ごとにベクトルを要素表示する．このとき，需要法則は，任意の財 i に対して次式が成り立つことである．

$$p'_i f(p'_i) - p''_i f(p''_1) < 0 \Rightarrow p'_i < p''_i \rightarrow f(p'_i) > f(p''_i)$$

一方，パレート＝スルツキー方程式は，需要変化を価格変化と所得変化から測定しようとする．

需要の変化＝代替効果＋所得効果

しかし，代替効果は，特定の効用水準をつねに補償する「架空所得」にもとづく需要変化である．したがって，補償需要関数 h を導入して，つぎのように書ける．

$$\frac{\partial f_j}{\partial p_k} = \frac{\partial h}{\partial p_k} - \frac{\partial f_j}{\partial x} f_k$$

離散系でベクトルの微小摂動 Δp と Δf の積で変化の影響をみれば，

$$\Delta p \, \Delta f \fallingdotseq \Delta p \cdot \left[\frac{\partial f}{\partial p}\right] \Delta p = \Delta p \cdot \left[\frac{\partial h}{\partial p}\right] \Delta p - \left(\Delta p \cdot \left[\frac{\partial f}{\partial x}\right]\right)(\Delta p \cdot f)$$

ここで，$\left[\frac{\partial y}{\partial x}\right]$ は y のヤコビ行列を示す．ここで，最後の式の第1項と第2項が等しい理由は存在しない．第2項を負にする微小変動 Δp は容易にみつかるので，第1項の値が十分大きな負の値でないかぎり，全体の変動 $\Delta p \Delta f$ は正になりうる．つまり，価格が上昇するとき，需要も上昇できる．よって，需要法則は保証されないことがわかる（Hildenbrand 1994, p.16）．

逆に，もしも「習慣や伝統」が強いならば，家計消費は「ランダム性」を失うので，補整所得のもとでの代替効果のように需要が変化することはかなりの程度抑制される．つまり，代替効果がゼロに近くなるであろう．

Hildenbrand（1994）が明らかにしたように，一意的な需要法則が保証される範囲はきわめて制限的である．図解すれば，価格変化 Δp がグレー色の範囲に収まるようになっていなければ，需要法則は成り立たない（図6-1，図6-2）．つまり，価格変化 Δp とヤコビ行列 $\left[\frac{\partial f}{\partial x}\right]$ の成す角度（内積）が鋭角，また価格変化 Δp と f の成す角度（内積）が鈍角のとき，あるいはその反対であるとき，

$$dp \cdot df \leq 0$$

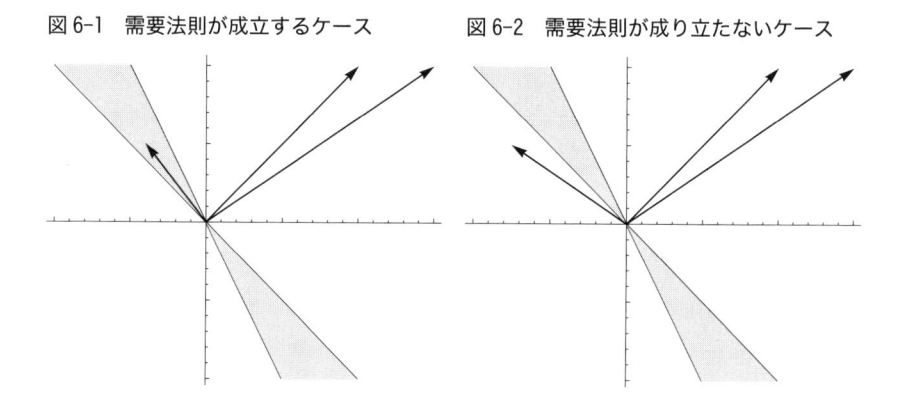

図6-1　需要法則が成立するケース　　図6-2　需要法則が成り立たないケース

となるので，需要法則は成り立つ（図6-1）．そうでないとき，つまり，ともに鋭角のとき，需要法則は成り立たない（図6-2）．

(3) バーター経済の効用最大化解

このような現象は簡単な例題を用いて説明できる．いま典型的な効用最大化問題を解いてみよう．ただし，「普通の問題」はわざわざ所得は名目値にしている．しかし，伝統的経済システムは「バーター経済」しか想定せず，貨幣を最初に定義することをしない．このことに忠実にモデル化する．まず，エッジワースに従い，所得は2財経済モデルで，初期資産

$$e = (e_1,\ e_2)$$

が与えられているとする．このとき，予算制約式は，

$$p_1 x_1 + p_2 x_2 = p_1 e_1 + p_2 e_2$$

である．ここで，効用関数が

$$u = \sqrt{x_1 x_2}$$

であれば，この効用最大化問題のラグランジュ関数はつぎのようになる．

$$L(x_1,\ x_2,\ \lambda) = x_1^{0.5} x_2^{0.5} - \lambda \{p_1(x_1 - e_1) + p_2(x_2 - e_2)\}$$

ゆえに，最適解は

$$x_1 = \frac{p_1 e_1 + p_2 e_2}{2p_1},\ x_2 = \frac{p_1 e_1 + p_2 e_2}{2p_2}$$

ここで，財1の需要 x_1 にかんして全微分をとると，

$$dx_1 = \frac{e_2(p_1 \Delta p_2 - p_2 \Delta p_1)}{2p_1^2}$$

よって，x_1 の変化は価格 p_2 と価格変動 Δp_2 にも依存するようになる．もはやこの段階では，価格変化と需要の方向は，一意的な関係を導き出すことができない．なぜなら，保有資産の再評価に起因する「実質資産効果」が発生するからである．

(4) ヒルデンブランドによる定義域の拡張

さて，ヒルデンブランドはさらに進んで，どのように定義域を拡張すれば，需要法則の成立する範囲が拡大するかを吟味した．この考察は理論的かつ経験的検証をともなう大規模なものであるが，本章では，結果だけを引用するために，リューベル（Lewbel 1994）の用いた1財モデルでヒルデンブランドの証明を紹介するにとどめる．まず，次式

$$\frac{\partial f}{\partial p} = \left(\frac{\partial f}{\partial p} + \frac{\partial f}{\partial x} f \right) - \left(\frac{\partial f}{\partial x} f \right)$$

を変形して，代替効果を示す第1項を s に置換するほか，第2項も変形しておく．

$$\frac{\partial f}{\partial p} = s - \left(\frac{1}{2} \frac{\partial f^2}{\partial x} \right)$$

この両辺に演算子 E を適用すると，

$$\frac{\partial E(f)}{\partial p} = E(s) - \frac{1}{2} E \left(\frac{\partial f^2}{\partial x} \right)$$

さらに，新しい関数 R を導入して，以下のように定義する．

$$R'(x) = \frac{\partial R(x)}{\partial p} = \frac{\partial f^2}{\partial x}$$

ゆえに，$R(x) = E(f^2)$．

したがって,

$$\frac{\partial E(f)}{\partial p} = E(s) - \frac{1}{2}\mathrm{E}[R'(x)]$$

この式では,定義から $E(s)<0$ であるので,第2項が正であればその係数が負であるので,全体も負になる.しかるに,$R(x)$ が x の増加に応じて大きくなれば,以下のようになる.

$$\mathrm{E}[R'(x)] = \int R'(x) \quad E(s) = \int E\left(\frac{\partial f^2}{\partial x}\right)\rho(x)dx > 0$$

実際,

$$R(x) = \{E(f^2) - E(f)^2\} + E(f)^2$$

であるので,第1項は「分散」,第2項は f の「自乗平均」を表している.したがって,$R(x)$ が増大すれば,$E[R'(x)]>0$.所得 x が大きくなるとき分散が増大することは,所得階層が上昇するにつれて,家計の支出の分散が大きくなることを示唆している.換言すれば,これは所得上昇にともない,家計の異質性が高まるというように解釈できる.高所得者の贅沢の仕方は大きく異なるのにたいして,平均所得の周りでは,支出の仕方は似ていると考えることができるのである.こうして,ヒルデンブランドによって,支出の分散と「家計の異質性」を導入することで需要法則を導くことができた.同質性ではなく異質性こそ問題を解決する鍵であった.

3.家計消費のランダム行列による分析

(1) 家計消費におけるランダムな要素の検定

Hildenbrand(1994)が明らかにしたように,「異質的家計の存在」がかえって「需要法則」の導出を確証する.ヒルデンブランドの条件は「分散が

増大すること」のほかに「財支出にかんしてバラツキが増大すること」（有賀裕二 2004, pp.22-25）である．この証明の意義はきわめて大きい．需要法則は新古典派経済学が求めるような同質的な個人合理主義的・ミクロ的基礎から生じない．異質的な相互作用があってこそ，需要法則という秩序が形成される．ミクロ的作用の集計はマクロ的秩序を直接的に代表することはないのである．Hildenbrand and Kirman (1987) が宣言したように，均衡理論から決別しないと，現代の社会・経済システムは分析することはできないであろう．

　現代の社会・経済システムでは，新古典派経済学が「同質性」が優勢であるのではない．伝統的理論の思考はたんに 19 世紀の「ガウス正規分布」と統計学者ケトレ Adolphe.J. Quetelet（1796-1874）の啓蒙思想に依存しているにすぎない（Mainzer 2007, II.1；有賀訳 2011, pp.34-35）．深い階層構造のなかで利権集団と人工知能が支配する社会・経済システムでは「異質的エージェントの相互作用 heterogeneous interacting agents」[4]こそ重要であり，このようなシステムでは，ガウス分布ではなく，「ベキ分布」や「対数正規分布」が支配するのである．

　これらの重要性が今後の経済学の分析に必要であることに鑑み，すでに「社会経済物理学事典」として青木・青山・有賀・吉川監修（2011）「50 のキーワードで読み解く─経済学教室　社会経済物理学とは何か」が公刊されている．要するに，古い「同質性」の思想を抜け出すことが急務で，前世紀末に組織化された経済物理学はこの改革におおいに貢献してきた．「異質的エージェント」に着目して，「相互作用」を考察することが重要になったのである．

　さて，前節では，所得階級の消費行動の相違について触れた．ヒルデンブラントは，いわゆる先進諸国で，家計消費の行動が

① 分散が増大すること
② 財支出にかんしてバラツキが増大すること

であることを経験的にも検証した（Hildenbrand 1994；Aruka 2001 ［Aruka 2011, chap.5 に採録］）．

　本節では，所得階層別に異なる家計の消費がランダムであるか，ランダムで

ないかを検証してみたい．上記のヒルデンブラントによって検定された家計消費の行動のほかに，家計消費に「非ランダムな要因」が伏在して，家計消費の方向を定めている場合がある．これは，全家計が従ういっそう基礎的な要因であるかもしれない．これまで，このような検定を可能にするツールがなかったが，最近，「ランダム行列」による検定が普及してきた．すでに Iyetomi et.al (2011a, b) は日本の産業生産データ（マクロ有効需要）の主成分分析を行ない，最近の産業需要データの時系列をランダム行列理論を適用して，投入産出構造の非ランダム性を検定した．以下の議論は，家富の研究を家計消費に適用したものである．有賀が家富の研究に触発され家計消費への適用を提案し Kolkata Econophys 2012 などで発表してきた．家富の共同研究として Aruka et.al (2013) がある．

(2) 主成分分析の判定基準とランダム行列理論による検定

主成分分析とは，多くの量的変数をより低い次元の合成変数（主成分）に変換し，データが有している情報を縮約し，より解釈しやすくするための分析方法であり，社会科学分野でしばしば用いられてきた．主成分分析では，まず期間 $1, \ldots, T$ のあいだに発生した N 種類の多変量データを平均 0，分散 1 に標準化して，以下の行列 G を定義する．

$$G = \begin{pmatrix} g_{11} & \cdots & g_{1T} \\ \vdots & \ddots & \vdots \\ g_{N1} & \cdots & g_{NT} \end{pmatrix}$$

この行列 G にもとづく相関行列からなる行列を C と置く．

$$C = \frac{1}{T} G G^T$$

行列 C の固有値は相関行列の定義上，実数値で $N \times N$ 行列であることから N 個ある．これらの N 個の固有値を大きい順に第 1 主成分，第 2 主成分とい

うように第 N 主成分まで命名する．

ところで，解析対象となる時系列データは有限なため擬似相関（統計ノイズ）が含まれている．固有値問題で解明できる独立的な N 個の固有値と固有ベクトル（主成分）がどこまで有意な相関であるかということを検定する必要がある．従来，理論的な判定基準はなく，半ば経験的に，固有値が 1 以上，累積固有値が 70% までを「有意な主成分」などとしてきた．

① 固有値が 1 以上
② 累積寄与率が 70% を超えたところまで
③ 寄与率に急激な変化が起きている部分まで

しかし，いまやランダム行列理論 RMT により，この経験的な判定基準にたいして理論的な判定基準を与えることができる（Iyetomi et.al 2011a, b; 吉川洋 2013）．

(3) ランダム行列の理論とランダムシャッフリング

G の行列要素が $N(0, 1)$ の独立同分布なランダム変数とする．このとき，列数 T と行数 N の比を一定として N, T の極限をとると，相関行列 C の固有値分布は以下のようになる．ここで，$Q = T/N$ である．

$$\rho(\lambda) = \frac{Q}{2\pi} \frac{\sqrt{(\lambda_+ - \lambda)(\lambda - \lambda_-)}}{\lambda}$$

よって，行列要素がランダムであるなら，固有値は $[\lambda_-, \lambda_+]$ のあいだに分布していることになる．一方，主成分分析で λ_+ より大きい固有値があらわれたなら，その成分（モード）にかんする相関はノイズでない，つまり，有意な相関であると判定できる．その結果，λ_+ よりも大きい固有値をもつモードが見つかれば，そのモードは観察データを説明する主成分として扱うことができる．

ランダム行列理論では，対象とする時系列データが自己相関も相互相関も含まない場合の参照系である．そのために，それ自体では，自己相関と相互相関

図 6-3　ランダムな固有値分布

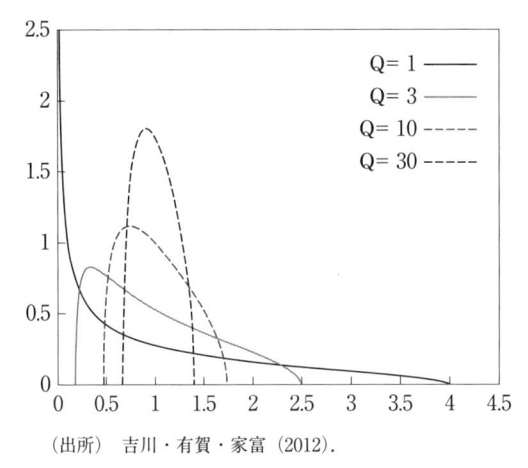

(出所)　吉川・有賀・家富 (2012).

を区別することができない．そこで，自己相関と相互相関を区別するような判定基準として Rotational Random Shuffling を利用する (Iyetomi 2011b)．

　主成分分析を行なう際に興味があるのは相互相関であるが，RMT は時系列データが自己相関も相互相関も含まない場合の参照系であるため，RMT との比較を行なうだけでは自己相関と相互相関を区別することができない．これは時系列データがもつ自己相関のみを残し，図 6-3 のように，時間軸上にデータをシャッフルさせて，相互相関を破壊する．時間 t の添字をつぎの変換規則

$$\mathrm{Mod}(j-\tau t)$$

でシャッフルさせる．ここで τ はランダムな数で

$$\tau \in [0,\ T-1]$$

である．このとき，行列 C の各要素は

$$g_i(\mathrm{Mod}(j-\tau t))$$

に変換される．

$$\begin{pmatrix} g_1(1) & g_1(2) & \cdots & g_1(T) \\ g_2(1) & g_2(2) & \cdots & g_2(T) \\ \vdots & \vdots & \ddots & \vdots \\ g_N(1) & g_N(2) & \cdots & g_N(T) \end{pmatrix} > \begin{pmatrix} g_1(T) & g_1(1) & \cdots & g_1(T-1) \\ g_2(T-1) & g_2(T) & \cdots & g_2(T-2) \\ \vdots & \vdots & \ddots & \vdots \\ g_N(9) & g_N(10) & \cdots & g_N(\infty) \end{pmatrix}$$

以上の準備のもとに2000年1月から2012年2月日本の家計消費の非ランダム要因を分析することにしたい．

(4) 日本の家計消費の非ランダム要因

家計調査データとは，一定の統計上の抽出方法にもとづき選定された全国約9000世帯を対象として家計の収入・支出，貯蓄・負債などを毎月調査したデータである．ここでは，支出項目10分類を利用する．項目は1食料，2住居，3光熱・水道，4家具・家事用品，5被服及び履物，6保健医療，7交通・通信，8教育，9教養娯楽，10その他の消費支出である．2000年1月から2012年2月までの項目数50，時系列の長さ146カ月の月次データを扱う．しかし，季節性に依る変動により，そのまま解析を行なうと季節性によって生じる擬似相関まで抽出してしまう可能性がある．そこで，季節変動成分を取り除くために季節調整として前年同月比を取り，さらに前の月との対数差分を取ったデータ（T = 146 → 133）にたいして解析を行なった．一方，年間収入5分位階級別データのほか，年間収入10分位階級別の2つを用いて解析を行なった．

年間収入5分位階級別のケース

年間収入5分位階級別のケースでは，λ_+ を超える固有値が3つ見つかった．しかし，ランダムシャッフリングを行ない自己相関を除去すると，非ランダムな固有値にともなうベクトルは第1主成分と第2主成分の2つとなった[5]．第1主成分では全体的に正の相関を識別できる．また，1食料と3光熱・水道カテゴリ間で収入階級によらずとくに大きな相関があることを識別できる．4家具・家事用品，5被服および履物，7交通・通信，9教養娯楽の同カテゴリ内

図 6-4　主成分分析と固有値分布　　図 6-5　ランダムシャッフリングのケース

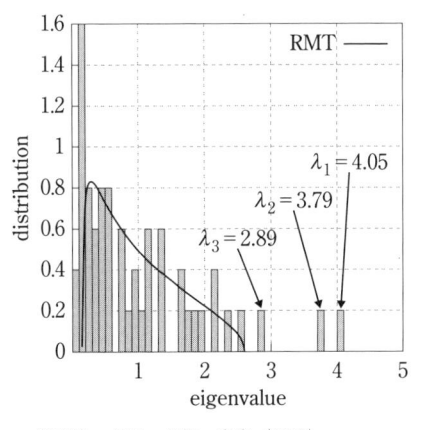

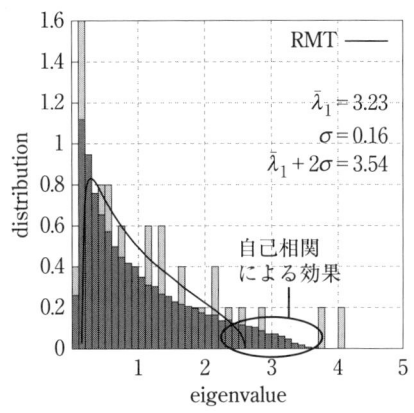

図 6-4: $\lambda_1 = 4.05$, $\lambda_2 = 3.79$, $\lambda_3 = 2.89$

図 6-5: $\bar{\lambda}_1 = 3.23$, $\sigma = 0.16$, $\bar{\lambda}_1 + 2\sigma = 3.54$, 自己相関による効果

（出所）吉川・有賀・家富（2012）.　　（出所）吉川・有賀・家富（2012）.

では収入階級 3 のみ相関が小さいこともわかる．一方，第 2 主成分では 1 食料と 5 被服および履物間で大きな正の相関，3 光熱・水道とのあいだに負の相関を識別できる．

年間収入 10 分位階級別のケース

年間収入 10 分位階級別のケースでは，λ_+ を超える固有値が 6 つ見つかった．第 1 主成分に対応する固有ベクトルでは全体として正の相関に偏っている．また 1 食料と 3 光熱・水道において収入階級によらず大きな値をもっている様子を識別できる．第 2 主成分に対応する固有ベクトルでは 3 光熱・水道と 5 被服および履物のあいだに大きな負の相関を識別できる．年間収入 5 分位階級別のケースと同様に，これら第 1，第 2 固有値に対応する固有ベクトル成分は明らかにランダムでない相関構造を反映している．一方，第 3，第 4 固有値に関しては一見しただけでは傾向があるともいえないし，一部，品目内で比較的揃っている部分もみられることからランダムだとも言い切ることができないようである．

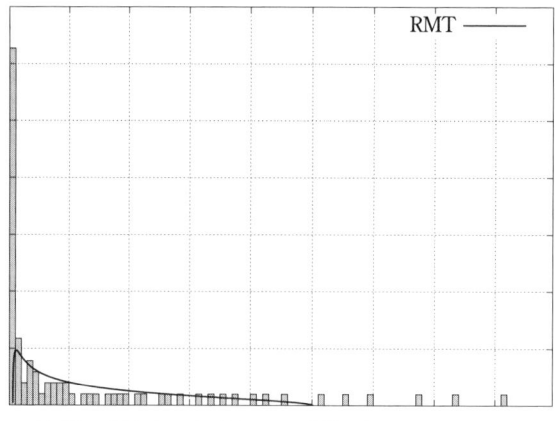

図6-6 年間収入10分位階級別を用いた固有値分布

λ_1	8.14
λ_2	7.40
λ_3	6.72
λ_4	5.94
λ_5	5.52
λ_6	5.11
λ_+	5.01

(出所) 吉川（2013），図4.2：固有値分布．

4．遺伝的アルゴリズムからみた標準商品の応用

(1) ホランドの複雑適応系と遺伝的アルゴリズム

John Holland（1992, Ch.10; 1995, Ch. 2）は，進化は以下の手順で進行する．

1．ルールを見つける学習過程
2．ルールへのクレジット付与
3．ルール発見

これらの手順を実装する機構が「クラシファイアシステム」である．学習過程は「検知器」からのメッセージ投入に始まり「効果器」への産出に終わる．この過程は環境への適応をつうじて循環する．メッセージリストからルールの善し悪しを評価するのが「バケツリレーアルゴリズム」でクラシファイアのコアである．「クラシファイア循環」のなかで，環境適応しながら，有力となるルールは，舞台設定ルールの強度を増強していくのである．

まず，ホランドは，「4つの性質」と「3つの機構」の計7個で「複雑適応系」を定義している（有賀裕二 2004, pp.46-50）．

- 4つの性質：集計（aggregation），非線形性（nonlinearity），ネットワーク

フロー (flows)，多様性 (diversity)（なお，多様性はニッチ (niche) 形成と不可分である.）

- 3つの機構：名札付けによる調整選別（タッギング）(tagging)，内生的モデル（スキーマ）(internal model)，多様なコピー形成 (building blocks)

最後の building blocks という機構は，それぞれの器官が組み合わせにより多様な系を作り上げる結果，エージェントはつねにこれまでに経験したことのない系に遭遇することになる．また tagging は，タグがコーディネーションと選別によって集計を遂行する機構である．これはタグ (tag) とタグ検索 (tag query) の関係であって，雌雄交配では雄の模様というタグを雌が選別することであり，メッセージ交信ではメッセージがタグで受信者が選別することであり，化学反応では触媒がタグでタグ検索が基材である．内生的モデルというの

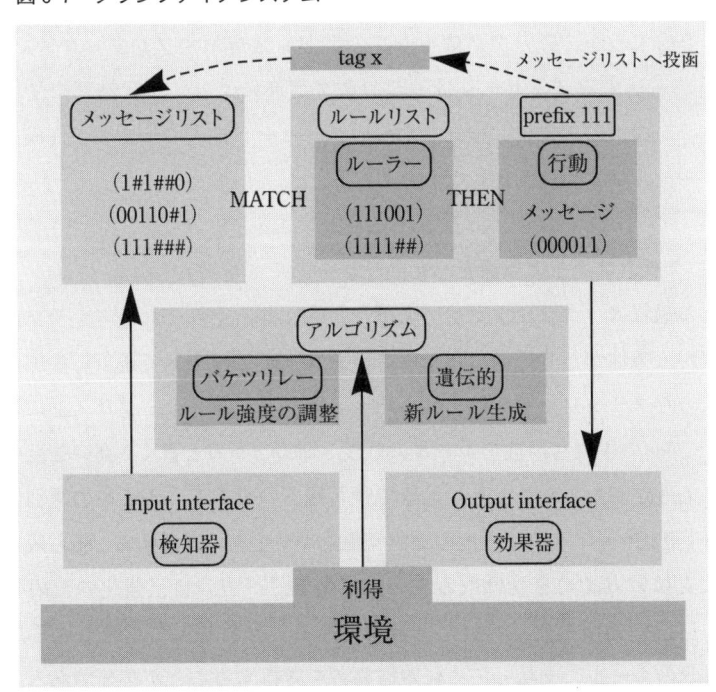

図6-7 クラシファイアシステム

は，生存に不可欠の予測力を形成できるモデリング能力である．これがないと危険を察知できない．これらの3つの機構をつうじて，エージェントは，経験から新しい事態の構文解析を行なうのである．そしてホランドは，このような構文解析の手段の1つとして遺伝的アルゴリズム（Genetic Algorithm）を提案したのである．

この遺伝的アルゴリズムは主として「クラシファイア・システム」によって駆動する．クラシファイアは遺伝的アルゴリズムによってシステムの内部書き換えをしていくのである（Holland 1992, pp.76-77）．「クラシファイアの作用」はつぎのようなものである．

① 検知器をつうじて投入されるメッセージリストにルールによる選別を行なう．
② 選別の結果を効果器をつうじて外部に出力し，利得評価する．
③ バケツリレーアルゴリズムによって，より良いルールに書き換える．

ここで，ルールは，条件部と行為部からできている．ルールは特定の標識（タグ）を予約するが，このタグはルールのアドレスを示すプレフィクスである．条件部が送信するメッセージは，このタグ選別によって，行為部に受信される．クラシファイアでは，検知器からのメッセージ投入のリストが作成されてから，ルールによる選別が行なわれる．

(2) クラシファイア循環とバケツリレーアルゴリズム

以上の過程は「クラシファイア循環」と呼ばれ，それぞれのステップは反復されるが，条件がともに満たされるクラシファイアはすべて競争に参加し，勝ちを収めたクラシファイアはそれらのメッセージをメッセージリストに投函する．ルール r の平均有用性をルールの強度と呼び，$s(r)$ と書く．高い強度のルールが，条件が満たされるとき，競争で勝ち残るのである．ルールの選別は，いわゆる「進化ゲーム」の適合度の調整機構をつうじて，進展する．勝ち残るルール r は支払い $Bid(r)$ を受け取るルールである．一方，自己強化のための支払いは，自己の強度を支払い分だけ減少させる．したがって，勝ち残るためには，自分のルールに支払ってくれる需要者を獲得することが必要である．ルー

ルの適正は環境からたえず利得を受けることによって判定され，環境に適合するルールが活性化していく．こうしてあるルールが強度を増していく．

　ここで，バケツリレーアルゴリズムの例題を引用する．クラシファイア C_1, C_2, C_3 の3つがあるとする．C_2 が C_1 を需要し，同時に，C_2 が C_3 へ供給する例題を示す．クラシファイア C_2 は t でクラシファイア C_1 からメッセージを受け取り，その対価として $Bid=6$ を支払う．これによって時点 t での C_1 の強度は 100 から 106 に増大する一方，C_2 の強度は 110 から 104 に減少する．ところが，これによって自己強化したクラシファイア C_2 は，つぎの時点 $t+1$ ではクラシファイア C_3 へメッセージを提供し，C_3 からの支払い 8 を受け取る．C_3 は時点 $t+1$ で強度 112 まで転落する．しかし，C_3 は他のクラシファイアにメッセージ供給して強度増強できる可能性がある．このようにして，最初のメッセージの供給は次第に各クラシファイアに伝搬する．この過程は，効果器から出て来た結果が環境を，この循環での需要ルールを強度増強に向かった経路から分岐させるように環境状態を変えてしまう可能性がある．このとき，需要者は優勢になれない．その分岐により需要者にその需要ルールを使用する需要者群から支払いを受け取れないようにしてしまうからである．また，分岐させる供給者ルールはさらに優勢になれない．優勢化の初期段階にいるからである（有賀裕二 2004, pp.72-75）．

図 6-8　バケツリレーアルゴリズム

TIME							C_1		C_2		C_3
$t-1$	C_1		Cond.1	Cond.2	tag x	message	100		110		120
								+6	-6		
t	C_2	tag x	Cond.1	Cond.2	tag y	message	116		104		120
										+8	-8
t	C_3	tag y	Cond.1	Cond.2	tag z	message	116		118		112

(3)　スラッファ標準商品とクラシファイア循環

　フォンノイマン自身のモデルにはバケツリレーアルゴリズムのような bid/ask 機構は明示的に表明されていない．ところが，Holland（1992；1995）はフォンノイマンの多部門斉一経済成長システム（von Neumann 1937）を遺伝子的ア

ルゴリズムで再定式化してみせた．以上は Aruka (2012, pp.162-184) が詳述した．本章では Aruka (2012) にしたがい，スラッファ＝フォン・ノイマン生産システムを利用して，生産システムの更改過程，つまり，技術革新の過程を考察してみたい．

投入行列を A，産出行列を B と置く．

$$A = \begin{pmatrix} a_1 \\ \vdots \\ a_m \end{pmatrix} = \begin{pmatrix} a_{11} & \cdots & a_{n1} \\ \vdots & \ddots & \vdots \\ a_{m1} & \cdots & a_{mn} \end{pmatrix}, \quad B = \begin{pmatrix} b_{11} \\ \vdots \\ b_m \end{pmatrix} = \begin{pmatrix} b_{11} & \cdots & b_{n1} \\ \vdots & \ddots & \vdots \\ b_{m1} & \cdots & b_{mn} \end{pmatrix}$$

また本源的生産要素は労働のみとして労働投入をベクトル a^0 と置く．このとき，スラッファ生産システム $\{A, B, a^0\}$ は「スラッファ定理」(Aruka 2012, pp.176-177) の意味で規則的になっているとする．このとき，労働の価格を1に基準化すれば，価格ベクトル p はつぎの方程式の解である．

$$[I - (1+r)A]p = a^0$$

まず，スラッファ Sraffa (1960) は，各産業で使用される生産手段と労働投入の比がつねに比例させる balancing proportion を実現させるような生産水準を探して，この比率をつぎのように定義した．

$$\sigma = \frac{sA^n p}{a_l A^{n-1} a^0}$$

比率 σ を実現するベクトル s が「スラッファ標準商品」にほかならない．数学的には投入行列の固有ベクトルである．

さて，従来，スラッファ標準商品は「不変の価値尺度」ということを除いて応用例が少なかった．本章では，スラッファ標準商品を事前のシステム推定の尺度として利用する提案を示唆したい．

いま「生産工程選択の場」に，各生産者は新工程を市場に「投函」できるとする．しかし，商品数が既存の生産工程数を超えるならば，システムは過剰決

第6章　生産と消費の古典派経済観の発展的分析　235

定になる．システムがたまたま過小決定のとき，いくつかの新工程が提案されたとき，スラッファの意味で，標準商品が確定するであろう．換言すれば，ある時点 t で，生産工程数 m と商品数 n の差の数の組み合わせによって可能な k 個の標準商品の集合が生成される．

$$\{s_1^t, \ldots, s_k^t\}$$

それぞれの標準商品にはそれに同伴する仮想的な生産システムが対応している．これらを

$$\{\{A_1^t, B_1^t\}, \ldots, \{A_k^t, B_k^t\}\}$$

とする．

この対応する生産システムの集合をそれぞれの標準商品 s^t で「収益性」を評価して，その時点での生産システムの更改の見通しを立てる．標準商品での生産システムの評価は，標準商品の定義より，期待収益を与える．以上を図示すれば図6-9のようになる．

図6-9　標準商品による生産システムの更改

TIME	新プロセスの投函		(A^0, B^0)	$\Rightarrow$	(A^1, B^1)	$\Rightarrow$	(A^2, B^2)
$t=0$	$(x_0 A^0, x_1 B^0)$	$\Rightarrow$ $S_1^* \in \{S_1^1, S_2^1, \cdots\}$		S_1^*による評価	選択		
$t=1$	$(x_1 A^1, x_2 B^1)$	$\Rightarrow$ $S_2^* \in \{S_1^2, S_2^2, \cdots\}$				S_2^*による評価	選択
$t=2$	$(x_2 A^2, x_3 B^2)$	$\Rightarrow$ $S_3^* \in \{S_1^3, S_2^3, \cdots\}$					

(出所)　Aruka (2012), Fig.10.3 を改訂．

各期間ごとに投函される生産工程の束をその時点で利用できる標準商品を用いてシステムの期待収益を計算する．その結果，特定の標準商品をともなう生産システムが確定する．しかし，そのシステムの収益は，システム環境から再評価され，新たな生産者が生産工程を投函することにより，生産システムの更改が発生する．このようにして，操業水準の時系列 x が経路依存的に生成されていくのである[6]．

$\{x_0,\ x_1\}\quad >\text{new }x'\text{ by new }s$

　従来,スラッファ標準商品は,固有ベクトルという汎用性をもちながら,あまり動態的分析の尺度として利用するアイディアは提唱されてこなかった.本章では,生産システムの遺伝的アルゴリズム的展開にスラッファ標準商品を利用する可能性を示した.

5. 生産のネットワーク分析

(1) 固有ベクトルとネットワーク分析

　前節では,スラッファ標準商品を生産システムの更改のための尺度として利用することを示唆した.今世紀に入ってからのネットワーク分析の展開は目覚ましい.標準商品は固有ベクトルであるので,生産のネットワーク分析にすぐにでも利用可能なようにみえる.たしかに,産業連関はネットワークにほかならない.そこで,最近の日本経済の投入産出表の13部門表,34部門表でネットワークセントラリティをはじめ各種のネットワーク特性を点検してみたい.産業連関表 (Leontief1, 1966) そのものがもつさまざまな理由で,固有ベクトル計算からだと目立った特徴をつかめないようである.実際に計算してみると,むしろクローズネスセントラリティなどの尺度が経済構造の変遷を顕示することがわかる.以下の,本節では,生産システムをネットワークの観点から分析するが,Aruka (2013) にもとづいているが,これはESHIA/WEHIA2013 (レイキャビク大学2013年6月) で発表されたものである.

　前節と同じ記法でスラッファ生産システムを述べれば,賃金率を0とするとき,価格システムは,

$$Ap = \frac{1}{1+r}Bp$$

である.単純化のため,B=Iと置くと,

$$Ap = \lambda p$$

つまり，λ は投入行列 A の固有値である．数値例として，

$$\begin{pmatrix} 0.1 & 0.3 & 0 \\ 0.7 & 0.5 & 0 \\ 0 & 0.1 & 0.3 \end{pmatrix}$$

このとき，投入行列の固有ベクトル v は，

$$v = \begin{pmatrix} v_1 \\ v_2 \\ v_3 \end{pmatrix} = \begin{pmatrix} 0.376638 & 0.878823 & 0.292941 \\ 0 & 0 & 1 \\ 0.703526 & 0.703526 & 0.100504 \end{pmatrix}$$

である．最大固有値は 0.8 なので，最大固有ベクトルは v_1 である．v_1 では第 2 財の比率が高いので，標準商品の価格評価で第 2 財の貢献度が大きいものと推定できる．

一方，投入行列 A を加重隣接行列（weighted adjacent matrix）とみなしたい．このとき，x を操業水準とすると，つぎの関係式が

$$x = \frac{1}{2} A^{\mathrm{T}} x$$

転置行列 A^{T} は供給リンクを表示している．ここで，A^{T} の最大固有ベクトルは

$$(0.5,\ 0.5,\ 0)$$

である．このケースでは，供給リンクの部門貢献度で第 1 部門と第 2 部門の影響は同一である．

以上の行列 A と転置行列 A^{T} の最大固有ベクトルの相違は，古くから価格システムと数量（操業）システムの「双対不安定性」と呼ばれる．

238 討論編

(2) 固有ベクトルセントラリティ，次数セントラリティ，およびクローズネスセントラリティ

供給ネットワークについて，上記の数値例では，供給リンクの部門貢献度で第1部門と第2部門の影響は同一である．したがって，固有ベクトルセントラリティでは際立った特徴は出てこない．

図6-10　固有ベクトルセントラリティ

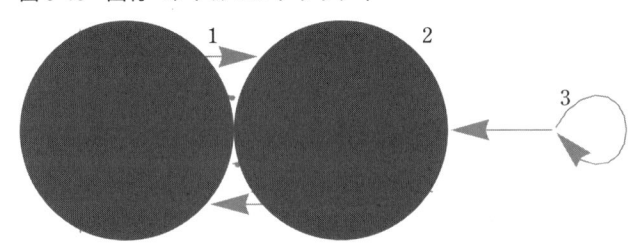

しかし，このようなケースでも，次数ネットワークセントラリティをみれば，ネットワークのノードに特徴を見出だすことができる．

図6-11　次数ネットワークセントラリティ

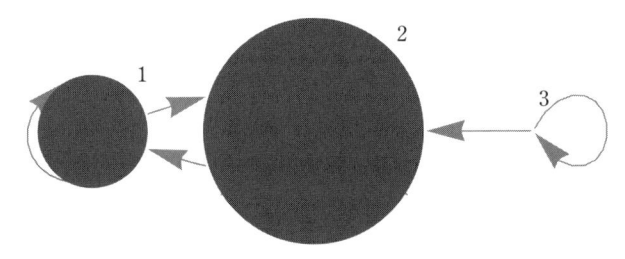

表6-1　2005年3部門表　　　　　　　　　　　　　　　　　　（単位：兆円）

	第1次	第2次	第3次	最終需要	輸出	輸入	国内生産
第1次	2	8	1	4	0	-2	13
第2次	3	175	58	156	56	-59	388
第3次	2	75	143	344	17	-11	570
財付加価値	7	139	369				
国内生産	13	388	570				

（注）　垂直方向は費用構成，水平方向は販売構成を表示．
（出所）　Statistics at METI（2012），英語版，6より作成．

第6章　生産と消費の古典派経済観の発展的分析　239

　2005年の日本の3部門投入産出表から固有ベクトルセントラリティを計算する．まず最大固有ベクトルは

　　（0.333333，0.333333，0.333333）

供給リンクのネットワークはどの部門も等しく貢献度が高いことを示している．したがって，実際のデータからでも固有ベクトルセントラリティでは際立った特徴は出てこない．

　　　　　図6-12　3部門表の固有ベクトルセントラリティ

今度は，同じデータからクローズネスセントラリティを計算すると，

　　（0.222222，0.285714，0.166667）

である．

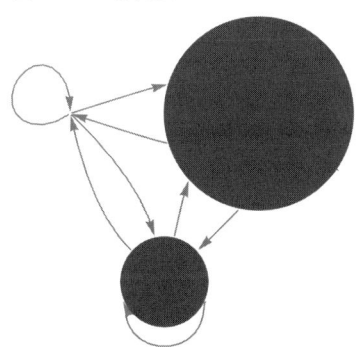

　　　　　図6-13　3部門表のクローズネスセントラリティ

クローズネスセントラリティをはじめとしたセントラリティの議論には Freeman (1978/79), Opsahl et al. (2010), Wasserman and Faust (1994) がある. ここでは, Opsahl の定義を紹介する. i をフォーカルノード, j をターゲットになるノードとする. これら2つのノードの最短距離 d_{ij} をとする. このとき,

$$\sum_j \frac{1}{d_{ij}}$$

でクローズネスセントラリティを表す.

(3) 投入産出表を用いた分析

経済産業省で発行される投入産出表で最小部門数は 13 部門である. ほかに

表 6-2 投入産出表の分類仕分け

| 01 農林水産業 02 鉱業 03 製造業 04 建設 05 電力・ガス・水道 06 商業 07 金融・保険 08 不動産 09 運輸 10 情報通信 11 公務 12 サービス 31 分類不明 | 01 農林水産業 02 鉱業 03 食料品 04 繊維製品 05 パルプ・紙・木製品 06 化学製品 07 石油・石炭製品 08 窯業・土石製品 09 鉄鋼 10 非鉄金属 11 金属製品 12 一般機械 13 電気機械 14 輸送機械 15 精密機械 16 その他の製造工業製品 17 建設 18 電力・ガス・熱提供業 19 水道・廃棄物処理 20 商業 21 金融・保険 22 不動産 23 運輸 24 通信・放送 25 公務 26 教育・研究 27 医療・保健・社会保障・介護 28 その他の公共サービス 29 対事業所サービス 30 対個人サービス 31 事務用品 32 分類不明 | 01 農林水産業 02 鉱業 03 飲食料品 04 繊維製品 05 パルプ・紙・木製品 06 化学製品 07 石油・石炭製品 08 窯業・土石製品 09 鉄鋼 10 非鉄金属 11 金属製品 12 一般機械 13 電気機械 14 情報・通信機器 15 電子部品 16 輸送機械 17 精密機械 18 その他の製造工業製品 19 建設 20 電力・ガス・熱提供業 21 水道・廃棄物処理 22 商業 23 金融・保険 24 不動産 25 運輸 26 情報通信 27 公務 28 教育・研究 29 医療・保健・社会保障・介護 30 その他の公共サービス 31 対事業所サービス 32 対個人サービス 33 事務用品 34 分類不明 |

34 部門表，108 部門表，190 部門表などがある．しかし，計算の便宜や特徴を捉える上で，13 部門表と 34 部門表が都合がよい．ただし，34 部門表は 2005 年からであり，それ以前は 32 部門表である．本章では，これら 13 部門，34 部門に絞って，1995 年，2000 年，2005 年の表を用いてネットワーク分析を行ない，経年の変化を追跡する．

32 部門表と 34 部門表の相違は，後者に 14．情報・通信機器，15．電子部品の項目が新たに追加されていることである．

投入産出表 13 部門表

13 部門表でグラフコミュニティを推定すると，表 6-3 のようになる．グラフコミュニティ {1, 3, 4} と {2, 5, 9} は 3 期をつうじて不動である．一方，1995年には大コミュニティを形成していた {6, 7, 8, 10, 11, 12, 13} は崩壊している．

表 6-3　13 部門表のグラフコミュニティ分類

year	Graph communities
1995	{6, 7, 8, 10, 11, 12, 13}, {1, 3, 4}, {2, 5, 9}
2000	{7, 8, 11, 13}, {1, 3, 4}, {2, 5, 9}, {6, 10, 12}
2005	{6, 8, 10, 12}, {1, 3, 4}, {2, 5, 9}, {7, 11, 13}

13 部門表のネットワークを 1995 年と 2000 年をハイライトで示すと，図 6-14，図 6-15 のようになる．

図 6-14　13 部門表のネットワーク 1995 年　　図 6-15　13 部門表のネットワーク 2000 年

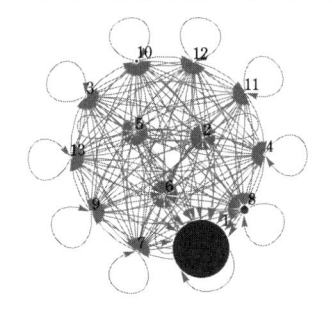

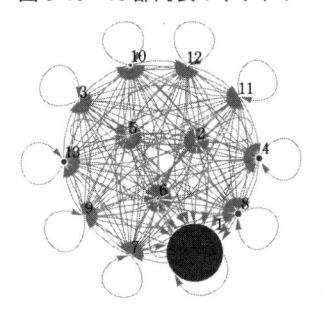

投入産出表 32／34 部門表

まず，13 部門のときと同様に，グラフコミュニティを推定すると，表 6-4 のようになる．ただし，2000 年の部門番号は no.15 以降，新しい番号を降り直して no.34 まで拡張している．

表 6-4　34 部門表からみたグラフコミュニティ

year	Graph communities
1995	{2, 20, 21, 22, 23, 24, 26, 28, 29, 30, 32}, {3, 4, 5, 6, 16, 19, 27, 31}, {8, 9, 10, 11, 17}, {12, 13, 14, 15, 25}, {1, 7, 18}
2000	{2, 22, 23, 24, 25, 26, 28, 30, 31, 32, 34}, {3, 4, 5, 6, 18, 21, 29, 33}, {8, 9, 10, 11, 19}, {12, 13, 16, 17, 27}, {1, 7, 20}
2005	{21, 23, 24, 26, 27, 30, 31, 34}, {2, 7, 8, 20, 25}, {13, 14, 15, 17, 28}, {5, 18, 22, 33}, {9, 11, 12, 19}, {1, 3, 32}, {4, 6, 29}, {10}, {16}

同様に，2000 年と 2005 年をハイライトで示すと，図 6-16，図 6-17 のようになる．

図 6-16　32 部門表のネットワーク 2000 年　　図 6-17　34 部門表のネットワーク 2005 年

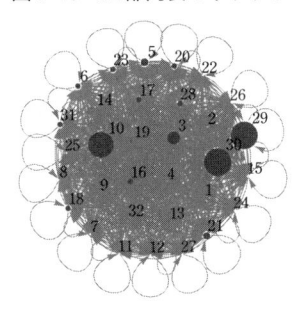

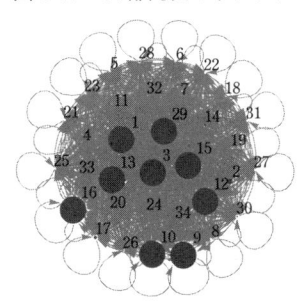

(4)　生産ネットワークによる技術革新の発展的分析への示唆

32 部門表と 34 部門表の相違は産業構造の変遷に応じた「現実的な」再分類処理であり，2000 年時点で，14 情報・通信機器，15 電子部品の項目が存在しなかったわけではないことはいうまでもない．しかし，理論的に眺めると，2 つの解釈が可能である．まず，2000 年時点でなかった産業があらたに付け加

えられたという解釈．もう1つは2005年時点での産業分類を2000年時点に適用して，2000年時点では，ネットワーク上のノードを示す各部門のリンクがno.14とno.15とのリンクを失っていたという解釈が可能である．後者の立場をとると，リンク接続・不接続の再変更とい観点から，ネットワークの変遷を分析することができる．ノード数が所与の場合，リンクの変更は，「ポリアの壷過程」と同値であることが知られている（Ohkubo et.al. 2005；Aruka 2011, Ch.1）．投入産出表は産業分類が粗く技術革新の細部の発展過程を追跡するのに適していないが，今後，本章で示唆した生産のネットワーク分析が，マクロ経済秩序の経路依存的再編を内生的に解析する一助となる可能性がある．

1) マーシャルはこれを『経済学原理』（第3版，1985）で述べたが，ギッフェンのどの文献を参照したかは依然わかっていないといわれる．
2) 「価格.com」はパソコンやAV機器を中心とした電気製品の価格比較ウェブサイトで，多数の電子掲示板群やショッピングモールがあり，2008年（平成20年）1月ですでに1カ月あたり約1,261万人の利用者があったといわれる．
3) 水野（2011）によれば，売れ筋のカメラキヤノンIXYを例にとれば，価格差2万円以上で1年以上市場から退出せずに生き残ることができている．水野貴之の研究では，デジタルカメラIXYは25,000～40,000円の幅で取引され，最安値グループで購入は全体の30～40パーセントにすぎない．
4) 2006年，ボローニャにてSociety for Economic Sciences with Heterogeneous Inter-acting Agents（ESHIA）が設立され，Journal of Economic Interaction and Coordi-nation（Springer）が刊行されている．
5) Rotation Random Shufflingでは，最大固有値の平均を$\bar{\lambda}_1$，その標準偏差をσとして，$\bar{\lambda}_1 + 2\sigma$の範囲で妥当性を検証した．
6) 経路依存過程は「ポリアの壷過程」で表現することができる．応用としてAruka and Akiyama（2009）がある．

第7章 ネオ・リカーディアンの差額地代理論の数学モデルについて

1. はじめに

　Ricardo (1817) に代表される古典派の経済理論を主として線形代数を用いた数学モデルとして定式化して現代に甦らせた Sraffa (1960) の理論は,「ネオ・リカーディアン」の経済理論と呼ばれ，さまざまな研究者によって発展させられてきた．スラッファの著書の第1部では，各産業で単一の生産技術を用いた流動資本モデルが研究されているが，第2部では，結合生産，固定資本，再生産不可能な生産手段（土地）が導入されてモデルが拡張されている．とくに，品質が異なる複数の「土地」をモデルに導入することにより，リカードの「差額地代」の理論が数学的に厳密に定式化されている．スラッファの地代理論は,「ネオ・リカーディアンの差額地代理論」と呼ばれている．本章では，ネオ・リカーディアンの差額地代理論が提起する若干の問題とその解決策について，過去に筆者が公刊した論文やその他の関連論文を参照しながら，展望する．とくに，マルクスの労働価値理論やホテリングの枯渇資源理論とネオ・リカーディアンの差額地代理論の関係について，詳しい考察を行なう．

　第2節ではまず，第3節以降の考察への準備作業として，地代を含まないスラッファ体系を概観し，このモデルと置塩信雄や森嶋通夫によって発展させられたマルクスの労働価値理論の関係について考察する．第3節では，差額地代を含むスラッファ体系の性質を数学的に考察する．そこでは，再生産不可能な希少な生産手段としての「土地」を導入したスラッファ体系では，もはや需要と切り離して地代や財の価格を決定することができないことが示される．第4

節では，差額地代を含むスラッファ体系がマルクスの労働価値理論にたいしてあらたな問題を提起することが論じられ，その解決策についても論じられる．第5節では，Kurz and Salvadori（2009）によって行なわれた，ホテリングの枯渇資源モデルと地代理論をスラッファ=フォン・ノイマン型のネオ・リカーディアン・モデルに統合する試みが紹介される．第6節では，結論が述べられる．

2．地代を含まないスラッファ体系と労働価値

本節では，浅田統一郎（1995）およびAsada（2009）にもとづいて，地代を含まないスラッファ体系について概観する．ここでは，議論を単純化するために，Sraffa（1960）では議論されている生産技術の選択，固定資本と結合生産の問題については捨象する[1]．また，Sraffa（1960）に従って，賃金後払いを仮定する．

以上のような前提のもとでは，各産業で利潤率が均等化しているスラッファ・モデルにおける「正常価格体系」（Marx 1894の用語を用いれば「生産価格体系」）は，以下の連立方程式によって定式化される[2]．

$$p_j = (1+r)\left(\sum_{i=1}^{n} a_{ij} p_i\right) + w l_j \quad (j=1, 2, \ldots, n) \tag{1}$$

ただし，p_j＝第j財の価格，r＝均等利潤率，w＝名目賃金率，a_{ij}＝第j財を1単位生産するために直接必要とされる第i財の投入量，l_j＝第j財を1単位生産するために直接必要とされる労働投入量，である．

この方程式において，生産技術を表す係数 a_{ij} および l_j は固定されているものとみなせば，未知数は，n種類の価格と利潤率および名目賃金率である．すなわち，(1)式は，(n+2) 個の未知数をもつn個の連立方程式であり，これだけでは，解は確定しない．(1)式の両辺を w で割れば，価格を賃金表示の価格 (p_j/w) で表現して未知数を1個減らした以下の方程式を得る．

$$(p_j/w) = (1+r)\left\{\sum_{i=1}^{n} a_{ij}(p_i/w)\right\} + l_j \quad (j=1, 2, \ldots, n) \tag{2}$$

この体系は，(n+1) 個の未知数 $[(p_1/w), (p_2/w), \ldots, (p_n/w), r]$ を

もつ n 個の方程式であるので,「自由度1」の体系である.したがって,賃金表示の価格 (p_j/w) を利潤率 r の関数として表現することができ,r が変化すれば,それに応じて (p_j/w) も変化する.(2)式は,より簡潔に,以下のような行列形式で表すことができる.

$$(p/w) = (1+r)(p/w)A + l \tag{3}$$

$$A = \begin{bmatrix} a_{11} & a_{12} & \cdots & a_{1n} \\ a_{21} & a_{22} & \cdots & a_{2n} \\ \vdots & \vdots & \ddots & \vdots \\ a_{n1} & a_{n2} & \cdots & a_{nn} \end{bmatrix} \tag{4}$$

$$l = [l_1, l_2, \ldots, l_n] \tag{5}$$

$$(p/w) = [(p_1/w), (p_2/w), \ldots, (p_n/w)] \tag{6}$$

(3)式は,以下のように書き直すことができる.

$$(p/w)[I - (1+r)A] = l \tag{7}$$

ただし,I は,$(n \times n)$ 単位行列である.

　分析を単純化するために,ここでは,行列 A は非負,分解不能かつ生産的であり,l は厳密な正ベクトルであると仮定する[3].非負行列 A が生産的ならば,$\det[I - (1+R)A] = 0$ を成立させる正のスカラー R が存在することが知られている.具体的には,R は,

$$R = \{1 - F(A)\} / F(A) > 0 \tag{8}$$

となる.ここで,$F(A)$ は,非負行列 A の「フロベニウス根」(非負最大固有値)であり,行列 A が生産的ならば,$0 < F(A) < 1$ になることが知られている(二階堂副包 1960;塩沢由典 1981).R は,(1)式において $w = 0$ の場合に得られる利潤率と一致するから,「最大利潤率」と呼ばれる.$0 \leq r < R$ ならば,行列 $[I - (1+r)A]$ の逆行列が存在し,それは,以下の性質をもつ正行列になることが知

られている（二階堂副包 1960；塩沢由典 1981 参照）．

$$[I-(1+r)A]^{-1} = \sum_{t=0}^{\infty} \{(1+r)^t A^t\} > 0 \tag{9}$$

このとき，連立方程式 (7)式を以下のように解くことができる．

$$(p/w)(r) = l[I-(1+r)A]^{-1} = l[\sum_{t=0}^{\infty} \{(1+r)^t A^t\}] > 0 \tag{10}$$

ここで，$(p/w)(r)$ という記号は，賃金表示の価格ベクトル (p/w)（マルクスの用語を用いれば「支配労働」labor commanded）が利潤率 r に依存することを表しており，(10)式は，$0 \leq r < R$ の範囲ですべての j について (p_j/w) が r の厳密な増加関数になることを示している．また，$\lim_{r \to R}(p_j/w)(r) = +\infty$ になることも知られている．このことは，任意の財の「支配労働」の逆数である「実質賃金率」(w/p_j) が r の厳密な減少関数になり，さらに $\lim_{r \to R}(w/p_j)(r) = 0$ となることを意味している．

ところで，財 j を 1 単位生産するために直接・間接に必要とされる「投下労働量」Λ_j をマルクスに従って「労働価値」(labor value) と呼ぶことにすれば，各財の「労働価値」は，以下の連立方程式によって決定される（置塩信雄 1965；Morishima 1973）．

$$\Lambda_j = \sum_{i=1}^{n} a_{ij}\Lambda_i + l_j \quad (j=1, 2, \ldots, n) \tag{11}$$

この連立方程式を行列表示すれば，

$$\Lambda = \Lambda A + l, \quad \Lambda = [\Lambda_1, \Lambda_2, \ldots, \Lambda_n] \tag{12}$$

となり，その解は，

$$\Lambda = l[I-A]^{-1} = l[\sum_{t=0}^{\infty} A^t] > 0 \tag{13}$$

となる．(10)式と (13)式を比較すれば，

$$(p/w)(0) = \Lambda \tag{14}$$

および

$$(p/w)(r) > \Lambda \quad \text{if} \quad 0 < r \leq R \tag{15}$$

であることがわかる．(14)式と (15)式は，(1) $r=0$ ならば各財の「支配労働」と「投下労働」が一致し，(2) $0 < r \leq R$ ならば各財の「支配労働」が「投下労働」を上回ることを意味している．

ここで，労働者が実際に購入する「賃金財バスケット」$b = [b_1, b_2, \ldots, b_n]' \geq 0$（ベクトルに付けたダッシュは，転置を示す）をニュメレールとして，「実質賃金率」ω を以下のように定義しよう．

$$\omega = w/(pb) \tag{16}$$

(10)式を (16)式に代入すれば，$0 < r \leq R$ の範囲で以下のようになる．

$$\begin{aligned}\omega &= 1/\{(p/w)b\} = 1/\{l[I-(1+r)A]^{-1}b\} \\ &= 1/\{l[\sum_{t=0}^{\infty}(1+r)^t A^t]b\} = \omega(r)\end{aligned} \tag{17}$$

(17)式と (13)式より，

$$\omega(0) = 1/(\Lambda b), \quad d\omega/dr < 0, \quad \lim_{r \to R} \omega(r) = 0 \tag{18}$$

という関係を得る．この関係を図示すれば，図 7-1 のような，右下がりの「賃金・利潤曲線」(wage-profit curve) を得る．

ところで，実質賃金率が ω であるということは，労働者が 1 単位の労働の報酬として受け取る名目賃金率 w で賃金財バスケットを ω 単位購入できることを意味するが，その労働者は，$\omega \Lambda b$ だけの労働価値を買い戻すことができる．そこで，マルクス風にいえば，$(1-\omega \Lambda b)$ だけの労働時間は，労働者が資本家のために提供した「剰余労働」（不払い労働）とみなすことができる．この観点からすれば，Marx (1867) の意味での「剰余価値率」（あるいは搾取率）e を以下のように定義できる（置塩信雄 1965；Morishima 1973）．

$$e = (剰余労働)／(必要労働)$$
$$= (1-\omega\Lambda b)／(\omega\Lambda b) = \{(1／\Lambda b)-\omega\}／\omega \tag{19}$$

(17)式と (18)式を (19)式に代入すれば,

$$e = \{\omega(0)-\omega(r)\}／\omega(r) = e(r) \tag{20}$$

という関係を得る．(20)式より,

$$e(0) = 0,\ de／dr > 0,\ \lim_{r \to R} e(r) = +\infty \tag{21}$$

図 7-1　賃金・利潤曲線

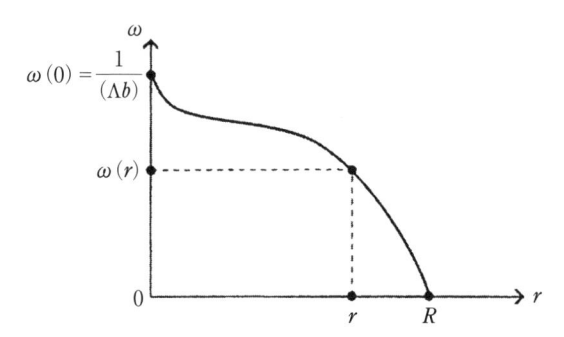

(出所)　浅田統一郎（1995），Asada（2009）．

図 7-2　$r-e$ 曲線

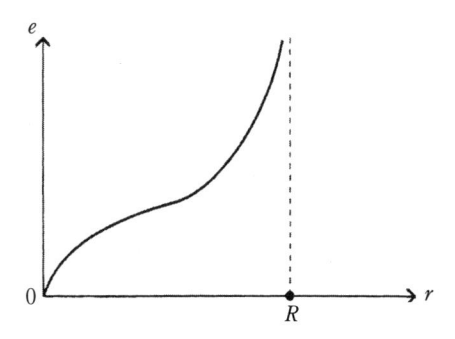

(出所)　浅田統一郎（1995），Asada（2009）．

となることがわかる．この関係を図示すれば，図7-2のような「r－e曲線」を得る．(21)式より，以下の定理が導かれる．

［定理1］
(1) $r>0$ となるための必要十分条件は，$e>0$ となることである．
(2) $0 \leqq r < R$ の範囲で，e は r の連続な増加関数である．

定理1(1)は，置塩信雄(1965)によって数学的に導出され，Morishima(1973)によって「マルクス基本定理」(Fundamental Marxian Theorem)と呼ばれた結果である．浅田統一郎(1995)，Asada(2009)は，定理1全体を「マルクス・置塩・森嶋の定理」(Marx-Okishio-Morishima Theorem)と呼んでいる．このように，地代を含まないスラッファ体系は，マルクスの労働価値にもとづく搾取理論に適合的である．

3．地代を含むスラッファ体系

前節で要約されたもっとも単純なスラッファ体系では，再生産不可能な生産手段（以下では，慣例に従ってそれを「土地」と呼ぶことにする）は，無視されていた．しかし，前節の単純化されたモデルは，スラッファの著書(Sraffa 1960)の第1部のみに対応するにすぎない．スラッファは著書の第2部において，固定資本や結合生産の問題とともに，「土地」をモデルに導入した場合について考察している．再生産不可能な生産手段が存在するならば，われわれは，「希少性」(scarcity)の問題に直面する．

「希少性」の経済分析は，新古典派経済学が得意とするところであるが，決して新古典派の専売特許というわけではなく，Ricardo(1817)やMarx(1894)のような古典派経済学においても，「差額地代」(differential rent)の分析は大きな役割を演じている．本節では，Sraffa(1960)の第2部で展開されている「ネオ・リカーディアンの差額地代理論」を展望し，さらに，次節では，この理論

とマルクスの労働価値理論との関係についても考える[4]．

　地代の形態としては，異なった品質の土地へ耕作を拡張することによって発生する「外延的地代」(extensive rent，マルクスによって「差額地代の第1形態」と呼ばれたもの）と，同一の土地を集約的に耕作することによって発生する「内包的地代」(intensive rent，マルクスによって「差額地代の第2形態」と呼ばれたもの）があるが，本節では，「外延的地代」を扱うスラッファ・モデルのみを考察する．Sraffa (1960) 第11章で考察された外延的地代を含む生産価格体系は，以下のように定式化される．

$$p_j = (1+r)(\sum_{i=1}^{n} a_{ij}p_i) + wl_j \quad (j=1, 2, \ldots, n-1) \tag{22a}$$

$$p_n = (1+r)(\sum_{i=1}^{n} a_{in}^k p_i) + wl_n^k + \rho_k h_k \quad (k=1, 2, \ldots, m) \tag{22b}$$

$$\min(\rho_1, \rho_2, \ldots, \rho_m) = 0 \tag{22c}$$

　この方程式体系においては，第 n 部門においてのみ，再生産不可能な希少な生産手段（土地）が用いられて生産が行なわれていることが仮定されている．すなわち，第 n 部門では m 種類の生産工程が稼働しており，第 k 工程では土地 k が用いられていることが仮定されている．h_k は，第 n 部門の第 k 生産工程で使用される土地 k の投入係数であり，正の定数と仮定されている．ρ_k は，土地 k の地代である．また，土地 k について，

$$h_k x_n^k \leq \overline{H}_k \quad (k=1, 2, \ldots, m) \tag{23}$$

という制約条件が満たされなければならない．ここで，x_n^k は第 k 生産工程で生産される第 n 財の生産量であり，$\overline{H}_k$ は，土地 k の存在量（定数）である．

　(23)式において，正の地代を生み出す「希少」な土地については等式が成立し，地代がゼロになる「限界地」においてのみ，不等式が成立する．

　(22)式は，(n+m) 個の式から成る連立方程式体系である．もし利潤率 r が外生的に与えられれば，この式は，

$$(p/w) = [(p_1/w),\ (p_2/w),\ \ldots,\ (p_n/w)] \qquad (24)$$

および

$$(\rho/w) = [(\rho_1/w),\ (\rho_2/w),\ \ldots,\ (\rho_m/w)] \qquad (25)$$

という (n+m) 個の未知数を決定することができる.

ところで，Sraffa (1960) においては言及されていないが，Marx (1894) は，土地 k の地代 ρ_k を市場利子率 i で資本化することによって，$q_k = \rho_k / i$ という公式によって土地 k の価格 q_k を決定できることを指摘している．さらに，Marx (1894) は，市場利子率は利潤率によって支配されることを主張している．とくに，競争均衡においては，$i = r$ となることを仮定できるので，この場合には，$q_k = \rho_k / r$ となる．この関係を (22b) 式に代入すれば，

$$p_n = (1+r)(\sum_{i=1}^{n} a_{in}^k p_i) + w l_n^k + r q_k h_k \quad (k = 1,\ 2,\ \ldots,\ m) \qquad (26)$$

となる．(22a), (22c), (26) 式から成る方程式は，所与の利潤率 r のもとで，賃金表示の財の価格と土地の価格を決定することができる．もちろん，地代がゼロになる限界地の価格は，ゼロになる．

(22) 式から，地代がゼロになる限界値の生産技術のみが生産物の価格形成に参加し，優等地の生産条件は，財の価格形成に関与しないことがわかる．ただし，どの土地が限界値になるかは，需要条件に依存する．すなわち，根岸隆 (1985) が指摘しているように，古典派のモデルにおいても，土地の希少性とそれによって生ずる地代をモデルに導入すると，価格決定が需要から独立ではなくなる．このことは，たとえば，図 7-3 によって示される例を用いて説明することができる．

図 7-3 における平面 $r-\omega$ には，2 種類の生産技術 α および β に対応する 2 つの賃金・利潤曲線が描かれている．それぞれの生産技術には，それぞれ土地 α および β が使用されているものとする．$r-\tilde{\rho}$ 平面は，利潤率と地代の関係を示している．ここで，$\tilde{\rho} = \rho/(pf)$ は，実質地代であり，$f = [f_1,\ f_2,\ \ldots,$

254　討　論　編

図 7-3　ネオ・リカーディアン・モデルにおける希少性と地代

(a) ケース 1 （土地 β のみが希少な場合）

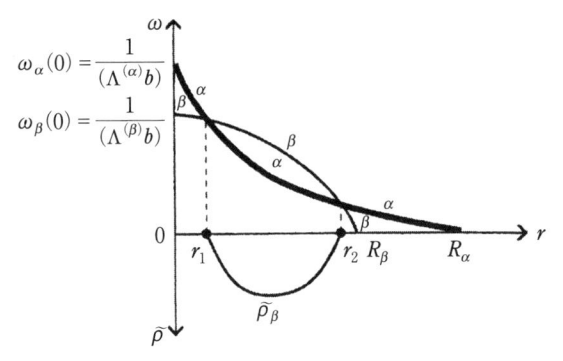

(b) ケース 2 （土地 α のみが希少な場合）

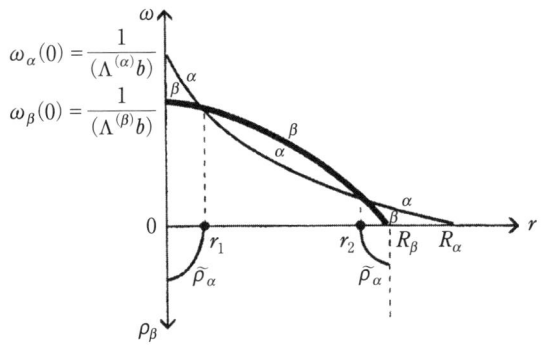

(c) ケース 3 （両方の土地が希少な場合）

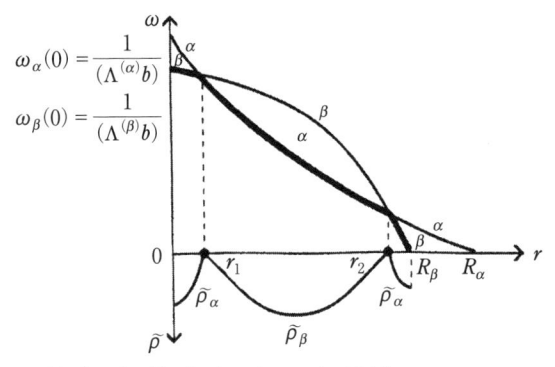

（出所）　浅田統一郎 (1995), Asada (2009).

$f_n]' \geq 0$ は，地主が購入する財のバスケットである．

　いずれの土地も需要に比べて希少でない場合には，もっとも効率的な生産技術のみが使用されるので，賃金・利潤関係は2つの賃金・利潤曲線の外側包絡線になり，地代は発生しない．しかし，いずれかの土地が希少になる場合には，事情が異なる．

　図7-3（a）の例では，土地 β のみが希少である．すなわち，土地 α のみを用いた場合には需要をすべて満たすだけの生産を行なえるのにたいし，土地 β のみを用いた場合には，需要をすべて満たすだけの生産を行なうことができない．この場合には，賃金・利潤関係は，限界地である土地 α を用いた生産技術の賃金・利潤曲線（太線）と一致する．また，この例では，$r \in (r_1, r_2)$ の範囲内で2種類の土地のいずれもが使用され，土地 β に正の地代が発生する．

　図7-3（b）は，土地 α のみが希少な例を描いている．この場合には，賃金・利潤関係は，土地 β を用いた生産技術の賃金・利潤曲線（太線）と一致する．この例では，$r \in [0, r_1) \cup (r_2, R_\beta)$ の範囲で2種類の土地のいずれもが使用され，土地 α で正の地代が発生する．

　図7-3（c）は，2種類の土地のいずれもが希少な場合を描いている．すなわち，土地 α と土地 β のうちいずれか一方の土地のみを用いても，需要をすべて満たすだけの生産を行なうことができない．この場合には，つねに両方の土地が用いられ，賃金・利潤関係は，賃金・利潤曲線群の外側包絡線ではなく，むしろ内側の軌跡（太線）と一致する．この例では，$r \in [0, r_1) \cup (r_2, R_\beta)$ の範囲では土地 α が優等地，土地 β が劣等地（限界地）になり，土地 α に正の地代が発生する．他方，$r \in (r_1, r_2)$ の範囲では土地 β が優等地，土地 α が劣等地であり，土地 β に正の地代が発生する．このように，この例においては，土地の経済的優劣の序列は利潤率 r の水準から独立ではなく，r が変化するにつれて序列の「スウィッチ」どころか「リスウィッチ」さえ起こりうることを示している．

4. 地代を含むスラッファ体系における労働価値

図7-3の例が示すように，地代を含むスラッファ体系においても，賃金・利潤関係は，地代を含まない場合と同様に，右下がりになる．すなわち，地代が存在しても，賃金と利潤のあいだのトレードオフは，依然として存在する．ところで，地代を含むスラッファ体系において，いかにして「労働価値」を測ることができるであろうか．

通常採用される方法は，「限界地」の技術係数を用いて，以下の連立方程式によって「労働価値」ベクトル $\Lambda = [\Lambda_1, \Lambda_2, \ldots, \Lambda_n]$ を決定する方法である．

$$\Lambda_j = \sum_{i=1}^{n} a_{ij}\Lambda_i + l_j \quad (j=1, 2, \ldots, n-1)$$
$$\Lambda_n = \sum_{i=1}^{n} a_{in}^m \Lambda_i + l_n^m \tag{27}$$

ただし，$a_{in}^m (i=1, 2, \ldots, n)$ および l_n^m はそれぞれ，第n部門の限界地mにおける資本財投入係数および労働投入係数である．連立方程式 (27) の解ベクトルを「限界労働価値」(marginal labor value) ベクトルと呼び，$\Lambda^{(m)}$ という記号で書くことにしよう．この解は，どの土地が限界地になるかに依存し，どの土地が限界地になるかは，需要に依存する．したがって，「限界労働価値」は，需要条件から独立には決まらない．「限界労働価値」を用いて定義した「剰余価値率」を e_m とすれば，

$$e_m = (1 - \omega \Lambda^{(m)} b) / \omega \Lambda^{(m)} b = \{(1/\Lambda^{(m)} b) - \omega(r)\} / \omega(r)$$
$$= \{\omega_m(0) - \omega(r)\} / \omega(r) = e_m(e) \tag{28}$$

となる．図7-3 (c) の例を用いて (28)式で表される $r - e_m$ 曲線を図示すれば，図7-4 のようになる．

地代を含むスラッファ体系においては，「限界労働価値」を用いて (28)式で剰余価値率を定義する限り，前節の定理1の (1) は依然として成立するが，定理1の (2) はもはや成立しなくなる．すなわち，e_m が正であるための必要

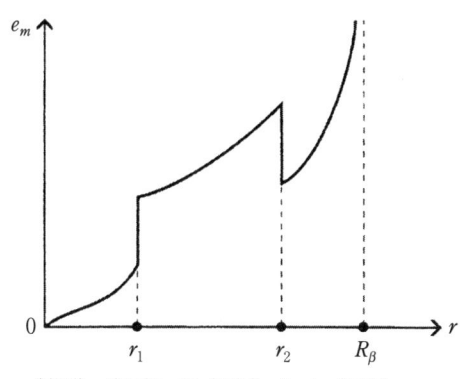

図7-4 ケース3の場合の r–e_m 曲線

(出所) 浅田統一郎 (1995), Asada (2009).

十分条件は依然として r が正であることであるが，もはや e_m は r の単調な増加関数ではなくなるのである．しかも，地代が存在するモデルの場合，「e_m が正であるための必要十分条件は r が正であることである」という命題そのものが，マルクス流の労働価値理論にとってあらたな問題を発生させる．マルクスの理論によれば，地代は資本家から地主への剰余価値の再分配として解釈されるが，定理1の (1) が成立するということは，利潤率 r がゼロである限り，たとえ地代が正であっても剰余価値率 e_m がゼロであることを意味するからである．

たとえば，図7-3 (c) の例では，$r=0$ のとき，土地 α において正の地代が発生しているにもかかわらず，限界労働価値（土地 β の生産技術を用いて定義した労働価値）を用いて計算した剰余価値率 e_m はゼロになるのである．この逆説は，$r=0$ のとき，

「限界労働価値を用いて評価した純生産物の価値」＞「実際の投下労働量」
(29)

という不等式が成立することに起因して生ずる．すなわち，図7-3 (c) の例において，土地 β を用いた生産工程とともに，それよりも低い労働価値を体

化した土地 α を用いた生産工程も稼働しているので，実際の投下労働 ((29)式の右辺) は，土地 β のみを用いて生産を行なったら投下されたであろう労働量 ((29)式の左辺) を下回るのである．このような理由により，限界労働価値を用いて評価した実質賃金ベクトルの価値 $\omega\Lambda^{(m)}b$ は，その賃金財の生産のために実際に投下された労働量を上回り，過小に評価された剰余価値率がゼロになるのである[5]．根岸隆 (1985) は，(29)式と同様の関係を

「純生産物の価値」>「生きた労働の投入量」　　　　　　　　(30)

と表現し，この不等式をマルクスによる「虚偽の社会的価値」(false social value) という概念と関連づけて解釈し，左辺と右辺の差は生産への「労働の貢献分ではなく土地の貢献分」である，と主張している (根岸隆 1985, pp.73-74).

しかし，この根岸隆 (1985) による解釈には，以下のような問題点が存在する．図7-3 (c) の例において，$r \in (r_1, r_2)$ の範囲では，高い労働価値を体化した土地 β ではなく，むしろ低い労働価値を体化した土地 α が限界地になるので，(29) や (30)式とは逆の不等式が成立する．その結果，「虚偽の社会的価値」はマイナスになるが，それにもかかわらず，土地 β において正の地代が発生する．すなわち，土地を含むスラッファ体系では，マイナスの「虚偽の社会的価値」と正の地代が両立するのである．すなわち，(29)式ないし (30) 式の左辺と右辺の差は，生産への「土地の貢献」を測る尺度とはなりえないのである．

以上の「パラドックス」を解決する方法は，存在する．たとえば，Morishima (1989) では，「限界労働価値」の代わりに「平均労働価値」を用いて剰余価値率を定義し，「利潤と地代の合計が正になるための必要十分条件は，剰余価値率が正になることである」という，「土地が存在する場合のマルクス基本定理」を証明している．以下では，浅田統一郎 (1995), Asada (2009) に従って，Morishima (1974) によって提唱された「最適労働価値」を用いたアプローチについて説明しよう[6]．以下のような条件付最小化問題を考える．

第7章 ネオ・リカーディアンの差額地代理論の数学モデルについて　259

Minimize　l^*x　subject to　$[I^*-A^*]x \geqq \omega bN$,　$x \geqq 0$,
$h_k x_n^k \leqq \overline{H}_k$　$(k=1, 2, \ldots, s)$ 　　　　　　　　　(31)

ただし,

$$I^* = \begin{bmatrix} & & & 0 & 0 & \cdots & 0 \\ & I_{n-1} & & \vdots & \vdots & & \vdots \\ & & & 0 & 0 & \cdots & 0 \\ 0 & 0 & \cdots 0 & 1 & 1 & \cdots & 1 \end{bmatrix} \tag{32}$$

$$A^* = \begin{bmatrix} a_{11} & a_{12} & \cdots & a_{1n-1} & a_{1n}^1 & a_{1n}^2 & \cdots & a_{1n}^s \\ a_{21} & a_{22} & \cdots & a_{2n-1} & a_{2n}^1 & a_{2n}^2 & \cdots & a_{2n}^s \\ \vdots & \vdots & & \vdots & \vdots & \vdots & & \vdots \\ a_{n1} & a_{n2} & \cdots & a_{nn-1} & a_{nn}^1 & a_{nn}^2 & \cdots & a_{nn}^s \end{bmatrix} \tag{33}$$

$l^* = [l_1, l_2, \ldots, l_{n-1}, l_n^1, l_n^2, \ldots, l_n^s]$ 　　　　　　　　(34)

$x = [x_1, x_2, \ldots, x_{n-1}, x_n^1, x_n^2, \ldots, x_n^s]'$ 　　　　　　　(35)

である．ここでは，第 n 部門のみに s 種類の生産工程が存在し，生産工程 k では土地 k が使用され，土地 k の存在量は $\overline{H}_k$ であると仮定されている．N は現実の労働雇用量であり，ω は，現実の実質賃金率である．すなわち，ωbN は，労働者が実際に受け取る賃金財ベクトルである．(32)式において I_{n-1} は $(n-1) \times (n-1)$ 単位行列であり，I^* は $n \times (n-1+s)$ 行列である．x は，選択されるべき生産工程の活動ベクトルである．

(31)式は，労働者が現実に受け取る賃金財ベクトルを純生産できることと土地の制約を条件として，投下労働量を最小にする問題を定式化している．この問題は，以下のような標準的な線形計画の問題に還元することができる．

Minimize　l^*x　subject to　$Kx \geqq v$,　$x \geqq 0$ 　　　　　(36)

ここで,

$$K = \begin{bmatrix} I^* - A^* & \\ 0 & -I_s \end{bmatrix}, \quad v = \begin{bmatrix} \omega bN \\ -\overline{X}_n^1 \\ \vdots \\ -\overline{X}_n^s \end{bmatrix} \tag{37}$$

である．ただし，I_s は $s \times s$ 単位行列であり，0 は，すべての要素がゼロである $s \times (n-1)$ 行列であり，また，$\overline{X}_n^k = \overline{H}_n^k / h_k$ ($k = 1, 2, \ldots, s$) である．

(36)式で表される問題の「双対問題」(dual problem) は，

$$\text{Maximize} \quad [\Lambda, \theta]v \quad \text{subject to} \quad [\Lambda, \theta]K \leq l^*, \quad [\Lambda, \theta] \geq 0 \tag{38}$$

となる．ここで，$[\Lambda, \theta] = [\Lambda_1, \Lambda_2, \ldots, \Lambda_n, \theta_1, \theta_2, \ldots, \theta_s]$ は，ベクトル x の双対変数のベクトルであり，線形計画の双対定理により，

$$\max[\Lambda, \theta]v = \min l^* x \tag{39}$$

となる．(39)式における Λ を「最適労働価値」ベクトルと呼ぶことにする．

この問題の解を用いて，剰余価値率 e_0 を

$$e_0 = (N - N^*) / N^*, \quad N^* = \min l^* x \tag{40}$$

と定義する．このように定義された剰余価値率を用い，浅田統一郎 (1995)，Asada (2008) は，若干の自然な仮定のもとで，以下の定理を証明した．

[定理 2]
(1) $r = 0$ であっても，地代が正である限り，$e_0 > 0$ である．
(2) $r > 0$ ならば，$e_0 > 0$ である．

この定理は，「最適労働価値」を用いて剰余価値率を定義すれば，地代の源泉も利潤の源泉と同様に労働者が行なう剰余労働であるというマルクスの命題を，少なくとも部分的には擁護することができることを意味している．

5. 枯渇資源とスラッファ体系

以上の考察では，「枯渇資源」(exhaustible resources) の存在は，捨象されていた．「枯渇資源」とは，たとえば石油のように，使用すればそれだけ存在量が減少していき，再生することが不可能な資源のことである．枯渇資源の問題を数理経済学的に考察した最初の業績は，ホテリングによる先駆的な論文 (Hotelling 1931) である[7]．ホテリングは，この論文において，枯渇資源の最適な採掘パターンを動学的に考察し，その結果，枯渇資源の最適「純価格」(価格と限界採掘費用の差) が「割引率」に等しい上昇率で上昇し続けるという，いわゆる「ホテリング・ルール」を導出した．ホテリングのモデルは，枯渇資源の産業のみを考慮に入れた「部分均衡動学」モデルにもとづいており，ホテリング自身は，このルールを変分法を用いて導出している．

ホテリングが設定した問題は動学的な最適化問題であるから，その問題を解くための標準的な道具は，変分法またはポントリャーギンの最大値原理である．事実，大部分の解説書では，そのような方法が採用されている（たとえば，Chiang 1992, 第6章参照）．しかし，以下では，Conrad (1999) 第5章で紹介されている，動学的な最適化問題を制約条件付きの静学的最適化問題の枠内で処理する初等的な方法で，ホテリング・ルールを導出することにする．

ホテリングの部分均衡論的なモデルにおいては，枯渇資源の逆需要関数は，

$$p_t = p(Q_t), \quad p'(Q_t) = dp_t/dQ_t < 0 \tag{41}$$

となる．ただし，Q は枯渇資源の採掘量，p は枯渇資源の価格であり，サブスクリプト t は，時点を表す．また，枯渇資源採掘の総費用関数は，

$$C_t = C(Q_t), \quad C'(Q_t) = dC_t/dQ_t > 0 \tag{42}$$

とする．この部分均衡論的な分析的枠組みのもとでは，枯渇資源の利用によって時点 t で発生する社会的な利益（枯渇資源の採掘者と利用者が得る利益の合計）は，以下のように計算される「社会的総余剰」によって測られる．

$$N(Q_t) = \int_0^{Q_t} p(x)\,dx - C(Q_t) \tag{43}$$

$t=0, 1, 2, \ldots, T$ という有限の T 期間から成る離散時間モデルにおいては，枯渇資源の社会的総余剰の 0 時点における割引現在価値は，

$$V = \sum_{t=0}^{T} \frac{N(Q_t)}{(1+\delta)^t} \tag{44}$$

となる．ここで，$\delta > 0$ は，割引率である．また，第 0 期の枯渇資源の存在量を E_0 とすれば，

$$E_0 - \sum_{t=0}^{T} Q_t \geq 0 \tag{45}$$

という制約を満たさなければならない．もちろん，

$$Q_t \geq 0 \quad (t=0, 1, 2, \ldots, T) \tag{46}$$

という非負制約も満たさなければならない．

ここで，(45) 式と (46) 式の制約のもとで (44) 式で表される V を最大化するように Q_t ($t=0, 1, 2, \ldots, T$) を決定するという問題を考えることにしよう．この問題は動学的な最適化問題であるが，有限期間の離散時間モデルであるので，以下のように，静学的な最適化問題と同様の方法で解くことができる．まず，以下のようなラグランジュ関数を設定する．

$$L = \sum_{t=0}^{T} \frac{N(Q_t)}{(1+\delta)^t} + \lambda \left(E_0 - \sum_{t=0}^{T} Q_t \right) \tag{47}$$

ここで，λ はラグランジュ乗数である．この不等式制約のもとでの最適化問題の解は，以下の「クーン＝タッカー条件」によって特徴づけることができる (Chiang 2005, 邦訳書下巻第 13 章参照)．

$$\frac{\partial L}{\partial Q_t} = \frac{N'(Q_t)}{(1+\delta)^t} - \lambda = \frac{p(Q_t) - C'(Q_t)}{(1+\delta)^t} - \lambda \leq 0,$$

$$Q_t(\frac{\partial L}{\partial Q_t}) = 0 \quad (t = 0, 1, 2, \ldots, T) \tag{48}$$

$$\frac{\partial L}{\partial \lambda} = E_0 - \sum_{t=0}^{T} Q_t \geq 0, \quad \lambda(\frac{\partial L}{\partial \lambda}) = 0 \tag{49}$$

以下では，最適解において Q_t はすべて正であり，かつそのとき $p(Q_t) - C'(Q_t) > 0$ である場合についてのみ考えよう．この場合には，(48)式より，

$$\frac{p(Q_t) - C'(Q_t)}{(1+\delta)^t} = \lambda > 0 \quad (t = 0, 1, 2, \ldots, T) \tag{50}$$

となる．また，$\lambda > 0$ であるということは，(49)式より，

$$E_0 - \sum_{t=0}^{T} Q_t = 0 \tag{51}$$

となることを意味する．すなわち，終点において，枯渇資源はすべて採掘され尽くしていることになる[8]．

(50)式を書き直せば，

$$p(Q_t) - C'(Q_t) = \lambda(1+\delta)^t \quad (t = 0, 1, 2, \ldots, T) \tag{52}$$

という結果が得られる．(52)式は，枯渇資源の価格と限界採掘費用の差である「純価格」が毎期割引率 δ に等しい率で上昇し続けるということを意味している．これが，「ホテリング・ルール」に他ならない．また，(52)式より，

$$p(Q_0) - C'(Q_0) = \lambda \tag{53}$$

となること，すなわち，ラグランジュ乗数 λ は枯渇資源の「純価格」の初期値になることがわかる．

Hotelling (1931) は，枯渇資源産業内の企業がプライス・テイカーとして利

潤の割引現在価値を最大化しようとするという意味で，枯渇資源産業が完全競争産業であれば，(52)式で表される「社会的最適性」の条件が満たされるが，枯渇資源産業を独占企業が支配しているならば，この条件が満たされないことを示している．

ところで，Kurz and Salvadori (2009) は，このホテリングの枯渇資源理論をネオ・リカーディアンの地代理論の数学モデルに統合することを試みている．各時点における枯渇資源の採掘量に対する制約がなければ，もっとも効率的な採掘工程のみが稼働され，枯渇資源産業では地代が発生しないであろう．しかし，Kurz and Salvadori (2009) は，技術的な理由で各時点における枯渇資源の採掘量に上限があれば，枯渇資源産業において正の地代が発生しうることを示している．かれらのモデルはスラッファ＝フォン・ノイマン型の線形連立不等式から成るモデルに枯渇資源を導入しているが[9]，以下では，かれらのモデルの全体を再現するのではなく，枯渇資源に関する部分だけを抜き出して再現することにする．記号については，必ずしもかれらの記号表記に忠実ではないことに留意されたい．枯渇資源にかかわる彼らの連立不等式体系を若干単純化すれば，以下のようになる．

$$y(t+1) = \{1+r(t)\} y(t) \tag{54a}$$

$$z(t) - z(t+1) = Cx(t+1) \tag{54b}$$

$$z(t) - z(t+1) \leq \tau(t) \tag{54c}$$

$$q(t) \{z(t) - z(t+1)\} = q(t)\tau(t) \tag{54d}$$

$$r > 0, \ C \geq 0, \ y > 0, \ q \geq 0, \ z > 0, \ x \geq 0, \ \tau \geq 0 \tag{54e}$$

ただし，各ベクトルや行列は，以下のように定義されている．

$$r(t) = 時点 t の（均等）利潤率 \tag{55}$$

$$C = \begin{bmatrix} c_{11} & c_{12} & \cdots & c_{1m} \\ c_{21} & c_{22} & \cdots & c_{2m} \\ \vdots & \vdots & \ddots & \vdots \\ c_{s1} & c_{s2} & \cdots & c_{sm} \end{bmatrix}$$

　　＝枯渇資源の投入係数行列　　　　　　　　　　　　　　　　(56)

$y(t) = [y_1(t),\ y_2(t),\ \ldots,\ y_s(t)]$

　　＝時点 t における枯渇資源の価格のベクトル　　　　　　　(57)

$q(t) = [q_1(t),\ q_2(t),\ \ldots,\ q_s(t)]$

　　＝時点 t における枯渇資源産業の「地代」のベクトル　　　(58)

$z(t) = [z_1(t),\ z_2(t),\ \ldots,\ z_s(t)]'$

　　＝時点 t における枯渇資源の存在量　　　　　　　　　　　(59)

$x(t) = [x_1(t),\ x_2(t),\ \ldots,\ x_m(t)]'$

　　＝枯渇資源以外の

　　　再生産可能財の生産工程の活動水準ベクトル　　　　　　(60)

$\tau(t) = [\tau_1(t),\ \tau_2(t),\ \ldots,\ \tau_s(t)]'$

　　＝時点 t における枯渇資源の

　　　採掘量 $[z(t) - z(t+1)]$ の上限のベクトル　　　　　　　(61)

　n 種類の再生産可能財が生産されているが，再生産可能財の生産工程は，m 種類存在するものと仮定されている．また，$n<m$ であり，結合生産の可能性も排除されていない．枯渇資源は s 種類存在し，それらは，再生産可能財の生産への原材料として投入されるものと仮定されている．c_{ij} は，再生産可能財の第 j 生産工程における第 i 枯渇資源の投入係数である．なお，枯渇資源の採掘費用は単純化のために捨象されており，したがって，枯渇資源の「価格」と「純価格」は同一視されている．

　(54a)式は，枯渇資源を時点 t から時点 t+1 にかけて持ち越すことによって，

ちょうど一般利潤率 $r(t)$ を獲得することができるのみであり，それを超える「超過利潤」を獲得できないことを意味している．このことは，枯渇資源の価格が一般利潤率 r_t に等しい上昇率で上昇し続けることを意味するので，もし (52)式における「割引率」δ を「利潤率」r と同一視することができれば，(54a)式は，結果的に「ホテリング・ルール」と一致する．

(54b)式は，時点 t における枯渇資源の採掘量が時点 t における再生産可能財の生産工程での枯渇資源の投入量に等しいことを意味している．

(54c)式は，時点 t における枯渇資源の採掘量が技術的に与えられたその上限を超えることができないことを示している．(54d)式は，枯渇資源の採掘量がその上限に達しなかった枯渇資源の鉱床では，土地が「希少」ではなくなるので，地代がゼロになることを示している．

このように，Kurz and Salvadori (2009) は，枯渇資源をスラッファ＝フォン・ノイマン型のネオ・リカーディアン生産モデルに導入し，ホテリング・ルールと地代理論を統合している．オリジナルな「ホテリング・ルール」の導出過程と Kurz and Salvadori (2009) の説明は随分異なるが，いずれも事実上同一の結論に到達しているのは，興味深い．

6．おわりに

本章では，スラッファによって定式化されたネオ・リカーディアンの差額地代理論を，マルクスの労働価値理論やホテリングの枯渇資源理論と対比させながら，考察してきた．従来から論じられてきた論点の整理の域を出るものではないが，一部の専門家を除いて一般によく知られているとは言い難い，若干の興味深い分析結果を紹介することができたのではないかと考えている．

付記　本章は，平成 25 年度日本学術振興会科学研究費補助金（基盤研究（C）25380238）および文部科学省私立大学戦略的研究基盤形成支援事業に基づく研究

成果の一部である．記して感謝する．

1) スラッファ体系における固定資本と結合生産の理論については，Pasinetti（ed.）（1980）およびSchefold（1989）を参照されたい．
2) このような連立方程式は，置塩信雄（1965）やMorishima（1973）によるマルクス体系の数学的定式化においても用いられている．スラッファの体系は，「ネオ・リカーディアン」の理論といわれるように，Ricardo（1817）の理論の数学的な体系化をめざしている．
3) 行列が「分解不能」かつ「生産的」であることの数学的な定義とその経済学的な意味については，二階堂副包（1960）および塩沢由典（1981）を参照されたい．
4) スラッファの理論をもとに発展させたネオ・リカーディアンの差額地代理論の数学的分析としては，Kurz（1978），Mainwaring（1984），Montani（1975），Quadrio-Curzio（1980）などがある．
5) より詳細な説明としては，浅田統一郎（1995），Asada（2009）を参照されたい．
6) 高増明（1983）でも，同様のアプローチが採用されている．
7) ホテリングは，1920年代から1930年代にかけて米国で活躍した，当時としては傑出した，際立って独創的な数理経済学者であった．彼のもう1つの重要な業績としては，不完全競争理論を空間経済学に融合させた先駆的な論文（Hotelling 1929）がある．
8) もちろん，制約条件に「終点において一定以上の枯渇資源を残す」という条件を追加すれば，終点において一定の枯渇資源が残存することになる．
9) 線形連立不等式体系によって記述されるオリジナルなフォン・ノイマンの生産モデルについては，Neumann（1945-1946）を参照されたい．

第8章　価格と数量の同時決定体系への転換
——経済学観の分岐点——

1. はじめに

　新古典派経済学において，価格は重要なシグナルとして考えられている．消費者は効用が最大化されるように財の限界代替率と価格比が等しくなる消費量の組み合せを選択し，生産者にとっては価格が限界費用と等しくなるときに最適な生産が行なわれているとされている．そして，市場均衡においては需要関数と供給関数の交点によって価格が決定され，もし，需要量と供給量に乖離がある場合は，価格が素早く反応することで再び均衡が回復される．すなわち，1. 価格と量が直接一対一対応し，需要量と供給量が共に「価格の関数」となる，2. その背後に個人の主観的な欲望（効用）が存在し，それが量の決定要因に含まれる，3. そのような2つの関数のバランスで価格と取引量が同時に決まる，という需給均衡モデルである．新古典派経済学は単純に設けられた仮定から経済法則を組み立てようとするため，とくに生産者の理論においてしばしば非現実的なモデルであると批判を受ける（塩沢由典，本書提案編参照）．しかしながら，19世紀末の限界革命以降，それまで主流であった古典派経済学が衰退し，主観的効用価値説にもとづいた経済理論（限界分析）が現在においても主流派の経済学となっているのが現状である．

　このような流れに一石を投じようとしたのが，20世紀前半に行なわれたオックスフォード経済調査（Wilson and Andrews 1951, 諸事情により出版が1951年に遅れたようである）である．これに収められている，R. L. ホールとC. J. ヒッチの論文は，おそらく史上はじめて実際の企業に価格決定方法および投資決定方法

を聞き取り調査したものであった (Hall and Hitch 1939). 調査結果によると, 1. フルコスト原理で価格は決定される, 2. 投資決定に利子率は無関係である[1], という重要な見解が得られた. フルコスト原理とは, 生産物の単位あたり生産費 (固定費含む) に一定の利潤 (マーク・アップ) を加えて, もしくは (1+マーク・アップ率) を生産費に掛けて価格を決定する原理であり, かつて古典派経済学が主張していた生産費原理と同じ系統に位置づけられる. また, レスターにより 1946 年に発表された調査 (Lester 1946) も論争を生んだ. レスターの調査結果によると, 1. 雇用の増減は賃金率に無関係で需要動向に左右される, 2. 価格が限界費用に等しいときに生産量が決定されてはいない, という結論が提示された. これら 2 つの調査結果は, いずれも限界分析に疑問を投げかけるものであったため, その妥当性をめぐって *American Economic Review* 誌などで激しい論争 (Lester 1946 ; Machlup 1946 ; Eiteman and Guthrie 1952 など) が起こった. 論争は 1955 年ごろまで続いたが, 結果として, 価格の需要弾力性が一定であると強く仮定すれば, フルコスト原理と限界分析は両立可能であるという暫定的な結論が下されて論争は終結した.

限界分析擁護派からの批判は, おおむねフルコスト原理には需要側の影響が考慮されていないというものであった. このような見解を検証する材料として, 2000 年に発表された日本銀行の調査が有用である. 日本銀行統計局 (2000)「日本企業の価格設定行動―『企業の価格設定行動に関するアンケート調査』結果と若干の分析―」では, 東証 1 部上場企業 (金融・保険, 総合商社を除く企業. 製造業 65%, 非製造業 35%) へ価格設定方法へのアンケート調査 (5つの項目から選択, 有効回答数：630 社〈回答率 52.2%〉) を行なっている. 日本銀行が設定した項目は以下である.

① 利益重視 (=固定マーク・アップ型)「人件費・原材料費などのコストをベースに, 利益が確保できるように固定されたマーク・アップ率 (上乗せ率) を乗じて価格を設定している」
② 時々の需給「市場で受け入れられる上限のレベルに価格を設定している

（人件費・原材料費などのコストとの関係は薄く，その時々の需給で決まる）」

③　シェア・将来の利益重視「マーク・アップ率（あるいは現在の利益）よりも市場シェア確保（量的拡大）を重視し，競争企業（外国企業，輸入品を含む）の価格を強く意識する（シェア・将来の利益重視）」

④　主導権は購入する側「購入する側が価格を設定する（価格設定の主導権は購入する側にある）」

⑤　監督機関や法律「監督機関や法律によって価格が定められている」

この調査結果によると，利益重視企業が激しい競争にさらされている場合，日本において以前は①，③が多かったが，現在では，製造業では①固定的マーク・アップをベースではなく，②市況動向に応じて価格設定へと変化している．単純な固定的マーク・アップ型での価格設定は，製造業で3番目，非製造業で4番目であった．つまり，製造業においても需要側の要因が価格決定に影響をしている．

しかしながら，この結果をもって，価格が限界費用と等しくなる時に決定されると考えることはもちろんできない．②の設問は，時々の需給「市場で受け入れられる上限のレベルに価格を設定している」と聞いているからである．この点を考察するにあたっては，会計学からの知見が有用である．製造業の活動を会計という観点から追跡する管理会計（原価計算論）においては，価格決定方法が2つに分類されている．それは経済学における「価格＝限界費用」と「価格＝フルコスト原理」ではなく，1.「コスト・ベースの価格決定」，2.「マーケット・ベースの価格決定」の2つである．コスト・ベースの価格決定とは，「販売価格＝原価（固定費含む）＋マーク・アップ」であり，日本銀行の調査項目では①に該当する．マーケット・ベースの価格決定とは，以下のような価格決定方法である．企業はマーケティング（消費者の好みや性向，ライバル企業の動向）や自社の過去の実績により，消費者の留保価格を把握する．そして，自社の生産能力を鑑みて，「ある商品の売りたい量が売れる価格」で販売しようと企業努力をするのである．すなわち，「目標原価＝販売予定価格－目標利益」の関

係が成り立つ．この場合，目標原価が達成できなければ，販売予定価格を引き上げるか，利益を減らさなければならないので，企業は必死に原価を下げる努力をする．これは会計学において「原価企画（target costing）」といわれている．トヨタ自動車の「カイゼン」は有名であるが，他にもボーイング社など組み立てメーカーによって広く採用されている手法である．つまり，「原価は作るもの」であり，需給動向が販売予定価格と原価（単位当たり生産費）決定に大きく関わるが，達成される実際の価格は，「販売価格＝原価（固定費含む）＋マーク・アップ」となるのである．この場合，日本銀行の調査項目でいえば②となるが，まったく限界費用は関係していない．事実，日本大学商学部による1996年に報告された調査では，表8-1の結果が得られている．

実に約7割の企業がマーケット・ベースの価格決定方法を採用していることが分かる．日本銀行の調査において近年の製造業で②が多い結果となったのは，「価格＝限界費用」という価格決定方法が多いのではなく，このマーケット・ベース型価格決定方法が多いためである．そして，マーケット・ベース型，コスト・ベース型，いずれにおいても達成される価格はフルコスト原理に従っているのである．すなわち，「需要と供給の原理」と「フルコスト原理」は対立する原理ではなく，現実の企業においては両方の原理が用いられていることが分かる．ゆえに，American Economic Review誌などでの論争において限界分析擁護派が行なった「需要条件を無視している」という批判は，現在の企業が実際に価格決定時に用いる「現代版のフルコスト原理」[2]には当てはまらない．

このようなデータを鑑みると，やはり販売価格に生産費が無関係とはいえない．経済学の歴史において，供給側の生産費から価格決定をする手法を採って

表8-1 日本の203企業へのアンケート調査

価格決定	企業数	％
マーケット・ベースの価格決定	141	69.46
コスト・ベースの価格決定	62	30.54

（出所）廣本敏郎（2008）『原価計算論第二版』，p.411.

いたのは「古典派経済学」である．それでは，なぜ新古典派経済学においては需給原理のみで価格が決定（数量と価格の同時決定）されるようになったのか，それはどのような経緯があったのか．一般に，それらは1870年代のジェヴォンズ，ワルラス，マーシャルによる限界効用の再発見（限界革命）と結びつけられて語られることが多いが，その前に古典派経済学自体の崩壊があったというHutchison（1972）の見解は注目に値する．なぜならば，古典派経済学を完成させたといわれるリカードの死後（1823年没），1830年代にはすでにリカード経済学の地位は大きく低下しており，限界効用が再発見されていなくても古典派経済学は崩壊しつつあったからである．本章は，スミス，リカード以降，なぜ古典派経済学の生産費原理が棄却され，新古典派経済学的な需要と供給による価格決定方法へと変わったのか，その「分岐点」を解明しようとするものである．また，本章の結論から，それは価格決定方法の転換のみならず，経済学に対する考え方（経済学観）の転換でもあったことが理解されるであろう．そして，経済学観の転換はフレミング・ジェンキンとアルフレッド・マーシャルがジョン・スチュワート・ミル（J. S. ミル）の経済体系を誤読したことに由来するものであることも分かるであろう．

2．古典派価格理論の系譜

古典派経済学における価格決定モデルは，それぞれアダム・スミスとデイヴィッド・リカードによる需給比率説，トマス・ロバート・マルサスによる需要強度説，J. S. ミルによる需給均衡説の3種に大別されると一般的にはいわれている（南方寛一 1956；1961；1962；1967；1972；1978，森茂也 1982）．そして，これらの理論的展開は，生産費原理による価格決定から需給原理による価格決定への転換が生じた，リカード経済学を「廃物たらしめることを完成」（Schumpeter 1954, p.604，訳 p.1270）させた歴史であるともしばしばいわれる．本章はこのような評価が正当で，そして本当に転換の分岐点となったのかを考察するものであるが，のちの議論のためにスミス，リカード，マルサスの理論を概観しておく．

(1) アダム・スミス

『国富論』(1776) によれば，スミス価格理論における中心概念は「自然価格 (natural price)」であり，定義は以下である．

> ある商品の価格が，それを産出し調整し市場に運ぶのに用いられた土地の地代，労働の賃金，資本の利潤を，それらの自然な率にしたがって支払うのにちょうど過不足のない場合には，その商品は，自然価格ともいうべき価格で売られているのである．(Smith 1776, p.57, 訳 pp.94-95)

つまり，賃金と利潤と地代をその項目とする，社会が再生産されるべき水準の時の価格である．一方で，市場価格 (market price) の定義は以下である．

> どんな商品でも，それがふつうに売られる現実の価格は，その市場価格と呼ばれる．(Smith 1776, p.58, 訳 pp.96)

すなわち，実際に売り買いされる価格である．しばしば市場価格は自然価格から乖離するが，それは売り手間と買い手間の競争により長期的に一致する．すなわち，自然価格の周りを市場価格が変動するので，自然価格は中心や重心 (D'Orlando 2007) と考えられる．

つぎは彼の需要概念を考察する．価値の基礎となるのは「効用 (utility)」と「美 (beauty)」であるが，効用は現在の新古典派経済学のような主観的なものではなく社会的有用性の意味が強い．そして，たとえ効用がなくても「美」があれば需要の対象となる．もう1点，「希少性 (scarcity)」という概念があるが，これは供給側の要因であり，需要量にたいして供給量がいかほどに存在するかといった消費者にとっての獲得の困難を表す．これらの要因が需要に影響を与えるわけであるが，スミスには媒介となるもう1つの評価基準が存在する．それはスミスが「メリット (merit)」と呼ぶ概念であり，効用と美が合成された評価基準として言及されたり，希少性がこのメリットに介入してあらたなメ

リットとなるなど，複雑な概念[3]である．このメリットと需要，交換価値の関係については森茂也（1982, pp.117-128）で詳しく述べられているが，ここで重要なことは効用が社会的有用性を表す客観的なものであること，効用が直接的に需要量と結びつけられていないことである．スミスの需要の源泉は以上であるが，スミスがいう場合の需要とは，欲望を表す「絶対需要」ではなく，購買力をともなった有効需要[4]を表し，数量で考えている．つまり，有効需要量である．需要が数量で規定可能なのは，スミスが自然価格の場合の需要を考えているからである．しかしながら，有効需要量が自然価格の変化につれてどのように変わるかは考察されていない．つまり，この場合，価格と需要は関数関係にはない．

需要にたいし，スミスは供給を「市場にもたらされる数量」（Smith 1776, p.59, 訳 p.97）と明確に定義している．ある市場にもたらされた数量は一定で，市況に応じてすぐには変化させることができない．もっとも，供給者がある価格では売りたくないと考える場合には，「供給の撤回」は含意されている．一方で，供給量を増加させるには時間がかかるので，市場にもたらされた数量は増加できず一定と考えている．すなわち，供給量は価格の関数ではない．そして，有効需要量と供給量に乖離がある場合には次期での「生産」で対応するので，スミス価格理論には「時間の経過」が含意されているのである．

市場価格は，このような有効需要量と供給量の関係に影響されるが，その乖離の方向を決めるのみで，水準を決定する論理がスミスには存在しない．すなわち，有効需要量よりも供給量が少ない場合には市場価格が自然価格よりも高くなり，逆の場合は低くなる．有効需要量を De，供給量を S，市場価格を Pm，自然価格を Pn とすれば以下の関係が成り立つ[5]．

$$\frac{De}{S} \geq 1 \text{ のとき } \frac{Pm}{Pn} \geq 1, \text{ そして } \frac{De}{S} < 1 \text{ のとき } \frac{Pm}{Pn} < 1.$$

$De>S$ ならば，買い手の競争が $Pm>Pn$ にする．その乖離幅は，不足の程度，買い手の富と奢侈が競争を煽る程度，買い手の富の重要度など（メリット）に依存（南方寛一 1962, p.24）する．しかしながら，その程度は明確に決定されな

い．そして，供給者は自然価格以上であればいつでも「売れるだけ売る」（塩沢由典 1984：本書第3章）行動を採ると想定されている．逆に，$De<S$ ならば，売り手の競争が $Pm<Pn$ にする．その乖離幅は，供給過剰の程度，売り手がその財を処分しなければならない緊急度に依存するが，やはり程度は明確に決定されない．$De>S$ の結果による $Pm>Pn$ の場合，その産業の賃金，利潤，地代は自然率を超えているので他産業から資本が流入し，生産・供給が増加する．S が増加するので，$Pm \to Pn$ に収束する．逆の場合も，供給量の変化による調整で需要量と供給量が一致する．

　スミスは市場価格の水準（決定）において，単なる D（市場での需要量）と供給量 S の関係で考えていると思われるが，D もやはりメリットで決定されるので，効用と量は直接対応していない．しかし，何度もいうが D／S の比で価格が決まるわけではなく，市場価格決定の論理がスミスには存在していない．また，価格と需要量の明確な関数関係[6]も存在しない．市場価格決定の論理はマルサスや J. S. ミルまで待たねばならないのである．しかしながら，スミスにとっては市場価格の水準は理論的必要性が無かったともいえる．自然価格は積み上げ式の生産費で決定され，長期的に一定な有効需要量に供給量が一致し，市場価格と自然価格が一致したならば，生産者にとってもあらゆる費用を「過不足なく」賄うに十分であり，また，消費者にとっても調整後の満足な価格であるからである．すなわち，社会は上手く再生産されるのである．

(2)　デイヴィッド・リカード

　リカードにとって経済学上の目的は，労働者・資本家・地主の三階級間に賃金・利潤・地代がどのように割り当てられるべきか，「この分配を左右する法則を決定すること」（Ricardo 1817, p.5, 訳 p.5）である．スミスによる分業・協業の法則により国富増進（生産物増大）の方法という論点は解明されたので，長期的な分配の法則がリカードの主要課題となる．リカードは経済現象に対する作用原因が多すぎる[7]ので，撹乱要因を取り除くため「Strong case」[8]（Ricardo 1820a, p.184, 訳 p.207）を想定するといっている．ゆえに仮定の現実性は問題で

はなく，しばしば「仮説的演繹主義」(馬渡尚憲 1990, p.29) と呼ばれる方法を採用し，経済現象の「原理」を導き出している．

　リカードによると商品の価値は，それに直接・間接に投下された労働量で純粋に決定される．まず全体の価値が労働量で決まり，そこから賃金に分配される部分を控除すれば，残りは利潤となる[9]．スミスの場合は項目ごとに積み上げ方式で自然価格が決定されたが，リカードの場合は投下労働量で自然価格が決定され，賃金と利潤を考える場合は控除方式となる．そして，控除方式であるから商品の価値が賃金の影響を受けることなく，賃金と利潤はトレードオフの関係になる．ゆえに，分配法則を明らかにする場合は，純粋な投下労働価値説でリカードは説明する．しかしながら，トレンズ (1818 年のリカードとの対話 [Ricardo 1818]；1818 年論文) らの批判により，価値論を修正する必要性をリカードは感じていた．各商品生産に必要な固定資本と流動資本の割合の相違 (ワイン熟成などの時間的差異を含む) により，賃金率や利潤率の変化が価値に影響を及ぼすので，純粋な投下労働量のみでは価値が決定されないとリカードは考えるようになっていったのである．すなわち，生産費が賃金と利潤からなると考えるようになり，晩年になるとますますこの傾向は強まっていった．

> 　商品の価格は労働を償う以外に，商品が市場にもたらされるまでに経過しなければならない時間の長さをも，償わねばならないからです．一般規則にたいするすべての例外はこの時間に関する例外に帰します (Ricardo 1820b, p.193, 訳 p.218)

　敬虔なリカード経済学徒で，その普及に多大な貢献をしたマカロックはリカードに宛てた手紙において，「生産において使用した資本と交換に回収する追加価値は，時間にたいする補償でしょうか，もしくは資本を直接に消費しなかった自制にたいする補償でしょうか」(McCulloch 1823, p.366, 訳 pp.407-408) と述べている．すなわち，リカードが利潤を資本家への補償とみなしていると，マカロックは考えている．J. S. ミルの場合は，生産費の構成要素として労働と

「資本家の犠牲」の2つが生産に寄与していると考え，シーニョアの節欲説に近い見解となっている．これらの見解はマーシャルにも引き継がれ[10]，ついにはリカードが「待忍」概念をもっていたとまでマーシャルは述べている．この点に関してリカードは前貸しされた原生産物が「これが利潤をともなって帰ってくると彼の期待するもので」(Ricardo 1823a, p.382, 訳 p.425) と，「期待」と述べている．しかしながら，リカードは最後まで投下労働価値説は放棄しない．この理由は明らかにされていないが，賃金率，利潤率，資本の構成，資本の回収期間，固定資本の耐久性の差異などが攪乱要因で，これらの影響を交換比率の考察の際には無視する「Strong case」によって解明される法則が，「原理」としての法則であるとリカードは考えたのかもしれない[11]．

　リカードはスミスから自然価格と市場価格の概念，そして自然価格が市場価格の中心であることを明確に継承し，それらを自身の理論的コアに据えている．すなわち，「諸商品の交換価値，すなわちなんらかの一商品の持つ購買力について論ずるさいには，私は，つねに，なんらかの一時的または偶然的原因によって乱されないならばそれがもつであろうその力のことを意味するのであり，そしてこれがその商品の自然価格なのである」(Ricardo 1817, p.92, 訳 p.108) と述べる．リカードにおいて効用[12]は交換価値にとって絶対的不可欠であるけれども，その尺度ではない．商品は効用をもたなければ交換価値をもちえないが，その尺度となるのは希少性と投下労働量である．

　図8-1がリカードの財の分類方法であるが，大分類としては生産財と希少財となる．生産財とは，労働を投下すれば生産量を増やすことが可能な財である．そしてこのような財の生産においては，自由な競争が行なわれている．生産財の交換価値は，「もっぱら各商品に支出された労働の比較量に依存する」(Ricardo 1817, p.12, 訳 p.15)．希少財とは，投下労働量を増加させても生産量を増やすことができない財である．珍しい彫像や絵画，古銭，きわめて限られた土地で作られるワインなどがこの分類に属する．このような財の交換価値は，「もっぱら希少性のみによって決定される」(Ricardo 1817, p.12, 訳 p.14)．しかしながら，希少財は「日々市場で取引される商品総量のきわめて小部分を占めて

図 8-1 リカードによる財の分類とそれらの価格決定方法

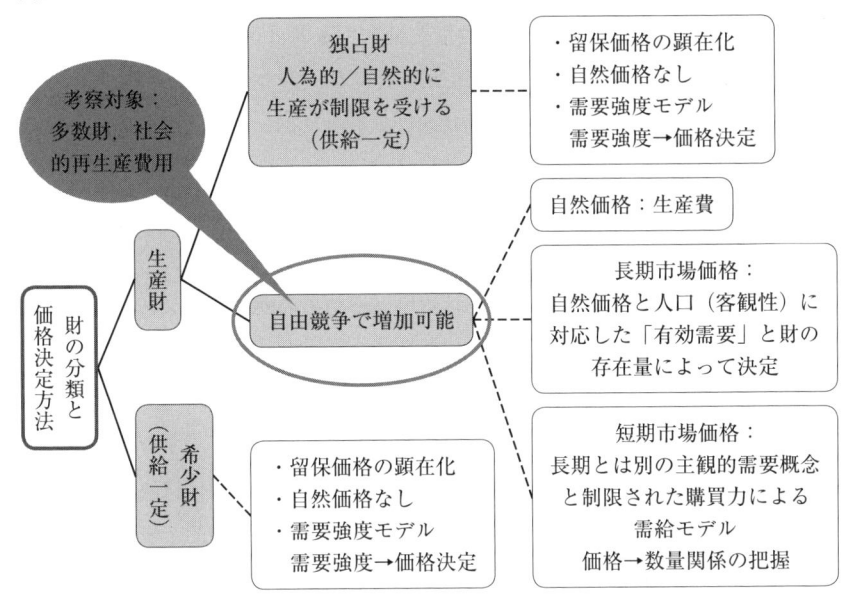

```
                                  独占財                 ・留保価格の顕在化
                              人為的／自然的に              ・自然価格なし
  考察対象：                   生産が制限を受ける          ・需要強度モデル
  多数財，社会                  （供給一定）                需要強度→価格決定
  的再生産費用

                                                         自然価格：生産費
           財                                             
           の  生                                         長期市場価格：
           分  産                                         自然価格と人口（客観性）に
  価       類  財   自由競争で増加可能                     対応した「有効需要」と財の
  格       と                                             存在量によって決定
  決       価
  定       格                                             
  方       決                                             短期市場価格：
  法       定  希（                                       長期とは別の主観的需要概念
           方  少 供   ・留保価格の顕在化                 と制限された購買力による
                      ・自然価格なし                     需給モデル
              財 一                                       価格→数量関係の把握
                 定   ・需要強度モデル
                 ）    需要強度→価格決定
```

いる」(Ricardo 1817, p.12, 訳 p.14) にすぎず，逆に生産財は「つねに，人間の勤労の働きによって分量を増加させること」(Ricardo 1817, p.12, 訳 p.14) が可能で，さらに，「どんな期間にわたってでも，人類の欲望と願望が要求するまさにその程度の豊富さで，ひきつづいて供給されるような商品」(Ricardo 1817, p.88, 訳 p.104) であるゆえ，考察の主要な対象となる．もっとも，生産財においても，人為的／自然的に生産が制限を被る，いわゆる独占財もあるが，これに関してもリカードは重きを置いてはいない．

ここで，彼の需要概念であるが，「商品の追加量が購入または消費されなければ，商品に対する需要が増大するということはできない」(Ricardo 1817, p.382, 訳 p.439) と述べるように，ある商品の自然価格において，購買力に裏打ちされた需要量，すなわち有効需要量をリカードは考えていた．これは長期的な概念であるので，有効需要量に影響を与えるものは人口，その国の収入，資本，租税など客観的なもの（社会的事情）を考えている．供給はスミス同様，ある時

点で市場に運搬される数量であり価格に関係なく一定である．自由競争下にある生産財の場合，自然価格での有効需要量を生産者は供給し，$De=S$ ならば，$Pm=Pn$ となるが，$De>S$ ならば $Pm>Pn$ に，$De<S$ ならば $Pm<Pn$ というスミスと同様のプロセスが働く．「『国富論』第七章において，この問題にかんするすべての事柄が，もっとも巧みに取り扱われている」(Ricardo 1817, p.91, 訳 p.107) とリカード自身が述べるように，スミスと理論枠組みでの相違は無い[13]ようである．

しかしながら，リカードにおいては市場価格での考察にスミスとの相違がみられる．彼の市場価格論は長期と短期に分けられるが，地代論における土地耕作量の変化は人口数 (Ricardo 1817, pp.322-326, 訳 pp.369-374) とリンクしており，このような客観的な要因と結びついた長期的需要が存在する．すなわち先の有効需要量であるが，この長期的需要量は価格の変化とは無関係に決まり，また固定的で，そのときの供給量と有効需要量の関係により長期的市場価格が決まる．そして長期的市場価格は供給量の適応により自然価格へと落ち着くのである．ただし，この長期的な有効需要量は自然価格とともに変化するはずであるが，この点に関してはスミス同様に何も言及してはいない．リカードは収穫一定を基本的に仮定しているが，「農作物特に穀物の生産には彼は明らかに収穫逓減の法則を措定」(南方寛一 1956, p.36) しており，その場合には生産費を決定するために生産量が分からなければならず，ゆえに有効需要量と供給量の関係が最初に働く．すなわち，需給関係により生産費が決定され，その生産費が自然価格となるからである．

つぎに，リカードの短期市場価格の決定方法であるが，スミス同様単なる短期の D（短期市場での需要量）と供給量 S の関係で考えていると思われる．しかしながら，この短期需要量が市場価格とともに変化するということを明確に描写している点が，スミスとは異なる．たとえば，凶作による価格騰貴や外国市場での需要拡大による一時的な需要量変動での記述である．

　　　凶作は食料の高い価格をもたらすであろう．そしてこの高い価格は消費

を供給の状態に強いて一致させる唯一の手段である．もしも穀物の購買者がすべて富裕であるならば，価格はいかなる程度にまでも騰貴しうるであろうが，しかしその結果は依然として変わらないであろう．価格はついに非常に高くなるので，もっとも富裕でない者は，彼らが通常消費する分量の一部分の使用をさし控えることを余儀なくされるだろう，というのは，消費の減少によってのみ需要は供給の限界にまで低下されうるだろうからである．(Ricardo 1817, p.162, 訳 p.188)

　海外からの需要の増加によってもたらされる，穀物価格の一時的騰貴は，……以前にもっぱら国内市場にあてられていた供給にたいする競争によってひき起こされる．利潤をひき上げることによって，追加資本が農業に使用され，供給の増加が得られる．しかしそれが得られるまでは，消費を供給に比例させるために高い価格が絶対に必要である．そしてこれは賃金の上昇によって埋め合わされるであろう．穀物の騰貴はその希少の結果であり，そして国内の購買者の需要を減少させる手段である．もし賃金が増加するならば，競争が増加し，穀物の価格のいっそうの騰貴が必要となるであろう．奨励金の影響についてのこの説明の中では，穀物の市場価格を究極的に支配する，その自然価格をひき上げるためになにごとも起こらないものと，想定されてきた（Ricardo 1817, pp.304-304, 訳 pp.348-349)

　これらの記述から読み取れることは，短期の需要も購買力に裏打ちされており，くわえて，それが価格の影響を直接受けるものであるということである．凶作，もしくは海外需要増により，ある時点での穀物量が少ない場合は超過需要となるが，高価格により購買者が減少するので，需要量と供給量が一致することをあらわしている．そして，それが市場価格を規制するものであると明確に述べている．つまり，「高価格では購入できない人が出現する」ということは，高価格が低需要量と対応している．当然逆の場合は，低価格が高需要量と対応しているはずである．また，高価格が需給一致の「唯一の手段」といっており，ある瞬間での供給量は一定であるから，現代の需要関数の萌芽がリカー

ドにはみられる．しかしながら，別の箇所では，「家屋にたいする租税は借家人によって支払われる追加家賃とみなされうるから，それは，家屋の供給を減少させることなしに，同一の年家賃の家屋にたいする需要を減少させる傾向をもつであろう」(Ricardo 1817, p.201, 訳 p.231) と，「傾向」といっており，リカードが需要量と価格の一対一の完全対応を考えていたわけではない．また，供給量は一見すると高価格にともなって増加するように考えられるが，リカードの場合，利潤が引き上げられることによる生産の時間的増加を考えているため，供給と価格に即時的・直接的な関数関係は存在しない．

　短期市場価格理論において注目すべきもう1つの点は，短期需要の変動要因である．リカードは穀物市場において「あらゆる人の欲望はある一定の分量にたいするもの」(Ricardo 1817, p.193, 訳 p.222) とし，市場価格が変化しても購買力の範囲内では需要量が変化しないと考えていた．しかしながら，奢侈品に関しては，「使用をとめるのは，彼らがより多くを支払いえないからではなく，より多くを支払いたくないからである」，「誰でも自分の享楽品の価値を評価するためのなんらかの標準を自分自身の心のなかにもっている，しかしその標準は人間の性格と同様にさまざまである」(共に Ricardo 1817, p.241, 訳 p.279) とし，購買力の他に「流行・偏見・気紛れ・趣味・欲望・嗜好」(Ricardo 1817, p.263, 訳 p.304 などに記載されている) などといった主観的要因が需要を変動させる．ただ，それらの要因と需要量の直接の関係はもちろん考察されてはいない．このような短期的要因は長期的趨勢に飲み込まれ，長期的需要と供給が一致するところで市場価格と自然価格（生産費）が等しくなるのであるが，短期市場価格論において自然価格からの乖離幅とその方向をリカードが詳細に考察したともいえる．

　さて，希少財および自由競争下にない生産財（独占財）の価格決定はいかなる方法であろうか．これらの財の特徴は，自然的もしくは人為的理由のために供給量が制限されていることである．すなわち，投下労働量を増加させても，それに比例して生産量は増加しない財である．リカードによれば希少財は「その価値がもっぱら希少性のみによって決定され」，「それらを生産するのに当初

必要とした労働量とはまったく無関係であって，それを所有したいと欲する人々の富と嗜好の変動とともに変動する」(共にRicardo 1817, p.12, 訳p.14)，「限られた分量しか存在せず，かつ競争によって増加しえない，他のすべての商品は，その価値について，購買者の嗜好，気紛れ，および資力に依存している」(Ricardo 1817, p.194, 訳p.224) といった特徴をもつ財である．一方，独占財についいては，「諸商品が独占価格にあるのは，どんなに工夫をこらしてもその分量が増加しえないときだけ，それゆえに，競争がまったく一方の側——すなわち買い手の間にあるときだけである」，「ある商品が独占価格にあるときには，それは消費者が購買してもよいと考えるまさしくその最高価格にある」(共にRicardo 1817, p.249, 訳pp.288-289) と述べている．すなわち，希少財と独占財は，共に供給量が増やせず，それゆえ，価格が買い手の主観的要因によって決定されるという同様の特徴をもつ．

そして，希少財や独占財に対する需要に関しても，もちろん購買力をともなった需要量である．しかしながら，この場合は自由競争下の生産財のときのように，自然価格での有効需要量とは考えられない．「消費者が購買してもよいと考える価格」が独占価格になるのだから，個人の欲望（需要）の強さがそのまま直接価格として反映されると考えられる．これは，「独占されている諸商品は，……購入しようとする買手の熱意に比例して騰貴する」(Ricardo 1817, p.385, 訳pp.442-443) とリカードが述べていることからも分かるように，欲望度が上昇すれば価格も高騰し，欲望度が下がれば価格は下がると考えられる．すなわち，現代の用語でいえば，「留保価格と需要量の組」と「一定の供給量」との関係によって，価格が決定される．ゆえに，リカードはこのような財の価格決定が，ローダデイル卿が述べるような「すべての物の価値の程度は，それらの物の分量と，それらの物にたいする需要とのあいだの割合におうじて，変動するであろう」(Ricardo 1817, p.384, 訳p.441) という法則に従うことを認め，「供給と需要の普通の原理」(Ricardo 1817, p.69, 訳p.81) と呼んだのである．

(3) トマス・ロバート・マルサス

マルサスは『経済学原理』(1820)において，かれが「需要と供給の大法則」と考える需給原理をその中心法則として据え，自然価格，市場価格，独占価格を決定するのもこの法則であると述べる．そして，マルサスは交換をつぎのように定義する．

> たんにより多く求められるものと引き替えにあるものを与えようとする能力と意志だけでなく，求められた貨物をもつ当事者に，それと交換しようと定義された貨物への相互需要もあることを，意味しなければならない．／この相互需要があるときには，交換のおこなわれる比率，すなわち，一貨物がほかの貨物の一定量にたいして与えられる量は，所有したいという願望とその所有を獲得する難易とにもとづいて両当事者がなすところの相対評価に，依存するであろう．(Malthus 1820, p.53, 訳 p.77)．

ここから分かることは，交換には欲望の二重の一致が必要で，各々の需要は欲望と獲得の困難に依存し，価格（交換比率）は需要の相対評価によって変化するものであると述べている．マルサスは需要と供給を「需要とは買う能力と結びついた意志のことであり，供給とはそれを売る意図と結びついた貨物の生産のことである」(Malthus 1820, p.64, 訳 p.96) と定義する．そして，意志の程度が大きければ大きいほど需要（有効需要量）は大きくなり，強烈であると述べる．また，この意志の程度のことを「強度 (intensity)」と呼び，大きな強度と高価格を払う意思が結びついている (Malthus 1820, p.66, 訳 p.99)[14]．

マルサスはこのような言葉の定義の下，価格が変化する原因を考察する．

> たとえば，もし通常千人の購買者によって需要されかつ消費されていた貨物が，とつぜん二千人によって欲求されるとするならば，この増大した需要量が供給されうるまでは，あるものはかれらの欲求したものをなしですまさなければならないことは明らかであるし，また，これら二千人の購

第 8 章　価格と数量の同時決定体系への転換　285

買者のなかの十分な数のあいだで，生産された貨物の全部を騰貴した価格でもち去るほど，個人的需要は増大しないであろう，と想像するのはほとんど不可能である．と同時に，もしわれわれが購買者の意思と能力，またはかれらの需要の強度が，増大を許さないものと想像しうるならば，事態が競争当事者のあいだでどのように決められようとも，価格の騰貴は起こりえない，ということはまったくたしかなことである．（Malthus 1820, p.67, 訳 p.100）

以上の引用から読み取れることは，価格を変化させるのは現実の需要ではなく，現実には現れてはいない「潜在的な需要（the demand *in posse*）」の強度であるということである．潜在的需要強度とは，潜在的に支払ってもよい価格の強度（羅列）であり，現在の言葉でいえば「留保価格」と有効需要量の組を表すといえる．そして，価格は現実に存在する一定量の供給（the supply *in esse*）と潜在的需要強度の関係で決定される．

　供給量はある時点で一定であるとすると，彼の価格決定にかかわる要因の因果関係は以下のようになる．すなわち，現実の供給量が与えられることで潜在的需要が満たされると，その潜在的需要の水準に隠伏している留保価格が市場において顕在化し，それが市場価格として表現されるのである（南方寛一 1967, p.19）．ゆえに，市場価格の変化は，現実の供給の変化が引き起こす現象として表現される．そして，競争財における自然価格（生産費）と市場価格の一致は，供給側の適応により供給量が長期的平均水準になった場合の「special case に過ぎない」（南方寛一 1967, p.19）と考えられている．以上が，マルサスの需要強度説といわれる価格理論であるが，同じ論理の価格決定理論をわれわれはすでにみている．すなわちそれは，リカードの希少財と独占財における価格決定理論である．リカードが自身の理論的中心に据えることはけっして無かったこのような価格決定原理を精緻化し，そしてそれを自然価格をも含むあらゆる価格の決定原理としたところにマルサスの特徴がある．

3. J. S. ミル

　一八四八年からマーシャルに至るまでのあいだ，彼の『経済学原理—社会哲学へのその若干の適用をふくめて』(Principles of Political Economy with some of their applications to social philosophy) は，経済学という主題についての公認の教科書として独自の地位を保った．バジョットは，同時代人に対するミルの「専制君主的影響」について述べて，その当時以来ずっと，すべての学生は「経済学全体をミルの目で見る」と言い，「彼らは，リカードとスミスのなかに，彼が彼らに見るように教えたものだけを見る」とつけ加えている．(Dobb 1973, p.121, 訳 p.145)[15]

　当時，いかに J. S. ミルの影響力が強かったかを理解できる文章である．マーシャルをして「イギリス経済学者を教育する上の経典となった書物」(Marshall 1876, p.119, 訳 p.149) といわせ，ヴァイナーも「われわれの学問における前古未曾有の長命の教科書」(Viner [1949] 1952, p.223-224, 訳 p.187) といっているように，当時のミルはまさに学問界で「一人勝ちの状態」[16]であった．現代において需要と供給のグラフは一般にマーシャリアン・クロスと呼ばれるが，この需要関数と供給関数の交点によって価格が決定される作法はいかにして誕生したのか．前節までの先人達には，需要量と供給量が価格に調整されて均衡点に達するという御馴染みの方式はみられない．しかし，マーシャル自身が1876年の「ミル氏の価値論」において，ミルの価値論を部分均衡論の先駆けとみなしており，また，シュワルツもジェヴォンズさえも及ばない需給均衡説をミルが唱えたと評価している (Schwarz 1972)．

　リカードにおいて需要と供給の力で価格が決定されるのは，希少財や独占財と自由競争下の生産財における市場価格である．しかしながら，希少財や独占財は多数を占める財ではないことから主要考察の対象外とされ，市場価格は結局，生産費と等しい自然価格となるので市場価格の水準を決定する理論的意味がリカードにとってはなかった．それは，自然価格が社会を再生産する価格で

あり，いかにその水準に市場価格が近づくかのほうが重要であったからだ．

しかしながら，J. S. ミルは1829年から1830年にかけて執筆したといわれる『経済学試論集』(1844年，以下『試論集』) において，需要と供給の原理が生産費の原理よりも「先立つ」原理であることを明確に述べている．それでは，ミルにとって需給原理が第一原理であり，かれの理論が需給均衡説と呼ばれるのはどうしてだろうか，マーシャルやシュワルツの評価は正しいのであろうか，本節はこれらの点を考察する．

(1) J. S. ミルの価格理論

J. S. ミルの価格理論は，生産・分配と説明された後の第3編に「交換」として据えられている．第3編まで先送りされた理由は，「経済学において非常に重要な，かつ人目に立つ地位を占めている」領域であることは認めながらも，経済学は「価値の科学」ではなく，生産や分配が交換に依存しなくても「やはり今日のとおりのものであった」のであり，「交換は生産物の分配の基本法則とはなっていない」からである．ゆえに，ミルにとって交換は「ただ分配を実行する機構の一部であるにすぎない」のである．しかしながら，資本主義が深化し産業制度が売買に基礎を置くようになると，「価値」の問題が基本的な問題となってくる．経済的利害関係に関する考察においては「価値」の問題が絡んでくるのである（すべて J. S. Mill 1848, 訳 (3) pp.17-19).

> しかし価値の法則には，今日の著述家，あるいは将来の著述家が究明し
> なければならないものは，幸いにして何ものも残っていない．この問題に
> 関する理論は完成している．ただ一つ，克服しなければならない困難な点
> は，この理論を応用するに当って生ずる主要な紛糾をあらかじめ予想し
> て，それを解決するように，この理論を叙述するということだけである．
> (J. S. Mill 1848, 訳 (3) p.19, 傍点は引用者)

このように，J. S. ミルは先人たちの価値論を応用する際の記述方法に気をつけ

るということだけで充分であると考えていたようだ．しかしながら，彼の価値論をみると，「言っていることとやっていること」が随分異なるようである．

価値論と財の分類

　J. S. ミルにとって価値とは相対的価値であり，絶対的価値とは「意味が理解できない」(J. S. Mill 1825, p.36, 訳 p.176) といっている．すなわち，財の全般的な価値の騰貴はありえない現象で，相対的にしか価値は規定できないものとする．リカードは相対的価値を主要問題として扱うが，絶対的価値に関する未練（不変の価値尺度）は残していた．ついで，ミルはスミス由来の使用価値という概念を批判する．スミスやリカードにとって使用価値（効用）は，既述のように社会的有用性という客観性を表す言葉であった．ミルにとって効用は「その物がある欲求を満たし，あるいはある目的に役立つ，その能力のことである」(J. S. Mill 1848, 訳 (3) p.20)．ミルはド・クインシーに言及し，使用価値が目的論的価値であることに賛同している．そして，このような主観的な評価（効用）が交換価値の極限として機能する．すなわち，個人の主観的な評価以上に価格は付かないと考えているのである．このように，ミルの場合には主観的な効用が交換価値決定の一要因としてたしかに含まれている．

　しかしながら，ある物が交換価値を有するためには，この主観的で目的論的効用だけではなく，「それを獲得する上に多少とも困難が存在しなければならない」(J. S. Mill 1848, 訳 (3) p.30) と J. S. ミルは考えている．そして，この獲得の困難の程度（供給の絶対的制限）によって財は3つに分類されるのである．

① 　労働と経費をいくら負担しても生産物の量を増加させることができない財（**任意不可増財**：特殊地でのワイン，一年に一度収穫可能な農業生産物，古代彫刻，巨匠の名画，稀覯の図書や古銭，骨董品，土地など，ある時点で供給が一定の財）
② 　労働と経費を負担することができれば単位あたり生産費用を増加させることなく生産物を増加できる財（**任意可増財 A**：収穫一定・費用一定の法則が適用される財），

③ 労働と経費を負担することができれば生産物を増加することができるが，単位あたり生産費用も増加する財（**任意可増財 B**：収穫逓減・費用逓増の法則が適用される財）

いわば，ケース1と2は財の極端な例を表し，J. S. ミル自身はケース3が経済学において一番重要であると考えていた（J. S. Mill 1848, 訳 (3) p.35）．こ̇の̇点̇は̇非̇常̇に̇重̇要̇な̇見̇解̇で̇あ̇る̇．また，ミルのこの分類は時間の長短には無関係であり，S. ホランダーがケース1を短期価格形成のケースとして扱ったのは誤読であろう（S. Hollander 1987, p.118, 訳 p.144）．そして，こ̇の̇ケ̇ー̇ス̇1̇が̇決̇し̇て̇短̇期̇を̇表̇す̇こ̇と̇で̇は̇な̇い̇と̇い̇う̇点̇も̇非̇常̇に̇重̇要̇で̇あ̇る̇．それぞれの価格決定方法は，ケース1が需給原理で，ケース2と3は生産費原理で価格が決定される．独占財[17]は人為的制約により供給量を増加させることができないことから，需給原理で価格が決定される．リカードとの大きな相違は，収穫逓減のケースを作っていることであろう．リカードにおいても収穫逓減のケースは扱われているが，深貝がミルの「前提となる基本法則は，蓄積欲（経済人），人口法則，収穫逓減の三つ，でありシーニアの基本命題のうちで一番目と三番目が蓄積欲にまとめられている」（深貝保則 1992, p.269）と述べるように，後述するが，収穫逓減はミルにとって重̇要̇な̇前̇提̇であった．

任意不可増財における価値の法則

それでは，ケース1における価格決定方法を考察する．まずこのケースにおける需要概念と供給概念であるが，供給に関しては「ある商品の供給という表現は，容易に理解しうる表現である．それは，売りに出される数量，買い入れたいと思っている人が，一定の時，一定の場所において，手に入れうる数量を意味するものである」（J. S. Mill 1848, 訳 (3) p.36）と述べている．J. S. ミルの場合，ある交換が行なわれる場所に供給された数量をあらわし，これはある時点では一定で，存在量と供給量は別である．また，市場に運搬されたとしても，供給者が市場価格を鑑みて売りたくはない場合には「供給を撤回」することも述べ

られている．すなわち，需要を「満たすのに十分な追加分の販売者を出現させる」(J. S. Mill 1848, 訳 (3) p.39)，「借地農業家がその穀物を手もとに取り戻し，価格の騰貴を期待してこれを貯蔵する」，「供給の一部を撤回する」(共に J. S. Mill 1848, 訳 (3) 訳 p.40) といっている．ただし，ある期間において供給者が売ろうと考える財は，売り切ることを念頭においており，その売ろうと考えている量で価格は形成される．ここで重要なことは，ある時点において供給量は一定であるので，供給者が高価格だからもっとたくさん売るといった，その時点で供給量を増加させることはできないということである．なぜならば，供給量の調整には時間がかかる，つまり，つぎの市場の開催日で供給量を調整しなければならないからである．「供給が減少すれば，価値は騰貴し，供給が増加すれば，価値は下落する」(J. S. Mill 1848, 訳 (3) p.41) という場合，時間を跨いだ市場での調整により売り切る事を念頭においている．

つぎに需要概念である．J. S. ミルはスミスの有効需要を購買力と結びついた単なる欲望とみなしており，それが量的に規定される供給量とは次元が違うものであるから，欲望（需要）と量（供給）との関係では考えることができないと批判する[18]．ゆえに，需要が需要量であるならば供給量との間の割合で考えることができるので「量」で考えなければならず，また，需要量は変動しうるとする．(J. S. Mill 1848, 訳 (3) p.37).

　　　同じ時，同じ場所においてすら，一定不変の数量ではない．それは，価値につれて変化するのである．物が廉価となれば，通例，その需要される量は，高価な場合よりも大きくなるものである．需要は，したがって，一部は価値に依存しているのである．(J. S. Mill 1848, 訳 (3) p.37, 傍点は引用者)
　　　需要という言葉を需要量という意味に解し，かつこの量は一定不変の量ではなくて，一般に価値に従って変動するものである (J. S. Mill 1848, 訳 (3) pp.38-39, 傍点は引用者)

つまり，需要量が個人の主観的評価（効用）や外的要因によって，時と場所

によっては同一とはならない．J. S. ミル自身，需要に影響するものとして，「公衆の嗜好」，「購買者の必要または欲望」，「購買者の手段または意欲」，「社会の嗜好欲求」，「社会全体の欲求と意欲」，「商品の性質と購買者の嗜好」，「消費者の志向と事情」などと『経済学原理』全般にわたって主観的評価（効用）や社会的要求，個人や社会全体での購買力を考えている．しかしながら，これらの要因，とくに個人の主観が需要量の変化および価格評価にどのように関係するかは「いかなる法則に従わしめることもできない」（J. S. Mill 1848, 訳 (3) p.285）と研究を放棄[19]している．もっとも，需要量が供給量を3分の1超過している場合でも，価格が3分の1だけ正確に騰貴するとはかぎらないと，商品評価の相違による価格変化量の相違に関しては言及している．ミルはこれを「需要の強度と伸縮性（extensibility）」（J. S. Mill 1848, 訳 (3) p.320）と呼び，需要側の性質であるとしている[20]．

後述するが，J. S. ミルの「経済人」とは合理的に利益を最大化する個人を仮定しながらも，それが歴史的・相対主義的なものであり，また，社会環境の影響を受けて変化するものであった．当然需要量は，供給量の調整に時間がかかっているあいだ（市場日と市場日の時間的経過）にも変化するだろう．ミルが「一部は」や「一般に」と付言しているのは，価格による影響の「傾向」を述べているのである．これはリカードが短期市場価格において，「家屋にたいする租税は借家人によって支払われる追加家賃とみなされうるから，それは，家屋の供給を減少させることなしに，同一の年家賃の家屋にたいする需要を減少させる傾向をもつであろう」（Ricardo 1817, p.201，訳 p.231，傍点は引用者）と述べていることと同様と考えられる．マーシャルは，ミルの「需要量が価値に従って変動する」という記述に関して，「この陳述を出来得る限り最も目立った箇所へ置いて，それを繰り返している」，「数学用語では『それの関数』となる」（共に Marshall 1876, p.129，訳 pp.166-167）と述べ，ミルに需要関数の存在を認めている．この見解は現代でも大勢を占めており，Stigler (1955), Blaug (1962), 南方寛一 (1961; 1972; 1978), 森茂也 (1982), 馬渡尚憲 (1997) は，このような価格と数量の関係を需要関数として把握している[21]．

ミルの理論に需要関数と供給関数が存在しているかどうかは，本章のテーマである「価格と数量の同時決定体系への転換」にとって非常に重要な問題であるが，供給概念と需要概念を個別にみていては判断がつかない．ゆえに，以降では需要量と供給量が一致する調整過程を考察する．すなわち，ケース1における価値法則である．供給の定義から供給量とは存在量とは異なり，ある日の市場用に運搬された一定の商品量である．以下が価格決定の論理である．

〈超過需要の場合〉

超過需要の場合にはその日の供給量はすべて売り切れ，購入することができなかった消費者が存在する．すると，「買い手の側に競争が起こって」(J. S. Mill 1848, 訳 (3) p.39)，市場価格が騰貴する．競争とはその商品がどうしても必要であれば値が高くても購入する消費者が存在するということであり，つぎの市場日に供給者がそれを理解して値を吊り上げるのである．市場の値が上がったことで「追加的な販売者が出現」(J. S. Mill 1848, 訳 (3) p.39) するかもしれないし，購買力の制約から購入することができない消費者が現れるかもしれない．このようなプロセスが市場日毎に行なわれ，供給量増加，需要量減少，あるいはその両方によって，いずれにせよ需要量と供給量が一致する．この需給量が一致する市場日においても取引される価格は存在しているので，この価格がケース1の価格（交換価値）となる．

〈超過供給の場合〉

超過供給の場合には，市場に運搬した供給量がすべては売り切れないので，売れ残りが生じる．このとき「売り手の側に競争が行われる」(J. S. Mill 1848, 訳 (3) p.40)．売れ残り商品に関して価格を下げてまで売りたいと思う供給者はそのようにすることで，「追加的な需要を喚起」(J. S. Mill 1848, 訳 (3) p.40) する．これにより新たな需要者がみつかるか，「以前から購買者であった人々がより多くのものを買うようになる」(J. S. Mill 1848, 訳 (3) p.40) ので売り切れる．もし，「借地農業家がその穀物を手もとに取りもどし，価格の騰貴を期

待してこれを貯蔵する」(J. S. Mill 1848, 訳（3）p.40), あるいは「穀物が安いときにそれを買い入れ，より緊急な需要が生じたときにそれを売り出そうとして貯蔵するところの投機業者の操作」(J. S. Mill 1848, 訳（3）p.40) によって，供給量が減少し，価格低下が止まる，あるいは最初の水準に戻るならば，以前の市場日に「価格を下げてまで売りたくなかった供給者」の売れ残り分もこの市場日には売り切れる．このように，価格低下による需要増，もしくは供給撤回による価格騰貴，あるいはその両方のプロセスが市場日毎に行なわれ，需要量と供給量が一致する．この需給量が一致する市場日においても取引される価格は存在しているので，この価格がケース1の価格（交換価値）となる．

　そして，このような価格を参照して「公衆の嗜好」,「購買者の必要または欲望」,「購買者の手段または意欲」,「社会の嗜好欲求」,「社会全体の欲求と意欲」,「商品の性質と購買者の嗜好」,「消費者の志向と事情」などといった主観的評価と社会的事情により，次期の市場日に供給する量を供給者は考え，需要する量を消費者は考えるのである．

　J. S. ミルが重要視したのは，とにかく需要量と供給量が一致する均等化であった．ゆえに，「割合という観念は，需要量と供給の間に使用した場合は不適当であり，……数学的な類比として適切なものは，むしろequationという類比である．需要と供給，需要量と供給量とは，相等しくすることができる」(J. S. Mill 1848, 訳（3）p.41, ただしequationは原語のまま）と，「equation」という表現を用いる．「equation」という言葉を使っていることからこれを「方程式」と捉え，需要関数と供給関数が等しくなるときに価格が導出されると考えてしまうのは安易である．つまり，$D(p) = S(p)$によりpという解が与えられるという誤った理解である．このように理解すると，ミルの需給理論は「部分均衡論の先駆け」あるいは「ジェヴォンズさえも及ばない需給均衡説」という評価となろう．しかしながら，「equation」は「方程式」と「等式」の2つの意味が考えられ，この場合は需要量と供給量が等しいというただの関係を表す「等式」が適切である．たとえば，

The law, therefore, of values, as affected by demand and supply, is that they adjust themselves so as always to bring about an *equation* between demand and supply, by the increase of the one or the diminution of the other; the movement of price being only arrested when the quantity asked for at the current price, and the quantity offered at the current price, are equal. This point of exact equilibrium may be as momentary, but is nevertheless as real, as the level of the sea. (J. S. Mill 1869, p.636)

それゆえ，需要と供給によって影響を受ける価値の法則は，需要と供給が一方の増加もしくは他方の減少によってつねに均等 (equation) がもたらされるように，それ自身を調整するというものである．そして，価格の運動が停止するのは，現行価格で需要される量と現行価格で供給される量が等しい時だけである．この正確な均衡点は，平均海面のように一時的かもしれないが，それにもかかわらず実在する．（訳は引用者）

The real law of demand and supply, the equation between them, still holds good:

真の需要と供給の法則，この両者の間の等式は，なお依然として正しいである．(J. S. Mill 1848, 訳 (3) p.54, ただし equation の訳は「方程式」から「等式」に変更)

J. S. ミルは 1869 年のソーントン『労働論』書評と『経済学原理』第 3 編第 3 章で，このように述べている．つまり，「equation」は等しいことを表す「等式」[22]であるとともに，ミルが言う需給原理の真の意味とは「需要量と供給量が等しくなる原理」であり，現代のミクロ経済学における需給均衡モデルのような，価格決定とその安定にこそ重きがある法則とは異なることが判明する．ミルは市場日毎に価格が変動することにより，偶然，あるいは生産者と消費者の主観的要因が作用することによって，試行錯誤的に需要量と供給量が等しくなると考えていた．そして，「平均」海面といっていることから，需要量と供給量が一致しても，決まった 1 点で安定的に停止するとはいっていない．

価値は，いつも，需要が供給に等しくなるように，自らを調整する．(J. S. Mill 1848, 訳 (3) p.94)

ある瞬間においてそれが相等しくなかったならば，競争がそれを均等化する．そして均等化する方法は，価値の調整による方法である．(J. S. Mill 1848, 訳 (3) p.41)

そのときの価格はもちろん一時的であるが，需要量と供給量が等しいという意味で均衡価格なのである．

需要量そのものは，個人の嗜好や事情（購買力を含む），ある時点の市場価格，社会環境（社会全体の嗜好や購買力），外国要因などをパラメーターとするものである．つまり，J. S. ミルの財区分に時間は入っていないから，他の事情は一定ではなく，価格以外の要因で状況が変化し需要量が変わる可能性もある．ゆえに，価格は同一でも場面によっては需要量が変わるという現象も含まれている．市場日と市場日のあいだにおいて需要量を変化させる一因が価格であるといっているだけで，現代の一般均衡理論や部分均衡理論が想定するように，価格体系さえ与えられれば，一義的に需要量が定義できる関数が存在するとはいってはいないのである．塩沢が第4章で述べているように，ミルは関数そのものを理解し，別の箇所では関数の変数がわざわざ何であるかまで明記しているが，需要量と供給量に関して関数と読み取れることは何も書いていない．以上のことを総合すると，需要関数と供給関数自体の存在がミルの体系には認められず，需要関数と供給関数の交点で価格と数量が同時に決定されるような価格理論を考えていたとは考えられない．すなわち，均衡条件を述べているのではなく，南方や馬渡が言うような，ワルラス的安定条件とかマーシャル的安定条件などといった思考様式とは無縁の体系なのである[23]．このことは，超過需要と超過供給のケースをみても明らかであるように，ミルは需要量と供給量の均等化（均衡）プロセスを扱っているのである．需給が均等化される際の交換条件（価格）をつぎの市場日では参照しつつも，他の経済状況に応じて需要量と供給量が変化する経済の過程を扱っている．シュンペーターも「供給され

た量および需要された量と定義」(Schumpeter 1954, p.604, 訳 p.1269) し，需要関数と供給関数の存在を認めていない．

任意可増財における価値の法則と部分均衡について

それでは，つぎにケース2と3における価格決定方法を考察する．これらのケースでは，市場価格は長期的には生産費（自然価格，J. S. ミルの場合は必要価格）に落ち着くというスミス，リカード以来の古典派価値論を継承している．ミルは，商品が引き続き生産されるためには，生産の費用を償い，かつ通常の利潤見込みを提供するものでなければならないとする．なぜならば，生産に貢献するのは労働者の努力と資本家の犠牲（節欲）であり，労働者は再生産されなければならず，また資本家は生産を継続する必要があるからである．

> ある商品が，ひとり労働と資本とによってつくられるというばかりでなく，またこれらのものによって無制限につくられ得るという場合には，この「必要価格」，すなわち生産者たちが満足する最低限のものは，もしも競争が自由かつ活発であるならば，どうじにまた生産者たちが期待しうる最高限でもあるのである（J. S. Mill 1848, 訳 (3) p.47)

> 一般原則として，種々の物は，各生産者に対し通常の利潤を加えてその生産費を償還するような価値を持って，言葉をかえていえば，すべて生産者に対してその支出に対し相等しい利潤率を与えるような価値を持って，互いに交換されようとしているのである．(J. S. Mill 1848, 訳 (3) p.48)

すなわち，J. S. ミルの生産費（必要価格と呼ぶ）とは，「労働者の努力に対する対価である賃金」と「資本家の節欲にたいする対価である利潤」から構成される恒久普遍的部分（賃金と利潤の普通率）と，偶然的部分（租税，余分の費用，地代）からなる（J. S. Mill 1848, 訳 (3) 95-96)．これはリカードの控除方式ではなく，スミスの積み上げ方式タイプの生産費[24]といえる．

ケース2の場合は収穫一定であるので，つぎのような論理が描けるだろう．

すなわち，

　　生産費が必要価格を決定→必要価格に対応した長期的需要量が決定→需要量が供給量を決定．需要量と供給量が一致しない場合は，市場価格（利潤率）を参照する自由競争によって供給が適応．

そして，ケース3の場合は収穫逓減であるので，つぎのようになるだろう．すなわち，

　　（有効）需要が供給量を決定→供給量が（単位あたり）生産費を決定→生産費が必要価格を決定→その価格で供給される．需要量と供給量が一致しない場合は，市場価格（利潤率）を参照する自由競争によって供給が適応．

　市場価格が必要価格を超える場合，当然超過利潤が生じるのでその産業に資本異動が起こり，生産量が増加する．ゆえに市場価格が低下する．逆の場合は，市場価格が上昇する．資本と労働の移動が自由で，かつ競争も自由であるならばこのようなスミス流のプロセス（供給側の適応）で市場価格が生産費に落ち着くのである．ケース2とケース3の相違は，必要価格を決定するまでの過程が異なる．つまり，生産量が収穫逓減の財の場合は，生産量が決まらなければ単位あたり生産費が決定できないため，市場での有効需要量を生産者が把握する必要がある．すなわち，ケース3の場合には，生産費決定に先立って，有効需要量と供給量の関係が強く存在していることになる．また，ケース2は極端なケースであることから，労働と資本を投下できれば生産物を増加できる一般的なケースではケース3にケース2が含まれると考えられる．それは，ケース3の論理でケース2がカバー可能だからである．このように生産費原理を考えると，ワルラスが『純粋経済学要論』（1874）で行なった古典派価値論批判，すなわち，ケース2のような「生産者の都合で一方的に決定される価格など存在しない」という批判は当てはまらない．

J. S. ミルは需要量と供給量が等しくなる状態を「均衡（equilibrium）」とし，そして，そのときの交換価値を「自然価値（natural value）」とする．当然，需給が不均等の場合にも取引は行なわれるので，そのときの交換価値を「市場価値（market value）」と呼ぶ（J. S. Mill 1848, 訳 (3) pp.54-55）．需要量と供給量が一致する際の自然価値でも，ケース1とケース2・3の場合では従っている原理が異なる．ケース1の場合はそれを「希少価値（scarcity value）」，ケース2・3の場合はそれを「費用価値（cost value）」と呼ぶ（J. S. Mill 1848, 訳 (3) p.95）．従っている原理が異なるだけで，どちらも需要量と供給量が等しいという意味での「均衡」における「自然価値」であるが，費用価値が自然価値となる場合は「安定均衡（stable equilibrium）」（J. S. Mill 1848, 訳 (3) p.55）となる．ミルは，ケース3の財が経済学にとって一番重要であると考えており，また，「より普通な場合」（J. S. Mill 1848, 訳 (3) p.41）や「安定均衡」とわざわざ言っていることから，生産費原理による価値の決定を一番重要視しているのである．

　しかしながら，馬渡がJ. S. ミルの生産費原理は「生産費は利潤を含みその利潤の率は他部門との均等化にしたがい部門均衡の関係を含んでおり，たんなる部分均衡ではない」（馬渡尚憲 1997, p.301）と述べるように，ミルは他財の価値を一定とした部門均衡の部分均衡理論を展開している．

> 　交換価値を科学的に考察するに当たっては，さしあたり考察しているその当の商品から来る原因以外の一切の原因は，これを除いておく方が便利である．その商品と比較する他の諸商品から来る原因は，これらの商品に対する関係におけるその商品の価値に影響を与えるけれども，その商品に発する原因は，すべての商品に対する関係におけるその商品の価値に影響を与えるものである．この後の方の事情に対してより完全に注意を集中するために，問題となっている商品以外のすべての商品は，その相対的価値が変動しないと仮定するのが便利である．（J. S. Mill 1848, 訳 (3) p.23）

　つまり，ケース1における過程分析でも他商品の影響は無視されていたので

あり，また，ケース2および3では，生産費の項目である利潤率が均等化するという意味で部門間が均等化しているにすぎない．後世の，「ceteris paribus（他の条件は一定にして）」と同様な手法である．

価値法則の応用——相互需要説について

　J. S. ミルは任意不可増財に関して，「この種の商品は，疑いもなく例外的なものである．かの，無限に増加させることができる，はるかに大きな部類をなすところの物については，別個の法則がある」としながらも，任意不可増財の価値法則を明確に理解することは，「第一に，より普通な場合を理解しやすくするのに大きな助けとなる」，「第二に，この例外の場合の原理は，最初に想像されるよりも，及ぶ範囲がはるかに広く，包容する事例がはるかに多いのである」（すべて J. S. Mill 1848, 訳 (3) p.41）と述べる．第1は，需要量と供給量が均等化する事が「均衡」であることの理解につながり，第2は独占財，ケース2および3の市場価格決定理論，賃金決定論，結合生産物，貨幣の価値，国際価値論などへの適用を意味する．これらの適用領域においては生産費のみで交換価値が決定されず，生産費と需給原理の両方，もしくは需給原理のみで交換価値が決定される．そのなかでも国際価値論は，小島がリカードは生産費原理による国際均衡論を形成したけれども，ミルは需給原理による「部分均衡的国際均衡論」，「物々交換的均衡理論」を形成した（小島清 1950；1951）と述べるように，明確に物々交換経済，すなわち Catallactics[25]を意識して書かれている．ゆえに，ミルの国際価値論の構造は詳細に把握される必要がある．

　リカードが「生産物の相互的交易から引き出す利益について……科学的な性質をこれに與へることに貢献」（J. S. Mill 1844, p.1, 訳 p.7）するところの，いわゆる比較生産費説によって貿易が開始されると J. S. ミルは考えている．しかしながら，リカードは国際分業と自由貿易の正当性，貿易の方向，交易条件の範囲は論証したが，交易条件（交換価値）自体は決定していない．そして，交易条件が分からなければ，各々の国が貿易から受け取る正確な利益は分からない．ゆえに，その交換価値の決定が理論的課題というわけである．しかしなが

ら，国際貿易においては，資本と労働の移動が自由に完全に遂行されえないので，生産物の価値が生産費で決まらない（J. S. Mill 1848，訳 (3) pp.262-265）．よって，

> ある土地におけるある物品の価値は，その土地における，その物品の費用に依存する．この獲得の費用なるものは，輸入品の場合には，その輸入品に対して支払をなすために輸出される物品の生産費を意味するのである．(J. S. Mill 1848，訳 (3) p.278)

このことを説明するのが J. S. ミルの国際価値論であるが，その説明にケース1で述べた需給原理が応用される．ミルによれば，貿易が行なわれる際には両国が同じ交換比率で取引を行なうはずであるから（J. S. Mill 1848，訳 (3) pp.280-281），結局は「国際貿易は，その形態において一商品の他の商品に対する実際の現物交換であると仮定」し，「貨幣は一般的法則を支配するものでは決してなく，いつもこれに従うのである」（J. S. Mill 1848，訳 (3) pp.278-279）と述べる．すなわち，物々交換で考察可能といっているのである．

しかしながら，小島清（1950）が言うように[26]，リカードはけっして物々交換で『原理』第7章を考察してはいない．第7章の説明をみると，前半は価格で，比較生産費説を説明したとされる「4つの数字」は生産性比較なので貨幣は無視，そして後半は貴金属の議論（価格）と説明方法が変化しているのが特徴である．しかしながら，リカードは第9章で「われわれに一商品を輸入することを決意させる動機は，海外におけるその相対的安価の発見である，それは商品の海外における価格と国内における価格との比較である」（Ricardo 1817，訳 p.197．初版では「自然価格」と表記され，第3版以降は「価格」と表記されている）と述べているように，貿易とは生産費（価格）の比較で決定されると理解している．すなわち，貿易開始は自然価格の高低で判断されるものであり，生産性をただ比較するだけでは判断がつかない．なぜならば，正貨流入のヒュームプロセスが働いていたとしても，賃金率の差は貿易国間で必ず生じ，生産性だけ

では特化の方向が分からないからである[27].

　ではなぜJ. S. ミルは「生産性を比べればすべて良し」としたのであろうか. 少なくともリカードは物々交換ではない. その分岐点となるのは, J. S. ミルの父ジェイムズ・ミル（J. ミル）の「植民地」(1818)である.

　　賃金や利潤の状態における変化だけではなく, たとえ生産費における変化でさえも外国貿易に対する障害とはならない. ある国が他国に輸出するのは, 他国よりも安く作ることが出来るからではない. たとえ安く作ることが出来るものが何も無くても, 輸出は継続される. ある国が他国に輸出するのは, 輸出することによって, ある財を国内で作るよりも安価に他の国から入手できるからである. しかし, そのような場合, その国はどのようにして国内で作るより安価に輸入品を手に入れる事が出来るのだろうか？ 輸入品を国内で作る場合にかかるであろう労働よりも, より少ない労働で作ることが可能な財でもって, 輸入品と交換することによってである. (J. Mill 1818, p.269, 訳および傍点は引用者）

　ジェイムズ・ミルはこの後, 労働者数の例を用いて比較優位を説明する. リカードは説明なしに価格タームから生産性タームへと説明方法が変わるが, ジェイムズ・ミルは自国と他国の生産費比較による考察から生産性で比較することへの転向に一言添えているのである. そして, J. Mill (1821)以降では, すべてが生産性比較で説明されている. 序文に「経済学の……本質的な諸原理をすべての非本質的な論題より分離し, 諸々の命題を論理的順序に従って明快に記述」(J. Mill 1821, p.iii 訳 p.1）と目的が書かれているように, リカード貿易論とは生産性で語れるものであると, その本質をかれはついたつもりなのかもしれない. あるいは, リカード自身は自然価格の比較で考えているのだが, 運悪くリカード『原理』第7章での比較生産費説が生産性比較でのみ語られているので, それにジェイムズ・ミルは倣ったのかもしれない. いずれにせよ, 自然価格での議論は放棄されるのである.

J. S. ミルが経済学を「Catallactics」と呼ぶことを躊躇ったにもかかわらず，貿易理論において物々交換を採用するその分岐点は以上であるが，それでは，どのように2国間の交換比率が決定されるのだろうか．「このように錯雑した研究の場合には，数字を用いた事例によって概念に明確性と固定性を与えるのがよいと思う」(J. S. Mill 1848, 訳 (3) p.281) と，J. S. ミルは数値例で説明する手法を採っている．ドイツ国内において 10 ヤールのラシャの価格は，リンネル 17 ヤールを購入できる貨幣量である．この価格の場合，ドイツではラシャにたいする需要量が 10,000 (1,000×10) ヤールであるとする．逆に，イギリス国内では 17 ヤールのリンネルの価格は，10 ヤールのラシャを購入できる貨幣量であるとする．この価格の場合，イギリスではリンネルにたいする需要量が 17,000 (1,000×17) ヤールであるとする．現行価格では，リンネル 17 ヤールとラシャ 10 ヤールが等しいのであるから，ラシャの需要量 (1,000×10) ヤールとリンネルの需要量 (1,000×17) ヤールが等しくなる．ゆえに，国際交換比率が各々の国内交換比率 (1:1.7) に等しいときには，ドイツはラシャ 10,000 ヤールを輸入し，イギリスはリンネル 17,000 ヤールを輸入することができるとともに，ドイツとイギリスは双方ともリンネルとラシャは輸出可能となる．つまり，国内の交換比率が国際的な交換比率と一致しているので，互いの需要と供給が綺麗に精算される．

このように J. S. ミルの数値例では，ある交換比率が与えられた場合，それに正確に対応した各国の需要量が考えられている．また，ミルは貿易がうまく遂行されない場合の数値例も提示しているが，整理すると表 8-2 のような対応関係が推測される．

イギリスにとっては，ラシャ 1 単位と引き替えに得られるリンネルの量が増えれば増えるほど，すなわち，ラシャで測ったリンネルの価格が低下すればするほど，リンネルの需要量が増えている．逆に，ドイツにとっては，ラシャ 1 単位と引き替えに得られるリンネルの量が増えれば増えるほど，リンネルをたくさん提供しなければならなくなるので，ラシャの需要量が減っている．たとえばこのケースでは，交換比率が 1.7 (ラシャ 10 ヤールとリンネル 17 ヤール) で

表 8-2　交換価値とそれに対応した需要量

交換価値 リンネル／ラシャ	イギリスの ラシャ供給量	イギリスの リンネル需要量	ドイツの ラシャ需要量	ドイツの リンネル供給量
1.5	600	600×1.5	1,200	1,200×1.5
1.6	700	700×1.6	1,100	1,100×1.6
1.7	800	800×1.7	1,000	1,000×1.7
1.8	900	900×1.8	900	900×1.8
1.9	1,000	1,000×1.9	800	800×1.9
2.0	1,100	1,100×2.0	700	700×2.0

（出所）　馬渡尚憲（1997）『J. S. ミルの経済学』，p.257.

ある場合，イギリスのリンネル需要量は800×1.7であるが，ドイツのリンネル供給量は1,000×1.7であるので，需要量と供給量は一致していない．このような場合，ドイツは「より高い値をつける」(J. S. Mill 1848, 訳 (3) p.283) ことで，交換比率を変化させる．たとえば，交換比率が1.8になれば，イギリスのリンネル需要量は900×1.8，ラシャ供給量は900，一方，ドイツのリンネル供給量は900×1.8，ラシャ需要量は900となり，両国の需要量と供給量が共に等しいので，1.8という交換比率が国際価値となる．つまり，国際価値とは各国の生産費ではなく，相互の需要によって影響を受けるのである．ゆえに，

　　ある国の生産物は，その国の輸出の総額がその国の輸出の総額に対し過不足なく支払いをなすのに必要とされるような価値を持って，他の国々の生産物と交換される．このような「国際価値」の法則は，私達が「需要供給の等式」と呼んだ，あの「価値」に関するより一般的な法則の拡張に過ぎない．私たちのすでに見たように，ある商品の価値は，いつの場合も，需要をまさに供給の水準にもち来たすように，自らを調整するものである．(J. S. Mill 1848, 訳 (3) pp.294-295, ただし「方程式」は「等式」とした.)

しかしながら，需要量と供給量が一致するときに国際価値も決定されるが，

すでにみたように，この価格を安定的と考えてはならない．事実，「ドイツは残る200を入手するために——これに対してより高い値をつける外はなすべき方法をもたぬであろうが」(J. S. Mill 1848, 訳 (3) p.283) と，調整される過程をミルは考えているのである．そして，需要量変化に関しては「特定の商品の性質と購買者の嗜好とに依存する」(J. S. Mill 1848, 訳 (3) p.300) と述べている．

　　二つの国が二つの商品を相互に貿易するとき，これらの商品の相互に対する交換価値が，隣国から輸入する物品について各国が必要とする数量が精密に相互に対して支払いをするに足りるように，両国における消費者たちの志向と事情におうじて調整されるということは，確定的なことだと考えてよいであろう．消費者たちの志向や事情がいかなる法則に従わしめることも出来ないものであるから，二商品が交換される割合もまたそうである．我々は，この変動が閉じ込められている限界が，一国におけるそれらのものの生産費の比と，他国におけるそれらのものの生産費の比であることを知っている．……したがって，貿易の利益が二国民間に分割される比例はさまざまである．各国の比例分が決定される事情のうち，これ以上に相距ったものは，ただきわめて一般的に指示されうるに過ぎぬ．(J. S. Mill 1848, 訳 (3) pp.284-285, 傍点は引用者)

このように，「二商品が交換される割合もまたそうである」と言っていることからも分かるように，各国消費者の主観的な事情により，交換比率も法則に従わしめることができず，利益配分の範囲を述べることができるだけなのである．つまり，他の事情を無視して，価格と数量の関係だけに押し込めることができれば，需要量と供給量が一致した際の交換比率は確定可能なのであるが，数量に影響を与える他の要因（消費者たちの志向や事情）を考慮に入れると，交換比率が定まらないと言っている．一見すると，J. S. ミルの数値例において需要量と価格が一対一対応しているので，スティグラーが「ミルは需要概念を，表あるいは関数としてイギリスの経済学に導入した」(Stigler 1955, p.298) と述

べるように，ミルに需要関数の存在を認めてしまうかもしれない．しかしながら，国際価値論での説明においても，やはり需要量と供給量の均等化が時間をつうじておこりうるプロセスの説明であり，任意不可増財での説明と変わりはないのである．ミルが数値例をもちだしたことは，後世の人間が彼の理論を正しく理解する上で弊害となったであろう．

このような相互需要による国際価値の説明は，1829 年から 1830 年ごろに執筆し 1844 年に刊行された『試論集』においても述べられている．また，そこですでに，J. S. ミルは「生産費の原理に先立ち，このものが 1 個の帰結として出てくるところの原理——すなわち需要と供給の原理に立ち帰らなければならない」(J. S. Mill 1844, p.8, 訳 p.17) と述べ，『経済学原理』においても，「生産費に先行し，それよりももっと基本的な価値法則——需要供給の法則——に立ちもどらなければならない．」(J. S. Mill 1848, 訳 (3) p.255)，「私たちは——前に同じように困惑に際会したときになしたと同じように——それに先行するところの法則に，すなわち需要供給の法則に，立ち帰らなければならない．」(J. S. Mill 1848, 訳 (3) p.280) と述べる．ミルにとってはケース 3 の財が一番重要であり，生産費原理による価値の決定を一番重要視していたはずである．それにもかかわらず，生産費原理よりも需給原理がより基本的な法則であるとはどのような意味であろうか．

また，リカードがマルサスの『経済学原理』にたいするコメントを書いた『マルサス評注』(1820) にて，「これらの命題の前後にある命題は，私の知るところでは，なんぴとも異存のないところである」(Ricardo 1820c p.47, 訳 p.62) と述べている．この注の前後におけるマルサスの命題は，1. 需要と供給の関係が変わらなければ，価格は変わらない，2. 生産費の変動も価格を変動させるが，より変動させる力は需要と供給の力，3. 供給過剰が価格を下げ，供給不足が価格を高騰させる，4. 供給の需要に対する比例が，市場価格であろうと自然価格であろうと価格を決める支配原理，5. 原価はたんに供給が需要にとる関係に実際上または偶発的に影響を及ぼすにすぎない，と書かれており，需要と供給の法則が生産費原理に先立つものであることが書かれている．つま

り，ミルのみならず，リカードも需要と供給の原理が基本法則と考えている．そして，この点を明らかにするのが次項以降の目的である．

(2) J. S. ミルが置かれた状況——リカード理論の何が残されるべきか？

J. S. ミルが「なぜ需給原理を先行させるのかという問」の考察に入る前に，彼が当時おかれていた特殊な状況を考察する必要がある．かれの父ジェイムズ・ミルはリカードと大変親しく，リカードの『原理』執筆，出版およびその普及において多大な貢献をした人物である．実際リカード経済学が普及するのは，ジェイムズ・ミルがその設立に寄与した「経済学クラブ (Political Economy Club)」が 1821 年にできてからである (Rothbard 1995, p.104)．J. S. ミル自身もリカード邸を訪れ二人で散策に出掛けるなど，交流をはかっていた．『J. S. ミル自伝』(1873) によれば，リカード経済学を父より学んだことがかれの経済学研究の始まりであった．そして，リカード経済学にとって初めての解説本（教科書）として評価が高かった父ジェイムズの『経済学綱要』(1821)[28]は，ジェイムズがレクチャーしたものを子ジョンがレポートとしてまとめ，それを元にジェイムズが加筆・修正した，いわば父子との対話によって完成した合作ともいえる著作であった．このように，J. S. ミルにとってリカードないしリカード経済学は深い敬愛の対象であった．

反リカード経済学の台頭

しかしながら，J. S. ミルの意に反し 19 世紀初頭の経済学界においては，リカード経済学の地位が低下していた．

> リカード〔1823 年没〕の死後数年のうちに，彼の教義に対する膨大な量の批判が積み上げられた．20 年代がまだ終わらないうちから，すでにその批判は非常に大きなものであった．……じっさい，一八三一年までには，「経済学クラブ」(Political Economy Club) は，次のような問いをたてて討論を交わしていたのであった（座長はトレンズ）．リカードの仕事として「初

めて提出された諸原理」のなかには,「今でも正しいと認められるものがあるか,どうか」,と.その討論でトレンズは,こう確認している.「リカードの作り上げた偉大な諸原理は,すべて,次々に捨て去られてきた.そして,彼の価値論,地代論,利潤論は誤りであったと,今では一般に認められている」,と.(Dobb 1973, p.96, 訳 p.117,〔 〕ならびに傍点は引用者)

ドッブは Political Economy Club (1921) にある記述を引用して[29],このように当時の状況をあらわしている.またミークによれば,「マルクスは 1830 年を『リカード』経済学の終わりを画した年」(Meek 1967, p.52, 訳 p.77)とみなしている.具体的には,ローダデイル卿の需給法則,ベイリーの価値相対主義とそれを容認するトレンズ,ホエイトリーの Catallactics,シーニョアとロングフィールドの効用など反リカード勢力が台頭し,イギリスにおけるリカード経済学の地位は低下していた[30].

J. S. ミルはリカードの忠実な学徒であろうと努めていたが,諸原理にたいする批判は大きく,自身の見解を転換せざるをえなかった.主なものは,「投下労働価値説」と「絶対価値」に関してであった.本章にて詳述することは避けるが,転換の経緯は以下[31]のようである.1821 年に刊行された父ジェイムズの『経済学綱要』では,「諸貨物の相対的価値は,……先づ第一に需要と供給とに,併し究極的には生産費に,従って正確な語法を以ってすれば,全く生産費に依存する」(J. Mill 1821, p.68-69, 訳 p.81)と述べられている.ここで,生産費とは直接・間接(資本)に投下された労働量という意味であり,それゆえ投下労働価値説は維持されている.この点に関してトレンズが批判をする (Torrens 1822a; 1822b; 1822c).すなわち,ワインのような醸成時間がある財と他の財では,利潤の回収期間が異なる.また,固定資本と流動資本の比率は財ごとに異なる.ゆえに相対価値は直接・間接に生産に用いられる投下労働量で決定されない.J. S. ミルは当初「労働価値説の擁護にもかなり苦労していた」(馬渡尚憲 1997, p.245)が,1823 年には投下労働価値説を放棄し,また,不変の価値尺度を労働で考えることはできないと述べている.この転換には,先に述べ

たリカード晩年による価値論の修正も一役買っているかもしれない．

そして，J. S. ミルの 1825 年論文では，価値とは絶対的なものではなく，相対的なものであることが明確に述べられている．くわえて，この時点ですでに価格決定において需給原理を一般原理とし，生産費とは供給側を規制するものであるという見解に達していたようである（馬渡尚憲 1997, pp.248-249 参照）．このような経緯をみると，価格が労働量によって決定される投下労働価値説と不変の価値尺度というリカード経済学における重要なコアが早々と否定されており，J. S. ミルはまったくと言ってよいほどリカードの良き生徒とはいえない．シュンペーターが「『原理』の経済学はもはやリカーディアンではない」（Schumpeter 1954, pp.603-604，訳 pp.1267-1270）と述べたのはこの点からである．

関税は交易条件を有利にするか？

当時の経済学界はこの様な経済学の原理に関する議論の他に，政策により密接に関係するもう 1 つの問題を抱えていた．自由貿易それ自体に反対するものはあまりいなかったが，一方の国が自由貿易で，他方の国が保護貿易（関税を設ける）の場合，保護貿易を行なっている国のほうにこそ貿易は利益を齎すのではないだろうかと疑念が沸き起こっていたのである．

> もし一国が外国の必需品と便宜品に一定の貨幣価格を支払うなら，その国が輸出する商品を低い価格よりもむしろ高い価格で売るほうが利益になるということは，うたがいもなく正しい．つまり，一定量の自国の商品にたいし，少量の外国産商品よりもむしろ多量の外国産商品をつぎつぎに獲得するほうが望ましいのだが，しかし一国は，想いのままに採りうるなんらかの手段によってどのような仕方でこのことを達成するように事柄を規制しうるか，私には全く理解できない．（Ricardo 1820c, p.146-147, 訳 pp.185-186）

リカードが述べた比較生産費説とは次のような説である．ある国が自国内の

産業間で比較して得意な産業（生産性の高い）での生産に特化して商品を輸出し，自国では上手く作れない（生産性の低い）産業の商品を輸入すれば，自給自足の経済活動の場合と比べてコスト（労働者数，労働日，生産費）がかからずに済む．このような国際分業をすれば世界全体の生産量も増加し，各国の利益となる．それはつまり，国際分業がいかなる国にとっても有益であること，ゆえに貿易を開始する理由が述べられているといえる．しかしながら「全く考えが及ばない」と述べているように，貿易をする際の実際の取引はどのような量，価格で行なわれるかに関して，「リカード氏は立ち入らなかった」(J. S. Mill 1844, p.5, 訳 p.12)，すなわち，交易条件（国際的交換価値）を決定する理論を当時の経済学界は持ち合わせてはいなかったのである．

　貿易理論においてトレンズは，リカードに先立って比較優位の法則を発見した[32]ともいわれる人物であるので（Samuelson 1948 など），初期の論文（Torrens 1815; 1821）では全面的に自由貿易を奨励していた．つまり，いくらフランスが保護政策を採ったからといっても，貿易相手国であるイギリスがその愚行を真似する必要はないという見解である．この点に関してリカードは，相手国への啓蒙という点[33]からトレンズと同様に一方的な自由主義を支持する．しかしながら，「当時，交易条件の正確な決まり方が分かっていなかったとはいえ，一定量の輸入に対する見返りとして輸出される商品の束 bundle が多いよりも少ないこと（輸出品の価格が輸入品にたいして相対的に高いこと）のほうが望ましいことは明確に意識されていた」(Irwin 1996, 訳 pp.140-141) のであり，トレンズは次第に自国にとって貿易条件を有利にするには関税をかければよいと主張するようになる．つまり，関税を一方的に下げるべきではなく，貿易相手国も関税を同時に下げる場合にのみ，自国も下げるべきであるといった「政策協調」の必要性を認識したのである（Torrens 1833）．

　このようなトレンズの見解に，1835 年の経済学クラブの会議参加者は懐疑的であったようだが，トレンズは有力政治家に訴えるため 1840 年代に一連のパンフレットを執筆し，それらを 1844 年に『予算—通商・植民地政策』として刊行している．そこでの主張は，相互に関税撤廃がされないならば自国は関

税をかけるべきであり，政策協調により相互に関税撤廃が可能であれば自由貿易が望ましいというものであった．トレンズはコスモポリタン的な自由貿易には程遠いこのような主張をするが，かれは一国の福祉と世界の福祉が違うこと，相互主義が相手国を自由貿易に誘う強い誘引をもつことを自覚していたようである (Irwin 1996, 訳 pp.142-145). J. S. ミルの『試論集』は，序文にあるように，このようなトレンズが巻き起こした論争に決着をつけるべく刊行した旨が明確に書かれている．そして，この序文はほとんどが貿易理論に関して述べられており，第一論文も貿易論文であることから，この論文がミルにとっていかに重要であるかが分かる．第一論文の結論としては，トレンズに賛同して関税を掛けるメリットを強調したものとなっており，その詳細な説明のために交易条件の確定を行なったといえる．

科学方法論

　J. S. ミルはまず『試論集』の第五論文「経済学の定義について，およびこれに固有なる研究方法について」において科学とは何かという議論から始める．そして，「科学は一つの現象を認めてその法則を発見しようと努め，技術はある目的を立ててこれを実現する手段」と述べる．ゆえに，経済学においてもこの見解が当てはまり，「経済学が1個の科学であるとすれば，それは，全然効用なき科学でないかぎり実践的準則がその上に打ちたてられるはずであるにしても，実践的準則の集成ではありえない」，「従って一国民をして富を増進せしめるための準則は科学ではなくして，科学の結果である．経済学は，それ自身としては，如何にしてある国民を裕ならしめるかを教えるものではない，もっとも国民を裕ならしめる方法を判断する能力を具えようと欲するものは何人もまづ経済学者とならなければならぬ」と，経済学は「富の生産，分配，および消費を規律する法則」であるとする（すべて J. S. Mill 1844, p.124-125, 訳 pp.160-161）．

　しかしながら，この定義では不十分である．生産においては「人類にとって有用または快適な全ての対象の生産の諸法則」(J. S. Mill 1844, p.127, 訳 p.164)

が経済学で考察されなければならず，ほとんどすべての物理法則が含まれる．また，農業においては生理学の原理が含まれ，製造業においては，化学と力学の諸法則，地質学分野の知識も必要である．ゆえに，これらを経済学から区分する科学の範囲を決定することは困難である．では，経済学と物理学を分けるものは何であろうか．ミルによると，富を構成する生産の法則は，経済学と物理学の両者の研究対象である．しかし，生産にかかわる諸法則のうち，「純粋に物質の法則たるものは物理学」，「人間の精神の法則たるもの」が経済学に属するのである．そして，「経済学は両者を併せての結果を終局的に概括する」(J. S. Mill 1844, p.132，訳 p.170) 学問といえる．ゆえに，彼の経済学の完全な定義は，以下となる．

　　「人間の性質の諸法則に依存するかぎりにおいて富の生産および分配を論ずるところの科学」，「富の生産および分配の道徳的または心理学的諸法則に関する科学」(J. S. Mill 1844, p.133，訳 p.171)

　このように考えると，経済学は人間の精神的活動にかかわることであるが，人間には多様な側面が内在するため，結果に影響を与える原因を真に特定することは難しい．J. S. ミルはコントの影響を大きく受けており，個別社会科学の成立には否定的であった．ゆえに，総合社会科学の構築をしなければならないと考えている．

　　一つの結果が諸原因の競合に懸かっているとき，もしもわれわれが諸原因を通してその結果を預言または制御する力をえようと欲するならば，これらの原因はいっときに一つずつ研究され，その法則は別々に研究されることを要する，けだしこの結果はこれを決定するすべての原因の法則から合成されているからである (J. S. Mill 1844, p.139，訳 p.178)

　そして，総合社会科学を構築するには，このように個別の法則を追求し，の

ちにそれを統合する手法を採っている．しかしながら，そうであるならば，経済学に固有の人間的性質は何であろうか．J. S. ミルによれば，それが富の追求をする際の「労働の嫌忌」，「高価な放縦を享楽せんとする欲求」(J. S. Mill 1844, p.138, 訳 p.177) である．すなわち，ミルの経済人とは「最小の労力と自己犠牲で最大の富を得る」(馬渡尚憲 1997, p.51) と定義されうる．人間がすべてこの性向でのみ行動するとはかぎらないということをミルは認識しているが，科学的進歩のために「経済学が注目するのは，ただこれらのもののみである」(J. S. Mill 1844, p.139, 訳 p.179) と考えている．ただ，『論理学体系』(1843)[34]ではこの経済人の定義が「人間事象の実業的部分であり，特定の国で，また特定の時期にあらわれるとみるようになります．これは歴史的相対主義です」(馬渡尚憲 1997, p.51) と馬渡が述べるように変化している．くわえて，ミルはこの経済人の定義が現実的な仮定であると考えていた．つまり，リカードが「Strong case」を扱い，演繹的に理論を導くための仮説的な仮定をおいたのとは異なり，経済学的法則確立のために人間の現実的な側面の一部を切り取った，いわば実際に観察される性向なのである．これは，ミルの方法論が「具体的演繹法」(馬渡尚憲 1997, p.47) といわれる所以である．

そしてこれらの点から，瀧澤が「ミルが経済学体系という内的世界と現実世界という外的世界を方法論的に遮断する戦略をとった」，「経済学体系の最初の部分で現実世界において妥当する断片を取り出していることにより，これがいわば理論的構築物と現実世界との関係を保つ蝶番のような役割を果たしており，翻ってそのことが理論体系の現実性を担保している」(共に瀧澤弘和，本書第9章，3-1と3-2) と述べるように，ミルは経済理論に現実的な妥当性を与えたといえる．このようなJ. S. ミルの経済学定義，方法論のもと，彼が経済学の法則として導き出したものが「需要と供給の均衡」，すなわち需要量と供給量が一致する過程とその時の価格に関する法則であった．

J. S. ミルは終生この法則 (需要量と供給量が一致するときが均衡である) こそが，経済学における科学法則であると考えているようであるが，以下，そのように考えたかれの科学観を考察する．当時，「イギリスおよびアメリカにおいては，

賃金基金『理論』を打破することが人々の好むスポーツとなった」(Schumpeter 1954, p.671, 訳 p.1407) とシュンペーターが述べるように，古典派経済学（労働価値説）にたいする批判は強く，その理論的応用である賃金基金説を攻撃することは経済学者にとって一種のステータスであった[35]．しかしながら，ミル自身も自己の見解と葛藤していた．すなわち，賃金基金説とは固定的な資本量と労働者数で賃金が決まる理論であるので，労働者が徒党（労働組合）を組んで賃上げ交渉をし，結果として賃金が上昇した場合，必然的に失業者が発生してしまう．社会主義に傾倒していたミルにとって，労働組合が資本家に対抗して労働者の賃金を上昇させることが重要であるが，自身の賃金基金説では賃金上昇と失業がトレードオフの関係になってしまう．論争の顛末として，結局ミルはソーントンの批判を受け入れることで賃金基金説を 1869 年に撤回（修正）する．すなわち，「賃金基金ないし雇用に当てられる流動資本は固定的ではなく，限度があるものの賃金の影響を受けて可変的であるというのが，新しい見解であった」(馬渡尚憲 1997, p.183)．賃金基金が可変的で増加可能であれば，賃上げ交渉の余地が生まれるからである．

賃金基金説撤回の経緯自体を本章で述べるのは控える[36]が，論争において明らかとなった科学観の相違は重要である．それではまず，J. S. ミルに賃金基金説を撤回させたソーントンの議論とはどのようなものであっただろうか．Thornton (1869) は，ある市場日に売り切る必要のある魚の例を考える．そして，その売買方法は，ある時ある場所では「買い手が見つかるまで売り手が値段を下げるオランダ式オークション」であり，また，ある時ある場所では「売り手が見つかるまで買い手が値段を上げていくイギリス式オークション」の場合もある．このようなケースを考えると，現実に観察されるところでは同種同量の魚においても異なる価格が付く可能性があり，一方が均衡価格だとすると他方は不均衡価格[37]での取引となる．また，価格が違えば，同種同量の財でも供給は異なるとソーントンは考えていたようである．唯一の均衡価格が決定されない反証例としてソーントンは他に例を 3 つ挙げているが，どれも需要と供給の力が価格を規制する「力」とはなっていないと批判するわけである[38]．

これにたいするリプライが J. S. Mill（1869）である．魚の例では「その法則（需要と供給の法則）はそのどちらの場合でも完全に満たされている．需要と供給は 20 シリング〔オランダ式〕でも 18 シリング〔イギリス式〕でも均等である」（J. S. Mill 1869, p.637,〔 〕は引用者）と述べる．つまり，オランダ式とイギリス式のオークションは同じ場所で同じ魚を対象としているわけではなく，共に需要量と供給量が均等するという需給法則の範疇であると考える．ミルにとっては価格の相違は方式の相違によるものであり，競売方式が 1 つに決まったならば価格も 1 つになる．ゆえに，ソーントンの例を「追加であるが，訂正ではない」（J. S. Mill 1869, p.634），「極端なケース」（J. S. Mill 1869, p.638），「例外的なケース」（J. S. Mill 1869, p.641）とするのである．しかしながら，賃金決定に関しては，需要と供給の均等化によって規定されないケースとミルは考える．労働市場では労働の価格を提供する雇用者が圧倒的な力を有するため，賃金が固定的となり，売り手と買い手の競争，すなわち，需要と供給の法則が正当に作用しない．ゆえに，ミルは労働組合による売り手側の力を増大させ，労働価格も競争によって決定されるべきと考えたのである．

さて，ソーントンの批判は不均衡価格が存在するのだから「均衡理論」自体に意味は無いというものであった．すなわち，J. S. ミルの経済学の枠組み自体への批判である．この点を取り上げて，Negishi（1986）はソーントンに不均衡理論の先駆けの地位を与えている[39]．また，中野はソーントンがダーウィン進化論の議論もしており，かれの科学観は斉一的法則の必然的支配そのものに批判的であったと述べている（中野聡子 2006）．一方で，ミルはすでに述べたように法則追求指向であるため，個別の社会科学内，すなわち経済学内での斉一的法則確立欲求は捨てられない．また，賃金基金説の修正により労働組合が力をもつことができるので，労働価格も，いわば，需要と供給の競争により決定されることとなる．当時のミルは労働組合による交渉の正当性を説明できる理論を欲しており，需要と供給の均等まではいかないにしても，需要（雇用者）と供給（労働者）の力関係によりこの問題が解決できたのだから，自説に自信をもったかもしれない．いずれにせよ，ミルは終生にわたり需要と供給の法則

を放棄することはないのである．

(3) まとめ——「なぜ需給原理を先行させるのかという問」に対する回答

すでに述べたように，J. S. ミルは特殊な状況におかれていた．すなわち，自身は敬虔なリカード学徒であろうとしたが，「経済学クラブ」での議論によりリカード経済学の地位は低下していたのである．このように，リカードへの親愛と自身が信じる経済学理論のあいだでミルは葛藤していた．ゆえに，リカード経済学の何を残せるか，それがミルの悩みの種であったであろう．そして，もう1つ，政策により密接に関係する問題，すなわち，「一方的自由貿易」対「相互主義的自由貿易」の問題を抱えていた．『ミル自伝』で述べられているようなグロート邸での研究会が，このような状況下において1825年頃に行なわれていたのである．なお，相互需要説のアイディアもこの研究会で生まれたとミルは述べている．

J. S. ミル価値論の形成史を鑑みると，1829年から1830年のあいだに書かれた「諸国民間の交易の法則，および商業世界の諸国間への通商の利得の分配について」（『試論集』第一論文，1844）の前に，すでに価値論の枠組みができ上がりつつあったが，『経済学原理』につうじるすべての要素がほぼ完成の域に達したのは，やはり1844年論文であった．馬渡は，1825年論文や1828年論文に比べ，この論文が「とくに需要量と価格との関数関係の把握において進展していた」，「価値の一般理論にもたちいっていた」（共に馬渡尚憲 1997, p.254），価格と数量の関数関係の把握が「いっそう明確だし一般的である」，「限界効用によらないで需要量を価格の減少関数として捉える見方が明瞭に示されている」（馬渡尚憲 1997, pp.256-257）と，1844年論文の完成度の高さを指摘している．馬渡はミルに需要関数の存在を認めているのでこのように書いているが，いずれにせよ価格と数量の関係把握に進展がみられ，完成の域に達していたことには間違いがないであろう．

以上の状況から推測されることは以下である．すなわち，リカード理論が間違っているという風潮，そしてJ. S. ミル自身もリカード価値論を放棄せざる

をえない状況で，唯一，リカード貿易理論だけは論敵トレンズからも承認されていた．そして，ミル自身も残されるべき理論と考えていた．よって，そのリカード理論を残せるような方法で価値論を再構築しなければならない．ゆえに，リカード貿易論が未解決な「交易条件の確定」，これは時代の要請であるとともに，ミルがリカード理論を残すことができる「最後の希望」でもあったであろう．つまり，「1830年はリカード経済学の終わりを画した年」とマルクスが述べたような状況下で，1844年論文は執筆されたのである．この論文をミルがいかに重要視していたかはすでに述べたが，実際にリカードへの言及から始まる．「相互交易から引き出す利益について……科学的な性質を与える」，「彼〔リカード〕の時代以前には，外国貿易の利益は，剰余生産物のための捌け口を供することに，あるいは国民的資本の一部をしてそれ自身を利潤をともなって代置することを得しめることにある」(共に J. S. Mill 1844, p.1, 訳 p.7, 〔　〕は引用者) などリカードに権威づけをしようとするのである．しかも，自身がリカードの貿易理論以外の価値論，利潤論などを徹底的に排除しているにもかかわらず，「経済学がリカード氏によって裕ならしめられた諸々の真理」(J. S. Mill 1844, p.1, 訳 p.7) とまで述べている．しかしながら，貿易理論は生産費原理が働かない領域である．それゆえ，交易条件の確定のために，需要と供給の原理を導入すれば，それが確定されると考えたのであろう[40]．リカード理論のうち残されるべき貿易理論が需給原理でなければ解決できず，これが「需給原理が生産費原理に先立つ」1つの理由であろう．すなわち，生産費原理に留まっていては，リカード経済学を何も残すことができなくなると考えたのかもしれない．また，リカード経済学のうち残すことができる理論がミルにとって完璧に仕上がったため，リカード学派を急速に失わせることなく『経済学原理』も出版できるようになったのであろう．

　もっとも，需給原理を用いなくても生産費原理で交易条件が確定できることは，小島清 (1950)，根岸隆 (2013) が述べるところである．そして，J. S. ミルが貿易理論において物々交換経済にコミットし，貨幣タームでの考察（自然価格）を排除してしまったことは大きな問題である．つまり，ホエイトリーの

Catallacticsをミルは批判し，経済学が富の経済としておきながら，Plutology から Catallactics への転換の契機になっているのである．しかもリカード貿易論は，リカードが提示した諸々の真理のなかで，一番科学的な性質を与えることに貢献したと述べる．つまり，ミルは当時経済学界の権威であり，その権威の解釈がこのようなものであったから，リカード一番の科学的貢献[41]が交換経済に取り込まれたことになるのである．

つぎに，「なぜ需給原理を先行させるのかという問」にたいして，かれの科学観から考察する．すでに述べたように，J. S. ミルはコントの影響を大きく受けており，個別社会科学の成立には否定的であった．ゆえに，総合社会科学の構築をしなければならないと考えている．そして，総合社会科学を構築するには，個別の法則を追求し，のちにそれを統合する手法をとっている．つまり，個別の社会科学の成立自体には否定的であるが，個別の社会科学には固有の法則があることを認めている．そして，「富の生産および分配の道徳的または心理学的諸法則に関する科学」と述べるように，経済学における斉一的な法則の追求がミルの目的である．そして，かれが経済学の法則として導き出したものが「需要と供給の均衡」，すなわち需要量と供給量が一致する過程とそのときの価格に関する法則であった．

> 要訳しよう．無限に増加させることができないものの価値は，すべて需要供給がこれを支配する．……しかしながら，無制限に増加させることができる物の場合には，すべて需要供給はただある期間における価値の動揺を決定するのみであり，しかもその期間は，供給を変化させるのに必要な期間を超えることができない．需要供給は，一方ではこのように価値の振動を支配しながら，いま一方では，それ自身より優勢な力，価値を「生産費」の方へ引きつけられるようにし，絶えず新しい撹乱的影響が発生していま一度価値を生産費から離れさせるということがない限り，価値を生産費のところに落ち着かせ，そこを定着させるところの力——このような力に支配されるものである．同じ比喩の系統をたどっていえば，需要と供給

とはいつも平衡に向かって殺到している，けれども安定な平衡の状態というものは，もろもろの物が互いにその生産費に従って交換されているとき，あるいは私たちがさきほど用いた表現によれば，もろもろの物がその「自然的価値」にあるとき，のことである．(J. S. Mill 1848, 訳 (3) 55)

　私たちは，ここまでの個所において，2つの部類の商品について，その価値を決定する法則を研究してきた．その一は，その分量が一定の数量に限られており，そのため，その価値がまったく需要供給によって規定されるところの，小さな部類であり，その二は，労働と資本とによりその分量を任意に増加させることができ，かつその生産費が，それらのものが永続的に交換されうる最低限ならびに最高限を定めるところの，大きな部類である．(J. S. Mill 1848, 訳 (3) p.78)

　このことから明らかとなるように，この三つの場合における価値および価格のその時その時の変動，および自由競争の作用以外の何らかの作用によってその供給が決定されるところのあらゆる品物の永続的価値および永続的価格は，需要供給がこれを支配するけれども，自由競争制度のもとでは，もろもろの品物は，平均して，生産者のあらゆる階級に対して均等の利益の予想を与えるような価値をもって相互に交換され，またそのような価格をもって販売されるものである．(J. S. Mill 1848, 訳 (3) pp.253-254)

　馬渡尚憲 (1997) は，J. S. ミルがこのように言っていることから，需要と供給の「力」がいずれのケースにおいても均衡に向かわせる「力」であり，いずれにせよ価格の変動を規定している「力」であるため，需給原理が生産費原理に先立つ原理であると考えている．たしかに，任意不可増財においては価格を決定する「力」であるのでもちろんのこと，任意可増財においても，市場価格が自然価格と一致する「力」という意味では，需要と供給の原理が働いている．

　　彼〔ミル〕は供給および需要それ自体に対すると言うよりも，むしろ上記のそれぞれの場合において供給と需要が決定すべき均衡価格の水準に対

して関心を寄せていた（Schumpeter 1954, p.604, 訳 p.1269,〔　〕は引用者）

　シュンペーターが述べるように，J. S. ミルにとっては任意不可増財であろうが，任意可増財であろうが関係はなく，需要量と供給量が一致するというミルにとっての均衡を導く法則が重要なのであって，その時の価格決定の法則は副次的なのだ．そして，任意不可増財の場合には，その「力」のみで価格までもが決まってしまう．ゆえに，馬渡のこのような見解は「なぜ需給原理を先行させるのかという問」にたいする回答の1つになりえよう．

　しかしながら，『マルサス評注』でリカードまでもが需給原理を先行させることに承認したことには，馬渡の見解からは答えられない．リカードによる承認の謎を解くカギは，J. S. ミルのケース3「任意可増財B：収穫逓減・費用逓増の法則が適用される財」にある．

（有効）需要が供給量を決定→供給量が（単位あたり）生産費を決定→生産費が必要価格を決定→その価値で供給される．需要量と供給量が一致しない場合は，市場価格（利潤率）を参照する自由競争によって供給が適応．

　この財の価格決定は，このように生産費決定に先立って，有効需要量と供給量の関係が強く存在していることになる．つまり，必要価格（生産費）が需要と供給にまず依存するのである．J. S. ミルにとって収穫逓減は前提となる基本法則であるので，わざわざリカードの財分類を組み替えて収穫逓減のケースを作っている．そして，ケース2は極端なケースであることから，労働と資本を投下できれば生産物を増加できる一般的なケースでは，ケース2がケース3に含まれると考えられるのである．なお，リカードにおいても農作物，特に穀物の生産には収穫逓減が認識されていた．このように考えると，ミルの任意可増財においても需要と供給の法則が生産費原理に先立つ原理であることが分かる．リカードはこのことに気づいていたから，マルサス評注で需給原理を先行させることに承認したのである．

リカードは，その需給関係という言葉を，彼が闘争相手にしている対抗的な価値論・分配論を表す符号（ラベル）として用いていたのであった．(Dobb 1973, p.119, 訳 p.143)

　J. S. ミルはもちろんのこと，リカードにおいても需給原理は生産費原理に先立つものであることが分かったが，ドッブが述べるように[42]，リカードは「需要と供給の法則」という言葉をライバルに付ける符号（ラベル）として用いたため，この法則が意味する所に混乱を招いた．つまり，リカードやミルにとって「需要と供給の法則」は，生産費原理の対立概念では決してなく，むしろ，一般的な多数財において生産費原理が成り立つためには無くてはならない法則と言えるのである[43]．そして，これが「なぜ需給原理を先行させるのかという問」にたいする真の回答なのである．

　以上の回答を総合すると，つぎのようである．基本的に J. S. ミルはリカード経済学徒であるので，リカード経済学のなかで何とか残すことができる理論を模索していた．そして，それは比較生産費説（リカード経済学のうち一番の科学的貢献）であったが，これは生産費原理の働かない国際貿易理論である．ゆえに，それをブラッシュアップ（社会的要請があった交易条件の確定）できる需給原理を自身の理論的コアに据えた．くわえて，需給原理はリカード生産費原理をも包摂できるもの（ミルのケース 3 参照）である．よって，ミルは「生産費に先行し，それよりももっと基本的な価値法則—需要供給の法則—」(J. S. Mill 1948, 訳 (3) p.255) と述べたのである．このように考えると，ミルはリカードの生産費原理を守ったリカーディアンといえるだろう．

4．J. S. ミル vs. ソーントン論争以降

　交換価値をして，取引人がその価値で売ろうとしている分量がその価値で購買者を見出し得べき分量に等しくなるようにするのである．ミルがこのことを彼の『経済学原理』で注意深く説明していないのは真実である．

ソーントン氏の書物『労働論』が現れるまでは，市場価値の理論は経済学者によって重要さの少ないものと考えられていた．ソーントン氏の著作には欠点がないわけではない．しかし彼は市場価値の理論の実際的重要さを明瞭に見られる見地にまで人々を導いたのに，それに対して彼は，その然るべき感謝の酬いを受けていない．特に，彼はミルを導いてこの主題に関する彼の所見を披瀝するに至らしめたのである．(Marshall 1876, pp.130-131, 訳 pp.169-170)

マーシャルが述べるように，J. S. ミルにいたるまでの経済学者は，市場での交換の理論に重きをおいていなかった．ミルにとっても任意不可増財は極端なケースで，重要なのは任意可増財であった．ゆえに，市場での交換の理論に学界の目が向いたという点において，ミルとソーントンの論争は重要な転機となったのである．

(1) J. S. ミルの経済学観に対するジェンキンの曲解——調整時間の欠如

フレミング・ジェンキン（Fleeming [flεmɪŋ] Jenkin 1833-1885）[44]は，機関車工場などで働いたのち，最終的にエディンバラ大学の工学の教授となった電気技術者である．かれはミル・ソーントン論争に触発され，1868 年に「労働組合論」，1870 年に「需給法則の図表的表示，ならびに労働に対するその適用」を執筆する．これらは経済学説史上でももっとも独創性に溢れる論文に数えられ，後世への影響力も多大であった．

　　彼はヴェリとかクールノーとかとほとんど等しい明快さを持って，需要関数を討議した最初のイギリス人であった．(Schumpeter 1954, p.837, 訳 p.1765)

　ソーントンやロンジは賃金基金説を攻撃する過程で，労働市場における気ままな需要関数や供給関数の可変性に注意し，フリーミング・ジェンキンはこの論争に刺激されて，1870 年に公表の論文の中で需要曲線や供

給曲線を作図した――すでに 1838 年にクールノーがこれと同じことをしていたが，イギリスでかれはほとんど無名であった．（Blaug 1962, p.279, 訳（中）p.385, フリーミングとしたのは翻訳を尊重した．）

　ジェンキン教授は需要・供給の法則の作用を交叉曲線によって表している．この場合，市場価格は需要曲線と供給曲線との交点によって決定されるとする．供給または需要の変化は付加的な点曲線によって示される．……この論文は巧みで有益でありかつ恐らくほとんどすべての点において正しい．しかし，私は 1863 年頃からオーウェン・カレッジの私の講義において市場価格の決定を説明するに常に交叉曲線を用いたことを付け加えておきたい．（Jevons 1871, p.333, 訳 p.251）

　然るに図形による語法，すなわちフリーミング・ジェンキン教授が図解式表現法（graphic representation）と名づけるものは，数学的表現法と同様に簡潔にかつ明瞭にこれを表したであろう．（Marshall 1872, p.99, 訳 p.143, フリーミングとしたのは翻訳を尊重した．）

　この章で採用したのといささか類似した手法を用いて図式解法を展開したものに，一八四四年のデュプイの業績が有り，またこの業績を知らずこれとは独立になされたものであるが，一八七一年のフリーミング・ジェンキンの業績がある．（Marshall 1961, p.476, 訳（III）p.202, フリーミングとしたのは翻訳を尊重した．）

　ジェンキンは需要関数を議論した最初のイギリス人で，イギリスにおける経済学文献に図表の手法を導入した（Brownlie and Prichard 1963, p.211）

　ブローグが言うように，クールノーの先駆的業績（Cournot 1838）は 40 年間埋もれており，また，ジュール・デュピュイ（Dupuit 1844）のグラフは需要曲線のみ[45]であったため，現在マーシャリアン・クロスと呼ばれる需要と供給のグラフは，ジェンキンがイギリスにおいて最初に導入したと現在ではみなされている．もっとも，ジェヴォンズとジェンキンには交流があったので，プライベートでは図形的表現に関する会話がなされていたかもしれない[46]．

それではジェンキンの業績を順に考察していく．まず，1868 年に *North British Review* に掲載された "Trade-Union: How far Legitimate"（「労働組合論」）である．この論文の主題は「1) 労働組合に影響を与える諸原理，2) 団結権，3) 現実の労働組合の姿，4) 要求される立法，の吟味」（上宮正一郎 1979, p.76）である．そして，労働賃金はジェンキンが主張する需給原理によって決定されるものであると賃金基金説の批判を行ない，その後，J. S. ミルの任意不可増財での需給法則の数式展開を試みる．かれはまず，需要と供給の概念定義から始める．需要と供給というあいまいな表現を避けるため，ミルにならって，それらは量を意味するものであると定義する．しかしながら，需要は「欲求（desire）の意味ももつ」（需要強度），供給は「売る用意（readines to sell）」（供給強度）と人間の内的要因に根ざしたマルサス的概念を含むことも把握している（Jenkin 1868, pp.14-17）．ジェンキンは需要と供給を「量」と「意志」の 2 面に明確に区分し，各々において対称的な整理をしている．そして，「欲求」と「売る用意」という「意志」の側面の一致から価格決定を考えることはできないので，まずは需要と供給の「量」の一致を考え，それから「意志」の側面を導入するという方法を採っている．

"We may now try to write the equation indicated by Mr. Mill." (Jenkin 1868, p.17)

需要と供給を定義した後，ジェンキンの数式が J. S. ミルによって「equation」と表現された需給原理を表そうとするものであることが明確に述べられる．

D を需要量，x を価格とし，D は価格が上昇するにともなって減少する．ゆえに，$D = f(1/x)$ と書くことが出来る．ここで，f は単純因子を表すものではなく，単なる「記号（symbol）」で，x が減少すれば D が増加することを示し，他の事情には影響を受けない．このことは，「ある市場日（an given market-day）」においては真である．S を同じ市場日での供給量とし，x が騰貴するに伴ってそれは増加する．ゆえに，$S = F(x)$ と書け，価格の関数となるが，他の事情に

は影響を受けない．もし $D=S$ となるならば，方程式 $f(1/x)=F(x)$ が得られるので，価格 x が計算される（calculated）．このように決定される価格が，唯一の「自然価値／価格」ないしは「不変価値／価格」(Jenkin 1868, p.17) である．古典派経済学誕生以降，需要概念・供給概念，およびそれらと価格の関係に関しては，非常に多くの議論がなされてきた．とくに，J. S. ミルにおいてもある市場日の供給量は一定とされ，価格との関係に関する考察は全くといっていいほど進展していなかった．それらが，需要関数・供給関数として突如歴史に現れた「瞬間」である．

　しかしながら，これだけでは J. S. ミルが記述したことのすべてを表してはいないとジェンキンは述べ，需要量と供給量にたいする価格以外の変動要因を導入する．すなわち，「欲求（desire）」による影響を A，「売る用意（readines to sell）」による影響を B とすると，各関数は $D=f(A+1/x)$, $S=F(B+x)$ と単なる価格の関数ではなくなり，$f(A+1/x)=F(B+x)$ と方程式が修正される．A, B, f, F が一定な限り，価格 x は一定であり続け，固定的である．A および B は「未知の可変量（unknown variable quantity）」(Jenkin 1868, p.17) とジェンキンは言っている．ここで，何らかのアクシデントで x が方程式で決定される価格よりも騰貴したならば，$D<S$ となり超過供給となる．すると，競争によって方程式で決定される「真の価値（true value）」へと価格が低下する．逆に，価格の下落は需要が増加するので超過需要をもたらし，価格が高騰することによって方程式で決定される「真の価値」に引き戻される．ここで重要なことは，ジェンキンが "bring back x to its true market value" (Jenkin 1868, p.18) と述べており，すなわち同じ均衡点に戻ると書いている点である．ある市場日での活動を描いており，ある日ある時間に方程式で決まる「自然価値／価格」ないしは「不変価値／価格」は1つであるので，戻る均衡点は同一のものであろう[47]．

　　我々の方程式は価値，需要および供給の間のすべての関係を記述しており，それは任意に増加できないすべての商品の価値法則を表現しようとミ

ルが述べたことである．(Jenkin 1868, p.18)

　ジェンキンの見解は，いわゆる現代ミクロ経済学の経済学観と同一の発想であり，ジェンキンがその起源といえるだろう．すなわち，主観的要因が内在した2つの関数（需要関数，供給関数）の等式によって（グラフで考えるならば交わるところで）価格と取引量が同時に決まる．そして，価格が均衡点から逸脱する場合には再び同一の均衡点に収束するというお決まりの命題である．

　これらのことをJ. S. ミルが述べていて，ジェンキンがそれを数学化したという主張は果たして正しいのだろうか．重要な点は，ミルのケース1における価値法則は，短期を述べていることではないということである．ゆえに，超過需要の場合には，ある市場日の供給量が売り手の「売れるだけ売るという行動原理」によってすべて売り切れ，購入できなかった買い手側が存在することとなる．競争の具体的な内容は記述されていないが，買い手が売り手に対し実際に値上げをしても購入する旨を告げるのかもしれないし，売り手が勝手にそう判断するのかもしれない．すると，つぎの市場日に供給者がその事実（もう少し値上げしても売り切れそう）や社会的事情を鑑みることで市場価格の騰貴が起こり，追加の供給者が現れるか，もしくは購買力の制約から購入を断念する買い手が増加することで，需要量と供給量が一致するのである．市場日を跨いだ時間的調整の結果，需要量と供給量が均等化されたときの価格が均衡価格となる．ゆえに，ある市場日において決定された均衡価格から同一日においては逸脱することはなく，よって，同一の均衡点に再度収束するという現象は生じえない．また，決定された均衡価格を参照した上で，次期の市場日に供給する量と需要する量を供給者と消費者が主観的評価と社会的事情を考慮し，総合的に判断するのである．

　需要量と供給量が価格以外の要因によって影響を受けることに関してはジェンキンも考慮しているが，J. S. ミルが考えるような時間的隔たりがあるなかでの調整過程（需要量と供給量が試行錯誤的に調整される）は皆無である．つまり，ジェンキンの場合には価格の安定条件が考察され，価格と取引数量が同時

決定されるため，「調整時間の概念」が決定的に欠如している．これはミルの"equation"を，解を求める「方程式」と捉えたためであろう．

　いかなる運動も時間と伴に生じなければならない．そして，いかなる時点における位置（position）も，それが過去に何であったかに依存する．重要なのは，いかなる調整もそれを終えるのにある時間が掛かる，そして，出来事が起こるあいだに位置が変わってしまうので，均衡が向かっているといわれる，システムが向かっているといわれる点そのものが，均衡が達成されるまでに移動してしまうということ，だけではない．より重要な点は，運動のまさに過程そのものが運動の行き先に作用を及ぼすこと，したがって特定の時点で経済が従っている経路と独立に存在している長期均衡点のようなものは無いのである．（Robinson 1953, p.590，訳は引用者）

　J. S. ミルにとっては試行錯誤的に需要量と供給量が調整されるあいだ，価格も変動し，そしてこの価格が調整の媒介になる．ゆえに，需要量と供給量が等しくなった時に価格の変動が停止し，それが均衡価格となる[48]．しかしながら，それが安定的なものではないことはすでに述べた．まさに第1章で塩沢が述べる「過程分析」，そしてロビンソンが「運動のまさに過程そのものが運動の行き先に作用を及ぼす」と述べたような経済学観が，ジェンキンによって現代ミクロ経済学的経済学観に曲解されている．すなわち，ジェンキンの1868年論文が経済学観における「大転換の分岐点」といえるのである．

　それではつぎに，「需給法則の図表的表示，ならびに労働に対するその適用」と題され，イギリスにおいてはじめて需要と供給のグラフが描かれた1870年論文に移る．需要や供給の定義，需要関数や供給関数の数式は述べられていないが，1868年論文の定義や定式が基礎とされていると考えられる．まず供給概念であるが，ジェンキンは全供給（whole supply）という概念を導入する．この言葉自体は，J. S. ミルによるソーントンへのリプライにおいてみられる（J. S. Mill 1869, p.641）が，明確に導入したのはジェンキンである．全供給は，「その

場，その時の販売のための全商品量」(Jenkin 1870, p.76) であり，販売可能な範囲を決める量である．価格決定にかかわるのは，ある価格で喜んで売る数量であり，それは「ある価格での供給」(supply at a price) と呼ばれ，これが価格の関数となる．つまり，ミル同様に存在量と供給量は分けられているが，供給は販売に結びついており，任意不可増財の場合にもミルには独占財や特殊地財などに残っていた「生産」というものの概念がもはや破棄されている．また，財を売り切るという観点はない．つぎに需要概念であるが，購買基金 (purchase fund) という概念が導入される．これは，ある価格で購買に利用できる資金であり予算制約である．価格決定にかかわるのは，ある価格での需要 (demand at a price) で，これが価格の関数となる．なお，予算制約に他財購入の可能性は無い．また，「ある価格での供給」も「ある価格での需要」も，「意志」によって変化することが想定されている．最後にジェンキンの期間概念を整理する．ミルの場合は「獲得の困難」によって財を分類し，各々の価値法則を考察したが，ジェンキンの場合は時間による区分（短期・中期・長期）によって価格決定原理が分けられている．

短期：全供給量と購買基金に変化がない期間．しかしながら，主体の意志は影響する．需要曲線と供給曲線の交点で価格が決定される．
中期：全供給量と購買基金が変化する期間．需要曲線と供給曲線の交点で価格が決定される．
長期：全供給量と購買基金の概念は棄却され，生産費によって価格は決定される．平均的供給曲線，平均的需要曲線の交点によって価格は決定．

a. 短期のグラフ

第一法則：一定の市場，一定の時間において，商品の市場価格は需要曲線と供給曲線が交差する点の価格である．(Jenkin 1870, p.78)

qw を全供給量，pw を qw が全て売られる時の価格，pd を qw が全て買われ

る時の価格，ps を供給者がこれ以下では売らないと考える価格，pf を消費者がこれ以上では買わないと考える価格，pe を均衡市場価格，qe を均衡価格時の取引量とすると，グラフが図 8-2 のように描かれる[49]．

特徴としては，需要曲線が右下がり，供給曲線が右上がりで描かれており，供給曲線は全供給量でグラフが切られ，また，価格軸で両方の曲線は切られている．均衡価格は ps と pf の間で決定されることとなる．実際には，需要曲線・供給曲線は未知で，このように決定される価格は「理論的価格（the theoretical price）」とジェンキンも考えているようである（Jenkin 1870, p.78）．図 8-2 は人の心に変化がない状態を描いているが，全供給量と購買基金に変化がなくて

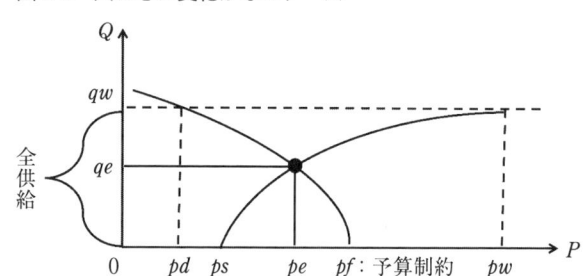

図 8-2 人の心に変化がないケース

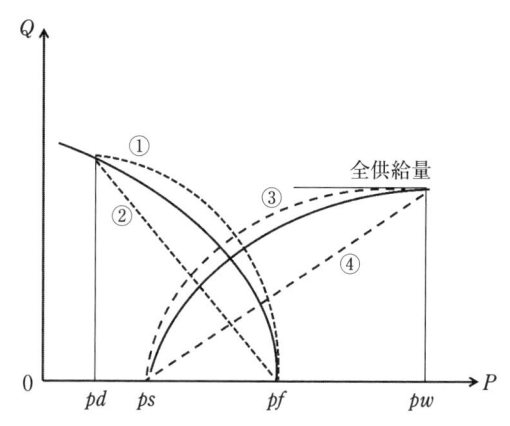

図 8-3 人の心に変化があるケース

第 8 章　価格と数量の同時決定体系への転換　329

も，人間の心の側に変化が生じ，関数の形を変えることもある．ジェンキンは片方の関数を不変として別々のケースを考え，2 つのグラフを描いているが，まとめると図 8-3 のように描くことができる．①は増加した「ある価格での需要」，②は減少した「ある価格での需要」，③は増加した「ある価格での供給」，④は減少した「ある価格での供給」をそれぞれ表す．ジェンキンは点線で変化後の曲線を表している．

b．中期のグラフ

第二法則：もし全供給量が増加するならば，必ずしもではないが，たいてい，ある価格での供給が全目盛りを通して増加するだろう．そして，価格は低下するだろう．もし購買基金が増加するならば，しばしば，ある価格での需要が全目盛りを通して上昇するだろう．そして，価格は上昇するだろう．（Jenkin 1870, p.81）

中期においては，全供給量と購買基金が増加したケースが考えられている．この場合も，ジェンキンは片方の関数を不変として別々に考えているので 2 つ

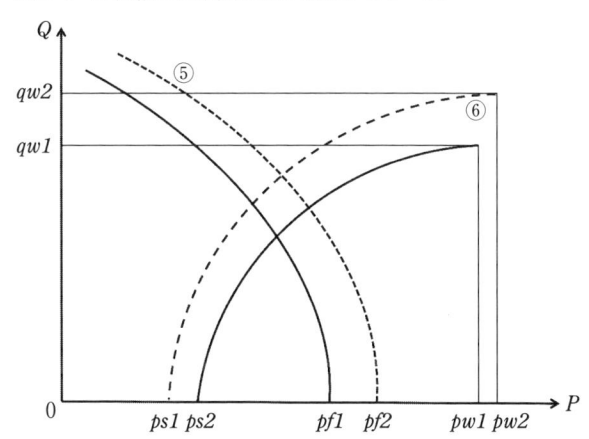

図 8-4　全供給量と購買基金が増加するケース

のグラフが描かれているが，まとめると図 8-4 のように描くことができる．⑤は購買基金が増加したケースで，⑥は全供給量が増加したケースである．

c. 長期のグラフ

第三法則：長期においては，製造品の価格は主にその生産費によって決定され，製造される量は，主にその価格での需要によって決定される．
(Jenkin 1870, p.89)

⑦は平均需要曲線，⑧は長期供給曲線（費用一定のケース），⑨は長期供給曲線（費用逓増のケース）を表す．⑨がたいていの商品のケースであり，需要量が生産量を決め，生産量が分かると生産費が決定するので価格も決定される．⑧は生産量がわからなくても生産費によって価格が決定できるケースである．

以上，簡単であるがジェンキンのグラフによる表現を概観した[50]．マーシャルは数学的表現以上に図形的表現を重要視したが（Marshall 1872, p.99, 訳 p.143），1868 年論文同様，ジェンキンのこのようなグラフ化と短期・中期・長期の分類により，もはやロビンソンや塩沢が言うような経済の歴史的過程を分析する

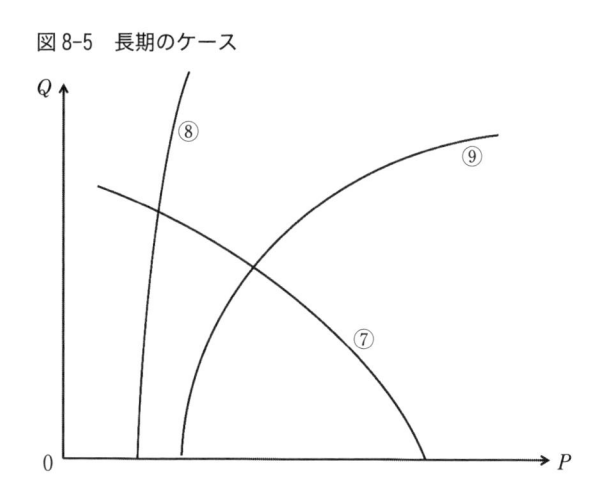

図 8-5 長期のケース

ことができなくなっている．経済学観の転換とグラフ化によるその補強である．

(2) マーシャルによる転換の加速——均衡の安定条件

マーシャル経済学，とくに『経済学原理』(1890) にたいする J. S. ミルとジェンキンの影響をすべて考察することは別稿にゆずるとして，本章ではジェンキンによりなされた経済学観の転換を，マーシャルがさらに加速させたと思われる点のみを考察する．すでに述べたように，ミルの任意不可増財での需給法則および貿易理論での数値例が，後世に，とくにマーシャルに需要関数の存在を誤認させ，また，ジェンキンを媒介として2つの関数による価格と数量の同時決定体系へとマーシャルの経済学観の転換を誘った可能性は否定出来ない[51]．

> フリーミング・ジェンキンは，大なる重要性を持つ経済学者であって，……ジョン・スチュワート・ミルとマーシャルとの間の明確な飛び石となっている．(Schumpeter 1954, p.838, 訳 p.1765, フリーミングとしたのは翻訳を尊重した．)

小島清 (1951) も J. S. ミルの貿易理論が一番近代経済学的理論であると述べている．すなわち，相互需要説を「主観が介在した需要関数の相互作用（相手国の需要関数は供給関数といえる）によって価格と数量が同時に決定される物々交換理論」と捉えるならば，これはまさに現代のミクロ経済学そのものだからである．ちなみに，任意不可増財での価格決定をジェンキンの思考にもとづいて，もし需要関数・供給関数の経済学観で考えるならば，供給量は一定であるので，2つの関数のバランスで価格が決定されるというよりは，一定の供給量（垂直の線，もしくは供給点）を右下がりの需要関数が切り取るという論理になるであろう．ジェンキンはこれを誤読し，供給関数が右上がりと考えているようである．

Marshall (1879) は，主に1870年代に執筆された原稿をシジウィックが私費

出版したものであるが，これは価値論についてマーシャルが整理したものである．国内価値論（一般価値論）よりも先に国際価値論が書かれていることが特徴的である．これは，国際価値論の場合には相互需要であるため各国が同じ需要の法則に従っている．ゆえに，対称的な需要関数ですぐにグラフを描くことが可能である．しかしながら，国内価値論の場合には，消費者の需要関数と生産者の供給関数が異なった法則に従っている．ゆえに，生産者の従う法則を考察する前にグラフを描くことができないため，国内価値論が後に書かれているのである（J. S. Mill 1879, 第二編 p.1-2, 訳 pp.63-64）．

　第一論文「外国貿易の純粋理論がもつ諸前提，図解の方法，国際需要を表示する諸曲線の基本的諸法則」において，マーシャルはまず「純粋理論」の定義から始める．

　　純粋理論は，一定の仮説的諸前提から一定の諸結論を導くことをもって，その職能とする．これらの諸前提は，純粋理論に対応せる応用理論が取り扱うべき諸の事実に，能うかぎり近接していなければならない．しかし純粋理論において用いられる諸の述語は，正確なる解釈を可能ならしめるものでなくてはならず，またそれがよって立つところの諸の仮説は，単純にして取り扱い容易なるものでなくてはならない．／外国貿易の純粋理論は，これらの諸条件を満足する．（Marshall 1879, 第一編 p.1, 訳 p.3）

　そして，J. S. ミルは貿易理論において「経済学が提供する最も複雑な問題の領域に入っている」（J. S. Mill 1848, 訳（3）p.280）と言っているが，「研究者たちがしばしば陥る諸の誤謬は，純粋理論を論ずるにあたり，貨幣呼称において測定せられたる一国の輸出または輸入を云々せざるべきことを決意するならば，容易にこれを避ける事ができるであろう」（Marshall 1879, 第一編 p.3, 訳 p.6）と，純粋理論においては物々交換で考察すべきであると言っている．すなわち，純粋理論から貨幣タームでの考察が排除されたのである．

　そして，リカードとJ. S. ミルが純粋理論上の諸法則を究明する際に，「算術

的例証」をしているが，その手法は「若干のものを確定せしめる力」はあるが，「最も重要なるものだけでも，発見せしめるという保証」（すべて Marshall 1879, 第一編 p.4, 訳 p.9) がないと述べる．そして，もっとも良い方法は「数学的計算法」であるが，「数学的解析法がその成果を得るべき過程を，眼に見えるように解釈するにあたっては，図解こそが適用しうるかぎり，極めて有用なものである」（共に Marshall 1879, 第一編 p.5, 訳 p.10)．そして，マーシャルはこのような考えから現在「オッファー・カーブ」として知られるグラフを描く（図 8-6)．

これは 2 国の需要関数を組み合わせたものであり，交点にて交易条件が決定される．資料の入手制約から，正確な曲線を引くのは困難であるが，「純粋理論の目的とするところについていえば，我々は，この曲線がその全長において適当に引かれている，と想定しても良い」(Marshall 1879, 第一編 p.7, 訳 p.14) とする．そして，「これらの曲線が描かれる条件は，……数量を支配する諸事情に，何等の変動も起きないということ」，「問題の取り扱いを容易ならしめるため，最初の接近においては単純を目指す」（共に Marshall 1879, 第一編 p.7-8, 訳 pp.15-16) と述べている．

以上のことから分かることは，まず，マーシャルが「純粋理論」というものを考えていたこと，「純粋理論」は応用理論が扱う現実に可能な限り接近して

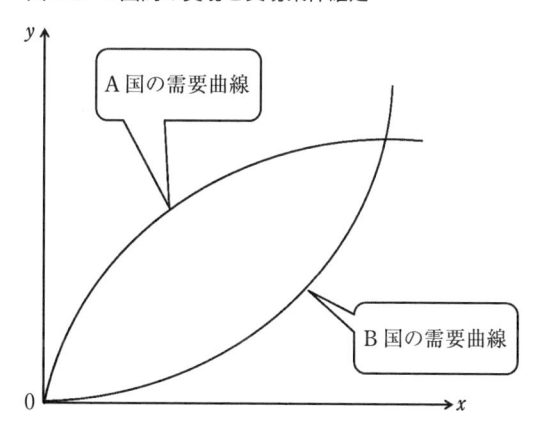

図 8-6 2 国間の貿易と交易条件確定

いなければならないこと，そして，それはもっとも重要な要因だけからなる法則であること，ゆえに，数学用語でいえばなるべく変数を減らすこと，「ceteris paribus（他の条件は一定にして）」を考えていたことである．J. S. ミルが経済法則を指向したこと，そしてそれに現実的な妥当性を与えたこと，ミル父子が貿易理論を物々交換にし，貨幣的考察を排除したこと，J. S. ミルの貿易理論が数値例で説明されていたために他の数量変動要因が排除されたこと，他の条件は一定にして価値論を考えたこと，ジェンキンのグラフ化により時間的調整過程の概念が排除されたこと，これらのマーシャルへの影響が見て取れる．

　　均衡の位置が 1 個以上あり得るということは，かつてミルの注意せるところであった．ただミルのこの問題の取り扱いが不適当であったことは，確かである．しかし，ある特定の均衡の位置が安定なりや不安定なりやを決定すべき法則を，発見するを得なかったからである．一般的にいえば，アダム・スミスについてと同じくミルについても当てはまることであるが，その労作の多くのものは，一見誤謬を含む如くみえる場合にも，よく検討してみると，単に不充分であるにすぎないか，または表現が不充分であることが判明するものである．しかし上述せるところは，私が注意深く研究した場合，ミルの労作がそのままの形において正しいことを悟りえなかった，少数の場合である．（Marshall 1879, 第一編 p.12, 訳 p.25, 傍点は引用者）

そして，マーシャルは J. S. ミルの貿易理論において均衡点の安定条件が欠けていることを指摘し，この後 17 ページ（訳 36）から 28 ページ（訳 60）までは，延々と安定条件の説明にあてられている．しかしながら，ミルの貿易理論は，需要量変化が「特定の商品の性質と購買者の嗜好とに依存する」（J. S. Mill 1848, 訳（3）p.300）ので，交易条件も安定的とはならないが，需要量と供給量の均等化が時間を通じておこりうるプロセスを説明することが目的である．これは，任意不可増財での説明と変わりはなく，歴史的時間に事象が位置する過

程分析に属するものである．また，ミルにとっての均衡とは需要量と供給量が等しくなることであり，そのときの価格（交易条件）が均衡価格であるので，時間的調整過程のなかでの1つの参照点である．ゆえに，すでに述べたように，ミルの均衡概念は安定条件とは無縁の概念である．マーシャルのこのような均衡点解釈は，ジェンキンによる「真の価値」の影響が見て取れる．すなわち，変動が生じてもつねに引き戻される価格という解釈である．

　　経済学においては，あらゆる事件は，将来の事件が生起し得べき諸条件につき永久的諸変化を生じせしめる，といった．このことは，ある程度においては自然界にもあてはまることであるが，それは経済界におけるほど大なる程度には達しない．任意の位置にある振り子に作用する諸力は，振り子が既に行った振動に，それほど大して依存するものではない．また振り子の振動以外にも，既に行われた運動の正確なる複製たるべき種類の運動は，自然界には沢山存在している．しかし道徳界において生起するあらゆる運動は，次に起こる諸運動を支配すべき諸力の性質を変えないまでも，その大きさを変化せしめる．そして経済諸力は，それが人間の習慣や感情に依存し，人間の知識や産業技術に依存するかぎり，道徳界に属するのである．（Marshall 1879，第一編 p.26，訳 p.56）

マーシャルの経済学観がこの引用箇所にはあらわれている．人間の主観的側面は運動を支配する諸力の性質を変えないが，その大きさを変える．マーシャルにおいて大きさを変化せしめるとは，諸曲線の形状を変えるということであり，均衡点の安定条件という枠組み内において人間の性質が考察されている．そのため，関数の形状がひとたび与えられると，価格と数量が同時決定され，安定的な均衡点（もちろん不均衡の場合もあるが）が計算されるのである．ロビンソンの「いかなる運動も時間と伴に生じなければならない」，「運動のまさに過程そのものが運動の行き先に作用を及ぼす」という発想は，マーシャルにはみられない．マーシャルが「安定均衡」という概念を強調したこと，そしてそ

れを経済学において追求すべき問題としたこと，これはまさに現代のミクロ経済学にまで通ずる経済学観である．それゆえ，経済学観の転換とその加速は，マーシャルによるミル貿易理論の誤読による賜物といえるのである．

5．おわりに──新古典派経済学に通ずる道

　日本銀行や日本大学商学部の調査にもあるように，現実の企業活動においてはさまざまな価格決定方法が採用されている．とくに，製造業においては原価計算（特に原価企画）が非常に重要視されており，原価を低下させることなしには消費者のニーズ（留保価格）で売ることはできず，企業利益の増加は望めない状況である．すなわち，生産費が重要視されている．そのような現実があるにもかかわらず，経済学における価格理論は依然として進展をみせていない．本章は，現代ミクロ経済学において価格が需給原理のみで決定（数量と価格の同時決定）されるようになったのはなぜか，その「学説史上の分岐点」を探るものであった．想定していたモデルは，1．価格と量は直接一対一対応する，すなわち需要量と供給量がともに「価格の関数」となる，2．その背後に個人の主観的な欲望（効用）が存在し，それが量の決定要因に含まれる，3．そのような2つの関数のバランスで価格と取引量が同時に決まる，という需給均衡モデルである．

　このような観点からみるとスミスの自然価格モデルにおいて交換価値に影響するのはメリット概念であり，効用も社会的有用性の側面が強く，客観的概念であった．そして，長期的有効需要量は一定で，自然価格に応じた変化は考察されていなかった．また，供給量も一時点では一定で，ゆえに，自然価格論において需要と供給はともに価格の関数ではない．ただし，市場価格は需要と供給の関係で決定されるが，その水準を明確に決定する論理をスミスはもたなかった．

　それでは，リカードはどうであったか．かれは財を生産財と稀少財に分類し，生産財に関してはおおむねスミスと同様の自然価格論の見解をもつ．自然価格

決定の方法に関しては，スミスが積み上げ式であるとすれば，リカードは控除方式であり両者は異なるが，自然価格の周りを市場価格が変動し，長期的にはそれらが一致するという論理はほぼ同じである．ゆえに，需要と供給はともに自然価格の関数ではない．しかしながら，リカードは市場価格論，稀少財の価格理論に関して，スミスよりも詳細に考察している．とくに短期市場価格においては，短期需要量が市場価格とともに変化するということを明確に描写しており，また，需給量の不一致が価格で調整される「傾向」があることも述べている．くわえて，短期需要が「流行・偏見・気紛れ・趣味・欲望・嗜好」などといった主観的要因によって変動することを述べている．ただ，それらの要因と需要量の直接の関係は，もちろん考察されていない．そして，スミス同様に価格の水準を確定させる論理がリカードには存在しない．リカードにおいて需要と供給の力で価格が決定されるのは，稀少財や独占財と自由競争下の生産財における市場価格である．しかしながら，稀少財や独占財は多数を占める財ではないことから主要考察の対象外とされ，生産財の市場価格は結局，生産費と等しい自然価格となるので市場価格の水準を決定する理論的意味がリカードにとってはなかった．それは，自然価格が社会を再生産する価格であり，いかにその水準に市場価格が近づくかのほうが重要であったからだ．しかしながら，注目すべきは，リカードが「短期需要量が市場価格と共に変化するという事」，「需給量の不一致が価格で調整される『傾向』がある事」，短期需要が「主観的要因によって変動する事」の3点を述べていることである．

　J. S. ミルは，このようなリカード短期市場価格論における3つの見解を任意不可増財の需給原理において展開した．なお，任意不可増財の財区分が時間（短期）とは無関係であり，また，供給量の制限という点からリカードの稀少財に対応していることはすでに述べたとおりである．「量」で定義された需要は個人の主観的評価（効用）や外的要因により，時と場所によって同一とはならないが，個人の主観，需要量および価格の間の関係は，「いかなる法則にも従わしめることもできない」と，ミルは研究を放棄するのである．しかしながら，リカード同様，「需要量が市場価格と共に変化するという事」，「需給量の

不一致が『一般に』，価格で調整されること」は認識していた．このことから，マーシャルやスティグラーはミルに需要関数の存在を認めるが，シュンペーターは認めていない．なぜならば，任意不可増財の価格決定はつぎのような論理に従うからである．すなわち，超過需要の場合にはその日の供給量（一定）はすべて売り切れ，購入することができなかった消費者が存在する．すると，買い手の側に競争が起こって，市場価格が騰貴する．競争というのはその商品がどうしても必要であれば値が高くても購入する買い手が存在するということであり，つぎの市場日に供給者がそれを理解して値を吊り上げるのである．市場の値が上がったことで追加的な販売者が出現するかもしれないし，購買力の制約から購入することができない消費者が現れるかもしれない．このようなプロセスが市場日ごとに行なわれ，供給量増加，需要量減少，あるいはその両方によって，いずれにせよ需要量と供給量が一致する．需給量が一致した市場日においても取引される価格は存在しているので，この価格が任意不可増財の価格（自然価値）となる．そして，このような価格を参照して，生産者と消費者は主観的評価と社会的事情により，次期の市場日に供給する量と需要する量を総合的に判断するのである．

　J.S.ミルが重要視したのは，とにかく需要量と供給量が一致する均等化であった．ゆえに，需要量と供給量の関係において「equation」という表現を用いる．「equation」という言葉を使っていることからこれを「方程式」と捉え，需要関数と供給関数が等しくなるときに価格が導出されると考えてしまうのは安易である．つまり，$D(p)=S(p)$ により p という解が与えられるという誤った理解である．このように理解すると，ミルの需給理論は「部分均衡論の先駆け」あるいは「ジェヴォンズさえも及ばない需給均衡説」という評価となろう．しかしながら，「equation」は「方程式」と「等式」の2つの意味が考えられ，この場合は需要量と供給量が等しいというただの関係を表す「等式」が適切である．ミルが言う需給原理の真の意味とは「需要量と供給量が等しくなる原理」であり，現代のミクロ経済学における需給均衡モデルのような，価格決定とその安定にこそ重きがある法則とは異なる．ミルは価格が変動することにより，

偶然，あるいは生産者と消費者の主観的要因が作用することによって，試行錯誤的に需要量と供給量が等しくなると考えていた．そして，均衡点は経済過程における参照点であるから，安定的に停止するとは言っていないのである．ミルは関数そのものを理解し別の箇所では関数の変数がわざわざ何であるかまで明記しているが，需要量と供給量に関して関数と読み取れることは何も書いていない．ゆえに，価格体系を与えれば需要量や供給量が一意に決定される需要関数と供給関数自体の存在が認められず，需要関数と供給関数の交点で価格と数量が同時に決定されるような価格理論を考えていたとは考えられない．すなわち，均衡条件を述べているのではなく，ゆえに，ワルラス的安定条件とかマーシャル的安定条件などといった考え方とは無縁なのである．ミルは需要量と供給量の均等化（均衡）プロセスを扱っているのであり，需給が均等化される際の交換条件（価格）をつぎの市場日では参照しつつも，他の経済状況に応じて需要量と供給量が変化する経済の過程の分析なのだ．

任意可増財は収穫一定と収穫逓減の場合に分けられるが，収穫逓減のケースが経済学において一番重要であるとミルは考えている．これはリカードの財区分を変更して，収穫逓減のケースを作っていることからもうかがえる．ゆえに，収穫逓減のケースがより一般的であり，収穫一定のケースはこれに含むことができる．そして，収穫逓減のケースはつぎの論理が成り立った．

（有効）需要が供給量を決定→供給量が（単位あたり）生産費を決定→生産費が必要価格を決定→その価値で供給される．需要量と供給量が一致しない場合は，市場価格（利潤率）を参照する自由競争によって供給が適応．

市場価格が必要価格から乖離する場合，資本と労働の移動が自由で，かつ競争も自由であるならばスミス流のプロセス（供給側の適応）で市場価格が生産費に落ち着く．重要なことは，生産費決定に先立って，有効需要量と供給量の関係（需給原理）が強く存在していることである．また，価値論全般において，ミルは他財の価値変動を一定とした，すなわちのちの「ceteris paribus（他の条

件は一定にして)」と同様な手法である．

　J. S. ミルの国際価値論はより需給均衡説としての誤解を生みやすかった．国際貿易においては生産費原理が働かず，需給原理が支配する．そして，リカード流の自然価格（貨幣ターム）で交易条件を考察するのではなく，貨幣を排除した物々交換で考察するので，Catallactics となっている．ミルは交易条件の説明の際に数値例を用いる．この数値例ではある交換比率が与えられた場合，それに正確に対応した各国の需要量が考えられている．需要量と価格が一対一対応しているので，一見すると，ミルに需要関数の存在を認めてしまうかもしれない．しかしながら，これは任意不可増財での論理と同じであった．すなわち，需要量と供給量（相手国需要量）の一致プロセスが考察されており，また，交易条件も各国消費者の主観的な事情により，「いかなる法則にも従わしめることができず」，利益配分の範囲を述べるのみなのである．つまり，他の事情を無視して，価格と数量の関係だけに押し込めることができれば，需要量と供給量が一致した際の安定的な交換比率は確定可能なのであるが，数量に影響を与える他の要因（消費者たちの志向や事情）を考慮に入れると，安定的には交換比率が定まらないといっているのである．国際価値論もやはり過程分析であった．

　しかしながら，国際価値論で「生産費に先行し，それよりももっと基本的な価値法則—需要供給の法則—」と J. S. ミルが述べている理由を考えなくてはならなかったが，この問にたいする回答は 3 つある．1 つ目は，リカード経済学が衰退しつつある状況下においても基本的にミルはリカード経済学徒であったので，リカード経済学のなかで何とか残すことができる理論を模索していた．そして，それは比較生産費説（リカード経済学のうち一番の科学的貢献）であったが，これは生産費原理の働かない国際貿易理論である．ゆえに，それを需給原理によってブラッシュアップ（社会的要請があった交易条件の確定）できるとミルが考えていたため，自身の理論的コアに据えた．2 つ目は，科学方法論にかかわる．ミルはコントの影響で総合社会科学構築をめざしていたため個別社会科学の成立自体には否定的であったが，個別の社会科学には固有の法則がある

ことを認めていた．そして，経済学における固有法則とは「需要と供給の均衡」，すなわち需要量と供給量が一致する過程とその時の価格に関する法則であった．この需要と供給の「力」が，すべてのケース (1・2・3) において均衡に向かわせる「力」であり，いずれにせよ価格の変動を規定している「力」であるから，生産費原理に先立つ原理であるとミルは考えていた．たしかに，任意不可増財においては価格を決定する「力」であるのでもちろんのこと，任意可増財においても，市場価格が自然価格と一致する「力」という意味では，需要と供給の原理が働いている．そして3つ目が，一番重要である．すなわち，任意可増財の価格決定においても，生産費決定に先立って，有効需要量と供給量の関係（需給原理）が強く存在している．以上の点から，ミルは「需給原理が生産費に先行する」と述べたのである．また，リカードも3つ目の論理に気づいていたから，『マルサス評注』で需給原理を先行させることに承認したのである．

これらのように考えると，J.S.ミルはリカードの生産費原理を守ったリカーディアンといえる．しかしながら，ミルは主観的効用を明確に経済学に導入したこと，需要と供給で決定された価格でも均衡と呼び，生産費での均衡（自然価格）と同様の重要性を与え，経済法則が需要量と供給量が一致する均衡法則であるとしたこと，国際価値論において貨幣を排除した物々交換経済 (Catallactics) に移行したこと，そして，それらに現実的な妥当性を与えたこと，などが現代ミクロ経済学にも通ずるミルの仕事である．ミルはとにかく均衡に導く法則が好きであったが，それでも均衡は安定的ではなく，逐次的に需給量が精算される経済変動を描いた過程分析である．現代ミクロ経済学のように需要関数と供給関数により価格が決定され，その安定性が重要であるという理論ではなく，他の内的・外的要因の重要性をミルは認識しており，量と価格に関数関係はなかった．

J.S.ミルにいたるまでの経済学者は，市場での交換の理論に重きをおいてはいなかった．ミルにとっても，任意不可増財は極端なケースで，重要なのは任意可増財，とくに収穫逓減のケースであった．ゆえに，市場での交換の理論に

学界の目が向いたという点において，ミルとソーントンの論争は重要な転機となったのである．ジェンキンはミル・ソーントン論争に触発され，ミル需給原理（任意不可増財の価格決定）の数学化，および需給原理のグラフ化を試みる．かれは，需要と供給の概念を2種類に分類し，それぞれにおいて対称的な定義を行なう．しかし，「欲求」と「売る用意」という「意志」の側面の一致から価格決定を考えることはできないので，まずは需要と供給の「量」の一致を考え，それから「意志」の側面を導入するという方法を採っている．そして，「量」で需要と供給を考えた場合，それらは価格の関数になることを明確に定式化した．イギリスの経済学においてはじめて価格と数量の関数関係を誕生させたのである．しかしながら，ミルの「equation」を方程式と捉え，もし$D=S$となるならば，方程式$f(A+1/x)=F(B+x)$が得られるので，A, B, f, Fが与えられるならば価格xが計算される (calculated)．このように決定される価格が，唯一の「自然価値／価格」ないしは「不変価値／価格」と考えた．ジェンキンの見解は，いわゆる現代ミクロ経済学の経済学観と同一の発想であり，ジェンキンがその起源といえるだろう．すなわち，主観的要因が内在した2つの関数（需要関数，供給関数）の方程式によって価格と取引量が同時に決まる．そして，価格が均衡点から逸脱する場合には再び同一の均衡点に収束するというお決まりの命題である．

　しかしながら，これらのことをJ. S.ミルが述べていて，ジェンキンがそれを数学化したという主張は誤りである．ミルのケース1における価値法則は短期を述べてはおらず，ミルが考えるような時間的隔たりがあるなかでの調整過程（価格が変動するなかで需要量と供給量が試行錯誤的に調整され，需給が一致した場合に価格の変動も止まる）が，ジェンキンには皆無である．すなわち，ジェンキンの場合には価格の安定条件が考察され，価格と取引数量が同時決定されるため，「調整時間の概念」が決定的に欠如している．本書第1章で塩沢が述べる「過程分析」，そしてロビンソンが「運動のまさに過程そのものが運動の行き先に作用を及ぼす」と述べたようなミルの経済学観が，ジェンキンによって現代ミクロ経済学的経済学観に曲解されている．すなわち，ジェンキンの1868年

論文は，経済学観における「大転換の分岐点」といえるのである．また，1870年論文ではイギリスの経済学文献史上初めて需要と供給のグラフが描かれた．現在マーシャリアン・クロスと呼ばれているが，ジェンキンが初である．しかしながら，ジェンキンの1868年論文同様，このようなグラフ化と短期・中期・長期の分類により，もはや経済の歴史的過程を分析することができなくなっている．経済学観の大転換とグラフ化によるその補強である．

　マーシャルはジェンキンを高く評価し，図解的手法を取り入れ，かれがジェンキンによる経済学観の大転換をさらに加速させたといえる．整理すると，マーシャルは「純粋理論」というものを考えていたこと，「純粋理論」は応用理論が扱う現実に可能な限り接近していなければならないこと，そして，それはもっとも重要な要因だけが影響する法則からなること，ゆえに，数学用語でいえばなるべく変数を減らすこと，「ceteris paribus（他の条件は一定にして）」を考えていたことが挙げられる．ミル父子が貿易理論を物々交換にしたことで貨幣的考察を排除したこと，ミルの貿易理論が数値例で説明されていたために他の数量変動要因が排除されたこと，他の条件は一定にして価値論を考えたこと，それらに現実的妥当性を与えたこと，ジェンキンのグラフ化により時間的調整過程の概念が排除されたこと，これらがマーシャルへの影響である．すなわち，マーシャルはミルの貿易理論を「主観が介在した需要関数の相互作用（相手国の需要関数は供給関数といえる）によって価格と数量が同時に決定される物々交換理論」と誤読したのである．そして，マーシャルはミルの貿易理論において均衡点の安定条件が欠けていることを指摘し，安定条件の説明を行なう．しかしながら，ミルの理論は均衡の安定条件とは無縁のものである．マーシャルが「安定均衡」という概念を強調したこと，そしてそれを経済学において追求すべき問題としたこと，これはまさに現代の新古典派経済学にまで通ずる経済学観である．このようにジェンキンとマーシャルの理論を考察してみると，経済学観の大転換とその加速は，ジェンキンによるミル需給原理の誤読とマーシャルによるミル貿易理論の誤読という，かれら自身の理論のための仕業といえるのである．

需給原理とフルコスト原理（生産費原理）が現実の企業経営では相容れないものではないことははじめに述べたが，このことを論理的に考察していた理論をわれわれは知っている．すなわち，リカードやJ. S. ミルの生産費原理である．そこでは，単位あたり生産費を決定して価格を市場に提示する前に，有効需要量と供給量の需給関係が存在していた．リカードが「需要と供給の法則」という言葉をライバルに付ける符号（ラベル）として用いたため，この法則が意味するところに混乱を招いた．しかしながら，リカードやミルにとって「需要と供給の法則」は，生産費原理の対立概念では決してなく，むしろ，かれらが経済学において一番重要であると考える任意可増財において生産費原理が成り立つためには，無くてはならない法則であった．ゆえに，ワルラスによる「生産者の都合で一方的に決定される価格など存在しない」という古典派価値論に対する批判はまったく的外れである．現在，会計学において「マーケット・ベースの価格設定」と呼ばれるものは，まさにこの有効需要量と供給量の関係を考慮する価格決定方法である．すなわち，企業は有効需要量と供給量（売りたい量）の関係から留保価格を把握することで目標原価を定めることができる．販売価格はそのような原価にJ. S. ミルが言うところの利潤の普通率を加えた，フルコスト原理にて決定される．そして目標原価に向けてコスト削減（原価企画）をすることで，消費者が購入してくれると推測される価格を何とか達成し，その価格で商品を販売するのである．このように，現実の製造業とはまさに古典派経済学的世界観（経済学観）のなかで活動が行なわれているといえるのである．

1)　Graham and Harvey（2001）は，アメリカにおいて392人のCFO（chief financial officer）に投資決定要因をアンケート調査している．これによると，やはり投資決定に利子率はあまり関係がない結果となっている．
2)　このような価格決定原理を用いて，現代の製造業における企業活動を理論的に説明しようとする業績として，藤本隆宏（2012），Fujimoto（2012）および塩沢由典による本書提案編が挙げられる．

3) たとえば,『国富論』のp.224,訳p.364, p.172,訳pp.286-287, p.173,訳p.287など.
4) 「そこへもたらすのに支払われなければならない地代と労働と利潤との全価値を支払う意思のある人たちの需要」(Smith 1776, p.58, 訳p.96).
5) 南方寛一（1962）p.24.
6) 関数関係という場合,需要量と価格が互いに決定しあう,すなわち価格が決まれば需要量が一義的に決まるような関係である.たとえば,短期需要が市場価格に関係していることを表す,つぎのような稚拙な表現はスミスにも存在している.「穀物の価格は需要の変動とともに変動するばかりか,その需要を満たすために市場にもたらされる数量が変動するに連れて,いっそう大きく,いっそう頻繁に変動するのである.」(Smith 1776, p.61, 訳p.100). スミスは,片方が決まった場合,もう片方が機械的に決定されるということをやはり述べていないので,かれの思考に関数関係は認められないだろう.
7) 「もし私があまりに理論的に失するとすれば,実際そうだと信じますが,――あなた〔マルサス〕はまたあまりに実際的だと思います．経済学には非常に多くの組み合わせがあり,――非常に多くの作用原因がありますから,変差を起こすすべての原因を確かめてその効果を適切に評価したという確信がないかぎり,ある特定の学説を支持するために経験に訴えることには大きな危険があります.」(Ricardo 1815, p.295, 訳p.348,〔 〕は著者による補足).
8) しばしば「顕著な場合」と訳されるが,文字どおりもっと強い意味があるだろう.原理における法則を導き出すために,現象にたいしてもっとも本質的でもっとも重要な作用を働く要因（場合）を,リカードは「Strong case」と呼んでいると思われる.
9) 地代は剰余項である.
10) この点に関するリカードのコメントは他に,「一方の階級は,商品の生産を助けるために労働のみを提供し,そしてその商品の価値の中から労働の受ける権利のある報酬を支払われるにちがいないし,他方の階級は,資本という形で必要な前払いをおこない,そして同じ源泉から報酬を受けとるにちがいない」(Ricardo 1823b, p.365, 訳p.440). マーシャルのリカード評価は,「リカドは時間すなわち待忍が労働に劣らず生産費を構成する重要な要素である事実をこのように強調しているが,第1章でそれを強調しておくこの方法以上に力強くこれを主張するなにかべつのやり方があったかどうか,あるとすればどんなやり方がよいのか思い浮かべてみることはちょっとむずかしいようだ.」(Marshall 1961, p.816, 訳 (III) p.290).
11) 「諸商品の価値変動の原因を評価するにあたっては,労働の騰落によってもたらされる影響を全く考慮外におくことは間違いであろうが,それにあまりに重きをおくことも同様にただしくないであろう.……諸商品の相対価値に起こるすべての大変動は,それらを生産するためにそのときどきに要するであろう労働量の多少によってもたらされるものと,みなすであろう.」(Ricardo 1817, p.36-37, 訳p.41).

12) リカードの効用（utility）は，スミスの社会的有用性と美の2つのものを含む概念であり，「効用は全部効用を意味し，倫理的要素のないものであった」（森茂也 1982, p.199）．
13) 両者の相違に関しては，森茂也 (1982) pp.210-212 を参照．
14) 『経済学における諸定義』においても，需要強度が価格タームであることが「市場のある諸商品の購入に支出されようとする一定量の貨幣」（Malthus 1827, p.247, 訳 p.184）と述べられている．
15) ドッブが言及しているバジョットの言葉は，『エコノミスト』1873 年 5 月 17 日付 (No.1551)，pp.588-589 の死亡記事中の言葉．
16) 当時のミルの影響力に関しては，de Marchi (1974)，Reeves (2007) を参照．
17) 正確には独占財もケース 1 に分類されるもの，ケース 2，ケース 3 に分類されるものに分けられるが，ともに価格は需給原理で決定される．南方寛一 (1961) pp.145-149 を参照．
18) しかしながら，第 2 節で考察したように，スミスやリカードの有効需要とは有効需要量のことであるので，ミルの批判は見当違いであるといえよう．
19) ド・マルキは，ミルが「人間の欲望と享楽の法則の研究を経済学の中に許すことをしたくない特別の理由を持っていた」（de Marchi 1972, p.354）と述べている．
20) この点から，Blaug (1962) や Hollander (1985) はミルの需要に価格弾力性概念があるとしている．一般に，価格弾力性とは価格の変化率にたいして需要の変化率がいかほどかを問うものであるが，ミルの場合は逆の関係を考えている．
21) 一方で，供給関数の存在に関して，森茂也 (1982) は否定し，馬渡尚憲 (1997) は肯定し，南方寛一 (1961) は判断がつかないとしている．
22) J. S. ミル著・末永茂喜訳『経済学原理』（1848 年，邦訳は 1959-1963 年刊行）では，「equation」がすべて「方程式」となっており，加えて，訳者が付けたと書かれている「各節の表題」（訳 (1) p.4）でもすべて「方程式」と書かれている．シュンペーター著・東畑精一訳『経済分析の歴史』（1954 年，邦訳は 1955-1962 年刊行）において，価値論一般では「需要と供給との方程式（Equation of Demand and Supply）」(p.603, 訳 p.1268) と訳されているが，国際価値論では「国際需要の相等式（Equation of international demand)」(p.609, 訳 p.1280) と正確な訳が当てられている．
23) 南方寛一 (1961) pp.162-163，馬渡尚憲 (1997) p.303 を参照．
24) もっとも，晩年のリカードはこのようなミルの生産費把握とほとんど変わらない．ミルの生産費の把握に関しては，南方寛一 (1961) pp.150-151 および，馬渡 (1997) pp.286-292 を参照．
25) ミルは『経済学原理』第 3 編第 1 章において，経済学を Catallactics と呼ぶことは論理的に正しくないと述べている．(J. S. Mill 1848, 訳 p.17)
26) 「リカードは国際均衡論を究明しなかったのではなく，それを物々交換的には展

開しなかったのである．彼は金が諸国に調和的に配分せられ貿易収支均衡に達した場合には物々交換的自然的交易になるけれども，均衡に達するまでの過程は物々交換的思惟では説明し得ないとして，物々交換方式を積極的に排斥したのであろう」（小島清 1950, p.30）．なお，小島はリカードにおいても交易条件は確定できるとしている．

27) このような，賃金率の相違を考慮に入れた貿易理論に関しては，Fujimoto and Shiozawa（2011）を参照．
28) McCulloch（1824）は，ジェイムズ・ミルの『経済学綱要』が過去の経済学者の見解をトピックごとに整理しており理解しやすいと賞賛している．
29) ドッブが引用しているのは，Political Economy Club（1921）p.35, p.36, p.223.
30) 「いったい一九世紀中葉，彼の主要な教義が，ジョン・スチュワート・ミルによって忠実に擁護され（大衆化もされ）なかったとしたら，彼の教義に対する尊敬は，じっさいそうであったほど大きなものとしてつづいていただろうかと，いぶかしく思わせられるほどである」（Dobb 1973, p.96，訳 p.117）．
31) この点に関する詳細は馬渡尚憲（1997），岡本祐次（1975），トレンズによるリカード価値論批判に関しては久松太郎（2007）を参照のこと．
32) 比較優位説（比較生産費説）に関しては，その起源をめぐる論争が盛んに行なわれている．たとえば，Leser（1881），Seligman（1903；1911），Hollander（1911），Viner（1937），Robbins（1958），Chipman（1965），Thweatt（1976；1987），Gomes（1987），Irwin（1996），Maneschi（1998；2004），Ruffin（2002；2005），Aldrich（2004）などを参照．また，一般にスミスが提唱したとされる絶対優位説が，実はミル父子の創作であるという論証を行なった「絶対優位説の起源」に関しては，吉井哲・藤本隆宏・塩沢由典（2013）を参照．
33) 「もし諸外国がこの自由な制度を採用するにたるほど十分に開明されておらず，わが国の商品や製造品の輸入にたいしてひきつづき禁止を加え，また，過度の関税を課したとしても，イギリスは自らが利益を得ることによって彼らによい先例を示すべきであり，また，彼らと同様の排他政策によって彼らの禁止政策に対応することなく，逆にできるだけすみやかに，かくも不合理でしかも有害な政策のいっさいの名残を除去すべきである．」（Ricardo 1816, p.71，訳 pp.83-84）．
34) 『試論集』（1844）よりも前の発行であるが，『試論集』の第五論文だけは1836年に出版されていた．
35) 実際，フランシス・ロンジ，ウォルター・バジョット，クリフ・レズリー，フレミング・ジェンキン，ウィリアム・ソーントンなどが，古典派経済学の牙城である賃金基金説を攻撃している．
36) この点に関しては，馬渡尚憲（1997）pp.172-187を参照．
37) 一般に，せり上げのイギリス方式のほうが低価格となる．

38) ミルとソーントンの論争,ロンジによる批判は,根岸隆 (1986),深貝保則 (1995), 馬渡尚憲 (1997) pp.172-187, 中野聡子 (2006) を参照.
39) ソーントンにこのような地位を与えるのが正当であるかどうかをめぐって,20世紀の後半より論争が生じている.Negishi (1986; 1989), Ekeuland (1997), Ekeuland and Kordsheimer (1981), Ekeuland and Thommensen (1989; 2001), Mirowski (1999; 2004), White (1994) などを参照.
40) 田渕太一 (2006) も,交易条件確定のために J. S. ミルが価値論を作り上げたという見解である.
41) Cairnes (1857) は,スミス以降の偉大な経済学の業績としてリカードの比較生産費説を挙げている.
42) もっともドッブのこの主張は,リカードが市場価格決定,市場価格の変動,そしてその調整(市場価格と自然価格の一致)を問題する文脈で需給原理を用いていることからくる見解であり,本章で述べるような「有効需要量と供給量の関係」を想定して述べているものではない.
43) 馬渡尚憲 (1997) は,需給原理が生産費原理に先立つとミルが述べたことにたいして,「ミル解釈上のアポリアがある」(馬渡尚憲 1997, p.280) と述べるが,まったくアポリアはなく,需給原理はむしろ生産費原理のためにこそ必要な原理であることが分かる.
44) フリーミングと訳される場合が多いが,正確には「フレミング (flɛmɪŋ)」であろう.Brownlie and Prichard (1963), p.204 での記述, "HENRY CHARLES FLEEMING JENKIN (Fleeming pronounced Flemming) was one of the intellectual giants of the Victorian period", および Barkley (2004), p.939 での記述, "Fleeming (pronounced "Fleming")" を参照.
45) デュピュイの 1844 年論文は,橋梁の最適な通行料の決定を考察した論文である.彼は限界効用が逓減することをグラフを用いて説明している.
46) この点に関しては,Keynes (1972) p.138, 訳 p.186 注 3 でも紹介されている.グラフ化というアイディアにおいて,ジェンキンとジェヴォンズのどちらに先達の栄誉を与えるかに関しては上宮正一郎 (1979) を参照.
47) ジェンキンが市場日や時の相違による A, B, f, F の変化による均衡点の移動も考察していることは付言しておく.
48) 「たとえ需要と供給が等しい時の〔均衡〕価格でも,財の全ストックの単に僅かな部分だけが販売され,大部分は供給と需要が一致しない時の価格で売られる.」(Thornton 1869, p.65, 〔 〕と訳は引用者).販売量が均衡価格,不均衡価格のどちらにおいて多いかは分かりかねる論点であるが,ソーントンの指摘はある意味ミルの調整過程を正確に理解しているといえよう.ミルは,一般均衡理論のように均衡価格が決まってから全取引が開始されるという経済学観ではない.

49) 森茂也（1982），上宮正一郎（1979）を参考にした．価格や数量を文字で表しているが，ジェンキン自身はすべて数値で考えている．
50) ジェンキンの1870年論文の詳細に関しては，森茂也（1982）pp.429-450，上宮正一郎（1979）を参照．
51) しかしながら，近年 Leijohufvud（1993）による新しいマーシャル解釈もある．すなわち，マーシャルの理論は選択理論（choice theory）に依拠しておらず，本章でみたような過程分析の枠組みに属するものであると主張されている．本章では，マーシャルに先立つJ. S. ミルがすでに過程分析の枠組みに属するという主張であるが，マーシャルが1876年論文「ミル氏の価値理論」でミルを高く評価していることから，両者の論理に類似性が認められても不思議はない．ただ，一般的にいって，マーシャルの場合は関数関係を明確に認めており，1879年論文では価格と数量の同時決定体系（グラフ化）となっている．

第9章　モデル科学としての経済学
―― J. S. ミルの経済学方法論から考える ――

1. はじめに

　危機という言葉をその原義である「岐路」と解釈するならば，経済学が現在，危機に直面していることは間違いないところである．筆者がそのように感じる理由は，現在の経済学が現代経済の課題解決に有効な処方箋を与えていないように思われるというだけではない．むしろ，こんにち，異なる方法的志向性をもつさまざまなアプローチによる経済研究が出現し，既存の経済学体系全体に大きな影響を与えつつあると感じるからである．

　経済学のなかに多様なアプローチが存在すること自体は憂慮すべきことではないだろう．しかし，それらのアプローチが本質的に異なる方法論的裏づけをもっていることを明確に意識しないならば，経済学内部における異なるアプローチ同士の有効なコミュニケーションを行なうことができず，お互いに非難しあうだけに終わってしまう可能性がある．異なるアプローチの長所と短所を正確に把握し，対話することによってのみ，人間の経済行動を探求する学としての経済学の統合性が保持できるのである．

　もう少し具体的に述べてみよう．20世紀の「主流派」とみなされてきた新古典派経済学の体系化されたバージョンにおいて，経済学は個々の消費者や個々の企業の最適化行動から出発する．たとえば，消費者行動に関しては，消費者が「信念」と「選好」をもっており，それらを組み合わせることで（期待）効用を最大化するという意味で最適な行動を選択すると想定されている．また，企業は生産技術を所与として，利潤を最大化する存在とみなされる．そし

て，このような消費者と企業の行動が集計的に出会う場として市場が措定され，経済全体の資源配分が決定されると考えられている．ここで重要なことは，この体系において，信念と選好を組み合わせて最適な行動を選択することが，①合理性の定義そのものとされており，②人間が合理的存在であることは理論全体を支える役割をはたしているという点である．すなわち，個々人の合理性はユークリッドの原論における「公準」のような役割をはたしている．

　哲学的観点からは，「信念」や「選好」は志向的状態（命題的内容を持つ心的状態）と呼ばれるものであるが，それらは言語的に表現されるものであるため，言語的な合理性の制約に従わざるをえない．たとえば，言語表現の上では，信念と選好と，それらが結びついて得られる最適な行動とは合理的・必然的な関係であり，けっして自然科学におけるような因果関係のようなものとしては捉えられない．

　近年では，このような方法論にあえて対抗するようなアプローチが出現しつつある．たとえば，ゲーム理論の隆盛は経済学における実験室実験やフィールド実験の隆盛を招くことになったが，その結果が理論と大きく食い違うことがしばしばであったことから，行動経済学と呼ばれる分野が登場してきた．行動経済学とは，合理性の仮定を外して人間のリアルな行動を研究対象とする経済学である．行動経済学のなかにも，あくまでも「信念」と「選好」という概念によって人間行動を説明しようとする立場が存在する．この場合には，従来の経済学体系とのあいだに大きな方法論な違いは存在しないことになる．異なるのは，従来考えられていなかった要素（たとえば利他性）を選好のなかに加えたり，信念に不完全性を加味したりしている点だけである．

　しかし近年の心理学の進展に倣って，人間行動にたいする無意識（潜在認知）の影響に着目し，人間のリアルな行動が合理性から乖離する原因を，心が進化的に形成されてきた事実に帰着させたり，脳内のプロセスまで遡って，そのメカニズムを探ろうとするならば，それは志向性概念にもとづく従来の経済学の方法論と大きく異なることになる．心が進化的に形成されてきた事実からわれわれの心がもつ特質を解明しようとするのが進化心理学であり，意思決定の際

に脳内で生じているプロセスの解明をはかろうというのが神経経済学と呼ばれる分野である．

このような方法論的乱立状態に関して，瀧澤弘和（2012）は志向性概念による人間行為の把握と自然科学的な因果関係による人間行動の把握とがどのような関係に立つのかを哲学的に整理するとともに，グルやピーゼンドーファの立場（Gul and Pesendorfer 2008）——経済学は神経経済学から学ぶことが何もないという立場——に批判を加えた．本章では，人間行動にたいするアプローチの哲学的考察を離れ，むしろ経済学者が日常的な研究活動のなかで行なっている，モデルを用いて人間行動や社会現象を理解しようとしていることの理解へと向いたい．

筆者が本章においてこのアプローチをとる動機についてさらに詳述することにしよう．先に述べたように，新古典派経済学においては人間は合理的に行動すると想定されていた．しかし，実験結果は人間がしばしば不合理な行動を選択することを示している．このことからただちに新古典派経済学は経済学体系として砂上の楼閣であり，誤りの積み重ねであると結論してもよいのだろうか．

実のところ，われわれはそのように考える傾向をもっている．しかし，新古典派の経済理論を「モデル」とみなし，われわれはモデルを用いて現実に対する言明を生産しようとしていると考える立場からは，このような直接的な結論は出てこない．筆者は以下において，モデルを用いて科学を行なうということの意味について考えてみたいのである．さまざまなアプローチによる人間行動の解明をモデルによる人間行動の理解の試みとみなし，そこで使用されているモデル同士が互いに他と関係を取り結ぶようなものとして，経済学研究を捉えかえすならば，現在の経済学の状況について異なる評価が可能となるかもしれないと考えるからである．

本章の構成は以下のようなものである．まず第2節において，ジョン・スチュアート・ミル（J. S. ミル）の経済学方法論をテキストに即して整理する．その理由は，ミルが本格的な経済学方法論としてはもっとも早くあらわれたものと

いってよいからであると同時に，ミル自体はモデルという語を使用してはいないものの，実質的にモデル科学としての経済学という考え方を採用していると考えられるからである．第3節においては，ミルの経済学方法論を特徴づけ，その限界と思われる点を筆者なりに明らかにする．第4節において，ミルの方法論にたいする批判のうえに立って，経済学をモデル科学として捉えることの意味について論じていくことにする．科学におけるモデルの意義については，科学哲学においても近年になって漸く着目されてきた論点であり，到底よく解明されているとはいえない．そもそも論点自体がよく整理されているとはいえない状況である．そうしたなかでは，筆者の能力を所与とするとき，明確な立場を提示することは到底できそうにない．しかしながらラフな観点を描写することは許されよう．第4節はそのような試みとして解釈してもらいたい．最後に第5節において結論を述べる．

2．J. S. ミルの経済学方法論

　ジョン・スチュアート・ミル（J. S. ミル）(1806-1873) は，19世紀の哲学と経済学に大きな足跡を残した巨人である．かれの『政治経済学原理』(1848) はマーシャルの『経済学原理』が出るまでのあいだ，古典派経済学の代表的な教科書として君臨した．また，かれの『論理学の一体系』(1843) は，19世紀において，論理学と知識の哲学におけるもっとも影響力のある著作であった．さらに，かれの『功利主義』(1861) と『自由論』(1859) はこんにちにいたるまで大きな影響力をもつ政治哲学の著作である．

　以下で検討の対象とするのは，「政治経済学の定義とその適切な探求の方法について (On the Definition of Political Economy; and on the Method of "Investigation Proper to It")」と題された論文である．この論文は1831年に秋に執筆されたのち，何度かの改訂が施されているが，以下で参照するのは，リバティ・ファンドから出版されている『ジョン・スチュアート・ミル選集第4巻（経済学と社会に関する論集）』に収録されている1844年版である．以下でミルの文章の引

用に付した頁は，この本の頁数である．

(1) 政治経済学の定義

まずこの論文におけるJ. S. ミルの政治経済学の定義から確認しておくことにしよう．ミルは政治経済学を「社会現象のうち，富の生産のための人類の結合された諸活動（operation）から生じる現象について，それが他のいかなる目的の追求によっても修正を受けていない限りにおいて，その法則を解明する科学」（J. S. Mill 1844, p.323）と定義している．ここで重要なのは，以下の3点である．第1に，それが対象とするものは，富の生産のための諸活動から生じる社会現象（これを以下では経済現象と呼ぶことにしよう）であること，第2に，その現象を解明する際に，人間の富の生産以外の目的の追求による影響がない状況を想定すること，第3に「法則」を解明するものであることである．

また，ここで諸活動として考えられているのは，具体的には以下のようなものであることが例示されている（J. S. Mill 1844, p.322）．

- 富の蓄積と，他の富の生産におけるその富の使用
- 相互の合意によって財産制度をサンクションすること
- 個々人が力や詐取によって他者の財産を侵害することを防止する法律を確立すること
- 労働の生産性を増大させるためのさまざまな仕組み（contrivance）を採用すること
- 競争の影響のもとで，生産物の分割（分配）について合意により決定すること
- この分配を促進するためにある手段（貨幣，信用等々）を用いること

(2) 政治経済学における抽象化の必要性

すでに定義においても含意されていることであるが，経済現象にアプローチする際には，現実に関する一定の抽象化が必要となる．このことについて，J. S. ミルは何度も異なる表現を用いて述べて強調している．たとえば，そのよ

うな抽象化の姿勢は以下の引用によって明らかであろう．

> すべてのこれらの諸活動は，現実にはその多くが複数の動機の結果であるのだが，政治経済学では富の欲求からのみ生じるものとみなされる．（J. S. Mill 1844, p.322）

このような仮定はまた，人間の本性にかかわる仮定として，引き続き以下のように言い換えられる．

> この科学はこうして，人間はその本性の必然性から，あらゆるケースにおいて少ない富より多くの富を好むよう決定づけられている存在であるという仮定のもとで，これらのいくつかの諸活動を支配する諸法則を探求することへと進む．（J. S. Mill 1844, p.322）

「少ない富より多くの富を好む」というのが人間の本性であることは認められている．しかし，それが人間本性の発現のすべてであるということは現実的ではない．このような意味で，人間の本性に関してここで想定されている仮定に限定することが現実からの乖離を含んでいることを J. S. ミルは十分認識しているのである．そのことは，以下の引用においても明らかであろう．

> 政治経済学者が，人類が実際そのようにできていると考えるほど馬鹿げているというのではなく，これが，科学が必然的に進まねばならない様式であるからである．（J. S. Mill 1844, p.322）

すなわち，仮定がそのまま現実と一致しているわけではないことを認めたうえで，科学は必然的にここで論じられているような種類の抽象化を行なわなければならないというのがミルの認識なのである．

（3） 政治経済学における仮定の役割

上述したようにJ. S. ミルは，人間が富の欲求という動機だけで行動するという仮定を基礎として政治経済学を展開することが，科学としての政治経済学の展開にとって必要であると考えていた．また，現実には人間は富の欲求以外の動機によって行動するということも認めていた．

それでは，J. S. ミルは政治経済学が「非現実的な仮定」の上に築かれていると考えていたのだろうか．わざわざこのように言い換えた問いを投げかけるのは，ミルトン・フリードマンのつぎのような挑発的な言明以来，経済学者には仮定そのものに関して，それが現実的あるいは非現実的であると論じる傾向をもっていると思えるからである．

> 真に重要で意義のある仮説は，現実の非常に不正確な記述的表現であるような「諸仮定」を持っていることがわかるだろう．そして，一般的に，理論がより意義のあるものであるほど，仮定はより（この意味で）非現実的である．（Friedman 1953, p.14）

フリードマンの方法論については，著者自身が瀧澤弘和（2012）において分析し，当時の文脈を踏まえて（すなわち，論理的経験論の範囲内）で解釈するかぎり，道具主義と呼ばれる立場としか解釈できないことを主張した．しかし上でみたような，現実との乖離を含む仮定の設定の仕方を認めるミルの立場は，単純に仮定の非現実性を認めたものと考えてよいのだろうか．著者はそうではないと考えている．その根拠として挙げたいのは，つぎのような引用である．

> それ〔政治経済学〕が必然的に進む方法は，主要であり認められた目的〔富の獲得〕を，それが唯一の目的であるかのように扱うという方法である．これは同様に単純なすべての仮説のなかで真実にもっとも近いものである．（J. S. Mill 1844, p.323.〔　〕内は引用者，以下同）

このようにして，他の仕方で可能なものよりも，これらの領域における

人間の事柄の現実の秩序により近い近似が獲得されるのである．(J. S. Mill 1844, p.323)

ここで表明されているのは，人間が富の獲得という目的をもつことそれ自体は現実的妥当性をもっているということであり，人間が他の目的をもつことはあったとしても，経済現象を説明するためには，もっともよい近似を与えるような仮説であるということである．しかし，ここでいう「近似」とはどのようなことを意味しているのだろうか．J. S. ミルは人間が他の目的に動機づけられていることを認めているのであるから，このことを理解するためには，人間が他の目的に動機づけられたケースで何が起こるのかに関する考慮が必要となってくる．ここにおいて，複雑な現実を捉えるためのミルの方法論的主張が重要な役割をはたすことになる．

(4) 因果関係の合成

J. S. ミルは政治経済学の対象が複雑であるという事実を十分に考慮し，そこから法則を導くための方法について深く考えていた．以下の引用は，『論理学の一体系』で探求された帰納法に関する「5つのカノン」とその精神において同一であるといえよう．

> ある結果が複数の原因の同時発生に依存しているとき，諸原因を通して結果を予測したり，コントロールしたりする力を獲得しようと望むならば，これらの諸原因は1度に1つずつ研究されなければならず，諸原因の法則は分離して探求されなければならない．その結果の法則は，それを決定するすべての諸原因の諸法則から合成されているからである．地球と惑星の運動を説明したり，それらの多くを予測したりできる以前に，求心力の法則と，接線力の法則が知られていなければならないのである．社会のなかの人間の行ないも同様である．(J. S. Mill 1844, p.322)

ここで，J. S. ミルが1つ1つの因果関係（「原因の法則」）は比較的独立したものと考えているようであることにも注目しておきたい．そして現実はこのような原因の法則が合成されたものとして理解が可能なのである．おそらくミルは，社会現象においても，自然現象におけるのと同様に，これらの諸法則が実在すると考えていたのだろう．この場合，ミルが現実に作用しているすべての原因の法則を列挙できると考えているのかどうかは興味ある問題であるが，文中からは確定的なことを読み取ることができない．

(5) 政治経済学の結論にたいする制限事項

前小節でみたように，現実の複雑な現象の説明と予測は，さまざまな諸原因の法則の合成によらなければならない．また，政治経済学は人間がもつさまざまな動機のなかから「富の追求」だけをとりだして前提とし，経済現象の説明をしようとするものである．このことからは，政治経済学の結論に重大な制限事項が加わると考えることは当然である．ミルはこの事情をきわめて明快に，つぎのように述べている．

　　富の追求における人類の行いが，最小の労働と克己で最大量の富を獲得する欲求とは異なる，われわれの本性の諸性質の追加的影響のもとにあることが知られている，あるいは推定される限りにおいて，他の原因による影響の程度に対する正しい考慮によって修正されるまでは，政治経済学の結論は現実の出来事の説明や予測に適用可能にならないだろう．(J. S. Mill 1844, p.323)

(6) 実際的人間と理論家

大体以上でもって総論の部分は終了する．その後に，J. S. ミルは経済学方法論に関する意見の相違に踏み込みながら自説をさらに彫琢していく．そこで展開されるのは，「実際的人間」と「理論家」の対立と，「ア・ポステリオリな方法」と「ア・プリオリな方法」の対立に関する議論である．まず，実際的人間と理論家という言葉を導入する部分である．

社会的・政治的問題に関して2つの種類の推論者が存在する．一部の人
　　は自分たちを実際的人間と呼び，他方を理論家と呼ぶが，後者の人々はこ
　　の呼び名を拒否しないであろう．ただし彼らはそれが自分たちに独自のも
　　のだとは決して思っていないのだが．(J. S. Mill 1844, p.324)

　では実際的人間と理論家とはどのような特徴づけをもつものだろうか．
J. S. ミルは以下のように続ける．

　　　実際的人間と呼ばれている人々は特定的（*specic*）経験を必要とし，特殊
　　な事実から一般的結論へと完全に上方に（*upwards*）議論する．他方，理論
　　家と呼ばれる人々はより広い領域の経験を包括することを目指し，特殊な
　　事実から，議論されている問題の範囲よりもずっと広い範囲を含む一般的
　　原理へと上方に議論した後，その一般的原理から多様な特定的結論へと下
　　方に（*downwards*）議論する．(J. S. Mill 1844, p.324)

(7)　ア・ポステリオリな方法とア・プリオリな方法
　実際的人間と理論家との概念的区別は，J. S. ミルが「ア・ポステリオリな方
法」と「ア・プリオリな方法」と呼ぶものに対応している．ミルは実際的人間
と理論家の区別を説明したあとに，「絶対的王がその臣下たちの福利のために
政府の権力を用いる傾向を持つのか，臣下たちの抑圧のために政府の権力を用
いる傾向を持つのか」という問題を例として取り上げている．実際的人間であ
れば，この問に回答するために，歴史のなかでみられる特別の専制的な君主の
行ないから直接の帰納を行なうことになる．これにたいして，理論家はわれわ
れの王に関する経験のみならず，われわれの人間に関する経験をも検証するこ
とによって決定することになるというのである．

　　　彼ら〔理論家たち〕は次のように主張するであろう．人間が置かれてき
　　たさまざまな状況において人間本性が示してきた傾向に関する観察，とり

わけわれわれの心に去来するものの観察は，専制的王の状況にある人間は権力を悪用するであろうと推論（infer）することを正当化（warrant）する．そして，この結論は，たとえ絶対的王が決して存在したことがなかったり，歴史が絶対的王がどのように振る舞ったのかに関する情報を与えてくれないとしても，その確実性をまったく失うことがないであろうと．(J. S. Mill 1844, p.325)

このあとに，「ア・ポステリオリな方法」と「ア・プリオリな方法」が定義される．

> これらの方法の最初のものは，単なる帰納の方法であり（a method of induction, merely），最後のものは帰納と推論の混合した方法である．最初のものは，ア・ポステリオリな方法と呼ばれ，後者はア・プリオリな方法と呼ばれる．(J. S. Mill 1844, p.325)

> ア・ポステリオリな方法ということによって，われわれが意味しているのは，その結論の基礎として単に経験を必要とするのではなく，特定的な経験を必要としているような方法である．ア・プリオリな方法ということでわれわれが意味して（通常意味されて）いるのは，仮定された仮説から推論することである．(J. S. Mill 1844, p.325)

この部分のJ. S. ミルの言明は整合的に解釈することがきわめて難しい．まず，わかりやすいア・ポステリオリのほうから確認しておいたほうがよいだろう．ア・ポステリオリな方法というのは，直接的にデータから法則性を導き出す点が重要である．すなわち，理論的想定などがそこに入ってきてはならない．この方法は，現在の計量経済学でいうと，メカニズムを想定することなしに，データから直接的に因果関係を導出しようとするアプローチに相似的である．

これにたいして，ア・プリオリな方法とは何かを明確にすることは厄介である．J. S. ミルがこの方法に関して，「特殊な事実から，議論されている問題の

範囲よりもずっと広い範囲を含む一般的原理へと上方に議論した後，その一般的原理から多様な特定的結論へと下方に (*downwards*) 議論する」と述べている部分や，「帰納と推論の混合した方法」であると述べている部分から推測されることは，最初に帰納を行ない，そこで得られた仮説から演繹を行なうという描像である．しかし，このように解釈すると，ア・プリオリな方法において最初に遂行される帰納の実質的内容は，ア・ポステリオリな方法で用いられている帰納と異なることを許容しなければならなくなる．「われわれの心に去来するものの観察」という表現で述べられているように，ここにおける帰納は，ヒュームが『人間本性論』の冒頭で述べているような内的観察でもよいといっているように思われるからである．

しかし内井惣七 (1995) が強調するように，科学的方法における帰納法の役割を巡って 17 世紀以来行なわれてきた論争を省みるならば，J. S. ミルがこのようなルースな意味で帰納という言葉を用いること自体考えにくいことである．内井は，ミルがニュートン以来の伝統を引き継ぎ，帰納を発見的方法としてではなく，証明のための規則とみなしていたとするならば，アドホックな観察にもとづく帰納法は帰納法の名に値しないはずである．

このような立場に立って再解釈すると，J. S. ミルがア・プリオリな方法が帰納と推論の混合した方法であると述べるときの帰納法とは，理論全体の検証にかかわると解釈することが妥当であろう．すなわち，「仮定された仮説が事実を説明できるということだけでなく，同じ事実がいかなる他の仮説によっても説明できないことを示さなければならない」(内井惣七 1995, p.31) という意味において帰納法の考えが活用されていると考えるべきではないだろうか．

以下の引用は，このような解釈を示唆していると考えることができるだろう．

　　仮説自体をア・ポステリオリに証明すること，すなわち，いかなる実際のケースの事実もそれと一致しているかどうかを吟味することは，科学の営みにはまったく属さず，科学の適用 (*application*) の一部なのである．(J.

S. Mill 1844, p.325)

(8) ア・プリオリな方法としての経済学の方法

J. S. ミルはここまで議論を展開した高みから，再度，政治経済学の方法に関する議論に立ち返っている．すなわち，ミルは2つの方法のうちア・プリオリな方法のみが政治経済学の正しい方法論であると主張するのである．

まずミルは読者に冒頭で掲げた定義を思い起こさせ，その定義がア・プリオリな方法を用いる科学として特徴づけていたことを強調する．

> 政治経済学という科学に枠組みを与えようとして試みた定義において，われわれはそれを本質的に抽象的 (abstract) 科学として，その方法をア・プリオリな方法として特徴づけた．(J. S. Mill 1844, p.325)

さらに，幾何学とのアナロジーでこのことを説明しようとする．

> それ〔政治経済学〕は事実からではなく仮定から推論するし，われわれが主張するように，必然的に，事実からでなく仮定から推論しなければならないのである．それは仮説の上に構築されている．この仮説は，定義という名のもとで，他の抽象的諸科学の基礎をなしている仮説と厳密に類推的である．幾何学は直線について「長さを持つが幅を持たないもの」という恣意的な定義を前提としている．全く同様に，政治経済学は，最大量の必需品，便宜品，贅沢品を，現在の知識状態のなかでそれを獲得するために必要な最小の労働と物質的自制で獲得できる方法を例外なく (invariably) 採用する存在としての，人間の恣意的な定義を前提とする．(J. S. Mill 1844, pp.325-326)

ここまで来れば，J. S. ミルがア・プリオリな方法を，帰納の部分を省略し，仮説からの演繹によって成立するものと考えていることは明らかである．政治

経済学という文脈においては，つぎのように言う．

  したがって政治経済学は，仮定された前提から推論する．その前提は，事実にまったく基礎づけられないかもしれず，それに普遍的に一致するという装いもほどこされない．政治経済学の結論は，したがって幾何学のそれと同様に，通常の言い回しを用いると，抽象においてのみ真である．すなわち，ある前提，すなわち一般的な諸原因——考慮しているすべてのクラスのケースに共通な諸原因——のみが考慮されるという前提のもとにおいてのみ真である．(J. S. Mill 1844, p.326)

(9)　自然科学との相違

J. S. ミルは自然科学の方法を特徴づけるものとして，正当化の文脈における帰納法の役割を非常に重視していた（内井惣七 1995）．それにもかかわらず，政治経済学の方法論としてミルが強調するのは，それが前段階における帰納をいわば省略したア・プリオリな方法を使用しなければならないという事実である．当然のことながら，その違いがどうして生じるのかについての説明が必要となる．これについては，ミルは以下のように述べている．

  したがって，これらの諸科学〔道徳科学〕において，われわれは大きな不利を負った環境のもとで自然〔本性〕を研究することになる．われわれは，準備や管理なしの（そう言っていいならば）自発的に発生する，限られた数の実験に限定されている．さらに多大な複雑性を持ち，決して完全に知ることができない環境においてである．また，プロセスのずっと多くの部分がわれわれの観察から隠されてもいる．

  帰納法の素材における，この不可避の欠陥の帰結は，われわれには滅多に，ベーコンが古風ではあるが不適切ではない仕方で *experimentum crucis* と名づけたものを得ることができないということである．(J. S. Mill 1844, pp.327-328)

ここで *experimentum crucis* というラテン語は，決定的な実験というほどの意味である（crucis は十字架を意味する crux の属格である）．決定的な実験を行なうことが帰納にとっての重要な要件であるにもかかわらず，社会科学においてはそれは望むべくもないというのが，J. S. ミルが社会科学においてア・プリオリな方法を採用しなければならないと考える理由である．

(10) 法則と因果関係に関する実在論的見解

しかしながら，恣意的な仮説をもとに演繹して得る結果が，どうして現実を説明したり，予測したりすることができるのだろうか．

　　それを使用することが彼の全科学を無価値なものであることを証明するかのように彼〔政治経済学者〕が背負っているア・プリオリな方法は，これから示すように，社会科学のどの部門においても，そもそも真理に到達することのできる唯一の方法なのである．必要なことは，仮説に基礎づけられた諸結論に対して，実際にそれに帰属している確実性とは異なる種類の確実性を帰属しないように彼が用心することだけである．それらの結論は，純粋に想像的なケースにおいてのみ，制限事項なしに真であろう．現実の事実が仮説から離れるのと比例して，彼は自分の結論の厳密な文言から，それに対応した乖離を許さなければならなくなる．そうでなければ，彼が恣意的に仮定したことについてのみ真であることになり，現実に存在するような物事については真でなくなるだろう．抽象において真であることは，適切な斟酌をともなえば，具体において真なのである．（J. S. Mill 1844, p.326）

先にみたように J. S. ミルは因果関係に関して，それが実在するかのような主張をなしていた．この解釈と上述の言明を合わせて考えてみると，ミルはア・プリオリな方法において設定された「恣意的な仮定」が現実に真である程度に，そこから導出された結論は具体において真であると考えているようであ

る．すなわち，すでに述べたように，人間が「富の追求」を唯一の動機としているということは現実に成立していないとしても，人間のさまざまな動機のなかに「富の追求」が存在していることは真なのであり，であればこそ，そのような仮定から演繹によって導出される結論は，現実のなかで真実味をもちうることになると考えているようである．

3．J. S. ミルの経済学方法論の特徴と限界

以上みてきたJ. S. ミルの経済学方法論は，彼の経済学（政治経済学）の実質的内容が現在の経済学とは大きく異なっているにもかかわらず，現代の経済学者たちが経済学研究を行なううえで通常ラフに想定しているような方法論的考え方のエッセンスを非常によく表現しているということができよう．

たとえば，J. S. ミルは現実の人間がもつ諸側面のうち「富の欲望の追求」という側面のみに着目し，そこから演繹的に結論を導いていくという方法を経済学の唯一の正しい方法として推奨する．この方法は，人間の一側面だけを抽象化したモデルを構築したうえで，現実をモデルにおける推論をもとに説明・予測する方法論として総括することができるだろう．周知のとおりこのような方法論は，20世紀の主流派経済学である新古典派理論においても採用されている．そこでは，消費者は自分の効用を最大化するという側面でのみ捉えられる．また，生産者は利潤を最大化するという側面のみで捉えられており，そこから演繹的に結論を導いている．また，経済学者たちは誰もこれがリアルな消費者像，企業像のすべてであるとは考えていないというミルの指摘もそのとおりで，新古典派経済学の前提が文字通り正しいとは，新古典派の経済学者の誰も考えていないだろう．

しかしながら，J. S. ミルの経済学方法論の中にはいくつかのミル独自の思考法がみられる．このミルらしい点を私なりに総括しておきたい．

(1) 経済学体系の内と外

すでにJ. S. ミルの論文に即して述べてきたことであるが，ミルは「人間が富の追求という動機のみをもつ」ということが現実世界において成立していないとする一方で，「人間が富の追求という動機をもつ」ということは現実世界で妥当すると考えているように思われる．また，この事態を表現する際に，ミルは今日しばしばわれわれが語るときのように，経済学の仮定が「非現実的」であるというようには捉えていないということである．実際，ミルのテキストのどこをみても，仮定に関して「非現実的」という言葉は周到に回避されているように思われる．このことは，ミルの経済学方法論においてどのような意味をもつのだろうか．

1つの解釈は，J. S. ミルにモデル化の発想を見出すことであると思う．ミル自身はモデルという言葉を用いていないが，彼の主張を整合的に理解しようとすると，経済学体系の内的整合性と，経済学体系に対する外側からの視点とを区別していると考えざるをえないように思われるのである．わたしがこのように推察するのは，つぎのような理由による．

論理性を重視するJ. S. ミルにとって，偽である前提を明示的に理論の出発点にすることはできない相談であった．そこで，「人間が富の追求という動機を持つ」という真なる仮定から出発し，そこからさまざまな命題を演繹的に導こうとした．真なる仮定から演繹的に導かれた命題は真であるはずである．このようにして，ミルは経済学体系がもつ現実妥当性を確保しようとしたわけである．

しかし，「人間が富の追求という動機のみをもつ」という命題が現実世界において偽であるという事態は，このことにどのように関係するのだろうか．このような質問を受けた場合に，おそらくJ. S. ミルは今述べたような観点に立って，政治経済学はそのような命題から出発しているわけではないと回答できたはずである．「人間が富の追求という動機のみをもつ」という言明は，政治経済学の体系をいわば外部から評価する際に，「政治経済学においては，人間が富の追求という動機のみをもっていると仮定される」というように発せられる

ものであり，政治経済学の理論展開の内部において，結論に実質的影響を与えるような積極的役割をはたす言明であるとはいえない．

こうして，J. S. ミルの主張を整合的に解釈する1つの方法は，ミルが経済学体系という内的世界と現実世界という外的世界を方法論的に遮断する戦略をとったと考えることである．実際，「人間が富の追求という動機をもつ」という仮定から出発して展開される経済学体系で得られる結論について，ミルは，しばしば「抽象において真」であることを強調する．「抽象において真」は明らかに現実に真（「具体において真」）であるということと区別された言葉である．すなわち，この「抽象において真」という言葉は，真である命題から演繹されて得られる真なる結論の集合，あるいはその論理的結論に対応した世界の部分に関して用いられていると考えることができるのである．

(2) 法則と因果の実在論的把握

しかし，上述したような考えを維持するためには，もう1つのコミットメントが必要であるように思われる．それは因果関係あるいは法則が実在し，それらを合成することによって現実を把握することが可能であるという意味での実在論である．

すなわち，「人間が富の追求という動機をもつ」という前提から出発した論理的体系で得られる結論と，人間が他の（特定な）動機をもつという前提から出発した論理的体系で得られる結論はどちらも「抽象において真」であるが，現実で生じていることは「抽象において真」である命題の合成によって説明可能であり，予測することができると考えているわけである．上述したように，J. S. ミルが使用する「抽象において真」である命題は，現実世界において真である1つの側面を切り取り，そこから演繹されたものであり，抽象化された「現実世界」において真であることを意味していると考えることができる．

以上の推察から，もう一度J. S. ミルの議論の全体像をまとめておくとつぎのようにいうことができる．

① まず，現実世界において成立している1つの断片を取り上げる．これが「人間は富の追求という動機をもつ」という仮定である．
② 仮定から演繹を重ねて結論を導いていく．
③ 現実世界もまた論理的に構成されているので，上記の仮定から演繹によって導かれた結論の体系は現実世界でも真であると主張することができる．「抽象において真」という表現は，理論的構築物と現実世界との間に存在するこうした対応関係を表現している．
④ 最初に現実世界から取り出した断片以外の側面についても，原理的には同様のことが可能である．たとえば，富の追求という動機以外の動機を仮定して，同様の論理的構築が可能である．
⑤ 現実世界で観察される現象は，このようにしてさまざまな側面から構築された「抽象において真」なる命題を合成したものとして理解することが可能である．

このようにしてみると，J. S. ミルの経済学方法論に特徴的なこととして，つぎの2つのことが挙げられよう．第1は，経済学体系の最初の部分で現実世界において妥当する断片を取り出していることにより，これがいわば理論的構築物と現実世界との関係を保つ蝶番のような役割をはたしており，翻ってそのことが理論体系の現実性を担保しているということである．前小節において論じたように，ミルが「人間が富の追求という動機をもつ」という仮定を現実妥当性をもつとみなしていたことの意味はここにあるということができるだろう．第2は，現実世界から取り出した諸断片によって構成される諸理論は，それぞれ別の因果法則を把握することに役立ち，現実はそうした諸因果法則の合成として捉えられると考えていることである．

4．モデル科学としての経済学

前節でみたようにJ. S. ミルの経済学方法論は，たんに事実にもとづかない

仮定から演繹的に結論を導出するというものではなく，理論の現実妥当性を確保するための工夫を備えたものであり，きわめて周到に構成されている．しかしながら，前節での分析はミルの議論の脆弱さをも示しているようにわたしには思われる．まずその点から述べて，しかるのちに経済学方法論をどのように展開したらよいのかを考察していくことにしたい．

(1) あらためて J. S. ミルの方法論について

J. S. ミルの経済学方法論によれば，経済学体系が現実妥当性を得る唯一の根拠は，最初に取り出される仮定が現実妥当性をもっている点に帰着される．前節で「蝶番」という語を用いたのは，そのようなニュアンスを表現するためである．

しかし，現実に経済学においてなされている推論を振り返ってみると，経済学の出発点となるような仮定を1つに限定することはできないのではないだろうか．もちろん，仮定が1つであるというときには注意が必要である．論理学の公理系は形式的なスキームであり，形としては1つとしてカウントされても論理式としては無限に存在するものである．「人間は富の追求という動機を持つ」という仮定もまた，厳密な意味での「1つの」命題とみなすことは妥当ではなかろう．さまざまな文脈において異なる形で表現される命題の集合とみなされるべきだからである．たとえそうであったとしても，現実の経済学の推論においては，この種の仮定とは明らかに異なる仮定を設けざるをえないのではないかというのが，わたしがここで述べていることの意味である．

ここにおいて本来であれば，J. S. ミルの『政治経済学原理』においてなされている論理的推論について分析を行なう必要があるのだが，本章においては，この作業を行なう余裕はない．その代わりに，のちに現代経済学のモデルにおける推論を例にとりながら，現実の経済学研究において設けられている仮定について考えてみることにしたい．

結局のところ，J. S. ミルの経済学方法論は経済学の体系にたいするかなり単純化された描像にもとづいているということができるのではないかというの

が，わたしが言いたいことである．現実の経済学の推論は，「人間は富の追求という動機をもつ」というような種類の仮定のみにもとづくものではないということである．また，この仮定と同様な意味で，現実に妥当することが確実でありそうな仮定のみに依拠しているということもありそうにないことである．しかし，現実妥当性が疑われるような仮定を潜ませざるをえないとすると，経済学体系が「抽象的に真」であり，現実のなかにその正確なミラー・イメージをもっているという，ミルの主張の根幹は崩壊してしまうのである．

　J. S. ミルは，社会科学においては自然科学におけるような多様な実験設計が困難であり，したがって自然科学において重要な役割をはたす帰納法（それはかれ自身が「5つのカノン」のなかで厳密に規定した帰納法である）を用いることが困難であると考えていた．したがって，社会科学では自然科学とは異なり，十分に正当化されたとはいえない仮定（これをミルは仮説と呼ぶ）にもとづいて論理展開をせざるをえないと考えていた．また，その仮定は現実のすべての側面を把握したものではなく，現実の一部を切り取ったものにすぎないとも考えていた．

　J. S. ミルの経済学方法論の発想のなかからこの部分だけを抽出すると，それは現在の経済学研究で通常行なわれている実践を非常にうまく表現したものとなっていることがわかる．このように理解するかぎりでは，ミルは実際のところ，現代の言葉を使用するならばモデルを用いて推論する学として経済学を捉えていたと表現することも可能であろう．ここにおいてわれわれは，あらためて経済学のモデル科学としての側面について考察しなければならない．

(2)　文中心パラダイムという考え方

　上述したわたしの見解によれば，経済学方法論を構築するうえでJ. S. ミルをもっとも悩ませたのは，十分に正当化することが難しい仮定（＝仮説）から出発せざるをえない経済学理論の現実妥当性を確保するにはどうしたらよいかということであった．ミルはこの問題を解決するため，政治経済学の出発点に「人間は富の追求という動機をもつ」という仮定をおき，それが人間の動機の

すべてではないにしても，明らかに人間の動機のもっとも重要なものの1つであるという主張を展開した．この仮定が現実の一側面を把握するという意味において真であるかぎり，そこから論理的に展開される結論もまた現実妥当性をもつと考えていたからである．このことをもう少し掘り下げていうならば，つぎのようなことを意味している．

20世紀以降の論理学では，妥当な推論とは，前提がすべて真であるときに必ず結論も真であることを保証する推論のことである．また論理学の目的の一つは妥当な推論を特徴づけることである．すなわち，$A_1, \ldots, A_n$ という前提から結論 C を導く推論

$$\frac{A_1, \ldots, A_n}{C}$$

が妥当であるのは，$A_1, \ldots, A_n$ がすべて真であるときには，必ず C も真であることを意味している．たとえば命題論理の範囲では，このことはつぎのように特徴づけられる．上記の推論が妥当であるのは，

$A_1 \wedge \ldots \wedge A_n \supset C$ がトートロジーである

とき，そのときに限られる．

ここでわかることは，もちろん A_1 から A_n のなかに，偽の命題が含まれるときには，結論が真である保証が存在しないということである．つまり，いくら妥当な推論を用いて論証を重ねていったとしても前提のどれか1つが偽ならば，結論は真にも偽にもなりうるということである．経済学方法論としてア・プリオリな方法（＝仮定にもとづいて演繹を行なっていく方法）を推奨する際に，ミルが政治経済学の出発点に十分な注意を払わなければならなかった事情は，このように表現することでよく理解することができるのである．

しかし，このような注意が意味をもつのは，$A_1, \ldots, A_n$ という文が理論を構成し，これらの文と結論 C が現実との対応関係で真であるかが判定されるという文脈においてである．理論に関するこのような見方は，戸田山和久（2005）において，「文中心パラダイム」と呼ばれている．その中心的な

考え方は，以下のようにまとめられる．

- 経験科学的主張は文であり，真や偽といった真理値をもつ．
- 真や偽という真理値は現実との関係で与えられる．
- そして，理論は真なる文の集合である．

文中心パラダイムを具体的に示している典型例が，ヘンペルの説明理論（説明の D-N モデルとか Covering Law モデルとか呼ばれるもの）である．それによれば，科学的説明は以下のような性格をもっている．

- 全体として，（複数の）前提から演繹的に個別の結論を導くという形式をもっている．
- 前提のなかには少なくとも 1 つの普遍法則が含まれている．ほかに，現在考えられている状況が，普遍法則が適用できるようなものであることを示す前提も存在している．

仮説にもとづき演繹的に結論を導出するという「アプリオリな方法」を推奨するとき，J. S. ミルもまた基本的には，このようなパラダイムのなかで考えていたといってよいであろう．

しかしながら 20 世紀の後半にいたって，理論を真なる文の集合と捉えるのではなく，モデルおよび，モデルと現実世界の対応関係に関する言明とみなすパラダイムが登場してきた．この立場はしばしば「理論の意味論的把握（Semantic Conception of Theories）」と呼ばれている（戸田山和久 2005；瀧澤弘和 2012）．

(3) モデルとは何か

ここでモデルというのは何を意味するのだろうか．「理論の意味論的把握」においては，モデルは通常「非言語的対象（extra-linguistic entity）」として特徴づけられている．つまり，それ自体として推論の前提となったり，結論となっ

たりする文とは異なるものである（すなわち，それ自身では真であったり，偽であったりしない）．

　モデルの本質は，その性質について推論することが現実について何かを語ることに通じるという機能にあるのだが，モデルを用いて推論し，そこで得られた洞察の現実妥当性を評価するプロセスに特徴的なことは，モデルについて推論して得られること（これは「モデルの内部」で成立することと呼ぶことができよう）と現実で成立することとが仕分けられることである．このことが，すでに3節(1)「経済学体系の内と外」において述べた，J.S.ミルの方法論の一解釈と通じていることは明らかであろう．すなわち，「人間が富の追求という動機をもつ」という言明が経済学体系内部で仮定されるものである一方で，「人間が富の追求という動機のみをもつ」という言明は経済学体系の外部から経済学体系を評価する際に発せられるものであるというミル解釈である．このような解釈が正しいならば，ミルはモデルを用いて現実について語るということの本質を把握していたということになる．

　モデルは，複雑な現実を理解するために，現実世界の内部に現実世界の一部としてわれわれが作成する「レプリカ」である．このため，それは現実とは異なるものである．このことが意味するのは，モデルが現実がもっているすべての性質を体化することはできず，その一部の性質しか体化することができないということである．その意味で，モデルは現実を抽象化したものとなっているのだが，それは現実とは異なるものなのだから，モデルについて成立することが現実世界において成立するとはかぎらない．これは，現実を抽象化した文から演繹によって導かれた結論が「抽象的に真」であると考える発想とは対照的である．

　では，なぜモデルを作り，推論を重ねることで，現実にたいして語ることができるのだろうか．それは，われわれが意図的・積極的に組み込みたいと思う仮定をモデルに課しているからである．また，その論理的帰結をモデルを使用して導いているからである．仮定を設け，そこからさまざまな結論を論理的に導くという点では，モデルを用いた科学的方法はJ.S.ミルが推奨する「ア・

プリオリな方法」と異ならないように思えるかもしれない．異なる点は，モデル科学においては，仮定の設定に関してわれわれ自身がある程度自由に関与することができるということと，モデルで得られた結論と現実で成立していることの関係についての解釈が重要性を帯びるということである．

(4) モデルの実例

ここで J. S. ミルを離れて，現代の経済理論においてモデルがどのように用いられているのかを具体的にみてみることにしよう．

Reiss (2013, Ch.7) は，ホテリングの論文において「ホテリングの法則」（最小の差別化の原理）と呼ばれているものがどのように確立されているかについて詳細に検討している．この論文でホテリングがモデルを用いて示したかったことは「一物一価の法則」が成立しない状況が存在することである．ホテリングのモデルでは，以下のような仮定が置かれている（Hotelling 1929）．

- 財の買い手たちが長さ1の線分に沿って，一様に分布している．
- 2人の売り手AとBにとっての財の生産コストはゼロである．
- 需要は完全非弾力的である（各消費者は必ず1単位の財を購入する）．
- 距離1単位あたりで財を運搬するための消費者に対するコストは c である（線形のコスト）．
- 消費者は，価格と運搬費用の合計が小さな方から購買しようとする．
- 財は距離以外の点では同質的である．
- 企業は利潤を最大化しようとする．

このような仮定から，「2人の売り手は同じところに立地することなく，しかしできるだけ近いところに立地する」という結論が導かれる（ホテリングの論文では，2人の売り手は決して同一の場所を選択することはないとされているので，この結論はゲームの均衡ではない）．

この例をみると，ホテリングのモデルには，消費者がよりコストが低いほう

から購買しようとすることや,企業が利潤を最大化しようとするなど,現実に近いと思われるような仮定もみられるものの,モデルを具体的に分析可能なものにするために,さまざまな「余分」な仮定がいくつも置かれていることがわかる.しかも,こうした余分な仮定は明らかに現実には成立しないものばかりである.

それにもかかわらず,われわれはホテリングのモデルが現実経済に関する何がしかの洞察をわれわれに教えてくれるように思っている.このことはどのように理解したらいいのだろうか.Reiss (2013) はこの事態を「パラドックス」であるとして,つぎのように述べている(ここでライスはもちろんモデルがそれ自体として真理値をもつものでないことは認識しているのだが,つぎの引用におけるかれの真意は了解可能であろう).

> われわれは今や哲学者たちがパラドックスと読んでいるような種類の行き詰まりに到達した.パラドックスとは,そのすべてがそれぞれ受け入れ可能,あるいは疑う余地がないようにさえ見えながら,すべてを合わせると全体として矛盾してしまうような言明の集合である.これらは,以下のような言明である.
> 1. 経済学のモデルは偽である
> 2. それにもかかわらず,経済学のモデルは説明的である
> 3. 真の説明だけが説明することができる (Reiss 2013, p.127)

この問題は,前小節に冒頭に述べたような文中心パラダイムのなかで考える限り,回答が得られないのではないのではないかというのが,本章におけるわたしの作業仮説である.モデルを用いて現実世界について何かを述べようとする場合,われわれはモデルを「解ける」ように設定するが,その際に現実には成立しないような性質をモデルに導入することが通常である.もし,このような仮定が現実世界において真であるかどうかを問題にするならば,あきらかに偽であって,たとえ妥当な推論によって導かれたとしても,得られた結論は真

である保証を得られないのである．

(5) モデル概念を中心として，科学的営為を説明すること

われわれは経済学において，意図的・積極的に組み込みたいと思う仮定をモデルに課している．その際には当然，モデルにあらわれる変数と現実世界における変数との対応づけ（解釈）を行なっている．しかし同時に，その仮定を組み込んだモデルにたいして，「モデルを解けるようにする」などのさまざまな理由からその他にも余分な仮定を多く組込むのが通常である．そして，経済学者は，意図的に組み込んだ仮定と，モデルを可解にするための諸仮定を用いて演繹的に推論し，特定の変数の振舞いに着目した結論を得ようとするわけである．その際，モデルの「正しさ」，「妥当性」の判定は，現実との比較にもとづいて行なわれている．現実世界の一部を反映した仮定を体化したモデルの性質を調べることで，注目している変数間に一定の関係が成立していることが演繹的に導出されたのちに，その結果と現実世界との関連づけが行なわれるのである．

したがって，モデルを用いた推論はつぎのように位置づけられる．モデルにおいて明らかに成立している命題を仮定 $A_1, \ldots, A_n$ とし，それらから得られる結論を C としよう．このとき，モデル内部の演繹によって得られる命題 $A_1 \wedge \ldots \wedge A_n \supset C$ は真であるが，C という結論を現実と照合して評価するには，その推論の全体にたいする主観的評価が含まれているように思われる．

こうして，モデルの妥当性は，モデルについて成立する結果と現実との比較に関する判断によって主張される．この比較にも，モデルに組み込まれる仮定と同様にさまざまな類型化が存在するだろう．たとえば，モデルの説明力を測定されたデータを用いて統計的にテストする等々の比較的「客観的」な方法も存在する一方で，われわれの直観に合致しているなどの主観的なものも判定基準となりうるだろう．

以上のようにモデルと，モデルと現実世界との関係についての言明を組にしたものを「理論」と捉えるのが「理論の意味論的把握」と呼ばれる立場なので

ある．では，このようにモデル概念を中心にして科学的営為を説明することの利点は何なのだろうか．

　第1に，このような見方をとることによってわれわれは，経済学は真なる（＝現実的な）仮定から出発しなければならないというドグマがもたらすさまざまな難問から解放されることである．

　この難問は歴史上さまざまな形をとってあらわれてきた．たとえば，本章の前半部分においては，J. S. ミルが経済理論の現実における妥当性を確保するために，「人間は富の追求という動機をもつ」という仮定に特別な位置づけを与え，この仮定が「抽象において真」であるがゆえに経済理論もまた「抽象において真」であるという議論を展開してきたことをみた．その方法論は周到に練られたものであるとはいえ，現実に行なわれている経済学の具体的推論に照らしてみるときには，維持することが難しいものであった．ライスの「パラドックス」もまた，説明は真なるものにもとづいていなければならないのに，モデルは偽であるというように，これらを直接的に同じ真偽の概念によって比較していることからあらわれるものである．

　また，この難問はFriedman（1953）を巡る論争をも彩ってきた．フリードマンは経済理論の仮定が「非現実的」であっても構わないと主張する一方で，サイモンは，フリードマンの方法論を「非現実性の原則」と断じて批判している．本章で提起した観点からいえることは，フリードマンとサイモンのどちらの立場も，モデルを用いて推論することを明示的に論じていないということである．そのことが，両者の対立をわかりにくくし，必要以上に対立的な構図を生み出してきたことは否めないだろう．フリードマンが「仮定の非現実性」を肯定しているのは，モデルにおいて設けられた仮定として理解することでよりよく理解することができる．このような解釈に立つとき，フリードマンとサイモンの争点は，モデルにおける仮定の設定の仕方に関するものとなるのであって，経済学方法論に関する根本的な相違ではなくなるのである．つぎのサイモンの引用はこの観点からみるときに，よりよく理解できるのではないだろうか．

非現実性の原理を置き換える方法論的原理を提案させてもらいたい．私はそれを「近似の連続性の原理」と呼びたい．それは，現実世界の諸条件が理想型の諸仮定を十分よく近似するならば，これらの諸仮定からの導出は近似的に正しくなるだろう，と主張する．この原理を彼の定式化に組込んでいないことが，パパンドレウ教授の論文の興味深いアプローチにおける主要な弱点であるように，私には思われる．前提の非現実性は科学理論の長所（virtue）ではなく，必要悪――近似の連続性の原理によって受け入れ可能にされた，科学者の有限な計算能力に対する妥協――である．
(Simon 1963, pp.230-231)

仮定が現実をどれだけ近似しているのかが科学理論にとって重要であるというサイモンの観点は，J. S. ミルの考えに近いものである．この観点からは，フリードマンとサイモンの対立は，仮定と現実との近さが結論の近さと関係するのかどうかという論点に絞られることになるだろう．

利点の第2は，実際に経済学者が実践しているプロセスに即して経済学研究という営為を理解することが可能となることである．この点について，ここでは2つの論点を挙げておきたい．

第1は，経済学者もまた，認知科学者や心理学者が今日明らかにしつつあるような人間の認知の仕方に従って科学活動を行なっている存在であるということである．たとえば，経済学者にとってのモデルは現実経済について語る際の「足がかり（scaffolding）」として使用されるものであり，モデルについて成立する命題がそのまま現実経済について成立すると考えるより，むしろ現実経済について考える際のヒントとして用いるべきものなのである．また，モデルは現実経済についてあらたな知見を得るための新しいモデルを作成する際の足がかりともなる．

第2に，第1のことに関連して，経済学者にとってのモデルはネットワークとして存在しているということである．あるモデルは，それ自身としてその結論の現実妥当性が判定されうるかもしれないが，さまざまな他のモデルのなか

で暗黙のうちに利用される可能性がある．多くの他のモデルのなかで利用され，それらのモデルが妥当なものであると考えられれば考えられるほど，当のモデルの妥当性も高くなる可能性がある．このようにして一度ネットワークに組み込まれたモデルに関しては，その妥当性がモデル単体で判定されるよりもむしろ，モデルのネットワーク全体の妥当性で判定される可能性が高くなるのである．科学者（の集団）は，モデルの妥当性を判定する基準をゆるやかに共有しながら，さまざまなモデルを提案しあい，論評しあうという「言語ゲーム」を行なっていると考えるのが現実に近いだろう．

このことはまた，1つのモデルは，たとえそれに反する経験的事実が提示されたとしても，単体だけでは反駁されないかもしれないという事実を説明しうることである．たとえば，期待効用理論はそれ自身が実験結果と一致しないことがわかっていたとしても，単純に反駁されることはない．それは，有用であることがわかっている，他のさまざまなモデルにおいて使用されているからなのである．このような描像は，1つ1つの文を単独で検証することはできないというデュエム＝クワイン・テーゼのモデル・バージョンであるということができよう．

5．おわりに

以上の議論のなかで，われわれはJ. S. ミルの経済学方法論の論文の検討から出発し，それが提起する問題を考察してきた．そしてそのことをとおして，経済学をモデル科学としてみる視点をミルの経済学方法論のなかに再発見した．経済学は本質的にモデルによって現実について語ろうとする科学なのである．

非言語的な存在物としてのモデルを設定し，それを分析することをとおして，現実に関して語る行為として科学者（経済学者）の営みを捉えるアプローチは，これまでわれわれを悩ませてきたさまざまな問題を解決する手掛りを与えてくれるように思われる．しかし他方で，回答されるべき問題は山積してい

ることも事実である．たとえば，経済学における「抽象化」のプロセスと自然科学におけるそれとの相違を明らかにすることは，さらなる洞察を得るうえで非常に重要なことであると思われる．社会科学が本質的な意味で実験できないというとき，それは社会科学における実験が自然科学における実験とどのような意味で異なることを意味しているのかということに発して，経済学で設けられる仮定がどのような意味で自然科学と異なるのかという論点へとつながっている．ここでもミルの帰納法の議論が意味をもつ可能性が高い．しかし，この問題はつぎの研究課題としておきたいと思う．

第10章　P.H. ウィクスティードにおける
　　　　「資源配分」と「所得分配」の原意

1．はじめに

　今日の経済学史研究において，フィリップ・ヘンリー・ウィクスティード (Philip Henry Wicksteed, 1844-1927) が，単独の研究対象として取り上げられることは，ほとんどないといってよい．たしかに，限界生産力分配理論の開拓者として，J. B. クラークとともに，ときたまかれの名が言及されることはあるにしても，のちにみるように，ウィクスティードは限界生産力分配理論と1次同次生産関数の関係を理解していなかった．経済学史を経済理論史に限定して捉える研究者にとっては，この一事だけでも，ウィクスティードを忘れるのに十分な理由といえるかもしれない．

　しかしながら，経済学史を経済思想史や経済概念史まで含めて捉えようとする立場からすれば，ウィクスティードへの今日の関心の低さは，むしろ意外な印象を与えるものとなる．たとえばライオネル・ロビンズは，『経済学の本質と意義』(1932年) のなかで，近代経済学の基本テーゼとされる「希少資源の最適配分」を定式化するに際し，再三にわたりウィクスティードの参照を求めている (Robbins 1932b, p.xvi, 31, 96 など)．ロビンズは，交換原理として開始された W. S. ジェヴォンズの限界原理を，「配分原理」に定式化し直した先駆的存在としてウィクスティードを認識しており，「希少資源の最適配分」というテーゼは，これを敷衍したものであることを言外に認めている (Robbins 1932a, p.xxii, f.n.2. など)．

　あるいは，そもそも「限界 (marginal)」という表現を普及させた人物こそ，

ウィクスティードに他ならないとする説もある．周知のとおり，ジェヴォンズは自身の新しい概念を「最終効用（final utility）」と呼んでいた．これをウィクスティードが，のちに検討する *The Alphabet of Economic Science*（1884）という著作のなかで，何の前触れもなく marginal effectiveness とか，marginal usefulness といった表現に改め，同じころから急に，marginal という表現が一般化するようになる．経済学史では通常，F. v. ヴィーザーの *Grenznutzen* を翻訳して marginal utility という言葉が作られたとしているが，ウィクスティードはそのようには言っておらず，なぜ final を marginal に改めたのかについても，これといった理由を述べていない[1]．こうした経緯から，R. S. ハウェイなどは，marginal という表現の原点を，ウィクスティードに求める仮説を立てている（Howey 1960, pp.131-135）．学説史的に証明されたとはいえないにしても，興味深い仮説ではある．

　しかし，いずれにしても，こうした先駆性それ自体は，さしたる重要性を持つ事柄ではない．経済学史には概念形成の priority をすこぶる重視する傾向があるが，いうまでもなく，学問上の概念は，それを言い出したのが誰かにおいて重要なのではなく，その概念によって何が語られようとしていたかにおいて重要なのである．本章は，P. H. ウィクスティードという，近代経済学の初期の概念形成に大きく寄与した人物が，ある2つの経済概念に，現在とは異なる意味合いを与えていた事実を再考しようとするものである．ここで2つの経済概念とは，今も触れた「（資源）配分」と「（所得）分配」である．

　「配分」と「分配」は，「効率性」と「公正性（公平性）」に，それぞれ内実を与える基本概念である．この2つの概念はまさしく，近代経済学の骨格に相当する概念であるといってよい．ところがウィクスティードは，この2つの概念に，現在とは異なる趣旨の意味合いを与えていた．すなわち，彼は「配分」を，効率性よりもむしろ，個人の「自律性」を基礎づける概念として，そして「分配」については，分配のメカニズム以上に「自律性」の限界を示唆する概念として，それぞれ意味づけていたのである．ウィクスティードはなぜこのような概念規定をしたのか．かれはなぜ，こんにちの通念とは著しく異なる意味合い

を，これらの概念に与えようとしたのか．

　近代経済学の骨格を成す概念には，こんにちの意味合いとは異なる，別種の「原意」が存在したことになる．この「原意」をいまあらためて知ることが，近代経済学の思考領域を広げることにつながるかどうか．本章では，P.H.ウィクスティードの知的足跡をたどりながら，配分と分配の「原意」について考えてみたい．

2．価値論——マルクス批判をめぐって

(1) 経済学までの生い立ち

　ウィクスティードの言説を，かれ自身の意図に即して理解していくためには，かれの伝記的背景について多少なりとも知っておく必要がある[2]．ウィクスティードはアルフレッド・マーシャルやロビンズのように，ときの政府にたいして自身の政策案を直接勧告できる立場にはなかった．つまりウィクスティードは，当時の時論的課題に自身の学説を直接適用することをつうじて，みずからの経済認識を深めていった存在ではないのである．かれはその生涯を，ユニテリアン派の一牧師として送った人物であり，その意味ではあくまでも，市井の民の一人として，経済学に取り組んだ人物だった．

　ウィクスティードは，1844年英国のリーズに生まれた．父親のチャールズ・ウィクスティードもユニテリアン派の牧師であり，当時英国ユニテリアン派の指導的存在であったジェームズ・マーティノーとは，ごく親しい間柄にあった[3]．ユニテリアン派は当時，プロテスタント系の小さな宗派であったが，三位一体説を否定し，キリストをあくまで実在の人間として捉えるなど，総じて近代的思考に親和的な宗派といえた．科学研究や経済活動にたいしても寛容で，そのためか，信者の多くは中産階級より上の階層に属していた[4]．

　ウィクスティードは地元のグラマー・スクールを経て，1861年，UCロンドンに入学する．専攻は古典文学であった．かれよりも2年早く，ジェヴォンズもUCロンドンに入学しているが，両者の交流を示す記録は残されていない

(Herford 1931, p.23). 1864 年にマンチェスター・ニュー・カレッジへ進学，修了後の 1867 年，サマーセットシャーのトーントン（Taunton）の教会にユニテリアン派の牧師として赴任，聖職者としての第一歩を記した．以後，デューキンフィールド（Dukinfield）の教会を経て，1874 年，マーティノーの後任として，ロンドンのリトル・ポートランド・ストリート・チャペル（Little Portland Street Chapel）の牧師に就任する[5]．

この間，ウィクスティードが経済学と接触した形跡はない．この時期のウィクスティードは古典文学に強い関心を寄せており，なかでもダンテに，ウィクスティードは強く惹かれていた．ウィクスティードはやがて，経済学者であると同時に（あるいはそれ以上に），当時の権威の一人といっていいダンテ研究者になる[6]．ダンテ（さらにトマス・アクィナス）は，中世カトリック教会の支配下にあってなお，自由意思の存在と意義を信じて疑わなかった思想家として，ウィクスティードにとって特別な存在であった．自由意思をもって生きる自律的な個人とはいかなる存在か，自律性とは選ばれし者のみが享受できる特権なのか，それとも万人に開かれた可能性なのか．若きウィクスティードが問い続けたこれらの問いが，やがて近代経済学にたいするウィクスティード独特の視座へと成熟していく．

ウィクスティードに経済学を知るきっかけを与えたのは，ヘンリー・ジョージの『進歩と貧困』（1879 年）であった．同書が当時の若き経済学徒に与えた影響はすこぶる大きく，マーシャルをはじめ，同書からの影響を述懐する経済学者は数多い．そして，おそらくは同書への理解を深めようとして手にしたジェヴォンズ『経済学の理論』が，ウィクスティードの生涯に一大転機を与えた．ウィクスティードはすでに 35 歳をすぎていたが，あらためて数学の家庭教師を雇い，余白を数式で埋め尽くすようにして経済学の研究に没頭した[7]．その成果として，ウィクスティードがはじめて世にあらわした経済論説が，限界効用理論にもとづくマルクス『資本論』への批判論文（1884 年）であった[8]．

(2) 労働価値論と効用価値論

この論文は，英語圏では最初の学術的な『資本論』批判として，こんにち歴史的な評価を得ているものである[9]．ただし，ウィクスティードは『資本論』全体を批判したのではなく，あくまでも労働価値説に焦点を絞った批判を行なっている．その概要を述べれば，つぎのようになる．

マルクスは，商品価値の比較を可能にする共通の価値尺度を求めようとして，価値の概念を使用価値と交換価値の2つに分類した．そのうち，商品の差異としてまず人びとの目に映るのは，各商品の「有用性」すなわち使用価値だが，使用価値はまさしくたがいに異なるものであるからには，これは共通の尺度にはならない．すべての商品に「共通する何か」をみつけだすためには，むしろ使用価値の側面を取り除いていく必要がある．その結果，最終的に残されたのが，いかなる商品もみな人間の「労働」の産物に他ならないという抽象的な事実だった．すなわち，「共通する何か」とは人間が投下する「労働」そのものであり，その投下された量，すなわち労働時間によって商品の価値が決定される．ウィクスティードはこのようにマルクスの説を理解した（Wicksteed [1894] 1999, pp.705–710）．

これにたいして，ウィクスティードはつぎのような批判を加える．すなわち，マルクスは使用価値的な差異を伴わない抽象的共通労働なるものが投下されるというけれども，実際の労働過程において，何らかの機能上の差異をともなわずに労働が投下されることはない．たとえば，椅子ひとつを作る場合であっても，材木を切る労働，釘を打つ労働，座面を張る労働といった具合に，労働は必ず内容の差異をともなって投下されなくてはならず，そうした労働が集積されない限り，個々の作物・商品が具体的な形象をともなって現実化することはない．そして，材木を切る労働，釘を打つ労働，座面を張る労働とはすなわち，材木を切るうえで有用な労働，釘を打つうえで有用な労働，座面を張るうえで有用な労働，であることを意味する．つまり，機能上の差異をともなう現実の労働はみな，何らかの「有用性」をもった労働なのである．ウィクスティードはこの点を，つぎのように表現する．

これらの商品の元々の特性や，商品に使用価値を与えるすべての要因を取り除いていけば，あとには労働の産物というひとつの特性以外何も残らなくなるという．しかし，商品とはまさしく，多くの異なる種類の労働による産物なのであり，それぞれの労働がそれぞれ固有の有用性を持つがゆえに，個々の商品にもそれぞれ固有の物理的特性が備わるのである（Wicksteed [1894] 1999, p.711. 傍点箇所は原文イタリック，以下同）．

　そして，マルクス自身「有用性のない労働は算定（count）されない」と言っている（Wicksteed [1894] 1999, p.712）．ゆえにここから，ウィクスティードはつぎのように結論づける．

　もし有用な労働だけが算定されるのだとしたら，かりに商品を単なる抽象的な労働の生産物という地位にまで引き下げたとしても，それらは依然として，その抽象の次元において有用性を持つものとなる．したがって，「労働の産物という属性以外は何も残らない」という言い方は正しくない．なぜなら，有用性という属性もまたそこに残されているからである（Wicksteed [1894] 1999, p.712）．

　かくして，交換可能なすべての物品に含まれる「共通の何か」とは抽象的有用性—すなわち人間の欲望を満たす力—以外の何ものでもないことになる．交換される物品は，それらが充足する個別の欲望においてたがいに異なり，それが与える満足の程度において，たがいに同等なものとなるのである（Wicksteed [1894] 1999, p.713）．

　抽象的労働もまた個々の有用性を残している以上，それはすべての商品に共通する同一の何かにはなりえない．同一の何かがあるとしたら，それは抽象的労働そのものではなく，あるいは抽象的労働に含まれる個々別々の有用性でもなく，有用性というものが共通して発揮する「人びとの欲望を充足する」機能

そのものでなければならない．これだけが唯一，すべての差異を超越した抽象的共通性といえるものであって，そのうえで，その欲望充足の程度において商品価値の大小比較が可能になる．ウィクスティードはこのように考えて，労働価値説を批判したのである．

ウィクスティードはこののち，この議論をさらに進めて，つぎの *The Alphabet of Economic Science* では，交換価値＝限界効用，使用価値＝総効用という図式を示す（Wicksteed [1894] 1999, pp.14-15）．これによって，マルクスの価値論にみられた二元論的性格を，効用価値論一本に一元化できたとウィクスティードは考えた．

さて，ではウィクスティードによるこのマルクス批判は，こんにちからみても，正しいものといえるだろうか．この議論にはたしかに，経済学にたいする若きウィクスティードの並々ならぬ意気込みが感じられる．と同時に，そこには明らかに，若さゆえの勇み足もみて取れる．

まず第1に，マルクスはいうまでもなく，労働力が使用価値的差異をともなわずに投下できると考えていたわけではない．現実の経験的な次元における労働は，明らかに使用価値の差異をともなって投下される．そうでなければ資本家が労働力を雇用する理由がなく，雇用されなければ文字どおり，商品価値の形成に算定されることもない．ここはウィクスティードの言うとおりである．そのうえでマルクスは，具体的な労働過程に即しながら，労働力が投下されているという共通の事実を抽象したのであって，ウィクスティードの批判は，批判というよりもむしろ，思考の次元をもう一度，具体の次元に引き戻したものにすぎない．

そして第2に，使用価値が総効用に等しいとすれば，使用価値は，その商品の消費量とともに，その都度，量的に変化しなくてはならないものになる．すなわち，同じ商品であっても，10単位消費した場合と11単位消費した場合とで，使用価値の「大きさ」が変わらなければならなくなる．しかし，これは少なくとも，古典派＝マルクスにおける使用価値の捉え方ではない．古典派＝マルクスにおける使用価値とは，商品の機能の違いをあらわす識別指標のような

もので，それをもとに人びとは，自身の欲望を充たす商品を探しだそうとするのである．つまり使用価値とは，消費に先立って認知されなくてはならないものであって，消費した後で実感される満足の程度をあらわすものではない．端的にいえば，古典派＝マルクスにおける使用価値＝有用性は，商品間の識別を可能にする質的差異であって，それ自体は何らかの量的属性をともなう概念ではないのである．

したがってウィクスティードの議論は，このマルクス批判に関するかぎり，マルクスの文章表現における若干の隙をついたものとはいえるにしても，古典派＝マルクスの価値論に内在した批判とはいい難い．この議論は，ウィクスティードにとっていまだ習作の域を出るものではなく，むしろ，この程度の反批判すら返すことのできなかった当時の英国左翼の理論水準を物語る，ややイロニカルなエピソードといっていいものだろう．

3．配分論——効率性か，自律性か

(1) 基数的効用と序数的効用

マルクス論の発表と前後して，ウィクスティードはある私的な経済学研究サークルのチューター役を引き受けることになる．これは，マンチェスター大学の学生を中心に組織されたもので，おおよそ1884年ごろから1888年ごろまで続けられた．研究会を組織したのは文学専攻の学生，とくに古典文学などを専攻していた学生で，その中心的な存在と目されるE. I. フリップなる人物は，のちにエリザベス朝文学の研究で高い評価を得る研究者になる．経済学はこの時期，学識を求める若者が，その専攻にかかわらず最低限身につけておくべき知的必需財としての地位を，法学・政治学から奪い取りつつあったのである[10]．

ウィクスティードの学問的成長にとって，この研究会はすこぶる重要な意味をもったはずだが，残念なことに，この研究会に関する資料・情報は，こんにちほとんど残されていない．伝記などが伝える断片的な情報によれば，この研究会の常連メンバーは，G. B. ショー，シドニー・ウェッブ，F. Y. エッジワース，

H. S. フォックスウェル,グレアム・ウォレスなどであり,研究会のパトロン的な存在として H. R. ビートン,E. K. ブリス,H. プラットといった人物の名も挙げられている[11].かれらはロンドン金融街(ザ・シティ)に人脈をもつ人びとのようであり,その自宅を会場に提供しつつ,当時の有力な経済学者などを招いては討論をたたかわせたという[12].

この研究会を経て,ウィクスティードは1888年,経済学関係のものとしては初の書物となる *The Alphabet of Economic Science* を刊行する.小著ながらウィクスティードの経済思想を余すところなく伝える書物であり,とくにウィクスティードが「配分論」に託した意味合いを考えるためには,もっとも基本となるテキストである.

ロビンズは,この本を近代経済学の先駆的古典としてきわめて高く評価している.それはおそらく,同書のつぎのような記述によるものであろう.

> この結果がもたらす視野の広がりとその意義については,議論が進むにつれますます明らかになっていくだろう.だがすでに見たように,ある1単位の商品の限界部分に対する欲望の強さを,他の1単位の商品の限界部分に対する欲望の強さで表わした値は,第1の商品の交換における価値(あるいは交換価値)を,第2のそれで表わした値に等しい(Wicksteed [1894] 1999, p.79).

表現はやや硬いものの,$MU_1／MU_2＝P_1／P_2$(MU_iは第i財の限界効用,P_iは第i財の価格)の記述であることは明らかである.この文章が,加重限界効用均等法則の普及以前に書かれていた事実は確かに注目されてよい.あるいは,つぎのような文言もある.

> かくして,もし仮に,交換の機構がまったく完全なものであれば,その集団における各人の当初の持ち物を与件とした場合,交換からたがいの満足を引き出してきた二人の人物が,たがいの持ち物をどのように分配し直

しても，さらなる満足を引き出せなくなる状態が存在するだろう．…しかし，この最終結果が正義の原理や公共財の原理に適合するかどうかは，すべての交換に先立つ初期状態のあり方に全面的に依存する（Wicksteed [1894] 1999, p.82）．

これも，内容的には明らかにパレート最適を定義しているといってよい．しかも，その最適性が資源の初期配分に依存する相対的最適性にすぎないことも的確に指摘されている．ロビンズはこうした文言から，ウィクスティードを序数的効用理論の先駆者として，高く評価したものと思われる．
　しかしながら他方で，同書にはつぎのような文言も記されている．

　とにかく，確かに満足は「より大きく」なったり，「より小さく」なったりするものであり，われわれの心は，ある満足が別の満足「より大きい」とか，別の満足「と等しい」などと推量することもできるのだから，仮にその実際の計測は，温度計が発明されなかった頃の熱さと同じように漠然としたものであったとしても，満足の正確な測定といった事柄を想定することじたいは，必ずしも理論的にあり得ないこととは言い切れないと思う（Wicksteed [1894] 1999, p.15）．

ここではむしろ，基数的効用理論が擁護されているようにみえる．さらに，つぎのような文言がある．

　いかなる社会階級に属していようとも，人間として（the humanity），同じだけの発展を享受すべきであると考えるなら，各シリングは金持ちよりも貧しい人々にとって，より大きな価値を持つに違いない．かくして，もしＡが市場から１シリングを回収できる主に金持ち用の商品を製造し，他方でＢが，同額を回収しつつ，主に貧しい人々に消費される商品を製造しているとしたら，この二つの商品は商業的には等価であっても社会的

には等価でない．すなわち，この二つの商品は，社会に対して同じ便益あるいは満足をもたらすものではないのである．むしろBの消費者が，人間として（the humanity）完全に壊されていなければ，Bの製品のほうがAの製品よりも高い社会的価値を有すると言えるのである（Wicksteed [1894] 1999, p.87）．

この一文では，効用の個人間比較が積極的な意図のもとに行なわれている．つまりウィクスティードは，ロビンズがいうほどには，序数的効用理論の立場を一貫させた存在ではないのである．こうした，その後の新古典派経済学を尺度に，ウィクスティードの到達点を測定するような姿勢からは，ウィクスティードに固有の特徴はけっして見出せないだろう．そして，この一文には，新古典派経済学の先駆性などより，はるかに重要な要素が含まれているのである．

(2) humanityとutility
この一文で注目するべきは，主語として使われているthe humanityという単語である．すなわち，いま引用した一文の主語は，一般的なpeopleではなく，the humanityという，いささか抽象的な語彙になっている．これを辞書どおりに「人間性」や「慈悲心」などと訳して訳せないことはないし，たんに「人びと」と訳しても，それで文意が通じなくなることもない．しかしそれでは，ウィクスティードがここであえてthe humanityという語を用いたことの意図がみえてこない．

たとえば，冒頭の部分をみると，ここで「同じだけの発展（equal development）」を享受すべきなのは，たんに人びと（people）ではなく，その人びとのthe humanityであることが強調されている．これは何を意図してのことだろうか．あきらかに，the humanityとはこの場合，人が他人に向ける慈悲的な目線のことではなく，人が自分自身のあり方を考える内省的な目線をあらわしている．人は，その属する階級に関わりなく，「人間として」相応しい生活を送ること

を望んでいる．あるいは物資の不足から解放されることで，「人間として」の日常性を回復できたときの安堵感や安寧感こそ，人びとがその階級に関わりなく，享受したいと願うものである．満たされるべきは物資それ自体ではなく，物資不足から解放されることで得られる「人間としての」安寧感にある．この微妙な差異に注意を促すべく，ウィクスティードはあえて，the humanity という，people よりも主体の主観性が強調される語を主語として用いたのである．そしてウィクスティードからすれば，この人間的な安寧感こそが「効用 (utility)」の内実に他ならないのであって，1個のパンで空腹が満たされたときの生理的満足感（そこに安寧への基礎があるとしても）そのものが効用ではないのである．

　ウィクスティードは効用価値論者である．効用価値論者であるがゆえに，物資の充足よりも，物資の充足によっていかなる効用が充足されたかを問題にする．ゆえに，先の引用文にあるように，物資だけあてがわれたとしても，それらが，その階級・階層の人びとの暮らしにとっておよそ見当違いの物資であるならば，それは人びとに何の安寧感ももたらさない．ということはつまり，人びとに何の効用をもたらさない．こういう一見些細な一事にこそ，ウィクスティードはひときわ注意を促すのである．

　さて，先の引用文では，末尾のところでもう一度 the humanity が出てくる．しかもその意味するところは，冒頭部分よりもさらにいっそう微妙である．「the humanity が完全に壊されていなければ」とはどういう意味か．効用が，単に空腹を満たしたり，暖を求めたりといったような，生理的な満足感と同義のものでないとしたら，すなわち，効用が「人間として」の安寧感を内実とするものであるとしたら，その「人間としての」安寧感を得ている状態と，得られていない状態とを，一人ひとりの個人がまずは自分で判別できなければなるまい．たとえば「住居」とは，たんに雨露を凌げればよいだけのものではなく，日当たり，風通し，部屋数，周囲の環境といった，さまざまな要因が組みあわされてはじめて，居住場所としての安寧感（すなわち効用）を与えるものになる．こうした総合的な感受能力は，すでに「人間らしい」生活を送っている者であ

れば，造作なく発揮されるものであろう．

　ところが，貧困生活を長きにわたり続けていると，人はいつしか，日当たりの悪さや風通しの悪さ程度のことは苦痛として認識しなくなってくる．いい換えれば，効用の低さとして認識しなくなってくる．多くの貧困調査が示してきたように，自分を幸福と思うかという質問にたいして，明らかに生活困窮者と思われる人びとが，むしろ肯定的な回答を多く寄せたりするのは，一部にはこうした理由が背景にあるのである．これはかれら・彼女らが質素だからでも，清貧だからでもない．むしろ，貧困を貧困として感じられないほどに，the humanity が壊されてしまっている可能性があるのである．

　ウィクスティードは明らかに，こうした事態が起こりうることを想定している．いわゆる功利主義的な公正分配論で事が足りるのは，言い換えれば，物資の公正な配分によって社会的効用が最大化されるのは，富者と貧者がともに，同等の効用関数を維持している場合である．極貧の人びとであっても，なお富者と同様の the humanity を維持できているのであれば，物資の公平化によって，貧しい人びとの効用水準を押し並べて引き上げることもできるだろう．

　しかしウィクスティードは明らかに，この the humanity が完全に壊されてしまうことがありうることを危惧している．そしてその結果，同等の物資を得ても，もはや同等の効用を感受できなくなっているとしたら，物資の公平化，所得の公平化だけで，社会的効用の増大を期待することはできなくなる．

　それだけではない．長きにわたり貧困状態に置かれ続け，the humanity を壊されてしまった人びとのなかには，合理性の基準からは首肯しえないような行動をとる人びともあらわれてくる．救貧院に行けば，一杯のシチューと一晩の寝床を得られることがわかっていても，路上から離れようとしない人があらわれてくる．何日かぶりにようやく仕事にありつけたというのに，そのわずかな賃金をビールとウィスキーに費やしてしまう貧困労働者もあらわれる．こうした人びとのありさまは，ウィクスティードの時代，あまりにありふれた光景だった．

　では，the humanity を完全に失い，富者と同様の効用関数を維持できなく

なった人びとは，もはや経済学の対象にならない，経済学とは無縁の存在になるのだろうか．「いや，そんなことはない」とウィクスティードなら断言するに違いない．それどころか，ウィクスティードにとって，「配分」の原理がその本領を発揮し始めるのは，むしろここからだといってよいのである．

(3)　「配分」の原意

　賢明な主婦というものは，限界効用について繊細感覚を身につけているものであり，実にみごとにその調整を行なうことができる．彼女は常に注意を怠らず，決して慣習の奴隷にはならない．彼女は条件の変化に的確かつ機敏に反応し，支出の構造を柔軟に維持している．すなわち，配分経路の変更，拡張，縮小，その無数に近い可能性のひとつひとつに応じて，いつでも〔支出額の〕上げ下げができるよう準備しており，同時にいつどんな場合でも，その水準を維持または回復できるように備えている．彼女は限界効用を均等に維持し，1ペニーであっても，それをBに使った方がより効果的な場合にAに使うようなことは決してしない．かくして最小限の「痛み」でもって，最大限の安楽さと最大限の経済性を手に入れるのである．(Wicksteed [1894] 1999, p.126.〔　〕内は引用者による補足．以下同)

　経済科学の発展にとっていささか不幸なことは，これを学ぶ人々が属する階級は，その毎日の経験が経済学の初等原理にとって，もっとも鮮明で，もっとも印象的な例になるような階級には原則的に属していないことである．たとえば，経済学を学ぶ学生で，今夜の寝場所なり食事なりの効用が，日によって桁外れに変わることを思い知らされた経験をもつ者など，ほとんどいないだろう．たとえばここに何人か浮浪者がいて，たそがれ時にそれぞれ2ペンスしか持ち合わせがないとき，寒暖計が〔華氏で〕45度を指していれば，彼らは夕飯に殺到し，それから寝床を探そうとするだろうが，もし寒暖計が30度を指していたら，彼らはメシ抜きで寝床に殺到するこ

とだろう．彼らはしかし，彼らの経験がまさしく格好の例になるような経済理論に注意を払うことなどまずないだろう．（Wicksteed [1894] 1999, p.127）

　羽振りのいい家持ちに，一晩の寝床と一杯のシチューとの限界効用問題が生活の現実である人々の存在を理解させるのは信じ難いほど困難であるのに対し，逆に経済学教育など一切受けていなくても，パン屑ひとつ見逃さない生活に慣れている主婦に向かって，価値の一般理論を示してみせることのほうがはるかに容易である．正しい理論を受け入れさせるうえで大きな現実的障害となるのは，非常に貧しい人々と非常に注意深い人々を除き，大部分の人々にとっては，経済理論が経験に合致していないという印象を与えていることにあるのである．（Wicksteed [1894] 1999, pp.127-128）

　これらの文言をどう理解するべきか．パン屑１つ見逃そうとしない家庭の主婦は，「１ペニーであっても，それをＢに使った方がより効果的な場合にＡに使うようなことは決してしない」．「たそがれ時にそれぞれ２ペンスしか持ち合わせがない」浮浪者たちは，「寒暖計が〔華氏〕45度を指していれば夕飯に殺到し，それから寝床を探そうとするが，もし寒暖計が30度を指していたら，彼らはメシ抜きで寝床に殺到する」．これらは貧しさに追い詰められた人びとの，あとさき考えない不合理な行動だろうか．そうではあるまい．これらはみな，経済学でいう限界効用均等原理にも匹敵する，明らかに合理的な行動そのものである．

　たとえば，最後の１ペニーでポテトをもう１皿買って満腹感を味わうか，それともロウソクをもう１本買って一家団らんのひと時をもつか，この選択に迷うとき，「主婦」の脳裏を駆け巡っているのは，明らかに限界効用均等化の原理に他ならない．なけなしの給金を家に持ち帰ろうともせず，パブでビール２杯かスコッチ１杯かで迷っている「労働者」は，たしかに神に見放されても仕方のないようなカネの使い方をしている．しかし，ビール２杯かスコッチ１杯かで真剣に悩んでいるかれがいま行なっていることは，それはそれで，限界効

用均等化の原理に他ならない．それは，講義は充実しているが単位は厳しい A 教授の心理学をとるか，講義はつまらないが単位はやさしい B 教授の経済学をとるかで迷っている「経済学の学生」とも，1 万ポンドの貯金を C 社の株に投資するか，D 社の株に投資するかで血眼になっている「羽振りのいい家持ち」とも，まったく同様に合理的な予算配分行動に他ならない．

　もちろん「主婦」も，「浮浪者」も，「学生」も，「家持ち」も，そのような共通性にはまったく気がついていない．傍からみてとれる行為そのものに目を奪われているかぎり，かれら・彼女らの本質的な共通性はけっしてみえてこない．その本質的な共通性にかたちを与え，これを認識可能な対象に変えるものこそ，限界原理の経済学に他ならない．限界原理の経済学には，かれら・彼女らの一見かけ離れた行動のなかに，合理的な資源「配分」としての共通本性（common sense, のちに取り上げるウィクスティードの主著名に注意せよ）が潜んでいることに気づかせ，そうした合理的行動を無意識的に行なっている主体として，みずからを反省的に（reflective）再発見させる機能が含まれているのである．

　ここでいう reflective もしくは reflection には，「反省」，「内省」，「再帰」といったさまざまな意味合いがあるが，それらはいずれも，自身がそうとは知らぬ間に行なっている行動の原理を知ることに加え，そうした原理に無意識のうちに従っている，自分自身の「主体性」を考え直す契機をも含む，重層的な概念として理解する必要がある．

　リフレクションを通じた主体性の再発見を，主体性への懐疑の始まりとして捉えるのは 20 世紀後半の思想である．19 世紀末のウィクスティードの時代においては，これは文字どおり，主体性の再発見を主体性の再自覚へと発展させていく，積極的な意味合いのもとで捉えられている[13]．そしてウィクスティードが，主体性の再発見と再自覚を促そうとしているのは明らかに，「裕福な学生」でも「羽振りのいい家持ち」でもなく，貧しくても「賢明な主婦」たちであり，もはや神からも合理性からも見放されたと諦めかけている「浮浪者」たちであり，飲んだくれの貧しき「労働者」たちであった．

　そして，かれらがすでに身につけ，気がつかぬうちに実行している「合理的

配分」は，「自律的」な生活に基礎を与える行動でもある．かれらは，貧しいながらも人の世話にはならずに生きているという意味で「自立」(independence)はしているかもしれないが，なかには，自身の生活内容をみずからの意思で律するという意味での「自律性」(autonomy) など，もうとうの昔に忘れてしまったと思いこんでいる者が多い．そして，そうした「自律性」の喪失感が，ややもするとかれらを自暴自棄にも近い生活に送り込む．ウィクスティードは，牧師としてこれを神の言葉でもって戒めるのではなく，自分たちの生活に「自律性」の片鱗が残されていることを再発見 (reflection) させることによって，自身への信頼と自身への確信を，まず取り戻させようとしているのである[14]．

　これは，貧困者に同情しながらも，かれらをあくまで救済の対象として自身の「外部」に括り分ける目線，言い換えれば，自分とは異なる存在という身分を貧困者にあてがうことで，自己の内面的な秩序を維持しようとする目線とは，似て非なるものである．これはむしろ，貧困者だけを異質の存在として括ろうとする目線を，根拠なきものに変えてしまう思考である．ウィクスティードは，限界原理（もしくは配分原理）のなかに，そうした思考様式をみて取ったのである．当時の救貧政策は，19世紀半ばの救貧院時代に比べれば，よほど人道的なものに変わっていたとはいえ，そこには善意にもとづきながらもなお，貧困者を異質の存在として括り分ける目線が残されていた．それにたいし，ウィクスティードの目線には，貧困者を富裕者や政策立案者と同じ範疇に括り戻す目線が，少なくとも胚胎していたように思われるのである．

　今日の資源配分論は，個人のレベルであれ，市場や国家のレベルであれ，資源利用の「効率性」を高めるための基礎理論として位置づけられている．しかしながら，ロビンズが配分論の開祖と目したウィクスティードの意図は，これとは少しく異なるところにあった．かれは，「配分」という行為に自ずと備わる合理的な性質そのものは，the humanity を損ない，富者と同じ効用関数を維持できなくなっている極貧の生活者においても，なおけっして失われるものではないことを示すことによって，かれら・彼女らに自律性を想起させる契機を与えようとしたのである．ウィクスティードにとって「配分」の原意は，「効

率性」の向上にではなく，個人個人の「自律性」の基礎づけにあったことを，ここでまず確認しておこう．

　ただし，そこには大きな問題点も残されていた．まず，ウィクスティード自身の問題としていえば，先の最後の引用文にもあったように，ユニテリアン派の多くが中産階級以上に属していたことを考えれば，かれがこうした話を直接，貧困者に語りかけ，かれらを配分論によって覚醒することのできた機会は，実際には限られたものだったに違いない．もちろん，この一事をもってかれの言説を空虚と決めつけるのは正しくない．当時，その実行可能性に乏しかったとしても，配分論の理解として，そこに正鵠を射た要素があるのであれば，それを現実の状況に応用していく課題は，まさしくこんにちのわれわれが引き受けるべき課題であるからだ．

　より深刻な問題はむしろ別のところにある．すなわち，今しがたも「覚醒」という言い方をしたように，配分論にウィクスティードの言うような，自律性の想起を促す機能があったとしても，ここまでの議論をみるかぎり，その自律性の回復は，結局のところ，本人の自覚と努力に委ねられたままになっている．配分論が仮に，自暴自棄に陥りつつあった人びとに自身の合理性を再発見させる契機になったとしても，それは要するに，その方向へかれら・彼女らを「覚醒」するものにとどまっていて，最初の一歩を踏み出すための，何か積極的な施策が考えられていたわけではない．

　しかし真に難しいのは，その最初の一歩をいかにして踏み出すかにあるだろう．ウィクスティードのいう the humanity が壊されてしまった人びとは，その最初の一歩を踏み出すことに，おそらく恐怖にも近い躊躇を覚えるに違いない．したがって，そこに何らかの施策をともなわせないかぎり，ウィクスティードの思想に，現実的な効力が備わることはないだろう．このままでは，かれの思想は，ゆるぎない自律性がはじめから備わっているものとみなす，典型的な近代的思考への後退にもなりかねない．

　ところが，ウィクスティードはここからさらにもう一歩，議論を踏み出そうとする．しかもそれは，かれの名を経済学史に刻みつけた，あの限界生産力分

配理論への自己批判のなかで行なわれるのである．

4．分配論――自律性の限界へ

(1) 限界生産力分配理論の形成

　ウィクスティードは1887年，the Extension of University Teachingの講師に任命される．これは「大学拡張運動」としてこんにち知られているもので，大学の知識をひろく社会に還元しようとする啓蒙活動の一環として位置づけられているが，その背景には，所得，教育，生活環境全般にわたる，目に余るほどの格差拡大にたいする切迫した危機意識があった．ウィクスティードは生涯，大学に籍を置くことはなかったが，この講師職にはたいへん熱心に取り組み，しだいに牧師として行なう説教よりも，拡張講義のほうにより大きな可能性を見いだすようになっていく．現に，1897年には牧師職を辞し，以後は執筆と拡張講義に専念するようになる．そのシラバスを一瞥してみると，最初のテーマにはダンテを選んでおり，以後，ダンテと経済学をほぼ等分に配置して講義を行なっている[15]．

　こうした活動を続ける傍ら，ウィクスティードは1894年，かれの名をもっとも高らしめた書物を刊行する．近代経済学における所得分配理論，すなわち，限界生産力分配理論を最初に定式化したとされる *An Essay on the Co-ordination of the Laws of Distribution* である．ウィクスティードの名を経済学史にとどめる，ほぼ唯一の業績といってよい．

　分配理論といえば，それまではリカード以来の差額地代論，あるいは余剰理論が支配的な学説であった．これは，各生産要素が報酬支払いを受けてのち，なお残存する収益部分に関しては，事業主体がその取得権限を有するとする残余請求権の発想を理論化したものである．リカードにおいては，当時の状況を反映して地主が残余請求権をもつものとされていたが，19世紀後半においては，事業主体を産業資本家に置き換え，利潤を残余請求権の対象として定式化しなおす解釈が一般化した．そして，そうした解釈が妥当か否かをめぐって，

活発な論争も行なわれていた．

　ウィクスティードをはじめ，限界原理の立場にたつ経済学者は，生産要素を先払い控除の対象と，残余請求の対象に分割する発想には，経済的な原理と慣習的・法的制度との混同がみられるとして，これを批判の対象とした．そして，土地も，資本も，労働力も，みな生産要素として同等であるとすれば，そのいずれについても，共通の分配原理が適用できることを示そうとした．ウィクスティードのこの書物も，その真の主題は，余剰理論への批判にあった (Wicksteed [1894] 1999, p.15 などを参照)．

　さて，各生産要素に等しく適用される分配原理として，各生産要素の生産力に着目する発想じたいは，とくにウィクスティードに固有のものではない．この点をめぐる経緯と，ウィクスティードのはたした功績については，ロビンズが的確に整理している．

　　　1890年代の初頭には，理論経済学研究の重力の中心は商品の価値をめぐる狭い問題から，分配をめぐるより広い問題，すなわち，よく言われるところの，生産要素の価格づけをめぐる問題に移行しつつあった．……90年代初頭，分配に関する生産性理論は「雰囲気として (in the air)」はすでに存在し，J.B. クラークその他によるさまざまな試論も出されていた．しかしながら，Essay〔ウィクスティードの著作を指す〕の主要命題については，同様の扱いで済ませるわけにはいかない．すなわち，各生産要素がその限界生産性に応じて報酬を受けとると，個別要素への報酬の合計によって生産物が完全に分配され尽くされる，というのがそれである．(Robbins 1932a, pp. x-xi)

　すなわち，余剰理論にかわる新しい分配理論として，生産要素価格と要素生産性を関連づけようとする議論じたいはすでに多くだされていたが，そのなかでウィクスティードが新たに提起したのがいわゆる完全分配論，すなわち，各生産要素の限界生産力によって要素報酬額を定めれば，残余部分を出さずに分

配を完了できるという命題だった，というのがロビンズの認識である[16]．

完全分配論の定式化にこそ，ウィクスティードの理論的貢献があった．これは経済学史においても異論なく承認されている事柄といってよい．しかしながら，当のウィクスティードにとっては，これはほぼ自明の論理にすぎなかった．なぜといって，生産物を販売して得た収益すなわち価値額は，何らかの分配請求権をもつ者たちに分配されなくてはならず，分配請求権とは，その生産物の生産過程に何らかのかたちで参与し，貢献したことによって認められるものであるからには，分配請求権をもつ者はみな，何らかの生産要素を提供した者たちであり，その分配額は明らかに，各生産要素の単価×要素投入量になるだろう．この単価がいま，生産要素の市場価格として与えられるものとすれば，完全競争市場において生産要素購入者（生産者）は，要素価格（限界費用）と限界生産性（または限界生産物価値）が均衡するところで，要素投入量を決定せざるをえない[17]．かくして生産物の生産量を Y，各生産要素の市場価格を P_A, P_B, P_C, …，要素投入量を A, B, C, …，各生産要素の限界生産力を dY/dA, dY/dB, dY/dC, …とすれば，まず単なる定義式として（生産物価格で除した実質ベースでみて）

$$Y = P_A A + P_B B + P_C C + \ldots$$

と書くことができ，各生産要素価格を限界生産力に置き換えれば，次式は自動的に導かれる[18]．

$$Y = \frac{dY}{dA} A + \frac{dY}{dB} B + \frac{dY}{dC} C + \ldots \tag{1}$$

(1)式が限界生産力分配による完全分配を示す式になるわけだが，これじたいは，ウィクスティードにとってほぼ自明の関係を示すものにすぎなかった．

ウィクスティードはこれに続くつぎの作業として，生産要素と生産量の比例的変化をあらわす関係式，すなわち，つぎの(2)式の証明にすすむ．

$$Y = Y(A, B, C \ldots)$$

において，mを任意の整数とするとき，つぎの関係が成り立つ．

$$mY = Y(mA, mB, mC...) \qquad (2)$$

(2)式も，先の引用文にあるロビンズの言葉を借りれば，当時の経済学界において「雰囲気としては (in the air)」，ごく常識的に使われていたものらしい (Wickstted [1894] 1999, pp1-3 などを参照)．しかし，その厳密な証明は誰も行なってなく，ウィクスティードは同書のもう1つの課題として，(2)式の数学的証明を試みる．彼はこれに同書の約半分の紙幅を割いている．これもしかし，発想的にはほぼ自明の論理とみなしていた．

すなわち，ある一定の土地があり，そこに一定の労働力と原材料が投下されて，一定量の小麦を得ていたとする．そして，それとまったく同質・同量の土地を用意し，さらに同質・同量の労働力と原材料を投下すれば，理論的には，先と同量の小麦が収穫されるはずである．(2)式は，基本的にはこのことをいっているにすぎないとウィクスティードは言う (Wicksteed 1894 [1999], p.33)．したがって，この関係を主張するときには，土地も含め，ボトルネックを示す生産要素は一切存在しないものと仮定されなくてはならない．

ウィクスティードの問題意識からすれば，かれがなぜ(2)式の証明をそれほどまでに重視したのか，その理由は必ずしも判然としない．おそらくは，(1)式が特定の生産量に制約されない，一般的な性質であることを示そうとしてのことと思われるが，いずれにせよここで確認すべきは，ウィクスティードにとって，(1)式と(2)式はあくまで別個の定理として，2段階に分けて論じるべきものとされていたことである[19]．そしてまさしく，かれのこの理解にたいして，批判の矢が放たれた．

すなわち，A. W. フラックスは，同書への書評のなかで，(2)式の関係は，当該の関数が1次同次関数であることを示すものであり，そうであれば，オイラーの定理によって(1)式はおのずと導出されるから，ウィクスティードが行なったような長々しい証明は不要であると指摘した (Flux 1894)．こんにち一般的な，1次同次生産関数を前提とする限界生産力分配理論というのは，この

書評から始まったのであって，ウィクスティード自身によって定式化されたものではないのである．

　この書評によって，ウィクスティードは自身の分配理論について，再考を迫られることになった．フラックスは，(1)式は1次同次関数がもつ性質であるから，(1)式と(2)式は一体のものであるとして，この2つを別個に扱おうとするウィクスティードの理解は誤りであるとした．ウィクスティードにはおそらく——同書において同次関数への言及が一度もみられないことから考えても——同次関数についての数学的知識が欠けており，その限りではフラックスの批判を認めざるをえなかった．かくしてウィクスティードは，(2)式に関する自らの証明の不十分さを認め，事実上これを撤回するにいたる（Wicksteed [1933] 1999, p. 373, f.n）．

　ただし，それはウィクスティードにとって，限界生産力分配理論の意義それじたいを無効にするものではなかった．なぜなら，彼の問題意識はあくまで，限界原理によって分配構造が説明できることを示すこと，言い換えれば，そのときどきの分配構造が，各生産要素の生産貢献度に応じて，矛盾なく決定されることを示すことにあったのであって，生産関数が1次同次性をもつか否かは，かれにとって第一義的な重要性をもつ事柄ではなかったのである[20]．

　かくして，ウィクスティードは限界生産力分配理論を結果的には維持した[21]．しかしながら，かれはたんにこれをそのままのかたちで残したのではなく，限界生産力という概念の意味合いを，フラックスらの指摘とはまったく異なる方向へみずから深めて行った．ウィクスティードの経済学における最後の書物, *The Common Sense of Political Economy* (1910) はその成果を示すものである．

(2)　限界分配生産力分配理論の深化

　ウィクスティードの主著と目されるこの書物において，限界生産力分配理論は，一見影をひそめている．同書の主題は再び配分論に戻されており，家計・個人の消費配分を解明する経済理論が，市場，産業，金融の経済理論としても

適用可能であることを，淡々と述べているだけの書物にもみえる．

これに関連して，ウィクスティードは同書で，経済行動の目的を「浪費の抑制」と定義している（Wicksteed [1933] 1999, p.14）．すなわち，利潤最大化とは本来，生産の拡張によってではなく，費用の抑制をつうじて実現されるべきものであり，効用最大化とはあくまで支出の抑制を企図した概念であって，消費の増大を企図した概念ではないとする．「経済」をまさしく「節約」の原意に即して捉えた発想といえる．「ところが……」とウィクスティードは続ける．

　　こうした期待〔経済学を浪費の抑制学として捉えること〕は，われわれが政治経済学の書物をのぞき見るにおよび，まったく裏切られてしまう．現代の思想動向と現代生活の諸条件とが手を携えて，資源の管理をめぐる思考を，その元々の意図の探求から引き離してしまっている．かくして，政治経済学はわれわれの目的に確信を与える学問というより，われわれが手にする手段を増やすための学問として認識されている．たしかに，こうした傾向にたいしては反意も示されつつあるけれども，依然として支配的な傾向には違いない．（Wicksteed [1933] 1999, p.15）[22]

ウィクスティードにとって経済学とは，個人の生活習慣にたいしてであれ，国家の政策にたいしてであれ，およそ拡張主義的な性向にたいする批判のための視座を与えるものであった．これを現代の経済学のように，双対問題と称して整理してしまっても，そこから得るところは何もない．自身の効用の増大を，物資・所得の増大によってはかろうとするか，無駄と浪費の抑制をつうじてはかろうとするかは，倫理性の問題というより，自律性の内実に関わる問題である．ウィクスティードが，近代経済学をあくまで自律性の再認識を促す思考として理解していたことがあらためて確認される（Wicksteed [1933] 1999, p.15）[23]．

では分配論に関して，同書では何も語られていないかといえば，けっしてそうではない．むしろ，同書においてウィクスティードの分配に対する認識は，いっそう深まっているとすらいえる．すなわち，ウィクスティードは限界生産

力分配理論を，分配現象に関するメカニズムの議論にとどめずに，かれのもともとの関心事である，貧困問題に結びつけて再考しようとしている．ただし，それはこんにちややもすると見受けられるような，限界生産力分配理論の誤った使い方とは著しく異なるものである．

　すなわち，限界生産力分配理論はややもすると，「賃金水準が低いのは労働の限界生産力が低いためだ」というような，いささかトートロジカルな説明の論理として使われる傾向がある．そして，これは経済合理性の観点からはやむをえない事態であるとして，賃金水準の低さを正当化する論理としても，しばしば使われている．現にウィクスティードも，労働の限界生産力が実際に低いときに，それを上回る賃金を要求したり支給したりすることは，人道的にはみえても持続性のない試みであるとして，そうした要求にたいしては批判的である（Wicksteed [1933] 1999, pp.339-340）．

　ところが，そのうえでウィクスティードは，ではなぜ，労働の限界生産力がそれほどまでに低いのか，なぜ労働の限界生産力がそれほどまで低い水準に留め置かれているのか，それこそがいま問われなくてはならないと，ここで議論の方向を一変させる．限界生産力の向上は，あくまで個人の自覚と努力にゆだねられるべき問題なのか，それとも，社会が何らかの責任を負う政策的課題として受け止めるべき問題なのか．ここから，ウィクスティードによる限界生産力分配理論の深化が始まる[24]．

　ウィクスティードはまず，つぎのようにいう．

　　〔賃金の〕「過少支払い」については，われわれはその労働者が，かれの経済的な価値を下回って賃金支払いを受けている場合と，経済的な価値通りに支払われてはいるけれども，かれが「得るに相応しい水準」には達していないという場合とを，慎重に分けて論じなければならない．何故と言って，かれの経済的価値がそれほどまで低いことは，かれの落ち度ではないからである．あるいは，その賃金水準はかれが「必要としている」水準，もしくはかれが「得るべき」水準には達していないと言い換えること

もできるだろう．と言うのは，その水準をもってしては，かれは人たるに値する生活をおくることができないからである．(Wicksteed [1933] 1999, pp.340-341)

　不運な人びと，弱き人びと，そして経済的に失敗してしまった人びとはみな，かれらがなしえた努力の価値より多くを受け取ってよいとする要求に，法外な要素は何もない．(Wicksteed [1933] 1999, p.341)

　子ども，高齢者，病人，そして何らかの障碍がある人びとは，そうした超過所得を受けとる必要がある．そうでなければ，かれらは死んでしまう．そして現在の情勢は，たとえば老齢年金や，より人道的になった救貧法などを通じて，経済的闘争に敗れることへの脅威を和らげる方向に進みつつある．他方で，累進的な所得税によって社会的負担の割合を増やすことも，それが稼得所得に課せられる限りでは，成功者の義務として受け入れられつつある．(Wicksteed [1933] 1999, p.341)

ウィクスティードの分配思想を考えようとするとき，これらの文言はきわめて重要な含意をもつ．以下，順を追って考えてみよう．
　まず，1つ目の引用文には，「かれの経済的価値がそれほどまで低いことは，かれの落ち度ではない」という文言がある．すなわち，貧しき労働者の限界生産力がそれほどまでに低いのは，かれ・彼女たちの自己責任にのみ帰せられる問題ではない，とウィクスティードは考えている．のちの引用文も先取りしつつ敷衍すれば，人の労働能力は成人に達してからの意思や自覚だけで形成されるものではない．むしろ，幼児期にどのような環境のもとで育てられたか，十分な栄養を与えられていたか，何ほどかでも教育を受けることができていたか，知性や規律に多少なりとも身近な環境のもとにあったか．そういった生育条件の全体的な集積として，一人ひとりの限界生産力が形成される．こういう発想が，ウィクスティードにはあるのである．

そして，いうまでもなく，人はみずからの生まれ育つ環境を自分では選択できない．潜在的素質に恵まれた人であっても，たまたま困窮に苦しむ家庭に生まれおち，その制約された生育環境のなかで，能力の開花を抑制されたまま成人に達したとしたら，かれの「限界生産力」は否が応でも制約される．これをかれ個人の責任に帰せようとするのは，いかにも不当な判断である．だから，2つ目の引用文にあるように，「かれらがなしえた努力の価値より多くを受け取ってよいとする要求に，法外な要素は何もない」といえるのである．

ここで，先に検討した「配分論」の原意を思い出してほしい．ウィクスティードにとって，「配分」とは個人個人の「自律性」を基礎づける行為であった．と同時にそこでは，自律性への契機を，いかにして自律性の獲得に結びつけるかについて，まだ曖昧な認識しか示されていなかったことも確認した．「分配論」の深化には，この点を補うものとしての意味がある．

もちろん，「自律性」と一口にいっても，その具体的な中身については，常に一種曖昧である．社会的な平均に則った生き方をしているから自律的なのか，それとも，あくまでわが道をつらぬく生き方をしているから自律的なのか，その線引きもつねに一種曖昧である．自律性は近代社会が個人に求めてきたもっとも基本的な規範だが，その割には，近代思想は自律性の意味合いについて，それほど掘り下げた議論をしていない．

しかし，どのような意味合いに取るにせよ，自律性の獲得に，何か最低限の「能力」に相当するものが必要であることは予想できる．たとえば，規則的な生活に耐えうる持続性，最低限の言語能力，最小限の知識と教養，できるかぎり自立した経済生活を送るための労働能力，そういった基礎的な「能力」は最低限求められるはずである．そして，この自律性のための基礎的能力は，多くの点で，各人の労働能力を規定する要因と重なり合う．

こうした基礎的な「能力」は，心理学や教育学がつとに明らかにしてきたように，生まれ育った家庭の環境，幼児期を過ごした街の雰囲気，日ごろ接した大人たちの人柄，書物を目にしたり手にしたりする機会の多寡，そういった微妙な事柄の1つひとつに大きく左右される．そして，そのいずれもが，自分の

意思ひとつで自由に選択したり，回避できたりするものでないことを，ウィクスティードは明確に認識している[25]．

だとしたら，本人の自律性に期待するのみで分配所得が向上し，それを足掛かりに自律的な生活習慣も形成されると想定するのは，あまりに楽天的な，というよりもむしろ，非論理的とすらいうべき認識になるだろう．分配に関して認識を深めることは，自律性に委ねることの限界を知ることにつながる．「配分」の原意に自律性への基礎があったとすれば，「分配」の原意には，すべてを自律性に委ねようとする思想の限界が，示唆されているのである．

そして，こうした認識を背景にしてはじめて，3つ目の引用文の趣旨が理解できる．この一文は一見すると，常識的な累進課税にもとづく所得再分配政策を主張しているだけにみえる．しかしながら，この一文には，その最後のところに，少し意味の取りにくい文言がある．すなわちウィクスティードは，「累進的な所得税によって社会的負担の割合を増やすことも，それが稼得所得に課せられる限りでは，成功者の義務として受け入れられつつある」と言うのだが，ここでなぜことさら「それが稼得所得に課せられる限りでは」というただし書きをつける必要があったのだろうか．

かれは，この一文に続けてつぎのように言う．

> われわれは，人の経済的地位というものが，かれの能力のみならず，かれの財産にも大きく左右されるものであることを見てきた．こうした財産は，法の庇護の下に，あらゆる物質的富の主たる源泉として蓄積されてきたもの，さもなければ，物質的富の管理を通じて構築されてきたものである．（Wicksteed [1933] 1999, p.341）

そしてさらに，つぎのように言う．

> 土地国有化の要求，あるいは生産手段に対する集産的統制への要求は，われわれが公共の利益を顧みようとしない世襲制度を共有してきたという

確信に基づいている．(Wicksteed [1933] 1999, p.341)

　人びとの（経済的）価値を高めるには2つのやり方がある．1つは，幼少期からしっかりと栄養を与え，しっかりと養育し，訓練をし，教育することである．そうすればかれらは活力を持ち，生活習慣を身につけ，かれの経済的価値を高めうるような特別な技能を身につけることができるだろう．こうした施策には，広い意味での道徳的，知性的，技能的教育に携わる公教育も含まれるだろう．もう1つのやり方は，かれらがもっと高く評価される場所や条件をもつ職業に，かれらを移動させることである．(Wicksteed [1933] 1999, p.345)

　これらの文章は，かれのいかなる到達点を示すものか．今一度，議論を全体的に整理しながら検討してみよう．

(3) 「分配」の原意

　ウィクスティードは，貧困労働者の生活条件を改善するには，限界生産力の低さを無視した（あるいはそれを放置したままの）高賃金政策をとるのではなく，限界生産力そのものを高めることによって，正当な分配報酬として高賃金を実現させる必要があると考える．そのためには，累進所得課税に基礎をおく所得再分配政策を行なうことも，それなしで事態を放置した場合に比べれば，はるかに大きな改善が期待できると考える．

　しかし，それだけでは根本的な解決にいたらない．基礎的な労働・生活能力については，幼少期の子どもたちが，そのたまたま生まれおちた生活環境の制約を被ることなく，実際に栄養をとり，実際に教育をうけ，実際に自律性を育む生活環境に身を置くことができなければ効果をなさないので，そのためには金銭的な所得再分配以上に，公教育をはじめとする直接給付政策のほうに，より重点が置かれる必要がある．ウィクスティードはこの時代にあって，公的資源による現物給付を優先する思想を唱えている．

そしてさらに，前節後半に引用した文章にあるように，かれは以上の議論を
もう一歩進め，所得分配よりも，その基礎にある財産分布の問題に，分配政策
の焦点を移し換えていく．すなわち，「人の経済的地位というもの」は，「かれ
の能力のみならず，かれの財産にも大きく左右される」という新しい論点を打
ち出している．
　ここでいう「財産」とは，金銭的な価値を有するものだけをいっているので
はない．「財産」とは，広大な家屋敷や莫大な資産を意味するだけのものでは
なく，それに付随する事柄，たとえば文化や伝統に触れる機会や，財産に付随
する「人脈」なども当然含まれるだろう．同じ能力をもつ者であっても，そう
した「財産」をもつ者とそうでない者とでは，その後の可能性が明と暗にはっ
きり分かれる．英国とは基本的にそうした社会であり，ウィクスティードがみ
ていたのは，それがもっとも顕著な時代であったといってよい．
　しかし，われわれがここで考えるべきは，そうした歴史的な事柄ではない．
かれの言う「財産」をもう少し発展的に解釈すれば，それは各人の労働能力を
育む，生活環境全般を指すものと考えて差し支えない．すなわち，住宅環境の
良し悪し，街の雰囲気や衛生状態，隣人や友人との交流機会，文化や娯楽に接
する機会，そういった生活環境全般にわたる意味で「財産」という概念を捉え
てよい．したがってそれは，私有財産に限定されるものではない．そもそも，
公的教育を必要と考えるのは，労働能力を基礎づける（今日的な表現をあえて使
えば）人的資産の形成を企図してのことである．こうした広義の「財産」と日
常的に接せられることが「人の経済的地位」，すなわち，社会的に通用する労
働能力の形成にとって，不可欠な条件になるとウィクスティードはいっている
のである．
　ゆえにウィクスティードは，そうした財産が一部の人びとに占有されるので
はなく，誰もが「人間として」の権利として，そうした財産を持てなければな
らないと考える．それがウィクスティードの到達した「分配」の原意なのであ
る．
　財産格差にはまた，つぎのような問題もある．すなわち，財産格差の放置は，

所得分配の公正化に矛盾し，それを抑制する要因にもなりかねないという問題がそれである．社会改良主義的な言説が流布しつつあった当時，人びとは所得格差の是正とそれによる貧困対策にたいしては，保守派も含め，おおむね賛同を示していた．だがその一方で，財産格差の存在じたいを疑問視する姿勢はほとんどなく，相続税や贈与税の強化に対しては，社会主義につながる政策であるとして，一般市民も含めて根強い反対があった．

しかし，これは考えてみれば，きわめて微妙な立場を選択していることになる．なぜといって，人びとは財産格差の存在じたいは許容しておきながら，その財産にたいして，地代なり配当なりの帰属所得が正当にも支払われようとすると，今度は，それは怪しからぬといって，社会的な是正を求めていることになるからである．ウィクスティードはここに，こんにちの言葉でいうダブル・スタンダード（二重基準）的な矛盾をみて取ったのだと思う．

ウィクスティードの考え方には，のちに J. E. ミードや J. ロールズらが主張する「財産所有デモクラシー」(property owning democracy) 論をはるかに予見する要素がみて取れる[26]．かれらのあいだに直接の思想系譜は見出されないが，ミードらは，20 世紀の福祉国家が，財産格差については是認しておきながら，それにたいする帰属所得をはじめ，所得面での格差拡大にたいしては積極的な是正措置を求める姿勢に，一種の二重基準的な矛盾を見出し，このままでは福祉国家に対するレジティマシーを維持できなくなることを危惧した．現に，新自由主義はこの矛盾を突くことで，所得格差是正のための累進課税制度を大きく後退させた．ミードやロールズは逆に，財産格差の解消を先行させることで，二重基準的な矛盾を回避しつつ，公平性と効率性の両立化をはかろうとした．ウィクスティードの主張は，かれらほど明晰なものではないが，同じ方向性の議論を，かれらよりも自由主義に近い立場から主張していた点に注意する必要があるだろう．

ウィクスティードは，こうした思想を「土地国有化論」として主張するにいたる．すなわち，財産格差を一方で是認しておきながら，所得格差だけは是認しないという矛盾した姿勢をそのまま放置するのではなく，土地に代表される

財産をいったん国有化し，その使用権を公正に配分することによって，そこに帰属所得が支払われても，所得格差の助長にはつながらないような方策を考えようとしたのである．かれはこの考えを，経済界のリーダーたちを前に度々主張するようになるが，当然にも賛同はほとんど得られなかった[27]．かれが先の引用文で，累進課税はそれが「稼得所得に課税される限りでは支持される」というただし書きをつけていたのは，こうした事情を背景にしてのことであり，ウィクスティードが所得平準化以上に，じつは財産の平準化をこそ重視していたことを示すものである．

ウィクスティードは，財産格差の是正と現物給付の充足を通じて，貧困労働者の限界生産力を向上させようとした．かれにとって限界生産力分配理論は，もはや単なる所得分配モデルでも，いわんや所得格差を経済学的に正当化するための論理でもなく，むしろ貧困を基礎づけている社会的構造をあぶりだすための，批判理論としての役割を担うものになっていたのである[28]．

5．おわりに

ウィクスティードにとって，配分論と分配論は別種の論理に属するものではなかった．じっさい，すべての市場が完全競争のもとにあり，すべての生産要素が市場取引されるのであれば，限界生産力分配理論は必然的に成り立たなければならない[29]．その意味で，ウィクスティードにとって，配分論と分配論は，理論的には同値の関係にあったといってよい．

しかしながら，ウィクスティードが配分論と分配論をつうじて語ろうとした思想は，けっして同値のものではない．かれにとって「配分」とは，効率化をめざして繰り返される経済行為そのものではない．人が，機会費用を償えない用途を避けようと資源配分を繰り返すことは，貧富・身分の違いにかかわりなく，すべての人に共有される最も基底的な合理性なのである．そして，自身の生活手段を合理的に配分しようとする行為が習慣化してはじめて，近代の規範である「自律性」が基礎づけられるのである．ウィクスティードと個人的にも

親しかったハーフォードのつぎの一言は，こうした文脈のもとで受け止められるべきものであろう．

> 「限界効用」の原理は，ウィクスティードの掌中にあって，交換という経済現象の説明を超えるものになっていった．かれはそこに，健全な経済的秩序だけでなく，健全な精神性と健全な生き方への鍵となるものを見出したのである．(Herford 1931, p.200)

他方でウィクスティードは，自律性が「分配」の構造に深く制約されることを見逃さなかった．自律性は，潜在的な可能性としては万人に等しく開かれている．しかし，それを顕在的な現実性に変えていくには，現実的な生活能力が求められる．その能力の形成に，分配は直接的に影響する．労働の限界生産力が低いときに，低い賃金報酬しか得られないことは，市場経済の現実においては避けられない．しかしそのことは，労働の限界生産力が低くあらねばならないという規範性を，何ら示唆するものではない．労働の限界生産力が高まったなら高まったなりに，完全分配関係が矛盾なく成立することを証明したものこそ，限界生産力分配理論に他ならないのである．

しかしウィクスティードは，自律性にすべてを委ねるだけで，労働の限界生産力がおのずと高まるとするような，根拠なき楽観論にはけっして与しなかった．累進課税にもとづく所得再分配政策，幼少年期からの公的教育扶助，土地国有化に代表される財産所有の平準化へと，しだいに深みを増して行くウィクスティードの「分配」論は，自律性を不可侵の聖域とみなそうとする，近代的思考様式の限界を示唆するものでもあった．

繰り返そう．ウィクスティードの経済思想において，「配分」とは「自律性」を基礎づけるものであり，「分配」とは「自律性」の限界を示唆するものであった．近代経済学が，そのもっとも初期の段階において，これらの概念に与えていた原意とは，このようなものだったのである．そして，「自律性」にこそ近代社会の中心的規範があったとすれば，ウィクスティードは，その近代性の限

界を超え出ようとする思考を，展開しようとした経済学者だったといっていいだろう．近代経済学の「近代性」を再考すること．これはウィクスティードによって切り開かれた，しかしわれわれの目の前にいまだ茫洋として広がる原野のような課題といっていいだろう．

P. H. ウィクスティードは 1927 年，チルドリー村（Childrey）の自宅で死去した．経済学からもダンテ研究からも身を引いた彼は，晩年，アリストテレス『自然学』の翻訳に没頭していたという．人はそうと知らぬ間に何らかの原理に従っている……，その原理を知ることが人としての自由と自律の基礎になる……，そのように説く古代ギリシャの哲学には，かれが経済学に求めたもの，ダンテによって掻き立てられたものに，はるかに通じるものがあったのだろう．かれがみずからの主著の題辞にかかげたつぎの一句は，それをもっとも直截に語るものに違いない．

  We are all doing it ; very few of us understand what we are doing.

 謝辞 本章は，中央大学企業研究所における報告「P. H. ウィクスティードという経済学者：「資源配分」の原意について考える」（2013 年 7 月 27 日）の報告原稿を拡充したものである．研究会を主催された塩沢由典教授，有賀裕二教授に対し記して感謝申し上げる．また当日，コメントや質問をいただいた方々にも，一人ひとりお名前はあげないが，記して感謝申し上げる．

1) ただし，ウィクスティードは後年，*Palgrave's Dictionary of Political Economoy,* 2nd ed. で「Final Utility」の項を執筆し，そのなかで final という表現の問題点を摘記している．一方で，marginal という表現については，たんに「一般的に採用されてきたもの」とし，それもまた問題の多い表現であるとは述べてはいるが，自身による考案をほのめかすような文言は見当たらない．
2) ウィクスティードに関する伝記的事実はおおむね Herford (1931) に依拠している．
3) ちなみに，古典派経済学の「啓蒙的」普及につとめたハリエット・マーティノー

はジェームズの姉にあたる．ジェームズ・マーティノーとチャールズ・ウィクスティードとの書簡がマーティノーの書簡集 Drummond and Upton（1902）に収められている．その文面から父チャールズもまた，当時のユニテリアン派において，有力な存在であったことがみて取れる．
4) J. Melnyk（2008）によれば，1851 年時点で，英国国教会の礼拝所が約 14,000 カ所，福音派が約 12,000 カ所，会衆派（独立派）が約 3,000 カ所，ローマ・カトリックが約 570 カ所，長老派が 160 カ所存在したのにたいし，ユニテリアン派は 229 カ所とされている．礼拝参加者（延べ人数）では，英国国教会約 530 万人，福音派約 270 万人，会衆派約 120 万人，カトリック約 38 万人，長老派約 8 万人にたいして，ユニテリアン派は約 5 万人とされている．英国ユニテリアン派には長老派出身者が多く，礼拝の習慣も宗派によって違いがあるから，これらの数字をそのまま信者数と解することはできないが，けっして大きな宗派でなかったことはたしかである．しかしながら，合理的思考に寛容であったことなどから，信者もしくは支持者に有力者が多く，科学界では J. プリーストリや I. ニュートン，文学では E. ギャスケル，経済学でも W.S. ジェヴォンズなど影響力の大きな人物が多く含まれていた．ユニテリアン派の概要については Carpenter（1905），Parke（1969）などを参照．また，福澤諭吉が一時期，ユニテリアン派の日本への積極的な導入を企てていたという興味深い事実を描いたものとして，土屋博政（2004）を参照．ウィクスティード自身のユニテリアン派に関する記述としては，Wicksteed（1892b）などを参照．
5) 牧師としてのウィクスティードの活動はおもに，この Little Portland Street Chapel をつうじて行なわれた．彼の説教は当時一声を博したものといってよく，かれの説教を聞きにはるばる遠方から信者が訪れるほどであった．Little Portland Street Chapel におけるかれの活動については，Perris（1900）を参照．
6) ウィクスティードのダンテ研究は，著作・論文の数にして経済学関係の著作をはるかに上回る．Herford（1931）にその一覧があるが，代表的著作である Wicksteed（1913）は，かれの経済学観との関係を考える上でも，なお注意深い検討に値する．
7) Herford（1931），p.200．なお，この Herford の伝記にも再録されている Robbins（1930a）によれば，ウィクスティードが入手したのは『経済学の理論』第 2 版（1882 年）である．マルクス批判の発表まで 2 年程度しかなかったことになる．
8) Wicksteed（1884）．以下では，Wicksteed（1933）に再録された同論文を参照するが，参照ページは復刻版（1999 年）による．なお，ウィクスティードの貧困問題に対する関心は，書物から得た知識のみによって喚起されたものではない．ウィクスティードは牧師として，貧困者の生活崩壊に強い危機意識をもち，Labour Church 運動という生活改善運動に取り組むようになる．これは物質的な慈善給付活動よりも，生活意識の改善に宗教者の立場から貢献しようとしたものである．
9) この論文をめぐっては，後に劇作家として大成する若きバーナード・ショーとの

あいだで一種の「論争」が展開された．もっともショーは，当時，英国左翼を率いていた H.M. ハインドマンからの示唆によって論争に挑んだのであり，『資本論』理解も覚束なければ，ましてジェヴォンズの価格理論など知る由もなかった．これは *To-Day* 誌の誌上討論のかたちで行なわれたけれども論争の域には達しておらず，結果としてショーがウィクスティードに私淑するにいたるという，今となっては微笑ましいともいえるエピソードに終わる．この間の経緯については，Herford（1931），Holroyd（1997）などを参照．

10) 19世紀全般をつうじて徐々に進行した，この政治学から経済学への「覇権」交代を，英国における「統治学」の交代として捉えたものとして Collini, Winch and Burrow（1983），第 8, 10, 11 論説を参照．

11) Herford（1931），pp.204-211, Howey（1960），pp.118-130. ショーとは『資本論』論争以来，個人的にも親しい関係にあったが，1884年といえばフェビアン協会発足の年でもあり，この時期に，ショー，ウェッブ，ウォレスといったフェビアン協会の主要人物が3人もこの研究会に参加していた事実には興味深いものがある．また，Howey（1960），p.125. によると，この3人はさらに Hampstead Historic Society という研究会を組織し，ウィクスティードの経済学研究会と交代で，1週間おきに会合をもっていたという．そしてそこでは，商品価値の決定に関するマルクスの理論にたいして，批判的な見解が示されていたという．

12) A. マーシャルが J. N. ケインズに送った書簡（1888年10月26日付）によると，マーシャルもこの研究会に招かれて報告を行った際，ウィクスティードから，マーシャルの収穫逓増論と競争的市場構造の前提とは両立しないと指摘され，十分な返答ができなかったと記されている．この問題はマーシャルの死後，「マーシャルのジレンマ」として一大論争になるものだが，この書簡を字義どおりに受け取るとすれば，彼はこの問題を『経済学原理』（1890年）刊行以前から知っていたことになり，その契機を与えた人物こそウィクスティードに他ならなかったことになる．Whitaker（1996），pp.275-276.

13) 方法としてのリフレクションについてはヘンリー・シジウィックの著作が参照される必要がある．この点を掘り下げた研究として，Collini, Winch and Burrow（1983）の第 7 論説を参照せよ．

14) これは先に言及した Labour Church の運動方針にも合致するといってよい．Herford（1931）pp.215-227.

15) ウィクスティードの行った講義の題目一覧は Herford（1931）に，経済学の講義のシラバスは Wicksteed（1933）にそれぞれ収められている．

16) 完全分配論は現在でもこのように表現されることが多いように思われるが，これは必ずしも正確な理解ではない．というのは，限界生産力分配理論は，生産要素といえども市場を通じて取引されるからには，一般の財・サービスと同様，限界原理

が適用されなくてはおかしい，という発想を原点とする．したがって，この場合の市場とは，生産要素市場も含めてまずは完全競争市場が想定されるはずだから，生産要素価格は市場決定されなくてはならず，各生産者がみずから報酬額（要素価格）を設定することはない．ウィクスティードも同じように主張していて，各生産者は生産要素に関してもプライス・テイカーとして，要素価格を与件としたうえで，それと限界生産物（価値）が等しくなるように，要素投入量を選択するだけだと言っている（Wicksteed [1894] 1999, pp.6-11.）．だから，これは分配論と称しつつも，内容的には生産要素の配分論なのであり，それゆえに配分論と同様の原理が適用できると考えたのである．配分と分配の同一視になお留保が必要であるとしても，要素価格を与件として捉える理解じたいは，ウィクスティードが正しいと思う．ただしそのためには，要素価格の変化に応じて，生産要素間の代替が任意に可能であると前提しなければならない．

17) 注 16 を再度参照せよ．なお，塩沢由典（2013）は，要素投入量が先に決定され，製品生産量が生産関数に従って事後的に決定されるとするこの種の議論は，実際の生産者が行う意思決定の順序，すなわち，生産量の見込みが立ってはじめて要素需要が生じるという順序と逆であると指摘している．この批判は基本的に正しい．ウィクスティードの場合も，要素価格は各生産者の生産量とは独立に決定されるから，塩沢の指摘する，「現実とは逆の順序」で生産過程を進めざるをえない．ウィクスティード的な展開を一般均衡として解すれば，ことの順序は問題でなくなるかもしれないが，それはこの指摘に対する返答といえるものではない．ただ分配理論との兼ね合いでいえば，明示的とはいえないものの，ウィクスティードには，生産要素への支払いは生産物価格の決定よりも先に済ませなければならず，それが生産物価格にたいする下限価格になるという認識があったと読める記述はある．そのうえで，生産物価格が下限価格を上回ったら，その差額が企業者分配分になり，下回った場合は，企業者が負うべき負の分配分（損失分）になる．このように企業者分配分を定義すれば，(1)式は企業者利潤を含めて，結果的には常に成立するものになる．ただし，この理解だと，企業者分配分だけは市場決定されなくてよいものになるから，注 16) でウィクスティードが強調した点からすれば，その整合性に疑問を残すものになるだろう．Wicksteed [1933] 1999, pp.316-325. などを参照．

18) 微分記号は当然，偏微分記号を用いるべきだが，ウィクスティードはこれを用いていないので，ここではウィクスティードの表記にそのまま従うことにする．

19) ウィクスティードはこの点をとくに掘り下げることなく，むしろ (1)式が成り立たなくなることがあるとしたら，それは要素市場に独占的要素が生じて，要素価格＝限界生産物（価値）の関係が崩れた場合であるとし，独占の問題に記述を移行させる．その展開のなかで，1894 年の書物でありながら，事実上，限界収入概念を導き出している．これは学史的には興味深い事実だが，ここではその指摘にとどめる．

(Wicksteed [1894] 1999, pp.36-38).
20) もちろん，ウィクスティードの意図は意図として，数学的には(1)と(2)は同値関係にならざるをえない．これについては川俣雅弘 (2000) を参照．また，Schultz (1929) も参照．
21) ただし，後年，パレートを書評した際，ウィクスティードはやや気になる文言を残している．すなわち，Wicksteed (1894) にたいしては，フラックス以外にも，V.パレートやエッジワースからも批判があり，それらをすべて勘案した結果，(2)式の証明を撤回することにしたと Wicksteed (1933) では記しているのだが，それとは別に執筆したパレートの本への書評 Wicksteed (1906) においては，パレートとエッジワースから受けた批判は，限界生産力の定義そのものに向けられていたと，ウィクスティードは言っている（正確にいえば，かれらの批判の趣旨を自分はそのように受け止めたと言っている）のである．つまり，限界生産力という概念は，ある生産要素を単独で増加なり減少なりさせた際の，生産量への影響をいうわけだが，生産とは，すべての生産要素が特定の割合で結合されてはじめて可能になるのだから，このような，あたかも生産要素ごとに単独の生産能力が備わっているかのような議論はそれじたい無意味である，というのがパレート，エッジワースからの批判であったとウィクスティードは言っているのである（Wicksteed [1933] 1999, pp.815-816)．ウィクスティードのこの理解が正しいとしたら，これは限界生産力という概念そのものへ向けられた批判であって，したがってそれは(2)式ではなく(1)式へ向けられた批判，すなわち完全分配論そのものへの直接的な批判だったことになるだろう．それをもし認めるのであれば，ウィクスティードは(2)式ではなく，(1)式をこそ撤回しなければならなかったはずである．
22) ウィクスティードは，この「政治経済学」という言葉で，誰を，あるいはどういった学派を指しているか，直接には示していない．しかし，関税改革論争から間もない 1910 年時点での言説であるからには，歴史学派とケンブリッジ学派はまず間違いなくその対象に含まれ，場合によってはフェビアン協会も含めた英国社会主義も，その範疇内にあったかもしれない．
23) もちろん，経済は時として雇用の拡大を必要とする場面がある．しかし，そのことと，経済学の本質を浪費の抑制におくこととは，別段矛盾するものではないと筆者は考える．少なくともウィクスティードの学問的な姿勢と，新古典派的な経済規模の与件視とを安易に同一視すべきではないだろう．
24) 以下の議論は正しくは「労働生産性」の向上をめぐる議論というべきだが，誤解のないことを前提に，ウィクスティードを象徴する「限界生産力」という表現を，引き続き用いることにする．
25) もちろん，幼児期決定説が否定されたように，幼少期の経験がすべてを決めるわけではないし，ある程度の年齢に達したあとでも，環境の支えがあれば，生活能力・

労働能力の獲得は可能である．ただ，だからといって幼少期の環境が重要でなくなるわけではないし，成人に達してもなお，本人の努力だけでは如何ともしがたい現実があることも事実である．なお，こうした議論には，アマルティア・センのケイパビリティ・アプローチを彷彿とさせるものがあると思うが，これはセンの議論を先取りしたものではなく，そもそも「配分」と「分配」の原意とはこのようなものであり，それをウィクスティードが的確に把握していたのだと筆者は考えている．そしてこの原意から，その後の新古典派経済学は，大きく離れて行ったのである．

26) 財産所有デモクラシー論については，Meade（1964），Rawls（1984），O'Neall and Williamson（2012）などを参照．

27) ウィクスティードは1900年に，National Liberty Club で土地国有化について講演を行なっている．ヘンリー・ジョージの影響もあり，当時，土地単一課税，すなわち，地代を国家収入に変えることで，他の課税をなくそうとする主張は数多かった．しかし，当時の英国において，ウィクスティードのように，土地国有化そのものや，集産主義にたいして直接の支持を示す経済学者は，フェビアン主義者の一部を別とすれば，ほとんど稀な存在といってよかった．Wicksteed（1901）を参照．

28) ただし，労働の限界生産力は，機械技術と組み合わされることで，その相対的な大きさを技術的に引き下げられてきたことも忘れられてはならない．したがって，機械技術との補完性をそのままに，労働の限界生産力だけを単独で引き上げようとするのは無理であり，ここに限界生産力という概念そのものの限界もあるように思われる．むしろウィクスティードが考えていた方向性は，サービス産業の比重が高まり，機械との補完性が相対的に弱まった現代において，いかにして the humanity のある労働環境を整えていくかにかかっているといえるかもしれない．注21) を今一度参照してほしい．

29) 「完全競争論」という概念は，*The Common Sense of Political Economy* が刊行された1910年当時まだ確立されていなかったはずだが，ウィクスティードは同書中で perfect market や imperfection of market という表現を用いている．Wicksteed [1933] 1999, pp.328-329 など．

第11章　動学的比較優位とアジアの再台頭

1．はじめに

　本章では比較優位論と自由貿易にもとづく古典派の経済発展論にたいする The Other Canon の問題提起を受け入れ，マルクス，歴史学派，制度学派の伝統にもとづく経済発展論を制度派マルクス経済学の中間理論として形成し，第2次世界大戦後のアジアの再台頭の現状分析を行なう．

(1)　古典派の経済発展論

　アダム・スミス（Smith 1904）は経済発展を三種類の社会的再生産のバリエーションとして考察している．自給自足社会，小商品生産社会，そして資本主義社会である．リカード（Ricardo 1817）にはスミスにみられた社会的再生産の3モデルはみられず，資本主義社会における経済成長のみが対象となっている．利潤と地代で構成される純所得のうち，利潤が資本蓄積の源泉であり，資本蓄積により利潤が増えると，さらに資本蓄積が進み経済が拡大していく．雇用の増大により，労働者の賃金財のうち食物の生産が農業における収穫逓減により困難になると，賃金費用が増大し利潤が減少し，経済成長が止まる．経済成長を維持するためには，各国が比較優位のある産業に特化し，自由貿易を行なうことが必要である．すべての国で賃金費用の低下から純所得が増大し，経済成長率が増大しまた長続きする．

　　すべての国の間への業務の配分においては，より貧しい諸国民の資本は，当然，多量の労働が国内で維持されるような事業に使用されるであろ

う．……これに反して，食物が高価な富んだ国では，貿易が自由であるならば，資本は当然，運送業，遠隔外国貿易，および高価な機械を要する職業のような，国内で維持されることを要する労働量が最小である職業に，すなわち，利潤が資本に比例するけれども，雇用労働量に比例しないような事業に，流入するであろう．(Ricardo 1817, pp. 400-401)

リカードの比較優位論はその後新古典派の枠組みのなかで，ヘクシャー・オーリン理論（Ohlin 1933）として，主流派経済学の貿易理論の中心命題となった．

(2) もう1つの正統理論（The Other Canon）

古典派の経済成長論にたいして，古くからハミルトンやリスト（List 1885）などの保護貿易論や幼稚産業育成論などの反対論が存在する．近年この流れはエリック・ライナート（Reinert 2008），ハジュン・チャン（Chang 2002；2009），カルロッタ・ペレス（Perez 2003）などの仕事によって再評価され，The Other Canon と呼ばれる，新学派を形成しつつある．

ライナート（Reinert 2008）は，重農学派からスミスとリカードを経て現在の標準的な経済学の教科書に流れる経済学の正統派にたいして，リスト，マルクス（Marx 1867），シュンペーター（Schumpeter 1936）などを含む，もう1つの経済学の正統の流れがあると主張する．途上国の中所得国への経済発展に関しては，比較優位や自由貿易ではなく，模倣がより重要であると論じている．現在の富裕国は，自由貿易ではない過程を経て富裕化し，富裕化したのちに自由貿易を望ましいものとして選択した．逆に，収穫逓増産業ではなく収穫逓減産業に特化した国，また学習可能性を奪われていたか，その学習の成果を低価格というかたちで富裕国の顧客に移転した国が，貧困国になっている．かれによれば現在の問題は，貧困国が富裕国になることを可能にした工業化に必然的な模倣の過程が，国際的に非合法化されていることである．

ハジュン・チャン（Chang 2002；2009）は，長期的・歴史的に制度と政策が形成されることによって，経済発展のための「リスクの社会化」が可能になった

と論じる．チャンはその理論を歴史的アプローチと呼び，①「永続的な歴史的な型の探索」，②「それを説明する理論の構築」，③「その理論の現代の問題への適用」の3点に整理した．①永続的な歴史的型としてはつぎの2つの型が検出された．第1の型は，現在の富裕国のほぼすべてが，発展途上国であったときに幼稚産業育成のために積極的に産業・貿易・技術政策（ITT政策）を使った．第2の型は，これらの国は最先進国の仲間入りをはたすと自由貿易と自由市場を支持した．②第1の型が成功したキャッチアップ経済でみられる理由は，このような制度と政策の存在によって，リスクが社会化され投資が促進されたからである．ただし，歴史的に形成された制度やITT政策は，唯一の「ベスト・プラクティス」型に収束せず，多様性をもち続けた．第2の型が先進国でみられる理由は，自由主義的政策はキャッチアップ国がリスクを社会化することを妨害し，国際経済の現状維持を可能にしたからである．③現代の問題への適用は，主に発展途上国の成長という観点から3点挙げられている．発展途上国は，その発展段階とその他の歴史的・社会的条件にふさわしい政策と制度を取り入れることによって，よりすばやく成長する．そのためには先進国および国際機関は，第1に，先進国の発展経験の歴史的事実をより広く知らせ，第2に，政策については，現在の先進国がその発展途上に効果的に使ったITT政策を現在の発展途上国が使うことを国際的に認める，第3に，制度については，その改善は奨励されなければならないが，発展途上国に急激すぎる制度の向上を求めない，の3点が必要である．

　カルロッタ・ペレス（Perez 2002）は，シュンペーターの創造的破壊の概念を取り入れて，生産性上昇率の高いダイナミックな産業の導入による資本蓄積体制の破綻と新設の関係を明らかにしている．現行のダイナミック産業の収穫逓増期が終わり，新しいダイナミック産業が出現しだすと，多くの産業の利潤率が減少するなかで一部の産業の利潤率が増大する．利潤率の低下した産業では資本を流動的状態に保つために固定資本投資が減少し，株式等の金融資産への投資が増大する（金融化）．金融資産への投資は主に新ダイナミック産業にたいして行なわれるために，新ダイナミック産業を中心にバブルが発生する．バブ

表11-1 ペレスのダイナミック産業の歴史的展開

新ダイナミック産業	金融化とバブル	旧資本蓄積体制の構造的恐慌	新ダイナミック産業の収穫逓増期	新ダイナミック産業の収穫逓減期
綿工業 (産業革命)	1780年代後半から1790年代初め,運河バブル	1793-97 (1797恐慌)	1798-1812 綿工業 (1810恐慌)	1813-1929 (1819, 1825恐慌)
蒸気機関と鉄道	1840年代 鉄道バブル (1847恐慌)	1848-50 綿工業の 構造的恐慌	1850-1857 鉄道	1857-1873 運輸費の下落 (1857, 1866, 1873恐慌)
鋼鉄,電気,重工業	1884-1893	1893-95 鉄道の構造的恐慌(大不況)	1895-1907 製鉄業・重工業 (1903, 1907恐慌)	1908-1918
自動車と大量生産	1920-1929 米株式市場バブル (1920, 1929恐慌)	1929-43 世界大恐慌	1943-1959 自動車・大量生産	1960-1974
情報と通信技術	1987-2001 日本のバブル,ITバブル	1974-1990 大量生産の構造的恐慌	1990- ITとグローバル・バリュー・チェーン	

ルの崩壊をつうじて古い資本蓄積体制が崩壊したのちに,新ダイナミック産業にふさわしい資本蓄積体制（新金融構造を含む）が形成されてはじめて,経済があらたな黄金時代を迎える（表11-1）.

(3) 制度派マルクス経済学

The Other Canon が古典派経済学と新古典派経済学を自由貿易という観点から同一視し,リストやマルクス,シュンペーターなどと対立するものとしたのは,ケインズ (Keynes 1936) がかれ以前の経済学をすべて古典派とし,古典派経済学と新古典派経済学とを同一視したのと同様に,不幸な出来事である.私の考えでは,The Other Canon の問題提起は古典派,マルクス,歴史学派（アメリカでは旧制度学派）の伝統上に関連づけられることによってさらに発展させることが可能である.

横川信治 (2007; 2010a) では, The Other Canon とも共通する歴史学派や旧制度学派の「歴史的アプローチ」をマルクス経済学に統合することが可能か検討した. 制度派のマルクス批判によれば, マルクスの唯物史観は, 人間社会は生産力の増大の結果, 必然的に社会主義的生産様式に発展するという点で, (ヘーゲルと同様に) 歴史がそれに向かって進んでいく単一の目的を想定しているので, 目的論的である. ヴェブレン (Veblen 2007) はダーウィンの進化論を根拠にマルクスの目的論を批判し, 経済発展は経路に依存し, 歴史がそれに向かって進んでいく単一の目的というものはないと主張した.

宇野弘蔵にとって歴史学派とマルクス理論の統合は奇異な問題ではない. そもそも宇野の段階論そのものが歴史学派の「歴史的アプローチ」とマルクス理論を統合するという問題意識から成立したものである. 宇野弘蔵 (1970) は, 段階論でマルクスと並んでリスト (歴史学派の先駆者), シュモラー (新歴史学派), ウエーバーとゾンバルト (ヤング歴史学派), バジョット (イギリス歴史学派) を重要視している. 『資本論』が目的論に陥った一因は, 理論的枠組みと歴史分析が一体化し, すべての資本主義がイギリスと同じ発展過程をたどり, 最終的には社会主義に行き着くと予測したからである. 宇野の三段階論は多くの点でマルクスの理論よりは「歴史的アプローチ」に近い. 宇野は, 理論的枠組み (純粋理論) と歴史分析 (段階論) を分け, 「純粋理論」から目的論を取り除いた.

しかし, 「段階論」では, 資本主義社会のつぎは社会主義であるという目的論がみられる. 宇野の歴史像には, 労働力の商品化の無理に焦点を当て, 内生的に資本主義の発生・発展・没落の過程をみる第1の視点と, 労働者—資本家—地主の三大階級の関係に焦点を当て資本主義の外生的進化をみる第2の視点が併存する. 第1の視点では, 資本の有機的構成の高度化によって内生的に資本主義が非純粋化し, さらには没落する. ここには, 「目的論」の要素がはっきりと認められる. 他方では, 資本主義の進化を目的論的ではなく進化論的に扱う視点, また資本主義経済の多様性を重視する第2の視点が存在する. 進化論的で多様性を重視する第2の視点については, 『経済学方法論』(宇野弘蔵 1974) につぎのような叙述がある.

> マルクスが『資本論』を執筆した当時にはほとんど予想を許さなかったような発展が，資本主義のその後に見られることになったのであって，我々は，もはや単純に資本主義の発展はますます純粋の資本主義社会に近似してくるとはいえなくなっている．（宇野弘蔵 1974, p.21）

この視点では資本主義の非純粋化は，理論的に予測不可能な，外生的な発展によってもたらされる．言い換えると，第1の視点では帝国主義への移行は内生的（目的論的）であり，第2の視点では外生的（進化論的）である．さらに，資本主義の没落と社会主義の形成が必ずしも必然的ではないという，非目的論的視点がみられる．

> 資本主義が金融資本を最高形態として，その矛盾を解決し得ないために必然的に崩壊するものとは言えないであろう．」（宇野弘蔵，著作集第8巻 1974, p.286）「資本主義は民主主義によって新たなる資本の形態を展開しない限り，ソヴィエトの社会主義に対しても，その存続を主張し得ない．（異宇野弘蔵 1974, p.291）

資本主義が生き延びたのは「新たなる資本の形態」が発生したからだと考えることができる．「新たなる資本の形態」の発生の可能性を認める宇野の第2の視点は，目的論を排除したものと考えることができる．第2の視点で再構成された段階論を私は制度派マルクス経済学の中間理論と呼んでいる．

制度派マルクス経済学に，The Other Canon の視点，ダイナミック産業，金融不安定性の概念を取り入れ，あらたな経済発展論を中間理論として再構成しよう．第2節ではリカードの比較優位論を動学的比較優位論として再構成し，第3節では動学的比較優位論の先駆けである雁行型発展論を動学的比較優位論で補完し，第4節ではダイナミック産業の導入と金融構造の不安定化の関係をミンスキーの金融不安定化仮説によりながら理論化し，第5節では，このようにして形成された中間理論で，グローバル・バリュー・チェーン（以下 GVC）

下のアジアの再台頭の現状分析を行ない，最後にシステミック恐慌後の世界の新しい世界システムを展望する．

2．比較優位論の動態化

(1) リカードの比較優位論

リカード（Ricardo 1817）の比較優位論によれば，すべての生産部門において生産性が劣っている国と優れている国の2国間でも，部門間の生産性に相対的な違い（比較優位）があるかぎり，特化と貿易によって利益が得られる．

> 完全な自由貿易制度のもとでは，各国は当然その資本と労働を自国にとってもっとも有利となるような用途に向ける．この個別的利益の追求は，全体の普遍的な利益とみごとに結びついている．勤勉を刺激し，工夫力に報い，また自然によって賦与された特殊の諸能力をもっとも有効に使用することによって，それは労働をもっとも有効にかつもっとも経済的に配分する．一方，諸生産物の全般的数量を増加させることによって，それは全般の利益を普及させ，そして利益と交通という一つの共通の靱帯によって，文明世界を通じて諸国民の普遍的社会を結成する．ブドウ酒はフランスとポルトガルで醸造されるべきであり，穀物はアメリカとポーランドで栽培されるべきであり，そして鉄器類およびその他の財貨はイギリスで製造されるべきである，といったことを決定するのは，この原理である．（Ricardo 1817, p.156）

The Other Canon の視点からみれば，リカードの理論には2つの問題がある．第1に，それぞれの国が相対的に生産性の高い部門に特化すると，2国を合わせた総生産量は当然増大する（絶対的利益）．しかしながら，貿易をつうじて得られる相対的利益は交易条件に依存するので，この絶対的利益を両国が平等に享受できるとは限らない．第2は，対象となる時間軸の問題である．リカード

の価値論もその後の国際価値論も，一定時期の投入係数を固定して考えている．投入係数が時間的に変化した場合にも，変化の過程の分析ではなく，変化の結果を分析の対象にし，「究極において」自然価格があらたな生産費用で決定されると論じている[1]．しかしながら，経済発展論では発展過程の分析ができる時間軸を取る必要がある．

第1の問題点に関しては塩沢由典（2007；および本書第5章）で解決済みである．塩沢は商品の数が国の数より多く，両国で生産される商品が少なくとも1財ある場合には，その商品が「連結財」となり，国際的に商品価格が決定されることを2国3商品をモデルを使って証明した．さらに，M国N商品の場合についても，証明を拡張した．

第2の問題点に関しては，マルクス（Marx 1867）の「特別利潤」の形成と消滅の理論が解決のヒントになる．マルクスは，新技術が導入され，それが普及する過程を「特別利潤」と「相対的剰余価値の生産」という概念を使って分析している．たとえば，農業の生産性が上昇せず，工業の生産性が2倍になったとする．国内であれば，相対価格に変化のないあいだは，一時的に工業に特別利潤が発生する．しかし，利潤を最大化しようとする資本間の競争で工業製品の相対価格が下落し，工業部門と農業部門の利潤率が均等化される．この工業製品が賃金財である場合には，実質賃金に変化がないかぎり，貨幣賃金が低下し平均利潤率が増大することになる．工業部門における生産性上昇の恩恵を，賃金の低下をつうじて，平均利潤率の上昇のかたちですべての部門の資本が共有することになる（相対的剰余価値の生産）．

中間理論としてみた場合に，大きな問題となるのはこのような調整過程にどれぐらいの時間がかかるかという問題である．国内的な価格調整が景気循環をつうじて行なわれるとすれば19世紀中ごろでは10年程度かかる．いくつかの景気循環の過程をつうじて究極的にこれが達成されるとすると，数十年かかることになる．国際的な価格調整はさらに時間がかかると考えられる．国際間では，国内でみられた価格メカニズムが働くのは困難である．第1に，この生産方法（または新商品）が国際的に普及するのに国内より時間がかかるので，こ

の商品の国際価格が下落するのに長い時間がかかる．第2に，この農業国と工業国とのあいだに「連結財」がある場合には，工業製品の農業製品に対する相対価格は時間はかかっても下落する可能性はある[2]．しかし，一方が農業に完全に特化している場合には，輸入される工業製品の相対価格がまったく低下しない場合もありうる．この結果，農業国は工業国での生産性上昇の恩恵をほとんどこうむらないことになる．他方，工業国は，農業国との国際貿易をつうじて，より少ない労働で原料や食料品を手に入れることができることになる．これは賃金財の生産性が上昇したのと同じ効果を与え，工業国の資本は，さらに多くの相対的剰余価値を得ることになる．逆に，工業国の生産性の上昇によって資本蓄積率が上昇し，食糧，原料，燃料等の需要が増大すると，農業国の生産物の相対価値が上昇することになり，貿易タームの改善をつうじて，農業国が工業国の生産性上昇の恩恵を被ることになる．この場合にも，時間的には数十年のギャップがありうる．したがって，ライナート（Reinert 2008）もいうように，生産性上昇率の高い収穫逓増産業（ダイナミック産業）に特化した国は，収穫逓減産業に特化した国と比べて，生産性上昇の恩恵をより多く受け，より豊かになると考えられる．

歴史的にみると，リカードの比較生産費説は自由貿易に理論的根拠を与え，19世紀中葉のイギリスにとってもっとも有利な理論であった．自由貿易によってイギリスは，原料や食料の供給制約なしに，また製造品の需要制約なしに資本蓄積を進めることができた．その幼稚産業が対等な条件でイギリスと競争することができないとわかっていた当時の発展途上国であるアメリカやプロイセン（のちのドイツ）にとって，自由貿易は認めることができない政策だった．

このようなリカード理論の問題点を解決するために，基本的な原理（リカードの比較優位論）と現状分析の中間理論として動学的比較優位論を検討しよう．

(2) 単位労働付加価値（Value added per labour hour 以下 VAL）とダイナミック産業

現在の先進国と途上国の貿易では先進国の一人の労働の産物と途上国の6人の労働の産物が交換されているといわれている（グリン 2007；glyn 2006）．先進

国の一人あたりの労働の付加価値は途上国のそれの6倍である．一人あたりGDPでみても，先進国のそれは後進国の10倍以上である．一人あたりの労働の付加価値にそのような大きな違いが出るのはどうしてであろうか？

ここで重要な概念として単位労働付加価値（VAL）を導入しよう．VALとは1時間の労働によって生産される付加価値である．VALは1時間の労働によって生産される製品の量（単位労働生産量）と1単位の製品に含まれる付加価値に分解することができる．ある企業で生産性の上昇によって単位労働生産量が増大し，製品価格が変わらない場合，その企業のVALは増大する．製品価格は一般的に新技術の普及（または新製品の普及）によって下落する．まず国内での普及にともなって下落し，ついでキャッチアップ国が生産・輸出に乗り出すと加速度的に下落する．したがって，VALは生産の進歩・普及に伴って最初は上昇し，続いて下落する逆U字型を描く．

つぎに，ダイナミック産業という概念を導入しよう．資本主義の歴史において，特定産業で，新しい生産方法がつぎつぎと出てくる時期がある．歴史的にみると17世紀には農業と毛織物で新生産方法がつぎつぎとあらわれ，生産性が急上昇していった．18世紀末には，綿工業で産業革命がおこり，生産性の急上昇がみられた．19世紀中葉には，蒸気機関や鉄道，19世紀末には製鉄や重工業で，1920年代からは自動車や大量生産の耐久消費財で，1980年代からは情報・通信技術でそのような発展がみられた．このような産業をダイナミック産業と呼ぶ．

このような産業では，生産性の上昇に製品価格の下落が追いつかない場合が多い．すなわち，VALが減少する前に新しい生産方法が導入されるのでVALが次第に増大していく可能性が高い．VALが次第に増大していく可能性を，循環的恐慌を使って説明しよう．VALはマルクスの用語では価値生産物（賃金＋剰余価値）であり，VALから賃金が支払われた残りが利潤になる．ダイナミック産業で，雇用が増大すると次第に賃金が高くなり，利潤が減少する．ある程度まで利潤が減少すると利潤圧縮型の恐慌が起こり，不況期の競争をつうじて新生産方法が導入され，VALが再び増大する可能性が大きい．たとえば，19

世紀中葉のイギリスの景気循環は，主要産業である綿工業の資本蓄積によって支配されていた．綿工業の資本蓄積が活発化すると経済は好況期を迎え，他部門でも生産が拡大した．雇用の増大によって次第に特定の労働力が不足し，賃金が上昇した．その結果利潤が下落し，恐慌が発生した．産業予備軍（農業部門などに存在する過剰な労働力）が大量に存在するときに，経済全般で賃金が上昇することを理論的に説明するのは困難である．しかしながら，生産性成長率と生産の拡大率の大きな産業（ダイナミック産業）では，特定の労働力が不足し好況末期に賃金が上昇するということは可能である．ダイナミック産業では，生産方法の改善がつねに行なわれているので，不況期の固定資本更新によって新生産方法が導入され，VALと利潤が増大すると，資本蓄積が再開された．この結果，経済は再び好況を迎えることになる．ダイナミック産業の賃金上昇が継続し，また技術革新の効果が技術普及の効果よりも大きい状況が続く限り，ダイナミック産業のVALは増大していく．

　ダイナミック産業は孤立した1産業ではない．たとえば，綿工業の場合，資本財（中間財）・機械工業などの川上，紡績・織布などの狭い意味での綿工業，販売・貿易・金融などの川下をも含めてダイナミック産業を構成する．これらの川上，狭い意味での当該産業，川下産業などで生産性が上昇することによって綿工業のVALが全体として増大する．ダイナミック産業を中心に社会的分業をつうじて資本蓄積構造が形成されることによって，社会全体のVALも増大することになる．20世紀中葉の自動車工業や耐久消費財の場合には，さらに大量生産方式という生産方法や，大量消費という需要の形態までも含めて，ダイナミック産業が資本蓄積体制を構成することになる．1960年代までは資本蓄積体制は主に1国レベルで形成されていたが，1980年代以降になると資本蓄積体制は国境を越えて世界的に構成される．現在ITや知識重視産業がダイナミック産業であるが，そこではグローバル・バリュー・チェーン，産業部門内貿易，中間財貿易の与える影響が大ききなり，そのVALの増大は1国レベルでは計れなくなっている．

(3) IT と GVC は新しいダイナミック産業か

VAL 成長率の目安なる生産性成長率と一人あたり GDP 成長率は，1990 年代中ごろからアメリカでともに増大した．非農業部門での生産性成長率はそれ以前の 25 年間の平均 1.7 パーセントにたいし，1995 年から 2000 年にかけては平均 2.5 パーセントに上昇し，さらに 2000 年代初頭には 3.8 パーセントを記録した（グリン 2007, p.166）．ヨーロッパと日本の製造業は 1990 年代中ごろまでにそれぞれアメリカの生産性の 90 パーセントから 80 パーセントまで近づいたが，2004 年にはアメリカの水準の 75 パーセントから 65 パーセントまで落ち込んだ（グリン 2007, p.99）．他方で，グリンは新しい産業である IT 部門の生産性成長にたいする貢献にたいしては否定的である．

> 栄光のニューエコノミー諸部門全体は，1990 年代後半における生産性の加速にはほぼ 5 分の 1 貢献したにとどまる．旧来の販売および小売業における生産性の上昇は，その約 2 倍も重要であった．（グリン 2007, p.167）．

このパズルを解くカギは GVC にある．クレーゲル（2013, 第 5 章；Kregel 2008）はつぎのような例を挙げている．①アメリカの多国籍企業が，海外子会社の創設をつうじて FDI を行なう場合，海外子会社における費用のほうが安い結果として収益が増加する．②デザイン技術の輸出は，アメリカ企業の海外子会社の要素サービス収支における収益としてあらわれる．③アメリカの企業が新しい技術を新しい生産デザインのかたちで開発し，その後で新しいデザインで生産された産出物を最終販売を目的としてアメリカに逆輸入する場合，デザイン技術の価値は，技術輸出の増加としてではなく，アメリカの企業によって報告される国内利潤の増加にのみあらわれる（クレーゲル 2013）．アメリカ企業の海外子会社の純利益を考慮に入れたアメリカの貿易収支は，2005 年について従来の国際収支の枠組みにおいて記録された 7,167 億ドルの赤字よりも 1,344 億ドル少ない（クレーゲル 2013）．すなわち，アメリカの生産性の上昇は，アメリカ企業が GVC を最大限に活用し，バリューチェーンにおいて付

加価値の大きい，研究・デザインおよび販売に特化し，生産・組み立てなどの労働集約的過程を海外に移すことによって，生産される付加価値の大部分を取得していることから生じたと考えられる．

　たとえば，アメリカで画期的な新製品が発明・開発されたとしよう．この新製品1つを作るのに合計100時間かかり，1時間あたりの付加価値（VAL）を平均10ドルとする．この商品の価格は1,000ドルとなる．1商品あたり研究・開発・設計にかかった時間が15時間，生産にかかった時間が合計80時間，販売にかかった時間が5時間とする．このうちもっとも時間のかかる生産過程がGVCをつうじて中国に移転され，1時間あたり1ドルで合計80ドル支払われるとする．商品の価格が変わらないとすれば，アメリカでの付加価値は920ドルであり，これが20時間で生産されるから，VALは46ドルになる．知識重視産業，IT，GVCが結びつくことによって，アメリカのVALは10ドルから46ドルに増大することになる．他方中国のVALは1ドルである．中国やインドの工業化は，GVCをつうじて先進国，とくにアメリカのVAL増大に貢献し，ITをあらたなダイナミック産業とすることを可能にした．

(4) 動学的比較優位

　動学的比較優位はVALと賃金の差額によって決定される．VALは生産性上昇率の違いから同一国内においても各産業によって異なる．生産物量ではなく価値単位で収穫逓増と収穫逓減を定義すると，ほぼすべての産業でVALが増大する収穫逓増期とVALが減少する収穫逓減期を分けることができる．1国には，旧ダイナミック産業，現行ダイナミック産業，新ダイナミック産業，生産性上昇率の低い産業，生産性が下落していく産業などが存在し，それぞれVALが異なる．VALから賃金を引いた剰余が利潤になるので，産業ごとに動学的比較優位も異なることになる．

　1国における各産業の動学的比較優位の格差は新しいダイナミック産業の導入で拡大し，ピークに達したあとにしだいにその格差が縮小する．新ダイナミック産業の収穫逓増期に，新ダイナミック産業のVALが次第に現行のダイ

ナミック産業の VAL を追い越し，VAL は上から順に新ダイナミック産業，旧ダイナミック産業，生産性上昇率の遅い産業，生産性が下落していく産業という階層を形成する．VAL 増大率の違いから，その格差は拡大していく．同様に動学的比較優位も拡大していく．

新ダイナミック産業が収穫逓減期に入ると各産業の VAL と動学比較優位の格差は縮小していく．一方ではダイナミック産業の VAL 増大率が縮小し，ついで減少する．他方では生産性上昇率の遅い産業の VAL が相対価格の変化をつうじて増大する．このメカニズムをつぎのように説明することができる．景気循環をつうじて好況期に資本の蓄積が繰り返され，経済成長が進行すると，産業予備軍が減少する．ダイナミック部門に労働力を奪われないために，生産性があまり上昇しない部門でも賃金を上げざるをえなくなる[3]．これらの部門では生産性上昇率が低いので，賃金上昇分は価格に転嫁される．生産性上昇率の低い部門で賃金が上昇し，価格に転嫁されるのが，ボーモルのコスト病である（Baumol 1967）．価格上昇をつうじる VAL の増大は，高生産性部門から低生産性部門への付加価値の移転にすぎず，この国の付加価値が実質的に増えるわけではない．したがって，生産性上昇率の高い部門での VAL が減少することによって，この国の平均 VAL は減少することになる．

ボーモルのコスト病によって平均賃金が上昇し，他方で社会の平均的な動学的比較優位が減少すると，深刻な恐慌が起こる．これは社会の資本蓄積構造全体にかかわる恐慌なので構造的恐慌と呼ぶ．この国では，VAL が少なくとも賃金以上の産業のみが生き残れることになる．他方，平均的な賃金以下の VAL しか生産できない産業はすべて生存できなくなり，そのような産業は賃金の安い発展途上国に移転されることになる．歴史的にみて，平均実質賃金は工業化の発展（生産性の上昇）とともに上昇してきた．先進国においては上昇する賃金以上の VAL を生産できる産業のみが生き残り，その結果，現在の先進国と発展途上国の VAL は 6 対 1 まで拡大したと考えられる．

（5） 構造的恐慌と不均等発展

平均実質賃金の上昇によって社会全体の動学的比較優位が減少し，構造的恐慌が起こると，より洗練された生産性の高い産業への移行が必然的になるが，その対応は，最先端国，挑戦国，発展途上国によって異なりうる．

キャッチアップによる新ダイナミック産業への移行

第1の対応策は，動学的比較優位による対応である．生産性上昇率の高い，よりダイナミックな産業に移行する産業構造の高度化である．先進国でそのダイナミック産業がすでに成熟し動学的比較優位が失われている場合には，キャッチアップをつうじて発展途上国がそのダイナミック産業に移行し産業構造を高度化することは容易である．発展途上国がこの対応策を採る場合，その国は先進国の発展経路を後追いすることになる（直線的発展）．のちにみるように，東アジアの多くの国では第2次世界大戦後この対応策をとり，いわゆる雁行型発展が成立した（Akamatsu 1962）．

金融化とグロバリゼーション

第2の対応は，リカードの比較優位による対応であり，現在比較優位をもつ産業を維持し，VALが賃金以下の産業を切り捨てる．利潤や生産の縮少で遊休した資本は，固定資本に投資せず，できるだけ流動的な形態を保ち，金融部門への投資や海外投資に使用する．

最先端国では，新産業を育成せざるをえず，第1の対応策を採ることはより困難である．新ダイナミック産業のVALは，発展軌道に乗るまで，現行のダイナミック産業以下である可能性が高い．その場合利潤率は現行のダイナミック産業よりも低くなる可能性が大きい．また構造的恐慌の時点では，最先端国からみてどの産業が新しいダイナミック産業になるかはまだ明らかでないので，試行錯誤で固定資本投資を行なわざるをえず，不成功の可能性も高い．したがって，社会的には新ダイナミック産業の育成が必要であるとしても，私的企業にとっての利益とは必ずしも一致しない．市場に選択が任されると，新産

業への投資は社会的に望ましい量以下になり，先行きの不透明性から，資本はできるだけ流動的な形態で維持される可能性が大きい．

最先端国である 19 世紀末のイギリスではこの対応がとられた．19 世紀末のイギリスでは，綿工業や鉄道関連産業の VAL は低下し，ベッセマー工法による製鋼や重工業があらたな産業として出現し始めていた．イギリスは資本投資を市場に任せた結果，新産業への投資は社会的に望ましい量以下になり，先行きの不透明性から，資本はできるだけ流動的な形態で維持され，金融部門への投資が増大した．また利潤率が高かったアメリカやカナダ，オーストラリアなどへの資本輸出を増大し，第 1 次グロバリゼーションを引き起こした．

不均等発展

第 3 の対応は不均等発展である．挑戦的なキャッチアップ国にとって新ダイナミック産業の育成はより容易であるかもしれない．第 1 に最先端国と比べて現行のダイナミック産業は，遅れている分だけその VAL が小さい．そのため現行のダイナミック産業と新しいダイナミック産業の VAL の格差が少ない．第 2 に，最先端国と比べて賃金が安いので，その分新しいダインミック産業の動学的比較優位が大きい．第 3 に，挑戦国は最先端国に挑戦するために，産業政策，技術政策，貿易政策をフルに活用する可能性が高い．ハジュン・チャン（Chang 2009）の言う「リスクの社会化」である．第 4 に，現行のダイナミック産業に対応した制度・組織が最先端国ほど確立していないので，新しいダイナミック産業を補完する制度・組織を作りやすい．ただし，現行の資本蓄積体制のもとでの新ダイナミック産業の導入はスムーズではなく，ペレス（Perez 2003）が強調しているように，金融バブルとその崩壊をつうじて，はじめてあらたな安定的な資本蓄積体制の形成が可能になる．シュンペーター（Schumpeter 1939）は，この構造的恐慌を創造的破壊と呼んだ．挑戦国が新しいダイナミック産業育成の戦略をとると，それらの国は新しい発展経路に乗りだすことになる．19 世紀末にアメリカとドイツがこの戦略をとり，積極的に ITT 政策を活用し，また有限責任会社，社会的遊休資本を重化学工業化推進のために集中するあらたな金融制

度などの補完的な制度と組織を創出した．その結果20世紀のはじめには，両国の重化学工業の生産性は，イギリスを上回り，工業における最先端国になった．

3．雁行型発展

アジアの工業化の理論的フレームワークとして，赤松要（Akamatsu 1962）の雁行型発展論はもっともオリジナリティに富んでいる．雁行型発展論は発展途上国からみた動学的比較優位論の先駆けと評価できる．しかしながら，雁行型発展論は日本やNIESの発展はカバーしているが，1985年以降のASEANや中国の発展をカバーしているとは言い難い．ここでは動学的比較優位論の観点から，雁行型発展論をより一般的なフレームワークとして発展させよう．

(1) 赤松の雁行型発展論
赤松の雁行型発展論の第1形態とヴァーノンのプロダクト・サイクル説

赤松の雁行型発展論の第1形態，新しいダイナミック産業の導入は，ヴァーノン（Vernon 1966）のプロダクト・サイクル説をキャッチアップ経済からみたものである．

ヴァーノンによれば，①新製品はまず先進国で生産され需要される．②この商品が先進国で普及するにつれて，生産量が増大し，規模の経済が追及される．この時点で輸出も開始される．③この製品が普及するに従って価格が低下し，動学的比較優位の減少から国内生産が減少し，生産が賃金の安い国外に移転される．④最終的には国外で生産された製品が，低価格で逆輸入されることになる．

赤松によれば，中進国のキャッチアップは先進国の第2段階から始まる．①先進国から新製品が輸入される．②輸入代替の国内生産が開始される．③国内生産が輸出産業に成長し，これがあらたな貿易ベースに成長する．④賃金の上昇とその商品の国際価格の低下から動学的比較優位が減少するに従って，この商品の生産が減少する．⑤後進国からの逆輸入でこの製品の生産サイク

ルが終了する．赤松の原型では，雁行型発展論は輸入代替型工業化である．

雁行型発展論の第2形態（産業構造の高度化）

動学的比較優位を強調する赤松は，後進国の工業化が最先端産業で始まるのではなく，先進国がたどった工業の発展段階を順に追っていくことによって徐々に高度化すると論じた．すなわち，すべての国の工業化は軽工業，重・化学工業，機械工業，ITという階段を一段階ずつ登っていくことによって達成される．後進国は動学的比較優位をもつ産業でまず工業化を始める．工業化の進展とともに賃金が上昇し，動学的比較優位が減少し，同一産業部門内ではより洗練された製品へと生産物が変化し，またより資本集約的，知識集約的な産業へと産業構造が変化する．

雁行型発展の第3形態と東アジア経済圏

日本で実現した工業化はその近隣諸国においても同様に起こりうる．実際，日本の産業構造の高度化とともに，日本が動学的比較優位を失った産業に，NIES（韓国・台湾・香港・シンガポール），ASEAN4（タイ・マレーシア・フィリピン・インドネシア）がつぎつぎに介入主義的なITT政策・制度による工業化を進めた．工業化の後れた国が，より進んだ国を追いかけて行くようすが，雁行型発展の第三形態である．

(2) 新しい雁行型発展論

赤松の先進国の後追いをする直線的な経済発展論にたいしてつぎのような批判がある．ガーシェンクロン（Gerschenkron 1962）の後発性の優位論は飛越型発展（leapfrogging）の可能性を強調する．ガーシェンクロンは，発展途上国は工業化において最先端の技術を導入できると主張する（p.9, p.26）．ガーシェンクロンの後発性の優位論によれば，後進国は，遅れていればいるほど，すでに開発された技術の蓄積を利用できるので先進国に比べて有利である．他方では，後発国は後発性の不利を乗り越え，その優位を実現するために，国家によ

る幼稚産業育成政策，有限責任制の大企業，金融制度，FDI の受け入れなどの，社会的な制度や政策を必要とする．植村博恭（本書，第 12 章）は，国際生産ネットワークと中間財貿易の発展が飛び越し（leapfrogging）の可能性を増大すると論じる．ウイタカー（Whittaker et al. 2010）などの圧縮型発展論は，現在工業化を進めている中国やインドでは，ほとんどの産業における先進的な技術が利用可能であり，これらの国では多くの産業で同時に動学的比較優位を持ちうると論じる．FDI と GVC の助けを借りて，中国がやったように洗練度の異なる産業で同時に工業化を成功させることができる，あるいはインドがやったように，洗練度の低い部門での工業化を飛び越して（leapfrogging），最先端の IT や製薬業に，特化することができる．

これらの批判で主に強調されているのは FDI と GVC による飛越型発展の可能性である．動学的比較優位論は赤松の雁行型発展論と補完的であり，これらの批判に応えたうえで，赤松の理論をつぎのように補強する．

① 赤松の雁行型発展の第 1 形態を比較優位論の動学化（比較静学）によって，定式化する試みは塩沢由典（本書第 5 章）によって行なわれている．

② 赤松の雁行型発展の第 2 形態で重要なのは，産業構造の高度化が非常に困難なプロセスであり，意識的な政策と制度による補完なくしては不可能な点である（リスクの社会化）．動学的比較優位が減少した時点で新たな商品や産業部門への移行が不可能であれば，この国の国際的地位は相対的に低下する．動学的比較優位論では，新ダイナミック産業への移行は，各国の対応に依存し，制度や組織の歴史依存性と ITT 政策の違いによって必ずしも同一の発展順序をたどる必然性はなく，飛越の可能性を認めている．

③ 赤松によれば，発展途上国のキャッチアップは一方では先進国との生産性格差が収束する過程（コンバージョン）であり，他方では先進国がより高度な生産方法（または新製品）に特化することによって生産性格差が拡大する過程（ダイバージョン）である．赤松の雁行型発展論では，先頭国が代わる不均等発展の可能性が含まれていない．動学的比較優位論は，先頭国が代わる可能性を，構造的恐慌における各国の対応の違いで生じる不均等

発展でカバーしている．

圧縮型工業化論の問題点については第5節で詳しくみるが，特別な条件のもとで成立した中国の経験を過度に一般化しようとする点である．

4．金融不安定化の中間理論

ペレス（Perez 2003）にみられた，新ダイナミック産業の導入による創造的破壊と金融構造の不安定化の関係を，ヤン・クレーゲルの論文集（クレーゲル 2013）によりながら理論化しておこう．クレーゲルは，ケインズとミンスキーの創造的な洞察力を拡張・拡大し，その方法を現在の金融システムの危機の分析に適用する．ここでは，クレーゲルによるミンスキー理論の国際的次元への拡張，発展途上国への拡張，証券化・金融自由化による金融構造の長期的な脆弱化への拡張を検討する．

ハイマン・ミンスキー（Minsky 1978；1982）の金融不安定化仮説は，ほぼすべての事業資産および金融資産が借り入れによって，すなわち負債の発行によって，所有され支配される現代の資本主義を対象にしている．負債にたいする貨幣返済額は特定されているが，将来の貨幣収入は借り手によって予測することも影響を与えることもできないので，企業や銀行を含めて借金をする人はその貨幣収入と貨幣支出のあいだに十分な「安全性のゆとり幅」があることを保証しなければならない．ミンスキーの金融不安定化論は，安全性のゆとり幅のゆるやかで知覚できないような縮小を，持続的な経済的安定性が金融脆弱性を生み出す内生的な過程として定式化した．拡張期をつうじて肯定的な信用履歴の増加が，借り手と貸し手の将来予測を楽観的にし，安全性のゆとり幅を減少させる．その結果，金融構造が脆弱化し，安全性のゆとり幅がつねに十分であるヘッジ金融から，一定の期間にわたって安全性のゆとり幅が不十分である投機的金融へ，さらには投資の正味現在価値が負になる「ポンツィ」金融が増大する．拡張期において「楽観的」となる見積もりは，拡張的な経済環境において投資を行なったという事実によるものでしかないので，外生的な変化，た

とえば金利の上昇が生じた場合に，安全性のゆとり幅の不足が明らかになり，金融危機が勃発する（クレーゲル 2013，第 1 章；Kregel 1997）．

　ミンスキーの金融不安定化論自体は 1 つの景気循環における金融構造の脆弱化，不安定化，金融危機を主な対象としている．クレーゲルはさらに，いくつかの景気循環を通じる金融構造の脆弱化（パリーはスーパー・ミンスキー・サイクルと呼んでいる，Pally 2010；2011），金融構造の根本的な崩壊（システミック恐慌）をもたらす金融構造の脆弱化をも分析の対象とし，ミンスキーの金融的発展段階論と金融不安定化仮説との関係を明らかにしようとしている．

　クレーゲル（2013，第 6 章，第 7 章，第 8 章）は，証券化による金融構造の長期的な脆弱化の過程をつぎのように分析する．ニューディール銀行体制では，商業銀行が資本市場での投資銀行業務を行なうことを禁じた．逆に投資銀行が「預金の受け入れ」と決済勘定の提供をすることを禁じ，公衆の預金をあらゆる資本市場の活動の影響から分離することを試みた．クレーゲル（クレーゲル 2013，第 8 章；Kregel 2008c）は，商業銀行の業務として，「預金の形成」と「預金の受け入れ」を区別する．商業銀行の融資活動は，「預金の形成」，すなわち預金の創造をつうじた貸出を必要とする．伝統的な「組成・資金調達」型システムでは，銀行はローンをあらたな預金のかたちで組成し，その後，あらたな預金の受け入れかインターバンク借入で法定準備率を確保する．「預金の形成」の生産性は，電算機の進歩や統計理論の応用によって上昇する傾向にある．他方「預金の受け入れ」にともなう決済勘定の提供は技術的費用が高い．一種の社会資本である決済勘定を私的な商業銀行が提供するためには，商業銀行がノンバンクにたいして競争力をもつ必要があり，そのためには費用効率の高いローンの証券化（仕組み債）を利用した「組成販売」型システムの兼業を容認せざるをえない．「組成・資金調達」型から「組成販売」型へ移行する過程で，借り手の信用力と質を判断する融資担当者の通常の適正評価手続きのための事前調査・分析（デューデリジェンス）の過程を，特別目的事業体のデフォルト確率の評価が代替し，評価が甘くなった．また「組成・資金調達」型のもとで銀行が通常保持していた「安全性のゆとり幅」の一部である第二線準備と資

金調達市場へのアクセスの流動性クッションも，新しいシステムにおいて消滅した．さらに，これらの仕組み債に信用補完を提供する債券の保険会社とクレジット・デフォルト・スワップの発行者は，かれらが保証している銀行や事業体よりも，さらに自己資本が少なく，さらに少ない流動性クッションしか有していなかった．証券化の結果，国内金融システムは長期的に脆弱化していった．

クレーゲル（クレーゲル 2013, 第4章；Kregel 2004）は，銀行と企業のバランスシートの分析によるミンスキーの金融不安定化仮説の枠組みを国際的次元に拡張する．各国の経常収支が企業のバランスシートに相当する．ブレトンウッズ体制では，各国は国際的な収入の変動に対する安全性のゆとり幅として機能するのに十分な額の国際通貨準備をもつことによって，ヘッジ金融状態を保つように奨励された．ブレトンウッズ体制の終焉後，資本を国際的に配分することを市場に任せるという観点から，資本の国際移動が増大し，国際間の経常収支の不均衡が大きくなった．クレーゲル（クレーゲル 2013, 第5章；Kregel 2008a）は，経済成長を増大するために資本輸出を利用する方法は2つあると論じる．第1は，対外借入によって雇用を増大するという方策である．第2は，輸出によって雇用の増加を下支えするために，貿易黒字で得た資金を貿易赤字国へ資本輸出するという方策である．いずれの方策でも資本輸入国は経常収支が赤字なので，負債を返済するためにさらなる借り入れを必要とするポンツィ金融の状況にある．ここでクレーゲル（2013, 第4章；Kregel 2004）は，持続的な融資を確保するために各国が用いることのできる2つの戦略，「実物」資本の形成と「金融」資本の形成を区別する．「実物」資本の形成とは，国内総生産（GDP）に占める純輸出の割合を上昇させるプロジェクトへの投資に対外融資を用いることを意味している．これは，対外収入の流れが対外返済義務を履行するために十分に増加するとともに，ポンツィ金融が投機的金融へと転換するような状態をつくり出す戦略である．他方で「金融」資本の形成とは，外貨の支払い義務をみたすために借入を行なう持続的な能力をもつことを，貸し手に納得させ，ポンツィ金融を継続する戦略である．経常収支赤字国は，輸出の増大をつうじてポンツィ金融を投機的金融に変えることに成功しない限り，国際資本市場が

融資をやめた段階で資本の逆流が起こり，金融危機に陥ることになる．

クレーゲルの金融不安定化の中間理論と，私の3つの次元での恐慌論（循環的恐慌，構造的恐慌，システミック恐慌，横川信治 2010b；2012；2013）およびペレス（Perez 2003）の理論との関係をつぎのように整理することができる．

① 1920年代のアメリカの新しいダイナミック産業である，自動車工業（および他の大量生産方式の寡占的大企業）は，新旧産業間の動学的比較優位の格差を拡大し，1920年代にアメリカでバブルをもたらした．アメリカのバブルの崩壊とその後の1930年代の世界大恐慌（システミック恐慌）で，イギリスを中心とする世界資本主義システム（私は市場資本主義と呼んでいる）が崩壊し，それにともなってこのシステムにおける国際通貨体制である，金本位制（のちには金為替本位制）も崩壊した．第2次世界大戦後に，アメリカを中心とする世界資本主義システム（私は管理資本主義と呼んでいる）が確立し，それにともなってブレトンウッズ国際通貨体制とニューディール型の管理通貨体制が多くの国で確立された．そののちにはじめて，自動車工業（および他の大量生産方式の寡占的大企業）がダイナミック産業として本格的に発展した．

② この体制は1950年代と60年代をつうじて多くの先進国で資本主義の黄金時代を実現した．確立した資本蓄積体制と，安定的な金融体制のもとで，金融危機は景気循環の一過程としての循環的恐慌であり，深刻な恐慌は発生しなかった．

③ 最初の深刻な恐慌（構造的恐慌）がおこったのは1970年代である．黄金時代の資本蓄積体制が利潤圧縮型の構造的恐慌で世界的に崩壊し，その後1980年代以降しだいにあらたな資本蓄積体制（新自由主義）が形成された．それにともなって，ブレトンウッズ国際通貨体制が民間の資本流通による国際通貨体制によって代替され，「組成・資金調達」型の銀行システムは「組成販売」型のシステムによって代替された．

④ 1990年代にGVCを生産の基礎とする知識重視産業が新ダイナミック産業になることによって，動学的比較優位の格差が世界的に拡大し，アメリ

カでITバブルとそれに続くサブプライム・バブルが形成された．2007年のサブプライム危機は，アメリカを中心とする世界資本主義システムの崩壊をもたらす世界恐慌に発展しつつあり，それにともなって，新自由主義の国内・国際・通貨体制の根本的な崩壊が起こる可能性が大きい．

5．GVCとアジアの再台頭

以上のような中間理論のフレームワークで，アジアの再台頭の現状分析を行なおう（Yokokawa 2013）．

(1) 東アジアの雁行型発展

日本経済は1970年代の深刻な構造的恐慌から最初に脱出した国の1つであった．日本は1960年代の黄金時代においては，先進国のなかではもっとも遅れた国の1つであった．動学的比較優位の減少にたいして，日本は主要産業を重化学工業から，自動車，電気機械などのより進んだ機械工業に移し先進国が歩んだ発展経路を追いかけた．これらの産業における日本の生産性はアメリカの70パーセントであったのにたいし，日本の賃金はアメリカの50パーセントであったので，日本は動学的比較優位を回復することができた（グリン 2007）．黄金時代の需要増大の原動力であった生産性上昇率と賃金上昇率の結びつきが70年代の構造的恐慌で崩壊したので，新しい需要増大の原動力が必要であった．日本は1975年から85年にかけ，貿易依存率を60年代のGDPの10パーセントから15パーセントに引き上げ，輸出を需要増大の原動力とした．

この過程はNIESとASEAN4の工業化につぎのように反映されている．第1段階1960～70年代前半，NIESにおいては労働集約的輸出産業が発展した．NIES諸国の主要輸出品目は労働集約的な衣類・繊維，雑貨，電気・電子機器であり，その多くはNIESに進出した先進資本主義国の子会社が生産したものである．第2段階．1970年代後半から1980年代前半のNIESの重工業化はNIES政府の重工業化戦略と，重工業での動学的比較優位が減少した日本企業

の思惑が一致し，日本からのプラント輸出で進展した（平川均・石川幸一 2001, p.53）．このような工業化は雁行型工業化の発展した型を東アジアにもたらした．

(2) 経常収支黒字の逆転

1980年代前半にアメリカドルは大幅に過剰評価されていた．IMF (2010) によれば，日本，韓国，台湾の通貨はそれぞれ40パーセント，35パーセント，25パーセント，アメリカドルにたいして過小評価されていた．その3国のピーク時の経常収支黒字は，それぞれ世界全体の42パーセント，6パーセント，8パーセントにのぼり，経常収支赤字のアメリカはポンツィ金融に陥っていた．アメリカの場合には基軸通貨国であるから，国際金融市場が貸出を拒否することによって，他の国のように国際的なポンツィ金融が破綻することはない．しかしながら，ドルの信認が失われると国際通貨体制自体が崩壊するシステミック恐慌になる．これを避けるために1985年に行なわれたプラザ会議後，この3国の通貨はドルにたいして急速に増価し，経常収支黒字の逆転傾向をもたらした．

経常収支黒字の逆転は，これらの国の輸出主導型資本蓄積体制を崩壊させ，資本蓄積体制の構造的変化をもたらした．第1に，ドルで評価された賃金の上昇は動学的比較優位を減少させ，産業構造の高度化を加速させた．またいずれの国も，まずASEAN4（タイ，マレーシア，フィリピン，インドネシア），続いて中国にFDIを増大し，バリューチェーンの低付加価値過程を移転させ，国内には付加価値の大きい過程のみを残した．第2に，貿易財の生産の減少で失われた国内雇用を確保するために，サービスや建設などの非貿易財の雇用を増大した．第3に，経常収支黒字逆転後にこれらの国の貿易依存率は減少した．たとえば日本の場合には1985年から2003年にかけて貿易依存率は15パーセントから10パーセントに低下した．これらの国は国外需要の減少を国内需要の増大で補わなければならなかった．この対応は日本と他の2国で異なり，台湾と韓国の対応は日本よりも成功した．韓国と台湾では1987年以降生産性上昇率に合わせて賃金を上昇させ賃金を需要増大の原動力とした．またそれにともなって必然的となる産業構造の高度化によって，韓国では1997年まで台湾で

は 2000 年まで 10 年以上にわたる経済成長の黄金時代を実現した．日本では生産性上昇率と賃金のリンクは復活されることなく，投資と消費需要を増大させるために新自由主義的金融緩和が行なわれた．1980 年代末の日本のバブルと 1990 年代初頭のバブルの崩壊，それに続く 10 年を超す不況は新自由主義資本蓄積体制の最初のまたもっとも深刻な恐慌であった．

日本とそれに続く NIES の FDI は ASEAN4 と中国の工業化を加速させたが，これらの国の工業化は赤松の雁行型発展の原型とは異なっていた．

① 輸出のために移植された産業であるから，最初から国内市場ではなく，輸出市場を対象としている．このため，輸入，国内生産，輸出という雁行型発展の第一形態をとらない．

② IT 技術の発展によって，商品生産のバリューチェーンの分断が可能になり，一部の労働集約的過程を切り離して低賃金国に移植することができるようになった．全体ではなく一部の労働集約的な過程のみがその国の経済発展段階に無関係に導入されたため，一国規模では計画的な工業化は困難になった．そのため，動学的比較優位にもとづく産業構造の高度化（雁行型発展の第二形態）がみられなくなった．

(3) 中国の疑似ルイス型圧縮工業化

圧縮工業化という概念はキャッチアップ国の短期間での工業化を説明するために従来使われていた．たとえば，イギリスが 200 年かかったのと同等の工業化を，日本は先進国の発展経路を一歩ずつ追って約 100 年で達成し，韓国は 30 年で達成した．現在この概念は，飛越型の工業化や洗練度の異なる産業の同時発展の説明にも使われている (Whittaker et al. 2010)．たとえば，中国は洗練度の異なる多くの産業分野での工業化を同時に成し遂げ，中国の国際競争力は軽工業，重化学工業，機械工業で同時に増大した．しかしながら，中国の圧縮工業化はつぎの 3 つの例外的な条件で可能になった特別なケースで，現在の工業化で一般的なケースとはいい難い．

① 供給条件と需要条件．中国の膨大な人口と，部分的にではあるがすでに

到達している経済発展度合いの高さは，量的にも質的にも東アジア地域経済圏全体に匹敵する生産要素条件を中国に与えている．また1999年の東アジアにおける経済成長の40パーセントを占めるにいたって，巨大市場としての中国の魅力が増大していた（通商白書 2001, p. 30）．これら2つの条件が，必要な規模での生産を満たしながら，多部門で同時に工業化をすることを可能にした．

② 中国は後発性の優位を実現する社会制度的条件を有している．ASEAN諸国が政治的に統合されていないのに比べて，中国は経済的にも政治的にも統一されている．これが中国に巨大な交渉力を与え，FDIによる産業の移植において労働集約的な過程だけではなく生産過程全体の移植を可能にしている．また最新のダイナミック産業の導入にも有利に働いている．中国では，現在でも介入主義的なITT政策によって計画的な工業化が可能である．

③ ルイス（Lewis 1965）は，「無制限労働供給下の工業化」によって，後進国の賃金水準の低さとそれが世界的な物価下落に与える影響を説明している．発展途上国の工業化において農村から安い労働力が無制限に供給される場合，賃金は農村の賃金に移動費用を足したものになるから，実質賃金が低い．中国の場合には1980年から2000年までの賃金水準はアメリカの賃金の5パーセント程度で推移し（グリン 2007），疑似「ルイス型工業化」が続いた．これには，2つの原因がある．第1に，中国の農業の雇用シェアは現在でも50パーセントを占め，これが膨大な産業予備軍を供給している．第2に，中国においても1980年からの20年間で元を単位とする賃金は6倍まで目覚ましく上昇している．しかしながら，数度にわたる元の切り下げの結果1980年の1ドル1.5元から1994年の1ドル8.6元まで6分の1に低下し（IMF IFS），国際競争力との関係で重要なドルを単位とする賃金は上昇していない．

日本やNIESではみられなかった疑似「ルイス型工業化」が中国の動学的比較優位につぎのような影響を与えている．キャッチアップ期において日本の製造業賃金は1960年のアメリカの10パーセントから1973年の50パーセントに

上昇し，NIES は 1985 年の 10 パーセントから 1995 年の 40 パーセントまで上昇している（グリン 2007）．これらの国では賃金が上昇することによって，産業構造を高度化させざるをえなかったのである．中国では，産業構造の高度化圧力が存在しないので，どの産業においても動学的比較優位は減少せず，産業構造は生産力に見合って高度化しなかった（RIETY-TID 2010）．

(4) アジア通貨危機

世界貿易に占める日本の財輸出は 1990 年にピークに達し（その後 1991 年には東アジア NIES4 カ国に首位の座を奪われた），この時期に，日本は環太平洋三角貿易体制を形成した．日本から資本財を ASEAN4 と中国に輸出し，ASEAN4 と中国は完成財をアメリカに輸出した．日本とそれに続く NIES の FDI は ASEAN4 と中国の工業化を加速させた．アジア各国は国内総生産（GDP）に占める純輸出の割合を上昇させ，対外収入の流れを対外返済義務を履行するために十分に増加させ，クレーゲル（2013，第 2 章と第 3 章）の国際的な投機的金融状態を実現していた．アジア通貨危機は，アジア各国が国際的な投機的金融からポンツィ金融へ移行したことが，その原因となっている．アジア通貨危機をつぎの 3 段階で説明することができる．

① 金融構造の脆弱化．1990 年代前半のドルにたいする円の上昇は，日本からアジアへの FDI の大規模な流入をもたらした．アジアの為替レートがドルに対して，長い間安定的であり続け，国内外の借り手と貸し手はともに安全性のゆとり幅を縮小した．さらに 1995 年のドルに対する円の上昇傾向の逆転は，日本の金融市場から相当な額の短期資金をデリバティブ契約をつうじてアジアへ流出させた．

② 金融の不安定化．長期の資金フローからデリバティブ契約による短期の資金フローへの転換により，円の為替レートの変化がアジア地域に及ぼす影響も変化した．1997 年に日本の短期金利が急上昇し，アジアへの短期の流入資金が急速に逆転し，東南アジアの為替レートに圧力がかかった．資金移動が逆転して，目下の安全性のゆとり幅が脆弱であることが明るみ

にでると，銀行破綻，企業倒産，格付機関からの警告，実効為替レートの上昇，経常収支の赤字などの諸要因に注目が集まるようになった．アジア通貨危機の直接の原因は，通貨投機による自己実現的危機であった．通貨切り下げなどの通貨調整には固定的な費用を要するので，政府はある程度のショックにたいしては固定為替相場を維持する．しかし，通貨攻撃のショックが国際通貨準備で対応できる範囲を超えると，為替相場調整を行なわざるをえない．タイが為替相場を切り下げると，外資が引き上げられ，流動性危機が生じた．タイのバーツが切り下げられたあとには，アジア諸国は予防的な通貨切り下げを相次いで始めた．為替レートの減価（と利子率の上昇）によって外貨建ての返済額が増大し，この結果，国内銀行と借り手企業にとっての安全性のゆとり幅が3週間という短期間に消滅した．そのためタイでの通貨危機はアジア各国に伝染していった．

③ ミンスキー・クライシス．IMFに援助の提供が求められたとき，IMFは，危機が無分別な銀行業の慣行や国際収支の過度な赤字によって引き起こされたものであると判断した．IMFの融資条件によって，政府支出の削減，マネーサプライの目標水準の引き締め，利子率引き上げをつうじて，国内需要が制限された．国際基準による最低自己資本比率を満たしていない金融機関は閉鎖あるいは業務停止するように命じられた．またIMFは，アジアの介入主義的ITT政策・制度を否定し，自由主義への構造改革を救済条件とした．これらは，ミンスキーの負債デフレーション危機を食い止めるという観点から必要とされるものとは，まったく逆である．危機を避けるために行う必要があったと思われるのは，国内需要の下支えや，元利払いの停止か利下げをつうじた金融費用の削減によって，企業へのキャッシュフローを補強することであった．IMFの融資条件のため，多くの国で流動性危機が産業恐慌まで発展した．アジア通貨危機は，東アジアの資本輸入依存型の資本蓄積構造を破壊したという点においては深刻な構造的恐慌である．

(5) 中国を中心とする多角的貿易

表11-2は中国の貿易にたいする日本の影響が1990年代前半にピークに達したことを示している．これはまた日本を中心とする環太平洋三角貿易体制のピークでもあった．1990年代後半以降，財貿易における日本の世界シェアは急速に減少し，変わって中国のシェアが急上昇した．中国がWTOのメンバー国になったのちに，その国際財貿易に占めるシェアはさらに急増し，2000年から2008年のあいだに，財輸出は3,945億ドルから1兆5,126億ドルに4倍に，財輸入は1,952億ドルから9,826億ドルに5倍になった（RIETY-TID 2010）．日本と中国の財貿易も急増し，日本の貿易依存率を10パーセントから15パーセントに引き上げた．これが日本の輸出主導型経済成長の再開を可能にし，10年以上続いた不況からの回復を可能にした．しかし，日本は中国の貿易増大のペースについていけず，輸出においても輸入においても日本の中国財貿易に占めるシェアは低下している．

2004年には，財貿易における中国の世界シェアはついに日本を追い越し，日本を中心とする三角貿易は中国を中心とする多角貿易に変化した．第1に，日本は中国の輸入相手として現在も単独1位の地位を占めている．しかし，1995年以降になるとドルにペッグしていたNIESでもドル高で，安い労働力を求めて中国へのFDIを増やした．それにともなって，NIES（とくに韓国と

表11-2 中国の輸出と輸入のシェア （単位：%）

	中国からの輸出					中国の輸入				
	日本	韓国+台湾	ASEAN5	USA	EU27	日本	韓国+台湾	ASEAN5	USA	EU27
1991	13.1	3.4	4.8	18.5	16.7	18.1	1.7	6.1	15.6	17.5
1995	16.1	4.7	4.4	21.6	14.9	24.8	9.2	8.1	13.8	18.6
2009	9.1	6.1	6	22.6	23.7	14.6	17.8	11.1	8.7	14.5

（注）ASEAN5はシンガポール，マレーシア，タイ，フィリピン，インドネシア．
（出所）経済産業研究所，RIETY-TID (2010)．

台湾）からの資本財輸入が増大し，日本の地位は相対的に低下している．第2に，中国からの完成財輸出は，2000年代に入ってEU向けが急上昇し，アメリカ向けに続いて2位を占め，アジア向けは相対的に減少した．対アジアでもNIES・ASEAN向けが増大し，日本への輸出は相対的に減少した．アメリカ，EU，アジア諸国にとって，日本に代わって中国が主要貿易相手国になったのである．

貿易面におけるこのような変化が，中国を中心とする国際分業のネットワークをアジアに拡大している．この過程において，中国の疑似ルイス型工業化はついにその限界に到達した．その市場為替レートおよび実効為替レートは1990年代中ごろから安定的になった（IMF, IFS）ので，その急速な賃金上昇率は中国の動学的比較優位に反映されるようになった．繊維，玩具，電気器具の国際競争力は1990年末にはピークに達し，他方でより洗練された電気機械，一般機械，などの国際競争力は1990年代半ばから急上昇している（RIETY-TID 2010）．

(6) 国際不均衡の拡大とシステミック恐慌

国内資源の動員を達成するために資本輸出を利用できる標準的な方法2つのうち，アジア通貨危機まで途上国では対外借入によって雇用を増大するという方策を採用していた．アジア通貨危機後は，国際的ヘッジ金融によって通貨危機から自衛し，需要と雇用の増加を下支えする貿易黒字政策のための資金を（貿易赤字国への）資本輸出によって供給する方策が，国内需要主導による経済成長への切り替えに失敗した日本やヨーロッパのような先進国だけではなく，多くの発展途上国で採用されるようになった．この結果，基軸通貨国であるアメリカが主要な債務国になり，アメリカは国際的なポンツィ金融に陥ることになった．

アメリカはGVCを基礎にするIT産業をダイナミック産業とすることに成功し，1990年代後半からその動学的比較優位は増大して，日本とヨーロッパにたいする生産性格差が拡大していた．高い利潤率にひかれて資本流入が増大し，さらにアジア通貨危機後は新興市場への資本投資が減少し，安全港として

のアメリカへの資本流入が増大した．アメリカから GVC 形成のための FDI も増大したが，資本流入を相殺することはできず，その結果として経常収支の赤字が年々拡大した．拡大する資本収支の黒字は 1990 年代には IT バブルを，2000 年代にはサブプライム・バブルを引き起こす原因となった．

　国際不均衡は 2002 年から急速に拡大した．ドイツと中国の経常収支黒字は 2002 年から急増し，それぞれ 2005 年度，2006 年に日本の経常収支黒字を追い越した．これら 3 国の経常収支黒字合計は 2007 年に 8,370 億ドルでピークに達し，他方アメリカの経常収支赤字は 2000 年代に急増大し 2006 年には 7,880 億ドルでピークに達した（IMF, IFS）．基軸通貨国の場合，自国通貨で返済が可能なために外的なショックで国際的ポンツィ金融が破綻することはなく，資本黒字の蓄積すなわち国際的不均衡の拡大が無制限に可能であった．

　アメリカの国際的ポンツィ金融を破綻させたのは，アメリカ国内の長期的な金融脆弱化である．サブプライム危機の歴史的過程はつぎのように要約できる．アメリカの住宅バブルは 1990 年代末から始まり，2000 年代はじめに加速した．銀行は住宅ローンを証券化し資本市場で販売する「組成販売」型金融で莫大な収入を得た．そののち銀行は，住宅価格が下落した場合や利子率が上昇した場合に返済不可能な借り手にも住宅ローンを貸出，証券化した．同等の格付けの社債よりも高い利子を得られるので，世界中の機関投資家がこれらの証券を購買した．住宅の販売は 2005 年末にピークに達し，住宅価格は 2006 年にピークに達した．2007 年には住宅ローンの借り換えで金利が上昇し，サブプライム危機が勃発した．

　アメリカで発生したサブプライム危機は，2 つの経路で世界恐慌（システミック恐慌）へと拡大しつつある．第 1 の方向は，金融危機の拡大である．アメリカ以外でも，資本輸入によって雇用を確保する戦略をとっていた，南ヨーロッパ諸国などの経常収支赤字国では，金融危機による流動性の欠如で国際的ポンツィ金融が破綻し，恐慌に陥っている．第 2 の方向は，経常収支黒字の逆転である．輸出主導型で雇用を確保する戦略をとっていた国では，恐慌にともなう輸出需要不足から資本蓄積体制が崩壊した．

6．おわりに——システミック恐慌後の世界

　GVCを基礎とするIT産業が，1920年代のような創造的破壊を引き起こした現在，このダイナミック産業が第2次世界大戦後の資本主義の黄金時代のようにあらたな世界的な経済の安定と発展をもたらせるかどうかは，国内および世界における安定的な資本蓄積体制を再建できるかどうかにかかっている．

　現在の恐慌が急速に悪化しない原因について2つ考えられる．第1は，アジア通貨危機の場合と異なって，アメリカでは金融危機を大恐慌型の負債デフレーションにしないための政策がとられた．大恐慌においても今回の恐慌においても主流派の政策はマネーサプライの増大によって物価と流動性を増大させる方策である．これが，金融危機を全面的な産業恐慌へ展開することを抑えている．第2は，経常収支黒字の逆転に対する対応策が機能しているからである．とくに注目するべきは中国の対応である．アメリカの新自由主義資本蓄積体制の崩壊にともなって，2008年から中国の経常収支黒字を逆転させる国際的な圧力が増大した．この時点で，中国はその戦略を輸出主導型から内需主導型成長へ転換した．この2つの傾向から，新しい資本蓄積体制の形成の条件としてつぎのことが考えられる．

①　アメリカ経済の安定化のためには，安定的な金融制度の再建が必要である．

　アメリカの金融システムの流動性は，ハイパワード・マネーの増大をつうじては十分に回復していないので，ケインズ型の政府支出の増大を通じて所得，支出，利潤を増大させ，銀行と家計によって保持されている損失を相殺するための収入を提供し，金融システムの流動性を回復させるべきである．

　国内の通貨・金融体制については，社会資本の機能をはたす決済制度を公営にできない場合には，それを供給する商業銀行の利益を確保する必要があり，商業銀行に証券市場での活動を認めるのはやむをえない．しかしながら，「組成・資金調達」型金融制度から，「組成販売」型金融制度への

移行で失われた「安全性のゆとり幅」を再生することが必要である．そのためには，後者によって作り出される流動性の規制，仕組み商品と投資会社の規制，金融契約に関する SEC の例外規定を撤廃するなどの改革が必要である．

② 国際通貨体制の再建に関しては，ブレトンウッズ会議でケインズが提案した「国際清算同盟」(International Clearing Union) の導入を再検討する必要がある．2000 年代の経常収支の世界的不均衡拡大の原因は，アメリカを除く多くの国が輸出主導で雇用を確保するために，経常収支黒字分をアメリカに資本輸出し，アメリカの輸入を支えていたからである．一方でヘッジ金融の国が存在すためには他方でポンツィ金融の国が存在せざるをえない．これは非常に不安定な国際通貨体制である．すべての国が一時的には経常収支が赤字になるが長期的には均衡する投機的金融を行なえるような国際通貨体制であれば，すべての国で雇用を確保することができ，また通貨体制としても安定している．これを可能にするためには，国際清算同盟が国際決済機構として機能し，また投機的金融で一時的に資金が不足する国があれば資金を供給すればよい．さらに，国際経済の成長に必要な流動性をこの機関が供給することによって，すべての国が国際的なヘッジ金融を追求した場合に起こるデフレ傾向を免れることも可能である．

③ アメリカ経済の安定のためには，新ダイナミック産業にふさわしい資本蓄積体制が形成される必要がある．国際的不均衡を避けるためには，内需主導型資本蓄積体制を再建する必要があり，そのためには第 2 次世界大戦後の黄金時代にみられた賃金と生産性上昇率のリンクを再生する必要がある．アメリカの経常収支が均衡すると，他の先進国でも輸出主導型の資本蓄積体制は崩壊するので，賃金と生産性上昇率のリンクを再生する必要がある．

④ 中国における内需主導型の経済成長は，中国の賃金と実効為替相場を増大させるものであり，洗練度の低い産業での競争力を減少させ，産業構造の高度化を促進させる．その結果は，中国国内での発展の遅れた地域や，

中国よりも発展の遅れた国の雁行型発展を可能にすると考えられる．安定的な国際通貨体制のもとで，発展途上国が資本輸入に頼って工業化する場合には，できるだけ早くポンツィ金融から，投機的金融に移行できるように，「実物資本」を形成する戦略をとる必要がある．

1) たとえば，国内である産業の生産性が伸びた場合に関して，つぎのように論じている．「帽子の生産費を減少させるならば，たとえ需要が二倍され，三倍され，または四倍されようとも，その価格は究極においてその新たな自然価格まで下落するであろう．」(Ricardo 1817, p.439)．
国際価値に関しても，同様なメカニズムが働くと論じている．「諸商品が独占の対象でないかぎり，それらが輸入国で販売される価格を究極的に左右するものは，輸出国でのその自然価格である．」(Ricardo 1817, p.375)．
2) 「諸商品が独占の対象でないかぎり，それらが輸入国で販売される価格を究極的に左右するものは，輸出国でのその自然価格である．」(Ricardo 1817, p.375)．
3) Hunt (1986) によれば，18世紀末の産業革命期のイギリスで地域間の賃金格差が拡大し，賃金の平準化には19世紀末まで100年以上かかった．

第12章　雁行形態発展論と東アジアの
　　　　国際生産・貿易ネットワーク
―― 中間財貿易の古典派的理解による理論化 ――

1．はじめに

　東アジアの経済発展に関しては，赤松要の「雁行形態発展論（flying-geese theory）」が有名であり，欧米の研究においても，アジアの経済発展パタンを説明するさいに，しばしば参照すべき理論として言及されている（Akamatsu 1962, Ozawa 2009）．日本が生み出したオリジナリティの高い経済理論である．しかし，近年における中国経済の急速な成長と東アジアにおける国際生産・貿易ネットワークの発展という大きな構造変化によって，従来型の「雁行形態発展」のパタンの妥当性が疑問視されるようになっている．しかも，この東アジアのあらたな国際経済の現実は，同時に国際経済理論の刷新を要求している．

　本章の目的は，赤松の「雁行形態発展論」の内容とその後の研究の展開を理論的観点から整理し，現在の東アジアの国際生産・貿易ネットワークの現実をふまえて，その修正と発展の方向を検討することである．そのことによって，国際貿易理論を再構築するうえでの要点のいくつかを確認することにしたい．そのさい，ここではとくにつぎの点を重視して考察を進めている．第1に，「雁行形態発展論」のもつ理論的含意，とくにその古典派的観点の重要性を確認し，リカード貿易理論との関係を意識しつつ整理する．第2に，東アジアにおいては国際生産ネットワークが急速に発展し中間財貿易が大きく拡大しており，多様なアジア資本主義が相互依存性を強めているという現実を念頭において，「雁行形態発展論」の妥当性について検討する[1]．とくに，生産工程の海外移

転にともなうグローバル・バリューチェーンの発展について理論的分析を行ない，それが貿易理論にもつ含意を検討する．第3に，近年注目を集めている「付加価値貿易」についてその理論内容を確認し，中間財輸入がもつ後方連関効果について，その理論的含意を検討する．

2．雁行形態発展論の形成と展開

(1) 赤松要の「雁行形態発展論」

まず，赤松要の「雁行形態発展論」の確認から始めるようにしよう．赤松の「雁行形態発展論」の形成は，第2次世界大戦以前にさかのぼる（赤松要 1935；1937）．ただし，「雁行形態発展論」の内容に関して，Akamatsu (1962) によってもっとも体系的に説明されているので，ここではこの論文にそって検討することにしたい．赤松は，みずからの理論を「産業発展の雁行形態 (the wild-geese-flying pattern of industrial development)」と呼んでいる．ここでまず最初に確認できるのは，赤松のオリジナルな「雁行形態発展論」は，古典派貿易理論を応用したものであり，東アジアの国民経済間の「異質的経済相互関係」と「同質的経済相互関係」の動態的発展の論理にもとづいて，各国経済の産業発展を理論化したものであるということである．このように，赤松のグランド・セオリーの枠組みが，各国民経済がその相互依存的発展過程において示す「異質化 (heterogenization)」と「同質化 (homogenization)」にもとづく長期動態論であったということは確認されてよい[2]．

赤松の「雁行形態発展論」の理論内容は，つぎの3つの「パタン（形態）」にわけて立体的に説明されている．

第1形態（基本形態）

赤松は，これを「基本的雁行パタン (fundamental wild-geese-flying pattern)」と呼んでいる．これは，生産と貿易に関する動態的かつ継起的な発展過程について説明するものである．第1段階では，消費財が輸入される（このとき在来産業に破壊的影響を与えることもある）．つぎに，第2段階では，消費財の国内生産が

開始されるが，資本財は外国から輸入される．このとき，消費財の国内生産は国内市場の需要に支えられる．そして，第3段階では，消費財輸出が始まる（先進国と同水準の競争力をもつようになる）と同時に，資本財の国内生産が始まる．最後に，第4段階では，消費財輸出が減少し，資本財輸出が行なわれる．消費財生産は雁行形態を示しつつ後進国に移っていく．

第2形態

これは，「粗製品から精巧品への雁行パタン発展（wild-geese-flying pattern development from crude goods to elaborate goods）」と呼ばれている．これは，各国経済における産業構造の高度化を組み入れて，生産および輸出の構造が動態的に変化していく過程を説明したものである．すなわち，経済発展過程にともなう資本蓄積をつうじて，消費財から資本財へ，低品質の粗製品から高品質の精巧品へと製品の生産と輸出が高度化していく過程が説明されている[3]．

第3形態

まさに，アジア諸国の雁行形態的な発展過程を説明したもので，「雁行パタンにおける先進国と後進国の発展（development of advanced and less-advanced countries in a wild-geese flying pattern）」という表題がつけられている．これは，先進国と後進国が相互依存性をもちつつ発展していくパタンを説明したものであり，先進国は技術革新による異質化を生み出し後進国にたいするリードを維持しようとし，後進国はキャッチアップすることによって同質化を促進するという動態である．この過程で，しだいに先進国から低賃金の後進国に産業と輸出のパタンが移転されていく．

赤松「雁行形態発展論」は，古典派貿易論を念頭において産業の発展と高度化を論じたものであり，のちにしばしば仮定される生産関数や生産要素間代替はみられない．この点は，オリジナルな赤松「雁行形態発展論」の特徴であって，小島清（2000）によるヘクシャー・オリーン（HO）理論を基礎にした国際貿易論としての再定式化とは異なったものであることに注意する必要がある．

(2) 小島清による精緻化と池間誠 (2009) の展開

　小島清による紹介と理論的展開（小島清 2003, Kojima 2000；2009）は，赤松理論が世界的に有名なものとなるさいに，きわめて重要な役割をはたした．小島によって，「雁行形態発展論」は現代の経済理論，とくにヘクシャー・オリーン理論（国際分業の要素賦存比率理論）に基づいて再解釈され洗練化されたものとなった．そのさい，理論的に重要な点は，資本と労働という生産要素間の代替が仮定されることになったことである[4]．また，ヴァーノンの「プロダクト・サイクル理論」(Vernon 1966) との異同を確認し，赤松理論を「キャッチアップ型プロダクトサイクル」と特徴づけている点も，赤松理論を国際的なコンテキストのなかに位置づけるうえで貢献している．

　さらに，小島は「雁行形態発展論」に直接投資 (FDI) を導入しているが，これは小島の大きな理論的貢献である．とくに，FDI を「順貿易志向型 (pro-trade oriented)」と「反貿易志向型 (anti-trade oriented)」とに区別し，前者の重要性を指摘している点が特徴である．また，このように FDI を視野におさめたことによって，それが「雁行形態」の第三形態に影響し，「飛び越し型 (leapfrogging)」の発展が可能になると説明している点は，今日の東アジアの経済発展の現実につながる指摘であって，とくに重要な意義をもっている．

　しかしながら，赤松理論のもっていた「異質化」と「同質化」の動態的な「雁行形態発展論」をヘクシャー・オリーン理論という拘束衣のなかに入れたことのデメリットも感じられる．とくに，ヘクシャー・オリーン理論から帰結される要素価格均等化は，賃金格差を前提とする赤松の「雁行形態発展論」とは容易に両立しがたいものである．「雁行形態発展論」がもっていた比較生産費説の動態的理論が，生産要素（労働と資本）の初期賦存と要素間代替の問題に置き換えられているように思われる．

　池間誠 (2009) におさめられている諸論文は，赤松から小島をへて池間にいたる研究史のなかで小島理論の貢献の意義を確認したうえで，それを基礎に小島理論の発展として「雁行型経済発展」を論じたものである[5]．そこでは，小島によってなされたヘクシャー・オリーン理論による基礎づけを前提とし，内

生的経済成長モデルなどを応用することで現代的な貿易理論との統合が試みられているが，古典派的な貿易論との関連についての配慮は希薄なようである．

この本のなかで，分析の力点を国際生産ネットワークに置いている若杉隆平 (2009) と木村福成 (2009) の議論は，非常に現実的な示唆に富み興味深い．とくに，若杉はボールドウィンによって展開されている生産活動の海外移転（オフショアリング）とその決定理論を紹介しており新鮮なものである．そこでは，「現代の国際貿易の構造変化を産業単位でとらえるだけでは十分ではない．企業単位，あるいは業務単位でのオフショアリングを折り込んだ分析のフレームワークが不可欠である．そうした新たな枠組みは「雁行型経済発展論」の新たな展開といえる」（若杉隆平 2009, p.136）と結論づけている．生産活動の海外移転（オフショアリング）を視野におさめて，「雁行形態発展論」を修正・発展させるという課題は，まさに現在きわめて重要なものとなっている．

(3) 横川信治の「新しい雁行型発展論」

Yokokawa (2013) は，「雁行形態発展論」に，「ダイナミック産業 (dynamic industry)」(Chang 2002) の概念を導入することによって，独自の「動学的比較優位論」を展開している[6]．この理論的枠組みにおいては，後進国が将来的に発展する可能性がある「ダイナミックな産業」に特化していけるか否かが，その後の経済発展を規定する．この「新しい雁行型発展論」は，つぎのように説明されている．

まず第1に，「ダイナミック産業」は，生産性上昇率が高い収穫逓増産業であり，長期的な経済発展の原動力である．「ダイナミックな産業」を導入することによって，「動学的比較優位」が説明され，リカード比較優位論の動学化を試みられている．

第2に，産業発展の過程における「動学的比較優位」は，「単位労働付加価値 (VAL: value added per unit of labor)」と賃金との差に依存すると説明される．「単位付加価値」とは，「1時間の労働によって生産される付加価値」であって，（生産物の付加価値）÷（生産物に投入された労働量）として計算される．実証的

には，「労働の付加価値生産性」と呼ばれるものである．この枠組みにおいては，「単位労働付加価値」が賃金よりも大きいかぎり，その産業において利潤が発生する．長期的には，賃金は経済発展にともなって上昇するので，「ダイナミック産業」の動学的比較優位は，産業発展と生産性上昇とともに増大し，高位を保ったうえで，やがて持続的賃金上昇のために減少する．

第3に，グローバル・バリューチェーン（GVC）が発展するなかで，中国において「圧縮型工業化」が生じ，洗練度が異なった産業が同時発展している点も強調される．ただし，将来的には，中国においても賃金が上昇していく結果，洗練度の低い産業がより低賃金の発展途上国に移っていくことを予想し，グローバルな規模での壮大な「新しい雁行形態論」を提唱している．

横川理論においては，「ダイナミック産業」を明示的に導入して「雁行形態発展論」の長期動態化をめざしている点に特徴がある．しかしながら，東アジアにおけるグローバル・バリューチェーン（GVC）の発展と雁行形態発展の形態変化については，国レベル，産業レベル，さらに生産工程レベルにわたって理解をさらに深めていくことが必要であろう．本章では，横川の議論を受けてこの点をのちに詳細に論じることにしたい．

(4) 中兼和津次の中国経済分析による「雁行形態論」評価

東アジアにおける「雁行形態論」の妥当性を検討するさいには，急速に経済発展を遂げ，東アジアにおける国際分業の中心となっている中国経済の存在を無視できない．それでは，現在の東アジアにおける「雁行形態発展論」の妥当性について，中国経済の専門家はどのようにみているのだろうか．ここでは，この点についてもっとも整理の行き届いた検討を行なっている中兼和津次(2012)の議論を紹介したい．

中兼は，長年にわたる中国経済研究にもとづき，従来型の雁行形態論では説明が難しいつぎのような事態が生じていると結論づけ，それを「超雁行形態的発展パターン」と呼んでいる．それは，まず第1形態（基本形態）の雁行形態に関して，消費財と資本財の輸入→国内生産→輸出という継起的順序が崩れて

いる．第2形態の雁行形態に関しては，労働集約的生産，資本集約生産，技術集約的生産が継起的ではなく同時に生じている（ただし，これは小島バージョンの「雁行形態論」に依拠した説明といえる）．これは，中国が資本集約的・技術集約的財に比較優位をもつようになった理由は，産業内貿易の展開であり，中国が先進国（技術・資本豊富国）の生産工程の一部を受けもち，中国国内で生産された財を輸出しているからであると説明されている．また，第3形態に関しては，部分的に産業によっては，中国が先行グループに追いつき，あるいは追い越すという飛び越し型の発展がみられる点を強調している．しかし，同時に，「雁行形態型発展が中国全体の発展パターンに当てはまらないというわけではない．動学的な資本蓄積，技術移転過程として，また産業の高度化プロセスを説明する用具としてある程度十分な説明力を持つ．とくに中国国内の比較優位構造が地域別に変化していく様子を見るさいに，このモデルは一定程度の説得力を持っている」（中兼和津次 2012, p.149）と結論づけている[7]．

以上の中兼の考察において重要な点は，つぎの2点である．第1に，中国の急速な経済発展と産業内貿易・中間財貿易の拡大，さらにそれにもとづく産業発展の「飛び越し」によって，中国が単なる後発国としての位置に留まらない独自の存在となっていることある．第2に，それにもかかわらず，産業の移転パタンを説明するものとしては，「雁行形態」の論理が，ある程度作用しているとみていることである．

3．東アジア国際生産・貿易ネットワークの現実

それでは，急速な経済発展を遂げてきた東アジアにおける生産と貿易の現実を，現実の統計データにもとづいて確認することにしたい．

(1) 東アジアにおける中間財貿易の拡大

世界各地域における中間財貿易比率は急速に上昇している．中間財貿易の重要性を強調しているエスカット・猪俣哲史（2011）によれば，2009 年におけ

466 討論編

表 12-1 東アジアの貿易マトリックス
〈2000 年〉

輸出	輸入	中国	日本	韓国	台湾	AEAN	北米・EU・その他世界	世界全体
中国	中間財貿易		13,946	6,433	3,791	9,942	84,342	118,453
	貿易全体		54,657	12,799	6,202	18,019	302,857	394,534
	中間財貿易比率(%)		25.5	50.3	61.1	55.2	27.8	30.0
日本	中間財貿易	30,170		22,290	21,263	49,331	145,258	268,312
	貿易全体	41,501		31,824	38,436	69,365	322,207	503,333
	中間財貿易比率(%)	72.7		70.0	55.3	71.1	45.1	53.3
韓国	中間財貿易	20,255	12,214		5,649	12,940	50,830	101,889
	貿易全体	23,199	20,132		8,967	16,950	102,512	171,761
	中間財貿易比率(%)	87.3	60.7		63.0	76.3	49.6	59.3
台湾	中間財貿易	3,921	9348	3,242		15,744	69,484	101,739
	貿易全体	4,634	18,168	4,287		19,962	115,421	162,471
	中間財貿易比率(%)	84.6	51.5	75.6		78.9	60.2	62.6
ASEAN	中間財貿易	15,553	30,755	12,149	13,910		158,885	231,252
	貿易全体	21,983	57,985	18,149	20,109		305,146	423,372
	中間財貿易比率(%)	70.7	53.0	66.9	69.2		52.1	54.6
北米・EU・その他世界	中間財貿易	51,243	83,412	43,023	30,393	153,016		361,086
	貿易全体	103,896	223,957	92,990	64,723	242,680		728,246
	中間財貿易比率(%)	49.3	37.2	46.3	47.0	63.1		49.6
世界全体	中間財貿易	121,143	149,675	87,136	75,006	240,973	508,799	
	貿易全体	195,212	374,899	160,050	138,437	366,977	1,148,142	
	中間財貿易比率(%)	62.1	39.9	54.4	54.2	65.7	44.3	

（出所） RIETI-TD（2012）より作成.

る世界全体の財輸出（燃料を除く）に占める中間財輸出の比率は，51 パーセントとなっている．また，2009 年におけるアジア（インド等を含む）における財輸出（燃料を除く）に占める中間財輸出の比率は 53 パーセント，財輸入（燃料

〈2011年〉　　　　　　　　　　　　　　　　　　　　　　　　　　（単位：100万ドル）

輸出	輸入	中国	日本	韓国	台湾	AEAN	北米・EU・その他世界	世界全体
中国	中間財貿易		60,241	50,023	27,111	707,40	523,819	731,934
	貿易全体		172,497	82,636	43,149	121,189	1,448,826	1,868,298
	中間財貿易比率(%)		34.9	60.5	62.8	58.4	36.2	39.2
日本	中間財貿易	121,511		49,215	37,719	81,560	195,803	485,809
	貿易全体	188,932		67,484	51,995	110,884	405,076	824,370
	中間財貿易比率(%)	64.3		72.9	72.5	73.6	48.3	58.9
韓国	中間財貿易	116,652	28,661		15,898	46,058	132,842	340,111
	貿易全体	155,655	37,808		17,785	55,287	236,223	502,759
	中間財貿易比率(%)	74.9	75.8		89.4	83.3	56.2	67.6
台湾	中間財貿易	66,699	13,318	11,028		45,898	97,521	234,464
	貿易全体	85,901	18,451	13,117		53,204	148,955	319,628
	中間財貿易比率(%)	77.6	72.2	84.1		86.3	65.5	73.4
ASEAN	中間財貿易	112,714	64,882	29,179	23,180		398,077	628,033
	貿易全体	184,065	117,634	51,527	32,522		720,749	1,106,498
	中間財貿易比率(%)	61.2	55.2	56.6	71.3		55.2	56.8
北米・EU・その他世界	中間財貿易	280,077	159,530	110,576	60,243	388,191		998,616
	貿易全体	892,673	478,037	299,923	132,708	654,079		2,457,420
	中間財貿易比率(%)	31.4	33.4	36.9	45.4	59.3		40.6
世界全体	中間財貿易	697,653	326,633	250,022	164,151	632,446	1,348,062	
	貿易全体	1,507,225	824,428	514,688	278,159	994,644	2,959,829	
	中間財貿易比率(%)	46.3	39.6	48.6	59.0	63.6	45.5	

を除く）に占める中間財輸入比率は64パーセントに達している．このように，近年アジアにおける中間財貿易は，とても顕著なものとなっているのである．

　さらに，この東アジアにおける域内貿易の特徴を確認するために，「経済産

業研究所 RIETI-TD」にもとづいて東アジア諸国間の貿易マトリクスを作成し，これを用いて域内貿易の貿易全体に占める中間財貿易の比率を確認することにしよう（表12-1）．ここから，東アジア域内の中間財貿易比率は，対域外の貿易における中間財貿易比率を大きく上回っていることが確認され，東アジアにおいて地域経済統合が進んでいることがわかる．また，2000年と2011年を比較すると，中間財輸入国である中国が次第に中間財の輸出をも行なうようになってきたことが確認される．

図12-1 中間財投入に占める輸入中間財の比率

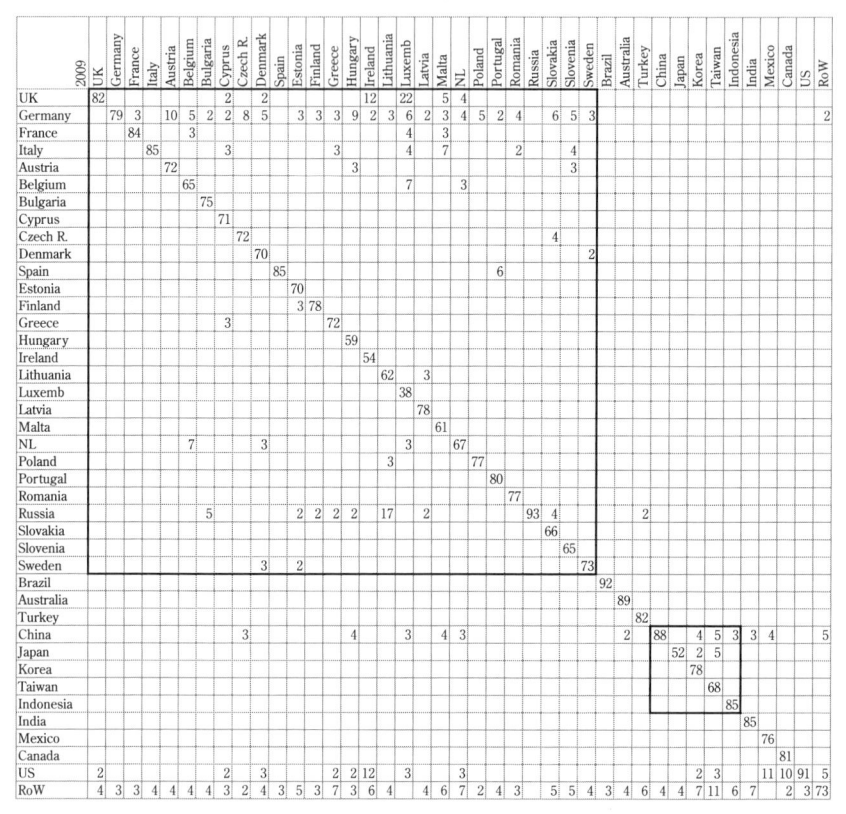

2009	UK	Germany	France	Italy	Austria	Belgium	Bulgaria	Cyprus	Czech R.	Denmark	Spain	Estonia	Finland	Greece	Hungary	Ireland	Lithuania	Luxemb	Latvia	Malta	NL	Poland	Portugal	Romania	Russia	Slovakia	Slovenia	Sweden	Brazil	Australia	Turkey	China	Japan	Korea	Taiwan	Indonesia	India	Mexico	Canada	US	RoW
UK	82						2			2						12		22		5	4																				
Germany		79	3		10	5	2	2	8	5		3	3	3	9	2	3	6	2	3	4	5	2	4		6	5	3													2
France			84		3													4		3																					
Italy				85			3						3					4		7			2				4														
Austria					72									3													3														
Belgium						65											7		3																						
Bulgaria							75																																		
Cyprus								71																																	
Czech R.									72																	4															
Denmark										70																		2													
Spain											85												6																		
Estonia												70																													
Finland													3	78																											
Greece						3								72																											
Hungary															59																										
Ireland																54																									
Lithuania																	62	3																							
Luxemb																		38																							
Latvia																			78																						
Malta																				61																					
NL				7			3									3					67																				
Poland															3							77																			
Portugal																							80																		
Romania																								77																	
Russia					5				2	2	2	2			17		2									93	4			2											
Slovakia																										66															
Slovenia																											65														
Sweden						3		2																				73													
Brazil																													92												
Australia																														89											
Turkey																															82										
China					3						4				3		4	3								2			88		4	5	3	3	4						5
Japan																													52	2	5										
Korea																													78												
Taiwan																													68												
Indonesia																													85												
India																																				85					
Mexico																																					76				
Canada																																						81			
US	2					2					2	2	12		3			3									2	3				11	10	91	5						
RoW	4	3	3	4	4	4	4	3	2	4	3	5	3	7	3	6	4		4	6	7	2	4	3		5	5	4	3	4	6	4	4	7	11	6	7		2	3	73

（出所） Baldwin, R. and Lopez-Gonzalez, J. (2013), Figure 14. これはWorld Input-Output Database（WIOD）より作成されたものである．

第12章 雁行形態発展論と東アジアの国際生産・貿易ネットワーク 469

さらに詳しく，中間財投入構造を明示化している国際産業連関分析の観点からグローバル・バリューチェーンをみると，東アジアの経済において中間投入に占める輸入中間財の比率が非常に高いことがわかる．図12-1は，Baldwin and Lopez-Gonzalez（2013）がWorld Input-Output Database（WIOD）にもとづいて，中間投入に占める輸入中間財の比率を世界全体に関して示したものである．これによると，2009年における各国の中間投入に占める輸入中間財の比率は，台湾で32パーセント，韓国で22パーセント，中国で12パーセント，日本で8パーセントに達している．また，EU経済圏においても同様の傾向がみられ，EU，アジア，北米それぞれの地域においてバリューチェーンと中間財貿易が発展していることが確認される．

さらに，世界最大の輸出国である中国に関しては，アメリカ合衆国向けに輸出される財に占める他国からの中間財輸入比率がとても高いことが注目される．2009年における中国からアメリカ合衆国に輸出される財に占める中間財

図12-2 中国の対アメリカ輸出に占める中間財輸入の割合

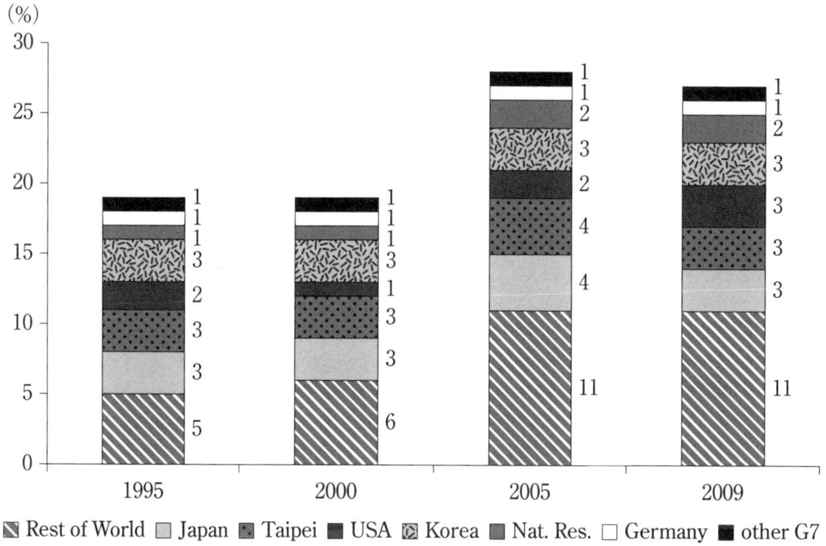

（出所）Baldwin, R. and Lopez-Gonzalez, J.（2013），Figure 34．これはOECD Input-Output Tableより作成されたものである．

の比率は，輸入元別では日本3パーセント，アメリカ3パーセント，韓国3パーセント，台湾，3パーセントであり，その他を含め合計で約27パーセントに達している（図12-2）．中国において中間財輸入比率が高い産業は，電機・光学産業，自動車産業，化学産業である．

このような中国経済の構造的特徴を生み出す重要なミクロ的側面として，中国国内の多国籍企業の生産活動がある．中国からの輸出の半分以上が外国の多国籍企業によって生産された製品であり，この点は電機産業においてはいっそう顕著である[8]．世界最大の製造業製品の輸出国である中国の輸出品の半分以上が外国の多国籍企業の製品であるという点は，中国の輸出主導型成長のもつ構造的問題としてつねに念頭に置かれるべきものである．

(2) 付加価値貿易からみた東アジア

現在，中間財貿易が拡大するなか，「付加価値貿易」が国際経済学の重要なテーマとなっている．実際，2013年にはOECD-WTOが「付加価値貿易（TiVA: Trade in Value Added）統計」の発表を開始した．この統計では，貿易財の生産に用いられた輸入中間財のなかに含まれている外国で生産された付加価値が明示的に扱われている．この付加価値貿易統計にもとづき，付加価値ベースでみると，日本の最大の輸出相手国は中国ではなくアメリカであることが判明したことは印象深い．これは，中国からアメリカに輸出される最終財のなかに日本の付加価値が多く含まれているからである．今後「付加価値貿易」に関する実証研究が大きく発展していくことが予想される．たとえば，エスカット・猪俣哲史（2011）の副題は，まさに「モノの貿易から「価値」の貿易へ」というものであり，財貿易から付加価値貿易に見方を転換する必要がある点が強調されている．

現在，輸出額に占める外国で生産された付加価値は大きく上昇している．Baldwin and Lopez-Gonzalez（2013）は，「付加価値貿易（TiVA: Trade in Value Added）統計」にもとづき，この点を計算している．図12-3は輸出に占める外国の付加価値の比率をあらわしている．

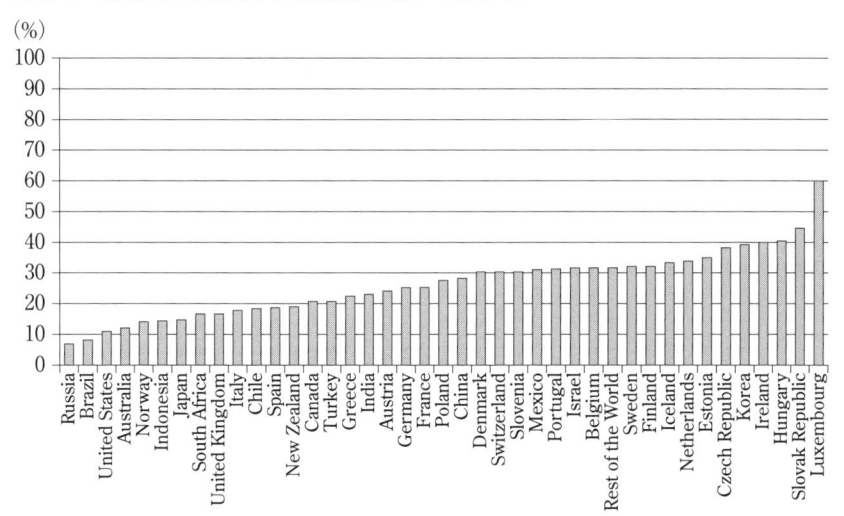

図 12-3　輸出に占める外国の付加価値の比率（2009 年）

(出所)　Baldwin, R. and Lopez-Gonzalez, J（2013），Figure 12．これは OECD-WTO 付加価値貿易データベース（TiVA Database）より作成されたものである．

　ここから，輸出額に占める外国で生産された付加価値の比率が，韓国では約 40 パーセント，中国では約 30 パーセントに達している点がみてとれる．もちろん，経済統合が進んでいる EU 経済圏でも高い値が示されており，もっとも高いルクセンブルグでは約 60 パーセントに達している．

　以上から確認されることは，東アジアの生産と貿易のパタンを考える場合には，最終財貿易だけでなく，グローバル・バリューチェーンの発展と中間財貿易の拡大を念頭において分析を進める必要があるということである．そして，これに対応して，「雁行形態発展論」の修正と国際生産・貿易理論の再構築が求められているのである．

4．雁行形態発展と国際生産・貿易ネットワークの理論化
　　―― 2 つのアプローチの紹介

　現在,「雁行形態発展論」の有効性を再検討するうえで，国際生産・貿易ネッ

トワークと中間財貿易を視野におさめることが不可欠であるが，この点をふまえて理論を展開している2つの対照的なアプローチを検討することにしよう．1つは，中間財貿易を考慮してリカード貿易論を再定式化し，「雁行形態論」の再解釈を試みている Fujimoto and Shiozawa(2011-12) である．他の1つは，R. Baldwin（2012）であり，グローバル・サプライチェーンと中間財貿易について，特に生産工程の海外移転（オフショアリング）の論理にもとづいて分析し，「雁行形態論」の論理の有効性について言及している．

(1) 塩沢・藤本によるリカード貿易理論の精緻化と雁行形態論

「雁行形態発展論」を，リカード貿易理論の理解にそって発展させようとする場合，しっかりとした理論的基礎が必要がある．Fujimoto and Shiozawa (2011-12) が，リカード貿易理論をマクロ的観点およびミクロ的観点から分析しており，そのなかで「雁行形態発展論」の再解釈を試みている．まず，藤本・塩沢は，21世紀の現実として，グローバル競争，産業内貿易，企業の多国籍化，産業内・産業間垂直分業にともなう中間財貿易の拡大の重要性を指摘し，それに対応すべくリカード貿易論を拡張すべきであると主張している．そこでは，先進国・後進国の同一産業で労働投入係数の格差を仮定し，生産物の標準化と労働生産性格差の縮小によってもたらされる発展の動態を説明している．また，この論文では，異質的財の価格競争と企業間・工場間の適者生存競争が扱われており，リカード貿易理論の動学的理解にもとづいて原因と結果の循環的連鎖（ミクロ・マクロ・ループ）が説明されている．

リカード理論の再定式化と拡張

リカード貿易理論は，同一産業であっても国ごとに労働生産性（労働投入係数の逆数）が異なると仮定し，2つの産業にたいする2国の貿易特化のパタンを分析している．この理解にもとづいて，つぎのような定式化が与えられている．2国：J国とC国と2財：財1と財2を仮定する．それぞれの労働投入係数は，つぎのように与えられる．

	財 1	財 2
J 国	a_{J1}	a_{J2}
C 国	a_{C1}	a_{C2}

J国が財1に，C国が財2に特化する条件を2つの形式であらわしている点が，藤本・塩沢の特徴である．

① 産業間比率の比較：マクロ的視点からする比較優位

$$\frac{a_{J1}}{a_{J2}} > \frac{a_{C1}}{a_{C2}}$$

② 産業内比率の比較：ミクロ的視点からする比較優位（比較生産費説）

$$\frac{a_{C2}}{a_{J2}} > \frac{a_{C1}}{a_{J1}}$$

C国の賃金率：w_C，J国の賃金率：w_J とする．

$$\frac{a_{J1}}{a_{C2}} > \frac{w_C}{w_J} > \frac{a_{J2}}{a_{C2}}$$

これを，生産費の比較として表現すると，つぎのようになる．

J国において財1の生産が有利な条件：$w_J a_{J1} < w_C a_{C1}$
C国において財2の生産が有利な条件：$w_C a_{C2} < w_J a_{J2}$．

この条件が，藤本・塩沢理論においては，比較生産費の論理の基本となっている．そして，この条件は，国単位でなく企業単位，工場単位でも同様に適用され，つぎのように一般的に表現されている．工場Aと工場Bに関して財kの生産のケースでは，工場Aが比較優位をもつ条件は，つぎのようになる．

$$w_A a_{Ak} < w_B a_{Bk}$$

この条件は，企業単位，工場単位の比較優位を考えるうえで重要なものであり，この点は，ミクロ的観点からつぎのように定式化されている．現在，国際競争は企業間の競争となり，産業間貿易から産業内貿易に重点化が移っている．価

格ベクトルをpとし，J企業とC企業の費用構造を賃金費用と中間財費用によって一般的にあらわせば，つぎのようになる．

J 企業（工場）：$w_J a_{J0} + \langle a_{J+},\ p \rangle$　　　C 企業（工場）：$w_C a_{C0} + \langle a_{C+},\ p \rangle$

したがって，J企業が国際競争力をもつ条件は，

$$w_J a_{J0} + \langle a_{J+},\ p \rangle < w_C a_{C0} + \langle a_{C+},\ p \rangle$$

中間財費用がほぼ同じ場合には，$\langle a_{J+},\ p \rangle \fallingdotseq \langle a_{C+},\ p \rangle$ となり，賃金費用の格差が重要な役割を果たす．中間財投入を考慮したこの一般式が，グローバル・バリューチェーンの構造を分析する場合には，とくに重要なものとなる．

雁行形態発展論の再定式化

本書第5章と Siozawa（2013）では，Fujimoto and Shiozawa（2011-12）にもとづき，新しい国際価値論の観点から「雁行形態発展論」について，とくにその「第1形態（基本形態）」を中心に再定式化を試みている．

図 12-4 において，J が先進国，C が後進国であり，図のそれぞれの点はつぎの状態を示す．T^J：先進国の投入構造，T^C：後進国の投入構造，$T^C(1)$：試行段階，$T^C(2)$：商業生産開始（学習効果によって労働投入係数は持続的に減少），$T^C(3)$：国際標準（C国の生産費がJ国の生産費と一致する），$T^C(4)$：輸出開始（輸出バリア＝輸送費用・関税をカバーできるようになり，低賃金の効果でCが国際競争力をもつ）．$T^C(5)$：先進国Jは生産を減少させ，生産を後進国に移転する．この段階においても，後進国Cが技術的には後進水準にあるが，賃金格差のために国際競争力をもっている点が重要である．

このような労働生産性格差と賃金格差の動態をつうじて，産業が後進国に移転していく[9]．ここで，先進国から後進国へと産業発展が移転していく動態にとって決定的に重要な条件になっているのは，「労働生産性格差縮小率＞賃金格差縮小率」という条件である．これが満たされたときには，先進国から後進国に，産業が「雁行形態」をもって移転していく．ただし，この説明において

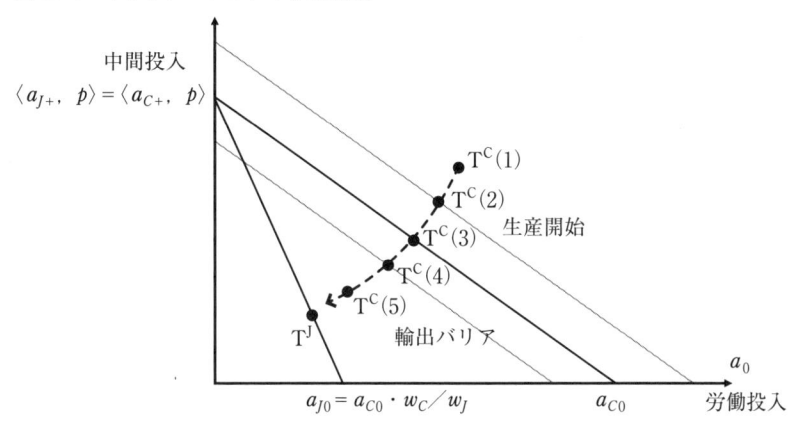

図12-4　キャッチ・アップの技術経路

（出所）　Shiozawa（2013）を修正.

は中間財貿易が中間財費用に与える効果は，まだ考慮されていない．しかし，生産工程段階の海外移転（オフショアリング）の展開は，中間財費用を減少させ，労働生産性格差縮小率を大きく上昇させるものと考えられる．これは，生産工程単位での「雁行形態」の動態を生み出す重要な要因となっている．この点は，のちに詳しくみることにしよう．

(2)　ボールドウィン「グローバル・サプライチェーン」理論と「雁行形態」

　それでは，グローバル・バリューチェーン（GVC）と中間財貿易は，どのように理論化することができるのだろうか．R. ボールドウィンは，グローバル・バリューチェーン（GVC）の構造変化を，近年積極的に分析している研究者の一人である．とくに，R. Baldwin（2012）は，グローバル・サプライチェーンの動態を理論的に分析した論文であり，ここではこれを検討する（ボールドウィンは意識的に「グローバル・サプライチェーン（global supply chain）」という言葉を使っているようである）．ボールドウィンの議論は，中間財貿易の拡大の背後に，生産工程の海外移転があることを強調するもので，グローバル・サプライチェーンを規定している諸要因を理論的に説明している点に特徴がある.

サプライ・チェーンの分離（アンバンドリング）

現在起こっている「分離（アンバンドリング）」は，世界経済に大きな影響を与えており，そのもとで，各国間での所得の乖離の逆転，および南の諸国の工業化と北の諸国の脱工業化（de-industrialization）が同時進行している点を強調している．

ボールウィンは，つぎのように説明する．マイケル・ポーターの「バリューチェーン」の理論は，リカードの比較優位の原理を企業のバリューチェーン分析に応用したものである．しかし，現在進行しているものは，生産部門ではなく，より下位の構成単位である「生産段階（the stage of production）」において生じている分離であり，これが現時点での「分離（アンバンドリング）」を特徴づけている．ここで，「生産段階」とは，近接して遂行される職の集合であり，これがグローバルに海外移転されていると説明される．

「分離（アンバンドリング）」には，2種類のものが存在する．第1のものは，「機能的分離」である．この「機能的分離」を規定する主要な要因としては，生産プロセスにおける課業の配分において存在する特化（specialization）の利得と調整（coordination）の費用のトレード・オフ関係である．

第2のものは「地理的分離」で，生産立地の決定は，「分散力（dispersion forces）」と「集積力（agglomeration forces）」のバランスによって決まる．このうち，「分散力」に関しては，熟練労働者と非熟練労働者との間の賃金格差が「垂直的特化（vertical specialization）」を規定する．また，企業レベルの特化と優位性が「水平的特化（horizontal specialization）」を規定する．このことに対応して，高賃金国間では水平的特化も発展する．

「集積力」は，知識のスピルオーバーなどによって生じるクラスター形成を促進し，海外移転を抑制する．集積力は，2つの因果関係として生じると説明される．①需要によって結びついた循環的因果関係：巨大市場における企業シェアの拡大→再投資による需要支出構造の変化→市場規模の拡大→巨大市場の利益が再投資を生む→巨大市場における企業シェアの拡大という循環的因果関係である．②供給によって結びついた循環的因果関係：巨大市場における

企業シェアの拡大→再投資が投入財の費用構造の変化を生む→拡大した市場における投入物の供給拡大→巨大市場の利益が再投資を生む→巨大市場における企業シェアの拡大という因果関係である．一般的にいって，需要側の因果関係は経済全体にわたるが，供給の因果関係は産業部門レベルで作用する．

グローバル・サプライチェーンの動態を規定する3つの要素

グローバル・サプライチェーンの動態は，つぎの3つの要因によって規定される．第1に，情報技術と調整技術である．調整技術が情報技術とともに十分に発達すると，国々をまたがって生産段階の複雑なサプライチェーンが拡大する．これにたいして，調整技術が情報技術ほど発展しないと，複雑性の低いより分極化したサプライチェーンが形成される．第2の要因は，賃金格差である．国・地域のあいだの賃金格差が拡大すると垂直的中間財貿易が発展し，これにたいして，国・地域間の賃金格差が縮小すると水平的中間財貿易が発展する．第3の要因は，貿易・輸送費用で，これが増加すると，より近い地域への海外移転となり，地域的サプライチェーンが形成される．これにたいして，これが減少するとよりグローバルな規模で調達が行なわれ，グローバル・サプライチェーンが展開する．

(3) 賃金格差と生産段階の海外移転の「雁行形態」

産業の海外移転は，後進国に向かって均等に行なわれるのではなく，産業集積からの利益を得るために特定地域に集中する傾向がある．生産拠点の賃金が上昇すると，つぎの国・地域が海外移転先として選ばれる．大きな国際的賃金格差がある東アジアでは，雁行形態パタンをもって産業クラスターがつぎつぎに移転していくことが起こりやすいのである（図12-5）．とくに，低技能労働者で生産可能な生産段階は，低賃金国にシフトしていくのである[10]．

要約すると，国際間賃金格差の縮小は，グローバル・サプライチェーンの編成に，つぎの2つの影響を与える．第1に，賃金格差の縮小が生じた国の間で貿易特化の性質を変化させ，特化は「水平的特化」の性質をもつようになる．

図 12-5　国際的賃金格差：製造業の時間あたり賃金

[棒グラフ：2008年]
- Japan
- Singapore
- Korea
- Taiwan
- Philipp
- China
- Germany
- NL
- France
- Italy
- UK
- Portugal
- Czech
- Poland
- US
- Canada
- Mexico

（横軸：$0～$50）

（出所）　Baldwin（2012），Figure 13．US Bureau of Labor Statistics, Labor Comparison より作成されたものである．

　第2に，海外移転先の賃金上昇は，より後発的な低賃金諸国・地域を含むようなサプライチェーンの地理的拡張をもたらす．

　したがって，グローバル・サプライチェーンの展開が，もっぱら大きな賃金格差のみに規定されていると考えるのは誤りであると，ボールドウィンは指摘している．現在の世界経済においては，「水平的特化」が進んでいて，そこでは企業レベルの優位性（firm-level excellence）にもとづいてサプライチェーンが発展しており，これによって産業内貿易が深化している．生産段階の分離と南北サプライチェーンの拡大にもかかわらず，水平的特化型の産業内貿易は，高所得国間で優位に展開している[11]．ただし，「垂直的特化」に関しては，東アジアでは，「雁行形態」が依然としてみられ，後進国において賃金が上昇すると，低技能で対応できる生産段階をさらなる低賃金国へと移転させている点も強調されている[12]．

　ボールドウィンの理論における賃金格差や所得水準の変化と「雁行形態パタ

ン」との関係は，つぎのようにまとめることができる．賃金水準や所得水準の格差の縮小は，必ずしもサプライチェーン貿易の拡大を抑制するものではなく，企業レベルの優位性による水平的特化が重要な役割を果たす．また，同時に，中国と東南アジア諸国などの低賃金国とのあいだでは，とくに生産工程段階の海外移転に関して，「雁行形態パタン」が発生している．ボールドウィンの理論では，「雁行形態」は産業発展のパタンとしてではなく，生産工程の海外移転のパタンとして再定式化されているのである．これは，のちに次節で詳しくみることにしたい．

5．国際生産ネットワーク・付加価値貿易を考慮した雁行形態発展論の再構成

グローバル・バリューチェーンと国際生産ネットワークが発展しているなかで，「雁行形態発展論」は，国民経済の産業発展を説明する理論としては大きく修正を迫られているが，ボールドウィンが主張するように，生産工程の諸段階の海外移転，とくにその「垂直的特化」を規定する論理としては現在でも強く作用しているといえる．ただし，高所得国同士での「水平的特化」も重要な役割を演じており，それを規定しているのは，賃金格差ではなく企業レベルでの優位性である点は同時に注意を要する．

ここでは，リカード貿易理論の延長線上に，しかも，国際生産ネットワークにおける生産工程の海外移転の雁行形態的特徴を考慮して，国際的な生産ネットワークと中間財貿易について理論化を試みることにしたい．そのさい，国際産業連関分析と付加価値貿易分析を念頭におき，中間投入構造を明確化しつつ理論化を試みる．

(1) 中間財輸入にともなう国際的生産誘発効果

まず，問題を産業連関分析における数量体系から考えることにしよう．ここでは，中間財輸入を明示的に扱う「非競争輸入型産業連関表」を用いて分析す

る．x は総産出ベクトル（列ベクトル），A は投入係数行列，I は単位行列，y は最終需要ベクトル（列ベクトル）をあらわしている．投入係数行列 A は，国内調達比率行列 H と技術係数行列 A_T (technology coefficient) とに分割される（この理論的操作は，Franke and Kalmbach（2005）によっている）．国内調達比率行列の要素は，中間投入のうちの国内調達の比率である．

$$A = H \circ A_T$$

これは，アダマール積であって，投入係数行列 A の要素は，国内調達比率行列 H と技術係数行列 A_T のそれぞれの行列内の要素の積となる．

$$a_{ij} = h_{ij} \cdot a_{T,\ ij}$$

これを用いて，輸入中間財投入係数行列 A_M の要素は，つぎのようになる．

$$a_{M,\ ij} = (1 - h_{ij}) \cdot a_{T,\ ij}$$

すなわち，

$$a_{T,\ ij} = a_{ij} + a_{M,\ ij}$$

この輸入中間財投入係数行列の要素は，中間投入のうちの海外からの輸入中間財の投入係数である．これにもとづき，最終需要が増加にたいする生産誘発効果は，つぎのように説明される．技術係数行列は，生産過程の技術体系によって決まり，国内調達比率行列は，中間財費用を考慮した企業の中間財調達戦略に依存して決まる．ここで，最終需要 y と総産出 x との関係は，産業連関分析の通常の手続きにしたがって，「レオンチェフ逆行列」を用いてつぎのようにあらわされる．

$$\begin{aligned} x &= y + Ay + A^2 y + A^3 y + \ldots \\ &= [I - A]^{-1} y \end{aligned}$$

これに対応して，最終需要の増加にともなう中間財輸入の誘発効果によって規

定される総輸入中間財ベクトル m（列ベクトル）は，つぎのようになる．

$$m = A_M y + A_M A y + A_M A^2 y + \ldots$$
$$m = A_M [I-A]^{-1} y$$

ここで，式の第1項は最終需要に対応する生産に必要となる輸入中間財の増加であり，第2項以降は最終需要による国内生産誘発にともなう中間財の輸入誘発の連鎖である．このように，短期的には技術係数行列 A_T が不変のもとで中間財輸入が誘発されるが，この過程が進行する期間においては「生産要素代替」は存在せず，レオンチェフ的な数量調整過程が進行すると考えられる．

最終需要には輸出も含まれている．そのため，1国の産業連関表ではなく，多国・多産業よりなる国際産業連関においては，つぎのような連鎖が生じることが確認できる．まず自国の中間財輸入＝他国の中間財輸出は他国の生産を誘発し，それはさらにその国の中間財輸入を発生させる．そして，それがさらに他国の中間財輸出をもたらす，といった国際的な中間財貿易の連鎖反応が起こることになる．ボールドウィンの言葉でいえば，「後方連関サプライチェーン貿易」の連鎖が生じるのである．これを国際産業連関表の枠組みであらわすことにしよう．世界全体の投入係数行列（多国・多産業）を A_W とし，多国・多産業の最終需要ベクトルを y_w とする．また国際産業連関表に対応させて，すべての国の自国投入係数からなる行列 A_S，多国・多産業の輸入中間財投入係数行列を A_{WM} であらわす[13]．このとき，つぎの式が成り立つ．

$$A_W = A_S + A_{WM}$$

したがって，世界全体の中間財貿易ベクトル m_w（列ベクトル）はつぎのようにあらわすことができる．

$$\begin{aligned} m_w &= y_w + A_W y_w + A_W^2 y_w + \ldots \\ &\quad - (A_S y_w + A_S^2 y_w + \ldots) \\ &= [I-A_W]^{-1} y_w - [I-A_S]^{-1} y_w \end{aligned}$$

ここで重要なことは，この数量調整の連鎖が進行する時間は，生産技術が大きく変化する時間よりも十分に短いことであり，そのため，自国投入係数行列と輸入中間財投入係数行列が一定のもとで数量調整過程が進行する点である．いいかえれば，中間財輸入にともなう中間財貿易の誘発の連鎖は，生産要素間代替を仮定するヘクシャー・オリーン理論から導き出される論理ではなく，生産要素間代替を仮定しない古典派的数量調整の論理なのである．

(2) 付加価値貿易とグローバルな古典派生産費用論

近年，国際生産ネットワークの発展と中間財貿易の拡大によって，「付加価値貿易」が注目されるようになってきた．「付加価値貿易」とは，貿易される財を生産するために使われる輸入中間財に含まれている外国の付加価値を考慮に入れて貿易額を再定義するものである．たとえば，日本から中国へ輸出される中間財を用いて中国で最終組み立てが行なわれ，最終財が中国からアメリカ合衆国に輸出される場合，日本で生産された付加価値がアメリカ合衆国に輸出されたものとみなすことになる．

ここでは，「付加価値貿易」がもつ理論的含意について，確認することにしよう．輸入中間財のなかには，世界各国で作られて付加価値が含まれている．これを国際産業連関表（世界全体で一物一価で価格ベクトル p（行ベクトル）を仮定する）を用いて確認することができる．いま，世界全体の投入係数行列（多国・多産業）を A_W とし，各国・各産業の付加価値率を要素とする対角行列（付加価値率行列）を V とする．国際産業連関表に対応させて，輸入中間財投入係数行列を多国・多産業に拡張し，これを A_{WM} であらわす．このとき，最終財1単位と輸入中間財1単位のなかに含まれる各国・各産業の付加価値 V^W（行ベクトル）は，つぎの式であらわされる．

最終財の場合は，

$$V^W = pV + pA_{WM}V + pA_{WM}^2 V + pA_{WM}^3 V + \ldots$$
$$= p[I - A_{WM}]^{-1} V$$

輸入中間財の場合は，

$$V^W = pA_{WM}V + pA_{WM}^2 V + pA_{WM}^3 V + \ldots$$
$$= pA_{WM}[I - A_{WM}]^{-1}V$$

これによって，各国各産業における最終財1単位と輸入中間財 pA_{WM} 単位に含まれている各国・各産業の付加価値が確認できる．つまり，輸入中間財＝他国輸出財は，その国の国内付加価値と輸入中間財に含まれる付加価値に分解される，という連鎖が分析されているのである．これは，商品の価値をそれを生み出すために使用される中間財の付加価値の連鎖として把握するという古典派経済学的分解に類似している[14]．したがって，「付加価値貿易」の枠組みは，古典派経済学的理解を国際産業連関分析に適用したものと考えることができる．また，この理解からは，全世界のすべての商品1単位あたりの付加価値によって構成される付加価値ベクトルを v （行ベクトル）とすると，価格 p は，付加価値の級数和としてつぎの式で表すことができる．

$$p = v + vA_W + vA_W^2 + vA_W^3 + \ldots$$
$$= v[I - A_W]^{-1}$$

これを用いて，横川のいう「単位労働付加価値（VAL）」（生産物の付加価値÷労働投入量）についても，つぎのように定式化できる．「単位労働付加価値」からなる対角行列 α とし，世界全体の労働投入係数ベクトル（行ベクトル）を l_W とすると，つぎのようにあらわすことができる[15]．

$$p = l_W \alpha [I - A_W]^{-1}$$

横川が指摘しているように，この「単位労働付加価値」α の動態は産業発展にとって重要な変数であり，各産業の労働生産性の動態とグローバルな価格体系を反映する．ここで興味深いのは，国際生産ネットワークの発展と中間財貿易の拡大という現実が，このような古典派経済学的理解の復活を迫っていることである．

(3) 産業レベルの比較優位と生産工程間の比較優位

産業レベルの比較優位にたいする中間財輸入の影響

多国間の同一産業の比較優位を考える場合には，各国で中間投入費用が異なり，さらにそれが中間財輸入によって影響を受ける点が重要である．この点を，Fujimoto and Shiozawa（2011-2012）のモデルを多少修正して分析することにしたい．J国の生産費用：$w_J a_{J0} + \langle a_{J+}, p \rangle$，C国の生産費用：$w_C a_{C0} + \langle a_{C+}, p \rangle$ とする．それぞれの国の中間財投入のなかには，海外からの輸入中間財が含まれており，中間財輸入の発展によって生産費用が大幅に低下することがありうる．

図 12-6 にみられるように中間財貿易によって中間投入費用が大きく減少し，しかも賃金費用は変化しない場合には，たとえまだ中間投入費用が相対的に高くても，賃金費用が十分に低いので後進国は比較生産費のうえで優位な位置に立つことができる．このような変化は，「雁行形態」の「飛び越え」を意味している．したがって，中間財の輸入は，しばしば中間投入費用を減少させることによって「飛び越え」を促進し，異なった発展段階の産業の共存を発生させ

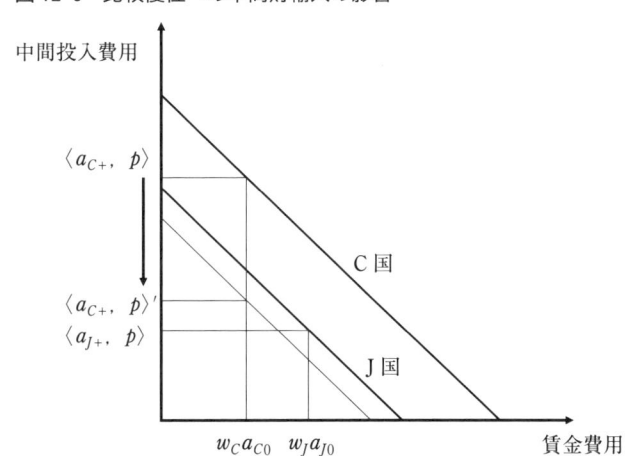

図 12-6　比較優位への中間財輸入の影響

るのである．これは，実際に中国において生じてきたことである．

　しかし，同時に注意する必要があるのは，中間財を輸入した際の一国の付加価値生産における変化である．中間財輸入の増加は，生産技術が不変とすれば，国内で形成される付加価値の減少をもたらす．この点を，国民経済を対象とし，古典派的生産価格体系を用いてあらわすことにしよう．ここで，グローバル・バリューチェーンと中間財貿易は，多国籍企業によって担われていると考える．多国籍企業は，寡占的市場環境のもとで活動しているので，マークアップ・プライシングによる価格決定が行なわれるものと想定される[16]．投入係数行列：A，輸入中間財投入係数行列：A_M，マークアップ率：m，輸入財価格：p_m，貨幣賃金率：w，労働投入係数ベクトル：l とするとつぎのようになる．

中間財輸入が存在しない場合：

$$p = (1+m)(pA + wl)$$
$$ = pA + mpA + (1+m)wl$$
$$p = (1+m)wl[I - (1+m)A]^{-1}$$

中間財輸入が存在する場合：

$$p = (1+m)(pA + p_m A_m + wl)$$
$$ = pA + (1+m)p_m A_m + mpA + (1+m)wl$$
$$p = (1+m)(p_m A_m + wl)[I - (1+m)A]^{-1}$$

両方のケースにおいて，付加価値は，$mpA + (1+m)wl$ で与えられる．先にみたように技術体系を一定とすれば，輸入中間財投入係数行列の要素が上昇すれば，投入係数行列の要素が減少し，付加価値が減少する．ここで，マークアップ率 m と賃金率 w との関係についていえば，通常のスラッファ体系と同様に，マークアップ率 m が先決的に決まれば，賃金率 w はそれに対応して決まる．しかし，実際の決定プロセスは，どちらが先決であるとは必ずしもいえない．価格決定と賃金決定の制度的調整様式によってさまざまなパタンが存在している[17]．ここで重要なことは，このように中間財輸入に大きく依存した後進国

表 12-2 中国・日本・韓国のマクロ的費用構造 (単位：%)

	中国 2000	中国 2007	中国 2009	日本 2000	日本 2007	日本 2009	韓国 2000	韓国 2007	韓国 2009
国内中間財投入	55.67	59.39	58.72	43.68	43.75	43.49	44.25	46.22	47.5
中間財輸入	5.63	7.61	7.85	2.79	5.19	3.92	11.4	12.28	13.37
付加価値	38.34	32.54	32.9	53.36	50.78	52.33	41.05	38.55	36.12
雇用者所得	19.45	13.67	13.78	30.79	28.73	29.37	30.65	27.95	26.35
営業余剰その他	18.89	18.87	19.12	22.57	22.05	22.96	10.4	10.6	9.77
生産物純課税・国際運輸費	0.36	0.46	0.53	0.17	0.28	0.26	3.3	2.95	3.01
総産出量	100	100	100	100	100	100	100	100	100
労働分配率	50.73	42.01	41.88	57.70	56.58	56.12	74.67	72.50	72.95

（出所）World Input-Output Database（WIOD）より作成．

は，技術体系が十分に高度化しない場合には，国内付加価値比率が低下する可能性があり，しかも国内価格が輸入中間財価格の変動を受けやすくなることである．表12-2は，中国，日本，韓国それぞれの経済の費用構造を，World Input-Output Database（WIOD）にもとづいて計算したものである．ここから，中国の付加価値の比率が小さいことがみてとれる．

また，経済発展にかかわって重要な点，「付加価値貿易」が横川が指摘する「ダイナミックな産業」にもつ含意である．現在，中国やインドにみられるように，後進国の「ダイナミックな産業」が，中間財の輸入に大きく依存している点であり，それは産業の発展における自律性を阻害する可能性をもつだろう．

企業レベルの生産工程段階の比較優位と「雁行形態」

多国籍企業が生産工程を海外移転する場合に，その多国籍企業は中間財の取引をグローバルにコントロールできるので，生産立地国間で中間投入の調達費

用はほぼ等しいと仮定することができる（この仮定は，本書第5章の仮定にある程度対応している）．このため，ボールドウィンが指摘するように，生産工程段階の海外移転については，賃金格差にもとづく「雁行形態論」の論理が働くこととなる．

ボールドウィンの説明（Boldwin and Robert-Nicoud 2007）に基づき，それを以下のように整理できる．ここでは，生産工程を低技能の生産工程（L）と高技能の生産工程（H）に区別する．生産工程を海外に移転するさいの決定は，労働の質（高技能・低技能）と賃金格差に規定されている．この状況における，J国（先進国）とC国（後進国）の労働投入係数を示したのが，つぎの表である．

	高技能工程	低技能工程
J国	a_{JH}	a_{JL}
C国	$\lambda_H a_{CH}$	$\lambda_L a_{CL}$

ここで，後進国C国における生産過程においては，制度や市場の未発達によって，先進国J国にはない独自の調整費用が存在すると仮定する．そのため，後進国では労働生産性に負の効果が生じ，労働投入係数が増幅される．それをλ_H，λ_L（>1）であらわす．また，J国の高技能労働者の賃金W_H^Jを，J国の低技能労働者の賃金をW_L^J，C国の高技能労働者の賃金をW_H^C，C国の低技能労働者の賃金をW_L^Cとする．

このとき，生産工程の海外移転により生産工程間国際分業が成立する条件は，つぎのようになる．

$$W_L^J a_{JL} > W_L^C \lambda_L a_{CL}, \quad W_H^J a_{JH} < W_H^C \lambda_H a_{CH}$$

ここで，後進国のC国において高技能工程の調整費用は低技能工程の調整費用よりも大きくなるので，$\lambda_H > \lambda_L$となる．この調整費用の条件のもとでは，低技能の生産工程段階は，比較的容易に低賃金国に移転していくことになる．ここには，生産工程段階レベルでの「雁行形態論」の論理が作用している．さ

らに，移転先の国・地域で賃金が上昇し始めれば，低技能工程はさらに低賃金の国に移転される．

以上のような生産工程の「雁行形態型」の海外移転によって，各国・各産業の生産技術も変化する．これは，国際産業連関表における投入行列を変化させることになる．今後，産業レベルの国際分業の論理と生産工程段階レベルの海外移転（オフショアーリング）の論理とを統一的に理論化することが必要となろう．生産工程の海外移転にともない投入係数と輸入中間財投入係数が変化することになるが，それを分析することは大きな課題である[18]．

(3) 動学的規模の経済と「雁行形態発展論」——いくつかの研究課題

赤松の「雁行形態発展論」のオリジナルが問題関心は，地域において相互依存的発展をとげる各国産業の長期的動態であった．したがって，それはたんに比較生産費による貿易パタンの決定や生産活動の低賃金国へのシフトを論じたものではない．したがって，横川が「ダイナミック産業」の重要性を強調している点や Ozawa (2010) がイノベーションによる「構造的高度化」と「動学的効率性」を論じている点は，今後の理論展開にとって重要な示唆を与えている．そのさい，どのような「ダイナミック産業」がどのようなイノベーション・パタンをもって発展していくのか，考察することが必要なものとなろう．この点では，小沢（Ozawa）が「雁行形態発展論」とイノベーションに関するシュンペーター動学とを結びつけようとしている点は示唆に富むものである．この研究課題に関しては，すでにネオ・シュンペータリアンやレギュラシオン理論による研究の蓄積がある．また，そのような動態を動学的多部門モデルで分析することも行なわれてきた．今後，このような研究をふまえて，グローバル・バリューチェーンのもとでの産業動態と国際的な生産・貿易の動態を統合する分析が必要となっているのである．

つぎに，多国籍企業の活動と中間財輸入の増大が，国民経済の発展に与える影響の問題がある．ここでもっとも重要な点は，中間財投入を海外からの輸入に大きく依存する場合には，ハーシュマンが経済発展において重視する国内の

「後方連関効果」が弱まる可能性があることである（Hirshman 1958）．問題は，それによって国民経済内部における産業の「動学的規模の経済」の働きが弱まるのではないかと危惧される．これには，技術移転，国内需要の形成および海外需要の拡大，労働者の技能などさまざまな要因がかかわるので簡単に結論づけられないが，重要な研究課題である．

また，先進国にたいしては，グローバル・バリューチェーンがその長期的な「脱工業化（de-industrialization）」の過程にどのような効果をもつかということが問題となる[19]．この点は，グローバル・バリューチェーンから得られる利益がどのように分配され，それが先進国と後進国の産業発展にいかに貢献するかということにかかわっている（Milberg and Winkler 2013）．これは，各国の経済制度にも依存する．このように，現在の東アジアで「雁行形態発展論」を修正・発展させるためには，国内および海外の後方連関効果の変化と産業構造の高度化の重層的関連を理論化していかなければならないだろう．

6．おわりに

これまで，「雁行形態発展論」の理論構造を検討し，国際生産ネットワークと中間財貿易の増大という現実を念頭において，その理論的妥当性と修正・発展の可能性を検討してきた．これまでの考察から得られた結論は，以下のようにまとめることができる．

第1に，赤松要「雁行形態発展論」は，比較生産費説を動態化することによって産業発展と貿易を説明した壮大な理論であって，古典派貿易理論の枠組みを発展させたものとして理解できる．そのさい，短期的な生産要素間代替と要素価格均等化が仮定されていないことは，きわめて重要である．したがって，赤松理論の現代的解釈においてしばしばみられる傾向，ヘクシャー＝オリーン（H-O）理論にもとづいてこれを解釈するという傾向は，赤松のオリジナルな発想を反映したものとは必ずしもいえない．

第2に，横川信治による「ダイナミック産業」の導入は，「雁行形態発展論」

を動態化させて発展させる試みとして示唆に富むものである．経済発展過程における「ダイナミック産業」の「単位労働付加価値」の動態を理論化する試みは，重要な理論的作業となる．しかし，今日のグローバル・バリューチェーン（GVC）の発展をみると，後進国における「ダイナミック産業」が，国際生産ネットワークに組み入れられ，中間財輸入に大きく依存したものとなっている点は無視できない．実際，中国では外国からの中間財輸入によって国内付加価値形成が低水準に留まっていることは，中国の製造業の発展パタンの構造的問題点として注意する必要がある．

第3に，東アジアにおいては，中間財貿易が総貿易の50パーセントを超えており，アジア資本主義の経済発展パタンを分析するうえで，このことは無視できない．中国においては，さまざまな水準の消費財輸出と資本財輸出が共存し，その生産のために外国から多量の中間財輸入が行なわれている．しかも，輸出されている製造業製品の生産の半分以上が外資系の多国籍企業によって担われているのである．このような構造的特質をもった中国が，東アジアにおける付加価値貿易の中心に位置している．このため，中兼がいうように，中国の発展パタンを従来型の「雁行形態発展論」で説明するのは難しい．

第4に，塩沢・藤森によるリカード比較優位論の理論化は，古典派経済学の理解にそって「雁行形態発展論」を修正・発展させるうえで基礎理論となる．国際生産・貿易ネットワークを比較生産費の観点から分析するその視角は，現在においてまさに意義あるものである．ただし，グローバル・バリューチェーンと中間財貿易の効果をより明示的に導入することが必要であり，中間財貿易の効果によって「飛び越え」や産業の共存が生じる可能性があることに注意する必要がある．そのさい，生産費のうち賃金費用の比較だけでなく，中間投入部分の費用の比較も重要なものとなろう．また，産業の比較優位と生産工程の比較優位を区別して論じることが必要となる．

第5に，ボールドウィンによるグローバル・サプライチェーンの理論化は，国際産業連関表と付加価値貿易統計を基礎として，生産工程―企業―産業―国際貿易の連関全体を説明する理論を構築しようとするものである．生産構造と

産業構造を基礎に中間財貿易の理論を展開している点で，古典派国際分業論の発想を継承するものといえる．そこで示されている「垂直的特化」と「水平的特化」の区別は，現在の国際分業を考えるうえで重要である．また，生産工程の海外移転によって発展する「垂直的特化」に関しては，賃金格差の効果が大きく，依然として「雁行形態論」の論理が働いているという指摘は示唆に富むものである．

第6に，以上の考察をふまえると，つぎのように「雁行形態発展論」を修正し発展させ，中間財を含んだ生産と貿易の理論を展望することができるだろう．

① 産業レベルの比較優位においては，中間財輸入の影響を無視することはできず，中間財輸入が増加した場合，中間投入費用が変化することから比較優位が逆転し，「飛び越え」が起こる可能性がある．このことによって，「雁行形態論」は修正を迫られる．

② 中間財輸入から生じる国際的な生産・貿易の誘発の動態に関しては，短期的に作用する後方連関効果なので，この期間内に技術変化や生産要素間代替は生じない．したがって，この過程の説明には，ヘクシャー・オリーン（HO）理論の生産要素間代替ではなく，レオンチェフ型の数量調整過程の理論が適しており，そのいっそうの理論化が必要となっている．

③ 現在，付加価値貿易の重要性が指摘されるようになっているが，これは商品の価値を生産における付加価値の後方連鎖に分解する古典派経済学の発想である．グローバル・バリューチェーンと中間財貿易という現実が，古典派貿易論の復活を要請しているのである．ただし，中間財輸入が増加すると，それにともなって技術体系が高度化しないかぎり，国内における付加価値形成力が低下する可能性があり，外国で生産された付加価値の輸入が増えることになる．また，付加価値貿易が，後発国の「ダイナミック産業」の後方連関における外国への依存性を強め，国内後方連関を弱める結果となっている点も無視できない．

④ 生産工程レベルでの比較優位に関しては，多国籍企業にとっては海外移転

先間での中間財費用に大きな差はないので，賃金格差と生産過程の調整費用が重要な役割をはたす．それによって，高技能生産工程と低技能生産工程との間で，工程間国際分業が発展している．これは，国際産業連関構造と技術構造を変化させる．そこでは，移転先の国で賃金が上昇すると低技能生産工程は，さらに賃金の低い国へと移転するというかたちで，「雁行形態」が依然と成立している．

本章では，現在急速に発展しつつある国際生産・貿易ネットワークの現実を踏まえて，「雁行形態発展論」と国際貿易の理論を検討してきた．ここで示してきた考察は，今後発展されるべき新しい国際生産・貿易理論のための主要な理論的論点の確認にとどまっている．今後，国際価値論・付加価値貿易論，国際数量調整過程分析，グローバル・バリューチェーンとイノベーション・システムの分析，そして経済統合のもとでの産業発展パタンの分析などを含むあらたな理論的発展が望まれているのである．

1) 現在のアジア資本主義の特徴は，各国の制度的多様性と強い相互依存性である．この点については，Boyer, Uemura and Isogai（2012）および植村・宇仁・磯谷・山田（2014）における分析を参照されたい．また，山田（2008）は，資本主義の「段階と類型」の問題を整理している．
2) 赤松による「異質化」と「同質化」の動態的論理は，これまで経済理論によって十分注目されてはこなかった．赤松には，異質的経済関係は，相互に「補完的関係（complementary relation）」を生み出す可能性があるという興味深い指摘もある（Akamatsu 1962, p.4）．資本主義の多様性論（Varieties of Capitalism）」に関する研究が進み，資本主義の多様性と相互依存性の動態が重要な研究課題となっている現在，赤松の「異質化」と「同質化」の論理も再検討されてよいように思われる．
3) Ozawa（2004；2009；2010）は，シュンペーターの観点を導入し，「雁行形態論（flying-geese theory）」を海外に向かって紹介している研究であるが，この過程を「構造的高度化（structural upgrading）」と呼んで重視している．とくに，国民経済における資本の賦存量は資本蓄積の「結果」であり，資本主義のもとで成長と構造変化をもたらすものはイノベーションである点を強調している（Ozawa 2009, p.43）．この点は，赤松の「第2形態」を理解するうえで，きわめて重要な指摘であるよう

に思われる．

4) 小島自身は，この点について「赤松オリジナルでは近代経済学の手法による雁行形態論（基本型と変型）の理論化は果たされていない．そういうモデル化の努力が小島によって試みられた」（小島清 2003, p.4）と説明している．
5) 池間誠（2009）の各章は，赤松要，小島清と続く研究史をふりかえり，ラーニング・バイ・ドゥーイングや財のバラエティーなどを考慮した現代の貿易理論をも取り込むことによって，現時点で「雁行型経済発展」の理論を精緻化することを試みたものである．
6) Ozawa（2004；2009；2010）も，産業構造転換をともなった発展過程における「動学的比較優位（dynamic comparative advantage）」の重要性を強調している．
7) 中兼和津次（2012）においては，Tung（2003）など中国の研究者による研究も丁寧に紹介されている．
8) 中国における，外資系多国籍企業の比重については，つぎのような公式の指摘がある．「外資企業は中国経済の発展において重要な推進作用を果たしている．2008年には全国の企業数の3％にあたる外資系企業が，鉱工業生産額では全体の29.7％，納税額では21％，輸出額では55.3％を占め，中国で直接雇用する従業員数は4500万人に達した．」（『人民網日本語版』2009年11月24日）．また，中国経済にたいする日系多国籍企業の影響について国際産業連関分析を行なったものとしては，Wang, Shrestha and Uemura（2011）を参照されたい．
9) 生産性格差と賃金格差の動態が価格体系に与える影響については，国内経済の動態に関して「生産性格差インフレーション」として論じられてきた（高須賀義博 1965, Pasinetti 1981）．この論理を国際分業の分析に応用することは，重要な課題である．
10) Ozawa（2010）も，「産業内垂直的フラグメンテーション」の論理として，たとえ高度な産業であってもローエンドの工程（標準化された部品生産工程や低付加価値の最終組立工程）を低賃金地域へと移転する論理が働いている点を強調している．
11) 「水平的特化」に関する研究は，すでに1960年代において先進国間で直接投資の相互浸透が顕著になった時代から行なわれている．この問題に関する最初の記念碑的研究成果は，Hymer（1976）である．また，宮崎義一（1982）も参考になる．
12) また，ボールウィンの理論に影響を受けて世界経済の分析を行なっているGonzales-Lopez（2012）は，経済発展における所得水準の上昇とサプライ・チェーン貿易の変化について，所得上昇にともなって，「後方連関サプライチェーン貿易（backward supply chain trade）」（グローバル・サプライチェーンから中間財を購入）から「前方連関サプライチェーン貿易（forward supply chain trade）」（グローバル・サプライチェーンへの中間財の販売）への転換が生じていると主張しているが，この点はボールドウィンとゴッザレス自身が，今後の検証課題としている（Baldwin

and Lopez-Gonzalez 2013).

13) 多国・多産業の枠組みにおいて「輸入中間財投入係数行列」がいかに決まるかという点については，理論的には Shiozawa（2007）および本書第5章で示されているように，各国・各産業で生産費を最小化する技術が選ばれるのにともなって決まることになる．そのさい，生産要素の代替と要素価格均等化は生じない．ただし，現実経済における決定には，生産費以外の要素が入り込むかもしれず，国際産業連関分析の専門家からは輸入中間財投入係数行列がさほど安定しないことがしばしば指摘されている．この点は，理論と実証の両面から検討すべき課題である．

14) ただし，通常の「付加価値貿易」の統計においては，国内中間投入を付加価値の連鎖に分解する操作までは行なわれていない．

15) この式からわかるように，横川が「単位労働付加価値」と定義しているものは，実証的にはしばしば「付加価値生産性」と呼ばれ，また U. クラウゼが「還元係数」と呼んだものと同じものであり，貨幣評価の付加価値と投入労働量とを結びつける式である（Krause 1979）．「単位労働付加価値」と「垂直統合労働投入係数（労働価値）」のいずれが有効かという点については，分析対象と分析視角によって使いわけることができるだろう．価格体系との関係を問題にしているときには「単位労働付加価値」が有効で，労働生産性や雇用誘発量を問題とするときには，「垂直統合労働投入係数」が有効であると思われる．

16) マークアップ・プライシングは，現代寡占企業の価格形成方式であり，オックスフォード調査によって明確になったものである（宮崎義一 1967）．また，グローバル・バリューチェーンのもとでの多国籍企業の価格形成において，マークアップ・プライシングが重要である点については，Merberg and Winkler（2013）の説明が参考になる．

17) マークアップ率（あるいは利潤率）と賃金率のどちらを先決するか．あるいは両者を同時に調整するメカニズムが存在するとすれば，それをどのように定式化できるかは，古典派生産価格論の古くて新しい問題である．ここでは，価格は寡占価格として決定され，賃金は労働市場と労働制度によって決まるものと考えている．両者は，企業の組織と価格戦略，さらには賃金交渉制度をつうじて結びついている．

18) たとえば，ボールウィンは，生産工程の海外移転を「資源の移転」として定式化している（Baldwin and Robert-Nicoud 2007）．

19) 先進国の脱工業化については，Rowthron and Wells（1987），原田裕治（2007）および田原慎二・植村博恭（2014）を参照されたい．今後，「雁行形態発展」と先進国の脱工業化との動態的関連は，重要な研究テーマとなるだろう．

参 考 文 献

アーサー，W. B. 2011 『テクノロジーとイノベーション』みすず書房
青木昌彦 1979 『分配理論』筑摩書房
赤松要 1935 「吾国羊毛工業品の貿易趨勢」『商業経済論叢（名古屋高商）』第13巻上冊，pp.129-212
赤松要 1937 「吾国経済発展の綜合弁証法」『商業経済論叢（名古屋高商）』第15巻上冊，pp.179-210
浅田統一郎 1995 「ネオ・リカーディアンの地代理論とマルクス＝置塩＝森嶋の定理」平井俊顕・野口旭編『経済学における正統と異端：クラシックからモダンへ』昭和堂 pp.283-309
有賀裕二 2004 「進化経済学の数理入門」共立出版
アレン，R. C. 2012 『なぜ豊かな国と貧しい国が生まれたのか』NTT出版（原題はGlobal Economic History／A Very Short Introduction）
アンダーソン，Ch. 2006 『ロングテール』早川書房
池尾愛子 2008 『赤松要』日本経済評論社
池間誠 2009 『国際経済の新構図——雁行型経済発展の視点から』文眞堂
市川惇信 1996 『ブレークスルーのために』オーム社出版局
伊東光晴 1965 『現代価格理論の構造』新評論
井上義朗 2013 「P. H. ウィクスティード」『週刊エコノミスト』2013年7月9日号，pp.48-49
岩田規久男・宮川努編 2003 『エコノミックスシリーズ 失われた10年の真因は何か』東洋経済新報社
上宮正一郎 1979 「ジェヴォンズとフレミング・ジェンキン」『国民経済雑誌』（神戸大学）**140**(2)：68-90
内井惣七 1995 『科学哲学入門』世界思想社
植村博恭 2004 「「選択と集中」と雇用システム——バリューチェーン変化のもとでの雇用と内部労働市場の職種別分析」都留康編 『選択と集中 日本の電気・情報関連産業における実態分析』有斐閣
植村博恭 2011 「日本経済の制度変化と成長体制：新たな構造的危機へ」 宇仁宏幸・山田鋭夫・磯谷明徳・植村博恭（2011）第2章，pp.58-118
植村博恭・宇仁宏幸・磯谷明徳・山田鋭夫 2014 『転換期のアジア資本主義』藤原書店
宇野弘蔵 1962 『経済学方法論』『宇野弘蔵著作集』第9巻（1974）所収 岩波書店

宇野弘蔵　1970　『経済政策論』『宇野弘蔵著作集』第7巻（1974）　岩波書店
浦田秀次郎　2012　「東アジアにおける地域経済統合」　浦田秀次郎・金ゼンマ編著『グローバリゼーションとアジア地域統合』勁草書房　第4章，pp.91-125
エスカット・猪俣哲史　2011　『東アジア貿易構造と国際価値連鎖：モノの貿易から「価値」の貿易へ』アジア経済研究所
岡本祐次　1975　「J. S. ミルの価値尺度論について（1）」『三重法経』（三重短期大学）32
置塩信雄　1965　『資本制経済の基礎理論』創文社
小野善康　1998　『景気と経済政策』岩波新書
カウフマン，S. 2008　『自己組織化と進化の論理――宇宙を貫く複雑系の法則』ちくま学芸文庫．原著は The Origins of Order: Self-Organization and Selection in Evolution, 1993
カウフマン，S. 2002　『生命と宇宙を語る』日本経済新聞社
金子勝　2008　『閉塞経済――金融資本主義のゆくえ』　ちくま新書
川俣雅弘　2000　「訳者解題　P. H. ウィクスティード『分配法則の統合』」
木村福成　2009　「東アジア経済の新たな潮流と雁行形態論」　池間編（2009）　第6章，pp.141-162
クルーグマン，P. 1997　『自己組織化の経済学――経済秩序はいかに創発するか』　東洋経済新報社
クレーゲル，J. 2013『金融不安定性の理論と現実：ミンスキー・クライシスの解明』横川信治編・監訳日本経済評論社近刊
経済産業省（各年）『通商白書』ぎょうせい
厳成男　2011　『中国の経済発展と制度変化』京都大学学術出版会
小島清　1950　「リカァドォの国際均衡論」『一橋論叢』（一橋大学）**24**(1)：25-56
小島清　1951　「J. S. ミルの国際均衡論」『一橋論叢』（一橋大学）**26**(3)：317-344
小島清　2000　「雁行型経済発展論・再検討」『駿河台経済論集』**9**(2)：75-136
小島清　2001　「雁行型産業発展：小島モデル」『駿河台経済論集』**10**(2)：101-130
小島清　2001-02　「雁行型経済発展の国際的伝播」『駿河台経済論集』（上）**11**(2)：19-45，（下）**11**(2)：1-36
小島清　2009　「雁行型経済発展論――小島ヴァージョンの成果と課題――」　池間編（2009）
サースク，J. 1984　『消費社会の誕生』東京大学出版会
塩沢由典　1981　『数理経済学の基礎』朝倉書店
塩沢由典　1984　「上乗せ価格を帰結する複占競争」『経済学雑誌』（大阪市立大学）**84**(6)：12-24
塩沢由典　1983　『近代経済学の反省』日本経済新聞社

塩沢由典　1990　『市場の秩序学』筑摩書房（ちくま学芸文庫，1998）
塩沢由典　1997a　『複雑さの帰結』NTT 出版
塩沢由典　1997b　『複雑系経済学入門』生産性出版，2012 年電子出版
塩沢由典　1998a　「判断の論理とわれわれの知識――事前選択 vs. 検証された規則」『比較経済体制研究』**5**：39-61
塩沢由典　1998b　「複雑系と進化」進化経済学会編『進化経済学とは何か』有斐閣　第 8 章，pp.99-119
塩沢由典　1999　「ミクロ・マクロ・ループについて」『経済論叢』（京都大学）**164**(5)：1-73
塩沢由典　2006　「概説」進化経済学会編『進化経済学ハンドブック』共立出版
塩沢由典　2009　「経済学の現状打破に数学はどう関係するか」『経済理論』 **46**(3)：41-52
塩沢由典　2010　『関西経済論』晃洋書房
塩沢由典　2011　「ケインズの構想と古典派価値論」ケインズ学会第 1 回大会（2011 年 12 月 3 日，上智大学）提出論文，全 81 頁
塩沢由典　2012　「進化経済学を棚卸しする――クルーグマンの批判と進化経済学」オータム・コンフェランス基調講演，2012. 9. 15, 中央大学
塩沢由典　2013a　『今よりマシな日本社会をどう作れるか』SURE
塩沢由典　2013b　「「生産関数」概念批判：ウィクスティードからコブ＝ダグラス・CES まで」 Mimeo
塩沢由典　2014　『リカード貿易問題の最終解決』岩波書店
佐藤秀夫　1994　『国際分業＝外国貿易の基本論理』創風社
関志雄　2002　「中国の台頭と IT 革命の進行で雁行形態は崩れたか――米国市場における中国製品の競争力」RIETI Discussion Paper Series 02-J-006
高須賀義博　1965　『現代価格体系論序説』岩波書店
高増明　1983　「ネオ・リカード派の地代理論」『経済論叢』（京都大学）**132**(3・4)：119-141
瀧澤弘和　2011　「フリードマンの『実証経済学の方法論』再読／理論の意味論的把握による再評価」 中央大学経済研究所ディスカッション・ペーパー
瀧澤弘和　2012　「フリードマンの「実証経済学の方法論」再読：理論の意味論的把握による再評価」『経済学論纂』**52**(4)：239-276 頁
只腰親和　2010　「経済学方法論の現在」只腰親和・佐々木憲介編（2010）『イギリス経済学における方法論の展開』昭和堂，終章，pp.355-379
田原慎二　2009　「製造業とサービス業の相互連関と構造変化：1980-2000 年の日本経済の産業連関分析」『横浜国際社会科学研究』**14**(3)：111(303)-130(322)
田原慎二　2010　「製造業の構造変化と部門別産出量・雇用量への影響：―― 1980-

2000 年の日本経済の産業連関分析――」『横浜国際社会科学研究』**15**(3)：117(299)-137(317)
田原慎二・植村博恭　2014　「日本経済の成長体制と脱工業化」植村・宇仁他編『転換期のアジア資本主義』(2014) 第 17 章
田淵太一　2006　『貿易・貨幣・権力――国際経済学批判』　法政大学出版局
土屋博政　2004　『ユニテリアンと福澤諭吉』　慶應義塾大学出版会
電気学会進化技術応用調査専門委員会編　2011　『進化技術ハンドブック』(第Ⅱ巻応用編：情報・通信システム) 近代科学社
電気学会進化技術応用調査専門委員会編　2012　『進化技術ハンドブック』(第Ⅲ巻応用編：生産・物流システム)　近代科学社
戸田山和久　2005　『科学哲学の冒険』　NHK ブックス
富野貴弘，2012　『生産システムの市場適応力――時間をめぐる競争』同文舘出版
中兼和津次　2012　『開発経済学と現代中国』名古屋大学出版会
中野聡子　2006　「W. ソーントンによる不均衡アプローチのイギリス限界革命に対する含意」『明治学院大学経済研究』**135**：13-31
名和統一　1949　『国際価値論研究』日本評論社
二階堂副包　1960　『現代経済学の数学的方法』岩波書店
西部忠・吉田雅明編集代表　2010　『進化経済学 基礎』日本経済評論社
日本銀行調査統計局　2000　「日本企業の価格設定行動――『企業の価格設定行動に関するアンケート調査』結果と若干の分析――」『日本銀行調査月報』2000 年 8 月号：173-204
根岸隆　1980　『ケインズ経済学のミクロ理論』日本経済新聞社
根岸隆　1985　『経済学における古典と近代』有斐閣
根岸隆　2013　「小島清教授と歴史学派」『日本学士院紀要』　**67**(2)：61-72
ハイエク，F. 2012　『ケインズとケンブリッジに対抗して』ハイエク全集Ⅱ　別巻　春秋社
浜田宏一・堀内昭義・内閣府経済社会総合研究所編　2004　『論争 日本の経済危機』日本経済新聞社
原田裕治　2007　「産業構造の変化の多様性――多変量解析による類型化の試み――」『現代資本主義への新視角』昭和堂
バティフリエ，Ph. 編 2006　『コンヴァンシオンの論の射程』昭和堂
バラバシ，A. L. 2002　『新ネットワーク思考』NHK 出版
久松太郎　2007　「R. トレンズの投下労働価値論批判」『経済学史研究』**49**(1)：37-52
平川均・石川幸一編著　2001　『新・東アジア経済論』ミネルヴァ書房
廣本敏郎　2008　『原価計算論 第二版』中央経済社
深尾京司編　2009　『マクロ経済と産業構造』慶應義塾大学出版会

深貝保則　1992　「J. S. ミルの経済社会論」　杉原四郎・山下重一・小泉仰編　『J. S. ミル研究』御茶の水書房

深貝保則　1995　「J. S. ミルと賃金基金説」　平井俊顕・野口旭編　『経済学における正統と異端』昭和堂

福留久大　2007　「比較生産費と国際価値」『経済学研究』**74**(1)：1-56

藤川清史　1999　『グローバル経済の産業連関分析』創文社

藤川清史　2005　『産業連関分析入門』日本評論社

藤本隆宏　1997a　『生産システムの進化論』有斐閣

藤本隆宏　1997b　「実証分析の方法」　進化経済学会・塩沢由典編　『方法としての進化』シュプ

藤本隆宏　2001　『生産マネジメント入門』(I・II)　日本経済新聞社

藤本隆宏・塩沢由典　2010　「世界競争時代における企業間・企業内競争――リカード貿易論のミクロ・マクロ解釈をめぐって」『経済学論集』(東京大学)**76**(3)：22-63

藤本隆宏　2012　「競争力構築のための原価計算試論――設計情報転写論に基づく全部直接原価計算の可能性」　東京大学ものづくり経営研究センター・Discussion Paper Series, No.410

ホール, P. & D. ソスキス　2007　『資本主義の多様性』　ナカニシヤ出版

馬渡尚憲　1990　『経済学のメソドロジー』日本評論社

馬渡尚憲　1997　『J. S. ミルの経済学』御茶の水書房

水野貴之　2011　「価格.com の分析，一物一価の法則の崩壊」　青木・青山・有賀・吉川監修 (2011)『50 のキーワードで読み解く――経済学教室　社会経済物理学とは何か』　東京書籍　no.40

南方寛一　1956　「リカードの需給論」『国民経済雑誌』(神戸大学)**94**(6)：27-39

南方寛一　1961　「J. S. ミルの『原理』における需給法則」『神戸大學經濟學研究年報』(神戸大学)**8**：141-201

南方寛一　1962　「アダム・スミスの需給説」『国民経済雑誌』(神戸大学)**106**(3)：20-38

南方寛一　1967　「マルサスの需給原理」『国民経済雑誌』(神戸大学)**116**(2)：18-34

南方寛一　1972　「主観的価値と価格」『国民経済雑誌』(神戸大学)**125**(2)：17-36

南方寛一　1978　「古典学派における均衡論」『国民経済雑誌』(神戸大学)**138**(3)：47-63

宮崎義一　1967　『近代経済学の史的展開』有斐閣 (軽装版：1975)

本山美彦　1982　『貿易論序説』有斐閣

森茂也　1982　『イギリス価格論史――古典派需給論の形成と展開――』同文舘

森田桐郎編　1988　『国際貿易の古典理論』同文社　第 2 部第 2 章

山田鋭夫　2008　『さまざまな資本主義：比較資本主義分析』藤原書店

行澤健三　1972　「リカードウ「比較生産費説」の原型理解と変型理解」『商学論纂』中央大学　**15**(6)：25-51

吉井哲・藤本隆宏・塩沢由典　2013　「都市伝説の形成過程：絶対優位説論者としてのアダム・スミス」『経済学史学会大会報告集』　経済学史学会第77回全国大会　(関西大学)，pp.19-24

吉川洋　2013　「過去40年間のマクロ経済学は間違った路線だった」『エコノミスト』2013年9月10日号，pp.32-33

吉田雅明　1997　『ケインズ——歴史的時間から複雑系へ』日本経済評論社

吉田雅明　2010　「不可逆的時間と人間の合理性」西部忠・吉田雅明他編『進化経済学 基礎』第4章第1節，pp.63-69

吉川悠一・有賀裕二・家富洋　2012「消費行動における相関構造」日本物理学会2012秋季大会（横浜国立大学）ポスターセッション　2012年9月18-21日開催

吉川悠一　2013「消費行動における相関構造：家計調査データの主成分分析」（新潟大学自然科学研究科平成24年度修士論文）

横川信治　2007　「制度派マルクス経済学」　小幡道昭他編『マルクス理論研究』　御茶の水書房

横川信治　2010　「制度派マルクス経済学の歴史的アプローチ」　櫻井毅他編　『宇野理論の現在と論点：マルクス経済学の展開』　社会評論社

横川信治・板垣博編　2010b　『中国とインドの経済発展の衝撃』お茶の水書房

ラヴォア，M. 2008　『ポストケインズ派経済学入門』宇仁宏幸・大野隆訳，ナカニシヤ出版．原著は，Marc Lavoie, L'économie postkeynésienne, La Découverte, 2004

ロンカッリア，A. 1977　『スラッファと経済学の革新』　渡会勝義訳　日本経済新聞社　Roncaglia, A. 1978　Sraffa and the Theory of Prices, Wiley　原著はイタリア語

若杉隆平　2009　「オフショアリングと新しい国際分業——雁行型経済発展論の再考」池間編

Aglietta, M. and G. Bai 2013 *China's Development: Capitalism and Empire*, Routledge.

Akamatsu, K. 1961 A Theory of Unbalanced Growth in the *World Economy, Weltwirtschaftliches Archiv*, **86**: 196-217.

Akamatsu, K. 1962 A Historical Pattern of Economic Growth in Developing Countries, *Developing Economies*, Institute of Asian Economic Affairs, **1** (*Issue* Supplement s1): 3-25.

Albert, R. and A-L. Barabasi 2002 Statistical Mechanics of Complexity Networks, *Review of Modern Physics*, **74**: 47-97.

Alchian, A.A 1950 Uncertainty, Evolution, and Economic Theory, *Journal of Political Economy*, **58**: 211-222.

Aldrich, J. 2004 The Discovery of Comparative Advantage, *Journal of the History of Economic Thought*, **26**: 379-99.

Andersen, E. S. 2001 Satiation in an Evolutionary Model of Structural Economic Dynamics, in Witt (2001), pp.165-186.

Aoki, M. and H. Yoshikawa 2002 Demand Saturation-Creation and Economic Growth, *Journal of Economic Behavior & Organization*, **48**(2): 127-154.

Arrow, Kenneth J., Theodore Harris and Jacob Marshcak 1951 Optimal Inventory Policy, *Econometrica*, **19**(3): 250-272.

Aruka, Y. 2001 Family expenditure data in Japan and the law of demand: Macroscopic microeconomic view, in Takayasu,H.(ed.), *Empirical Science of Financial Fluctuations*, Springer, Tokyo, 294-303. Reprinted in Aruka, Y.(2011). *Complexities of Production and Interacting Human Behaviour*, Physica Verlag[Springer], Heidelberg, pp.129-139.

Aruka, Y. 2012 Some evolutionary interpretations of the economic systems of Piero Sraffa and John von Neumann in the light of comlexitiy, in Yukihiro Ikeda and Kiichiro Yagi (eds.), *Subjectivism and Objectivism in the History of the Economic Thought*, Chap.10, pp.162-184.

Aruka, Y. 2013 A network analysis of the linear economic production system(mimeo), WEHIA2013 at Reykajavik University, 20-22, June, 2013.

Aruka, Y. 2014 (forthcoming) *Evolutionary Foundations of Economic Science*: How Can Scientists Study, Springer Tokyo/NewYork (Evolutionary Economics and Social Complexity Science series), vol.1.

Aruka, Y. and E. Akiyama 2009 Non-self-averaging of a two-person game with only positive spillover: a new Formulation of Avatamsaka's dilemma, *Jounral of Economic Interaction and Coordination*, **4**(2):131-165.

Aruka, Y., Y. Kichikawa and H. Iyetomi 2013 A macroscopic order of consumer demand due to heterogenous consumer behaviors on Japanese household demand tested by the random matrix theory, in Abergel, F., Aoyama, H., Chakrabarti,B.K., Chakraborti, A.,Ghosh, A.(eds):, *Econophysics of Agent-Based Models*, 2014, Springer Italia (New Economic Windows series), Chapter 10, pp.187-201.

Asada, T. 2009 Neo-Ricardian Theory of Differential Rent and Marxian Theory of Exploitation, in Ikeo, A. and H. D. Kurz (eds.) *A History of Economic Theory : Essays in Honour of Takashi Negishi*, Routledge, pp. 80-101.

Ashby, W. R. 1947 Principles of the Self-Organizing Dynamic System, *Journal of General Psychology*, **37**(2): 125-128.

Austin, G. and K. Sugihara. 2013 *Labour-Intensive Industrialization in Global History*, Routledge.

Baldwin, R. 2012 Global Supply Chains: Why They Emerged, Why They Matter, and Where AreThey Going, Centre for Trade and Economic Integration (CTEI) Working Papers, Graduate Institute of International and Development Studies, Geneva and Oxford University.

Baldwin, R. and J. Lopez-Gonzalez 2013 Supply Chain Trade: A Portrait of Global Patterns and Several Testable Hyposes, NBER Working Paper, 18957.

Baldwin, R. and F. Robert-Nicoud 2007 Offshoring, General Equilibrium Effects on Wages, Production, and Trade, NBER Working Paper, 12991.

Barkley, G. E. 2004 Jenkin, (Henry Charles) Fleeming (1833-1885), *Oxford Dictionary of National Biography*, Oxford: Oxford University Press, **29**: 939-41.

Batifoilier, PH. (Ed.) 2001 *Théorie des conventions*. Economica. バティフリエ編『コンヴァンシオン理論の射程』昭和堂，2006年

Baumol, W. J. 1967 Macroeconomics of unbalanced growth: the anatomy of urban crisis, *American Economic Review*, **57**: 451-426.

Beinhocker, E. D. 2006 *The Origin of Wealth*, Havard Business School Press.

Bidard, Ch. 2010 The Dynamics of Intensive Cultivation, *Cambridge Journal of Economics*, **34**(6): 1097-1104.

Bidard, Ch. 2013 The Extention of Cultivation, mimeo, http://economix.fr/pdf/seminaires/croissance/2008-04-07_Bidard.pdf

Blanchard, O. J. 2008 The State of Macro, NBER Working Paper Series, Working Paper 14259, 2009 *Annual Review of Economics*, **1**: 209-228.

Blaug, M. 1962 *Economic Theory in Retrospect*, Richard D. Irwin, inc. 久保芳和・真実一男・杉原四郎訳『経済理論の歴史』東洋経済新報社，1966-1968年

Blaug, M. 1980 *The Methodology of Economics or how economists explain*, Cambridge University Press.

Bolam, C. G. 1968 *English Presbyterians: from Elizabethan Puritanism to Modern Unitarianism*, Allen & Unwin.

Bowles, S. 2004 *Microeconomics: Behavior, Instituions, and Evolution*, Princeton Unviersity Press. Paperback ed. 2006. S. ボウルズ『制度と進化のミクロ経済学』NTT出版，2013年

Boyer, R. 1988 Formalising Growth Regimes, in Dosi, G. eds., *Technical Change and Industrial Transformation*, Pinter Publishers.

Boyer, R. and P. Petit 1991 Kaldor's Growth Theories: Past, Present and Prospects for the Future, in Nell, E.and Semmler, W. eds., *Nicolas Kaldor and Mainstream Economics: Confrontation or Convergence?*, Macmillan.

Boyer, R. and T. Yamada 2000 *Japanese Capitalism in Crisis: A regulationist interpretation*,

Routledge.

Boyer, R., H. Uemura and A. Isogai (ed.) 2012 *Diversity and Transformations of Asian Capitalisms*, London: Routledge.

Brownlie, A. D. and M. F. L. Prichard 1963 Professor Fleeming Jenkin, 1833-1885, Pioneer in Engineering and Political Economy, *Oxford Economic Papers*, **15**(3): 204-16.

Cairnes, J. E. 1857 *The Character and Logical Method of Political Economy*, London: Longman.

Carpenter, J. E. and J. Martineau 1905 Theologian and Teacher: a Study of His Life and Thought. P. Green.

Chacholadis, M. 2009 *The Pure ory of International Trade*, Second Paperback Printing, Aldine Transaction.

Chang, Ha-Joon 2002 *Kicking Away the Ladder: Development Strategy in Historical Perspective*, Anm Press.　横川信治監訳『はしごを外せ——蹴落とされる発展途上国』日本評論社, 2009年

Chang, Ha-Joon 2009 *Introduction to the Japanese edition of Kicking Away the Ladder: Development Strategy in Historical Perspective*, Keizai Hyouron Sya.

Cheong et. al 2012 The Japanese Economy in Crises: A Time Series Segmentation Study, Economics, **6** (2012-5, March 9, 2012 http://dx.doi.org/10.5018/economics-ejournal.ja.2012-5).

Chiang, A. C. 1992 *Elements of Dynamic Optimization*, McGraw-Hill.　A. C. チャン（小田正雄・仙波憲一・高森寛・平澤典男訳）『動学的最適化の基礎』シーエーピー出版, 2006年

Chiang, A. C. 2005 *Fundamental Methods of Mathematical Economics*, Fourth Edition, McGraw-Hill.　A. C. チャン（小田正雄・高森寛・森崎初男・森平爽一郎訳）『現代経済学の数学基礎』（第4版）上・下　シーエーピー出版, 2010年

Chipman, J. S. 1965 A Survey of the Theory of International Trade: Part I, Classical Theory, Econometrica, **33**: 477-519.

Clower, R. 1965 The Keynesian Counterrevolution, Brechling and Hahn eds. 1965 *The Theory of Interest Rates*, Macmillan. 103-125. Reprinted in slightly revised form in Clower 1969 *Selected Readings in Monetary Theory*, Penguin, pp.270-297.

Clower, R. 1975a Reflections on the Keynesian Perplex, *Zeitschrift fur Nationalokonomie (Journal of Economics)*, **35**: 1-24.

Clower, R. 1975b The Keynesian Counter-Revolution: A theoretical Appraisal, in F. H. ahn (ed.) *Theory of Interest Rates*, Macmillan. Reprinted in slightly revised form in Clower 1969 *Selected Readings in Monetary Theory*, Penguin, pp.270-297.

Collini, S., D. Winch and J. Burrow 1983 *That Noble Science of Politics*, Cambridge

University Press.　コリーニ・ウィンチ・バロー（永井義雄・坂本達哉・井上義朗訳）『かの高貴なる政治の科学——19世紀知性史研究——』ミネルヴァ書房，2005年

Committee on Price Determination 1943 *Cost Behavior and Price Policy*, New Bureau for Economic Research, UMI. http://www.nber.org/chapters/c2088

Conrad, J. M. 1999 *Resource Economics*, Cambridge University Press.　J. M. コンラッド（岡敏弘・中田実訳）『資源経済学』岩波書店，2002年

Cournot, A. 1838 *Recherches sur les principes mathématiques de la théorie des richesses*, Paris: Chez L. Hachette. 中山伊知郎訳『富の理論の数学的原理に関する研究』岩波文庫，1936年

Coyne, S. and P. J. Boettke 2004 Swedish Influences, Austrian Advances; The Constribution of the Swedish and Austrian Schools to market porcess theory, M. Bellet, S. Gloria-Palermo and A. Xouzche (Eds.) *Evolution of the Market Process, Austrian and Swedish economics*, Routledge.

Cuche-Curti, N.A., H. Dellas and Jean-Marc Natal 2009 DSGE-CH: A dynamic stochastic general equilibrium model for Switzerland, *Swiss National Bank Economic Studies* No.5, 2009.

Cyert, R. and J. March 1963 *The Behavioral Theory of the Firm*, Prentice-Hall.

D'Orlando, F. 2007 A Methodological Note on Long-Period Positions, *Contributions to Political Economy*, **26**(1): 17-26.

de Marchi, Neil 1974 The Success of Mill's Principles, *History of Political Economy*, **6**(2): 119-57.

de Vries, J. 2008 *The Industrious Revolution*, Cambridge University Press.

de Vroey, M. 1998 Keynes, Keynesian Programmes, and Unemployment, in Philippe Fontaine and Albert Jolink (Eds.) *Historical Perspectives on Macroeconomics: Sixty Years After the "General Theory"*, **22**:12.

Dean, Joel 1936 *Statistical Determination of Costs with Special Reference to Marginal Costs*, University Of Chicago Press.

Debreu, G. 1959 *Theory of Value*, Yale University Press.

Devarajan, S. and A.C. Fisher 1981 Hotelling's "Economics of Exhaustible Resources": Fifty Years Later, *Journal of Economic Literature*, **19**(1): 65-73.

Dixit, A. K. and J. E. Stiglits 1977 Monopolistic Competition and Optimum Products Variety, *American Economic Review*, **67**: 297-308.

Dobb, M. 1973 *Theories of Value and Distribution since Adam Smith: Ideology and Economic Theory*, Cambridge University Press.　岸本重陳訳『価値と分配の理論』新評論，1976年

Dorfman, R., P.A. Samuelson and R.M. Solow 1958 Linear Programming and Economic

Analysis, MacGraw-Hill. 日訳『線型計画と経済分析』(I) 1958, (II) 1959, 岩波書店

Dornbusch, R. and S. Fischer 1978 *Macroeconomics*, New York: McGrowhill.

Dornbusch, R., S. Fisher and P. Samuelson 1977 Comparative Advantage, Trade, and Payments in a Ricardian Model with a Continuum of Goods, *American Economic Review*, **67**(5): 823-839.

Drucker, P. 1990 The Emerging ory of Manufacturing, Harvard Business Review, **68**(3): 94-102.

Drummond, J. and C. B. Upton 1902 *Life and Letters of James Martineau*, 2vols, Dodd, Mead and Company.

Dupuit, J. 1844 De la mesure de l'utilité des travaux publics, Annales des Ponts et Chaussées, s. II, 2nd semester, 332-375, English translation by R. H. Barback, On the Measurement of the Utility of Public Works, *International Economic Papers*, 1952, **2**: 83-110.

Eiteman, W. J. and G. E. Guthrie 1952 The Shape of the Average Cost Curve, *American Economic Review*, **21**(2): 832-835.

Ekeuland, R. B. 1997 W. T. Thornton: Savant, Idiot, or Idiot-Savant?, *Journal of the History of Economic Thought*, **19**: 1-23.

Ekeuland, R. B. and W. Kordsheimer 1981 J. S. Mill, Unions and the Wage Fund Doctrine, *Quarterly Journal of Economics*, **96**: 531-541.

Ekeuland, R. B. and S. Thommensen 1989 Disequilibrium theory and Thornton's assault on the law of supply and demand, *History of Political Economy*, **21**(4): 567-592.

Ekeuland, R. B. and S. Thommensen 2001 William T. Thornton and 19th Century of Economic Policy, *Journal of the History of Economic Thought*, **23**: 513-531.

Elliott, G. A. 1950 The Theory of International Values, A book review of Graham (1948), *Journal of Political Economy*, **58**(1): 16-29.

Engel, Ernst 1857 Die Productions- und Consumtionsverhaltnisse des Königreichs Sachsen. *Zeitschrift des statistischen Bureaus des Königlich Sachsischen Ministerium des Inneren*, 8-9, 28-29.

Ethier, W. J. 1999 Profile: Jones and Trade Theory, *Review of International Economics*, **7**(4):764-768.

Farmer, R. E. A. 2008 Old Keynsian Economics, in R.E.A. Farmer (Ed.) *Macroeconomics in the Small and Large: Essays on Microfoundations, Microeceomic Applications and Economic History in Honor of Axel Leijonhufvud*, Edgar Elgar.

Farmer, R. E. A. 2013 The Natural Rate Hyposis: An Idea Past its Sell-By Date, National Bureau of Economic Research (NBER) Working Paper No.w19276.

Feenstra, R. C. 2004 *Advanced International Trade: Theory and Evidence*, Princeton,

Princeton University Press.

Fingleton, B. and Ph. McCann 2007 Sinking the Iceberg? On the treatment of transport costs in new economic geography, in B. Fingleton (Ed.) *New Directions in Economic Georgraphy*, Edward Elgar, Chap. 6, pp.168-203.

Flux, A. W. 1894 Review of K. Wicksell, Über und Rente nach der neurren nationalökonomishen Theorein, and P. H. Wicksteed, Essay on the Co-ordination of the Laws of Distribution, *Economic Journal*, 4: 303-313.

Franke, R. and P. Kalmbach 2005 Structural change in the manufacturing sector and its Input on business related services: an Input-Output study for Germany, *Structural Change and Economic Dynamics*, 16(4): 467-488.

Freeman, L. C. 1978-79. Centrality in social networks: Conceptual clarification. *Social Networks*, 1(3): 215-239.

Freeman, Ch. 1992 *The Economics of Hope*, Pinter Publishers.

Friedman, M. 1953 The Methodology of Positive Economics, in M. Friedman 1953 *Essays in Positive Economics*, Chicago University Press, Chap. 1, pp. 3-43. Reprinted in Uskali Mäki (2009) Part 1.

Friedman, M. 1968 The Role of Monetary Policy, *American Economic Review*, 58: 1-17.

Fujimoto, T. 2012 Evolution of Firms and Industries, *Evolutionary and Institutional Economics Review*, 9(1): 1-10.

Fujimoto, T. and Y. Shiozawa 2011-2012 Inter and Intra Company Competition in the Age of Global Competition: A Micro and Macro Interpretation of Ricardian *Trade Theory, Evolutionary and Institutional Economics Review*, 8(1): 1-37, 8(2): 193-231.

Geisendorf, S. 2009 The economic concept of evolution: self-organization or Universal Darwinism? *Journal of Economic Methodology*, 16(4): 377-391.

Gelain, P. and M. Guerrazzi 2010 A DSGE model from the old Keynesian economics: an empirical investigation, Centre for Dynamic Macroeconomic Analysis, Wokrking Ppaers Series, St. Andrews University (U.K.).

Gerschenkron, A. 1962 *Economic Backwardness in Historical Perspective*, Cambridge, Massachusetts, Harvard University Press.

Ginzburg, A. and A. Simonazzi 2005 Patterns of Industrialization and the Flying Geese Model: The Case of Electronics in East Asia, *Journal of Asian Economics*, 15: 1051-1078.

Glyn, A. 2006 *Capitalism Unleashed*, Oxford, Oxford University Press. 横川信治・伊藤誠訳『狂奔する資本主義――格差社会から新たな福祉社会へ』ダイヤモンド社, 2007年

Gomes, L. 1987 *Foreign Trade and the National Economy: Mercantilist and Classical*

Perspectives, London: Macmillan.
Gonzalez, J. L. 2012 Vertical Specialization and New Regionalism, PhD thesis, University of Sussex.
Gordon, Myron, J. 1992 The Neoclasscial and a Post Keynesian Theory of Investment, *Journal of Post Keynesian Economics*, **14**(4): 425-443.
Gordon, Robert, J. 1978 *Macroeconomics*, Little Brown.
Gordon, Robert J. 2009 Is Modern Macro or 1978-era Macro More Relevent to the Understanding of the Current Economic Crisis? Paper presented at the Interantional Colloquiun on the History of Economic Thought, San Paulo, Brasil.
Gordon, Scott 1982 Why did Marshall Transpose the Axes? *Eastern Economic Journal*, **8**(1): 31-45.
Graham, J. R. and C. R. Harvey 2001 The Theory and Practice of Corporate Finance: Evidence from the Field, *Journal of Financial Economics*, **60**: 187-243.
Graham, R. D. 1948 *The Theory of International Values*, Princeton University Press.
Guerrazzi, M. 2010 Stochastic Dynamics and Matching in the Old Keynesian Economics: A Rationale for the Shimer's Puzzle, Discussion Paper n. 95, Dipartimento di Scienze Economiche, Universita di Pisa.
Gul, F. and W. Pesendorfer 2008 The Case for Mindless Economics, in Caplin, A. and A. Schotter eds. *The Foundations of Positive and Normative Economics*, Oxford University Press, Chap.1, pp.3-39.
Hahn, F. H. 1973 The Winter of Our Discontent, *Economica*, New Series, **40**(159): 322-330.
Hall, R. 1978 Stochastic Implications of the Life Cycle-Permanent Income Hypothesis: Theory and Evidence, *Journal of Political Economy*, **86**(6): 971-987.
Hall, R. L. and C. J. Hitch 1939 Price Theory and Business Behaviour, *Oxford Economic Papers*, **2**: 12-45. Reprinted in Wilson, T. and P. W. S. Andrews (eds.), *Oxford Studies in the Price Mechanism*, Oxford, Clarendon, 1951.
Hausman, D. M. 1989 Economic Methodology in a Nutshell, *Journal of Economic Perspectives*, **3**(2): 115-127.
Heflebower, R. B. 1955 Full-Cost, Cost Changes, and Prices, Universities-National Bureau (Eds.) *Business Concentration and Price Policy*, Committee for Economic Research, Princeton, Princeton University Press, pp.359-394.
Herford, C. H. 1931 Philip Henry Wicksteed; His Life and Work, *Collected Works of Philip Henry Wicksteed*, vol.5, Thoemmes Press and Kyokuto Shoten, 1999.
Hicks, J. R. 1974 The Scope and Status of Welfare Economics, *Oxford Economic Papers*, (New Series) **27**(3): 307-326.

Hildenbrand, W. and A. P. Kriman 1987, *Equilibirum Analysis*, North-Holland.
Hirschman, A. O. 1958 *The Strategy of Economic Development*, Yale University Press.
Hodgson, G. M. 2010 A Philosophical Perspective on Contemporary Evolutionary Economics, Papers on Economics and Evolution, #1001, Max Plank Institute of Economics.
Hodgson, H. M. and T. Knudsen 2006 Dismantling Lamarckism: why descriptions of socio-economic evolution as Lamarkina are misleading, *Journal of Evolutionary Economics*, **16**: 343-366.
Holland, J. H. 1992 *Adaptation in natural and artificial systems*, MIT Press.
Holland, J. H. 1995 *Hidden order: How adaptation builds complexity*, Basic Books.
Hollander, J. H. 1911 Ricardo and Torrens, *Economic Journal*, **21**: 448-55.
Hollander, S. 1985 Studies in Classical Political Economy/ III *The Economics of John Stuart Mill*, University of Toronto Press and Oxford Blackwell.
Hollander, S. 1987 *Classical Economics*, Basil Blackwell. 千賀重義・渡会勝義・服部正治訳『古典派経済学——スミス，リカードウ，ミル，マルクス』多賀出版，1991年
Holroyd, M. 1997 *Bernard Shaw*, Chatto & Windus.
Hotelling, H. 1929 Stability in Competition, *Economic Journal*, **39**(153): 41-57.
Hotelling, H. 1931 The Economics of Exhaustible Resources, Journal of Political Economy, **39**(2): 137-175.
Howey, R. S. 1960 *The Rise of the Marginal Utility School* 1870-1889, Columbia University Press.
Howitt, P. 2002 On Keynesian Economics and the Economics of Keynes, A Dictionary article translated and publisehd in French in *Dictionnaire des grandes œuvres économiques*, (Eds.) Michel De Vroey, Jerome Lallement, Xavier Greffe, Edition Dalloz.
Hunt, E. H. 1986 Industrialization and Regional Inequality: Wage in Britain, 1760-1914, Journal of Economic History, **46**(4): 935-966.
Hutchison, T. W. 1972 The 'Marginal Revolution' and the Decline and Fall of English Classical Political Economy, *History of Political Economy*, **4**(2): 442-468.
Hymer, S. H. 1976 *The International Operations of National Firms: A Survey of Direct Foreign Investment*, MIT Press.
IMF 2010 World Economic Outlook April 2010 http://www.imf.org/external/pubs/ft/weo/2010/01/pdf/text.pdf
IMF (various years) *International Financial Statistics*.
Irwin, D. A. 1996 Against the Tide: an Intellectual History of Free Trade, Princeton University Press.

Iyetomi, H., Y. Nakayama, H. Yoshikawa, H. Aoyama, Y. Fujiwara, Y. Ikeda and W. Souma 2011a What causes business cycles? Analysis of the Japanese industrial production data, *Journal of the Japanese and International Economies*, **25**: 246-272.

Iyetomi, H., Y. Nakayama, H. Yoshikawa, H. Aoyama, Y. Fujiwara, Y. Ikeda and W. Souma 2011b Fluctuation-dissipation theory of input-output interindustrial correlations, 016103 (2011) [12 pages].

Jenkin, H. C. F. 1868 Trade Union: How far legitimate, *North British Review*, **9**:1-62.

Jenkin, H. C. F. [1870] 1931 The Graphic Representation of the Laws of Supply and Demand, and their Application to Labour, in Sir Alexander Grant (ed.), Recess Studies, Edinburgh: Edmonston and Douglas, 1870, 151-85. Reprinted in Series of Reprints of Scarce Tracts in Economic and Political Science, No. 9, London: The London School of Economics and Politcal Science, 1931.

Jevons, W. S. [1871] 1911 The Theory of Political Economy, the fourth edition, in the Palgrave Archive edition of the Writings on Economics of W. S. Jevons, Vol. 3, London: Macmillan, reprinted by Basingstoke : Palgrave, 2001. 小泉信三・寺尾琢磨・永田清訳,寺尾琢磨改訳『近代経済学古典選集4 経済学の理論』日本経済評論社,1981年

Jones, R.W. 1961 Comparative Advantage and the Theory of Tariffs: A Multi-Country, Multi-Commodity Model, *Review of Economic Studies*, **28**(3): 161-175.

Kaldor, N. 1975 What is Wrong with Economic Theory, *Quarterly Jounal of Economics*, **89**(3): 347-357.

Kalecki, M. 1954 *Theory of Economic Dynamics*, Allen and Unwin. New edition: 2013 Routledge.

Kaldor, N. 1986 Limits of Growth, *Oxford Economic Papers*, **38**: 187-198.

Keen, S. 2011 *Debunking Econamics*, Zed Books.

Keynes, J. M. 1936 *The General Theory of Employment, Interest and Money*, Macmillan. 塩野谷祐一訳『雇用・利子および貨幣の一般理論』東洋経済新報社,1995年

Keynes, J. M. [1933] 1972 Essays in Biography, *The Collected Writings of John Maynard Keynes*, Vol. X. 大野忠男訳『ケインズ全集 第10巻』東洋経済新報社,1980年

Kitagawa, G. and W. Gersch 1984 A smoothness priors-state space approach to the modeling of time series with trend and seasonality. *Journal of the American Statistical Association*, **79**(386): 378-389.

Kohn, M. 1986 Monetary Analysis, the Equlibrium Method, and Keynes's "General Theory," *Journal of Political Economy*, **94**(6): 1191-1224.

Kojima, K. 2000 The "flying geese" model of Asian economic development: origin, oretical extensions, and regional policy implications, *Journal of Asian Economics*, **11**: 375-401.

Krause, U. 1979 *Geld und abstrakte Arbeit*, Campus Verlag. 高須賀義博監訳『貨幣と抽象的労働』三和書房，1985 年

Kregel, J. A. 1997 Margins of Safety and Weight of the Argument in Generating Financial Fragility, *Journal of Economic Issues*, **31**(2): 543-8. クレーゲル（2013）第 1 章

Kregel, J. A. 1998 Derivatives and Global Capital Flows: Applications to Asia, *Cambridge Journal of Economics*, **22**(6): 677-92. Reprinted in Financier, **7**(1-4): 57-65, 2000. クレーゲル（2013）第 3 章

Kregel, J. A. 2000 Yes, 'It' did Happen Again: The Minsky Crisis in Asia, in Bellofiore, R. and Ferri, P. (eds.), *Financial Keynesianism and Market Instability*, Cheltenham: Edward Elgar, pp. 194-212. クレーゲル（2013）第 2 章

Kregel, J. A. 2004 Can We Create a Stable International Financial Environment that Ensures Net Resource Transfers to Developing Countries?, *Journal of Post Keynesian Economics*, **26**(4): 573-590. クレーゲル（2013）第 4 章

Kregel, J. A. 2008a Financial Flows and International Imbalances: The Role of Catching-up by Late Industrializing Developing Countries, in Hein, E. et al. (eds.), Finance-led Capitalism? Macroeconomic Effects of Changes in the Financial Sector, Marburg: Me.

Kregel, J. A. 2008b Is This the Minsky Moment for Reform of Financial Regulation?, in Dullien, S. et al. (eds.), *The World Economy in Crisis: The Return of Keynesianism?*, Metropolis-Verlag, pp. 223-243. クレーゲル（2013）第 8 章

Kregel, J. A. 2008c Using Minsky's Cushions of Safety to Analyze the Crisis in the U.S. Subprime Mortgage Market, *International Journal of Political Economy*, **37**(1): 3-23. クレーゲル（2013）第 6 章

Kregel, J. A. 2009 Why Don't the Bailouts Work? Design of a New Financial System versus a Return to Normalcy, *Cambridge Journal of Economics*, **33**(4): 653-63. クレーゲル（2013）第 7 章

Krugman, P. 1996 What Economists Can Learn from Evolutionary Theorists, Conference speech at EAEPE Nov. 1996.

Krugman 2009 The Return of Depression Economics Part 3: The night they reread Minsky, http://www.lse.ac.uk/newsAndMedia/videoAndAudio/channels/publicLecturesAndEvents/player.aspx?id=366 Cited by the Economist June 11th, 2009 in an article "Dismal Science" as saying "Most work in macroeconomics in the past 30 years has been useless at best and harmful at worst."

Krugman, P. R. and M. Obstfeld 1994 International Economics 8th ed., Pearson Eduaction. 『クルーグマンの国際経済学』（上下） ピアソン

Kurose, K. 2013 The Importance of Demand Structure The Importance of Demand Structure in Economic Growth, A Paper presented at the 15th Conference of the

Association for Heterodox Economics, London Metropolitan University, 4-6 July 2013.
Kurz, H. D. 1978 Rent theory in a Multisectoral Model, *Oxford Economic Papers*, **30**: 16-37.
Kurz, H. D. and N. Slavadori 1997 *Theory of Production: a Long-period Analysis*, Cambridge University Press.
Kurz, H. D. and N. Salvadori 2009 Ricardo on Exhaustible Resources, in Ikeo, A. and H. D. Kurz (eds.) *A History of Economic Theory : Essays in Honour of Takashi Negishi*, Routledge, pp. 68-79.
Landesmann, M. and R. Scazzieri eds. 1996 *Production and Economic Dynamics*, Cambridge University Press.
Leijohufvud, A. 1993 Towards a Not-Too-Rational macroeconomics, *Southern Economic Journal*, **60**(1): 1-13.
Leijonhufvud, A. 1968a *On Keynesian Economics and the Economics of Keynes*, Oxford University Press.
Leijonhufvud, A. 1998b Mr. Keynes and the Moderns, *European Journal of the History of Economic Thought*, **5**(1): 169-188.
Leontief, W. [1966] 1986 *Input-Output Economics*, Oxford U.P., New York.
Leser, E. 1881 *Untersuchungen zur Geschichte der Nationalökonomie I*, Verlag von Gustav Fischer, Vormals Friedrich Mauke.
Lester, R. A. 1946 Shortcomings of Marginal Analysis for Wage-Employment Problems, *American Economic Review*, **36**(1): 63-82.
Lewbel, A. 1994 An Examination of Werner Hildenbrand's Market Demand, *Journal of Economic Literature*, **32**: 1832-1841.
Lewis, A. 1965 *The Theory of Economic Growth*, George Allen and Unwin.
List, F. 1885 *The National System of Political Economy*, translated from the original German edition published in 1841 by Sampson Lloyd, London, Longmans, Green, and Company. フリードリッヒ・リスト（小林昇訳）『経済学の国民的体系』岩波書店，1970 年
Lucas, R., Jr. 1972 Expectations and the Neutrality of Money, *Journal of Economic Theory*, **4**: 103-24.
Lucas, R.E. and T.J. Sargent 1979 After Keynesian Macroeconomics, *Quarterly Review*, Federal Reserve Bank of Minneapolis, **3**(2): 1-16.
Mäki, U. (Ed.) 2009 *The Methodology of Positve Economics: Reflections on the Milton Friedman Legacy*, Cambridge University Press.
Machlup, F. 1946 Marginal Analysis and Empirical Research, *American Economic Review*, **36**(4): 519-554.

Mainwaring, L. 1984 *Value and Distribution in Capitalist Economies: An Introduction to Sraffian Economics*, Cambridge University Press. L. メインウェアリング（笠松学・佐藤良一・山田幸俊訳）『価値と分配の理論』日本経済評論社，1987 年

Mainzer, K. 2007 *Der kreative Zufall: Wie das Neue in die Welt kommt*, C. H. Beck, Munich, 283 Seiten. 有賀裕二訳『複雑系から創造的偶然へ——カイロスの科学哲学史』共立出版，2011 年

Malthus, T. R. 1820 Principles of Political Economy considered with a View to ir Practical Application, the first edition, London John: Murray. 小林時三郎訳『経済学原理』岩波書店，1968 年

Malthus, T. R. 1827 Definitions in Political economy: Preceded by an inquiry into the rules which ought to guide political economists in the definition and use of their terms; with remarks on the derivation from these rules in their writings, London: John Murray. 玉野井芳郎訳『経済学における諸定義』岩波文庫，1950 年

Maneschi, A. 1998 *Comparative Advantage in International Trade: A Historical Perspective*, Cheltenham: Edward Elgar.

Maneschi, A. 2004 The true meaning of David Ricardo's four magic numbers, *Journal of International Economics*, **62**: 433-443.

Marglin, S. and Schor, J. eds. 1990 *The Golden Age of Capitalism: Re-interpreting the Postwar Experience*, Clarendon. 磯谷明徳・植村博恭・海老塚明監訳『資本主義の黄金時代：マルクスとケインズを超えて』東洋経済新報社，1993 年

Marshall, A. 1872 Mr. Jevons' Theory of Political Economy, *The Academy*, April, reprinted in A. C. Pigou (ed.) Memorials of Alfred Marshall, London, 1925. 杉本栄一編『マーシャル経済学選集』日本評論社，1940 年

Marshall, A. 1876 On Mr. Mill's Theory of Value, *Fortnightly Review*, April, reprinted in A. C. Pigou (ed.) Memorials of Alfred Marshall, London, 1925. 杉本栄一編『マーシャル経済学選集』日本評論社，1940 年

Marshall, A. 1879 Pure Theory (Foreign Trade-Domestic Values), in Series of Reprints of Scarce Tracts in Economic and Political Science, No. 1, London: The London School of Economics and Politcal Science, 1930. 杉本栄一編『マーシャル経済学選集』日本評論社，1940 年

Marshall, A. [1890] 1961 *Principles of Economics*, 9th (variorum) edition, with annotations by C. W. Guillebaud, Vol. I, London: Macmillan. 1920 *Priciples of Economics*, 8th Ed., MaMillan. 馬場啓之助訳『経済学原理』(I)-(IV) 東洋経済新報社，1965-1967 年

Marx, K. 1867, 1885, 1894 *Das Kapital*. K. マルクス，向坂逸郎訳『資本論』岩波書店，1969 年；岡崎次郎訳『資本論』大月書店，1972 年

McCann, P. 2005 Transport costs and new economic geography. *Journal of Economic*

Geography, **5**: 305-318.

McCulloch, J. R. 1823 Letter to Ricardo, August 24, in Piero Sraffa with the collaboration of M. H. Dobb (eds.), *The Works and Correspondence of David Ricardo*, Vol. IX, Cambridge: Cambridge University Press, 1952. 中野正監訳『デイヴィッド・リカードウ全集 第 9 巻』雄松堂書店, 1975 年

McCulloch, J. R. 1824 *A Discourse on the Rise, Progress, Peculiar Objects and Importance of Political Economy*, Edinburgh: printed for A. Constable and Co.; London : Hurst, Robinson, and Co.; Liverpool: G. & J. Robinson.

McKenzie, L. 1954b Specialization and Efficiency in World Production, *Review of Economic Studies*, **21**(3): 166-180.

Meade, J. E. 1964 Efficiency, Equality and the Ownership of Property, reprinted in *Liberty, Equality and Efficiency* : Apologia pro Agathotopia Mea, Palgrave Macmillan, 1993.

Meek, R. L. 1967 *Economics and Ideology and Other Essays: Studies in the Development of Economic Thought*, Chapman and Hall. 時永淑訳『経済学とイデオロギー』法政大学出版局, 1969 年

Melnyk, J. 2008 *Victorian Religion: Faith and Life in Britain*, Praeger Publishers.

Metcalfe, J. S. 1998 *Evolutionary Economics and Creative Destruction*, Routredge.

Metcalfe, J.S. and J. Foster (2010) Evolutionary Growth Theory, in M. Setterfield, *Handbook of Alternative theories of Economic Growth*, Edward Elgar, Chap 3, pp.64-94.

Milberg, W. and D. Winkler 2013 *Outsourcing Economics: Global Value Chain in Capitalist Development*, Cambridge University Press.

Mill, J. 1818 Colony, in Supplement to the Fourth, Fifth and Sixth Editions of the *Encyclopaedia Britannica*, reprinted in 1989, Tokyo: Meicho Fukyu kai, **3**: 257-73.

Mill, J. 1821 *Elements of Political Economy*, London: Baldwin, Cradock and Joy. 渡邊輝雄訳『経済学綱要』春秋社, 1948 年

Mill, J. S. 1823 Malthus's Measure of Value, Newspaper Writings, in *Collected Works of John Stuart Mill*, Vol. XXII, editors A. P. Robson and J. M. Robson, introduction by A. P. Robson, University of Toronto Press, 1986.

Mill, J. S. 1825 The Quarterly Review on Political Economy, in *Collected Works of John Stuart Mill*, Vol. IV, textual editor by J. M. Robson, introduction by Lord Robbins, University of Toronto Press, 1967. 杉原四郎・山下重一編『J. S. ミル初期著作集』御茶の水書房, 1979 年

Mill, J. S. [1843] 1973 *System of Logic: Ratiocinative and Inductive*, 1843; 1846; 1851; 1856; 1862; 1865; 1872, in *Collected Works of John Stuart Mill*, Vol. VII, VIII, textual editor J. M. Robson, introduced by R. F. McRae, University of Toronto Press. 大関将一・小林篤

郎訳『論理学体系』(1)-(6)，春秋社，1949-1959 年

Mill, J. S. 1844 *Essays in Some Unsettled Questions of Political Economy*, London: John W. parker, West Strand. 末永茂喜訳『経済学試論集』岩波書店，1936 年．参照・引用は，Library of Economics and Liberty 掲載の文書による．

Mill, J. S. 1848 *The Principles of Political Economy with Some of their Applications to Social Philosophy*. 1848; 1849; 1852; 1857; 1862; 1865; 1871, in *Collected Works of John Stuart Mill*, Vol. II, III, textual editor J. M. Robson, introduced by V. W. Bla. 末永茂喜訳『経済学原理』(1)-(5) 岩波文庫，1959-1963 年．参照・引用は，Library of Economics and Liberty 掲載の文書による．

Mill, J. S. 1869 Thornton on Labour and its claims, *Fortnighty Review*, n.s. Vol. 5, May and June, in *Collected Works of John Stuart Mill*, Vol. V, University of Toronto Press, 1967.

Mill, J. S. 1873 Autobiography and Literary Essay, in Collected Works of John Stuart Mill, Vol. I, edited and introduced by J. M. Robson and Jack Stillinger, Toronto: University of Toronto Press, 1981. 朱牟田夏雄『ミル自伝』岩波文庫，1960 年

Minsky, H. P. 1978 *The Financial Instability Hypothesis: A Restatement*. Thames Polytechnic.

Minsky, H. P. 1982 *Can It Happen Again?* M. E. Sharpe. 岩佐代市訳『投資と金融』日本経済評論社，2003 年

Mirowski, P. 1999 Introduction to the Economic Writings of William Thornton, Vol. 1, 2 and 3, edited by Philip Mirowski and Steven Tradewell, *Pockering and Chatto*, London, **1**: 1-70.

Mirowski, P. 2004 The Collected Economic Works of William Thomas Thornton: An Introduction and Justification, in P. Mirowski 2004 *The Effortless Economy of Science?*, Duke University Press, pp.273-334.

Montani, G. 1975 Scarce Natural Resources and Income Distribution, *Metroeconomica*, **27**: 68-100.

Morishima, M. 1973 *Marx's Economics*, Cambridge University Press. 森嶋通夫『マルクスの経済学』高須賀義博訳，東洋経済新報社，1974 年．『森嶋通夫著作集〈7〉マルクスの経済学』高須賀義博訳，岩波書店，2004 年

Morishima, M. 1974 Marx in the Light of Modern Economic Theory, *Econometrica*, **42**: 611-632.

Morishima, M. 1989 *Ricardo's Economics*, Cambridge University Press. 森嶋通夫『リカードの経済学』高増明・堂目卓生・吉田雅明訳，東洋経済新報社，1991 年．『森嶋通夫著作集〈6〉リカードの経済学——分配と成長の一般均衡理論』岩波書店，2003 年

Moss, S. 1984 The History of the Theory of the Firm from Marshal to Robinson and

Chamberlain: The Sourse of Positivsim in Economics, *Economica*, New Series, **51** (203): 307-318.

Negishi, T. 1979 *Microeconomic foundations of Keynesian macroeconomics*, North-Holland.

Negishi, T. 1986 Thornton's criticism of equilibrium theory and Mill, *History of Political Economy*, **18**(4): 567-577.

Negishi, T. 1989 On equilibrium and disequilibrium: a reply to Ekeulund and Thommensen, *History of Political Economy*, **21**(4): 593-600.

Negishi, T. 1998 Sraffa and the Microfoundations of Keyens, *European Journal of the History of Economic Thought*, **5**(3): 452-457.

Nelson, R.R. 2007 Comment on: Dismantling Lamarckism: why descriptions of socio-economic evolution as Lamarkina are misleading, by Hodgson and Thorbjorn Knudsen, *Journal of Evolutionary Economics*, **17**: 349-352.

O'Neill,M. and T. Williamson(ed) 2012 *Property-Owning Democracy: Rawls and Beyond*, Wiley-Blackwell.

Ohkubo, J. and M. Yasuda 2005 Preferential urn model and nongrowing complex networks, *Physical Review* E, **72**, 065 1041-1044.

Ohlin, B. [1933] 1967 *Interregional and International Trade*, Harvard University Press; Revisededition

Opsahl, T., F. Agneessens and J. Skvoretz 2010 Node centrality in weighted networks: Generalizing degree and shortest paths, *Social Networks*, **32** (3): 245.

Ozawa, T. 2007 *Industrial Upgrading, and Economic Performance in Japan: The Flying Geese Paradigm of Catch-up*, Edward Elgar.

Ozawa, T. 2010 The (Japan-Born) "Flying-Geese" Theory of Economic Development Revisited and Reformulated from a Structuralist Perspective, Working Paper, Center on Japanese Economy and Business, Columbia University.

Ozawa, T. 2011 *The Rise of Asia: The Flying-Geese theory of Tandem Growth and Regional Agglomeration*, Edward Elgar.

Palley, T. I. 2010 The Limits of Minsky's Financial Instability Hyposis as an Explanation of the Crisis, *Monthly Review*, **61**(11): 28-43.

Palley, T. 2011 A Theory of Minsky Super-Cycles and Financial Crises, *Contributions to Political Economy*, **30**: 31-46.

Parinello, S. 2001 The Price of Exhaustible Resources, *Metroeconomica*, **52**(3): 301-315.

Parke, D.B. 1969 *The Epic of Unitarianism*, Beacon Press. パーク（紺野義継訳）『ユニテリアン思想の歴史』アポロン社，1978 年

Pasinetti, L. L. (ed.) 1980 *Essays in the Theory of Joint Production*, Macmillan.　L. L. パ

シネッティ編（中野守・宇野立身訳）『生産と分配の理論』日本経済評論社，1988 年
Pasinetti, L. L. 1981 *Structural Change and Economic Growth: A Theoretical Essay on the Dynamics of the Wealth of Nations*, Cambridge University Press. 大塚勇一郎・渡会勝義訳『構造変化と経済成長：諸国民の富の動学に関するエッセイ』日本評論社，1983 年
Perez, C. 2003 *Technological Revolutions and Financial Capital: The Dynamics of Bubbles and Golden Ages*, Edward Elgar.
Perris, H. S. 1900 *A Sketch of the History of the Little Portland Street Chapel*, McCorquodale & Co., Ltd.
Petit, P. 2004 *Croissance et richesse des nations*, La Découverte.
Phelps, E., et al. 1970 *Microeconomic Foundations of Employment ad Inflation Theory*, Norton.
Phillips, A. W. 1958 The Relationship between Unemployment and the Rate of Change of Money Wages in the United Kingdom 1861-1957. *Economica*, **25** (100): 283-299.
Pigou, A.C. 1928 An Analysis of Supply, *Economic Journal*, **38**: 238-257.
Political Economy Club 1921 *Political Economy Club: Centenary Volume*, Vol. VI, London: Macmillan.
Quadrio-Curzio, A. 1980 Rent, Income Distribution, and Orders of Efficiency and Rentability, in L. L. Pasinetti (ed.) (1980) Chap. 8, pp. 218-240.
Quiggin, J. 2013 The State of Macroeceonomics: it all went wrong in 1958, Blog: Out of the Crooked Timber of Humanity. No Strait Thing was Ever Made. January 5, 2013.
Rawls, J. 2001 *Justice as Fairness: A Restatement*, edited by Erin Kelly, Harvard University Press. ロールズ（田中成明・亀本洋・平井亮輔訳）『公正としての正義　再説』岩波書店，2004 年
Reeves, R. 2007 *John Stuart Mill: Victorian Firebrand*, Atlantic Books.
Reinert, E. 2008 *How Rich Countries Got Rich and Why Poor Countries Stay Poor*, Constable.
Reiss, J. 2013 *Philosophy of Economics*, Routledge.
Ricardo, D. 1815 Letter to Malthus, October 7, in Piero Sraffa with the collaboration of M. H. Dobb (eds.), *The Works and Correspondence of David Ricardo*, Vol. VI, Cambridge: Cambridge University Press, 1952. 中野正監訳『デイヴィッド・リカードウ全集　第 6 巻』雄松堂書店，1970 年
Ricardo, D. 1816 Proposals for an economical and secure currency, in Piero Sraffa with the collaboration of M. H. Dobb (eds.), *The Works and Correspondence of David Ricardo*, Vol. IV, Cambridge: Cambridge University Press, 1951. 玉野井芳郎監訳『デイヴィッド・リカードウ全集　第 4 巻』雄松堂書店，1970 年

参考文献 517

Ricardo, D. 1817, 1819, 1821 *On the Principles of Political Economy and Taxation*, in Piero Sraffa with the collaboration of M. H. Dobb (eds.), *The Works and Correspondence of David Ricardo*, Vol. I, Cambridge: Cambridge University Press, 1951. 堀経夫訳『デイヴィッド・リカードウ全集 第1巻』雄松堂書店，1972年

Ricardo, D. 1818 Fragments on Torrens Concerning Value, in Piero Sraffa with the collaboration of M. H. Dobb (eds.), *The Works and Correspondence of* David Ricardo, Vol. IV, Cambridge: Cambridge University Press, 1951. 玉野井芳郎監訳『デイヴィッド・リカードウ全集 第4巻』雄松堂書店，1970年

Ricardo, D. 1820a Letter to Malthus, May 4, in Piero Sraffa with the collaboration of M. H. Dobb (eds.), The Works and Correspondence of David Ricardo, Vol. VIII, Cambridge: Cambridge University Press, 1952. 中野正監訳『デイヴィッド・リカードウ全集 第8巻』雄松堂書店，1974年

Ricardo, D. 1820b Letter to McCulloch, June 13, 1820, in Piero Sraffa with the collaboration of M. H. Dobb (eds.), The Works and Correspondence of David Ricardo, Vol. VIII, Cambridge: Cambridge University Press, 1952. 中野正監訳『デイヴィッド・リカードウ全集 第8巻』雄松堂書店，1974年

Ricardo, D. 1820c Notes on Malthus's principles of Political Economy. in Piero Sraffa with the collaboration of M. H. Dobb (eds.), *The Works and Correspondence of David Ricardo*, Vol. II, Cambridge: Cambridge University Press, 1951. 鈴木鴻一郎訳『デイヴィッド・リカードウ全集 第2巻』雄松堂書店，1971年

Ricardo, D. 1823a Letter to Malthus, August 31, in Piero Sraffa with the collaboration of M. H. Dobb (eds.), *The Works and Correspondence of David Ricardo*, Vol. IX, Cambridge: Cambridge University Press, 1952. 中野正監訳『デイヴィッド・リカードウ全集 第9巻』雄松堂書店，1975年

Ricardo, D. 1823b Absolute Value and Exchangeable Value, in Piero Sraffa with the collaboration of M. H. Dobb (eds.), *The Works and Correspondence of David Ricardo*, Vol. IV, Cambridge: Cambridge University Press, 1951. 玉野井芳郎監訳『デイヴィッド・リカードウ全集 第4巻』雄松堂書店，1970年

Robbins, L. 1930 The Economic Works of Philip Wicksteed, *Economica*, 10: 245-258. Reprinted in Herford (1931).

Robbins, L. 1932a, Introduction to P. H. Wicksteed, *The Common Sense of Political Economy and Selected Papers and Reviews on Economic Theory*. Reprinted in 1999.

Robbins, L. 1932b *An Essay on the Nature and Significance of Economic Science*, Macmillan. ロビンズ（中山伊知郎監修，辻六兵衛訳）『経済学の本質と意義』東洋経済新報社，1957年

Robbins, L. 1958 *Robert Torrens and the Evolution of Classical Economics*, London:

Macmillan.

Robertson, D. H. 1933 Saving and Hoarding, *Economic Journal*, **43**(171): 399-413.

Robertson, D.H. 1936 Some Notes on Mr. Keynes' General Theory of Employment, *Quaterly Journal of Economics*, **51**(1): 168-191.

Robinson, J. 1953 Imperfect Competition Revisited, *Economic Journal*, **63**(251): 579-593.

Robinson, J. 1972 The Second Crisis of Economic Theory, *American Economic Review*, **62**(1·2): 1-10.

Rothbard, M. 1995 *Classical Economics, An Austrian Perspective on the History of Economic Thought*, Vol. II, Ludwig von Mises Institute.

Rowthron, R. 2013 The impact of China and India on the advanced economies, in Yokokawa, Ghosh, J. and Rowthorn, R. (2013) Chap. 1, pp.9-29.

Rowthorn, R. and J. Wells 1987 *De-industrialization and Foreign Trade*, Cambridge: Cambridge University Press. 一部は，横川信治／野口真／植村博恭訳『構造変化と資本主義の調整』学文社，1994 年所収．

Ruffin, R. J. 2002 David Ricardo's Discovery of Comparative Advantage, *History of Political Economy*, **34**(4): 727-48.

Ruffin, R. J. 2005 Debunking a Myth, Torrens on Comparative Advantage, *History of Political Economy*, **37**(4): 711-22.

Samuelson, P. A. 1948 *Economics: an introductory analysis*, New York: McGraw-Hill.

Samuelson, P.A. 1964 Theoretical Notes on Trade Problems, *Review of Economics and Statistics*, **46**(2): 145-154.

Samuelson, P. A. 2001 A Ricardo-Sraffa Paradigm Comparing Gains from Trade in Inputs and Finished Goods, *Journal of Economic Literature*, **39**(4): 12-14.

Samuelson, P. A. 2004 Where Ricardo and Mill rebut and confirm arguments of mainstream economists supporting globalization, *Journal of Economic Perspectives*, **18**(3): 135-146.

Sato, K., J. Shimizu, N. Shrestha and S. Zhang 2013 Exchange Rate Appreciation and Export Price Competitiveness: Industry-specific areal effective exchange rates of Japan, Korea, and China, RIETI Discussion Paper Series, 13-E-032.

Saviotti, P. P. 1996 *Technological Evolution, Variety and the Economy*, Edward Elgar.

Scarf, H. E. 1959 The Optimality of (S, s) Policies in the Dynamic Inventory Problem, Technical Report No.11, Applied Mathematics and Sttistics Laboratory, Stanford University.

Scarf, H. E. 2002 Inventory Theory, *Operations Research* **50**(1): 186-191.

Scarf, H. E. and S. Karlin 1958 Stationary Operating Characteristics of an Inventory Model with Time Lag, K.J. Arrow, S. Karlin, and H.E. Scarf, eds. *Studies in Applied*

Probability and Management Science, Stanford Univiersity Press.

Scarf, H. E. and S. Karlin 1958. Inventory models of the Arrow-Harris-Marschak type with time lag. K. J. Arrow, S. Karlin, H. E. Scarf, eds. *Studies in the Mathematical Theory of Inventory and Production*. Stanford University Press.

Schefold, B. 1989 *Mr. Sraffa on Joint Production and Other Essays*, Unwin Hyman.

Schultz, H. 1929 Marginal Productivity and the General Pricing Process, *Journal of Political Economy*, **37**: 505-551.

Schumpeter, J. A. 1926 *Theorie der Wirtschaftlichen Entwicklung*, 2. Auffl. J. シュムペーター『経済発展の理論』岩波新書，1977 年

Schumpeter, J. A. [1939] 1989 *Business Cycles: A theoretical, historical and statistical analysis of the capitalist process*, Porcupine Pr.; New edition.

Schumpeter, J. A. 1954 *History of Economic Analysis*, London : George Allen & Uniwin Limited. 東畑精一訳『経済分析の歴史』(1)-(7) 岩波書店，1955-1962 年

Schwarz, J. P. 1972 *The New Political Economy of J. S. Mill*, Duke University Press.

Seligman, E. R. A. 1903 On some neglected British economists, part 1, *Economic Journal*, **13**: 335-63.

Seligman, E. R. A. 1911 Ricardo and Torrens, *Economic Journal*, **21**: 448-55.

Shackle, G. L. S. 1967 *The Years of High Theory*, Cambridge University Press.

Shackle, G.S.L. 1972 *Epistemics and Economics: A Critique of Economic Doctrines*, Cambridge University Press

Shiozawa, Y. 1975a On the Non-Substitution Theorems, Discussion Paper RIMS-182, Research Institute for Mathematical Reserach, Kyoto Univeirsity. Available at my Research Gate Publications.

Shiozawa, Y. 1975b Durable Capital Goods and their Valuation, KIER Discussion Paper N.091, Kyoto Institue for Economic Research, Kyoto University. Available at my Research Gate Publications.

Shiozawa, Y. 2004 Evolutionary Economics in the 21st Century: A Manifest, *Evolutionary and Institutional Economics Review*, **1**(1): 5-47.

Shiozawa, Y. 2007 A New Construction of Ricardian Trade Theory:A Many-country, Many-commodity Case with Intermediate Goods, and Choice of Production Techniques, *Evolutionary and Institutional Economics Review*, **3**(3): 141-187.

Shiozawa, Y. 2012 Estimating Optimal Product Variety of Firms, *Evolutionary and Institutional Economics Review*, **9**(1): 11-35.

Shiozawa, Y. 2013a A New International Value Theory and Some of its Application, mimeo.

Shiozawa, Y. 2013b Subtropical Convex Geometry as the Ricardian Theory of International

Trade, Mimeo.

Shiozawa, Y., Y. Nakajima, H. Matsui, Y. Koyama, K. Taniguchi and F. Hashimoto 2008 *Artificial Market Experiments with the U-Mart System*, Springer.

Simon, H. 1963 Problems of Methodology――Discussion, *American Economic Review*, **53** (2): 229-231.

Simon, H.A. 1979 On Parsimonious Explanations of Production Relations, *Scandinavian Journal of Economics*, **81**(4): 459-474.

Smith, A. 1776, 1789 *An Inquiry into the Nature and Causes of the Wealth of Nations*, the fifth edition, London: printed for A. Strahan; T. Cadell, in the Strand. E. Cannan (Ed.) 1904. 大河内一男監訳『国富論』中央公論社, 1988 年. 水田洋・杉山忠平訳『諸国民の富』岩波文庫, 2000 年

Sraffa, P. 1960 *Production of Commodities by Means of Commodities*, Cambridge U.P. P. スラッファ（菱山泉・山下博訳）『商品による商品の生産』有斐閣, 1962 年, オンデマンド復刻版, 2002 年

Sraffa, P. 1926 The Laws of Returns under Competitive Conditions, *Economic Journal*, **36**: 535-550.

Steedman, I. 1999 Introduction to P.H.Wicksteed, *The Alphabet of Economic Science*, Thoemmes Press and Kyokuto Shoten Ltd.,1999.

Stigler, G. J. 1955 The Nature and Role of originality in Scientific Progress, *Economica*, New Series, **22**(88): 293-302.

Thornton, W. T. 1869 *On Labour: Its Wrongful Claims and Rightful Dues, Its actual Present Possible Future*, London: Macmillan.

Thweatt, W. O. 1976 James Mill and the Early Development of Comparative Advantage, *History of Political Economy*, **8**: 207-34.

Thweatt, W. O. 1987 James and John Mill on Comparative Advantage: Sraffa's Account Corrected, in Hans Visser and Evert Schoor (eds.), *Trade in Transit*, Dordrecht: M. Nijhoff.

Torrens, R. 1815 *An Essay on the External Corn Trade; containing an Inquiry into the General Principles of that Important Branch of Traffic; an Examination of the Exceptions to which these Principles are Liable; and a Comparative Statement of the Effects which Restrictions on Importation and Free Intercourse, are calculated to Produce upon Subsistence, Agriculture, Commerce, and Revenue*, London : Printed for Hatchard.

Torrens, R. 1818 Strictures on Mr. Ricardo's Doctrine Respecting Exchangeable Value, *Edinburgh Magazine*, October, pp.335-38.

Torrens, R. 1821 *An Essay on the Production of Wealth; with an Appendix, in which the Principles of Political Economy are Applied to the Actual Circumstances of this Country*,

London: Longman, Hurst, Rees, Orme, and Brown.

Torrens, R. [1822a] 1936 Political Economy Club, in *The Traveller* (December 2), in J.H. Hollander (ed.), *A Reprint of Economic Tracts: John Stuart Mill on the Measure of Value*, Baltimore: The Johns Hopkins Press, pp.9-14.

Torrens, R. [1822b] 1936 Political Economy Club, in *The Traveller* (December 2), in J.H. Hollander (ed.), *A Reprint of Economic Tracts: John Stuart Mill on the Measure of Value*, Baltimore: The Johns Hopkins Press, pp.19-20.

Torrens, R. [1822c] 1936 Political Economy Club in *The Traveller* (December 2), in J.H. Hollander (ed.), *A Reprint of Economic Tracts: John Stuart Mill on the Measure of Value*, Baltimore: The Johns Hopkins Press, pp.23-24.

Torrens, R. 1833 *Letters on Commercial Policy*, London: Longman.

Torrens, R. 1844 *The Budget: On Commercial and Colonial Policy*, London: Smith, Elder.

Trefler, D. 1993 International Factor Price Differences: Leontief was Right! *Journal of Political Economy*, **101**: 961-987.

Trefler, D. 1995 The Case of Missing Trade and Other HOV Mysteries, *American Economic Review*, **85**(5): 1029-1046.

Tung, A. 2003 Beyond Flying Geese: The Explanation of East Asia's Electronics Trade, *German Economic Review*, **4**: 35-51.

Uemura, H. 2000 Growth, Distribution, and Structural Change in the Post-war Japanese Economy, in Boyer and Yamada eds. (2000) Chap.8.

Uemura, H. 2012 Institutional changes and the transformation of the growth regime in the Japanese economy: Facing the impact of the world economic crisis and Asian integration, in Boyer, Uemura and Isogai eds. (2012) Chap.6.

Veblen, T. B. 1919 The Socialist Economics of Karl Marx and His followers in T. B. Veblen (2007) *The Place of Science in Modern Civilization*, Cosimo.

Vernon, R. 1966 International Investment and International Trade in the Product Cycle, *Quarterly Journal of Economics*, **80**: 190-207.

Viner, J. 1932 The Doctrine of Domparative Dosts, *Weltwirtschaftliches Archiv*, **36**: 356-414.

Viner, J. 1949 Bentham and J.S. Mill: The Utilitarian Background, American Economic Review, **39**(2): 360-382. Reprinted in H. W. Spiegel(ed.) The Development of Economic Thought, Great Economist in Perspective, John Wiley and Sons 1952. 越村信三郎・村洲一二監訳『古典学派』東洋経済新報社, 1954 年

von Neumann, J. 1937 Über ein Ökonomisches Gleichungssystem und eine Verallgemeinung des Brouwerschen Fixpunktsatzes, *Ergebnisse eines Mamatischen Kollquiums*, **8**(1935-36): 73-83. English translation: A model of general economic equilibrium, *Review of Economic Studies*, **13**(1)(1945-1946): 1-9. Reprinted in Peter

Newman ed. (1968) *Readings in Mathematical Economics*, John Hopkins Press: 221-229.

von Neumann, J. 1945-1946 A Model of General Economic Equilibrium, *Review of Economic Studies*, **8**: 1-9.

Wald, A. 1933-34 Über die Eindeutig Positive Lösbarkeit der Neuen Produktionsgleichungen, *Ergebnisse eines Mathematischen Kolloquiums*, **6**: 12-20.

Wald, A. 1936 Über Einige Gleichungssysteme der Mathematischen Ökonomie, *Zeitschrift für Nationalökonomie*, **7**: .637-670. English translation: On Some Systems of Equations of Mathematical Economics, Econometrica, **19** (1951): 368-403.

Wald, A. 1950 Statistical Decision Functions, Wiley.

Walras, L. 1874 *Éléments d'Économie Politique Pure, ou théorie de la richesse sociale*, L. Corbaz & Cie. 久武雅夫訳『純粋経済学要論』岩波書店, 1983 年

Wang, J., N.Shrestha and H.Uemura 2012 "Chinese international production linkages and Japanese multinationals: Evolving industrial interdependence and coordination," in Boyer, Uemura and Isogai.

Wasserman, S. and K. Faust 1994 *Social Network Analysis*, Cambridge U.P., New York.

Whitaker, J. K. (ed.) 1996 *The Correspondence of Alfred Marshall, Economist*, 3 vols, Cambridge University Press.

White, M. V. 1994 That God-Forgotten Thornton: Exorcising Higgling after On Labour, in N. de Marchi and M. Morgan (eds.), *Higgling: Transactors and their Markets in the History of Economics*, Durham: Duke University Press.

Whittaker, H. et al. 2010 *Compressed Development*, Published online: 7 October 2010, Springer Science Business Media.

Wicksteed, P. H. 1923-1926 Final Utility, *Palgrave's Dictionary of Political Economoy*, 2nd ed. (1923-1926), edited by Henry Higgs, vol. II. Reprinted in The Common Sense of Political Economy and Selected Papers and Reviews on Economic Theory, pp.797-800.

Wicksteed, P. H. 1884 Das Kapital, *To-Day*, 2. Reprinted in Wicksteed (1933), pp.705-724.

Wicksteed, P. H. 1885 The Jevonian Criticism of Marx, *To-Day,* 3, reprinted in Wicksteed (1933), pp.724-730.

Wicksteed, P. H. 1888 *The Alphabet of Economic Science.*, Collected Works of Philip Henry Wicksteed, vol.1, Thoemmes Press and Kyokuto Shoten Ltd.,1999.

Wicksteed, P. H. 1892 The significance of Unitarianism as a theology, reprinted in J. E. Carpenter and P. H. Wicksteed, *Studies in Theology*, J. M. Dent & Co, 1903.

Wicksteed, P. H. 1894 An Essay on the Co-ordination of the Laws of Distribution, *Collected Works of Philip Henry Wicksteed*, vol.2, Thoemmes Press and Kyokuto Shoten Ltd., 1999. ウィクスティード（川俣雅弘訳）『分配法則の統合』日本経済評論社,

2000 年

Wicksteed, P. H. 1901 The Land Nationalisation, *Transactions of the National Liberal Club*, Political and Economic Circle, vol.III.

Wicksteed, P. H. 1906 Review of V.Pareto's Manuale di Economia Politica, *Economic Journal*, 16. Reprinted Wicksteed (1933) pp.814-818.

Wicksteed, P. H. 1913 *Dante and Aquinas*, University Press of the Pacific. Reprinted in 2002.

Wicksteed, P. H. 1914 The Scope and Method of Political Economy in the Light of the 'Marginal' Theory of Value and Distribution, Presidential Address to Section F of the British Association, reprinted in Wicksteed, 1933.

Wicksteed, P. H. 1933 The Common Sense of Political Economy and Selected Papers and Reviews on Economic Theory, *Collected Works of Philip Henry Wicksteed*, vol.3, 4. Reprint of 1910 edition and the collection of articles and reviews, edited by Lionel Robbins.) Thoemmes Press and Kyokuto Shoten Ltd.,1999.

Wilson, T. and P. W. S. Andrews (eds.) 1951 *Oxford Studies in the Price Mechanism*, Clarendon Press.

Witt, U. 2001 *Escaping Satiation/Demand Side of Economic Growth*, Springer Verlag.

Yokokawa, N. 2013 The renaissance of Asia and the emerging world system, in Yokokawa, et al. eds. (2013) Chap. 2, pp.30-58.

Yokokawa, N. 2013 Cyclical Crisis, Structural Crisis, Systemic Crisis, and Future of Capitalism in Yokokawa et al. eds. (2013) Chap. 7, pp.127-150

Yokokawa, N., J. Ghosh and R. Rowthron 2013 *Industrialization of China and India: their impact on the world economy*, Routledge.

Yoshikawa, H (unpublished) Stochastic Macro-equilibrium and a Microfoundation for the Keynesian Economics.

あ と が き

　今日，社会経済システムは，安定的な成長を期待できないばかりでなく，絶えず，危機とその拡大的な波及のカスケードに脅かされている．そして危機と取り組むというテーマは世界中で提唱されている．本書の編者は，企業研究所で「現代社会経済危機と複雑系企業システム」（主査：有賀）という研究チームを 2011 年度より発足させた．その前年の 2010 年 5 月 6 日にはフラッシュクラッシュ（ミリセコンド以上で取引を行う高頻度取引 HFT で発生した米国の株価大暴落）が発生，わずか 10 分ほどのあいだにダウ平均株価が 9 パーセント急落した．今年度は研究チーム終了年度に当たるが，2013 年 10 月 17 日に米国政府のデフォルトが瀬戸際で回避された．このように社会経済システムの危機は深刻化して楽観は許されないであろう．ある危機の発生がいわゆるドミノ倒しのように波及する間接的影響を考慮すると，わたしたちが，現代の社会経済システムについて，いかに経済システムの危機に対処しシステムを復元するかの知識がきわめて重要になってくるのがわかる．

　ところが，標準的な経済学は十分その責務を果たしているとはいえまい．有名なエピソードになったが，エリザベス女王は 2008 年のリーマンショックの真の理由を問いただすためにロンドンスクール・オブ・エコノミクスを尋ねた．その後，作成された女王宛正式書簡 Besley, T. and P. Hennessy: Her Majesty The Queen (22 July 2009) では，リーマンショックを予測できなかった原因は，a failure of the collective imagination of many bright people であると断じられた．つまり，政府であれ企業であれ個々人は「ミクロ的に思慮深かった！」のであり，かれらによれば，ミクロのリスクの集合的な振る舞いを知ることができなかったにすぎない．ところが，複雑系科学の知見では，ミクロのリスクの集合的な振る舞いを知ることこそ重要な課題である．経済学はいつからこうした知

見を無視するようになったのであろうか？

　本書は進化経済学と複雑系科学で日本をリードしてきた塩沢由典教授が2014年3月を以て中央大学商学部を退職されるのを記念して編集された．塩沢教授が進化経済学・複雑系経済学の立場から「経済学を再建する」ことを展望し，その提案について本書執筆者達が議論した討論の記録である．「まえがき」にもあるように，これで討論が終了したとはいえないが，経済学の再建に向けて一つの方向性は打ち出せたのではないだろうか．

　本書の議題は，価値論，需要法則，貿易論，地代論，発展論などさまざまであるが，これら重要議題のすべてが古典派経済学にその源泉が見出だされる．そればかりか，そこには1870年代の限界革命以降の新古典派経済学からは失われた経済学再建への大きなヒントが隠されていると，本書執筆者達は考えている．本書提案編のメッセージは，経済学の再建に必要なのは，古典派価値論を基礎に進化経済学を展開し，経済の動態を分析しようという呼びかけにある．そこで，主題の「経済学を再建する」のほかに副題として「進化経済学と古典派価値論」を加えた．

　本書の掲載論文はみな，中央大学企業研究所公開研究会で報告を経て，主として執筆者を中心に議論を重ねることによって，推敲されたものである．以下，実施された研究会日程と報告課題を列挙する．

研究会開催日ならびに報告課題（日付順）
1．日　　時　2013年4月4日（木）　14時00分～17時00分
　　場　　所　多摩校舎2号館4階研究所会議室2
　　第一報告　塩沢由典研究員（商学部教授）
　　　　　　　「古典派価値論の欠落と国際貿易理論」
　　第二報告　吉井哲氏（名古屋商科大学経済学部准教授）
　　　　　　　「アダム・スミスは，絶対優位説論者だったのか」

2．日　　時　2013 年 4 月 20 日（土）　15 時 00 分〜18 時 00 分
　　場　　所　多摩校舎 2 号館 4 階　研究所会議室 1
　　第一報告　塩沢由典研究員（商学部教授）
　　　　　　　「新しい国際価値論とその適用例」
　　第二報告　横川信治氏（武蔵大学経済学部経済学科教授）
　　　　　　　「アジアの再台頭と新しい世界システム
　　　　　　　　　──The Renaissance of Asia and the Emerging World System──」

3．日　　時　2013 年 4 月 27 日（土）　14 時 00 分〜18 時 00 分
　　場　　所　多摩校舎 2 号館 4 階　研究所会議室 2
　　第一報告　塩沢由典研究員（商学部教授）
　　　　　　　「産業革命，技術進歩，実質賃金」
　　第二報告　玉木俊明氏（京都産業大学経済学部教授）
　　　　　　　「産業革命と国家・商人国際機関との関係
　　　　　　　　　──見えざる手から見える手へ──」

4．日　　時　2013 年 6 月 27 日（木）　14 時 00 分〜17 時 00 分
　　場　　所　多摩校舎 2 号館 4 階　研究所会議室 1
　　第一報告　瀧澤弘和研究員（経済学部教授）
　　　　　　　「モデル科学としての経済学
　　　　　　　　　── J.S. ミルの経済学方法論から考える──」
　　第二報告　塩沢由典研究員（商学部教授）
　　　　　　　「経済学の進歩とは何か
　　　　　　　　　──理論におけるブレークスルーのために──」

5．日　　時　2013 年 7 月 27 日（土）　15 時 00 分〜18 時 00 分
　　場　　所　多摩校舎 2 号館 4 階　研究所会議室 1
　　第一報告　塩沢由典研究員（商学部教授）

「「生産関数」概念批判
　　——ウィクスティードからコブ＝ダグラス・ＣＥＳまで——」
　第二報告　井上義朗研究員（商学部教授）
「P. H. ウィクスティードという経済学者
　　——「資産配分」の原意について考える——」

6．日　　時　2013年8月3日（土）　15時00分〜18時00分
　　場　　所　多摩校舎2号館4階　研究所会議室1
　　第一報告　有賀裕二研究員（商学部教授）
「ネットワーク分析と産業連関表」
　　第二報告　浅田統一郎 研究員（経済学部教授）
「リカードの差額地代論の数学モデルについて」

7．日　　時　2013年9月7日（土）　14時00分〜17時00分
　　場　　所　多摩校舎2号館11階　21141号室
　　第一報告　吉井哲氏（名古屋商科大学経済学部准教授）
「価格と数量の同時決定体系への転換
　　——J. S. ミルを媒介として——」
　　第二報告　植村博恭 氏（横浜国立大学大学院国際社会科学研究院教授）
「雁行形態発展論と東アジアの国際生産・貿易ネットワーク」

　編者である塩沢由典教授の強力なリーダーシップのもと，以上の公開研究会をつうじた討論により，相互的な理解を深めて，本書が作成されたことを銘記したい．中央大学の内外から研究会に参加し討論に加わられた方々，研究チームの一員として本書執筆に参加された方々に感謝する．この研究を支えてくれた中央大学企業研究所にも感謝する．こうして成立した本書が，今世紀において，経済学を立て直し，経済学が未来の社会経済システムに有益な洞察を与える礎になることを祈念してやまない．

最後に，本書の編集にあたって，中央大学出版部の菱山尚子氏にはひとかたならぬお世話になった．氏の細部にわたるまで丁寧なプロフェッショナルな校閲に対して編者は深謝の念に絶えない．また，中央大学企業研究所の宮川美智子氏には引用文献の作成，上記公開研究会の設営をはじめ多大な負担をおかけしてしまった．両氏の偉大なホスピタリティなしに本書を予定期限内に刊行することは不可能であったことをここに銘記し，謝辞としたい．

　2014年2月

主査　有賀裕二

索　引

あ　行

ア・プリオリな方法　　359-363, 372, 375
ア・ポステリオリな方法　　359-362
アーサー，W. B.　69
会津藩　175
赤松要　60, 208, 439, 440, 459, 460, 489
浅田統一郎　125, 155, 246, 251, 258, 260, 267
アジア通貨危機　450, 453, 455
アジアの経済発展　208
新しい仮説　43
圧縮工業化　448
安孫子誠男　48, 58
アリストテレス　416
有賀裕二　224, 230, 233
アルチアンの方法　32
アレン，R. C.　63-64
アロー　94
安全性のゆとり幅　442-444, 451, 456
安定均衡　298, 335, 343
安定条件　342, 343
池間誠　160, 462, 493
石川幸一　447
異質化　492
異質的エージェントの相互作用　224
磯谷明徳　492
市川惇信　10, 118
一財モデル　7
　　──の罠　8
1次同次関数　404
一物一価の法則　218
一般化されたエンゲル法則　71
一般均衡理論　155, 295, 348
一般利潤率　266
遺伝的アルゴリズム　232
伊東光晴　34, 89
猪俣哲史　465, 470
岩田規久男　9

因果関係　358, 361, 365, 368
ヴァーノン → Vernon, R.
ヴィーザー，F. V.　384
ウィクスティード，P. H. → Wicksteed, P. H.
ヴィクセル・コネクション　135
ウイタカー → Whittaker, H.
ウェッブ，シドニー　390
上宮正一郎　323, 348, 349
植村博恭　73, 441, 492, 494
ウォレス，グレアム　391
内井惣七　362, 364
宇野弘蔵　427, 428
宇仁宏幸　492
売れるだけ売る　92, 276, 325
上乗せ率　135-137, 163, 190
　　──が所与　171
エスカット　465, 470
エッジワース，F. Y.　390
エリザベス女王　7, 44
エルデーシュ　67
エンゲル法則　161
黄金時代　426, 445-447, 455, 456
大来佐武郎　209
オーストリア学派　15
大山道広　96
オールド・ケインズ派　12, 13
岡本祐次　347
置塩信雄　248, 249, 251, 267
オクスフォード経済調査　21, 34, 40, 89, 136, 147, 269, 494
小野善康　8
オフショア貿易　201

か　行

ガーシェンクロン → Gerschenkron, A.
外延的地代　252
階級分析　218
カウフマン，S.　51, 66

価格　105
　　——の情報伝達作用　105
価格競争　94
価格シグナル　76
価格と数量　96
　　——の独立　96, 98, 151
価格変化　80
　　大きな——　80
革新の機会　89
加工貿易　201
加重隣接行列　237
仮説　362, 363, 371
価値論　121, 122
　　——の不在　75
仮定　357, 363, 365, 367, 370, 371, 377, 378, 381
過程分析　15, 20, 21, 298, 326, 335, 340-342, 349
　　——という困難な道　21
可能性の限界　115, 120, 163
貨幣的分析　13, 21
貨幣の基本的な機能　21
カリブレーション　6, 9
カレイドスコープ　75
カレツキ　99, 117
為替レート　170
川俣雅弘　421
雁行形態発展　437, 439-441, 446, 448, 457, 494, 459
雁行形態発展論　60-62, 208-213, 459, 460, 488-492
慣行主義　25
関数概念　157, 158, 163
関数関係　349
関数方程式　109
完全競争の理論　32
完全雇用　176
完全分配論　402, 418
環太平洋三角貿易体制　450, 452
基幹商品　79
基軸産業論　182
技術　69-70
技術競争　164
技術系　129

技術進歩　49, 62, 87, 160, 169
技術選択　152
　　——の不在　169
技術変化　152
基準価値ベクトル　191
希少　252, 266
希少性　251, 274, 278, 282
基数的効用　390
基数的効用理論　392
帰納　362
帰納的に定義　118
帰納法　362, 364
機能環　116
基本的に独立　150
木村福成　463
キャッチアップ　425, 432, 438, 439, 441, 448
キャッチアップ過程　207, 209-212
供給価格　25, 30
供給関数　149, 286, 292, 293, 295, 296, 321, 331, 332, 338-343, 346
　　新古典派の——　101
供給と需要の普通の原理　283
供給の一部を撤回する　290
供給の撤回　274, 289, 293
共進化　83-84
競争　204
競争的な技術　188
虚偽の社会的価値　258
極大面　177, 187
切り替え費用　102
均衡企業　33, 34
均衡の安定条件　331, 334, 335, 343
均衡の枠組み　12
均衡分析　15
金融化　425, 437
金融不安定仮説　442
クープマンス　93
クーン＝タッカー条件　262
屈折需要曲線　35, 91
クラーク, J. B.　383
クラシファイア循環　232
グラフ　182
　　連結財の——　182

グリン，A. → Glyn, A.
グル → Gul, F.
クルーグマン → Krugman, P.
グレアム → Graham, R. D.
グレアム，フランク・B.　175
クレーゲル，ヤン → Kregel, J. A.
グローバル化　200
グローバル経済史　63
グローバル・サプライチェーン　472, 475, 490, 491
グローバル・バリューチェーン (GVC)　428, 464, 471, 475, 490, 491
グローバリゼーション　438
経営経済学　149
経過時間　141
継起分析　12
経済学観　273, 325, 326, 331, 335, 336, 342-344, 348
経済学の第3の危機　48
経済学方法論　353, 366, 369-372
経済過程　339
経済人　291, 312
経済の過程　295, 339
計算経済学　16
ケイパビリティ・アプローチ　421
ケインズ → Keynes, J. M.
　──が依拠した価値理論　113
　──『一般理論』　17-24
　──『貨幣論』　15
　──最大の貢献　19
　──に帰れ　47
　──の構想　115
ケインズ政策　115
ケインズ反革命　113
ゲーム理論　352
結合生産　95, 245
決定関数　29
決定順序　24, 59
原価　141
　──企画　90, 150, 163, 270, 333, 341
　──計算　271, 336
　──の計算目的　141
限界原理　398, 399
限界効用　386, 389, 396

限界採掘費用　263
限界生産力　402
　──分配理論　383, 400, 401, 404
限界地　56, 252, 253, 255, 256
限界分析　34, 39, 81
限界労働価値　256, 258
研究プログラム　14
現代古典派価値論　119, 147
現代マクロ　4, 5, 8, 10
限定合理性　116
交易条件　299, 309, 310, 316, 333, 334, 347, 348
交換価値　303, 387, 389
交換比率　304
高技能労働者　487
構造的恐慌　437, 438, 445, 446, 451
構造的高度化　488, 492
工程間国際分業　492
行動経済学　352
後方連関効果　489
後方連関サプライチェーン貿易　481, 493
効用　274, 288, 307, 336, 337, 346
功利主義　395
合理性　352
効率市場仮説　4, 5, 44
効率性　399
合理的期待形成　6, 113, 116
　──仮説　7
枯渇資源　155, 245, 261, 263, 264
枯渇資源理論　266
　──の基本結果　184-191
国際価値論　159, 184, 299, 300, 305, 332, 340, 341, 346
　──の不在　159-160
国際価値論争　159
国際価値論の基本定理　187
国際産業連関分析　479
国際産業連関分野　469
国際生産・貿易ネットワーク　459, 471
国際貿易状況　156
　──における価値論　156
国民的イノベーション・システム論　63
小島清　61, 181, 209, 299, 300, 316,

331, 461, 462, 493
コスト・ベースの価格決定　271, 272
固定価格経済　99, 114
固定資本　145, 245
古典派　253
　　——雇用理論　18
　　——生産価格体系　485
　　——生産費用論　482
　　——貿易論　491
古典派価値論　44, 75, 112, 114, 146
　　——にたいする誤解　150-155
　　——の研究プログラム　154
　　——の再定義　121-136
　　——の弱い環　167
　　——の歪曲　119
古典派経済学　53, 269, 270, 273, 324, 344, 354
雇用関数　23, 24
コルナイ　87
コント → Cournot, A.
コンバンシオン理論　84, 116

さ　行

サークス　72
在庫管理　106-111
在庫切れ　107
財産所有デモクラシー　413
最終効用　384
最小価格定理　93-98, 126, 132-134, 136
最小モデル　172
　　リカード理論の——　172, 183
最大利潤率　247
最適化　77, 78
　　数学の意味での——　78
最適化問題　77, 111
最適労働価値　258, 260
財の数と国の数　174
　　——の一致　174
財の分類　288
サイモン, H. A. → Simon, H. A.
差額地代　245, 251
　　——の第1形態　252

——の第2形態　252
差額地代論　245, 251, 266, 401
搾取率　249
佐藤秀夫　159, 182
サブプライム危機　446, 454
サミュエルソン → Samuelson, P. A.
散逸構造　51-53, 57, 73, 125
三角貿易　201
産業革命　62-64, 72
産業内貿易　166
産業・貿易・技術政策（ITT 政策）　425
産業連関表　236
残余請求権　401
ジェヴォンズ, W. S. → Jevons, W. S.
ジェンキン → Jenkin, H. C. F.
塩沢由典　73, 169, 212, 247, 248, 269, 276, 344, 347, 419, 430, 441
時間乗数　144
時間的調整　325
時間的調整過程　334, 335, 343
時間費用　145
時間利子　144
市況商品　79, 103
資源配分　399
志向的状態　352
自己組織化　48, 51-55
自己組織系　57
自己補塡の状態　193
市場価格　274-276, 278, 280, 281-286, 289, 295-299, 318, 319, 322, 325, 327, 328, 336, 337, 339, 341, 348
市場経済観　5
市場の理論　161
市場利子率　253
システミック恐慌　443, 445, 447, 454
自然価格　128, 274-278, 281, 282, 284-286, 296, 298, 300, 301, 305, 316, 318, 324, 336, 338, 340-342, 348
自然発生秩序　51
失業の存在　191
失業の発生　195
実験　352, 365, 381
実行による学習　211

実際的人間　359, 360
実質賃金　171
　　——の上昇　136, 171
実質賃金水準　202
　　各国の——　202
実質賃金率　248
　　——の上昇　195
実証主義　41
実物景気循環論　8
支配労働　248
資本主義　136
　　——の多様性論　492
　　——の定型的事実　136
社会的最適性　264
社会的総余剰　261, 262
シャックル，G. L. S. → Shackle, G. L. S.
収益最大化仮説　39
収穫一定　288
収穫逓減　126-127, 289, 297, 319, 339, 341
自由財の規則　155
自由貿易　423-425, 431
需給原理　284, 287, 318-320, 323, 336, 338, 341-344, 346, 348
需給法則　307, 314, 323, 331
需要関数　149, 269, 280, 286, 291-293, 295, 296, 305, 315, 321, 322, 325, 326, 331-333, 338-343
需要供給の法則　45, 106, 118, 158, 305, 314, 320, 322, 340, 344
　　真の——　294
需要供給理論　93, 148
需要と供給の均衡　22, 312
需要と供給の原理　272, 286, 305, 316, 341
需要の平準化　112
需要の理論　161
需要変動　103
循環的恐慌　432, 445
純粋理論　332, 333, 343
シュンペータ → Schumpeter, J. A.
使用価値　387, 389
状況の定義　15
使用費用　144

商品による商品の生産　67, 68, 127, 169
　　——の序文　127-128
情報技術　477
情報転写　142
剰余価値率　249, 256, 257
剰余労働　249, 250
使用料　143
　　機械設備の——　143
ショー，G. B.　390, 417
ジョージ，ヘンリー　386
ジョージ・ソロス　3
ジョーンズ → Jones, R. W.
ジョーンズ条件　213
序数的効用　390
序数的効用理論　392, 393
所得再分配政策　410
自立　399
自律性　384, 386, 399, 401, 409, 414, 415
進化　48, 62
進化技術　77
進化ゲーム　54
進化心理学　352
真核細胞　83
進化経済学　48, 62
　　——に欠けているもの　75
　　——の前提　75, 82
　　——の強み　50
神経経済学　353
人工物　66, 89
新古典派貨幣分析　17
新古典派企業理論　33
新古典派経済学　351, 353, 393
　　——への転換　159
新古典派理論　106, 366
伸縮価格経済　99
真の価値　324, 335
新貿易理論　166
垂直的特化（vertical specialization）　476, 491
垂直統合労働投入係数　494
水平的特化（horizontal specialization）　476, 491

スウェーデン学派　15
数量調整過程　482
スケール・フリー・ネットワーク　66, 70, 71
スケジューリング問題　77
スティグリッツ→ Stiglitz, J. E.
スミス，アダム→ Smith, A.
スラッファ→ Sraffa, P.
　——とケインズ　120
　——の原理　92, 98, 101, 103
　——の理論的革新　134
スラッファ体系　246, 251, 256, 261
スラッファ標準商品　234, 236
生産価格　138
生産価格体系　246, 252
生産可能集合　174, 186
生産関数　44, 58, 59, 63, 65
　ミクロな——　81
生産管理　106
生産技術　129
　単純な——　185
生産工程間国際分業　487
生産性格差インフレーション　493
生産調節　103
生産的　247
生産の貨幣的理論　13, 15, 17, 21
生産費　25, 122, 270, 272, 273, 276, 279, 280, 282, 285-287, 289, 296-300, 304, 305, 307, 308, 316-320, 327, 330, 336, 337, 344-346, 348
生産誘発効果　479
生産要素　124
生産容量　100
生産量調節　102
　——の困難　88
生産量の変更　102
政治経済学　355, 356, 358, 359, 363, 364, 368
正常価格　128
正常価格体系　246
正則錐　187
正則領域　186
生存賃金説　147
生存賃金理論　171

静態理論　152
成長会計　65
成長するネットワーク　66, 70, 71
制度経済学　75
世界最終需要　187
設計情報転写論　88, 140
接続次数　67
説得的効果　163
セン，アマルティア　421
1970年代前半　11
全体過程　86
全体最適　111
選択　82
全部直接原価　91, 140-146
全要素生産性　152
総効用　389
相互需要　284, 303, 305, 332
相互需要説　299, 315, 331
創造的破壊　425, 438, 442, 455
相対的価値　288
相対的剰余価値　430, 431
双対問題　260
ソーントン→ Thornton, W. T.
ソスキス，D.　55
組成・資金調達　443, 445
組成・資金調達型金融制度　455
組成販売　443
組成販売型　445
組成販売型金融制度　455
粗代替性　218
ソロー　9, 65
　——の成長理論　9

た　行

第一公準　45
大学拡張運動　401
耐久資本財　97
大国の場合　182
大酸化事件　83
代替の可能性　133
ダイナミック産業　73, 435, 437-439, 445, 455, 456, 463, 488, 489, 491
代表的企業　32

高須賀義博　493
高増明　267
瀧澤弘和　35, 312, 357, 373
脱工業化（de-industrialization）　489, 494
田原慎二　494
田淵太一　173, 348
卵からの構成　87
多様性愛好関数　162
単位行列　131
単位原価　140
単位労働付加価値（VAL）　431, 432, 463, 483, 490, 494
短期市場価格　291, 337
短期市場価格理論　282
ダンテ　386, 401, 416
小さな世界　67
チェンバレン　32-34
地代　246, 251, 253, 255
地代理論　264
地代論　53, 56, 154
チャン，ハジュン→Chiang, A. C.
中間財　204
中間財貿易　168, 465, 471, 472, 490
　――の問題　168
中間値の定理　156
中間理論　60, 62, 428, 430, 442
抽象化　355, 381
抽象において真　364, 365, 368, 371, 374, 378
中立技術進歩　152
超雁行形態的発展パターン　464
長期的市場価格　280
長期の記述理論　150-152
調整機構　89
　――の中核　89
調整技術　477
調整過程　342
調整時間　321, 326, 342
賃金・利潤関係　256
賃金・利潤曲線　253, 255
賃金格差　165, 206, 474, 477, 487
賃金基金説　147
賃金財バスケット　249

賃金水準　193
　各国の――　193
賃金費用　144
賃金率　170
　――の国民的差異　170
通俗的遺産　36
強い場合　97
低技能労働者　487
ディクシット→Dixit, A. K.
定型行動　82
　――のレパートリー　78
定常性　76
デュエム＝クワイン・テーゼ　380
デュピュイ→Dupuit, J.
転化問題　139
転換　58
　新古典派価値論への――　58
動学的確率的一般均衡モデル　6, 7, 9
動学的規模の経済　488
動学的効率性　488
動学的比較優位　436, 439, 441, 446, 449, 453, 463, 493
投下労働　258
投下労働量　248
投機の金融　442, 444, 450, 456
統計の決定関数　110
投資決定　34
同質化　492
動的計画方程式　109
投入係数　59
投入係数行列　129
独占競争理論　33, 153
特別利潤　203
戸田山和久　372, 373
土地　245, 251
土地国有化論　413
特化　198
　行き過ぎた――　198
特化パタン　188, 213
飛び越え　491
飛び越し型　462
富野貴弘　112
ドラッカー→Drucker, P.
取引費用　211

な行

内部端点　174, 175, 213
内包的地代　252
中兼和津次　464, 465, 493
中野聡子　314, 348
名和統一　159, 182
二階堂副包　247, 248
2部グラフ　69
　　商品の利用の——　80
ニュー・ケインズ派　8, 9, 99
任意可増財　318, 339, 341, 344
　　——における価値の法則　296
任意不可増財　288, 289, 299, 305, 318, 319, 321, 323, 327, 331, 337, 338, 340-342
　　J. S. ミルの——　323
　　——における価値の法則　289
ネオ・リカーディアン　245, 251, 264, 266
ネオ・リカーディアン・モデル　246
根岸隆　35, 45, 253, 258, 316, 348
ネットワーク特性　236

は行

ハイエク　51, 76, 105
媒体費用　144
配分　384, 391, 398-400, 409, 414
バケツリレーアルゴリズム　232
パジネッティ　72
バティフリエ→ Batifoilier, P. H.
バブル　84
浜田宏一　9
原田裕治　494
バラバシ, A. L.　66-68
パレート最適　392
反ケインズ　12
汎用的技術　70, 73
ピーゼンドーファ→ Pesendorfer, W.
比較生産費　299-301, 308, 320, 340, 347, 348, 473, 489
比較制度優位　55-56
比較優位　423, 429, 473, 484

比率であらわされる——　212
比較優位説　347, 490
東アジアの国際生産・貿易ネットワーク　459
ピグー→ Pigou, A. C.
久松太郎　347
菱山泉　135
非代替定理　93-94
ヒックス→ Hicks J. R.
日付のある労働　137, 145
必要価格　296, 297, 339
必要労働　250
非負逆転可能定理　131
非負逆転定理　137
非負行列　247
非貿易財　199
ヒューム　362
氷山モデル　198
費用要素　141
平川均　447
比例拡大的（homothetic）　161
廣本敏郎　272
ファセット　177, 186
フィリップス曲線　7
フォックスウェル, H. S.　391
フォン・ノイマン→ von Neumann, J.
深貝保則　289, 348
付加価値貿易　460, 470, 482, 491
付加価値貿易分析　479
不完全競争理論　153
不均衡価格　313, 314, 348
不均等発展　438, 441
福留久大　173
負債デフレーション　451, 455
藤本隆宏　49, 73, 88, 111, 112, 117, 140, 141, 163, 169, 206, 212, 344, 347
豚の循環　32
物々交換　299-302, 316, 331, 332, 340, 341, 343, 346, 347
不等価交換論　206
不払い労働　249
部品表　88
部分均衡動学　261
不変の価値尺度　234

索　引　539

プライス・テイカー　263
フラックス, A. W. → Flux, A. W.
フリードマン, ミルトン → Friedman, M.
フリーマン → Freeman, L. C.
プリゴジン (Prigogine, I)　51
フリップ, E. I.　390
フルコスト原理　26, 34, 89-93, 103, 104, 120, 135, 146, 272, 344
　　——の先駆的な表現　117
ブレークスルー　13
プロダクト・サイクル理論　208
プロト工業化　72
フロベニウス根　247
分解不能　247
分岐点　58
分配　384, 401, 409, 410, 414
分離（アンバンドリング）　476
平均費用曲線　33
　　U字型の——　33
平均労働価値　258
冪分布（ベキ分布）　67, 68, 224
ヘクシャー・オリーン理論（HO 理論）　461, 462, 491
ヘクシャー・オリーン・サミュエルソンの理論 → HOS 理論
ヘッジ金融　442, 444, 456
ペレス → Perez, C.
変異　82
変幻極まりないもの　75, 80
変動価格市場　104
　　——の非効率　104
変分法　261
ヘンペル　373
ボアイエ → Boyer, R.
貿易　196
　　——の不利益　196
　　——の利益　180, 193
貿易財　199
貿易収支　170, 191
　　——の均衡　159
貿易不均衡　170
貿易摩擦　166
貿易モデル　172
　　リカードの——　172

貿易論　96
　　——の教科書的説明　96
法線方法　177
法則　359
方程式体系モデル　6
方法論的個人主義　84, 217
ボウルズ　116
ホートレー　15
ボーモル → Baumol, W. J.
ホール, P.　55
ボールズ, サミュエル → Bowles, S.
ボールドウィン → Baldwin, R.
補完的な関係　492
保護関税　211
保持　82
ホジソン → Hodgson, G. M.
ポスト・ケインズ派　99
ホテリング → Hotelling, H.
ホテリング・ルール　261, 263, 266
ホテリング的競争　171
ほぼ普遍的な状況　98
堀内昭義　9
ポンツィ金融　442, 444, 447, 450, 453, 454, 456
ポントリャーギンの最大値原理　261

ま　行

マークアップ　271, 272
マークアップ率　190
マーケット・ベースの価格決定　271, 272, 344
マーシャリアン・クロス　286, 322, 343
マーシャル → Marshall, A.
　　——的安定条件　295, 339
マーティノー, ジェームズ　385, 386
マッケンジ → McKenzie, L.
マハループ, F. → Machlup, F.
マルクス → Marx, K.
　　——の価値論　163
マルクス基本定理　251, 258
マルクス経済学　121
マルクス・置塩・森嶋の定理　251
マルサス → Malthus, T. R.

馬渡尚憲　277, 291, 298, 303, 307, 312, 313, 315, 318, 346-348
ミード，J. E. → Meade, J. E.
ミクロ経済　22
　　──の転換　22
ミクロ的基礎づけ　6, 10-17
ミクロ・マクロ・ループ　84-87, 93, 98, 116
南方寛一　273, 275, 280, 285, 291, 345, 346
三邊信夫　160
宮川努　9
宮崎義一　34, 89, 493, 494
ミル，J. S. → Mill, J. S.
ミル，ジェイムズ → Mill, J.
ミル需給原理　342
ミルの価格理論　287
ミンスキー → Minsky, H. P.
メリット　274, 275, 336
モデル　353, 371, 373-380
モデル科学　354
森茂也　273, 291, 346, 348, 349

や　行

山田鋭夫　492
有効需要　275, 290, 346
　　──の定義　23, 24
有効需要の原理　19
　　企業水準における──　43
　　──とリカード価値論　114
有効需要量　276, 279, 280, 283, 284, 297, 319, 336, 339, 341, 344, 348
有効需要理論　112
　　──の再構成　112
優等地　255
行澤健三　173
ユクスキュル　116
輸送技術　198
輸送経済　198
輸送費　189, 211
　　──の低廉化　201
　　──0の仮定　189
　　──の導入　198-201

輸送費用　477
ユニテリアン派　385, 400
よい設計　88
　　──の必要条件　88
要求利子率　163
要素価格均等化定理　59, 61, 165
横川信治　427, 445, 463, 483, 489
吉井哲　164, 347
吉川洋　3, 162, 226
吉田雅明　12, 115
余剰理論　401
予測可能性　5
予測主義　35, 41

ら　行

ライス → Reiss, J.
ライナート → Reinert, Erik
ラヴォア，M.（Lavoie, M.）　99
ラカトシュ　43
ラグランジュ関数　262
ラグランジュ乗数　262
ランダム・ネットワーク　67
リーマン・ショック　3, 47
リカード → Ricardo, D.
　　──による財の分類　278, 279
　　──の短期市場価格　280, 291
　　──の短期市場価格論　337
　　──理論的修正　122
リカード価値論　44, 119
リカード研究家　58
リカード点　174, 182
リカード貿易理論　472
リカード問題　167
　　──の最終解決　167
リカード・スラッファ型の経済　126
リカード・スラッファ理論　169
利潤率　253, 266
利子率　34
　　──の高低　34
リスウィッチ　255
リスクの社会性　424, 438
リフレクション　398
流動性選好　20

索　引　541

留保価格　271, 285, 336, 344
理論　38, 41
　　——と政策　114-115
　　——の意味論的把握　373, 377
　　——の必要　127, 128
理論家　359, 360
理論的研究　42
累進課税　410
ルイス→ Lewis, Arthur
ルーカス→ Lucas, R., Jr.
　　——の批判　9
レオンチェフ型　126
レギュラシオン　60, 62
レスタ→ Lester, R. A.
劣等地　255
連結財　181
ロウソクの例　52-53
労働価値　246, 248, 256
労働価値説　122, 387
　　厳密な——　138
労働価値理論　245, 246, 266
労働生産性　205
労働生産性格差　474
労働投入係数ベクトル　130
労働の質　487
労働力　197
　　——の国際移動　197
ロールズ, J.　413
ロット生産　102
ロバートソン → Robertson, D. H.
ロビンス，ライオネル→ Robbins, L.
ロビンソン→ Robinson, J.
ロンカッリア→ Roncaglia, A.

わ　行

若杉隆平　463
割引現在価値　262
割引率　261-263, 266
ワルラス→ Walras, L.
ワルラス的安定条件　295, 339
ワルラス法則　21

A

ab ovo の構成　85, 87
Agneessens, F.　240
Akamatsu, K.　437, 459, 460, 492
Akiyama, E.　243
Alchian　16
Aldrich, J.　347
Andersen, E. S.　72
Andrews, P. W. S.　269
Aoki, M.　71
Arrow, K. J.,　110
Aruka, Y.　217, 224, 225, 234-236, 243
Asada, T.　246, 251, 258, 260, 267
Ashby, W. R.　73

B

Baldwin, R.　463, 468-472, 475, 487, 490, 493, 494
Barkley, G. E.　348
Batifoilier, P. H.　85
Baumol, W. J.　436
Beinhocker, E. D.　149
Bidard. Ch.　155
Blanchard, O. J.　3
Blaug, M.　291, 322, 346
Boettke, P. J.　15
Bowles, S.　115, 116
Boyer, R.　55, 60, 486, 492
Brownlie, A. D.　164, 322
Burrow, J.　418

C

Cairnes, J. E.　348
Carpenter, J. E.　417
Catallactics　299, 302, 307, 317, 340, 341, 346
ceteris paribus（他の条件は一定にして）　299, 334, 339, 343
Chacholadis, M.　174
Chang, Ha-Joon　424, 425, 438, 463
Chiang, A. C.　261, 262

Chipman, J. S.　347
Clower, R.　14, 16
Cobb-Douglas 生産関数　63-65
Collini, S.,　418
Conrad, J. M.　261
Cournot, A.　310, 317, 322, 340
Coyne, S.　15
Cyert, R.　7

D

D'Orlando, F.　274
Debreu, G.　121
de Marchi, Neil.　346
de Vries, J.　72
De Vroey, M.　16
Dean, J.　149
Dixit, A. K.　162
Dobb, M.　286, 307, 320
Dorfman, R.　117
Dornbusch, R.　11, 206
Drucker, P.　139
Drummond, J.　417
Dupuit, J.　322, 348

E

Eiteman, W. J.　34, 270
Ekeuland, R. B.　348
Elliott, G. A.　175
Engel, E.　218
equation　293, 294, 323, 326, 338, 342, 346
Ethier, W. J.　160, 168

F

Farmer, R. E. A.　10
Faust, K.　240
Feenstra, R. C.　59
Fisher, S.　11, 206
Flux, A. W.　404
Franke, R.　480
Freeman, L. C.　35, 63, 160, 240

Friedman, M.　9, 33-43, 357, 378
Fujimoto, T.　24, 164, 344, 347, 472, 474, 484

G

Gelain, P.　10
Gerschenkron, A.　212, 440
Geisendof, S.　73
Glyn, A.　431, 434, 446, 449, 450
Gomes, L.　347
Gonzalez, J. L.　493
Gordon, R. A.　34
Gordon, R. J.　11
Gordon, S.　26
Graham, J. R.　344
Graham, R. D.　159
Guerrazzi, M.　10
Guthrie, G. E.　34
Gul, F.　353
GVC　428, 434, 435, 441, 446, 453

H

Hahn, F. H.　13
Hall, R. L.　34, 270
Harris, T.　110
Harvey, C. R.　344
Hausman D. M.　41
Hechscher-Ohlin-Vanek 理論　→HOV理論
Heflebower, R. B.　34, 89
Herford, C. H.　386, 417, 418
Hicks J.R.　99, 104
Hildenbrand, W.　220, 222-224
Hirschman, A. O.　489
Hitch, C. J.　34, 270
Hodgson, G. M.　49, 54, 73
Holland, J. H.　230, 232, 233
Hollander, S.　287, 346, 347
Holroyd, M.　418
HOS 理論　56-59, 124, 159, 165, 209
Hotelling, H.　155, 245, 261, 263, 266, 267, 375
HOV 理論　57, 165

Howey, R. S.   384, 418
Howitt, P. (2002)   12, 15
Hunt, E. H.   457
Hutchison, T. W.   273
Hymer, S. H.   493

I

IMF   451
Irwin, D. A.   309, 310, 347
IS-LM 理論   21
Isogai, A.   492
IT   434, 435, 445, 448, 453
ITT 政策   434, 438, 440
Iyetomi, H.   225-227

J

Jenkin, H. C. F.   164, 273, 321-323, 325-331, 334, 335, 342, 347-349
Jevons, W. S.   273, 286, 293, 322, 386, 417
Jones R. W.   159, 160, 205, 213

K

Kaldor, N.   20, 73, 104
Kalmbach, P.   480
Karlin, S.   110
Keen, S.   149
Keynes, J. M.   22-29, 115, 348, 426, 442, 455, 456
Kichikawa, Y.   225
Knudsen, T.   73
Kohn, M.   12, 13, 15, 17, 21
Kojima, K.   462
Kordsheimer, W.   348
Krause, U.   494
Kregel, J. A.   434, 442-445, 450
Kriwau, A.   224
Krugman, P. R.   3, 54, 165, 166
Kurose, K.   162
Kurz, H. D.   163, 264, 266, 267
K 凸性   109

L

Leijohufvud, A.   12, 14-17, 20, 32, 349
Leontief, W.   236
Leser, E.   347
Lester, R. A.   34, 40, 270
Lewis, Arthur   449
Lucas, R., Jr.   9, 11, 14
———の批判   14
Lucas, R. E.   11

M

Machlup, F.   34, 80-81, 270
Mainwaring, L.   267
Mainzer, K.   224
Mäki, U.   35, 36
Malthus, T. R.   273, 284, 285, 305, 319, 340, 345, 346
Maneschi, A.   173, 347
Marschak, J.   110
Marshall, A.   16, 22-33, 217, 273, 278, 286, 287, 291, 321, 322, 330-335, 338, 343, 345, 349, 354, 385, 418
Marx, K.   138, 156, 159, 168, 170, 245, 246, 248, 249, 251, 257, 266, 323, 386, 389, 424, 426, 427, 430, 432
McCulloch, J. R.   277, 347
McKenzie, L.   159, 168, 182
Meade, J. E.   413, 421
Meek, R. L.   307
Melitz   166
Melnyk, J.   417
Metcalfe, J. S.   160
Milberg, W.   494
Mill, J.   301, 306, 307
Mill, J. S.   45, 106, 115, 117, 119, 120, 148, 156-159, 167, 173, 271, 273, 277, 286-296, 298-300, 302-307, 310-312, 314-320, 324-326, 332, 334, 335, 337, 340-344, 346-349, 353-358, 360-366, 368-372, 375, 378
Minsky, H. P.   442-444, 451
Mirowski, P.   348

Montani, G. 267
Morishima, M. 248, 249, 251, 258, 267
Moss, S. 32-34

N

Negishi, T. 314, 348
Nelson, R. R. 73
NP完全問題 77

O

Obstfeld, M. 165
O'Neill, M. 421
Ohkubo, J. 243
Ohlin, B. 424
Opsahl, T., 240
Ozawa, T. 459, 488, 492, 493

P

Palley, T. 443
Parke, D. B. 417
Pasinetti, L. L. 267, 493
PDCA 111
Perez, C. 73, 424-426, 438, 442, 445
Perris, H. S. 417
Pesendorfer, W. 344, 353
Phelps, E. 12
Phillips, A. W. 11
Pigou, A. C. 33
Plutology 317
Prichard, M. F. L. 164, 322
Prigogine, I. 51

Q

Quadrio-Curzio, A. 267
Quiggin, J. (2013) 4, 11

R

Rawls, J. 421
Reeves, R. 346

Reinert, E. 424, 431
Reiss, J. 376, 378
Ricardo, D. 114, 122, 145, 156, 245, 251, 267, 273, 276-283, 285, 286, 291, 296, 299-301, 305-309, 312, 315, 316, 319, 320, 332, 336, 337, 339-341, 344-347, 401, 423, 424, 429, 431, 457
RIETI (Research Institute of Economy, Trade and Industry) 450, 452, 453
Robbins, L. 347, 383, 391, 392, 402, 417
Robert-Nicoud, F. 487, 494
Robertson, D. H. 15, 20
Robinson, J. 32-34, 48, 326, 330, 335, 342
Roncaglia, A. 163
Rothbard, M. 306
Rowthorn, R. 494
Ruffin, R. J. 173, 347

S

Salvadori, N. 163, 264, 266
Samuelson, P. A. 59, 93, 117, 206, 309
Sargent, T. J. 11
Saviotti, P. P. 162
Scarf, H. E. 109, 118, 110
Schefold, B. 267
Schultz, H. 420
Schumpeter, J. A. 85, 164, 273, 296, 308, 313, 319, 321, 331, 346, 424, 425, 438
Schwarz, J. P. 286
Seligman, E. R. A. 347
Shackle, G. L. S. 32, 33, 75, 76
Shiozawa, Y. 347, 472, 474, 475, 484, 494
Shrestha, N. 493
Simon, H. A. 7, 15, 65, 116, 378, 379
Skvoretz, J. 240
Smith, A. 286, 288, 290, 296, 334, 336, 339, 345-347, 423
Solow, R. M. 117
Sraffa, P. 33, 92, 101, 119, 120, 123, 125, 145, 234, 245, 246, 251-253, 264,

266
(S, s) 法　　110
Stigler, G. J.　　291, 304
Stiglitz, J. E.　　162

T

The Other Canon　　424, 426, 429
Thommensen, R. B.　　348
Thornton, W. T.　　294, 313, 314, 320, 321, 326, 342, 347, 348
Thweatt, W. O.　　347
Torrens, R.　　309
Trefler, D.　　165
Tung, A.　　493

U

Uemura, H.　　492, 493
Upton, C. B.　　417

V

VAL　　432-438
Veblen, T. B.　　427
Vernon, R.　　208, 439, 462
Viner, J.　　286, 347

von Neumann, J.　　233, 246, 264, 266, 267

W

Wald, A.　　110, 219
Walras, L.　　273, 297, 344
Wang, J.　　493
Wasserman, S.　　240
Wells, J.　　494
White, M. V.　　348
Whittaker, H.　　418, 441, 448
Wicksteed, P. H.　　383, 385, 387-393, 396, 401, 402, 404-407, 410, 411, 414, 417-421
Williamson, T.　　421
Wilson, T.　　269
Winch, D.　　48
Winkler, D.　　494
Witt, U.　　162

Y

Yasuda, M.　　243
Yokokawa, N.　　73, 446, 463
Yoshikawa, H.　　71

執筆者紹介 （執筆順）

塩沢 由典 （しおざわ よしのり）	研究員・中央大学商学部教授
有賀 裕二 （あるか ゆうじ）	研究員・中央大学商学部教授
浅田 統一郎 （あさだ とういちろう）	研究員・中央大学経済学部教授
吉井 哲 （よしい さとし）	報告者・名古屋商科大学経済学部准教授
瀧澤 弘和 （たきざわ ひろかず）	研究員・中央大学経済学部教授
井上 義朗 （いのうえ よしお）	研究員・中央大学商学部教授
横川 信治 （よこかわ のぶはる）	報告者・武蔵大学経済学部教授
植村 博恭 （うえむら ひろやす）	報告者・横浜国立大学大学院国際社会科学研究院教授

経済学を再建する
──進化経済学と古典派価値論──
中央大学企業研究所研究叢書 34

2014 年 3 月 10 日　初版第 1 刷発行

編著者　塩　沢　由　典
　　　　有　賀　裕　二
発行者　中　央　大　学　出　版　部
代表者　遠　山　曉

〒192-0393 東京都八王子市東中野742-1
発行所　電話 042(674)2351　FAX 042(674)2354　中央大学出版部
http://www.2.chuo-u.ac.jp/up/

© 2014　　　　　　　　　　　　　　㈱平河工業社
ISBN978-4-8057-3233-5